FONTIS CODE

차원 전환과 [유-무-용-영] 힘의 구조

Dimensional Transformation and IDOS Structure
[Inertial Ego Defense · Interface · Self-Organization · Spirituality]

폰티스 코드
차원 전환과 [유-무-용-영] 힘의 구조

초판 1쇄 2025년 9월 7일

지은이 ㅣ 김리아
펴낸곳 ㅣ 신의 정원
제작진행 ㅣ 서 광
책임편집 ㅣ 성현철 박혜원
교열교정 ㅣ 김계수 신수현 이둠밈
디자인 ㅣ 박찬우 윤인희
홍보·마케팅 ㅣ 홍영환 백순애 권예주

등록번호 ㅣ 제2021-000009호
주소 ㅣ 서울시 강서구 마곡중앙6로 11, 보타닉파크타워 3 B107
전화 ㅣ 02-2644-5121

ISBN 979-11-980483-5-6

폰티스 코드

차원 전환과 [유-무-용-영] 힘의 구조

김리아

Lia Kim, Fontis Code - Dimensional Transformation and IDOS Structure
[Inertial Ego Defense · Interface · Self-Organization · Spirituality]

"Nada amansit, Fontis influit."

이토록 아름답고 풍성한 복음의 세계를 위해.

깨어나는 모든 영혼에게
이 책이 닿기를.

- *Lia,* at your dimension's edge

차례
CONTENTS

PART I.

유, 던져진 세계의 불안과 주름

PART 2.

무, 모든 것의 기원이자 분기점

PART 3.

용, 공동체의 자기조직화

PART 4.

영, 근원적 인간, 근원적 시대를 바라보며

EPILOGUE

에필로그

Prologue
프롤로그

프롤로그

우리는 지금 전례 없는 시대, 정체성과 세계관이 동시에 흔들리는 대전환기에 서 있다. 기술은 인간의 사고와 감각을 대체하고, 정치와 시장은 감정과 진실을 분리하지 못한 채 기능적 피로에 빠져 있다. 신앙 공동체는 더 이상 사회적 중심이 아니며, 많은 교회는 유지를 위한 방어적 정체성에 머물고 있다. 많은 공동체가 네트워크화된 '취향의 군집'으로 분해되고 있다.

이 지점에서 우리는 고민한다. 삶은 단순히 앞으로 나아가는 직선이 아니다. 때때로 우리는 자신이 익숙히 알던 세계에서 더 이상 숨쉬기 어려운 어떤 순간과 마주한다. 낯익은 가치들이 작동하지 않고, 익숙한 언어들이 입을 막고, 매일 반복되던 감정들이 스스로 균열을 내며 무언가 낯선 세계로 인도한다. 그리고 삶은 우리를 조용히 다른 방향으로 밀어 넣는다. 비로소 우리는 묻게 된다. 내 삶은 왜 이렇게 생생하지 않을까? 이 삶은 정말 이대로 괜찮은가? 나는 지금 어디에 서 있는가? 우리는 이런 질문을 흔히 위기나 변화라는 이름으로 말하지만, 실은 더 깊은 수준의 삶의 전환이 시작된 것이다. 그것은 삶의 표면만 바꾸는 것이 아니라 삶을 구성하던 차원 그 자체가 달라지는 계기로 작동한다. 시간의 감각, 타인의 얼굴, 나의 욕망과 아픔이 지닌 무게―이 모든 것이 같은 결로 느껴지지 않는 순간, 우리는 더 이상 같은 차원에 머물고 싶지 않다는 진실 앞에 서게 된다.

이 책은 삶의 전환을 다루기 위한 영성 형성의 여정을 다룬다. 이는 삶의 방향이 바뀌는 순간 존재의 의미가 다시 짜이고, 시간과 관계, 고통과 희망의 구조가 새롭게 얽히는 그 깊은 전환의 자리로 초대한다. 이 여정은 단순한 선택이나 변화가 아니라 존재 자체가 다른 리듬을 가지고 다른 차원으로 옮겨가는 경험이 될 것이다.

목적과 방법에 대해 약간의 설명을 덧붙이고 싶다. 이 책의 주 목적은 각 이론을 개별적으로 설명하거나 해설하려는 것이 아니다. 나는 보다 더 중요한 방점을 입체적이고 내적 일관성을 가진 목적에 두고자 했다. 나는 왜 이 책을 써야 하는지 분명히 알고 있다. 이 책이 말하고자 하는 바 역시 명료하다. 곧 '하나님을 아는 것을 대적하여 높아진 생각을 사로잡아 그리스도께 복종케 하여 우리의 마음이 진리에 승복함으로써 차원이 다른 자유와 생명을 누리는 것'―이것이 이 책이 궁극적으로 지향하는 목적이다. 이 전환을 탐색하기 위해 나는 네 개의 언어와 접속하려 한다. 그것은 성서와 체험적 고백, 현대물리학과 현상학이다. 이들은 각기 다른 전통과 논리를 갖고 있지만, 공통적으로 인간의 삶이 다른 차원과 겹쳐 있으며 또한 이행할 수 있다는 가능성을 서로 다른 감각으로 증언한다. 성서는 차원 다른 삶을 살아낸 이들의 고통과 응답, 절망과 희망의 기록으로서 전환의 서사적 지형도를 제시한다. 전환의 체험과 고백은 모든 이론과 사유의 근저에서 몸과 감정, 상처와 관계 속에서 실제로 벌어지는 정직한 존재의 움직임을 증언한다.

이 기반을 가지고 나는 현대 사상 전반을 다시 검토하였다. 특별히 현대 물리학과 현상학을 방법론적 파트너로 선택했다. 삶의 차원 전환 dimensional transformation 이라는 주제를 가장 구조적으로, 동시에 실존적으로 탐구할 수 있는 이론적 틀이었기 때문이다. 아마도 심리학을 덧붙여 해석하는 과정이 분명 남아 있지만 나는 그 작업을 후속 작업 [아마도 잠재의식이나 꿈을 해석하는 작업을 동반한] 으로 돌리겠다. 각 이론은 단독으로는 영적 전환이나 성서의 구조, 구원의 여정을 밝히는 데 충분치 않다. 구원에 관한 심오한 진리는 차치하고라도 차원의 전환이라는 주제에 대해서도 단일 이론이 중심적인 지도력을 갖추기는 어려울 것이다. 그래서 이 주제를 중심으로 학문 간의 연대적 탐구가 요청된다.

그리고 이 네 감각의 통로를 따라갈 때, 우리는 더 깊고 더 근원적 이해에 도달하게 된다. 그것은 이 책이 본디 제안하고자 하는 네 가지 힘의 역동 구조, 유有-무無-용用-영[이]이다. 유有는 익숙한 질서 속의 세계를 움직이는 힘으로 작동한다. 무無는 틈과 균열에서 벌어지는 새로운 차원의 무한 잠재성이다. 네 힘은 자유로운 상호 관계 속에서 작동하기에 무 역시 영과의 일치 여부가 그 속성을 좌우한다. 용用은 창발적 자기조직화self-organization 의 힘으로 움직인다. 영[0]은 그 모든 힘의 보다 근원적 차원에서 오는 통합적 성찰과 메타적 리더십의 힘으로 작동한다.

특별히 이 대화에 있어서 '무無'는 새로운 이정표를 제공해 주었다. 사실 네 힘[유-무-용-영력]의 차원 전환의 현실적 중심축도 무無가 담당한다. 무는 차원의 전환이라는 주제로 물리학과 현상학[혹은 심리학과 신화학 등]을 하나로 통합하는 매우 중요한 화두이다. 현대 물리학은 거칠지라도 우주를 초월하는 구조들과 연관하여 결정적인 통찰을 제공한다. 현상학은 시공간의 제약을 넘어서는 인식의 이동을 탐구하기에, 삶을 꾸려가는 존재의 본질과 의식의 층위를 가르는 철저한 반성을 통해 삶의 본질에 접근한다. 사실 말이나 이론들이 어렵다기보다는 그것을 바라보는 시선 자체가 개방되지 않거나 회심하지 않은 탓이 클지도 모른다. 지식의 부족이 문제가 아니다. 영과 정신, 현상과 존재의 본질이 연합될 수 없는 어떤 시야의 한계와 실체적 작용의 문제다.

나는 깨달았다. 모든 학문은 보편 계시의 일면을 드러내며, 더 높은 차원에서 겸손하게 통합될 필요가 있다. 그러나 그 길은 결코 쉽지 않기에 어떤 측면에서 묵시가 필요하다. 이 책의 방식도 한 마디로 정의하기는 어렵다. 이론서로 보기에는 지나치게 종횡무진하고, 대중서로 보기에는 개념적 압축이 난해하다. 어떤 이들에게는 이 책이 다소 독자적인 노선의 사유로 읽힐 수도 있을 것이다. 그럼에도 불구하고 나는 각 학문이 지닌 개념의 맥락성과 정밀성을 존중한다. 진중하고 배려 깊은 학자라면, 개념의 혼동을 방지하고자 용어의 정확성과 구조의 논리를 중시해야 한다는 의견에도 동의한다. 그러나 중요한 질문이 있다. 무엇이 기준이며, 무엇이 부분인가? 더 중요한 질문은 이것이다. 그 정교한 틀은 어떤 목적을 위해 짜여서 움직이는가? 그 구조는 인간의 실존적 경험—불안, 고통, 의미 상실 등을 공감 가능하게 해석할 수 있는가? 모든 이론을 품으면서도 분류 가능한 구조를 제시하는가?

이 책의 초점을 보다 더 근본적으로 말하겠다. 모든 이론은 부분적이며 더 큰 차원에서 창조와 구원, 기원에 대해 말할 수 있도록 재배열되어야 한다. 결국, 같은 의식의 층위 또는 존재의 층위에서 개념적 해체와 재구성이 이루어질 때만 모든 해석이 타당성을 가질 수 있다. 차원의 층위가 다르면 해석의 비약이나 오독이 필연적으로 발생한다. 그러므로 우리는 언제나 질문해야 한다. 이 해석은 어떤 전제를 기반으로 하는가? 이 개념은 어느 층위의 맥락과 본질에 자리 잡고 있는가?

때로는 그 전제를 과감히 무너뜨릴 용기가 필요하다. 모든 학문은 복음을 위한 진리 앞에서, 환도뼈가 부서져야 할 때도 있다. 환도뼈는 생존의 상징이며 자아의 가장 강력한 중심축이다. 사실 학문이 자아 중심적일 수 있다는 것은 그리 놀랄 일도 아니다. 야곱은, 그 중심이 위골된 후에야 비로소 하나님께 순복하고 이스라엘이라는 정체성을 입는다창 32:25-28. 이성과 합리가 다시 조명을 받으려면, 반드시 그 이전에 그것들이 '헤쳐 모여'야 한다.

혹시 더 깊이 각 이론을 탐구하고자 한다면, 이 책이 제시한 지도를 통찰의 한 축으로 삼아 각각의 영역 안에서 전제를 점검하며 탐구할 수도 있겠다. 그러한 목적을 위해 또 본문에서 길게 설명하지 못하는 부분을 각주에 담아 후속 탐구를 돕고자 했다. 그러나 더 중요한 것이 있다. 이 책을 통해 성서가 말하는 구원의 진리가 이렇게도 광범위하고 심장이 뛰게 하는 것임을 조금이라도 느낄 수 있다면, 그것만으로도 이 책은 충분하다.

본문에 각주 없이 인용문의 형식으로 된 글들은 필자의 말이며 개인적인 사유와 대화, 혹은 거칠게 표현된 영감들이 포함되어 있다. 다시 한번 이 책의 주된 목적은, 중심 통찰의 축을 따라 사유의 흐름을 펼치는 데에 있다는 점을 명확히 밝히고자 한다. 그러나 그렇다고 해서 이 여정이 하나의 정답을 제시하고자 하는 것은 아니다. 오히려 질문을 던지고 실천하는 과정에 각자의 삶에 숨은 보물을 찾아가는 여정이 되기를 바란다. 혹시 지금, 익숙한 삶의 구조 안에서 숨이 막히는 독자가 있다면, 이 책이 조용히 당신의 손을 잡고 다른 차원을 향한 문턱 앞에 설 수 있도록 돕기를 바란다. 우리가 여는 문은 새로움이 아니라, 원래부터 내 안에 잠들어 있던 다른 삶의 파동일지도 모르기 때문이다. 그리고 이 시도는, 단지 살아가는 것만이 아니라 깨어서 살아내는 것, 존재를 깊이 경험하고 함께 살아가는 법을 배우는 여정이 될 것이라 믿는다. 이 책이 지난 15년간 75기를 거듭한 영성아카데미, '깨어나기' 과정의 결실임을 밝힌다. 나의 전공, 영성해석학이 사람의 영혼을 깨우고 세우는 일에 꼭 맞게 쓰여서 행복한 시간이었다. 이 책 또한 그럴 것이라 희망하며 모든 깨어날 영혼에게 이 글을 바친다.

            - 삶의 연구자들과 함께 연구원의 창가에서, 김리아

Confession

고백

고백

폰티스, 삶에 숨은 근원

이 이야기를 시작하는 이유는 모든 사유와 이론은 결국 살아 있는 체험의 바탕 위에서만 의미를 가지기 때문이다. 이 서사는 섣부른 성공에 관한 이야기가 아니다. 그렇다고 살아 있는 삶과 동떨어진 형이상학적 이야기도 아니다. 삶에 숨어 있는 어떤 전혀 다른 차원의 초월적 존재가 우리의 삶에 은총처럼 날아와 자유를 통해 존재를 변형시키고 하나 되게 만드는 이야기, 위대한 존재의 빛과 그에 대한 자아의 승복surrender 그리고 연합이 만들어 내는 리얼한 현재에 관한 이야기다.

1. 끝없이 샘솟는 현재와 만나다

그 순간이 지났을 때 나는 전혀 다른 존재가 되어 있었다. 그렇다고 이전의 내가 완전히 사라졌다는 뜻도 아니었다. 문제도 상황도 같았지만,

그저 내 깊은 안으로부터 무언가가 충만하게 흐르고 있었다. 의미를 모르지만, 이상하게도 모든 것이 분명했고 안심이 되었다. 분명히, 무언가 다른 어떤 존재가 숨어 있었다. 눈에 보이지 않지만 전혀 다른 차원의 실상의 세계가 중첩되어 있다! 그 틈으로 어떤 바람이 불어왔다. 말로 표현하기 어렵다. 눈물이 나도록 따뜻하지만 너무나 엄정한 무엇이 내 온몸과 마음을 감싸고 있었다.

나는 처음으로 그토록 고군분투했던 삶의 사슬에서 놓여나는 해방감을 느꼈다. 모든 것은 선물이었고 그에 비해 내가 노력해서 일군 것은 너무 초라한 것이었다. 아니, 이 세계의 어떤 누가 이룬 것이라도 그렇게 보였을 것이다. 이것이 진정으로 살아 있다는 거구나. 내 온몸과 영혼이 생명력으로 충일했다. 처음으로 나는 나 자신에 대해 아무것도 생각하지 않았다. 눈물이 하염없이 흘러내렸다. 이 삶이, 이 세계가 은총이고 선물이구나.

옆에는 내가 지금까지 살아왔던 모든 훈장과 실패와 고통의 시간이 초라하게 나란히 놓여 있었다. 나이면서 내가 아닌 무엇. 분명 내 안에 있었고 내가 겪어 온 삶인데도 그것은 지금, 이 순간과 접속되지 않은 채 덩그러니 놓여 있었다. 내 안에서 명료한 빛이 반짝였고 무엇이든 가하다는 의식이 파도처럼 밀려왔다. 내가 이곳에 도달할 수 있다는 기적 같은 사실에 눈물이 흘렀다.

미래의 빛이 스스로 움직이기 시작했다. 더 정확히 말하겠다. 자아의 완전한 승복 후 그 자리에 어떤 초월적인 존재가, 진정으로 나와 세계를 사랑하며 일하고 있는 것이 비로소 보였다. 그것은 내가 아무것도 할 수 없는 것 같이 쉬고 자는 동안 도리어 더 명확하게 일어나는 일이었다. 삶과 생명이 완전히 선물이라는 것이, 넘치는 선물이라는 것이 이토록 리얼했다. 움직이기만 하면 모든 것이 이미 준비되어 있었다. 예측할 수 있는 일이 아니었다. 생명의 폭주. 그것이 강같이 내 안에서 흐를 때 시간은 멎어 있는 듯했지만 모든 것이 만족스러웠다. 그대로도 충분했지만 그때부터 내 삶에는 무엇이든 할 수 있다는 전능감과 함께 말할 수 없는 사랑이 흘러넘쳤다.

지난 모든 순간이 스쳐 지나갔다. 그것을 보는 것은 나였지만 단순한 인지적 변화는 아니었다. 무언가 어떤 존재론적·시간적 차원의 근본적인 전환이 지나갔으며, 40년의 긴 세월 동안 세 번의 큰 쓰나미가 휩쓸고 지나갔다. 이제 나는 무의 통얼굴을 의식하고 관찰하고 느낀다. 그리고 나는 나의 공동체와 이 연합에 참여한 이들과 연결되어 있다. 나는 그들이고 그들은 곧 나다.

2. 유력의 카르마를 넘어서다

아버지가 계신 방에 들어섰다. 공기는 무겁고 축축했다. 내 시선은 머리에 물수건을 올린 아버지의 누워계신 모습에 멈췄다. 사실 가족 모두가 내가 들어왔다는 것을 알고 있었지만 무언가 심상찮은 변화가 일어난 맏언니의 존재가 버거워 숨도 쉬지 않고 자는 척하고 있었다. 나는 어제 일어났던 아버지의 분노와 가장 치열하고 선했던 내 의지를 꺾고 돌아온 자괴감과 실패감, 나를 이끌었던 존재에 대한 혼돈과 어리석다고 스스로 판정이 끝나버린 모든 시간에 대해 아직 정리가 되지 않은 상태로 있었다.

> 아무것도 남지 않았다.
> 다만 어떤 무정형의 에너지와 향방이 정해지지 않은 분노와
> 열정과 안타까움 등
> 다양한 감정들이 뒤섞인 강력한 파동만이 남아 있었다.

무언가 억지로 새로운 것을 만들 힘도 없이 나는 전쟁에서 진 패장처럼, 후들거리는 몸과 마음을 이끌고 그저 서 있었다. 가장 혼란스러운 지점은 멘토였다. 그는 이 기도에 대한 내 결정과 용기에 대해 누구보다 더 강력한 지원을 했었다. 그러나 지금의 그는 뭔가 비겁한 사람처럼, 내게 한걸음 물러서라고 했다. 기도도 통하지 않았다. 분명히 들었던 그 존재의 목소리는 어디로 갔을까?

기도를 시작하기 바로 직전에 나는 무엇이든 받아낼 수 있다는 마음으로 충전했다. 그 존재는 "이 마지막 때에 깨어 있는 이들이 없다. 네가 40일을 금식하면서 특별한 기도를 해야 한다"라고 했었다. 그런데, 열흘쯤 마친 후에 아이들은 감기에 걸려 콜록거렸고 아버지는 결사반대하셨다. 내 몸 상태도 마땅찮았다. 나의 모든 최선을 다한 그 세계가 붕괴하고 있었다. 아무런 작용을 할 수 없었기에 세상도 나에게 아무런 반작용도 하지 않았다. 모든 것이 무로 돌아갔다. 내가 이전에 하던 방식은 아무것도 소용되지 않았다.

나는 더 이상 카르마의 흐름 안에 있지 않다.

모든 것이 무다.

그러나 이대로 물러서기엔 너무 아픈 공허가

물밀듯이 밀려왔다.

아버지는 결사반대했다. 손주들은 아직 어렸고 무엇보다 딸이 그리 건강해 보이지 않았으며 무언가에 쏠린 듯이 보였다. 아버지의 근심과 두려움이 고스란히 전달되었다. 나는 금식 열흘째였는데 아버지는 내가 40일 금식을 고집하면 잘못될까 봐 두려워하고 격렬하게 반대하셨다. 그런데 이상하게도 나는 고집을 부릴 생각도 그렇다고 포기할 생각도 없었다. 아무 작용과 반작용이 존재하지 않았고 할 수도 없었다. 수많은 감정과 생각들이 분주하게 떠다녔으나 더 이상 나를 사로잡지도, 격동시키지도 않았다. 침묵이 흘렀고 어느 순간 아버지도 나도 눈물이 흘렀는데, 갑자기 아버지의 마음과 나의 마음이 연결되었다. 아, 그의 분노가 사랑이었구나. 태풍이 쓸고 지나간 뒤에 오는 강력한 평화와 뱃속에서부터 넘쳐흐르는 생명의 강 같은 것이 내 몸을 감싸 흐르고 있었다. 모든 것이 완전했고, 모든 것이 충분했다. 시간이 흐르고 있지 않았다. 아니, 시간은 환상이며 우리 모두가 영원 속에서 흘러가고 있었다. 이 놀라운 차원의 시간은 하루가 천년 같고 천년이 하루 같은 시간이구나. 나는 확실히 알게 되었다. 이제는 '내가 하는 것'이 아니라 '그 어떤 존재가 나를 통해 일하실 것'이라는 느낌, 나와 상황이 아무래도 상관없으며 그 역사에 아무런 저촉이 되지 않을 것이라는 확신, 비록 상처의 흔적은 희미하게 남아 있을지라도 진정한 나는 사라지는 것이 아니라 더욱 투명하게 이 존재의 흐름 속에서 우리 모두 존재하게 된다는 것을.

불과 몇 시간 전까지만 해도 입술이 바스러질 것 같고 구토증이 나서 기어갈 힘도 없던 나는 내 안에 넘치는 어떤 생명력의 충만함으로 가득했다. 모든 것이 너무나 자연스러웠다. 그리고 내게 주어진 과제를 이루고도 남을 만한 힘이 있다는 것을 알았다. 모든 것이 너무나 정확했고 너무나 확실하게 믿어졌다. '앞으로 어떻게 살아야 할지에 대한 고민이 사라졌다.' 모든 것이 이미 충만한 현재의 선물임을 깨닫는 순간, 미래에 대한 욕망과 두려움에서도 자유로워졌다. "나는 가진 것이 없지만 모든 것을 받았다." 마치 이 시간이 영원에 접속된 것 같았다.

> 나는 나의 뜻대로 모든 것을 줄 수 있으며,
> 내가 너를 부른 것이다.

나는 아버지의 손을 꼭 잡고 그분의 눈을 똑바로 바라보며 말했다. "아버지, 감사하고 사랑하고 죄송해요. 그러나 금식 기도는 계속할게요. 걱정하지 마셔요. 언약을 주셨으니 잘 마치게 하실 거예요. 그저 기도해 주세요." 분노하고 걱정하고 애가 타서 굴복시키려던 아버지의 손을 잡고 나는 충만한 감사의 기도를 마쳤다. 지나온 시간 속에 있었던 모든 갈등과 관계의 괴로움도, 나를 오해하고 미워했던 사람들도, 부족했던 나 자신도 온전히 용서되는 순간이었다. 나의 과거에도 미래에도 매이지 않은 채 오직 현재의 이 순간들이 가진 영원한 영속성만이 일하면서 내 목소리는 따뜻했고 확신에 넘쳤고 아버지에 대한 긍휼함이 넘쳤다. 모든 것이 멈추었다. 아니, 멈춘 것이 아니라 모든 것이 마침내 제자리에서 살아나고 있었다. 아버지는 더 이상 나를 붙잡지 않으셨다. 더 이상 나를 비롯한 아무것도 나를 붙잡지 않았다.

대신 나는 감각적 경험이 풍부해지고, 일상의 사소한 것에서도 깊은 의미를 발견하는 법을 왠지 모르게 알게 되었다. 무언가 정확한 직관이 생겨나 알게 되었다. '존재하는 것 자체'에 대한 경이감과 감사가 본래적 삶의 형상임을. 나 자신의 내러티브에 몰두하면 보이지 않던 진정한 우리가 온전히 '하나 됨'으로 부름을 받았으며 '깊이 연결되어 있음'을. 그리고 그 존재의 깊이로부터 온 사랑만이 우리를 구원할 수 있음을. 그리고 이제 다시는 돌아갈 수 없음을. 기존 신념 체계나 내 이야기에서 자유로워질 것을. 단절적이거나 논리적 단계에 얽매이지 않고, 유기적으로 흐름을 따라가는 유연한 삶이 시작되었음을.

그날부터 나의 몸과 마음은 날아갈 듯 가벼웠고 40일 금식을 지나 보식을 하는 기간에도 강력한 생명의 파동은 멈추지 않았다. 세포 하나하나마다 가볍고 날아갈 듯한 상태였다. 이불 빨래부터 대청소에 이르기까지 집안일도 가볍게 해냈으며 시간이 어떻게 지나가는지 몰랐다. 기도에 집중하는 것이 즐겁게 느껴지고 분명히 나로부터 시작되지 않은 이상한 힘이 생겼다. 어느 순간 계시적 직관이 강렬한 이미지나 메시지로 떠오르기도 했다. 예상하지 못했던 사람들과의 관계 속에서 새로운 길이 열렸고 기존에는 의미 없어 보였던 경험들이 새로운 패턴으로 연결되기 시작했다. 왕복 4시간 거리의 길도 피곤한 줄 몰랐다. 아버지는 그날 밤 꿈꾸셨는데, 그것은 내가 어떤 부르심을 받았음을 그리고 아버지가 걱정하는 일은 일어나지 않을 것임을, 이 기도가 완성되어야 하는 것임을 알려주는 강렬한 꿈이었다.

3. 이토록 선명한 관찰자 – 갇힌 세계를 바라보다

그 공간은 시간과 겹쳐서 존재했다. 나는 단 하나의 존재도 나를 둘러
싼 어떤 세계도 그저 하나의 차원에 속하지 않음을 깨달았다. 지금 이
곳과 어딘가 다른 차원이 동시에 분명히 존재하고 있었으며, 지금까지
살아온 모든 길이 한 지점에서 만나 의미를 만들어 내고 있었다. 그리
고 이상하리만치 전혀 다른 시간과 공간이 분리되면서 두 세계가 거리
를 떼고 마주 보고 있었다. 분명히 알게 된 하나는 명료했다. 지긋지긋
하리만큼 자신의 내러티브에 갇혀 에고가 속삭이는 대로 살아왔던 세
계, 자기중심의 지향성과 경쟁적 세계관에 갇힌 세계, 자기 의로 구성
된 죄와 사망의 법 아래 있는 세계, 그것이 모두가 살아가고 있는 그
세계의 실체라는 사실이었다.

그런데 어느 순간 그 옥죄는 세계에서 빠져나와 유영하듯 관조하며 이
렇게도 선명하게 바라보고 있는 이 나는 누구인가? 지금, 이 순간, 여
기, 이곳.

　　　　나는 관찰하고 있는 자인가?

아니, 그것만은 아니었다. 나는 바로 얼마 전까지 소용돌이치던 지옥
같은 감정과 판단, 자기 의義의 감옥을 분명하게 인식하고 있었고, 이

옮겨짐은 절대 동화같이 자연스럽게 미끄러지는 이동이 아니었다. 관찰자는 우아한 관조로 나타난 것이 아니라, 온 세계가 수렁에 빠져 있는 그 세계의 실상에 지치고 탄식하여 떨어져 나온 상처 입은 영혼의 열매였다. 나는 어느 다른 세계를 감지하며 비로소 죄와 사망의 법 아래 탄식하는 거짓의 세계를 분명하게 거리를 두고 바라보고 있었다. 나 자신과 동일시해 왔던 그 세계가 선명하게 갈라지는 그 지점은 몹시 낯설었지만 그 관찰 지점은 바로 해방의 지점이었다. 굴레에 갇힌 많은 영혼의 고통스러운 절규가, 얼마 전까지 내가 속해 있던 세계의 실체였다. 그리고 그곳은 바로 모두가 속해 있던 곳이었다. 경쟁하고 성과를 내고 인정과 환호와 통제와 안정이라는 욕망의 이름으로 끝없이 갈망하고 끝없이 목마른 곳이었다. 다시는 날개가 찢기는 그곳으로 돌아가지 않으리라. 이 순간을 잊지 않으리라. 시선을 뺏기지 않으리라.

> 오호라! 나는 곤고한 사람이로다.
> 이 사망의 몸에서 누가 나를 건져내랴 롬 7:24

사도 바울의 고백과 같이 어거스틴 St. Augustine of Hippo 역시, 『고백록』에서 죄의 굴레에서 벗어나려 하지만 스스로 할 수 없는 절망을 고백한다. 그는 최선을 다해 육체적 욕망과 자기중심성에서 벗어나려 하면서도 이를 극복하지 못해 탄식한다. 자기 초월과 전능에의 욕구가 탐욕과 죄의 연결성을 알아차리고 바라볼 때 비로소 깊이 탄식하며 거리를 뗀다. '자기애의 속임수'와 '율법 아래서의 절망'을 깊이 경험할 때, 하나님 앞에 서는 것이 오히려 두려움과 절망으로 다가올 때, 그 지점에서 우리의 시선과 갈망이 어디로 향할 것인가는 중요하다. 우리는 악을 사랑한다는 것을 인정하기 싫어한다. 죄의 뿌리로서의 교만hubris 과, 자기방어적 판단이 악의 구조와 깊이 연결되어 있다는 것을 알 수 없기 때문이다. 이는 단순히 도덕적 결함이 아니라 에고의 고양으로 인한 존재론적 왜곡과 지향성의 붕괴며, 자아를 사회적 조건화 속에서 펼치고 싶은 속임수다.

> 나는 나 자신을 하나님처럼 두고 싶어 했다.
> 내가 판단의 기준이었고,
> 나도 그들처럼
> 내가 선과 악을 결정하고 싶었다.
> 나, 나, 나

어거스틴에게 교만은 모든 죄의 원형이다. 이는 단지 거만한 태도가 아니라 존재의 중심을 잘못 자리매김하려는 시도, 곧 피조물이 창조주처럼 자신을 높이려는 시도이다. 그는 『고백록』 곳곳에서, "자기 자신이 되려 할수록 더욱 진정한 자신과 멀어진다"라고 고백한다. 이는 근원과 연결되지 않은 자율성과 자기 판단의 극단에서 발생하는 고립된 의식의 문제이다. 죄는 그래서 단지 행위의 문제가 아니라, '나의 의식과 감정이 연결된 중심에 무엇이 있는가'의 문제다.

> 나의 교만은 나를 어둠 속에 가두었다.

---

1 | Augustine, *Confessions*, trans. Henry Chadwick (Oxford: Oxford University Press, 1998), Book VII.

> 나는 신을 찾고 있었지만,
>
> 나 자신 안에서 나와 닮은 우상신을 찾았다.

교만은 여기서 존재적 방향의 전도로 작용한다. 그는 '하향적 은총의 흐름'을 받아들이지 않고, 자기 내면의 중심성에서 신을 끌어내려 은총을 찾고자 했던 것이다. 이 판단의 오만은 인간이 자기 자신을 '기준'으로 삼을 때, 무한으로부터 오는 존재의 투명성을 차단하는 방식으로 작동한다. 바울이 "내 속사람은 하나님의 법을 즐거워하되 내 지체 속에 다른 법이 나를 사로잡는다"라고 고백했을 때, 그는 판단의 기준이 이중화된 자아의 모순된 구조를 인식하고 있었다. 어거스틴 역시 이 이중 구조 속에서 고통스러워한다.

> 나를 나 자신으로부터 구하소서!
>
> "A me, me salva Domine!"

어거스틴에게 있어 죄란 교만이고, 교만은 판단의 자리를 잘못 잡는 것이다.[2] 인간이 자기 자신을 기준으로 삼을 때, 존재의 왜곡이 시작된다. 그러나 그 기준이 어떤 깊은 갈망으로부터 무너지고 의지마저 무력화되는 순간, 인간은 처음으로 진리를 사랑할 수 있는 자유의 공간, 즉 무無의 계기를 맞이한다. 보이는 현상계를 유지하는 유有의 세계가 틈을 보이고 존재의 표면에서 나타나는 고착된 자아가 해체되는 순간이다. 교만은 의식의 방향이 잘못된 채 계속 구조화하려는 방어 의지

---

2 | Augustine, *Confessions*, Book VII.

다. 즉, 본래 진정한 자기의식과 타자와 연결되어야 할 의식이, 자기 자신 안에 고정되며 중심을 착각한 채 굳어 있는 상태이다. 그래서 교만은 두려움의 양면이며 그 기초는 착각이다. 교만은 마치 방자한 바람과 같다. 아무것도 가지지 않았지만, 자기를 가득 채운 줄로 착각한다.

어거스틴이 젊은 시절에 경험했던 가장 강력한 내적 장애물은 작은 선을 큰 선과 바꿔치기하는 것이었다. 이는 친구들과 함께 어울려 저지른 배 도둑질 사건으로 드러난다.[3] 그에게 교만은 단순한 도덕적 결함이 아니라 존재론적 자리를 착각한 상태이다. 창조된 인간이 창조주처럼 되려는 것, 타자를 수용하지 않고 모든 판단과 기준을 자아 안에서 종결짓는 것이었다. 모든 왜곡된 감정들이 그것으로부터 솟구쳐 올랐고 괴로운 감옥에서 절망하고 때로 반항하며 어떻게 탈출해야 할지 몰랐던 것이다.

유력의 세계는 외형상 지성과 힘, 자기 주체성의 멋진 세계로 보일 수 있지만 실제로는 고립된 자아가 차원 다른 타자를 부정하는 구조, 즉 연결 없는 감옥이다. 여기서 인간은 결정적으로 '감정의 정직함'을 잃는다. 진리를 향한 갈망은 있었지만, 그 갈망은 늘 '내가 선별한 진리만을 받아들이겠다'라는 내적 폐쇄성으로 제한된다. 그 결과, 의식은 무거워지고 굳어진다.

---

3 | Augustine, *Confessions*, Book II, IV(9).

4. 승복 – 자기애의 내러티브가 죽다

죄와 사망의 법 아래 묶여 동일시했던 어둠의 실체를 바라볼 수 있게 되자 비로소 의식의 거리가 떼어졌다. 허무의 끝자락만 남아 있을 것이라고 생각했던 그곳에 거대하고 광활한 잠재성의 세계가 펼쳐졌다. 수많은 파동과 생각할 수 없는 정보들의 바다. 카르마를 벗은 초월적 존재의 또 다른 이름은 고정된 실체가 아니라, 끝없는 잠재성을 품은 무無의 얼굴이었다. 그러나 여기에 잠재성의 두 얼굴이 있다. 이곳에 떨어진 누군가가 혼자 유영하고 있다면 그는 필연코 하나님 없는 광활한 세계에서 극단적인 자유와 허무 혹은 책임 속에 좌절할 것이다. 아마도 그는 니체의 권력 의지를 담은 초인이나, 도덕적 책임을 갈망하나 이룰 수 없어 허무에 사로잡힌 정신 분열자가 될지도 모른다. 이 장소는 분명코 구원의 존재와 관계 맺지 못한다면 광인이 되거나 괴물이 되는 곳이다. 이곳에서는 거대한 잠재성의 발을 내디딜 때마다, 새로운 가능성의 파동 속에서 새로운 일들이 결정되고 있었다. 마성의 지점이었다. 인과의 틀을 벗어난 정신이 끝도 없이 펼쳐진 허무와 잠재성의 바다로 발을 디뎠다. 잠재성의 바다에 던져진 인간에게 마성화된 마왕이나 광기 어린 걸인이 될 것이냐, 다른 차원의 생명의 도래에 승복한 은총 입은 수혜자가 될 것이냐의 선택이 기다리고 있었다.

이 두 잠재성 앞의 싸움은 옛사람과 새사람의 고지전과 같았다. 결정적인 것은 신의 얼굴이 십자가에서 가장 명료하게 드러난다는 딜레마였다. 악은 초월의 지점에서 발견한 이 광활한 잠재성 앞에서 근원의 존재와 분리되기를 원하는 자유와 전능에 대한 유혹이었다. 죄와 사망의 법은 삶의 어디든 흔적으로 남아 마치 그것이 실상인 양 행세를 하려 들었다. 악은 단순한 개념이 아니다. 실패나 좌절 같은 결핍이나 부정만 파고드는 것이 아니다. 용트림하는 거대한 파동과 에너지의 끝개 속에서 인간이 가장 약할 때, 내면의 가장 깊은 투쟁 속에서 자라난다. 악은 거짓된 희망이나 거짓된 자아의 형태로 찾아온다. 그것은 때때로 구원처럼 보이지만, 실제로는 더 깊은 절망이나 광기로 끌어내린다. 악은 자유를 가장한 신의 힘 중 전능만 취하여 인간을 쇠하게 하고 마침내 사망의 골짜기로 떨어뜨리려는 조작이기도 하다. 매 순간을 부산하게 경쟁과 죄와 사망의 깊은 골짜기에서 '너는 네가 원하는 것을 선택할 수 있어. 너는 더 잘할 수 있었어. 너는 성공해야만 해.'라고 속삭이는 소리이다. 하지만 그 자유는 이미 조작된 옵션 중 하나일 뿐이며 '진정한 자기가 되지 못하는 상태'일 뿐이다. 아니, 그것은 '자기가 되어간다고 믿게 하면서 본질적으로 왜곡된 존재로 만드는 것'이다. 그래서 악은 희미하고, 가장할 수 있고, 유혹적이며 그럴듯해 보인다. 하지만 그것이 인간의 존재를 뿌리째 흔들고 있다는 것을 어떤 계기를 통해 깨달았을 때 우리는 가장 깊은 절망을 경험한다. 이 절망을 진정한 자신의 정체성을 걸고 넘어서지 않으면 절망은 영원히 우리를 삼켜버릴 것이다.

나는 선을 원하지만, 악을 행한다.

네가 바꾸려 해도 소용없다. 네 본질은 이것이다.

그냥 받아들여라.

내가 붙잡고 있던 모든 것이 부질없다.

넌 애초에 존재할 가치가 없는 사람이야.

네가 가치가 있으려면 그렇게 살지 말았어야 해.

너는 더 자유로워질 수 있어. 더 강해질 수 있어.

너에게 더 많은 것이 필요해.

기술이 너를 완벽하게 만들 수 있다.

악은 단순히 '나쁜 것'을 하라고 유혹하는 것이 아니다. 절대로! 모든 유혹의 근본에는 탐심이 있고, 탐심과 욕구는 방치하거나 집중하면 결국 자유와 전능성에 대한 왜곡된 욕망을 만든다. 우리는 무엇을 소원하고 갈망하는가? 우리의 삶에 틈은 어떤 존재를 만나기 위한 기회인가? 가장 괴로운 것은 우리에게 선을 행할 '능력'이 있다고 믿는 것이다. 그것은 우리를 끊임없이 율법적인 욕구에 탄식하고 좌절하면서도 자신에게 요구하도록 한다.

네가 스스로 선과 악을 결정할 수 있고

너는 선을 행할 능력이 있어. 너는 훌륭해야 해.

더 강하고 위대한 선한 존재가 되어야 해.

자유와 전능—선善까지도 포함하여—을 탐심으로 포장하는 악의 현대적 형태는, 자기부정의 승복을 통해 모두가 기피하는 더러움을 껴안고 죽어버린 신을 모른다. 그분을 인정하고 승복하는 길은 더욱이 알 수 없다. 악은 내가 원하는 것 속에서 작동하며 어느새 우리의 자유 의지와 힘으로 그것을 실현할 수 있다고 믿는다. 무엇을 갈망하는가? 그것은 진짜인가, 조작된 욕망인가? 그러나 우리가 진정한 신과 연합되어 있다면 반드시 우리는 가장 고유하고 자신답다.

어느 날, 최선을 다하여 했던 또 하나의 시간들이 붕괴했을 때, 더는 숟가락 하나도 들 힘조차 없을 때, 아무것도 남겨진 것이 없다는 절망감이 나를 사로잡았다. 나는 자신을 이루던 모든 서사와 기억, 고통과 희망이 한꺼번에 무너져 내리는 것을 느꼈다. 특별히 내가 옳다고 생각하며 최선을 다했던 바로 그 지점이 붕괴하고 있었다. 무언가 나를 가열하게 붙잡고 있던 중력은 사라졌고 최선을 다하여 이룬 멋진 자아는 허공에 떠 있었다.

마치 초점이 맞춰지지 않은 렌즈를 통해 세계를 바라보는 것처럼 모든 것이 허무해 보였다. 파노라마처럼 지나온 삶이 지나가면서 '이때 이랬으면 얼마나 좋았을까?' 하는 회한들이 가슴을 후비고 지나갔다. 좀 더 잘할 수 있었는데. 좀 더 나은 선택이 있었을 텐데. 좀 더 훌륭하게 살 수 있었는데. 짧은 그 몇 분의 시간은 마치 오래된 거울 속에서 나 자신을 마주하는 것 같은 날이었다. 금이 가고 먼지가 쌓인 거울 속에는 한때 내가 믿었던, 그러나 이제는 낯설어진 얼굴이 비치고 있었다. 화가 나서 나는 계속 소리쳤다.

너는 더 잘할 수 있었어. 너는 못난이야. 너는 살 가치가 없어.

어제와 다르지 않은 아침이었지만, 그날은 무언가 달랐다. 나는 아무것에도 동하지 않고 아무것에도 기쁘지가 않았다. 거리는 여전히 사람들로 가득 찼고 그들은 늘 하던 대로 움직였다. 출근길의 젊은이들, 커피향, 자동차 경적, 정제된 연구 단지의 건물들, 광고판의 웃는 얼굴들. 나는 그들의 표정을 보며 문득 생각했다.

이 모든 것이 무슨 의미가 있을까?

내가 사랑했던 것들, 내가 간절히 붙잡고 싶었던 것들, 내가 죄라고 부르며 두려워했던 것들, 내가 의라고 부르며 최선을 다해 달려왔던 삶들. 이 모든 것이 마치 거대한 파도처럼 나를 덮쳐왔다. 허무했다. 환멸은 사막의 모래바람처럼 눈을 뜨지 못하게 만들었고, 회한은 마시지도 못할 물이 넘실거리는 신기루처럼 내 앞에 머물렀다. 묘하게도 더 잘할 수 있었다는 혹은 잘했는데 실패했다는 회한은 손을 뻗으면 닿을 것 같지만, 가까이 가면 사라지는 이상한 신기루 같았다. 자괴감이 무거운 갑옷처럼 나를 옥죄었다. 괴물 같은 의와 전능을 꿈꾸다 지쳐버린 나는 시선을 돌이켜 허무를 바라보았다. 혼란과 뒤엉킨 감정의 공허와 정적 속에 나는 거기 서 있었다. 아니, 정확히 말하면 나는 존재하지 않았다. 숨을 쉴 때마다 짓눌려, 날아오르지 못한 채 날개가 꺾여버린 새 같았다. 분노는 불길처럼 치솟았지만 그 불길이 먼저 삼킨 것은 세상이 아니라 나 자신이었다. 지금까지 최선을 다한 삶이 몇 겹으로 된 환영이라면 나는 너무나 억울할 것 같았다. 자신을 지어냈던 것일까? 갑자기 수렁의 한가운데서 깊은 동굴에서 울리는 듯한 목소리가 들려왔다.

나는 나다.
나는 '홀로 서 있는' 너를 죽이러 왔다.
나는 너를 실패하게 할 것이다.

순간 뒤통수를 강타하는 듯한 강렬한 울림이 일어났다. "아니죠. 저의 실패와 좌절은 당신의 실패입니다. 저는 착해야 하고 선해야 하고 훌륭해야 하고 성공해야 합니다. 지금까지 해왔던 모든 일은 열매를 반드시 맺어야 합니다." 더 깊은 동굴에서 그러나 분명한 물음이 들려왔다.

> 나는 네가 닿을 수 없는 곳에 있다.
> 내게는 모든 것이 가하다.
> 나는 너의 '모든' 것을 사용할 수 있다.
> 모든 것이 합력하여 나는 나 됨을 증거하고 있다.
> 이것이 진리다.

그 소리는 소리통을 두드리는 그런 발화가 아니었다. 소리가 말숨이 되어 허공에 울려 퍼졌다. 나는 무엇인지 모르겠지만 비로소 이곳까지 도달했는데, 그전의 흐름과 완전히 분리되어 있었다. 그 존재는 분명히 내가 살아왔던 모든 삶의 행위가 보상을 만들어 내는 곳, 나의 모든 작용이 그만큼의 반작용이 되어 돌아오는 지점을 넘어 있었다. 갑자기 내 안에서 큰 웃음소리가 터져 나왔다. 그것은 놀라운 해방 같은 것이었다. 줄곧 나에 대해 생각하면서 그리던 그 환영의 사슬 뒤로 온 세상 사람들이 줄줄이 묶여 있는 것이 보였다. 그 빛은 단순한 환영이 아니었다. 그것은 유력이 다스리는 세계의 구조 자체였다. 그리고 그 배후에서 그 죄수들을 지배하고 조종하는 괴물들. 시간과 공간의 직조된 결 속에서 나는 하나의 결정적 순간을 마주했다. 과거와 미래가 한 점에서 교차하는 순간. 그 순간, 그것은 복음 그 자체였고 선물이었다. 온 삶의 중심을 차지하고 있던 '나'라는 서사와 내러티브가 나의 성공과 실패에 상관없이, 나는 존재 그 자체로, 그냥 그 자리에 선물 같은 존재로, 삶 그대로 있었다.

수백 번 이상 돌려보았던 회상의 필름, 나 자신이 될 수도 있었던 희망의 순간들, 자신이 선택하지 않은 길, 이미 지나쳐 버린 순간들을 나는 동시에 느꼈다. 시간은 더 이상 일직선이 아니었다. 그것은 펼쳐진 모든 것이 교차하는 장場이었고, 그 존재는 장의 중심에서 모든 것과 마주하고 있었다. 더 이상 나는 나의 어떠함이 문제가 되지 않았다. 가장 중요한 것은 이 새로운 차원의 룰과 힘에 내가 완전히 승복해야 한다는 것이었다. 그것은 하나의 선택이자 동시에 필연이었다. 나는 숨을 크게 들이쉬었다. 그리고 내쉬었다. 아무런 조건이 필요 없었다. 유일한 존재 앞의 완전한 승복과 희열, 그 모든 것의 근원인 바로 그 존재만이 나의 유일한 희망임을 인정하는 순간, 무언가가 내 안을 가득 채웠다.

돌연 강타한 큰 빛이 내 안에서 강력한 생명의 물결로 파동을 일으키고 있었다. 그 순간 바로 직전까지 나를 삼키고 있었던 상황과 관계들에 대한 분노와 좌절감, 슬픔과 무기력이 온데간데없이 사라지고 강력한 사랑이 몰려왔다. 모든 업보를 덮어주고 더 이상 카르마의 작동 방식이 통하지 않는 새로운 삶, 강력한 나의 내러티브를 넘어설 수 있는 유일한 마음, 바로 사랑의 법이 열리는 순간이었다.

그날, 나는 깨달았다. 내 안에 두 개의 존재가 싸우고 있다는 것을. 한쪽은 자기 안에 새로운 신적 타자가 내주하도록 내어주고 싶어 했고, 다른 한쪽은 초월과 자유의 이름으로 자기 확장의 야욕을 성취하거나 결국은 자존심이라는 이름으로 홀로 그 허무의 끝자락으로 남겨져서 자기 의의 고립으로 남고 싶어 했다. 간신히 시선을 돌려 부디 살려달라고 외치는 기도를 간절하게 드리기 시작할 때, 내게 맡겨진 공동체와 영혼들의 삶에 새겨진 고통의 감수성이 활짝 열려 내 고통보다 그들의 고통이 더 깊이 다가오기 시작할 때, 나는 알았다. 생명은 의의심판을 통해 피어난 사랑의 또 다른 이름임을.

> 오직 의인은 믿음으로 말미암아 살리라 롬 1:17
>
> 그리스도 예수 안에 있는 자에게는 정죄함이 없나니 롬 8:1
>
> 내가 그리스도와 함께 십자가에 못 박혔나니
>
> 그런즉 이제는 내가 산 것이 아니요
>
> 오직 내 안에 그리스도께서 사신 것이라 갈 2:20

그렇다. 절망은 신을 부정하는 것이 아니라 승복을 요구하는 유일하신 신과의 관계에서 도망치는 것이다. 길은 벌거벗고 홀로 남겨진 자기 의의 초라함 그대로 승복하는 것에 있다.

> 나는 나다.
>
> 나는 너를 무너뜨리러 왔다.
>
> 너 혼자 존재하는 의로운 너는 환상이고 지옥이다.

주님, 제가 당신과 연결되고 사랑하는 이들과 연결되기를 원합니다. 바다의 물방울처럼 온전히 큰 하나인 당신과 하나 되길 원합니다. 저의 모든 것이 이 거대한 파도 속에 하나로 연결되어 있습니다. 나는 불현듯 깨달았다. 지금까지 '길'을 걸어왔다고 믿었지만, 사실 '길'이 나를 향해 걸어오고 있었음을. 사랑받는 자가 된다는 것은 사랑받을 만한 존재여서가 아니라 그저 사랑받음으로써 아무런 조건 없이 작용과 반작용의 중력이 사라진 곳으로 이동하는 축복임을. 그 순간, 나는 더 이상 자의로 어딘가 도착하려 하지 않았다. 단지 충만하게 '함께' 존재했다. 그리고 그것만으로 충분했다.

5. 나는 우리다

나는 비로소 나의 힘이 전능과 성취와 책임만이 아니라 사랑하기 때문에 신뢰하며 함께 껴안고 사라질 수도 있는 무한한 잠재성의 바다임을 알게 되었다. 우리는 전능과 사랑으로 하나 되기 위해 자신을 제한할 때 비로소 끊임없이 충만해진다. 사랑으로 인한 자기 제한은 시간이 멈춘 것이 아니다. 시간은 무한한 방향으로 확장하는 존재의 방식이었다. 나는 모든 것이 이미 이루어진 채로 연결되어 있음을 보았다. 그리고 알았다. 삶은 나 자신이 무엇을 관찰하고 지향할 것인가를 선택하는 것에 달려 있으며, 그 지향성에 온 세계가 반응하는 방식으로 현실이 생성된다는 것을 말이다.

죄 가운데 태어난 인간의 절망의 선들이 은혜 가운데 조건 없이 주어진 사랑의 연합 속에서 빛처럼 흘러가며 서로를 반사하고 있었다. 모래 한 알에서 은하의 질서를, 나뭇잎의 맥에서 우주의 맥박을, 한 사람의 미소에서 신의 존재를. 그리고 맥없이 스러지는 분리의 실체, 죄와 사망의 힘이 낙엽처럼 사그라지는 것을. 내 삶의 기억에 수많은 정보가 만나 폭발적으로 연결되는 것을 느꼈다. 과거와 미래의 모든 조각이 하나로 맞춰졌다. 그리고 새로운 언어를 깨달았다. 그것은 단어로 이루어진 것이 아니었다. 빛, 파동, 진정한 욕구, 틈을 껴안고 사랑으로 메워버리는 의지, 움직임, 존재의 떨림으로 전해지는 언어였다. 그리고 우리는 알게 된다. 이 은혜로부터 주어진 존재로 연결된 사랑이야말로 우리가 가장 순수한 형태로 경험하는 진리임을.

사랑이 곧 통찰이며, 통찰이 곧 사랑이다.
그리고 사랑은 진리가 존재하는 유일한 이유이다.

나는 과거를 용서했다. 내 부족함을 용서했다. 내게 해를 가한 모든 사람도 용서했다. 모든 것이 합력하여 모든 것이 이미 완전하다는 사실을 받아들였다. 그분 안에서는 모든 것이 가하다. 적이 분명해졌다. 그것은 죄와 사망의 법 아래, 인과율의 절망 아래, 끝없이 윤회하고 순환하는 거대한 수레바퀴 아래 선 모든 이들이 속한 그 애정과 거짓 욕망과 자기 의로 이루어진 에고의 그물망이었다. 적의 무덤 위에서 함께 탄식하며 우리는 무의 가장 아름다운 얼굴, 스스로 계신 자─끊임없이 생성하며 충만하며 자기를 수축시켜 살리는 구원의 주를 향해 서로 용서하며 기도한다. 숨을 들이쉴 때, 원수도 함께 숨을 들이쉬었다. 숨을 내쉴 때, 우주도 아무 판단 없이 강렬한 신의 날개 아래서 숨을 내쉬었다. 온 우주가 스스로 있는 그 존재에 매달려 있다.

너는 가장 아름다운 보석을 얻었다.

너는 네 갈망에 정직했으며 그리고 삶에 최선을 다했다.

이제 네 안에 내가 있고 내 안에 네가 있을 때

우리가 서로 사랑할 때

세상은 알게 되리라.

진리가 너희 가운데 있다는 것을.

비로소 우리는 추악하다고 생각한 곳에서 모든 더러움을 끌어안고 죽은 신의 얼굴을 발견하고, 남을 죽이고 나를 살리려는 자리에 도사리고 있는 적의 얼굴을 발견할 것이다. 인간은 그 가능성의 기억을 품고 있는 존재이다. 우리가 끝없이 갈망하고, 다시 일어서고, 타인의 고통에 응답할 수 있는 것은 바로 그 가능성 때문이다. 궁극적으로, 자기 자신을 초월하며 타자를 향해 열리는 생명적 관계 속에서만 참 인간의 정체성은 실현된다.

Preface
서설

1

심드렁한 삶을 깨우다

전환과 깨어남의 강렬한 경험은 내 나머지 생의 부르심의 자리를 결정했다. 그 부르심은 다른 이들의 삶의 자리로 나를 인도했다. 그리고 수많은 이들을 만나오며 사람들이 가진 공통 질문 하나를 만나게 되었다. "내 삶은 왜 생생하지 않을까?" 살다 보면 삶의 불꽃이 희미해지거나 아예 꺼지기 직전일 때가 많다. 살아야 하니 먹고, 피곤하니 자고, 남들 학교 가니 공부하고, 돈을 벌어야 하니 일하고, 학점 잘 받아서 좋은 직장에 다니고, 남들 결혼하니 결혼하고, 빚을 갚고, 자식 키우고, 집 평수를 늘리고… 그렇게 살다 보니 내가 왜 사는지, 왜 살아야 하는지 잊어버린다. 마음의 불은 완전히 꺼져버려서 삶은 깜깜하고 차갑다. 왜 그런지 마음이 공허하다. 무엇 때문에 나는 행복하지 않을까? 어떤 관계들이 나를 지금처럼 살게 했을까? 더 나은 차원의 새로운 삶으로 가려면 무엇이 필요한 걸까? 나의 삶에는 어떤 매듭이 있고 어떤 상처와 장애가 있을까? 자유롭게 해방되어 훨훨 날아가지 못하게 하는 장벽은 무엇일까? 나를 가로막는 고정관념과 상처와 갇혀 있는 부분은 무엇이고, 하나님과 나 자신과 세계가 일치되는 길은 무엇일까? 이러한 질문들은 이전의 삶을 구조화한 '패러다임'을 잘 알아차릴 수 있도록 우리를 멈춰 세운다.

삶은 중첩되어 있고 구조화되어 있다. 그러니 표면만 보지 말고 질문해야 한다. 이 쳇바퀴는 어디서부터 시작되었고 끝은 어딜까? 나를 움직이는 에너지는 어떻게 구성되어 있고 관계는 어떤 요소와 차원으로 구성되어 있을까? 나의 힘은 주로 어디에 사용되고 있고 어떻게 왜곡되어 있을까? 이 잘못된 고리들을 어떻게 끊어야 할까? 전체적인 비전 안에서 나의 삶을 어떻게 조직화하고 어떻게 성장할 수 있을까? 이러한 질문들을 외면하며 사는 것은 삶에 대한 모독이요 우리를 지으신 이에 대한 모독이다. 깨어 있지 않으면 우리의 지평은 보이는 세계인 물物의 감옥에 갇힌다. 내가 만든 감옥, 세계가 만든 감옥 속에 말이다. 그러나 신은 마치 암호처럼 우리의 삶에 틈마다 잠재성의 빛을 비추며 우리를 흔들어 깨운다. 깨어나라고, 생생하게 살아 움직이라고! 더 가치 있고 복되게 살라고, 새로운 세상을 꿈꾸라고!

삶의 전환기에는 이전의 방식과는 다른 방법론이 필요하다. 새 술은 새 부대에 담아야 하는 법이다. 특별한 시간과 공간, 특별한 관계가 필요하다. 그것은 있는 그대로의 나를 환대하며 함께 이 여행을 떠나는 길벗들, 새로운 삶을 비춰 줄 등대, 캄캄하게 느껴지는 삶의 동굴에서 손잡고 이끌어 줄 안내자, 인류의 정신사에 녹아 있는 지혜 같은 것이다. 이 과정에서 가장 중요한 것은 삶에서 일어나는 틈들을 기회 삼아 우리 내면의 동굴에 있는 보석을 캐오는 일이다. 그저 보이는 현상적인 세계만이 아니라 우주 만물이 움직이고 생성되는 실상의 세계에서 오는 신호들을 잘 알아차리고 내 삶의 동력으로 삼는 법을 배워야 한다.

이 배움의 길에 장애물이 있다. 바로 알고 있다고 착각하는 무지다. 어떤 사람은 자기가 모르고 있다는 사실조차 알지 못하고 눈에 보이는 세계가 전부라고 생각한다. 그들은 자기가 모르는, 보이지 않는 세계와 존재에 대해서는 알려고도 하지 않는다. 그런가 하면 부분적인 지식을 가진 사람이 있다. 그들은 자기가 알고 있는 정보와 지금까지 경험한 작은 지식이면 충분하다고 생각한다. 여기까진 그래도 괜찮다. 제일 위험한 사람은 잘못된 지식을 가지고 있으면서 확신에 찬 사람들이다. 그런 사람들은 누구도 가르칠 수 없다. 잘못된 지식을 가진 이들이 확신에 차 있을 때, 그들은 단지 자기 삶의 오류를 범하는 문제만이 아니라, 타인의 삶을 왜곡하고 판단하는 힘을 갖게 된다. 이 현상은 단순한 '무지'의 문제가 아니라 '도그마적 무지 dogmatic ignorance', 즉 인간의 깊은 심연과 악의 배후를 모르고 고착된 자기 확신과 신념의 문제이다. 결과적으로 그는 차원 다른 악의 세계를 확장하는 데 이용당한다.

1. 무한 자기 회로 – 에코 챔버에 갇힌 사람들

플라톤 Plato 의 동굴의 비유에서 동굴 속 사람들은 벽에 비친 그림자만을 진실이라 여기고 살아간다. 그들 중 누군가가 밖으로 나가 참된 빛과 실재를 보고 돌아와도 확신에 찬 동굴의 대다수는 그를 미치광이나 파괴자로 여긴다. 이런 자기 확신의 대중적 역설은 현대 정보화 사회에서 더욱 두드러진다. 특히 알고리즘이 선택한 정보들 속에서 살아가는 이 시대는 자신의 욕구와 확신을 더욱 강화하는 '에코 챔버 Echo Chamber' 안에 더욱 정교하게 갇히게 된다. 그 감옥 속에서 더 깊은 사유와 전환은 가로막히고, 그 결과 인간은 더 이상 진리를 향해 나아가는 존재가 아니라 '자기 욕구와 의견을 더욱 정교하게 주장하고 방어하는 전문가'가 되어간다.

에코 챔버란 자신이 이미 믿고 있는 생각이나 신념만이 반복적으로 메아리처럼 확장되어 되돌아오는 인지적, 정보적 환경을 말한다. 이 개념은 원래 음향학에서 특정 소리의 반향이 울려 퍼지는 현상에서 유래했다. 또한 사회적, 미디어적 맥락에서는 비판적 검증 없이 자기 확신만이 증폭되는 폐쇄된 담론 공간을 의미한다. 에코 챔버는 단순한 편향bias 과는 다르다. 그것은 구조적이며 집단적이기에 더욱 위험하다. 집단적 에코 챔버는 비슷한 생각을 하는 사람끼리만 연결되고, 자신과 다른 의견이나 사실은 무시하거나 왜곡하는 경향이 강화될 때 더욱 고착화된다. 이는 오프라인 공동체에서도 존재하지만 특히 소셜 미디어 알고리즘을 통해 더욱 극적으로 강화된다. 예를 들어, 사용자가 특정 정치 성향의 게시물에 반응할수록 유사한 콘텐츠만 더 많이 보여주는 알고리즘은 확신을 더욱 강화하고 의심을 제거한다. 사람들은 자기도 모르게 무의식적 자동 방어 기제를 더욱 강하게 형성하게 된다.

에코 챔버는 이렇듯 인간의 인지적 편향, 특히 확증 편향confirmation bias 과 밀접히 연결되어 있다. 사람들은 자신이 이미 옳다고 확증한 정보를 더 선호하고, 반대 정보를 불쾌하거나 위협적으로 느낀다. 이는 자신이 '틀릴 수도 있다'라는 가능성을 점점 더 부정하게 만들고, 결과적으로 자기 내면의 성찰 기능과 타인과의 소통 능력이 마비된다. 더 중요한 문제가 있다. 그들은 신의 뜻을 묻거나 더 근원적인 의미를 찾기 위해 더 이상 '기도할 필요'가 없어진다.

> 모든 이야기에는 단 두 가지만 존재한다.
> 당신 편, 내 편.
> 그리고 진실이라 할지라도 그 밖.

이러한 환경에서 진리는 사실이 아니라 '얼마나 많이 내 구미에 맞게 반복 생산되어 퍼졌는가'로 결정된다. 자연히 허위 정보나 음모론이 확산되며 토론 가능성과 진실 추구의 능력은 약화된다. 진정한 대화와 의식의 성장은 더 깊은 성찰과 함께 '타자의 낯선 질문'을 받아 해석할 수 있을 때 가능하다. 그러나 에코 챔버 안의 사람들은 타자를 적대적 존재로 간주하고, 자기 의견을 방어하고 다른 의견을 반박하는데 집중한다. 그 결과 다른 의견을 경청하고 종합하기보다 비하하고 제거하려는 반응만 보이게 된다.

이 갇힌 회로의 양산이 위험한 이유는 이것이 단순한 정보의 문제가 아니라 자기 정체성 이해의 위기를 불러오기 때문이다. 나는 누구이며 왜 그렇게 믿는가? 이런 근본 질문을 상실한 채 오로지 '나와 같은, 혹은 같은 차원의 목소리'만을 듣는다면, 인간은 더 이상 사고하는 존재가 아니라 자기 욕망과 확신을 부풀려 반사하는 거울에 비치는 코드가 되어버린다. 인간은 자기 확신의 위험과 교만 앞에서 질문을 회복하는 존재다. 지식보다 중요한 것은 '모른다는 사실을 아는 것'이며, 이 겸허함이야말로 인간을 '사유하고 기도하게' 하는 유일한 출발점이다. 확신에 찬 무지는 문명의 어두운 그림자이다. 그로부터 벗어나는 데 필요한 것은 더 많은 정보가 아니라 더 깊은 성찰과 기도와 함께 열리는 차원 다른 의식의 층위다.

2. 생생함의 실상 – 보이지 않는 룰과 파동 에너지

나는 종종, 보이는 현상계에만 갇히지 않고 우리가 살아가는 세계가 보이지 않는 법칙과 에너지에 의해 구성되어 있다는 사실을 이해시키기 위해, '야구의 세계'를 비유로 사용하곤 한다. "야구의 세계에서 가장 먼저 떠오르는 것이 무엇인가요?"라고 물으면, 대개 야구공, 방망이, 유니폼을 입은 선수들 등 '눈에 보이는' 요소들을 먼저 말한다. 조금 더 확장해서 질문하면, 경기장, 경기장을 가득 메운 관중 등을 떠올리기도 한다. 그러나 이는 모두 같은 보이는 차원에 속한 현상들이다. 사실, 야구를 야구로 존재하게 하는 가장 핵심적인 조건은 '룰$_{rule}$', 곧 보이지 않는 규칙 체계이다. 만일 야구 경기에 축구의 룰을 적용한다면, 아무리 선수들이 뛰고 관중이 몰려 있어도 그것은 더 이상 '야구'라고 부를 수 없을 것이다. 야구라는 세계를 성립시키는 본질은 눈에 보이지 않지만 엄연히 작동하고 있는 '규칙의 질서'이다. 이 규칙은 가시적 대상들을 조율하고 의미 있게 결합하는 '프레임'이다. 이 룰이 없다면 야구는 야구가 아니라 단지 운동장 위의 무질서한 움직임일 뿐이다. 차원을 전환한다는 것은 바로 이 '보이지 않는 질서'를 인식하는 관점의 큰 시야를 동반한다.

여기에 더 중요한 요소가 있다. 룰만으로는 야구가 존재하지 않는다.

그 룰을 살아 있게 하는 에너지, 곧 그 게임을 사랑하고 지속하고자 하는 열정과 몰입의 동력이 함께 작용해야 한다. 또 아무리 체계적인 규칙이 정립되어 있다고 해도 그 질서를 향해 흐르는 생동하는 에너지가 없다면, 야구는 존재할 수 없고 더 이상 생생하게 살아 있는 게임이 될 수 없을 것이다. 현실 세계의 실상도 마찬가지다. 우리가 일상에서 접하는 사물과 사건은 보이는 현상의 차원일 뿐이며, 그 아래에는 보이지 않는 더 큰 차원의 법칙 체계와 그 체계를 작동시키는 내적 에너지가 흐르고 있다. 보이지 않지만 보이는 것을 있게 하는 실재적인 것—그것이 곧 세상의 본질을 이해하는 통찰의 출발점이다.

야구의 예화에서 보듯 생생한 삶을 가능케 하는 삶의 차원 전환은 단지 더 나은 행동을 하거나 감정을 관리하는 것이 아니다. 그것은 '현상을 규정하는 보이지 않는 룰'을 새롭게 점검하고, 그 질서에 감응하고 조율되는 자기 전환의 에너지의 방향을 조율하는 것이다. 야구의 룰과 에너지가 눈에 보이지 않지만 장 전체를 가능하게 하듯, 우리 삶의 차원도 보이지 않는 의식과 룰, 생기 있게 하는 에너지 흐름에 의해 변화된다.

또한 야구에서 홈런을 치는 선수를 보며 경이를 느끼듯, 실상의 세계에서도 홈런을 치는 사람이 필요하다. 홈런은 단순히 공을 멀리 날려 보는 것이 아니다. 경기의 흐름을 단숨에 바꾸고 사람들의 마음을 움직이는 강력한 순간이다. 야구 방망이를 들고 몇 번 툭툭 치는 것만으로는 사람들의 마음을 움직일 수 없고 어떤 한계를 뛰어넘는 선수가 반드시 등장해야 한다. 야구의 룰을 무한으로 반복하며 완전히 몰입하고, 오직 야구만 세상에 존재하는 것처럼 살아가는 사람. 그는 고통을 이겨내고 수행의 과정을 거치며, 시련을 견디며 오롯이 그 세계에 자신을 던지는 사람이다. 과거 축구가 인기를 누리고 야구는 새롭게 등장한 낯선 스포츠였던 시절이 있었다. 사람들은 야구라는 새로운 스포츠를 이상하게 여겼다. 그 시절 선구적으로 야구에 몰입했던 선수들이 없었다면 야구는 여전히 축구에 뒤처지는 스포츠로 남았을 것이다.

마찬가지로 새로운 차원의 룰에 따라 제대로 산 사람이 없다면, 그 삶은 생소하거나 이상하게 느껴질 수밖에 없다. 그러나 그러한 시선을 넘어 홈런을 치는 사람이 등장하는 순간 사람들의 열망이 깨어나게 된다. 누군가가 나를 대신해 꿈을 이루는 모습을 볼 때 관중들은 자신을 잊고 온전히 그와 함께 울고 웃는 존재가 된다. 온갖 역경을 딛고 마침내 그가 이룬 성취에 박수를 보내며 '그래, 내가 하고 싶었던 것을 저 사람이 해내고 있어!'라고 느끼는 순간, 에너지는 폭발적으로 증폭된다. 이것이 바로 보이지 않는 에너지의 파동이 만들어 내는 실상의 세계이다.

우리의 삶도 새로운 차원으로 진입하려면 세계를 구성하는 보이지 않는 실상의 요인들인 룰과 에너지의 방향이 바뀌어야 한다. 우리가 살아오면서 겪었던 반복되는 패턴들—억울했던 일, 실패의 경험, 분노를 일으키는 상황 등도 분석하다 보면, 단순한 우연이 아니라 일정한 구조와 원리를 가지고 있음을 발견하게 될 것이다. 그렇다면, 이런 패턴들은 어디에서 오는 것일까? 우리가 겪는 많은 경험은 눈에 보이는 현상만으로는 설명되지 않는다. 삶의 전환을 실질적으로 안내하고 구체적으로 적용하려면, 보이는 세계의 이면에 놓인 '실상의 세계'가 어떻게 현실에 접속되고 발현되는지 성찰해야 한다.

이 가시적 세계는 필연적으로 시간 속에 사라진다. 이 세계에서 힘을 행사하는 기준은 주로 크기와 무게다. 더 크고 무거울수록 더욱 큰 존재감을 드러내며 물리적 영향력도 강하다. 골리앗이 다윗보다 강력해 보였던 이유가 여기에 있다. 그러나 결정적 순간에 승리를 거둔 쪽은 여호와의 영과 정신에 사로잡힌 소년 다윗이었다. 그의 힘은 육체적 조건이 아니라 영에 있었다. 영은 비록 눈에 보이지 않지만 현상을 새롭게 창조하고 재구성하는 강력한 힘이 있다. 그러니 삶의 전환은 무엇을 '하는 것' 이전에, 내 삶의 룰과 에너지의 흐름이 실상의 각도에 맞춰져 있는지 자문하는 데에서 시작된다.

그러나 이 일이 쉽지 않은 이유는 실상에 대한 인식의 장애, 즉 실상을 고정된 입자처럼 인식하는 한계 때문이다. 우리는 입자성이 분명할수록 안정적이고 영원하다고 착각하며 굳어진 세계관 속에서 반복되는 일상에 매몰된다. 어느 순간 가슴 뛰는 생동감이 사라졌다는 공허함이 밀려온다. 삶이 생생하지 않은 이유가 바로 여기에 있다. 실상의 세계는 입자라기보다 흐름과 파동, 에너지의 장에 가깝기 때문이다. 그렇다면 이 힘은 언제 활성화되는가? 보이지 않는 이 힘은 어떻게 보이는 세계에서 작동하는가? 갓난아이는 아직 아무것도 할 수 없지만 무한한 잠재성을 지니고 있다. 그러나 이 잠재성은 혼자서는 발현되지 않는다. 신뢰할 수 있는 질서와 에너지가 흐르는 관계 속에서 비로소 현실화된다.

근대적 사고에 익숙한 우리는 세계를 대상화하여 분석함으로써 파악하려 한다. 신앙인조차도 하나님과 인간, 세계 사이의 깊은 내적 연관성을 충분히 인식하지 못한 채 성과 속을 표면적으로 구분하는 이분법에 머무르기 쉽다. 그러나 성경 속 인물들은 실상의 세계로부터 온 근원을 품고 세상 한가운데로 나아간 자들이었다. 그들이 품은 실재는 일상 한복판에서도, 삶의 균열 속에서도 창조적 변혁을 일으켰다. 그것은 이전에 볼 수도, 알 수도 없었던 방식으로 세상을 창조시키는 힘이었다. 이처럼 보이지 않는 실상의 세계와 보이는 현상의 세계가 접속되어 상호작용하여 룰과 에너지의 변화가 일어날 때 비로소 새로운 삶의 창조가 일어난다. 먼저 마음 깊은 곳에서 동력이 꿈틀대기 시작하고, 그것을 따라 살아갈 때 내면과 외면이 일치하는 삶이 열리게 된다.

3. 갇힌 상을 넘어서 – 개 상(像)을 벗다

생생한 삶은 고착된 '상'과 '역할'을 넘어서는 용기 있는 순간에 열린다. 우리는 누구나 자신에 대해 어떤 상像을 가지고 살아간다. '나는 이런 사람이다', '이런 역할을 해야 한다', '이 상황에서는 이렇게 반응해야 한다'라는 일련의 규칙과 설정들은 처음에 안정감을 준다. 그러나 그 입자화된 상은 어느 순간부터 삶을 고정된 궤도 안에 가두고, 본디 그 상과 역할이 존재하게 했던 실상의 생명력으로부터 멀어지게 만든다. 그러나 생생한 삶이란 불현듯 임계점을 넘어간 어느 자리, 예측 불가능성과 생성 가능성의 여백 속에서 태어난다. 그 가능성이 출현하려면 반드시 먼저 기존의 자아 구조—상과 역할—를 망각하게 하는, 차원 다른 신뢰와 믿음이 생겨야 한다. 그 자리에서 비로소 이전의 꽉 짜인 하위 차원의 그물망에서는 결코 떠오르지 않던 가능성이 말 걸어오기 시작한다.

틀에 갇힌 세계를 망각하게 하는 힘은 어떻게 가능한 것인가? 이것을 상징적으로 보여주는 흥미로운 이야기, '용감한 강아지'의 예화가 있다. 미국의 어느 사냥꾼이 친구의 초대를 받고 그의 집에 방문했을 때, 정체불명의 스테이크가 식탁에 올라왔다. 사냥꾼이 "이 고기, 소고기는 아닌 것 같은데, 무슨 고기인가?"라고 묻자, 친구는 빙긋 웃으며 대답했다. "호랑이 고기일세." 더 놀라운 것은 호랑이를 잡은 주인공이 다름 아닌 그의 강아지였다는 사실이다.

어릴 적부터 주인과 사냥에 동행하던 충직한 강아지는, '땅!' 하는 총성이 나면 달려 나가 사냥감을 회수하는 역할을 했다. 그 과정에서 강아지와 주인은 무한히 신뢰하고 사랑하는 사이가 되었다. 강아지에게는 복잡한 것이 없었다. '땅!' 소리가 나면 언제나 사냥감이 눈앞에 툭 떨어졌고, 무조건 달려 나가 물어오기만 하면 주인이 칭찬해 주었다. 그러던 어느 날, 사냥 중 예기치 않게 호랑이가 나타났다. 주인은 당황해서 호랑이를 향해 총을 쏘았지만 총알이 비껴갔다. 위기의 순간에 주인은 식은땀이 났다. 그러나 '땅!' 소리를 들은 강아지는 주저 없이 호랑이를 향해 돌진했다. 개의 본능대로라면 불가능한 일이다. 호랑이의 눈만 보고도 오줌을 지리며 혼절하는 것이 개의 생태이기 때문이다. 그러나 강아지는 '땅!' 소리가 들리는 순간, 자기 생태를 망각해 버렸다. 주인과 함께했던 무한한 신뢰의 경험 속에서, 강아지는 눈앞에 있는 것이 호랑이든 무엇이든 상관없었다. 강아지의 머릿속에는 그저 돌진하여 물어오기만 하면 주인이 해결할 것이라는 확신이 있었다. 호랑이는 자신을 향해 미친 듯이 짖으며 달려드는 강아지를 보며 당황했다. 자기 앞에서 설설 기는 작은 동물들만 봤던 호랑이는 자기에게 맹렬하게 달려드는 강아지가 너무 낯설었다. 호랑이는 오히려 겁에 질려 나무 위로 올라갔고, 정신을 차린 주인은 호랑이를 겨냥하여 총알을 명중시켰다. '땅!' 소리와 함께 호랑이는 나무 위에서 떨어졌고 강아지는 언제나 그렇듯 사냥감을 물고 주인에게 돌아왔다.

개의 상을 벗어버린 강아지의 이야기는 우리 존재의 조건을 성찰하게 만든다. 우리는 태생적으로 '상象'—곧 세계가 우리에게 부여한 역할, 형상, 기대에 갇혀 살아간다. 존재는 주어진 질서 속에서 위치를 부여받으며, 그 틀을 넘어서면 균형이 깨진다고 여긴다. 그러나 그 틀이 견고해지면 곧 우리를 생기로부터 차단하는 무형의 감옥이 되어 더 큰 세계와 만나는 것을 차단한다. 우리는 곧 자기가 만들어 낸 상과 현상에 갇힌다. 우리를 가두는 상은 분노, 불안, 죄책감, 망상 등 하위 의식의 에너지로 다가오며, 끊임없이 과거의 경험과 실패를 반복적으로 소환한다. 이러한 내적 채권자—'빚 문서'는, 종국적으로 우리 존재 자체를 결박한다. 그러나 복음은 이 빚이 이미 십자가에서 청산되었음을 선포한다. 문제는 여전히 우리가 그 빚 문서를 손에 쥐고 감옥에서 살아간다는 것이다.

믿음은 단순한 심리적 긍정이 아니다. 비전은 우리가 구성하는 것이 아니라, 미래로부터 달려오는 것이다. 우리가 하늘의 부르심을 받을 때는 이미 그 일을 감당할 자격과 기질이 담겨 있다. 때로 그 부름은 우리가 감히 넘볼 수 없을 만큼 거대해 보인다. 그러나 그것이 주어진 소명이라면, 그 길을 가는 도중 반드시 열매가 있을 것이다. 나 역시 엘리트 코스를 밟은 해외 유학파 출신이 아니었고 늦은 나이에 학문을 시작한 아시아의 한 여성이었지만, 그 속에서 하나님은 오히려 새로운 길을 여셨다. 나는 아무도 다루지 않던 난제들을 붙들며 영성 해석이라는 한 분야의 독자적 통찰과 사유를 구축할 수 있었다. 창조주 하나님은 항상 기존의 상을 전복하시며 패자 부활전을 치르신다.

삶은 전장이다. 싸움 없이 살아남은 이는 없다. 우리가 갇혀 있는 빚 문서—학벌, 외모, 연령, 실패의 기억 등—는 언제나 우리를 공격해 온다. 그러나 중요한 것은 삶의 문제 앞에서 방어전만 치를 것인가, 아니면 더 큰 세계와 합동 작전을 짜고 능동적으로 나아갈 것인가이다. 하나님은 우리에게 먼저 갇힌 상이라는 빚 문서를 십자가에 못 박게 하신 후 그 자리에 부활의 생명으로 새로운 '상'을 심으신다.

4. 자유를 기다리며

이러한 갇힌 상과 회로에서 탈출하는 길은 먼저 차원에 대한 개방성, 즉 인식의 틀 자체를 넘어서고자 하는 깊은 실존적 결단 및 자기 초월이다. 이는 '세계를 보는 방식과 자기 존재의 구도'를 바꾸는 존재론적 이동이다. 여기에서 '차원'은 물리적인 공간만이 아니다. 이는 의식과 인식의 구조, 다시 말해 자신과 세계를 구성하고 해석하는 '틀'을 포함한다. 이 틀의 위험성은 하나의 닫힌 차원을 고착시킨다는 것에 있다. 그 안에서 정보는 반복되고 해석은 편중되며 에고는 강화된다. 고착된 틀은 습관, 신념, 소속감, 정체성 등으로 강화되며, 어느새 '이것이 세계의 전부'라는 착각을 일으킨다.

하지만 삶을 바꾸는 잉여의 선물은 언제나 이 틀의 바깥에서 열린 차원 다른 틈을 타고 출현한다. 이는 닫힌 차원을 열고 탈출하여 낯설지만 진실한 어떤 가능성과 마주하는 행위다. 그 구현은 지금 내가 속해 있는 인식의 평면을 넘어설 수 있다는 믿음 그리고 그 경계에 서 있는 '틈'을 인지하고 열어두는 태도, 내 안에서 일어나는 욕구의 흐름을 감지하는 감각, 새로운 차원이 내게 들어올 수 있도록 조율하고 기도하는 지성을 요청한다. 그것은 다음과 같은 질문과 느낌을 인지하고 수용하는 여정이다.

- 느낌
  : 해체되는 것 같아서 불편하지만, 더 큰 차원으로 재구성되는 것이다.
- 질문
  : 내가 알고 있는 것이 전부일까? 뭔가 다른 세계가 있을 것이다.
- 수용
  : 경계에 있는 것 같고 삶을 흔드는 것 같지만, 나를 깨우는 것이다.

차원의 전환은 항상 불안을 동반한다. 익숙한 관념이 무너지고 자기 정체성이 흔들리기 때문이다. 하지만 그 불편함 속에 새로운 차원의 정체성이 융합되고 존재 방식의 전환이 일어난다. 에코 챔버 안의 인간은 '같은 반복' 속에 안주한다. 그러나 차원의 개방과 전환을 선택한 인간은 불확실성과 무지를 품고 미래를 향해 열려 있는 존재가 된다. 이 선택은 갇힌 상과 세계를 망각하고 더 큰 차원을 목도하게 하는 자유의 힘 같은 것이다.

이 자유의 힘은 일반적 의미의 자유는 아니다. 흔히 자유를 '내가 어떤 것을 선택할 수 있다'라는 의지적 능력으로 이해하지만, 새로운 차원에서 나타나는 자유는 이미 존재하는 선택지들 가운데 선택하는 수준을 넘어서는 것이다. 그 자유는 어떠한 선택지도 아직 형성되지 않은 상태에서 새로운 차원을 감지하는 미세한 끌림에 더 가깝다. 그는 스스로 '나는 이쪽으로 가야지'라고 '선택'하지 않지만 더 큰 차원의 신뢰 속에서 룰과 끌림을 따라 반응한다. 즉, 이 자유는 '고른다'기보다 '생명의 주인과의 관계에서 오는 울림을 느끼고 따라간다'라는 감응적 움직임이다.

'자유의 주체가 자아'라는 관념은 뚜렷한 의식을 가지고 분리적으로 사고하는 근대적 인간상에 기반한 것이다. 그러나 더 큰 차원에서 발생하는 자유는 자아가 이미 설정한 기준 위에서 생기는 것이 아니다. 오히려 에고의 구조 자체가 느슨해지고 열리는 그 틈에서 발현되는 것이다. 즉, 이 자유는 자아가 주장하는 것이 아니라 존재 전체가 열리며 경험하는 감격 속에서 생성된다. 그러나 그렇다고 해서 이 자유가 단순한 수동성도 아니다. 끌림에 반응하는 순간 존재는 다른 차원에서 실려오는 힘에 의해 자기조직화를 시작할 수 있게 된다. 이 자유는 '나의 결정'이 아니라 광대한 차원의 정보와 에너지의 파동이 있는 잠재성의 바다에 대한 '열림'이며, 망각은 이전의 현실이 너무나 작고 초라한 갇힌 현실임을 알게 된 결과이다.

그러므로 중요한 것은 삶을 전환하게 하는 새로운 차원의 정보와 가르침이다. 전혀 다른 차원으로 신관-인간관-세계관이 재구성되고 지향성과 욕구가 더 근원적이면서도 구체적으로 바뀌어야 한다. 이러한 지식은 단순히 생각이나 경험이 아니라 깨달음, 즉 계시의 영이 필요하다. 이미 알고 있던 답, 이미 경험했던 답이 아니라 존재에 이르는 새로운 축복의 삶과 방식을 기대해야 한다. 나의 삶에 꼭 맞는 영성의 방식, 내면을 비추고 영혼을 움직이는 방식, 존재와 관계 맺는 새로운 방식이 오고 들리고 보이도록 찾아 나서야 한다. 그 방식은 표면을 넘어 보이지 않는 실상의 룰과 에너지를 탐구하며 찾아진다.

2

삶에 '숨은' 보석을 발견하다

1. 길목의 재발견 – 타지만 타지 않는

모세는 한순간에 제국의 왕자에서 살인자가 되어 광막한 광야 위에 서 있었다. 40년간 광야는 모세에게 도피처가 되어 주었다. 그에게 광야는 숨을 돌리는 곳이었고 양 떼의 숨결과 발소리로 가득한 평화로운 일상의 공간이었다. 사막의 바람은 언제나 같았고 돌과 가시덤불은 늘 제자리에 있었다. 낮과 밤의 리듬도, 하늘의 색도 그의 삶에서 이미 익숙한 풍경이었다. 더 이상 새로울 것도 낯선 것도 없었다. 이제 그에게는 왕국에서 있었던 화려한 삶도 지나간 빛바랜 풍경이었다. 사십 년이라는 시간은 모든 영광도 고통도 풍화시키기에 충분했다. 가족들을 통해 간간이 들려오는 고통스러운 동족들의 삶―매일 절규하지만, 별다를 것도 없는 노예로서의 삶에 대한 안타까움도 무심한 시간 속에서 희미해진 지 오래였다. 그는 낯선 땅에서 평범한 가정을 꾸리고 목자로서 정착하여 살고 있었다. 한때 동족들을 향해 들끓었던 안타까움과 열정은 없으나 소소하고 안정적인 이 삶도 그리 나쁜 것도 아니었다. 인심 좋고 영향력 있는 장인 이드로와 활기차고 여장부 같은 아내 십보라와 자라나는 아이들, 말 잘 듣는 양 떼들. 손에 익은 지팡이가 말해주듯, 그리 나쁘지도 그리 심장이 뛰지도 않는 그런 일상이었다. '이렇게 사는 것도 나쁘지는 않아.' 그날도 모세는 아침부터 여느 때와 같은 일상을 성실히 시작하였으며 막 어느 길목을 지나던 참이었다.

그곳에 지나칠 수 없는 무언가가 있었다. 순간 이상하고 낯설지만 달콤한 기류가 흘렀다. 바람의 결이 아주 조금 다르게 스쳤고, 한 떨기나무가 불에 휩싸인 채 타지 않고 있었다. 그것은 불이지만 불이 아니었다. 눈으로 보는 것 같지만 눈으로만 볼 수 없는 타오름이었다. 모세는 발걸음을 멈추었다. 발걸음이 저절로 멈추었다고 말하는 편이 더 정확하겠다. 그 떨기나무가 말을 걸어왔다. 아니, 말이라기보다 존재 전체로 그를 꿰뚫는 소리를 발화하고 있었다. 그 소리는 시간을 관통하여 그의 인생 전체에게 말을 걸고 있었다. 영원 전부터 그를 알았고 이곳으로 이끌었으며, 그의 시간의 끝을 쥐고 있는 소리. 일순간 시간과 공간이 하나의 낯선 얼굴로 변모하여 그를 똑바로 응시하고 있는 것 같았다. 모세는 비틀거리며 떨기나무로 다가섰다.

> 하나님이 이르시되 이리로 가까이 오지 말라 네가 선 곳은 거룩한 땅이니 네 발에서 신을 벗으라 출 3:5

그는 자신도 모르게 신발을 벗었다. 땅은 변한 것이 없었지만 그 땅은 더 이상 그가 늘 알고 있던 한낱 광야의 모래밭이 아니었다. 그 순간, 모세는 자기를 저절로 넘어서고 있었다. 그가 평생 걸어온 그 길에서 처음으로 그는 이유 없는 강력한 마음의 파동을 경험했다. 설명할 수 없는 이끌림, 낯설지만 두려움보다 더 깊은 어떤 신성함.

모세는 그것이 진짜 자기가 걸어가야 할 자신의 이야기라는 것을 알았다. 자기로부터 시작되지 않았지만 자신이 응답하지 않으면 지나가 버릴 그 말. 80년의 세월을 통해 몸으로 깨달아진 내공. 광야의 먼지는 여전했지만, 이제 새로이 그 땅을 응시하는 모세의 눈은 다시는 예전으로 돌아갈 수 없었다. 불꽃은 꺼지지 않았으며 불 가운데에 있는 그도 타서 없어지지 않았다. 그와 불은 본질적으로 하나였다. 신성 속에서 삶의 이유가 타오르고 있었다.

> 아, 누구라도 나를 들을 수 있다면,
> 깊은 밤,
> 나를 꿰뚫고 지나가는 존재의 발걸음을 들을 수 있다면….

광야에서 모세가 사십 년을 침묵 속에서 보냈듯 인간은 끊임없이 반복되는 익숙한 리듬 속에서 적응하여 살아간다. 그러나 그 반복이 무의미한 것은 아니다. 오히려 그 일상의 익숙함 속에 전혀 다른 차원이 숨어 있기 때문이다. 문제는 그 차원을 감지할 수 있는 사건이 어딘가에서 출현하는 것에 달려 있다. 그 사건은 하나의 근원적 상징으로 우리에게 말을 걸어온다.

> 그대 영혼의 성에는
> 아직 불빛이 켜져 있는지

꾸역꾸역 삼키며 살고 있는 건 아닌지

왜인지는 모르지만

일상의 어느 길목에서 불쑥 찾아든 질문 하나

이상하게 눈이 투명해진다.

모세가 늘 지나던 길목 가운데에 서 있는 떨기나무에서 발견한 것은, 보이는 세계의 룰과는 전혀 다른 이상한 불꽃, '보이지 않는 삶의 숨은 보석'이다. 그 보석은 다양한 경계에 걸쳐 나타난다. 철학적으로는 '무無'의 틈에서 일어나는 존재의 진동이며, 영성적으로는 신의 계시이고, 심리적으로는 자아에 억눌려 있던 진짜 욕망의 출현이다. 과학적으로는 비선형적인 임계점에서 나타나는 미세한 요동이 질서 있는 구조로 전이되는 지점이다. 이러한 복합적 파동은 존재를 '조에 Zoe 의 생명력'—죽지 않는, 막힘없이 흐르는 생명의 근원으로 초대한다. 그것은 타오르면서도 타지 않는, 곧 파괴하지 않으면서도 변화시키는 힘이다. 떨기나무는 외부에서 오는 계시가 아니다. 그것은 늘 그곳에 있었지만, 모세의 시선이 변할 준비가 되었을 때 비로소 타오르기 시작한 것이다. 진정한 전환은 이미 익숙한 시공간 속에서, 그러나 전혀 낯선 감응을 통해 시작된다.

2. 욕구의 재발견 – 심연의 좌표

전통적인 영성의 길은 오랫동안 인간 정신의 고도화를 '단계'로 환원시켜 왔다. 절제와 금욕, 순종과 경건 그리고 상승 중심의 완덕 개념은 인간 내면의 고유한 울림과 불안정한 격류들을 지나치게 서열화하거나 주변화하는 오류를 범했다.

> 존재의 가장 살아 있는 진동—결핍, 흔들림, 불확실성
> 생생한 실존의 틈새들이
> 낡은 언어로 봉합되었다.
> 그들은 한목소리로
> "안전하다, 안전하다!" 말한다.

그러나 존재의 중심이 흩어지는 이 시대에서 오히려 틈에 숨은 보석이 발굴된다. 즉 인식과 존재 사이의 간극에서 터져 나오는 시간의 균열 속에서 뜻밖에도 근원 안에서 끝없이 샘솟는 가치가 발견된다는 사실이다. 그것은 진짜 욕망real want에 솔직해지는 진실성과 고유성, 그러면서도 진심 어린 하나 됨과 자기부정을 가능케 하는 차원 다른 조명에서 출현하는 새로운 의식이다.

영성은 세상과 분리된 초월적 도피나 예측할 수 있는 상승적 단계의 달성 같은 목표, 혹은 종교 엘리트에게만 주어진 갇힌 세계의 독점물이 아니다. 그것은 오히려 인과적 세계가 가진 한계 속에서 갇힌 세계의 중력장이 무너지는 순간, 고요히 자신의 존재를 드러낸다. 근원의 전체성에서 발현되는 그 존재는 욕망의 애착 지점에 붙들린 채 끝없이 반복되던 구조를 해체하면서 새로운 방식의 흐름을 일으킨다. 그 흐름의 시작점, 즉 무게 중심이 분리되고 고정된 자아 인식이 해체되는 자리가 바로 영성의 진짜 출발점이다.

이 지점은 상위 차원과 현실을 연결하는 접속면이다. 이전의 세계와 동일시되었던 의식이 거리 떼기를 당하면서 더 이상 자아가 모든 것을 통제할 수 없다는 무력감을 수용하는 자리이자, 그럴듯한 것들에 가려져 있던 진짜 생동하는 욕구가 얼굴을 드러내는 지점이다. 이곳에서는 '언젠가 도달해야 하는 고되고 무거운 완덕perfection'[4]으로서의 영성은 설 자리를 잃는다. 닛사의 그레고리우스Gregorius Nyssenus가 말했듯, 하나님은 그 등을 보일 뿐 결코 얼굴을 직접적으로 드러내지 않는다.[5] 하나님을 향한 여정은 스스로 만들어 낸 목표의 달성이 아니다. 오히려 영원한 미완의 추적이며 '뒤를 따라가는' 순례의 여정이다. 그 여정은 스스로 정한 목표의 실패 속에서 비로소 시선을 돌려 마주치는 진실에 더 가깝다. 이 지점에서 우리는 질문해야 한다. 왜 욕망은 여전히 통제의 대상인가? 과연 실패가 부끄러운 것이면, 완덕은 평가의 대상인가? 불완전을 수용하고 타자에 기대어 사는 삶이 왜 신앙의 실패처럼 간주되었는가?

---

4 | 완덕(perfection)은 그리스도교 영성 전통의 개념으로, 인간이 하나님의 형상(imago Dei)을 회복하고, 그리스도의 삶을 닮아가며 영적으로 성숙하는 최종 상태를 의미한다. 신약 성경에서는 "하늘에 계신 너희 아버지의 온전하심 같이 너희도 온전하라"(마 5:48)는 명령을 통해 완덕의 이상이 선포되며, 이는 단순한 도덕적 무결성 이상의 존재론적 변화를 내포한다. 교부 시대의 닛사의 그레고리우스(Gregory of Nyssa)는 완덕을 "끝없는 진보(Epektasis, ἐπέκτασις)", 즉 하나님을 향한 영원한 추구로 설명하였다. 또한 중세의 토마스 아퀴나스(Thomas Aquinas)는 신적 은총에 참여하여 이성과 의지를 통해 덕(virtue)의 완성에 이르는 상태로 정의하였다. 이 주제에 대해 더 알고자 하는 독자는 다음 자료를 참고하라. Philip Sheldrake, ed., *New SCM Dictionary of Christian Spirituality* (London: SCM Press, 2005).

5 | Gregory of Nyssa, *The Life of Moses*, trans. Abraham J. Malherbe and Everett Ferguson (New York: Paulist Press, 1978), 225.

이 진실의 순간, '불완전함의 인식'은 열등감도 아니고 절망도 아니다. 우리가 겸손할 수 있다면, 오히려 이 틈은 자신의 내면과 관계의 진실성을 여는 문턱이다. 완덕은 본질적으로 전혀 다른 차원의 타자와 연합에서 오는 존재적 특성이다. 그렇다면 그것은 더 이상 혼자만의 독주로 혹은 경쟁하여 먼저 쟁취할 트로피가 아니다. 완덕은 오히려 불완전한 세계에 대한 인정과 이 세계와는 다른 타자에 대한 신뢰의 수용이며, 비록 절뚝거릴지라도 계속 그분께로 돌아서서 삶을 의탁하는 자들이 함께 걷는 운동이다. 이 여정에서 진정한 '깨달음'이나 '통합'은 그저 이름이나 소유가 아니다. 오히려 소유 불가능한 사건이 그의 영혼에 도래하는 자리에서 넘쳐나는 무엇이다. 그 자리는 표면이 아니라 '심연'에 있다. 마이스터 에크하르트 Meister Eckhart 가 '영혼의 불꽃'[6]이라 불렀던 그 마음의 핵—그리스도의 영이 내주하여 전 인격의 무게가 가라앉는 가장 깊은 지점이다.

이 심연에서는 모든 반성 reflection 이 멈춘다. 인식은 더 이상 이전의 방식으로 삶을 구조화하지 않으며, 자신을 초월하여 그 자신으로부터 시작되지 않은 빛의 선물로 살아진다. 여기서 도래하는 것은 빛의 조명으로서 그 빛은 개념이 아니라 비-성찰적이며 비-인지적인 도래의 감각이다. 이 빛은 '루아흐 Ruach'—성령의 바람이며 생명의 힘이다. 말이 생성되기 이전의 말, 단순한 에너지를 넘어선 기氣의 실체로서 접촉을 낳고 관계를 여는 생명의 힘이다. '완덕'이나 '완전'은 원래의 선한 의도

---

6 | Bernard McGinn Bernard & Frank Tobln, "Sermon 69: Modicum et iam non videbitis me" *Meister Eckhart: Teacher and Preacher* (New York: Paulist Press, 1986), 313.

에도 불구하고 그 개념 자체에 소유욕이 담길 때 위험하다. 그럴 때 완덕은 본래 소유될 수 없는 하나님과의 관계를 자기 영광의 성취로 전락시킨다. 그래서 완덕의 상태는 하나님으로부터 계속 멀어지고 있다고 느끼는 겸손한 사람에게 오히려 더 가깝다. 그의 겸손은 지속적으로 각도를 맞추어야 할 영이신 하나님에게서 시선을 놓지 않게 만들기 때문이다.

필립 쉘드레이크 Philip Sheldrake 가 말한 '욕망의 영성 Spirituality of Desire '은 바로 이 맥락에서 다시 읽혀야 한다.[7] 쉘드레이크는 말한다. 욕망이 진실해질수록 인간 존재의 중심에 있는 하나님의 실재와 더 깊이 접촉하게 된다고. 억제된 욕망이 아니라 드러난 욕망, 정직하게 응시된 욕망, 무너지며 흔들리며 붕괴하는 그 틈과 경계에서 진짜 실체가 드러난다. 자기중심성을 딛고 넘어서 자기-비움으로 향하는 그 길에서 에로스는 아가페를 만나고, 그 마르지 않는 내면의 우물에서 영성은 다시 태어난다.

3. 자기부정의 재발견 – 정직한 숭고

자기부정은 금욕이나 억압이 아니다. 자기 욕망을 정직하게 직면하는 자만이 실현할 수 있는 '정직한 숭고, 벗겨진 숭고'다. 욕망은 가장 정

---

7 | Philip Sheldrake, *Befriending Our Desires* (Collegeville, MN: Liturgical Press, 2016) 참조.

직하다. 그것이 타인의 욕망을 흉내 내지 않는다면 언제 어디에나 가장 가까이 생명의 동력으로 존재한다. 토머스 머튼Thomas Merton은 구도자들이 자칫 빠지기 쉬운 함정에 대해 경고한다. 그들은 하나님이 창조하신 자기 자신에게서 벗어나고 싶어 하며, 다른 사람의 시선을 의식하느라 뒤집어쓴 거룩한 가면, 다른 경건한 누군가를 흉내 내는 것을 자기부정이라 착각한다.

> 많은 구도자들이 그들 자신이 되지 못했습니다. 그들은 하나님께서 원래 창조하신 자유로운 그들 그대로의 모습이 되지 못했습니다. 그들은 자기가 아닌 다른 누군가가 되려고 헛수고를 하며 시간을 낭비했습니다. 그들은 자기네가 만들어 낸 많은 이유로 몇백 년 전에 살다간 어떤 사람, 자신의 마음속에 심어주신 하나님의 창조물인 자기가 아닌 다른 어떤 사람이 되어야만 한다고 믿습니다. 그들은 다른 사람의 영성을 가지려고 노력한 끝에 몸과 마음이 지쳐버립니다. 거기에는 강한 자기 자만과 경쟁과 열등의식이 몰래 숨어 있습니다. 자연은 있는 그대로 자기를 드러내며 자신을 과시하거나 열등감을 느끼지 않습니다. 그들은 하나님이 만들어 주신 자기 자신에 만족합니다. 유독 인간만이 자기 자신을 하나님인 양하며 자기들의 세계를 재창조하려고 애를 쓰고 있습니다.[8]

자기부정의 초점은 욕망의 유무에 초점이 있다기보다 오히려 '진정성과 층위'에 있다. 모든 욕망이 같은 무게로 존재하는 것은 아니다. 욕망

---

8 | 토머스 머튼/조철웅 옮김, 『명상의 씨』 (서울: 가톨릭출판사, 1961), 53.

은 층위가 있다. 그리고 그 가장 깊은 곳에는 결코 위장되지 않은, 가장 진실하고 아름다운 갈망이 자리한다. 이 진실한 욕망은 감각적 충동을 넘어서는 지향성을 가지고 있다. 욕망은 단지 피조물의 본능이 아니라 신이 주신 선물이며 실재에 접속하는 통로요 에너지다. 정직한 욕망은 피조됨을 인정하는 중요한 정체성이다. 문제는 항상 경계와 지향성이다.

인간의 욕망은 억눌러야 할 짐이 아니라 정직하게 직면 되고 분별 되어야 할 신비이다. 그 욕망이 정직해지고 진실해질수록 인간은 이기적 자기중심성 self-centeredness 을 벗어나 자기 수여 self-giving 로 향하게 된다. 욕망은 거듭되어 가는 '진실과 자기 해체'의 과정을 통하여 오히려 더 깊은 전체성을 끌어올린다. 이때 창발적 emergent 이라는 말은 계획된 구성이나 설계를 넘어선다. 그것은 오히려 제어하거나 제한할 수 없는 상태에서 예측할 수 없는 방식으로 전체성이 발현되는 것이다. 마치 자아의 균열이나 정체성의 해체, 방향의 상실과 인식의 무력함이 절정에 이르러 고요해졌을 때, 갑자기—한 순간, 그 어디서도 오지 않은 방식으로 새로운 삶의 기적 같은 계기가 나타나는 것과 같다.

> 그는 더 이상 자기 목표를 향해 걷지 않는다.
> 그는 보이지 않는 길에 난 부르심을 따라 걷는다.
> 그는 정주하지 않는다.
> 그는 목초지와 우물을 따라 걷는
> 신비한 유목민이다.

주어진 길을 걸으며 정직하게 욕망의 실체와 맞닥뜨리고 고정된 정체성에 균열을 내는 사람, 그는 알 수 없는 불안과 타자의 부름에 귀를 기울이며 '경계 위에서 살아가는 존재' 같으나 끊임없이 새로운 창조의 파동에 응답한다. 자아는 파편처럼 흩어지지만, 그 흩어짐 속에서 관계적 자기의 새로운 태도, 즉 의미를 향한 존재적 응답성 그리고 발화 이전의 태초의 말씀과 사랑의 감응이 생겨난다. 이는 감정의 흐름이나 이성의 분석으로 파악되지 않는다. 그것은 오직 인과적 허상이 무너지며 새로 태어나는 자리에서 발생하는 말할 수 없는 설렘 같은 것이다.

그 틈은 종종 고통과 함께 온다. 외로움, 무의미, 실망, 수치, 죄의식, 상실의 파도 같은 강렬도 지점 속에서 드러난다. 그러나 그 겉모습에 속지 말아야 할 것은 허물어짐이 파괴가 아니라 초월을 위한 공간을 마련하는 작업이기 때문이다. 여백 없는 생성은 없다. 초월은 떠나고 도피하는 것이 아니라, '자기 안에서 자기 밖의 세계'가 때가 되어 스스로 뚫고 나오는 창발의 순간이다. 그대 열심히 살았는가. 알에서 깨어날 준비가 되었는가. 초월도 부정도 관념이 아닌 것은 둘이 하나이기 때문이다. 여기서 '초월적 자기부정'은 부르심과 초청 앞에서 자신을 열어 놓는 심층적 해체, 즉 의식적 방어 없이 존재의 뿌리에서 우러나오는 적극적 수용의 상태다. '어두움 속의 빛', '무지의 지'라 불리는 이 조명은 태양처럼 밝은 것이 아니다. 오히려 모든 이성적 확신이 꺼진 자리에서 마치 첫새벽의 어스름처럼 차가우면서도 절실한 무언가가 다가오는 감각이다. 이 감각은 언어로 번역될 수 없다. 그러나 그것은 행동을 바꾸고 관계를 다시 잇고 삶을 다시 살아가게 만드는 내적 힘을 준다. 욕망의 틈에서 빛은 도래하고 정체성은 다시 짜인다. 하지만 그것은 더는 자기를 강화하려는 정체성이 아니라 타자와 하나님 그리고 새로운 세계에 열려 있는 살아 있는 건축물로서의 자기다.

이때 욕구는 단순한 충동이 아닌 의식이 세계를 향해 나아가는 방향을 제공하는 에너지이며, 존재가 자기 바깥을 향해 열릴 수 있는 계기다. 욕구는 나를 외부로 시선을 열게 하며 세계와의 상호성 속에서 관계적 정체성을 재구성하게 만드는 에너지다. 따라서 욕구는 억제해야 할 것이 아니라 존재가 새로운 의미로 나아가는 힘이자 차원 전이의 동력으로 긍정되어야 한다. 여기서 자기부정의 정직한 의미가 탄생한다. 자기부정이란 욕구 자체를 억누르는 것이 아니다. 오히려 내가 욕구를 인식하는 방식을 잠시 유보하고, '지향성을 다시 배치'하는 것이다.

4. 성장의 재발견 – 중력의 견인적 돌파

완성되지 않음 속에서도, 인간은 걷는다. 걷는 존재는 끊임없이 중심을 잃고 기우뚱거리다가도 다시 균형을 찾아가는 생의 반복 속에 있다. 그는 단지 인식이나 덕목이 아니라 존재 전체를 통과하는 사유의 흐름과 삶의 리듬, 사랑의 통치력으로 살아간다. 이 여정에서 영성 형성은 어떤 상태가 아니다. 아브라함이 알 수 없는 곳으로 떠났던 이유, 바울이 자신 안의 '가시'를 제거 받지 못하고도 기뻐했던 이유, 완덕을 종말이 아니라 과정으로 보는 이유는 모두 이와 같다. 진정한 영성은 끊임없이 하나님으로부터 공급받으며 정직하게 소원을 가다듬고 믿음으로 방향을 조율하는 입체적 지향성이다.

'영성'은 사유를 넘어서고, 시간도 초월하지만, 오히려 일상에서 가장 분명히 드러난다. 아하! 단계는 일상의 차원이 달라지며 통합되는 것이다. 그것은 삶의 틈, 기도 중의 침묵과 조명의 초월적 내재, 공동체 안의 갈등과 용서, 실패와 실수, 정직한 욕망의 발견과 조율, 멈춰버린 관계 안에서도 뚜렷하다. 영성은 인식의 붕괴에서조차 관계를 포기하지 않는 태도에서도 발견된다. 이때 영은 단지 위에서 아래로 주입되는 힘이 아니다. 오히려 영성은 틈에서 생겨나는 생명 관계의 자기조직성과 근원을 향해 반복적으로 돌아가서 다시 회귀하는 존재의 '운동 기억'이다. 바울이 "나는 날마다 죽노라"고전 15:31 라고 말했듯, 이 죽음은 자기애적 자아의 죽음이다. 동시에 날마다 다시 태어나는 생명의 성령의 법으로 형성된 세계를 향한 새로운 전체성, 자기-긍정과 부정의 반복과 상호작용이다. 그러므로 '영성'은 영혼의 상태이자 지향성이다. 이는 자기 삶을 하나님 안에서 끝없이 조율하고, 타자를 생명의 이법과 사랑으로 품고, 미래를 감지하며 견디는 내적 능력이다. 이 능력은 실패와 결핍, 끊임없는 자아의 흔들림이라는 끝없는 자극 속에서도 하나님을 신뢰하는 깊은 사랑의 근거로 반응할 수 있는 근원으로부터 온다. 이것이야말로 차원을 넘어서는 신비한 힘이자 차원을 뚫고 존재를 다시 엮는 무형의 중력장이다. 그것은 모든 것을 끌어당기고 존재 전체에 은밀한 곡률을 만들어 낸다. 사람은 그 곡률을 따라 조금씩, 아주 조금씩, 그러나 분명히 변화한다.

우리가 사는 세계는 유력과 인과의 질서로 이루어져 있다. 욕망은 이 인과의 세계 안에서 형성되며, 반복되고 성취한다. 마음껏 그 욕망을 발산할 수 있는 이들은 제한되어 있기에 그 세계에서는 모두가 경쟁과 무기력으로 길들여진다. 성취와 실패, 높아짐과 낮아짐, 통제와 무력감—이 모든 것은 원인과 결과라는 평면적이고 한계 있는 세계에서 작동하는 작용과 반작용의 결과이다. 그러나 돌파는 이 평면을 뚫고 올라오고 더 큰 힘이 견인하여 차원을 관통케 하는 힘이다. 이때의 돌파는 확신과 확장, 고집 어린 신념의 직선적 상승이 아니라 무게 중심의 이동에 가깝다. 무게 중심 gram 이란 무엇인가? 그것은 자아가 무게의 값 value 을 가지고 머무르는 자리이며, 우리가 살아낸 세계의 관성적 습관과 소유들에 대한 애착과 집착이다.

> 등이 늘 딱딱하다.
>
> 삶에 조금이라도 무게를 더 늘려보려고
>
> 애를 애를 썼더니
>
> 살이 껍질처럼 붙어버렸다.
>
> 조금만 더 가면
>
> 가짜 나의 파멸 전략에
>
> 묻혀버릴 것이다.
>
> 그 와중에도 나는
>
> 이 상황을 돌파해 보려고 더 몸을 딱딱하게 만들어
>
> 장갑차로 만들 궁리를 하고 있다.

고통의 회피, 정체성의 고착, 평가와 인정의 중심화—이 모든 것은 일정한 중력장을 형성한다. 영적 돌파는 이 중력장을 감지하고, 흔들고, 이동시키는 일이다. 이 작업의 성공 비밀은 삶이 틀어지는 와중에도 도망가지 않고 가만히 들여다보면 알 수 있는 차원의 틈새를 관조하는 힘이다.

돌파의 순간은 기존 세계에 균형이 깨질 때 그리고 새롭게 균형을 잡아줄 중심이 출현할 때 발생한다. 이때 필요한 것은 의도적이고 작위적인 노력을 포기하는 것이다. 인내하며 기존 차원의 논리와 상식 안에서 설명될 수 없는 '차원을 가늠하는 감각', 존재의 촉을 기다려야 한다. 불안정 속에서도 '지금 이 길을 걸어야 한다'라는 심층적 아포리아aporia의 직관, 그것이 차원 전환을 견디는 힘이다. 이러한 존재의 균형은 고정적 구조가 아니라 끊임없이 조율되는 긴장적 균형의 동역학 dynamics of tension이다. 그는 알고 있다. '통합'이나 '완성'이라는 언어가 지닌 실제 의미를 말이다. 존재는 고정된 개체 단위가 아니라 흐름이며 입체적 관계구조다. 완성은 상태가 아니라 관계적이고 열려 있는 구성체이며, 복잡성complexity으로 상호작용을 하는 생명계 안에서 자신을 마치 수행하듯 가다듬고 재배열해 가는 하나의 움직임이다.

5. 수동성의 재발견 - 차원 다른 부등호

우리는 '능동성'의 강조에 익숙하다. 현대인들은 능동적으로 움직이는 것만이 가치가 있으며 그래야만 성공할 수 있다고 생각한다. 그러한 맥락 속에서 오늘날의 현대인은 영성조차 '자기 계발'로 소비한다. 능동적 사랑, 능동적 기도, 능동적 용서… 마치 모든 것이 '해야 하는 것'의 목록이 되어버린다. 그러나 결국 한계에 부딪히며 자신의 능동적 설계를 성취하지 못한 채 절망에 빠진다. 기도는 성과를 위한 도구가 되고, 명상은 통제력을 회복하려는 기술이 되며, 영성은 자아실현의 수단이었음이 드러난다. 이때 수동성은 이 능동 만능주의 시스템의 허점을 찌른다. 수동성은 무기력한 상태의 노예적 수동성이 아니다. 오히려 그 반대이다. 수동성은 깊은 신뢰로 자신을 근원에 개방할 수 있는 강력한 힘이다.

이 수동성은 무언가 다른 차원에 사로잡힌 자유인에게 발생한다. 마치 장-폴 사르트르 Jean-Paul Sartre 에게서 '수동성'이 "자기와는 다른 것에 의해 조건 지워지거나 결정된 것의 존재 양태 manière d'être"를 가리키는 개념이듯이 말이다.[9] '사로잡힘'이란 자발적이고 능동적이고 자유로운 의식이 의식 그 자체를 포함해 다른 존재에 의해 '붙잡힌 pris' 상태를 가리킨다. 그 결과 '의식'의 절대적 자발성은 계속 곤경에 빠뜨려진다. 엄밀하게 말해 수동성과 사로잡힘은 같은 선상의 개념은 아니다. 그러나 그 사로잡힘 상태에 있는 '의식'은 이러한 수동성을 피할 수 없는 것으로 보인다. 그렇기에 그는 최소한 더 이상 의식이 주체 노릇을 할 수 없는 지점이 있다는 것을 발견한다! 그래서 그는 더 이상 자기 삶을, 세계를, 더 나아가 신을 내 뜻으로 움직이려 할 수 없다.

진정한 영성은 자아를 강화하며 능동적으로 행동하거나 움츠려 드는 것이 아니라, '행동 이전에 선행되는 것'이 무엇인지 아는 것이다. 영성은 능동적 행동을 하는 자기 안의 주체가 누구인지를 분별한다. 자아

---

9 | François Noudelmann and Gilles Philippe, eds., *Dictionnaire Sartre* (Paris: Honoré Champion, 2004), 371.

가 주도하는 초월론적 영성은 더욱 위험하다. 결국 자아의 모든 의식은 '무엇에 대한 의식'일 뿐이기에, 이 수동성은 대상적 자아의 무덤 위에서만 피는 꽃이다. 자아가 무너지고, 무지 속에 놓이며, 결국 하나님 안에서 새롭게 지어지는 길 안에서 비로소 수동성은 신의 능동을 드러낸다. 위-디오니시우스 Pseudo-Dionysius Areopagita 의 말을 빌리자면, "신적인 어둠은 빛보다 더 많은 것을 드러낸다. 왜냐하면 그 어둠은 피조물의 모든 한계를 넘어서 있기 때문"[10]이다. 그 어둠은 회피의 어둠이 아니라 도리어 하나님의 현존을 감당할 수 없을 만큼 빛으로 충만하기에 인식의 어둠이다. 그 안에서 인간은 아무것도 자의적으로 행할 수 없고 다만 '온전히 누리고 받을 수 있는 존재'로 깨어나게 된다. 이것이 바로 수동성의 영성이다. 그는 스스로 일어나지 않으며 하나님이 일으키시는 존재로서 있다. 따라서 수동성의 영성은 그 사랑이 나를 통과해 일어나게 되는 공간을 허락하는 것이다. 그것은 무력함이 아니라 가장 강한 믿음의 표현이다. 수동적 수용을 거친 후에야 영혼은 신-인-세계의 일치 안에서 적극적 능동으로 나아간다.

에고 ego 에게 이 의식의 수동성은 적이다. 그 반대도 성립한다. 의식의 수동성에게 에고는 적이다. 수동성은 너른 바다를 야심 차게 정복하려는 에고의 항로 기획 한가운데에 도도하게 놓인 거대한 암초와 같다. 근원적 타자와의 일치를 위한 희생이나 자기부정에 걸려 넘어지는 것은 결국 에고의 자기기만이다. 내가 바로 너라는 연합 의식, 무지의

---

10 | Pseudo-Dionysius, *Pseudo-Dionysius: The Complete Works*, trans. Colm Luibheid (New York: Paulist Press, 1987), 265.

지知나 사랑의 지식 같은, 현상적인 좌표에 잡히지 않는 직관이 에고의 항로를 가로막는 암초의 얼굴이다. 인간이 결코 물질세계에 더 이상 잠식되거나 소유 당해서는 안 되며, 그것을 다스리는 권세가 있어야 한다는 강력한 외침 또한 능동적 의식의 거침없는 항해를 막는다. 그렇기에 사막 교부들은 자기 계획과 능동을 내려놓고 침묵과 고독 속에서 하나님이 자신 안에서 신호를 보내시는 것을 견디며 기다렸다. 이들은 영성의 본질을 삶의 격투 속에서 발견하고, 짧고 단순한 기도를 통해 하나님의 임재가 '일어나도록' 주권을 내맡겼다. 그들은 남의 시선이나 비난에 개의치 않고 자기를 험담하는 자들을 내버려둔다. 그 사이에 자기애와 자기중심에서 비롯된 죄가 박살난다. 이 길은 에고가 낸 능동적 고속도로가 아니라 갈망으로 더듬어 가는 의탁의 길이다. 노르위치의 줄리안Julian of Norwich은 사고나 의지의 노력 없이 하나님을 '사랑으로 아는' 길을 제시한다.

> 나는 만물을 통치하는 선이다.
> 나는 그대로 하여금 사랑하게 하는 존재다.
> 나는 그대로 하여금 열망하게 하는 존재다.
> 나는 그대로 하여금 열망하게 하고 바라게 하는 존재다.
> 이것이 나다.
> 모든 열망의 끝없는 충족.[11]

---

11 | Julian of Norwich, *Showings*, trans. Edmund Colledge and James Walsh, (New York : Paulist Press, 1978), LT 51.

중세의 신비가인 줄리안은 인간의 언어로는 다 담을 수 없는 깊은 확신을 보여준다. 줄리안은 기도 중 하나의 환시를 경험한다. 그녀의 손바닥 위에 개암나무 열매보다 작은, 눈 깜짝할 사이에 사라질 것 같은 무언가가 놓인다. 그것을 바라보며 "이것이 무엇인가요?"하고 묻자, 하나님은 대답하신다. "그것은 피조물이다." 줄리안은 안다. 그 보잘것없는 존재가 결코 사라지지 않을 것이라는 사실을. 하나님께서 그것을 지으셨고, 지금도 사랑하고 계시며, 끝까지 돌보실 것이기 때문이다.

> 하느님께서 나의 손바닥에
>
> 개암나무 열매보다 작은 무언가를 보여 주셨다.
>
> '이것이 무엇일까?' 하고 생각했는데,
>
> 하느님께로부터
>
> "그것은 피조물이다" 하고 대답하시는 말씀이 들렸다.
>
> 그것은 너무 작아서 한 순간에 사라져 버릴 것만 같았다.
>
> 그러나 그 열매는 영원히 사라지지 않을 것을 알았다.
>
> 즉 하느님께서
>
> 그것을 만드셨고 사랑하고 계시고 돌보시기 때문이다.[12]

이 환시는 단지 우주의 본질을 축소한 상징이 아니다. 인간이 가장 작지만 우주보다 더 귀한 존재 자체로 하나님의 손안에 놓여 있음을, 모든 삶의 파편들이 무한한 사랑의 시야 안에서 보살핌을 받고 있음을

---

12 ｜ Julian of Norwich, *Revelations of Divine Love*, trans. Elizabeth Spearing (New York: Penguin Books, 1998), 36.

드러내는 것이다. 줄리안의 영성은 능동적인 자기 확신이 아니라 사랑의 하나님께 자신을 전적으로 맡기는 수동성이며, 존재의 전면적 개방 안에서 도달한 신뢰의 깊이에서 피어난다. 죄와 고통, 심지어 죽음조차도 이 사랑 앞에서는 최종적인 것이 아니다. 하나님은 우리가 미처 감지하지 못하는 방식으로 창조된 모든 것을 품에 안고 계시며 그 사랑은 결코 실패하지 않을 것이다.

그래서 우리는 끝내 말할 수 있다. "결국, 모든 것이 잘될 것이다." 이 말은 인생의 역설과 절망을 통과한 자만이 말할 수 있는 신비한 믿음의 선언이다. 그녀에게 신앙은 무엇을 성취하려는 투쟁이 아니라 이미 일어나고 있는 사랑의 온전한 흐름 안에 자신을 온전히 내어 맡기는 '전적 의탁'의 길이다. 그리고 그 길의 끝에는 온 우주를 떠받치고 있는 진리의 한 마디가 남는다.

> 그 사랑 때문에, 결국 모든 것이 잘될 것이다.[13]

모든 것이 잘될 것이다. 모든 것이 잘되는 중이며 결국 모든 것은 잘될 것이다. 이 고백은 하나님의 사랑이 모든 것을 품고 있다는 환시 앞에 무릎 꿇은 자의 말 없는 항복이자 신뢰의 선언이다. 그리고 우리는 이것이 하나님의 사랑으로부터 시작된 진정한 묘략임을 믿는다. 우리의 인생은 존재하게 하시는 분께 내맡기는 삶, 일어날 것이 일어나도록 하

---

13 | Julian of Norwich, *Revelations of Divine Love*, trans. Elizabeth Spearing (New York: Penguin Books, 1998), 48.

는 삶이다. 보이는 세계 안에서 능동적으로 살아가려는 삶이 지나고 한계를 절감하며 무너지는 시간도 지나간다. 열정도 있어야 했고 죄도 있어야 했다. 당연하다는 말이 아니다. 초점은 그것이 아니라 모든 것을 합력하여 선을 이루는 사랑의 존재로 우리의 시선이 옮겨지는 것이다. 수동성의 영성은 운명을 체념하거나 무기력에 빠지는 길이 아니다. 오히려 이는 하나님이 일하시는 힘을 신뢰하며, 삶을 자아의 손아귀에서 내려놓는 '깊은 믿음의 선택'이다. 수동성의 영성은 우리를 초조한 자기실현의 열망으로부터 해방시키며, 모든 것이 은총이라는 사실 앞에서 '머물고 누리는' 자유를 회복하게 한다. 이 삶은 행동이 없는 것이 아니라 더 이상 오만한 주체가 아님을 선포하는 것이다. 이로 인해 삶은 하나님이 나를 통해 '일으키시는' 존재의 수동성 안에 머물며, 지금 내게 주어진 시간을 최선 다해 자기애 없이 해내는 의탁이 된다.

6. 이분법의 재발견 – 생명의 법 vs 사망의 법

세상은 수많은 차이와 대립으로 구성된 듯 보인다. 인종, 젠더, 세대, 이념 등은 종종 대립과 분열을 조장하는 기준으로 작동한다. 그러나 이 차이들은 단지 서로 다른 존재 방식의 반영일 뿐이며, 오히려 서로를 보완하고 풍요롭게 만드는 다양성의 표현이다. 그러나 오직 하나의 분기점만은 예외다. 그것은 '조에 ζωή'와 '비오스 βίος', 생명과 사망의 이분법이다.

> 죽은 자 같으나 산 자가 있고,

산 자 같으나 죽은 자가 있지.

헬라어 성경은 인간의 생명을 세 가지 단어로 구분하였다. '프쉬케 ψυχή'는 호흡하는 존재로서의 생명, 곧 단순한 생물학적 목숨을 의미한다. '비오스 βίος'는 세상 속에서 살아가는 생명, 곧 인간의 자아와 욕망이 주도하는 세속적 삶의 흐름이다. 이에 반해 '조에 ζωή'는 하나님으로부터 온 창조되지 않은 영원한 생명, 곧 하나님과의 연합 안에서 살아 움직이는 참된 생명을 의미한다.

비오스는 존재의 표면을 따라 살아가는 생명이다. 비오스의 삶의 기초는 자기의 욕구를 충족하기 위해, 자신의 힘으로 보이는 세상에 반응하며 사는 의식이다. 욕망과 불안, 비교와 경쟁, 우상과 자기중심성으로 구성된 이 삶은 인간의 에고 [자아]를 실재로 착각하게 만든다. 성경이 '이생의 자랑' 요일 2:16 을 말할 때 '이생'의 원어가 비오스인 것은 우연이 아니다. 비오스의 지향성은 결국 자기를 위하여 살다가 사망을 향해 가는 방향성이다. 반면 조에의 생명은 '그리스도 안에 감추어진 생명' 골 3:3 이다. 조에는 인간이 소유하거나 통제할 수 있는 것이 아니라, 오직 은혜로 주어지는 선물이다. "내가 온 것은 양으로 생명 [조에]을 얻게 하고 더 풍성히 얻게 하려 함이라" 요 10:10 라고 하신 예수의 말씀은 조에가 단순한 지속성이 아니라, 깊이 있고 충만한 존재의 흐름임을 증언한다. 조에 생명은 그리스도의 생명에 참여하는 생명이며, '생명의 성령의 법'으로 우리를 죄와 사망의 법에서 해방시키는 힘이다 롬 8:2 . 이것은 인간의 능력이나 의지로 얻는 것이 아니다. 오직 믿음과 연합 안에서 성령의 도래로 주어지는 실재적 변화이다.

조에와 비오스 사이에는 어떤 연속성이나 인과성이 없다. 두 삶은 전혀 다른 차원의 법 아래에 있다. 이 둘의 분기점이 바로 로마서 7장과 8장 사이다. 이는 존재가 과거의 욕망과 자기중심성을 정지하고, 하나님의 생명이 개입할 수 있는 틈으로 열리는 지점이다. 에고가 가진 생존 전략과 내적 에너지를 직면하고 그 흐름을 관찰하며 분리될 수 있을 때 [마치 창세기 1장에서 빛을 어둠에서 분리해 내듯이], 비오스의 생명이 가진 필연적 비극은 비로소 멈춘다. 이렇듯 전격적인 삶의 전환은 비오스 생명의 중지와 조에 생명의 도래 지점에서 일어난다. 이 틈은 인간이 할 수 없는 극한의 용서와 사랑의 능력이 도달하는 공간이며, 죄와 사망의 중력에서 탈출할 수 있는 유일한 은총의 분기점이다. 그곳에서 심판에 이르지 아니하고 사망에서 생명으로 옮겨졌다는 말씀요 5:24 은 현실이 된다.

조에는 단순한 '있음'이 아니라, 살아 움직이는 존재의 운동이다. 그것은 '생명'이라는 명사의 정적인 개념으로 포착되지 않으며, 계속해서 흐르고 진동하며 신비한 리듬을 생성하는 파동적 실재이다. 조에는 마치 입자이면서 동시에 파동인 빛과 같다. 관찰자의 시선이 있을 때 입자로 포착된다. 시선의 무수한 가능성의 파동으로 존재하는 양자 역학적 실재처럼, 조에도 믿음이라는 시선을 통해 구체화되고 간절히 갈망할 때 도래하는 생명이다. 믿음은 단지 정신적 확신이 아니라 존재의 방향성과 의식의 운동이다. "육신의 생각은 사망이요 영의 생각은 생명과 평안이니라"롬 8:6 라는 선언은 이 의식의 지향성이 생명의 결정적인 토대임을 말해준다. 믿음의 눈으로 관찰할 때 존재는 사망의 중력에서 벗어나 생명의 리듬으로 전환된다.

조에는 계산될 수 없는 생명이다. 윤리적 선이나 아름다움, 노력으로도 도달할 수 없는, 전적으로 타자의 선물이다. 고전 물리학의 예측할 수 있는 세계와 달리 조에는 예측을 거부하고 항상 새롭게 도래한다. 그것은 조건 없는 사랑이며 이미 이루어진 약속 안에 도래하는 실재이다. "하나님이 세상을 이처럼 사랑하사 독생자[예쉬]를 주셨으니 이는 그를 믿는 자마다 멸망하지 않고 영생[조에]을 얻게 하려 하심이라."요 3:16 하나님과 함께하는 이 생명은 더 이상 '내' 생명이 아니며, 그리스도의 생명에 참여하는 존재의 은총이다.

리처드 포스터 Richard J. Foster 는 말한다. "하나님께서 창조 시 의도하셨던 생명은 바로 이 '하나님과 함께하는 생명'이다. 예수께서 죽음과 부활을 통해 우리에게 주신 생명은 육체의 죽음을 초월하여 지금 여기에서부터 하늘까지 이어지는 진정한 생명이다."[14] 조에의 생명은 참여하는 생명이며 소유의 대상이 아니라 나눔의 여정이다. 이는 '이용하는' 생명이 아니라 '살아내는' 생명의 존재 방식이다. 조에는 예수 그리스도 안에서 이미 주어졌으며 우리는 그 생명의 증언자요 참여자일 뿐이다. 그러므로 조에와 비오스는 단순히 삶의 방식이 아니다. 그 지향성과 종말이 완전히 다른 법의 체계이다. 비오스는 결국 자기를 주인으로 삼아 잠깐 살다가 사망을 향해 가는 길이며, 조에는 하나님의 생명에 접속되어 은총 안에서 살아가는 영원의 길이다. 이것이야말로 인간 존재를 가르는 유일한 이분법이며, 가장 심오한 실재의 분기이다.

---

14 | Richard J. Foster, *Celebration of Discipline: The Path to Spiritual Growth*, 20th Anniversary ed. (San Francisco: HarperSanFrancisco, 1998), 7, 164.

조에는 우리가 창조된 본래의 생명이다. 지금 이 순간에도 그 생명은 흐르고 있다. 그 조에 생명의 발현을 지독히도 싫어하는 대척점에 아무도 벗어날 수 없는 운명적 사망의 법으로 옭아매는 곳에 비오스가 있다.

그리스도교는 생명의 선도자로서 비오스와의 대척 지점에 서 있다. 오늘날 복음이 위기를 맞고 있다는 진단은 단지 외적 세속화나 제도적 교회의 쇠퇴를 뜻하지 않는다. 그것은 복음의 내면과 능력이 말의 껍질로만 남고 그 생명력이 삶의 현장에서 증발해 버리는, 보다 심층적인 위기이다. 이 위기는 단순히 설교나 교리의 문제가 아니다. 살아계신 하나님과 인간 존재가 실재적으로 만나고 있는지에 대한 근원적 질문이다.

영성이란 바로 신과 인간이 만나는 자리에서 피어나는 현존의 파동이다. 그런 점에서 영성은 종교적 기능이나 도덕적 수양이 아니라 존재를 근본에서부터 전환시키는 깊은 생명의 감응 경험이다. 이 감응은 필연적으로 인간 삶의 형태를 바꾸며 삶의 의미 구조를 다시 쓰도록 만든다. 그에 반해 신학은 그 만남을 언어화하려는 시도이며 그 흔적을 사유와 개념으로 남기려는 응답이다. 영성과 신학은 각각 다른 차원을 지니나 결코 분리될 수 없다. 영성 없는 신학은 점점 더 정교하고 논리적인 구조를 세울 수는 있겠지만 그 구조물 안에는 더 이상 '살아계신 하나님'의 현존이 깃들 수 없다. 그렇게 된다면 신학의 장에는 조에 생명의 구체적인 삶의 투쟁이 사라진 화석화된 진리만 남을 뿐이며 결국 껍데기만 남은 지성의 유희터로 전락한다. 반대로, 신학 없는 영성은 개인적 경험의 미화나 소비적 자기 몰입에 머물 위험을 내포한다. 뿌리 깊은 성찰과 사유 없이 감각과 감정의 차원에서만 영성을 말하면 그것은 순식간에 영적 상품으로 소비되거나 시대의 공허를 포장하는 도구가 되어버린다. 그런 영성은 세상에서 예언자로서의 발언권을 잃게 된다. 복음의 위기를 극복하는 길은 살아계신 하나님의 생명이 우리 삶에 다시 접속되도록 영성의 뿌리를 회복하는 것이다. 그리고 그 접속은 단지 종교적 차원에만 머물지 않고, 인문학적 감수성과 영성 형성을 동반한 통합적 시각을 필요로 한다.

네 힘, 마당, 차원

네 힘과 마당

네 힘과 마당, 차원에 관한 이 짧은 글은 앞으로 펼쳐갈 논의를 위한 가벼운 사전 스케치다. [유有-무無-용用-영[0]] 네 힘의 역학은 '마당場'과 함께 논의해야 더 구체적이고 입체적으로 이해된다. 이 힘들이 실제로 작동하고 변환되며 상호 간섭하는 '차원의 구조적 장場'을 함께 고려해야 비로소 통합적 이해와 서로 간의 관계가 보이기 때문이다. 마당은 네 힘이 '전개되는 차원의 무대'라 할 수 있다. '유-무-용-영'은 각각 독립된 세계가 아니다. 전체를 아우르는 생명의 근원에서 불일치하고자 고집하지만 않는다면, 차원을 넘어가는 존재의 흐름 또는 차원적 변화에 따른 힘의 순환방식이다. 이 흐름은 공간적/에너지 구조 위에서만 실질적으로 작동할 수 있는데, 그 구조가 바로 '마당'이라고 할 수 있다. 숀 캐럴 Sean B. Carroll 의 말처럼, 우리는 실제로 모든 가능한 세상 안에서 살아가고 있으며, 지금 이 현실은 그 중 하나가 펼쳐진 것일 뿐이다.[15] 마당은 각 차원의 힘이 접히고 펼쳐지는 차원의 실상이다.

앞으로 상세하게 논의하겠지만 유 ㅜ 는 보이는 세계에 자리잡은 실존들로서 좌표를 제공한다. 유력은 정태적이고 고정된 에너지로 구성되어 있고, 정체성과 무게를 담당하며 마당 위에 안정된 점처럼 자리한다. 무 ▦ 는 현상적으로는 보이지 않아 유에 '구멍 난 지점'으로 보이지만 실은 다른 차원이 드나드는 틈, 무한의 잠재성이 펼쳐지는 장을 뜻한다. 무는 경계, 파열, 전환, 잠재성 감지를 담당하며 마당 간의 접속면에 자리한다. 이 무의 장은 지향성에 따라 포화적인 은총으로도, 파괴적인 힘으로도 구현될 수 있다. 용 ㅖ 은 창발적 자기조직화된 운동으로서 더 큰 차원의 전체적 잠재성과 만날 때 나타난다. 용은 자기조직화와 생성을 담당하며, 새로운 영-무-유의 세계에 역동을 일으킨다. 영 [0] [16]은 마당들 전체를 꿰뚫는 '다차원적 통찰'을 가지고 전체 구조를 조율하는 다차원적 근원의 힘이다. 영은 통합적 지점에서 마당 전체를 재배치하는 초월적 의식으로 작용한다. 이 네 힘은 유의 세계에서처럼

---

15 ▎ Sean B. Carroll, *Something Deeply Hidden: Quantum Worlds and the Emergence of Spacetime* (London: One World, 2019), 142.

16 ▎ 이 0은 단지 숫자가 아니라 시간의 창조 이전의 근원적 존재를 의미한다. 숫자 0이 가진 무한(∞)의 의미와 두 잠재성(양과 음의 잠재성)의 특성은 영이 가진 속성이 무의 장에서 일면 나타난 것이기도 하다. 영은 무소부재하고 각 차원에 맞추어 스며든다. 또한 이 영은 신령할 영의 한자, '靈'만으로 표기하기도 어렵다. 이 책에서 말하는 영의 의미는 무와의 연합 관계를 중심으로 두 잠재성—빛과 어둠—의 발현이 갈라지는 보다 근원적 존재, 시간 이전, 창조 이전의 창조주이자 진리와 생명의 영의 근원인 존재를 의미하기 때문이다.

대상적이거나 분류적이지 않다. 영과 무는 보이지 않지만 보다 근원적 차원에서 움직인다. 영과 무의 일치는 보이는 세계를 생명으로 유지시키고 네 힘을 다차원적으로 연결되게 하는 근본적인 힘이다.

마당은 네 힘의 '차원 안 무대배경'이다. 마당은 네 힘이 시간과 공간, 존재와 관계, 물질과 의미 사이에서 구체적으로 전환되고 공명하게 만드는 장이다. '마당Madang'이라는 개념의 상징은 한국적 문화와 사유 속에서 빌려왔다. 이것은 단지 공간을 지칭하는 것이 아니라, 한국 문화와 사유 속에서 존재, 관계, 힘, 여백, 차원 다른 누멘적 존재를 끌어안는 깊이 있는 공간적 의미를 지닌다. '마당'은 다층적 의미를 갖는다. 마당은 집 안과 밖 '사이의 열린' 공간이다. 내부와 외부, 개인과 공동체, 정적과 동적 흐름이 공존하는 장소로서 자연과 인간, 사회와 사적 존재가 조화를 이루는 접속 지점이다. 마당이 고립되지 않고 공동체적 소통의 무대가 되면 놀이, 마을 잔치, 굿판, 장터 등이 열리는 '관계의 현장'이 된다. 이곳에서 정체성이 해체되고 위로를 받고 새로운 상호작용과 재구성이 발생하는 '사이間의 존재'가 드러난다.

마당은 가득 차 있지 않고 중심이 비어 있는 공간이다. 이 상징은 차원 전환이 일어나는 '무無의 여백'을 품으며, '유有'들의 관계와 힘이 드러나기 위한 숨의 틈, 흐름의 완충지대를 제공한다. 마당에 놓인 유의 개별적 존재들—사람, 항아리, 불, 문, 짚신 등 공간에 놓인 각각의 실체들은 자리를 잡은 실존을 상징한다. '무無'는 마당의 여백과 공기, 빈 중심 등으로 열림과 만남을 가능케 하는 접속과 연결의 장이다. '용用'은 놀이와 잔치, 관계의 생성 마당에서 사람과 사물이 상호작용하고 리듬과 질서가 창발하는 흐름을 만든다. 한바탕 위로제라도 열릴 판이면 마당을 가꾸고 설계하는 보이지 않는 '영[이]'의 총체적 의식이 들어와 전체 흐름을 조율하고 조화롭게 만들며 아우른다.

마당이라는 메타포는 관계적이고 열려 있는 실존의 배경을 드러낸다. 마당은 존재를 해체하고 재배치하며, 삶을 전개하는 동적 질서의 장이다. 마당은 네 힘의 '현상학적 시공간'으로, '에너지 장' 그리고 '의미의 무대'이다. 종이를 예로 들 때, 종이는 단지 배경이 아니다. 그것은 평평하게 펼쳐질 수도 있고, 깔때기처럼 접힐 수도 있는 유연한 구조물이다. 이 종이 전체는 장場으로서의 마당이며, 힘의 직접적인 작용이 아니라 차원의 조건 자체를 조정함으로써 존재의 흐름을 이끌어낸다. 마당 없이 '유-무-용-영'을 말하면, 우리는 관념적 개념을 말할 뿐 존재의 역동성과 전이, 깨달음, 변화의 실제 작동 조건을 말하지 못한다. 마당은 실재의 파동과 인식의 구조, 물질과 의미가 교차하는 '차원적 실상'이며, 이 안에서만 네 힘의 역학은 살아 있는 과정으로 작동할 수 있다.

필자가 '시스템system'이 아닌 '마당field'을 택한 이유가 바로 여기에 있다. 존재는 폐쇄적 구조로 이루어지지 않으며 열린 접속과 차원의 흔들림을 전제한다. 즉 마당은 고정된 시공간이 아니라 각 차원의 관계 속에서 형성되는 구조적 장이다. 카를로 로벨리 Carlo Rovelli 는 실재는 개별적인 존재가 아님을 말하며 "실재는 상호작용으로 그리고 관계로 환원reduction될 수 밖에 없다."[17]라고 말한다. 이는 존재 역시 절대적 실체

---

17 | Carlo Rovelli, *Reality is not what it seems*. trans. Simon Carnell and Erica

가 아니라, '다른 존재와의 관계 속에서만 의미를 갖는 파동적 실재'라
는 것을 뜻한다. 리사 랜들Lisa Randall은 "우리가 보는 세계는 단지 한 개
의 차원적 단면이며, 힘은 다른 차원들에 흩어져 있다."[18]라고 말하며
우주의 힘들이 통합되지 않는 난제를 차원의 문제를 들어 해석하고자
한다. '고차원 공간extra dimensions', '중력의 새 분포hierarchy problem', '브레
인 월드brane world'의 개념 등은 우리로 하여금 마당의 차원에 대한 입
체적 상상력을 불러일으킨다. 즉, 마당은 차원이 구부러진 경계에서 힘
이 다시 배분되는 장이며, 차원 전환은 고정된 물리적 실체를 넘어 차
원의 '구조적 재배치'로 생겨나는 중층적 운동의 결과이다. 마당은 존
재와 힘, 의식과 관계가 공명하는 열린 무대이며, 네 힘은 그 마당 위
에서 존재를 생성한다. 유-무-용-영은 마당이라는 다차원적 장 위에
서만 살아 숨 쉬며, 마당은 그들 사이의 연결, 전환 그리고 초월을 가
능케 하는 존재의 인터페이스이다.

Segre (New York: Penguin Books, 2016), 85.

18 | 리사 랜들(Lisa Randall)은 라만 선드럼(Raman Sundrum)과 함께 제안한 랜들-
선드럼 모델(Randall-Sundrum Model)을 통해, 우리가 사는 4차원 우주가 더 높은 차
원의 공간 속에 존재하는 얇은 막(brane) 위에 놓여 있다는 '브레인 월드(brane world)'
개념을 발전시켰다. 이 모델은 고차원 공간(extra dimensions)이 실제로 존재할 수 있
으며, 중력이 이러한 차원으로 흘러나가면서 우리가 관찰하는 3차원 세계에서는 약하
게 느껴진다는 설명을 제안한다. 이러한 시도는 중력이 왜 다른 기본 힘들에 비해 극도
로 약한지를 묻는 물리학의 '계층 문제(hierarchy problem)'를 해결하려는 중요한 접근
으로 평가된다. Lisa Randall, *Warped Passages: Unraveling the Mysteries of the
Universe's Hidden Dimensions* (New York: Ecco, 2005), 35.

차원과 마당

이렇듯 마당과 차원의 관계를 설명하는 일은, 존재의 장場과 차원 전이의 논리 그리고 유-무-용-영의 힘이 어떻게 작동하는가를 명료히 하는 작업이다. 마당은 차원이 '드러나고 연결되는 장場'이다. 여기서 '차원dimension'이란 단지 높고 낮은 공간적 레벨이 아니라, 존재 방식의 구조 또는 의식과 힘이 작동하는 수준level of being을 말한다. 마당은 그러한 차원들이 '출현하고 접히고, 전이되고 충돌하고, 잉여를 생성하는 실재의 무대'를 의미한다.

즉 차원이 수직적 깊이라면, 마당은 그 차원들이 접촉하고 교차할 수 있는 수평적 펼침의 장이라고 할 수 있다. 마당이 없다면 차원은 추상적 위계에 머물고, 차원이 없다면 마당은 비어 있는 평면일 뿐이다. 마당은 차원을 가시화하거나 은폐하는 방식으로 접한다. 차원은 본래 의식으로 지각되기 어렵고, 직접 경험되기보다는 구조적 직관으로 감지된다. 그때 차원이 '지각될 수 있게 만드는' 방식이 바로 마당의 구성과 접힘이다. 평평한 마당은 유력의 차원을 고정시킨다. 주름진 마당은 차원의 흐름을 유도한다. 틈이 열리는 마당은 차원 간 전환이 발생하게 한다. 어쩌면 차원의 존재 여부보다 더 중요한 것은 마당이 과연 '그 차원을 드러낼 수 있도록 구조를 허용하는가'이다. 차원의 현현을 위해서는 마당의 은총이 중요하다. 은총이 의식 안으로 요청되고 들어와야 한다.

차원은 마당 위에서 '힘'으로 드러난다. 차원은 단지 추상적인 높낮이가 아니라 유-무-용-영이라는 힘의 작동 방식으로 실현된다. 그 힘은 다음과 같이 마당 위에서 표현된다. 유有는 존재의 고정성이다. 중력은 평평한 마당 위에서 자리를 갖고 머무르도록 허용하며 이 허용으로 말미암아 좌표가 생성된다. 무無는 파동적 틈으로 열린 무한이다. 상위 차원의 마당과 접할 때 생기는 균열로 말미암아 열리며 잠재성과 자유, 새로운 방향 감각이 생긴다. 용用은 자기조직화와 관계 생성의 힘이다. 그리고 이 차원의 힘이 견고해지면 점차 무의 잠재성과 유의 안정성이 통합을 이룬다. 영[0]은 마당 전체를 조율하고 배치와 흐름을 재설계한다. 따라서 마당은 이 힘들이 충돌하거나 연결되도록 구조를 형성하는 존재론적 '연결장'이다.

이 책의 중요한 주제인 차원의 전환 역시 마당 위에서만 가능하다. 차원 전환이란 존재가 단순히 '다른 위치로 옮겨지는 것'이 아니라, 그 존재의 작동 방식 자체가 변화하는 일이다. 즉, 유에서 무로 넘어가는 잠재성을 품은 자기해체, 무에서 용으로 나아가는 창발적이고 공동체적인 자기조직화, 영의 도래로부터 일어나는 차원의 전환과 새로운 유의 창조는 항상 마당 위에서 발생하는 '경계를 넘나들면서 일어나는 통생명의 순환'이다.

마당은 차원의 출현을 가능케 할 뿐 아니라 차원 간의 '접속 지점'이자 '통과 지대'이다. 결론적으로 마당은 차원들의 흔적이 흐르고 충돌하는 입체적 존재의 장이다. 마당은 차원을 출현시키는 형이상학적 구조이며 차원은 마당 위에서 힘과 운동, 구조적 인식으로 구체화된다. 차원은 깊이이고 마당은 흐름이며, 차원 전이는 마당 위에 생기는 구조적 접힘과 틈을 통해서만 이루어진다. 간결하게 말하면 마당은 차원이 응축되고 드러나며 연결되는 존재의 장이며, 차원은 마당 위에서 유-무-용-영의 힘으로 운동하며 전환된다.

Part 1.

유,

던져진 세계의
불안과 주름

1
유와 은폐된 마당

이 장에서는 간단하지만 흥미로운 비유로 유와 유력의 세계를 설명하고자 한다. 먼저 네 힘 중 유력의 세계에서 유와 마당에 관한 비유는 이렇다. 평면으로 된 종이 위에 모래를 뿌리면 모래알들은 제각기 어디론가 떨어지지만 방향성은 없다. 그러나 종이를 접어서 깔때기 모양으로 만들어보자. 이제 종이는 모래알들이 모두 한 방향으로 가도록 지시한다. 이 '주름'이 마당의 작동 방식이다. 실제 마당은 은폐되어 있지만 공간의 명확한 위치에 있고, 상위 차원 [예를 들어 2차원보다 3차원]에서는 퍼져 있는 일련의 주름살처럼 '작용'한다. 그처럼 공간에 퍼져 있는 주름은 공간 자체와는 다르다. 이 상태에서 힘의 영향 아래 있는 물체들은 실제로 서로 의지적으로 밀고 당기는 것이 아니다. 오히려 '더 큰 어떤 힘'이 공간에 주름을 만들고, 주름은 물체들로 하여금 어떻게 움직일지 알려준다. 그러나 무의 마당 자체는 이 주름보다 훨씬 더 유연하고 자유롭고 입체적이다. 유의 주름이 무거워져 압을 만들고, 주름들 사이에 압이 가중되어 틈이 벌어지면 그 사이로 무의 마당이 출현할 준비를 하게 된다.

1. 유, 유력이 작동하는 평면 마당에 던져지다

종이 위에 모래가 뿌려졌다. 이곳의 모래알처럼, 각각의 물체인 유는 그저 던져진 자리에 놓여 있다. 누군가 옮겨주지 않으면 이동할 수 없다. 이는 관찰 가능한 개체이며 개별적인 상태를 드러낸다. 마당에 놓인 모든 존재가 자신의 무게와 궤도를 지니고 분산된 것처럼 이 상태는 정지되어 있다. 만일 던져진 곳이 종이처럼 얇은 곳이라면 내적으로는 불안정한 평형에 가깝다. 종이가 각도를 바꿀 때 모래알은 제각기 방향 없이 떨어진다. 이는 존재들이 각자의 위치에 따라 흩어져 있는 상태, 곧 정태적이고 인과적인 폐쇄적 세계의 구조를 상징하며 모서리는 위태한 상태를 의미한다. 여기에서 모래알은 자기 위치에 고정된 실존을 보여주며 평면의 종이는 단일하고 제한된 현상계 차원의 기반 구조를 나타낸다.

이 차원의 특징은 선형적, 평면적, 규칙적이라는 것이다. 이미 구조화된 경로 위에 외부의 조건에 의해 자리가 주어진다. 자연히 잠재성의 발현과 그것을 실현할 자유의 힘은 낮다. 모든 운동은 외적 힘으로 결정된다. 이 차원에 있는 존재들이 남 탓과 환경 탓을 할 수밖에 없는 이유가 여기에 있다. 이때 마당은 아직 펼쳐지지 않았다. 아니 구경한 적이 없다. 플라톤의 비유처럼, 동굴 밖을 나갔다가 돌아온 이상한 사람들이 전혀 다른 세계가 있다고 말한다 해도 동굴 안 사람들이 그것에 귀 기울일 리 없다. 그건 종이 위에서 떨어지지 않으려고 온갖 힘을 써야 하는 모래알의 힘든 삶과는 너무 동떨어진 이야기이기 때문이다. 이 한 알의 모래는 평평한 종이 위에서 어디로 향할지도 모른 채 단지 중력에 따라 거기 있을 뿐이다. 그것은 그 자체로는 움직이지 않는다. 마치 정해진 위치에 존재해야 하는 운명처럼 모래는 고유한 위치의 값과 질량, 궤도를 가진다. 종이 위의 세계는 마당의 갇힌 구조이며 이곳에서 모든 존재는 고립되고 병렬적이다. 에너지는 응집되지 않고 흩어져 있다. 이곳은 멈춘 것이 아니라 다들 멈춰 있는 척하는 중이다. 혹여 잘못 움직이기라도 하면 평평한 종이의 끝으로 추락할 것 같아서.

여기서 각 존재는 무엇인가? 그것은 평면 종이라는 세계 내에 '던져져 용케 자리 잡은 존재'다. "너는 여기에 있어야 해." 이 세계는 그렇게 말하는 듯하다. 모든 힘은 더 크고 외부적이며 이 세계에서는 참된 자기조직화는 허락되지 않는다. 그저 적응력이라고 해야 옳을 것이다. 이 모래알의 평형은 진정한 안정이 아니다. 종이 위 세계는 조용하지만 그것은 잠재적 불균형 상태다. 갇힌 하위 차원에서의 '유'의 세계는 다음과 같은 특징을 가진다. 이곳은 원인과 결과가 일대일로 대응하는 세계이며 모든 운동은 예측할 수 있는 선형성 linearity 을 지닌다. 각 존재는 자기 자리를 떠날 수 없고 자신의 경계를 넘어설 수 없다. 움직임은 오직 외부의 충격이나 구조에 의해서만 발생하며 내부의 창발성 emergence 이 없는 외재적 힘 external causality 으로 결정된다. 존재는 주어진 이름과 성질, 구조에 매여 있고, 다른 가능성을 인식하지 못하는 정체된 정체성 static identity 으로 구성된다.

유력은 하위 차원의 힘이다. 유력은 '이미 있는 것有'에 고정됨으로써 발생하는 힘이다. 이는 자기 보존을 목표로 하며 변화를 회피하고 자아중심적 정체성을 고정하고 확정하려는 힘이다. 상위 차원이 본모습을 숨기고 평평하게 펼쳐져 있을 때 유력은 가장 잘 작동한다. 왜냐하면 마당이 제공하는 기본 좌표 위에서 정지된 상태를 '안정된 질서'로 착각하기 때문이다. 마당의 구조를 고정된 무대로 오해한 결과 유력은 변화 가능성을 억제하고 방어하는 힘으로 기능하게 된다. 유력은 존재의 자리를 고수하려는 힘, 곧 변화하지 않으려는 자기 동일성의 관성이다.[19] 모래알은 스스로 움직일 수 없을 뿐 아니라, 보이지 않는 다른 차원으로 움직이려는 어떤 충동도 스스로 억제하고 모서리 밖으로 떨어지지 않으려 애쓴다. 이렇듯 유력은 외부 구조에 의해 부여된 정체성과 방향성을 내면화한 힘이며, 자기조직화를 방해하고 반복과 고착을 유도하는 하위 차원의 법칙이다. 유력은 접힘을 통해 근원을 흉내 내지만 차원이 근원적으로 전환되는 것을 저지하려는 보이지 않는 관성이다. 접힘의 가공이 과다하여 마침내 유의 갇힌 마당에 구멍이 뚫릴 때 유력은 저항한다. 이는 기존 위치의 상실이나 기득권의 붕괴 혹은 자기 동일성의 해체에 대한 공포 때문이다. 근원과 연결된 마당은 순환의 흐름과 조율의 장이지만 유력은 여기에 울타리를 치고 멈추도록 작용한다.

그러나 마당은 유력을 품으면서도 그 너머로 인도한다[마당들은 본디 무의 접

---

19 ┃ 유력은 초끈 이론에서 자신의 브레인(brane) 차원을 벗어날 수 없고 특정 위치에 고정될 수밖에 없는 열린 끈(open string)으로 비유할 수 있다. 열린 끈은 언제나 시공간 내에서 끝나는 지점을 제공하는 D-브레인 위에 고정되어야 하며(디리클레 경계 조건) 열린 끈이 움직일 수 있는 경우는 오직 자기 차원의 D-브레인에 평행한 방향뿐이다(노이만 경계 조건). 반면 닫힌 끈(closed string)은 중력자와 같이 어떤 차원에도 갇히지 않고 모든 시공간의 차원을 수직적으로 자유롭게 이동할 수 있다. Brian Greene, *The Elegant Universe: Superstrings, Hidden Dimensions, and the Quest for the Ultimate Theory* (New York: W. W. Norton & Company, 1999).

속면을 타고 연결되어 있기 때문이다]. 마당은 유력을 완전히 제거하지 않는다. 왜냐하면 유력은 존재에 자리를 부여하고 방향성과 무게감을 주는 힘이기 때문이다. 하지만 성장과 전환의 관점에서 볼 때 유력의 상태는 '출발점일 뿐이며 딛고 넘어가야 할 차원'이다. 마당은 따뜻하고 배려심이 깊다. 유력을 무조건 무력화하여 해체하는 것이 아니라 '초월적으로 재조율'함으로써 더 큰 차원으로 덮고 재구성한다.

결론적으로 유력은 마당의 일부이나 그 자체만으로는 좌푯값만을 가지고 그 차원에 맞추어진 부분적 힘이다. 그 부분이 전체로 인식되면 왜곡이 시작된다. 마당의 의도는 유력을 개방시키고 성장하게 하는 것이다. 유력은 정체성의 힘이지만 마당은 그 힘을 '큰 흐름 속에서 재배치'하려 한다. 유력이 아무리 강할지라도 마당이 주름지거나 방향이 기울어지는 순간 그 정체된 힘은 결국 틈을 통과하거나 스스로 무너져야 한다. 이러한 하위 차원의 유력은 겉보기에는 안정과 질서로 보이지만, 사실은 자유의 결핍이자 차원 상승을 방해하는 가장 강력한 저항이기도 하다. 유력은 '있는 그대로 있으라'라는 메시지[20]로 변화의

---

20 | 지그문트 프로이트(Sigmund Freud)의 관점을 적용하자면 유력은 자아(ego)가 현실 원칙에 적응하기 위해 쌓아올린 동일성의 구조이며, 불안을 피하기 위해 동원되는 방어 기제(defense mechanism)의 집합체이다. 변화보다는 익숙한 고통을 선택하고, 고정된 사회적 자리를 통해 자아를 유지하고 불편한 진실이나 새로운 가능성을 무의식으로 밀어낸다. "나는 이 자리에 있어야 한다"라는 유력의 목소리는, 사실 '내면의 분열'을 가리기 위한 억압된 환상의 결과일 수 있다. 한편 자크 라캉(Jacques Lacan)에게 자아의 형성은 '타자의 언어(상징계)' 속에서 이루어지는 오해다. 유력은 그 상징계의 명령을 내면화한 것으로, "너는 여기 있어야 한다"라는 말은 사실상 대타자의 욕망에 붙들린 주체의 포로 상태를 의미한다. 상징계(the Symbolic)는 언어, 법, 규범, 이름, 위치를 규정하는 고정된 자리의 내부다. 거울 단계에서 자아는 자기 이미지에 매혹되며 그 이미지에 갇힌다. 실재(the Real)는 마당이 접힐 때 등장하는 차원으로 언어가 실패하는 틈이다. 유력은 상징

가능성을 미리 봉쇄한다.

유력은 자아의 역할과 정체성을 중력으로 고정하지만, 유의 마당에 난 틈들과 여백들은 그것을 해체하고 다시 재구성하는 계기를 열고자 한다. 유력은 자아의 생존을 위한 '정체성의 갑옷'이다. 그것은 과거의 상처를 피하고 현재를 보호하기 위한 전략이나 결국 차원의 흐름을 차단하는 인식 구조로 굳어진다. 고립된 점들로 이루어진 세계에서 유는 차원 내부의 안정된 존재다. 모래알처럼 각각의 점은 공간 위에 실체로 존재한다. 이들은 자기의 질량, 속성, 위치를 가지며 3차원적 안정 상태 속에 머문다. 이 존재들은 자율적으로 움직이지 않으며 그 궤도에는 스스로가 정한 방향성이 없다. 유는 바로 이와 같이 차원 내부에서 자리가 정해진 실존이다. 그러나 이 안정성은 상호 연결되지 못한 고립된 분산성이 되기도 한다. 고립된 모든 존재는 '어디에 있다'는 사실만을 가질 뿐 '어디로 향해야 하는가'에 대한 인식은 없다. 어떤 대전환의 계기로 유의 마당에 주름이 잡힐 때 잽싼 개체들은 어디로 '향해야만' 한다는 것을 몸으로 직감하고 거기로 몸을 맡긴다. 이때 평평한 기존의 마당자리를 고집하며 저항하면 모서리로 떨어지는 비극이 생긴다. 그러나 주름진 고랑이라 할지라도 결과적으로는 진보의 이름을 쓴 제국이다. 더 다양하고 넓게 펴진 주름들이 지속적으로 계발되지만 이상하게도 위에 있을수록 가볍고 밑바닥일수록 무거워지는 구조는 변함없다. 무의 마당은 그 유력의 갑옷 아래 잠재된 '무의식적 가능

계의 명령이며, 마당이 주름지는 순간 실재의 틈이 열려 개체는 고정된 자리를 부정하고 차원을 전이할 기회를 갖게 된다.

성'과 '차원적 재배치'를 위한 열린 틈에서 접속된다. 이때 마당의 주름에서 유력의 방어를 자각하고, 그 방어를 넘어 자기-되기의 흐름을 회복할 때 더 큰 차원으로 성장할 수 있다.

2. 주름이 잡히던 날 – 입체 마당을 감지/모방하다

평평한 종이 세계가 불안하고 안정적이지 않자 새로운 기획이 생겼다. 그것은 입체적인 마당을 흉내 내거나 혹은 실제로 더 입체적인 마당의 힘이 밀려오는 것을 수용하는 것이다. 종이를 깔때기처럼 접으면, 휘어져 주름이 생기며 더 이상 모래알은 제멋대로 흩어지지 않는다. 모래알들은 드디어 한곳에 모여 '뭉친' 힘을 발휘한다. 접힌 종이의 형태는 그 자체로 새로운 방향성을 제시하며, 그 방향은 모래알의 흐름을 규정한다. 여기서 주목해야 할 것은 종이의 '형태'가 아니라 그 형태가 만들어 내는 방향성과 텅 빈 통로이다. 이 공간은 더 큰 차원, 즉 기존 형태의 부재를 통해 새 형태를 제시하는 역설적 공간인 주름진 마당의 역할과 같다. 힘이 직접 물체를 미는 것이 아니라 힘이 공간을 주름지게 만들고, 공간의 주름이 입자가 운동하는 방향을 유도하는 것이다. 이때 유는 좀 더 고차원적 형상을 이끄는 무 차원의 경계에서 생기는 파동을 감지하여 주름을 만들어 낸다. 평면 종이 위의 주름은 아직 본격적 무의 세계로 접어든 것은 아니지만, 평면의 종이가 입체화할 수 있는 다른 힘을 감지한 것이다.

종이가 깔때기처럼 접힌다고 가정해 보자. 깊이 접힌 종이의 주름은 평면이던 세계를 입체의 가능성으로 열어준다. 데이비드 봄David Bohm이 말하듯, 우주는 끊임없이 펼쳐지고 접히는 흐름 속에서 분리되지 않은 전체로 존재한다.[21] 그의 '홀로무브먼트holomovement'는 단순한 물리 이론을 넘어선다. 그것은 우리가 인식하는 현실이 보이지 않는 내적 질서, 곧 접힌 구조와 상호작용하며 구성된다는 통찰을 제공한다. 그렇다. 마치 종이 한 장이 깔때기처럼 접히는 순간, 마당은 단순한 평면이 아니라 내포된 질서가 드러나는 차원의 장이 된다. 이 장은 필자가 말하는 네 힘이 진동하며 구체적으로 형상화되는 곳이다. 하위 차원의 납작한 세계 속에서도 상위 차원의 흐름이 숨어 들어 조용히 흔들리고 있다. 우리는 지금 그 접힘의 여백 속에서 그 접속면의 틈이나 주름을 찾는 보물찾기를 하고 있는지도 모른다.

유력의 세계에서 작용하는 무는 단순한 부재가 아니다. 그것은 아직 은폐되어 있지만 도처에서 신호를 보낸다. 무는 존재가 새로운 운동을 감지할 수 있는 파동적 접속면으로 작용한다. 아직 무의 마당이 펼쳐지지 않았을 때도 무는 유의 공간에 영향을 준다. 그 힘은 직접 물체를 미는 것이 아니라, 공간 구조에 간섭을 일으켜 주름을 만들고 이 주름의 골이 존재들에게 다른 차원으로의 움직임을 유도하는 실마리가 된다. 중요한 점은 모래알들이 서로 밀거나 당기지 않아도 종이의 형태 변화가 흐름을 만들어 낸다는 것이다. 이 주름은 한편으로는 무의 압력이지만 다른 한편으로는 무를 흉내 내어 더 유력을 강화하려는 유력의 고차원적 잔꾀이기도 하다. 종이의 주름은 아직 '형태화되지 않

21 | 데이비드 봄/이정민 옮김, 『양자역학, 전체와 접힌 질서』 (서울: 시스테마, 2025), 43.

은 방향성'을 제시하며, 모래알은 유력이 제공하는 주름의 한계 안에서 '끌리는 쪽'으로 흘러가거나 튕겨져 나갈 수 있는 정도의 자유도를 가진다.

3. 제국을 지탱하는 우상신들

문명사에서 유력의 제국화는 우상신들의 위상으로 먼저 드러났다. 고대 이집트 문명은 그 자체로 우주적 질서 Ma'at 를 재현했다. 신들은 자연 현상과 사회의 모든 층위를 나누어 담당했고, 그 위에 파라오가 신과 인간 사이의 중재자로 군림했다. 라 Ra 는 태양과 왕권의 정점, 모든 생명의 기원으로 당시 파라오라 불리던 왕은 태양신 라의 아들로 불렸다. 그들은 죽음과 사후까지도 관장했다. 오시리스 Osiris 는 죽음 이후의 질서와 심판의 신, 아누비스 Anubis 는 사후 세계의 중재자, 시체 보존과 장례의 신이었다.

이집트의 신들은 그 세계에서 가장 먼저 보였다. 하늘을 찌를 듯 솟은 높은 기둥과 사람을 짓누르는 시선 없는 얼굴, 카르낙과 룩소르의 신전들은 마치 영원을 돌로 응고시킨 것처럼 견고하게 서 있었다. 평범한 사람들의 집은 나일강에서 쉽게 얻을 수 있는 점토를 햇볕에 말린 흙벽돌로 지었지만 신들을 모신 신전은 하나같이 거대한 돌로 지어졌다. 신전을 밝히는 것은 룩소르의 뜨거운 태양이 한몫했다.

그곳에서 신은 만나고 대화하고, 언약하고 존경받는 존재가 아니라 함부로 오를 수 없는 위계적 질서를 대변했다. 하나의 신상은 하나의 왕조였고, 하나의 신전은 하나의 세계였다. 누구도 신에게 함부로 다가가지 않았다. 사제들도 정답게 질문하지 않았다. 그들은 신을 한 번도 인격적으로 대해 본 적이 없었다. 대신 그들은 신의 형식을 보존하고 제의의 정확성을 재확인했다. 신은 살아 있는 존재가 아니라 잘 유지된 욕망 보존과 확장된 시스템의 상징이었다. 심장의 무게를 재던 신 아누비스의 저울처럼, 그들의 신은 죽음의 균형과 질서를 대변했다. 그들을 다스리는 것은 사망의 법이 가진 공포였고 전율과 황홀의 아름다운 양가성은 이기적 탐심으로 가득한 전능 욕구와 쾌락의 유혹으로 바뀌었다.

신전은 침묵했다. 노역을 하다가 한 노인이 죽어도 신은 노예를 위해서는 움직이지 않았다. 이집트의 신들은 유력의 욕망이 만든 반사 거울이었다. 그 신들은 라, 오시리스, 호루스, 세트라고 불렸다. 그러나 실상 그들의 진짜 이름은 하나였다. 유력이 다스리는 사망의 법. 그래서 그들은 신을 돌로 만들었다. 바람을 두려워하지 않는 무게, 인간의 표정을 지워버린 대칭, 칼보다 단단한 침묵으로 견고한 안정 욕구를 위해 세워진 돌신들. 그들은 창조의 신이 아니었다. 그들은 갇힌 유력의 질서를 고정하고 피라미드의 위계를 침묵으로 봉합하는 존재들이었다.

사제들 또한 예언자가 아니라 관리자였다. 피라미드는 기도보다 먼저 설계되었고 제의는 진실을 묻지 않았다. 신들은 잔인했다. 그날 제물이 산 채로 절단되어도 그것은 신의 뜻이었다. 고통은 신과 인간 사이의 다리가 아니라, 삭제되거나 통제되거나 순응해야 할 비효율적인 기호였다. 사람들은 신을 사랑하지 않았다. 아니 사랑할 수 없었다. 그 신들은 인간의 탄원에 귀 기울이지 않았고 눈물에 반응하지 않았다. 그 신들의 이름은 부정당할 줄 모르는 거대하고 견고한 욕망이었다. 높고, 무겁고, 먼 존재. 마치 제국 그 자체처럼. 그들은 거대한 욕망의 거울이었다. 인간의 두려움과 권력욕과 인정욕이 신격화된 우상으로 되돌아온 것이다.

일상 유지를 주관하는 수호신들도 질서 있게 차곡차곡 자리 잡았다. 그들은 하나같이 친근한 일상의 자연을 닮아 있었다. 하피 Hapi, 헤케트 Heket, 게브 Geb, 하토르 Hathor, 케프리 Khepri 부터 아피스 Apis 까지. 이러한 신들은 단지 믿음의 대상이 아니라 질서 유지의 효율적 메커니즘이었다. 신들이 폐기당하지 않고 유지되고 있으면 세계가 잘 작동하고 있다는 징표였고, 제의와 관습은 우주의 재현으로 여겨졌다. 신의 이름으로 제국이 만들어 낸 질서는 선악과를 따먹은 인간들이 자기 입맛에 맞게 취한 부분적 지혜를 최대한 발휘하여 정교하게 유력의 세계에 주름을 만들어 낸 문명, 그것의 정당화였다. 사제 계급은 예언의 목소리를 잃은 지 오래였다. 그들의 임무는 이 질서를 지속적으로 재구성하며 정치권력을 뒷받침하는 것이었다. 사제들은 단지 제의의 관리자만이 아니라 일종의 엘리트 관료 계급이었다. 그들은 신전 중심의 정치·경제 시스템을 유지하는 핵심 행위자였고 세금과 곡물의 분배, 달력과 시기, 재판과 상속의 결정자였다.[22]

---

22 | 이 분야를 좀 더 자세히 알고 싶다면 다음의 책을 참고하라. Jan Assmann, *The*

또한 고대 이집트 사회는 정치와 종교가 효율적으로 연결되어 있었다. 사제는 단지 제의만 담당한 존재가 아니었다. 과학과 종교, 농업과 경영을 연결하여 신의 의지와 질서를 구현하려 했다. 그들은 신전이 소유한 넓은 토지를 관리하고 곡물세를 징수하고 분배하는 등 경제적 역할을 총괄했다. 농경 중심의 사회에서 이 역할은 곧 생존의 질서와도 맞물렸다. 사제들은 천문을 관측하여 나일강의 범람 시기를 예측하고 이를 바탕으로 파종과 수확 시기를 결정하였다. 그에 맞춰 절기 체계를 운영하는 것은 단순한 기술이 아니라 종교적 통치의 방식이었다. 이와 같은 구조는 법과 정치, 종교가 분리되지 않았음을 보여준다. 사제는 단순한 제사장이 아니라 질서의 관리자이며 공동체의 재판관이었다.

정치적으로도 사제 계급은 파라오 체제의 이데올로기적 기반을 제공하였다. 파라오를 신의 아들로 간주했으며 그의 통치는 종교적 질서의 일부로 신격화되었다. 이에 따라 사제들은 신화와 제의를 통해 파라오의 권위를 정당화하고 유지하는 핵심 장치로 기능했다.[23] 이집트 신전

Mind of Egypt: History and Meaning in the Time of the Pharaohs (Cambridge, MA: Harvard University Press, 2002); James Henry Breasted, *Development of Religion and Thought in Ancient Egypt* (New York: Charles Scribner's Sons, 1912); Rosalie David, *Religion and Magic in Ancient Egypt* (London: Penguin Books, 2002); *Sacred Space and Sacred Function in Ancient Thebes*, ed. Peter F. Dorman and Betsy M. Bryan (Chicago: Oriental Institute of the University of Chicago, 2007).

23 I 본문에서 언급된 사제 계급과 신전의 역할은, 미셸 푸코(Paul-Michel Foucault), 질 들뢰즈(Gilles Deleuze) 등이 분석한 '장치(Dispositif)' 개념을 통해 깊이 있게 이해할 수 있다. 장치란, 인간의 욕망과 생기(生氣, life-energy)를 특정한 방향으로 유도하고 포획하여 권력이나 자본에 이익이 되도록 재배치하는 모든 시스템을 의미한다. 이 장치는

은 신의 뜻을 재현하고 전달하는 공간이 아니라 국가 권력이 자신을 정당화하고 재생산하는 정치적 장치였던 것이다.

4. 현대 유력 시스템의 설계

납작한 마당[평면적 세계]에 주름이 잡혔다. 이 시점은 유력의 세계에 균열을 일으키는 차원 전이 직전의 문턱을 암시하거나, 유력의 세계에 주름이 잡혀 진보적인 문명 전환이 시작되었음을 암시한다. 평면 마당 위에 존재하던 모래알들—즉 현대 사회의 구성원들, 제도, 정체성은 유력(有力)의 논리 안에서 고정된 자리, 정해진 역할, 불문율처럼 받아들여진 구조 안에 안주하고 있었다. 그러나 주름이 잡히는 순간 주름의 접면과 사이에서 '틈'을 맞닥뜨리게 되며, 기존 차원의 법칙은 흔들리고 새로운 감각과 흐름의 가능성이 출현한다. 주름이 잡히기 전의 사회는 정체성을 보존하고, 국민국가 단위의 질서를 유지하는 가족-노동-소비로 구성된 주기를 따라 움직였다. 각 구성원은 역할대로 평면 위에 배치되어 있었고 그 평면이 넓을수록 안정되었으며 그 자리에서 이탈하는 것은 곧 '문제'로 간주되었다. 그러나 이제 납작했던 마당

역사적으로 두 가지 주요 형태로 나타난다. 첫째는 본문의 이집트 제국처럼 억압과 회유를 통해 노동력을 직접 착취하는 '전제주의적-규율적 장치'이다. 이 장치는 성과 속, 선과 악 같은 명확한 이분법적 규율을 통해 작동하며, 신학적으로는 경직된 교리나 율법주의의 형태로 나타난다. 둘째는 현대 자본주의 사회의 주된 방식인 '포섭적 장치'로, 이는 직접적 억압 대신 미디어나 시장 시스템을 통해 욕망의 방향을 교묘하게 조종하여 사람들로 하여금 '자발적으로 소진'하도록 만든다. 김리아, "현대신학세미나 8강 - 현대성에 나타난 장치 개념" (강의록, 연세대학교 대학원, 2015년 1학기).

에 주름이 생긴다. 주름의 방향에 가장 근접하게 자리하던 주변인들·소수자·이주민·난민·탈경계의 타자는 단지 '보호받을 대상'이 아니라 새로운 문법의 창조자로 자기 소리를 내기 시작한다.

교육 역시 평면 마당에 줄긋기를 하던 방식에서 벗어나 주름을 접는 시도를 한다. 납작한 교육은 커리큘럼, 입시, 시험, 인증 제도로 대표된다. 교육 내용은 일률적인 방향으로 흘러야 했고 창의성은 수능 점수로 환원되었다. 그러나 한계가 돌출하며 점차 학습자 중심, 다중 지능, 대안 교육, 메타 인지적 학습, 심리적 감응 기반 코칭 등 기존 평면의 지식 전수 구조를 뚫는 새로운 움직임들이 등장한다. 교육은 '가르침'이 아니라 새로운 주름을 함께 관찰하며 의미를 찾는 공동 실험을 모색한다.

의료 행위 역시 납작한 마당에서 통용되던 기준을 넘어서기 시작했다. 평면 마당에서 의료 행위는 '고통은 고장이며, 병은 수리 대상'이라는 전제하에 이루어졌다. 심리치료 또한 진단-치료-처방의 프로토콜에 맞춰 다뤄졌다. 그러나 마당에 주름이 생기자 질병의 배후가 보이기 시작했다. 이제 고통은 존재적 징후로, 차원 이행의 신호로 읽히기 시작한다. 정신 분석, 영성 치유, 트라우마 재배치, 예술 기반 심리 작업, 신경학적 모델들이 '틈과 접힘'을 중심으로 증상을 해석하는 흐름을 만들어 낸다. 본디 주름은 상처가 아니라 깨어남의 틈 혹은 접힘으로 인한 현상이었기 때문이다.

납작한 종교 마당도 근원적인 변화를 시도하기 시작했다. 기존의 경전-교리-의식-지도자-회중이라는 위계적 체계에서는 공동체의 구성원들도 자기 자리에서 순종하고 정해진 의례를 따라 머물러야 했다. 하지만 이제 마당에 주름이 잡히자 종교적 탈중심화, 신비의 복원, 개인 내면의 성소화, 형식 너머에서 하나님과 직접 대면하려는 차원의 감응, 공동체적 새 질서가 들어섰다. 신은 더 이상 하늘 위에서 내려다보는 존재가 아니라 접힌 마당의 깊이와 틈새에서 울리는, 무언가 다른 임재의 장으로 존재한다.

마당이 주름잡히자 이제 평면식 마당의 스타일은 더 이상 옛 방식대로 버틸 수 없게 되었다. 그 주름 사이로 [정치적 감각-경제적 잉여-사회적 차이-교육의 감응-치유의 감수성-신비의 호흡]이 새로운 리듬으로 연결되기 시작한다. 그러나 '평면을 주름잡은 마당'은 아직 전격적인 차원 전이의 틈이나 파동의 탄생은 아니다. 여기에서 주름은 아직 분명하게 분별되지 않았다. 어쩌면 진정한 근원의 세계로 진입할 틈이 아니라 유력의 세계가 한층 더 정교해지고 무거워진 상태를 욕망의 잉여로 그럴싸하게 포획한 것일지도 모른다. 이 주름은 진정한 해방과 생명을 향한 접힘이 아니라 틈의 가능성을 사전에 밀봉하는 '차원의 봉합 주름'일 수도 있다. 그렇다면 그것은 유력의 정교화다. 종이는 접혔지만 그 접힘은 틈을 열기 위한 경계가 아니라, 보다 정밀하고 조직적인 흐름을 유도하기 위한 경사다. 이 주름은 파동이 아니라 계산된 골짜기이며 마치 인위적 도시 계획처럼 인간의 욕망과 가능성을 한 방향으로 유도하는 통제의 배관이다. 모래알들은 그 경사면을 따라 자유롭게 흐르는 듯하지만 그 흐름은 이미 유력의 설계자들이 계산한 궤적 위에 있다.

마당은 멋진 청사진과 새로운 설계도들을 지닌 미래를 보여주지만, 진실로 생명이 깨어나는 마당이 열렸다는 신호는 아니다. 변함없는 것은 무게가 가중된 계층 구조이며, 중심에 몰리는 하중의 정점이 바닥에 형성된다. 깔때기의 밑바닥에 몰린 모래알들은 생존과 속도, 성과의 압력, 변화의 속도 속에 서로를 짓누른다. 깔때기 가장 위의 넓은 면은 소수의 우상적 권력이 점유하고 있으며, 그곳에서는 통계가 설계되고 알고리즘이 조정되며 신들의 말은 데이터로 재현된다. 이곳에 진정한 자유와 미래의 영인 하나님은 없다. 그러나 신처럼 기능하는 체계는 존재한다. 그곳에는 이 주름진 마당에서의 새로운 통치자, 업그레이드 된 우상신이 유사 신성의 화려한 감각 체계를 가지고 등장한다.

이곳에서 욕망은 단순하고 정직하게 표출되지 않고 정제되고 자본화되어 유통된다. 잉여는 미학이 아니라 경제적 유인誘因 장치로 기능한다. 가장 강렬한 욕망조차도 브랜드, 경험적 설계, 마케팅의 기획 속에 매입된다. 비판은 콘텐츠가 되고 저항은 서브 컬처가 되고 영혼의 외침은 알고리즘 속 노이즈로 변환된다. 이 세계는 '용用'조차도 유사 자기조직화의 양상을 띤다. 창조적 자기조직화처럼 보이지만 실은 타자의 욕망과 설계로 자발성을 연기하는 위장이요 포장이다. 이 세계 속에서 삶은 더욱 소진되고 생기가 없어진다. 역동이 일어나는 것 같으나 그것도 잘 짜인 연출과 쇼맨십의 일부인 것이다.

이 주름진 평면 마당에는 신이 없다. 아니, 정교한 우상신들이 있다. 우상신들은 참된 신의 부분적인 기능과 일부만 취하여 구미에 맞게 모방한다. 어디에도 없고, 어디에나 있는 우상신과 포퓰리즘의 배경 아래 모래알들은 '스스로' 흐른다고 착각한다. 그러나 실은 그 흐름은 자율이 아니라 예측할 수 있는 경로와 효율의 이데올로기 안에 갇혀 있는 것이다. 이곳에는 진정한 생명의 의미가 없다. 있는 것은 속도와 측정, 경쟁과 분배, 폐기뿐이다. 이 주름은 '차원 전이'가 아니다. 그것은 차원을 더욱 매끈하게 봉합하기 위해 '강화된 유력의 수로水路'다. 모래알들은 더 정밀하게 흐르며, 더 많이 측정되며 더 가공된 자유를 소비한다. 마당은 더 입체적으로 보이지만 그 입체는 근원적 접속이 아닌 몰입을 위해 평면 위에 설계된 구조다.

이 구조는 무의 틈을 두려워한다. 왜냐하면 틈은 우상 중심주의에 대해 부정을 가능하게 하는 질문을 던지며, 그것은 예측 불가능하고 시장성 없는 잉여, 멈추는 용기가 스며들 수 있는 자유의 차원이 도래하는 문턱이기 때문이다. '가짜 입체의 유력 시스템'은 외형적으로는 복잡하고 다양해 보인다. 그러나 실제로는 하나의 방향성과 구조화된 욕망의 포획, 의미 없는 층 쌓기, 효율과 속도 중심의 통제성을 가진 '심화된 유력'의 세계다.

이곳에서 정치는 참여의 시뮬라크르simulacre를 통해 '절차적 전체주의'를 만들어 낸다. 선거 제도는 존재하지만 의미 있는 선택은 실종된다. 한병철이 『피로사회』에서 밝혔듯, 권력은 억압이 아니라 자유로 위장된 자기 소진을 통해 작동한다.[24] 경제는 잉여의 포획과 효율 중심의

---

24 | 한병철은 『피로사회』에서 현대 사회의 권력이 더 이상 외부로부터의 강제나 억압을 통해 작동하지 않으며, 오히려 주체 내부의 자발성과 능동성을 활용해 스스로를 착취하고 소진하게 만드는 방식으로 기능한다고 분석한다. 이러한 자기 착취는 성과를 중시하

'표면만 입체화된' 분배 구조를 보인다. 시장은 다양해졌지만 실제 주어지는 선택지는 유사한 욕망 구조로 반복된다. 잉여적 노동, 창의성, 저항까지도 다 포획된다. 경제의 겉면은 복잡하지만 불평등의 골짜기는 더 정교하고 세밀하게 설계되고 있다. 많은 사람들이 실제로는 필요 없는 일을 하며, 그 일은 시스템 유지에 필요하므로 공급된다.[25] 자본은 인간의 창조적 힘을 '추상화된 시간 단위'로 환산해 포획한다. 사회와 문화는 차이를 허용하지만 변화와 각성은 금지하는 가짜 다양성에 포섭된다. 그들은 공동체 없이 흩어진 모래알처럼 위치하다가 욕망의 깔때기를 따라 정교하게 짜인 주름의 기획을 따라 이합집산한다. 젠더, 인종, 정체성은 표면적으로 다양하지만, 근본 구조는 변하지 않고 가짜 욕망의 결을 따라 소비될 수 있는 문화 아이템이 된다. 이때 다양성은 진보가 아니라 변화를 피하는 수단으로 전락한다.[26] 포용을

는 신자유주의 체제 안에서 개인이 자발적으로 자신을 몰아세우는 형태로 나타나며, 이는 결국 만성적 피로, 번아웃, 우울과 같은 현대인의 정신적 위기를 초래하는 근본 원인으로 작용한다고 진단한다. 한병철/김태환 옮김, 『피로사회』(서울: 문학과지성사, 2012), 9-27.

25 | 데이비드 그레이버(David Graeber)는 그의 저서 『불필요한 일: 자본주의의 가장 위대한 사기극』에서, 많은 이들이 사회적으로 아무런 실질적 기여가 없는 일에 종사하고 있으며, 이러한 불필요한 일이 자본주의 체제를 유지하기 위한 '심리적 안정 장치'로 작동한다고 본다. 그는 이 직무들이 외적 생산성보다 체제 정당성을 내면화하게 만드는 장치로 기능한다고 지적한다. 개인은 자신의 일이 무의미하다는 감각을 억누른 채, 그 무의미를 통해 오히려 체제에 순응하게 된다. 이는 노동 윤리와 정체성의 근본적 위기를 드러내는 구조이기도 하다. 더 자세한 내용은 다음의 책을 참고하라. David Graeber, *Bullshit Jobs: A Theory* (New York: Simon & Schuster, 2018).

26 | 슬라보예 지젝(Slavoj Žižek)은 그의 저서 『이데올로기의 숭고한 대상(The Sublime Object of Ideology)』에서 이데올로기가 단순한 허위 의식이나 현실 왜곡이 아니라, 오히려 현실 자체를 구성하는 환상적 구조라고 주장한다. 그는 라캉의 정신분석학과 헤겔의 변증법을 결합하여, 이데올로기가 사회적 모순과 불가능성을 은폐하면서도 동시에 그것을 유지하는 방식으로 작동한다고 분석한다. 지젝은 특히 다양성과 포용의 담론이 진보를 의미하는 것이 아니라, 오히려 급진적 변화를 회피하고 기존 질서를 정당화하는 수단

말하면서도 균열과 생명력을 허용하지 않는다.

기술의 발전에 따라 감시의 장치도 주름이 생겼다. 자율성을 가장한 시뮬레이션에 따라 자유롭게 '선택'하고 '탐색'하는 듯하지만 이 모든 움직임은 알고리즘에 의해 추적되고 구조화된다. 기술은 '틈'을 연결하기보다 모든 길을 평면화된 통제 위에 올려놓는다. '디지털 세계'는 개별성을 허용하는 듯하지만, 사실상 모두가 감시를 받는 유리방 안에 산다.[27] 기술은 권력을 제거하지 않는다. 오히려 그것을 더욱 세밀한 주름으로 데이터화하여 내면화시킨다.

교육은 자율과 창의, 다양성을 말하지만 실제로는 평가 시스템이 구조화된 경사면 위에 학습자를 몰아넣는다. '성장'과 '자기 계발 역량'은 새로운 유력의 언어가 된다. 학교는 자유를 가르치는 곳이 아니라 사회의 코드에 복종하도록 훈련시키는 기계다.[28] 학교는 비판적 사고와 기도를

으로 기능할 수 있다고 지적한다. 이러한 통찰은 현대 사회에서 이데올로기가 어떻게 개인의 정체성과 사회적 현실을 형성하는지를 이해하는 데 중요한 시사점을 제공한다. 더 자세한 내용은 다음의 책을 참고하라. 슬라보예 지젝/이수련 옮김, 『이데올로기의 숭고한 대상』(서울: 새물결, 2013).

27 | 독일의 철학자이자 문화이론가인 피터 슬로터다이크(Peter Sloterdijk)는 『거품』에서 현대 사회를 다중적이고 분산된 삶의 공간으로 구성된 '거품(Foams)'의 형태로 설명한다. 그는 이러한 공간들이 개인의 자율성과 연결성을 강조하는 듯하지만, 실제로는 보이지 않는 감시와 통제가 내재된 구조로 작동한다고 분석한다. 특히 디지털 시대의 삶은 투명한 유리방과 같아서, 개인은 스스로를 감시하며 타인의 시선을 내면화하는 존재가 되었다고 지적한다. 이러한 통찰은 현대 사회에서 개인의 사적 공간이 점차 사라지고 있음을 의미한다. Peter Sloterdijk, *Foams: Spheres III—Plural Spherology*, trans. Wieland Hoban (Los Angeles: Semiotext(e), 2016), 25-60.

28 | 이반 일리치(Ivan Illich)는 그의 저서 『학교 없는 사회』에서 현대 학교 제도를 단순한 교육 기관이 아니라 산업 사회의 문화적 통제를 위한 구조로 본다. 그는 학교가 지식을

가르치는 교육을 하지 않는다. 비판적 사고는 교육의 목표가 아니라 이미 교육된 가치 안에서만 허용된다.[29] 종교는 초월과 자기부정을 봉합하고 신 없는 신성화의 기술을 세련되게 만든다. 신은 사라지고 자기계발과 집단 이익 그리고 위안의 우상들로 대체된다. 종교는 욕망을 해방하지 않고 구조화된 신성 시스템으로 다시 묶는다. 이러한 체계 속에서 진짜 초월은 기득권의 우상적 효율을 방해할 때 나타난다.[30] 이렇듯 평면 위에 형성된 유사 입체 마당은 유력의 진화된 위장이다. 이 세계는 다층적이고 복잡해 보이지만 실제로는 더 정교하게 길들여진 유력의 주름 위에서만 작동된다. 자유, 자율, 다양성, 초월, 창의성 등은

전달하는 공간이 아니라, 권위와 위계질서를 학습시키는 사회적 훈련장이라고 비판한다. "학교는 현대화된 프롤레타리아트의 세계 종교가 되었으며, 기술 시대의 가난한 이들에게 헛된 구원의 약속을 한다"라는 진술은 교육이 어떻게 개인의 자율성을 억압하는지를 드러낸다. 일리치는 자발적이고 비제도적인 학습 공동체를 통해, 인간이 자신의 삶에서 의미를 스스로 구성할 수 있어야 한다고 주장한다. Ivan Illich, *Deschooling Society* (New York: Harper & Row, 1972), 1-40.

29 | 영국의 교육철학자인 데니스 헤이스(Dennis Hayes)는 캐서린 엑클스톤(Kathryn Ecclestone)과의 공저에서, 비판적 사고는 교육의 목표가 아니라 제도 안에서 이미 승인된 가치 체계 내에서만 허용된다고 주장한다. 이는 교육이 자율적 사고를 촉진하는 것이 아니라, 특정 이데올로기에 복무하도록 길들이는 문화적 통제 장치가 될 수 있음을 드러낸다. Kathryn Ecclestone and Dennis Hayes, *The Dangerous Rise of Therapeutic Education* (London: Routledge, 2008).

30 | 시몬 베유(Simone Weil)는 그녀의 저서 『중력과 은총(Gravity and Grace)』에서 인간 존재의 심연에서 나타나는 신의 목소리나 은총이 사회의 기능적 질서 바깥, 곧 틈과 무능, 비효율의 자리에서만 가능하다는 통찰을 제시한다. 그녀는 인간의 모든 행위가 '중력'에 의해 자동적으로 움직인다고 보며, 이러한 중력은 인간을 자기중심성과 의지의 강제 속에 가두어 진정한 자유와 초월을 방해한다고 진단한다. 그러나 인간이 자신의 한계와 무능을 인식하고 자아를 비울 때, 즉 '무(無)'의 상태에 이를 때 비로소 '은총'이 개입할 수 있다고 말한다. 은총은 인간의 의지가 멈추고 자아가 완전히 비워질 때 주어지는 신적 힘이며, 타자성과 절대자를 향해 열릴 때 작동하는 신비한 질서이다. Simone Weil, *Gravity and Grace*, ed. Gustave Thibon, trans. Arthur Wills (London: Routledge, 2002).

실제적 파동이나 틈을 만들지 못한 채 소비할 수 있는 이미지와 잉여로 포획되어 있다. 따라서 이 마당은 여전히 입체적으로 납작하다. 다만 눈에 띄지 않는 경사를 통해 더 효율적으로 '차원 전이를 봉쇄'할 뿐이다.

5. 욕망을 질량화하는 초감각 시뮬라시옹

강화된 봉쇄로 인해 진정한 자기부정의 희열은 점점 희미해진다. 유사 사랑의 자국과 화려한 모사품에 의해 현대인은 지속적으로 자극에만 노출된다. 그 결과 삶은 생명 어린 기쁨과 조건 없는 사랑을 맛볼 수 없어 더욱 무감각해지고 요란스럽고 시시해진다. 장 보드리야르 Jean Baudrillard 가 말한 시뮬라시옹 simulation 과 시뮬라크르 simulacre [31]는 바

---

31 I 장 보드리야르(Jean Baudrillard)는 이 개념을 통해 현대에서 현실과 가상 사이의 경계가 모호해지는 현상을 설명하고자 했다. 현실에 더 이상 객관적인 실재는 존재하지 않고, 미디어와 이미지에 의해 만들어진 가상적 '시뮬라크르(simulacre)'에 의해 대체된다. 시뮬라크르는 원본 없는 복제이지만, 사람들은 감각적인 가상 현실을 실제 현실보다 더 진짜처럼 느낀다(hyperrealism). 즉, 복제품은 현실을 실제처럼 재현하는 것이 아니라 그 자체로 독립적인 하나의 실재가 되어 현실을 대체하거나 초과한다. 이러한 현상의 배후에는 끝없는 욕망의 소비를 부추겨 실재의 추구보다 기호와 이미지의 유희로 시스템을 유지하는 자본주의가 있다. 실재를 초과하는 하이퍼리얼리즘은 현실보다 훨씬 넘치는 잉여(surplus)를 추구하고자 하는 시대의 욕망을 대변한다. 자본주의 사회에서 소비를 통해 자신의 정체성을 구축하려고 하거나, 디지털 세계 속에서 정교한 아바타 육성을 통해 자신을 표현하려고 하는 것이 이러한 예시에 해당한다. 그러나 하이퍼리얼은 잉여처럼 보이지만, 사실은 구조적으로 폐쇄된 가짜 잉여이고 해체와 예측 불허를 허용하지 않는다. 진정한 실재와의 연결 속에서 탄생하는 잉여는 실재와의 충돌 또는 피조물적 무와 같이 전혀 다른 압도적 타자와의 관계에서 오는 자기 한계의 인식과 승복 하에서만 발생하기 때문이다. 하이퍼리얼은 모든 차원의 통로를 '보이는 것'으로 봉인하지만, 차원적 잉여는 '보이지 않는 틈'에서만 솟아오른다. 이는 근원의 선취("먼저 그 나라와 의를 구하라")와 현실의 작은 것들 속에 숨어 있는 실상의 실재성("하나님 나라는 너희들 안에 있다")에 숨어

로 이 유력의 구조가 자신을 실재처럼 가장하며 파동과 관계, 본질을 지워버리는 방식을 폭로하는 개념이다. 다시 말해, 시뮬라시옹은 더 이상 실재의 반영이 아닌 실재 없이 작동하는 실재의 효과, 즉 초가상실재 hyperreality 를 만들어 낸다.

유력은 근원적으로는 생태적 에너지를 응축하고, 고정된 구조로 전환한 결과물이다. 그러나 근원과의 지속적인 연결이 없다면 이 구조는 항상 진짜 생명의 파동—생명력과 초월성, 자기부정성, 조건 없는 잉여, 진짜 고유성과 진정한 관계의 공동체를 억압해야만 유지된다. 사실 억압보다 더 무서운 것은 그러한 갈망을 어느 정도 채워주는 가짜 기쁨과 생명력을 흉내 낸 유사 장치들이다. '이미지화', '기호화', '소비 가능성의 자극화'가 바로 그 도구들이다. 예를 들어, 사람은 더 이상 존재로서 사랑받지 않고도 팔로워 수와 이미지로 소비될 수 있다. 공동체는 관계의 장소가 아니라, 무엇을 믿고 어떤 감성을 지지하는지를 표시하는 마케팅 구조의 기호 속에 포섭된다. 영성조차도 '내 마음을 위로해 주는 힐링 콘텐츠'가 되어 더는 회개나 도전, 차원 전환을 요구하지 않게 된다. 날카로운 비판조차도 광야의 목소리가 아니라 '사이다' 콘텐츠가 되어 돈벌이와 인기몰이의 수단이 된다. 이처럼 갇힌 유력은 자기 존재의 안정성을 유지하기 위해 끊임없이 시뮬라시옹을 생산해 내야 하는 체제다. 진짜를 지우고 더욱 그럴듯한 가짜를 반복해야 체계는 안정되기 때문이다.

있다. 김리아, "Fontis Code 2강 - 영성적 메타 이론을 위한 방법론" (강의록, Fontis 후마니타스 연구원, 2025년 1학기).

영성 전통에서 이미지는 본질과 연결된 상징적 통로였다. 예컨대 십자가는 단순한 형상이 아니라 고난을 통한 생명의 역설을 보여주는 차원적 상징이었다. 그러나 오늘날의 이미지는 더 이상 본질을 드러내는 상징이 아니라 자기 자신만을 참조하는 자기 신성화의 기호로 변질되었다. 이 이미지들은 더 이상 실재를 반영하지 않는 유사 실재이기에 실재의 욕구를 대리하면서도 실제로는 실재를 파괴한다. 사람들은 점점 근원적 차원의 실재를 감지하지 못하게 되고 실재를 경험할 수 있는 감각 기관조차 마비되기 시작한다.

보드리야르에 따르면, 시뮬라크르의 세계에서는 개인도 더 이상 내면적 주체성이나 고유성을 지니지 못한다. 모든 존재는 기호의 체계 속으로 흡수되며 의미 작용은 철저히 외부 감각 자극으로 결정된다.[32] 그들은 화려한 유력의 감옥 안에서 차원 전환의 가능성을 상실한다. 즉, 더 이상 '내가 누구인가'라는 질문을 내면 깊은 곳에서 할 수 없고 오직 '사람들이 나를 어떻게 보는가'에 따라 자의식이 형성된다. 이처럼 주체는 타자의 시선으로 이미지화되고, 이미지는 기호화되며, 기호는 상품이 되고, 상품은 다시 소비된다. 소비는 곧 신분을 나타내며 존재

---

32 ┃ 보드리야르는 실재로서의 역사, 진리, 원본이 제거됨에 따라 '주체'와 '역사'와 같은 전통적인 개념들도 시뮬라시옹이 되어 더 이상 실질적인 의미를 갖지 못한다고 본다. 이제 역사는 주체가 참여했던 실제적인 사건이 아니라 '이미지의 아카이브'로 존재하며, 미디어에 의해 구성된 가상의 이미지로 경험된다. 그는 『걸프전은 일어나지 않았다(The Gulf War Did Not Take Place)』에서, 걸프전이 실제 전쟁이라기보다는 미디어에 의해 구성된 가상 이미지였다고 말한다. 사람들은 전쟁의 실재를 경험한 것이 아니라, CNN과 같은 뉴스 채널이 보여준 '전쟁의 시뮬라시옹'을 경험했다는 것이다. 박물관, 기념비, 역사적 재현들은 더 이상 '과거에 대한 기억'이 아니라 '관광되고 상품화된 역사적 테마'로 작동한다. 그는, 역사는 다양한 해석의 게임장이 되었으며, 의미 있는 진보나 교훈은 사라졌다고 주장한다.

를 증명한다. 이것이 유력의 관성적 차원이 만들어 낸 시뮬라크르의 세계, 곧 신기루 같지만 진짜같이 리얼한 현실이다. 이 신기루 같은 초가상 세계에서 사람들은 끊임없이 갈증을 느끼지만 멈출 힘은 없다.

시뮬라시옹은 완전함을 가장하지만 결코 생명을 줄 수는 없기에 끝없이 메마른다. 지향성을 바로잡는 것은 그래서 중요하다. 가짜 잉여에 질리고 메말라 갈 때, 마비된 감각이 다시 '실재'를 갈망하며 탄원할 때, 비로소 그 틈은 열린다. 현대의 이집트는 우리가 살고 있는 초감각적 시스템 자체이다. 노동의 보람과 결실이 아닌 경쟁과 업적으로 소진되는 직장, 소비를 생산성과 동일시하는 소비자 문화, 표면적 노출도를 통해 가치를 정의하는 알고리즘이다. 사람을 깨우고 성장시키지 않는 도구화된 관계는 두려움과 비교, 경쟁과 성취, 불안의 대본을 통해 끊임없이 들리는 '당신은 −하지 않으면 충분하지 않다'는 메시지를 반복한다. 사람들을 시뮬라시옹의 노예로 부리는 현상들은 현대의 다양한 정신적 질환으로 표출된다. 번아웃, 소생되지 않는 영혼의 피로, 도구화된 관계, 우울증, 공황 장애, 조현병을 비롯한 각종 정신 질환, 멈출 수 없는 욕망, 불협화음을 내는 관계들…. 이 증상들은 다음 마당이 오지 않으면 더 이상 어떤 희망도 기대할 수 없다는 한계의 징표이다.

2
유력의 희망

1. 유력, 그럼에도 불구하고

그럼에도 불구하고 유력 또한 존재 이유가 있다. 온 우주 만물에 존재 이유가 있듯이 말이다. 유력은 존재가 자기 고유성을 유지하도록 돕는 구조적 통합력이다. 차원이 전환될 때도 일단은 그 존재가 붕괴되지 않아야 한다. 유력이 없으면 존재는 너무 쉽게 무로 흩어져 혼란에 빠질 위험이 있다. 존재가 '흩어지지 않고', 하나의 형태와 습관, 언어와 역할을 가질 수 있는 것은 모두 유력 덕분이라고 할 수 있다. 또한 자아의 안정성과 습관, 사회적 질서 등은 모두 유력의 작용 아래 형성된다. 그러나 때가 되었음에도 근원의 차원과 연결되지 않고 자유 앞에서 자기 삶을 선택하지 않은 유력은 견고한 저항력으로 굳어진다. 그러나 이 저항은 단순히 방해만이 아니라, 차원 전환을 위해 필요한 자유 의지와 잠재성의 그릇을 가늠하는 시험이기도 하다. 유력의 저항은 '내가 진짜로 넘어서야 할 것은 무엇인가?'를 드러내는 경계선이라고 할 수 있다. 이 저항점은 변화가 신중하게 일어나도록 조절하고 무의 광대한 장에 휘둘리지 않도록 내구성을 부여하며, 이 과정을 견딘

후 넘어서야 할 최소한의 내부적 질서를 형성한다. 즉 이 경계선은 차원 전환의 '도약점'으로 작용할 수 있는 것이다.

따라서 유력을 단순히 방어적 구조로만 생각해서는 안 된다. 존재가 무의 잠재성을 받아 자기조직화의 단계에 들어섰을 때, 유력으로 인해 구축되었던 구조물과 정체성은 중요한 재구성의 좌표와 재료로 사용된다. 상위 차원은 이전 차원의 부정이나 삭제가 아니며 이전의 경험들이 고스란히 사용된다. 예를 들어 누군가 어린 시절의 상처를 직면하고 마음의 매듭이 풀리는 경험을 했을 때, 그것이 선한 기업을 이루는 동력이 되거나 같은 상처를 가진 다른 이들을 깊이 공감하며 치유하는 데에 사용될 수 있다.

또한 차원 전체를 아우르며 다스리시는 하나님의 관점에서 보면, 유력의 저항성이 오히려 방향을 가늠하게 하는 분별의 좌표계가 된다. 저항으로 인해 어디에서 벗어나야 하는지 무엇을 넘어야 하는지를 가늠하게 해 주는 마당 안의 기준점이 되는 것이다. 이렇듯 유는 전체 장場의 안정성과 균형을 유지하는 바탕이 되며, 강력한 무의 돌출과 용의 창발적 전개를 조율함으로써, 장 전체의 방향성과 리듬에 의미 있는 축을 제공하게 된다. 즉 유력만으로는 전체 차원의 의미를 온전히 이해하기 어렵지만 유력 역시 차원의 생태계에서 의미 있는 역할을 수행한다는 것이다.

그러므로 하나님께서는 만물을 그 자신의 욕구와 방향성대로 흐르도록 허용하신다. 각 존재가 자기 안의 충동과 집착, 저항과 열망을 충분히 자유롭게 드러내도록 하시고, 그 안에서 의미 있는 전환의 때가 무르익기를 기다리시는 것이다. 이때는 단순히 달력이나 시계처럼 측정 가능한 순간이 아니다. 존재가 자신의 무게를 충분히 경험하고 유력의 밀도에 눌리며, 외적인 억압과 내적인 공허 속에서 진정한 탄식이 솟아나기까지의 시간을 포함한다.

이집트 제국에서 노예로 살던 이스라엘 백성의 경우도 마찬가지였다. 그들이 하나님을 잊고 노예 생활에 적응하며 살아갈 때도 하나님께서는 즉각 개입하지 않으셨다. 고통 속에서 탄원을 쏟아내기 시작했을 때조차 그 울부짖음이 스스로 존재 전체에서 길어 올려지는 울림이 될 때까지, 그리하여 그것이 선택받은 민족의 집단 무의식을 건드릴 때까지 침묵하셨다. 침묵 속에서 하나님은 아무 일도 하지 않은 것이 아니었다. 때가 되었을 때 이스라엘을 인도할 영적 지도자 모세를 80년간 왕궁과 광야에서 길러내고 계셨다. 침묵은 응답의 지연이 아니라 구속사의 섭리 속에서 차원 전체가 조율되는 과정이었다.

결국 하나님은 인간의 자유를 억지로 침범하지 않으시며 각 존재가 자기 내면의 저항과 욕망, 선택과 실패 속에서 깨어날 수 있도록 깊이 존중하신다. 그 자유의 진폭 안에서 때로는 유력의 굳어짐마저도 도구로 사용하셔서 모든 것을 합력하여 선을 이루신다. 유력의 억압조차도 모두 하나님의 거대한 마당 안에서 질서 있게 엮이며 결국 존재를 새롭게 각성하여 위대한 신인류를 탄생시키는 선의 자원이 된다. 이러한 신적 기다림과 통치는 존중된 자유 안에서 이루어지는 사랑의 통치이자 차원을 넘어 역사를 창조하시는 섭리의 역사라 할 수 있다.

2. 탄원이 시작되다

유有에서 무無로 넘어가는 전환점은 같은 차원에서의 변화가 아니라 차원의 균열과 질서의 재편이 일어나는 임계점이다. 차원이 갈라지는 틈새에서 새어 나오는 것은 언어화할 수 없는 탄식과 진정한 갈망에서 터져 나오는 탄원의 소리이다. 기존의 정체성, 언어, 감정, 구조만으로는 더 이상 버텨낼 수 없을 때, 기존의 유력화된 구조가 유효하지 않음을 경험하며 새로운 가능성의 장으로 진입하게 된다. 그런데 이 순간은 그 자체로 방향성을 가지지 않으며 오히려 혼란과 침묵, 정체와 공허가 더욱 깊어져 구원자의 도래를 기다리는 시기이기도 하다. 즉 신을 향한 탄원은 존재가 더는 자기 힘으로 나아갈 수 없음을 자각할 때 일어나는 겸손한 자각과 외침이다. 유의 구조 안에서 쌓여온 억압과 고통이 임계점을 넘어서면 비로소 내면 깊은 곳에서 초월적 타자를 향한 방향성이 열리게 된다. 이 탄원은 단순한 도움 요청이 아니라 새로운 차원을 향한 감각의 각성이며, 존재가 이전의 한계를 초과하여 '무'를 수용할 준비가 되었음을 보여주는 영적 신호다. 탄원 없이는 다음 마당도, 새로운 질서도 결코 도래하지 않는다.

이집트를 탈출한 이스라엘 백성들의 서사에도 이 과정이 고스란히 들어 있다. 이집트는 유력有力이 만든 결정체, 제국 중의 제국이다. 요셉이 총리로 있던 시절 이집트의 고센 지역에 정착한 히브리인들은 평면 마당이 살만해지자 약속의 땅도, 진정한 신인 여호와도 망각했다. 강력한 물질문명과 권력을 형성한 제국에서 히브리인들은 점차 '불멸의 무덤을 생산하는 종의 신분'으로 살며 도구화된다. 서글픈 것은 비록 자유는 없지만 이 구조 안에서도 최소한의 안정, 우상의 축제마다 제공되는 고기가 있다는 사실이다. 노예로서 살아가는 체념과 슬픔, 수치심은 몇 백 년 동안 노예로 살다 보니 점점 희미해져 간다. 그렇게 사는 것이 당연하겠거니 체념하는 가운데, 점점 생기는 사라지지만 안정적인 삶이 주는 안락함에 취해 약속의 땅이나 진정한 신의 선택 같은 것은 잊은 지 오래다.

노예의 수가 압도적으로 늘어나자 불안해진 바로는 히브리 백성들을 탄압하기 시작한다. 그들의 신음은 구조적 억압에 대한 반응이지만 중요한 초점은 탄원할 대상을 올바로 찾았다는 것에 있다. 하나님의 응답은 고통을 하나의 틈새로 삼아 제국에 균열을 내는 방식으로 이루어진다. 단순히 고통에 대한 문제 해결을 넘어 그분은 당신의 이름이 기억되어 불린 김에 당신의 약속을 이루겠다고 결심하신다. 고통의 탄원과 유일신의 언약에 대한 기억은 갇힌 유력의 체계에 균열이 일어나는 첫 진동이다. 그리고 하나님의 언약을 담을 그릇, 이집트라는 거대한 구조 속에 생명의 틈을 낼 인물, 모세라는 아기가 출생한다. 그로부터 80년간 하나님은 이 모세를 키우시고 깨우시고 소명에 맞게 익게 하신다. 그리고 모세 안에 이스라엘 전체를 인도할 지도력을 담아내시기 위해 훈련하신다. 그는 이스라엘이라는 언약의 전체성을 담은 전체적 하나다.

3. 두 차원의 경계에 예언자가 준비되다

모세는 유력의 체계 속에서 태어났지만, 동시에 그 체계의 틈 사이에서 보존된 존재이다. 모세는 바로의 살의를 피해 태어나자마자 갈대 상자에 담겨 강물 위에 정처 없이 떠 있게 된다. 나일강은 아무 말도 하지 않았지만 오래전부터 알고 있었다—어느 한 아이의 운명이 이 강물 위에 띄워질 것을. 모세는 태어나자마자 버려졌지만 사실은 더 큰 세계로부터 선택받은 자였다. 그의 몸은 갈대 상자 안에 있었으나, 그의 영혼은 두 세계 사이—권력의 성벽과 고통의 진창, 유력의 세계와 근원의 세계, 그 틈새에서 태동하고 있었다. 갈대 상자는 단순한 피난처가 아니라 태초의 물과 빛이 하나가 되는 신비한 요람이었다. 창세기의 첫 아침처럼, 혼돈의 물 위로 빛이 떠오르기 시작했다.

표류하는 갈대 상자는 차원의 경계 위에 떠 있는 상징적 존재이며 생명 창조의 근원인 빛과 물이 하나가 되는 장면이다. 강물이 보여주는 수면의 카오스는 새로운 차원을 열 씨앗의 태동이자 땅의 굳어진 어둠의 질서로부터 빛을 분리해 내는 상징이다. 이 경계에서 모세는 살아남고 또 지속적으로 살아가며 성장한다. 아기 모세는 이집트 공주의 양자가 되었다. 제국은 그를 품었고 그에게 이름을 주었고 언어를 가르쳤으며 권력을 맛보게 했다. 그러나 모세의 뼛속에는 울음소리조차 내지 못하는 히브리 노예들의 침묵이 각인되어 있었다. 그는 바로의 왕좌 바로 아래에서 종일 진흙 벽돌을 굽고 나르고 쌓아야 하는 형제들의 고통을 느꼈다. 하나의 존재가 두 개의 이름을 갖는다는 것—그것은 축복이자 고통, 선택이자 추방이었다.

모세는 떠밀려 간 아이였지만, 떠나야 할 때를 아는 사람이었다. 강은 그를 살렸고, 기억은 화려한 궁 안에서도 그를 맴돌았다. 갈대 상자에 담긴 채 운명의 강을 건넌 그 순간부터, 모세는 이미 경계를 넘는 인도자였다. 그는 어디에도 속하지 않았기에 모든 사람을 이끌 수 있었다. 바로 그것이 신이 틈에서 말하는 방식이다. 위대한 여정은 언제나 균열에서 시작된다. 제국의 왕자인 동시에 억압받는 노예의 정체성이라는 두 세계의 충돌과 균열은 모세의 평생을 따라다니고, 이 숙명은 곧 모세의 아픔이자 이스라엘의 아픔이기도 하다.

> 고통이 계속 되었지만
> 하나님의 응답은 즉각적인 문제 해결의 방식이 아니었다.
> 악과 우상으로 가득한 제국이 회개하기를
> 고난으로 부르짖는 하비루인들이 온전히 돌아서기를
> 무엇보다 한 사람, 모세가 준비되기까지
> 80년을 기다리셨다.

하나님은 모세를 유력의 구조만 아는 자, 유력의 세계에서 성공한 자, 혹은 유력과 대항하여 유력의 힘을 뺏는 자로 부르시지 않으신다. 오히려 유력에 대해 경험하고 그 한계를 직면하게 하신 후 새로운 땅을 준비할 자로 세우신다. 애굽의 힘에 완전히 동일시되지 않고, 그 틈에서 정체성의 균열을 경험한 모세는 광야에서 훈련을 받는다. 그는 광야의 시간을 통해 새로운 차원이 일으키는 '불꽃의 감지자'로서 새로운 공동체를 인도하는 지도자로 변모한다. 그러나 아직 그는 유력의 제국과 싸우기에는 두렵고 초라하다고 느낀다. 마침내 그날, 하나님께서 모세를 부르셨을 때, 그는 먼저 자기 입술의 한계를 바라보았다.

나는 말이 둔한 자입니다 출 4:10.

하나님께서 부르시는 순간에 모세는 자신의 '말'에 대해 이야기한다. 모세의 말은 바람 속에 흩어지는 갈대처럼 떨리고 있었다. 모세는 제국의 언어를 배운 자였지만 그것만으로는 승부수를 던질 수 없다는 것을 몸으로 알고 있었다. 바로의 궁에서 그는 명령하는 말, 복종을 끌어내는 말, 유력의 세계를 정당화하는 말들을 줄줄이 외웠다. 하지만 지금 그가 마주한 것은 그런 언어로는 열 수 없는 문, 새로운 차원의 문이었다. 생명을 일으키는 태초의 말, 거대한 유력의 세계를 무력화시키는 근원의 말, 사람들을 일으켜 세우는 치유의 말. 그는 그런 말이 자신에게 없다고 느꼈다.

모세의 말문이 막힌 곳에, 하나님은 아론을 보내셨다. 형제가 다가왔다. 그리고 그들은 이스라엘에 보내진 하나의 말씀 messenger 이 되었다. 공동체는 말 없는 자의 떨림에서 말문을 열었고, 한 사람의 경건한 두려움은 공동체의 여정으로 바뀌었다. 하나님은 말 잘하는 이를 택하신 것이 아니라, 자신이 말할 수 없다고 고백한 이를 통해 새로운 말씀의 세계를 열기 시작하셨다. 그때부터 시작된 여정은 단순한 노예들의 탈출이 아니었다. 그것은 언어를 표방한 법의 대결, 사망의 말과 생명의 말이 맞붙는 싸움이었다. 모세의 부르심은 곧 유력의 중심인 이집트를 향한 대립의 여정을 예고한다.

성서가 모세의 사건을 통해 말하는 원리는 시간을 관통하는 진리이다. 오늘날 우리도 유력에 묶인 삶의 형태, 즉 제국의 관성적 구조 속에서 살아간다. 바로의 방식은 지금도 우리 안에서 작동한다. 세상은 욕망을 물질화하고 측정하여 그것에 기반한 자기 정체성의 보존을 최고의 가치로 삼는다. 현대 사회는 겉보기에 다원적이고 자유로워 보이지만 그 이면을 들여다보면 유력有力의 체계, 즉 관성화된 에너지가 구조화된 세계에 깊이 포획되어 있다. 이 세계는 무력에서 포획한 감성 이미지를 유력화하고, 실재의 파동과 관계의 감성을 본질인 양 흉내 내면서 이미지를 기호화된 권력으로 재구성하고 무한 반복한다.

신의 대안은 새로운 제국이 아니다. 우상들을 폭로하고 고통받는 이스라엘 백성들을 탈출시켜 광야에서 말씀으로 훈련할 모세와 새로 태어날 공동체다. 예언자의 준비는 공동체가 유의 안정성에 안주하고 있을 때, 그 틈 사이로 먼저 무의 징후를 감지하고 해석할 수 있는 자의 등장이다. 예언자는 단순히 미래를 점치는 이가 아니라 차원의 불균형을 감지하고 그 사이에서 하나님의 시선과 뜻을 통역하는 이다. 그는 무의 출현을 공동체 안에 증언함으로써 사람들의 감각을 깨우고, 하나님을 향한 갈망이 생겨날 수 있는 길을 연다. 예언자는 유에서 무로 넘어가는 그 틈에서 하나님의 임재가 도래할 수 있도록 존재론적 여백을 마련하여 빛을 전하는 자다.

모세는 유력의 세계에서 억압하는 자와 억압받는 자 모두에게 속한 중층적 인물이다. 제국의 특권을 누리면서도 타고난 정체성의 고통에서 벗어나지 못하는 그는, 시스템의 수혜자이자 희생자인 현대인을 반영한다. 우리 중 많은 사람들이 현대의 모세이다. 그들은 제국 내에서 교육받고 특권을 누리기도 하지만, 구조적 부당함을 떳떳하게 외면하며 살아갈 수도 없다. 사람뿐만 아니라 시대 자체도 경계 지대에 노출되어 있다. 더 이상 의식만으로는 견디기 어려워 감정의 폭발을 겪으면서도 통제할 수 없는 지경에 이른 것이다.

어느 날 모세는 늘 다니던 길목에서 불타면서도 타지 않는, 떨기나무를 발견한다. 모세는 비로소 자신이 있었던 세계가 무언가 다른 세계와 중첩되어 있다고 느낀다. 그리고 한 번도 생각해 보지 못했던 소명의 자리로 부르심을 받는다. 그 부르심은 동족의 고통이라는 얼굴을 하고 그를 찾아온다. 이전의 그는 저항하고 반항하고 죽이는 제국의 방식으로 자신의 동족을 구하려 했지만, 실상의 세계에서 온 메시지는 그런 살상 무기는 필요 없다고 말한다. 하나님은 그저 모세가 양을 치던 지팡이 하나면 충분하다고 말씀하신다. 지금 그로서 충분하다고, 지팡이 하나로도 신과 함께라면 충분하다고 말이다.

오늘날의 동시다발적이며 멀티-페르소나적인 시대에서 모세는 어떻게 탄생하는가? 그 대답은 '어떻게 진정성을 되찾을 수 있는가'에 대한 탐구와 같다. 진정성은 세계에 대한 반항에서 시작되는 것이 아니다. 먼저 인식해야 한다. 거리를 떼고, 멈추고 보아야 한다. 이 유력의 세계가 시뮬레이션에 몰입하고 있다는 것을, 과장이 심한 껍데기일 뿐임을 말이다. 그리고 진정한 자신을 표현해야 한다. 어쩌면 지팡이 하나, 혹은 물맷돌로도 충분하다. 타인의 시선이나 이미지보다 한계 속에 숨은 비밀을 인식하는 것이 얼마나 중요한지! 이 시대는 불확실성과 모순, 기다림 등 간극을 두려워한다. 하지만 참된 진정성은 종종 그 중간의 이상한 틈, 즉 불타지만 타지 않는 떨기나무처럼 나타난다. 모세는 가장 솔직한 모습일 때, 80년간 쌓은 내공이 있지만 겉으로 보기에는 그저 광야의 목자로서 담담히 있을 때 가장 담대하고 영적이며 거룩한 존재가 되었다. 그는 권력이 없지만 불안하지 않다. 하나님을 대면하면서도 영웅심에 들뜨지 않는다. 성취의 제국에서는 쓸모 있는 자가 아니지만 하나님께서 사용하시기에 가장 적합한 자로 살아 있다. 그는 불확실성의 수면 위에서 매일 성실하게 움직이고 있다. 진정한 자신을 찾기 위해 우리는 모세처럼 아직 완전히 형성되지 않았고 쉽게 브랜드화되지 않는, 이상하고 취약한 공간을 사랑해야 할지도 모른다.

왕궁은 가시성을 기반으로 번성하지만, 모세는 외롭지만 깊이 있으며 감추어진 정체성을 기반으로 성장한다. 진정성은 군중의 관점에서가 아니라 더 크고 깊으며 신성한 무언가의 공명 속에서 성장한다. 그것은 대중의 박수보다는 신뢰할 수 있는 동반자들과의 대화, 함께 웃고 함께 울 수 있는 작고 진실한 공동체 속에서 길러진다. 자아 긍정만이 아니라 자아 부정을 통해 공동의 숭고한 목표를 이루어가는 사람들, 고독 속에서 일어나는 창발과 영감, 영혼의 소통이 가득한 삶의 재배열 속에서 희망의 세대가 준비되고 있다.

Part 2.

무,

**모든 것의 기원이자
분기점**

태초의 무, 만물의 움브

———————————

그분은 홀로 계셨다.

모든 것이 충만했다.

그러나 충만은 정체되어 있지 않았다.

그 충만은 넘치고자 했고

흘러나오고자 했다.

"생명을 낳고, 그것이 번성하기를."

어떤 소망이, 시간 이전의 마음속에서 일어났다.

그래서 그분은 그저 자기 자신을 내어주었다.

무언가 부족해서도

외로운 관계성의 욕구도 아니었다.

그저 충만한 존재의 본성,
그저 내어줌이었다.

스스로 계신 존재와 같으면서도 다른, 무엇.
그것은
있음도 아니고 없음도 아니었다.
오직 근원으로부터 온전히 받아서 생긴
최초의 영적 그릇이었다.
그 온전한 수용성의 움브 womb인 무는
무한했고 신령했다.
아무 곳에도 매이지 않았고 무한히 자유로웠기에
창조 이전의
신적 존재들이 먼저 깨어났다.

그곳에는 혼돈이 있었다.
형체 없는 기운
목적 없는 진동.
그저 공허가 있었다.
아무것도 담기지 않은 그릇처럼
스스로를 기다리는 침묵.
그 위에는 흑암이 있었다.
볼 수 없는 어둠이 아니라
아직 아무도 '보려고 하지 않았던' 깊음.

사람들은 그것을 무無라 불렀다.

하지만 그 무는 단순한 부재나 결핍이 아니었다.

그것은 태초의 움브.

모든 가능성과 의미, 형태와 생명들이

자존자의 숨결을 기다리며 웅크리고 있던 무한의 모태였다.

그분이 자신이면서 자신이 아닌 움브 속으로

그곳에 꼭 맞게 영으로 운행하고 탐색하며

말씀의 공진으로 생명의 탄생을 준비할 때

무無는 감지하며 진동하기 시작했다.

혼돈은 방향을 갖기 시작했고

공허는 채워지기 시작했으며

흑암은 열려

차원들이 희미한 여명을 가지기 시작했다.

그것은 조용한 창조가 아니었다.

그것은 분만의 고통처럼 격렬한 출산이었다.

수천 개의 파동, 수만 개의 구조,

시간도, 공간도, 의식도, 자유도

움브의 중심에서 폭발하듯 태어났다.

그리고 자존자는 큰 말씀으로 하나하나 불렀다.

"빛이 있으라."

"차원이 있으라."

"너는 움직이고,

너는 기억하고,

너는 나를 닮으라."

그리하여 무는 더 이상 삼키는 어둠이 아니게 되었다.

그것은 차원의 어머니

빛을 낳은 무한한 심연

모든 존재의 어머니

그리고 숨 쉬는 무한한 가능성의 자리로 남아 있다.

누구든

참 생명이 되기 위해

그 움브로 들어간 자는

다시 태어날 수 있다.

새로운 존재로, 새로운 차원으로.

"나는 존재하지 않지만, 네가 찾고 있는 모든 길 위에 있다."

1
이토록 위대한 무

1. 마당의 낯선 얼굴 – 납작한 평면이 아니었다고?

모래알인 그는 평생 얇은 평면 위에서 살아왔다. 그 평면은 다만 종이 같았다기보다는, 그림자가 만들어 내는 접히고 주름진 일종의 얇은 막 brane[33] 같기도 했다. 모래알은 자신이 '존재한다'고 느낀 적은 없었지만 그렇다고 '자리'를 벗어나는 법도 없었다. 존재의 의미나 소명 같은 주

---

33 | 우주의 추가적 차원(extra dimension)에 대해 설명하기 위해 브레인 이론(Brane Theory)의 맥락에서 랜들이 고안한 랜들-선드럼 모델은 현대 물리학, 특히 초끈 이론 (Superstring Theory)과 양자 중력(quantum gravity) 분야에서 중요하다. 브레인은 '막(membrane)'의 줄임말로, 우리 우주가 더 높은 차원의 공간(벌크, bulk) 안에 떠 있는 얇은 막과 같다는 개념이다. 우리가 경험하는 모든 입자(전자, 쿼크 등)와 힘(전자기력, 강력, 약력)은 이 브레인 위에 갇혀 있다고 가정한다. 이로 인해 다음과 같은 이론적 전개가 가능하다. 1) 추가 차원(extra dimensions): 브레인 이론은 4차원 시공간 외에 추가적인 공간 차원이 존재하며, 일반적인 초끈 이론에서는 이 추가 차원들이 매우 작게 꼬여(compactified) 있어서 우리가 감지할 수 없다고 설명한다. 2) 중력의 특수성: 브레인 모델에서 가장 혁신적인 부분은 중력이 다른 힘(약력, 강력, 전자기력)들과 다르게 행동한다는 것이다. 중력은 브레인에 갇히지 않고 추가 차원인 '벌크' 속으로 퍼져나갈 수 있다. 4차원 브레인, 추가 차원, 차원에 갇히지 않는 중력에 대한 설명은 브레인 이론의 주요 기여점이다. Lisa Randall, *Warped Passages: Unraveling the Mysteries of the Universe's Hidden Dimensions* (New York: Ecco, 2006).

제와는 거리가 멀었지만 그는 성실했고 선했다. 평면 종이 위에서는 혹시나 떨어질까, 종이가 방향을 틀어 미끄러지면 어떻게 될까, 늘 노심초사했지만 그나마 평면 위에 주름이 새겨진 후에는 훨씬 안정되었다. 또 평면 마당의 법에 어긋나는 시도를 하면 반드시 반작용이 돌아왔기 때문에 함부로 움직여서는 안 되기도 했다. 주름이 생긴 후에는 '훨씬 좋은 세상이 되었다!'라고 생각하며 모래알은 접힌 주름에 적응하면서 패인 곳에 자리 잡았다. 그 좌표는 외부 힘에 의해 배열되었지만 어느 정도 움직임이 가능했다.

그러던 어느 날, 모래알은 자신을 관통하는 진동을 느꼈다. 그 파동은 자기 안에서 뭔가를 간절히 울부짖는 것 같기도 했지만 도리어 다른 세계에서 간절히 두드리는 소리 같기도 했다. "그것이 전부가 아니야." 그것은 기존의 주름진 방향을 유지하는 법과 다른 벡터로 침투하는 진동처럼 다가왔다. 차원 다른 마당이 슬쩍 흔적을 드러냈다!

그러나 그곳은 낯설고 복잡했다. 마치 서로 다른 투명한 층들이 겹쳐 있는 것 같은 이상한 마당이었다. 모래알은 한 층에 존재하면서도, 그 위-아래층과의 진동을 느끼며 자신이 그 모든 층을 투명하게 통과하는 것을 경험했다. "이것은 내가 알던 마당이 아니다." 모래알은 직감적으로 느꼈다. 그 시간은 마치 빛처럼 다가와 지금까지 자신을 형성했던 모든 것이 사라지며 동시에 투명해지는 것 같기도 했다. 작은 입자이던 모래알은 마치 투명 셀로판이 여러 겹 겹쳐 있는 것 같고, 모래알이 진동하면 위층의 파동이 아래층에 흔적을 남기는 곳에 있음을 느꼈다. 그는 전체 장이 미묘한 공진적 패턴을 형성하는 마당에 있었고,

자신도 그곳에 공명하면서 있었다.

그는 이젠 모래알이 아닌 모래의 파동으로서[34] 마당과 함께 교류하면서 있었다. 그가 시선을 모래알에 두면 그는 분명한 입자처럼 굳어진 몸이 느껴졌다. 그가 흐르는 파동에 몸을 맡기며 함께 흐르면 전혀 다른 의식과 흐름이 자기를 통과하여 함께 머무르고 있음이 느껴졌다. 여러 차원이 동시다발적으로 휘고 말려 있는 다양체 manifold 같은 그 마당에서 그는 한 궤도를 따라 흐르다가 다시 곡률의 변화에 따라 다른 층, 다른 경계로 옮겨졌다.[35] 마치 우아한 춤을 추는 듯 황홀했다. 무

---

34 | 입자와 파동의 중첩성은 빛의 성질을 설명하기 위한 핵심 개념으로, 오랜 난제를 딛고 중첩성(duality)이라는 새로운 관점을 열며 양자물리학의 탄생에 큰 역할을 하였다. 뉴턴 물리학에서는 빛이 입자라는 입자설이 승리를 거두었으나, 토머스 영(Thomas Young)의 이중 슬릿 실험과 제임스 맥스웰(James Clerk Maxwell)의 전자기파 이론으로 인해 빛의 파동성이 밝혀졌다. 그러나 20세기 초 양자물리학의 태동을 이끈 막스 플랑크(Max Planck)의 양자(quantum)화된 빛, 또한 알베르트 아인슈타인(Albert Einstein)의 광자(photon) 발견으로 빛의 파동성과 입자성이 동시에 양립 가능하다는 발견이 이루어졌다. 이후 루이 드 브로이(Louis de Broglie)가 모든 입자는 파동성을 가진다는 이론을 제안했으며, 실제로 전자 등의 입자도 파동처럼 간섭과 회절을 한다는 것이 데이비슨-거머(Davisson-Gemer)의 실험으로 밝혀졌다. 후에 닐스 보어(Niels Bohr)는 이 입자이자 파동인 빛의 이중성을 상보성(complementarity)으로 설명했다. 입자성과 파동성은 서로 배타적인 것처럼 보이지만, 반드시 함께 양립하여 전체 현실을 설명하는 데에 상보적으로 필요하다는 뜻이다. 이후 베르너 하이젠베르크(Werner Karl Heisenberg), 에르빈 슈뢰딩거(Erwin Schrödinger), 막스 보른(Max Born) 등의 물리학자들은 이 이중성을 불확정성 원리, 파동 함수(슈뢰딩거 방정식), 확률 해석으로 설명하여 양자역학의 발전에 기여했다.

35 | 초끈 이론의 등장으로 이제 시공간은 칼라비-야우 다양체(Calabi-Yau manifold)와 같은 내부 구조로 구성되어, 여분 차원이 컴팩트화된 구조로 가정된다. 즉, 우리가 놓인 4차원 시공간에 보이지 않는 내부의 공간 구조가 숨겨져 있다. 초끈 이론은 10차원을 가정하며, 우리가 지각할 수 있는 것은 4차원이나 나머지 6차원은 작게 말려 있는 칼라비-야우 다양체이다. 이 다양체는 복잡한 기하학적/위상적 구조를 가지고 있으며, 이 구조에 따라 끈의 진동 방식이 달라지고 4차원에서 관측될 수 있는 입자, 힘, 상호작용의 종류가 결정된다. 이렇게 칼라비-야우 다양체 위에서 끈이 감기는 방식, 다양체의 구조

언가 눈물이 날 것 같은 깊은 떨림…. 이 아름다운 마당이 이 마당들 전체를 설계한 어떤 존재의 사랑으로 지어졌음이 느껴졌다. 문득 자기 몸을 바라보면 그것은 거칠고 흔한 모래 한 알이 아니라 빛이 반짝이는 보석 같기도 했다. 다층적이며 진동하는 막 위에 떠 있는 모래알은 갑자기 어떤 흑화된 파동을 느꼈다. "현실을 봐! 너 자신을 봐!" 그 발신자의 소리를 들으며 입자인 자신을 바라보는 순간 그 힘은 습격하듯 치고 들어와 모래알을 끝없는 수렁으로 추락하게 했다.

우여곡절 끝에 다시 무의 마당과 연결된 모래-파동은 그곳에서 더 이상 고랑에 갇히지 않은 존재들을 보았다. 그들은 특정한 점에 고정되어 있지 않고 마치 부유하는 것처럼 보였다. 그럼에도 그들은 유의 세계를 사랑했다. 그들은 무의 마당과 그곳을 진실하게 연결하고, 다차원적 좌표에 통합된 자리를 가지고 있었다. 견고한 입자는 그들에게 어울리지 않는 옷 같았다. 모래알이 그들에게서 시선을 돌리면 그들은 파동으로 존재했고, 무의 마당과 연결된 '울림의 소리'로 대화했으며, 흐름으로서 함께 존재했다. 공동체란 진정 이런 것이 아닐까? 그는 감동하며 어떤 희망이 솟아오르는 것을 느꼈다.

그 마당은 평평하거나 주름 사이의 '빈 공간'이 아니었다. 그곳은 차원

와 위상적 특성이 반영된 결과로 비국소적(non-local) 물리량(예: 양자 얽힘, 위상 효과)이 나타날 수 있다. 자세한 내용은 다음의 책을 참고하라. Roger Penrose, *The Road to Reality: A Complete Guide to the Laws of the Universe* (New York: Alfred A. Knopf, 2005); Carlo Rovelli, *Quantum Gravity* (Cambridge: Cambridge University Press, 2007); Lee Smolin, *Three Roads to Quantum Gravity* (New York: Basic Books, 2001).

간 경계들이 교차하는 다중 인터페이스 multi-interface, 즉 무의 중층적 마당이었다. 그곳에서 모래알은 지금까지 접한 종이막이 '차원 전체'가 아니었음을 처음으로 알게 되었다. 자신은 단지 다차원의 얇은 단면 위에 억지로 눌려 있으면서, 어떻게든 그 주름을 조금이라도 펴거나 고지를 선점해 안정되고 싶었던 작은 입자에 불과했다. 그러나 마당에 난 틈은 중첩된 차원들이 상호 간섭하며 진동하는 에너지의 접속면이었다. 삶의 구멍은 그저 우연히 발생한 사고가 아니었다. 그 틈은 "너는 생생하게 살 준비가 되었는가?"라고 묻는 신호였다. 무의 마당에서는 오직 어떻게 존재로서 살 것인지, 어떻게 서로 생명의 리듬에 맞춰 공명할 것인지, 그것만이 관심사가 되었다. 모래알은 처음으로 유력의 막 위에 갇혀 사는 친구들에게 진정으로 측은하고 안타까운 마음을 느꼈다. 눈물이 한줄기 흘러내리자 모래알의 몸이 더욱 투명해지면서 작은 빛이 퍼지기 시작했다.

무의 마당에서는 서로 다른 존재들의 주파수가 일치할 때 일어나는 기운과 의식의 공명으로 새로운 관계가 생성되고 있었다. 그것은 그 마당의 진정한 동력이었다. 무의 마당에서는 유력의 세계에서 살아남는 방식이 통하지 않았다. 무엇이든 진심이어야 했으며, 상호적으로 맞아야 했으며, 그것이 또한 마당 전체의 흐름과 맞아야 했다. 눈에 보이는 크기와 질량은 그다지 중요하지 않았다. 큰 것과 작은 것 간에도 아주 작은 플랑크 길이의 공명만으로도 불꽃이 일어났다. 오, 이곳은 진실로 진정과 영혼의 공명만이 중요한 곳이었다.

물리학자 미치오 카쿠 Michio Kaku, 加来 道雄 는 어느 인터뷰에서 "이 세계는 훨씬 복잡하고 생각할 수 없는 방식으로 지적 설계자에 의해 창조된 규칙에 따라 만들어졌다. 모든 가능성을 검토해 본 결과, 모든 것을 지배하는 알 수 없는 힘이 존재한다"라고 말했다. 그의 최종 결론은 '신은 수학자'와 같다는 것이다. 그는 신의 마음이 "11차원의 초공간을 통해 울려 퍼지는 선율의 우주적인 음악과 같다"라고 말했다.[36] 그의 표현은 창세기 1장에서 성령님이 운행하시는 장면을 상상하게 만든다. 가만히 공간을 운행하시며 춤추듯 거니시는 성령, "있으라" 하시는 태초의 말씀과 그에 공명하는 빛의 잠재성이 만났을 때 아름다운 창조가 일어났던 것처럼 말이다. 작은 움직임일지라도 그것들이 어떤 계기를 만나서 공명을 일으킬 때, 울림이 일어나고 질서가 잡히고, 같은 리듬으로 일치하며 창조가 일어난다. 그래서 헨리 나우웬 Henri Nouwen 은 창조주 하나님을 '춤추시는 하나님'이라고 표현했을 것이다.

온 우주의 살아 있는 생명들이 조화롭게 움직이는 창세기의 첫 마당을 상상해 보라. 춤추시는 하나님과 완전히 일치되어 공명을 일으키는 모든 생명체를 말이다. 낮과 밤, 새와 물고기, 낙타와 사자, 아주 작은 원자에서부터 큰 태양까지, 약동하는 모든 에너지는 전부 하나님의 마음과 하나 됨으로 공명 속에서 춤추는 생명의 협주곡이다. 이 조화로움의 원천은 그분의 말씀으로 만드신 생명의 이법에 온전히 순응하는 질서이다. 생명의 질서란 이런 것이다. 만물이 각자 자기 자리에서 서

---

36 | Michio Kaku, "The Multiverse Has 11 Dimensions," *Big Think*, November 9, 2010, Video, 2:24, https://bigthink.com/videos/the-multiverse-has-11-dimensions-2; Michio Kaku, "Is God a Mathematician?," *Big Think*, April 4, 2022, Video, 5:33, https://bigthink.com/the-well/mathematics/.

로 공명을 일으키며 아름다운 공동체의 춤을 추는 그 조화로움이 지독하게 유연하지만 질서 정연한 로고스의 경계를 만드는 것.

태초에 성령께서 마치 어미 닭이 알을 품듯 지고한 마음으로 아주 오랜 시간 세계를 품고 계셨다. "있으라." 그곳에 하나님의 말씀이 울리자, 말씀의 파동과 공명을 일으킨 존재가 자신의 자유 의지를 가지고 정확하게 움직였다. 미동도 하지 않던 세계에 하나님의 말씀이 울리자 살아 있는 파동이 응답하며 우주 끝까지 빛으로 퍼져 나갔다. 파동은 계속해서 우주의 광막한 공간을 자유롭게 활강하며 영과 진리가 지나는 곳마다 우주가 생겼다. 태초의 한복판에 떨어진 작은 울림은 멈춰 있던 서로 다른 요소들을 연결하였고 가장 아름다운 배합으로 화음을 만들었다. 하나님께서 지으신 모든 것을 보시니, 보시기에 심히 좋았다. 만물의 춤이 점점 더 정교해지고 규칙을 가지게 되면서, 땅과 하늘과 바다는 스스로 생명을 내어놓기 시작했다. 하나님의 뜻과 꼭 맞는 공명, 울림과 진동이 있는 곳에는 항상 새로운 생명이 일어난다. 이 생명 마당은 그토록 아름답다.

창세기 1장의 완벽한 하모니는 창세기 2장에 오면서 조금씩 간극이 발생하기 시작한다. 땅은 황폐해지고, 완전히 통합되어서 일치했던 남자와 여자는 거리가 뚝 떨어져서 간극을 지닌 채 만들어졌다. 창세기 1장에서 하나님의 형상으로, 남자와 여자로 동시에 창조되었던 사람은 하나님의 숨이 불어 넣어지는 순간만 생기가 생기게 되었다. 하나님의 영과 일치하여 추던 춤은 이제 한시적인 일이 되었다. 그러나 하나님은 끝까지 포기하지 않으시고 끝까지 함께 각도를 맞추며 춤추기를 원하셨다. 그분은 다시 절뚝발이 인생에도 꼭 맞는 규칙을 정해주셨다. 하나는 언약을 담은 '생명과'이고, 또 하나는 경계를 담은 '선악과'였다. 사람들은 이 선악과와 생명과 사이에서 유력과 무력의 균형을 유지하며 리듬을 타야만 살 수 있게 되었다. 유력의 세계에서는 반드시 율법이 필요했지만 거기에 매이면 몸이 딱딱해져서 몸치가 된다. 반대로 경계와 질서 없이 마음대로 엇박자 춤을 계속 추면 반드시 반작용이 돌아왔다. 율법은 무와의 공명이 있을 때만 살아 움직였기 때문이었다.

무Todo Nada, Nothingness는 너무나 놀랍다. 사실 적당한 이름을 붙이기 어려울 정도다. 무는 배경처럼 뒤로 빠지고 싶어 하지만, 실은 가공할 만한 힘과 매력으로 그 존재감을 드러낸다. 적절한 입체적 마당만 깔아준다면 무는 늘 등장할 준비가 되어 있다. 무는 천진난만한 자유 그 자체이다. 그러나 생명의 계보에 있는 근원적 무는 창조주의 기획을 함부로 넘어서지 않고 조화로운 유의 세계를 창조하는 힘이 있다. 반면 흑화된 무는 그 무한의 힘과 자유로 인해 더 위험스럽다. 무는 무게를 늘리거나 크기를 확보할 수 있는 유력의 세계에서 주인공 노릇을 하고 싶지만 그러려면 어둠의 영을 감당할 몸 그릇이 필요하다. 흑화된 무가 자기 마음대로 휘저으려면 어둠의 파동에 끌리는 야심만만한 탐욕자들, 전능만을 노리는 입자들이 필요하다. 그런 의미에서 무는—빛의 계보이든 어둠의 계보이든—늘 영혼의 틈을 노리는 부지런한 탐색자다.

무의 가장 중요한 얼굴은 '있는 그대로의 무한'이다. 의식의 층위를 알고 싶은가. 그 바탕이 되는 무를 이해하고 있는지 살펴보라. 수많은 거장과 선각자들이 무를 추적하고 이름을 붙이고 때로는 찬양하고 때로 악마화하며 통제하려고 애를 썼다. 그 결과 오늘의 현대 사상은 무를 어느 정도 긍정적으로 드러내었다. 놀랍게도 무는 모든 창조의 기원이라는 것이 밝혀졌다. 성서가 말했듯이 그러나 아무도 그렇게 구체적으로 이해하지 못했듯이 무의 정체는 엄청난 활기와 증식력과 운동력과 중심성에 있었다. 이렇게 놀라운 힘이 그동안 어떻게 그렇게 자기를 꽁꽁 숨길 수 있었는지 놀라울 지경이었다. 이 무의 위협과 폭발력은 너무 엄청난 위력을 가지고 있기에 우리가 다치지 않고 살아가고 있음이 기적이었다. 무로부터의 안정은 그것의 경계와 속도와 질서를 유지하고 있는 은총이 아니면 도저히 있을 수 없는 일이었다. 우리의 인식이 도저히 따라잡을 수 없는 곳에서, 무는 제 세상처럼 완벽한 리듬과 힘으로 우주를 호령한다.

아무것도 하지 않아 보이지만 어마어마한 잠재성을 가지고 있는 무의 위력이 서서히 드러나기 시작했다. 무가 역사의 주역이 되기 시작한 것은 사실 문명과 역사의 가장 큰 전환점이다. '있음'의 존재만을 다루던 인간의 사고가 '존재하지 않음으로서의 무'를 사유의 대상으로 받아들이기 시작한 것이다. 기독교 신학도 '무로부터의 창조 Creatio ex Nihilo'[37]

---

37 | '무로부터의 창조(Creatio ex Nihilo)'는 하나님께서 창조 이전에 존재한 어떤 물질이나 원형 없이, 전적으로 자신의 뜻과 능력으로 우주와 모든 존재를 창조하셨음을 의미한다. 이때의 '무로부터의 창조'는 하나님만이 영원 전부터 존재하셨다는 하나님의 유일성과 자족성을 강조하며, 특히 성 어거스틴(St. Augustine)은 『창세기 주해(De Genesi ad litteram)』에서 하나님이 시간과 공간의 밖에서 창조를 일으키셨다고 말한다. 아퀴나스 또한 『신학대전(Summa Theologiae)』에서 창조는 전적으로 하나님의 능력임을 말했다. 즉 '무로부터의 창조(Creatio ex Nihilo)'는 단지 우주 기원 이론이 아니라 존재론적 고백이자 신학적 진술이다. Augustine, *The Literal Meaning of Genesis*, trans. John Hammond Taylor, vol. 1, Ancient Christian Writers, no. 41 (New York: Newman Press, 1982); Thomas Aquinas, *Summa Theologica*, trans. Fathers of

를 통해 무를 창조와 연결한다. 영성 전통에서도 '어둔 밤La noche oscura del alma'은 모든 것 안에서 모든 것을 놓는 '무'로 나타난다. 영혼의 어둔 밤은 십자가의 성 요한St. John of the Cross이 신앙의 성장 과정 중에 겪는 깊은 내면의 어둠, 침묵, 버려짐을 표현한 것이다.[38] 이 체험은 단순한 우울함이나 고통이 아니라 이전의 신앙 체계와 자아 정체성으로부터 눈이 머는 순간이다. 이 어둠은 새로운 차원으로 이행되기 전 반드시 통과해야 하는 영혼의 밤이다. 영혼은 방향성이 상실되고 하나님께서 부재하시는 것과 같은 체험과 실존적 공허를 느낀다. 평평하던 삶에 무의 흔적을 따라 차원 다른 주름이 접히기 시작하는데, 영혼은 이 과정을 하나님의 침묵, 영혼의 어둠, 자아의 붕괴로 느낀다. 신은 떠나지 않았지만, 이전의 방식으로는 더 이상 느껴지지 않는다. 기도는 메마르고, 말씀은 무의미해지고, 존재는 길을 잃은 채 붕괴 직전의 긴장에 놓인다. 그러나 이 순간은 바로 무의 마당이 차원을 접어 틈을 여는 중이다. 마침내 새 부대가 되어 이 테스트를 지나갈 수 있다면 얼마나 큰 행운인가! 반대로 부대가 차고 넘치는데도 새 길을 안내할 이가

the English Dominican Province, pt. 1, q. 45, a. 1 (New York: Benziger Bros., 1947).

38 | 십자가의 성 요한(St. John of the Cross)은 '영혼의 어둔 밤(La noche oscura del alma)'을 통해 영적 성장 과정에서 하나님과의 일치를 위해 정화와 비움으로 나아가는 시기를 설명한다. 전통적인 영적 성장의 단계는 정화·조명·일치의 3단계이며, 이 과정에서 '밤'은 영혼의 정화와 하나님과 연합하는 과정이다. 영혼은 이제까지 품고 있던 세상의 모든 것에 대한 욕정을 부정하여 끊어버려야 하기에, 부정과 끊음은 인간의 감성, 믿음, 이성에게는 어두운 밤과 같다. 밤은 연속적 단계에 따라 세 부분으로 나뉘는데, 첫 번째 밤은 하나님들이 초보자들을 관상의 상태로 인도하시는 밤이며, 두 번째 밤 또는 정화는 하나님이 그들을 일치의 상태로 인도하시는 밤이다. 이 단계를 거쳐 영혼은 하나님과의 신적 일치를 이루는 완덕의 상태에 이른다고 말한다. Saint John of the Cross, *Dark Night of the Soul*, trans. Kieran Kavanaugh and Otilio Rodriguez (Washington, D.C.: ICS Publications, 1991).

없어 싹도 피우지 못한 채 사라진다면 얼마나 큰 비극인가! 무는 없는 것 같지만, 모든 가능성을 품은 자리다. 이는 '잠재성과 빛의 도래의 지평'을 의미할 수도 있다. 무는 천 개의 얼굴을 가졌다. 무는 마당이기도 하다. 그러나 하나하나의 주름과 틈보다 더 위대한 것은 전체를 다루는 근원이다. 그로부터 각각의 개체도, 주름도, 전혀 다른 창조도 생겨난다.

무는 단순한 부재가 아니다. 그것은 존재가 새로운 운동을 감지할 수 있는 '무한의 접속면'이다. 무의 힘은 직접 물체에 힘을 가하는 것이 아니다. 공간 구조에 간섭을 일으켜 주름을 만들고, 이 주름이 존재들에게 다른 차원으로의 움직임을 만들어 낸다. 마치 모래알들이 서로 밀거나 당기지 않아도 종이의 형태 변화가 흐름을 만들어 내듯이 말이다. 이 주름이 바로 무無의 작동이다. 무는 직접적으로 실체를 제시하지 않지만 구조 안에 틈, 방향, 파동적 끌림을 발생시켜 길을 만든다. 이제 마당은 보이지 않는 장field, 차원적 구조, 파동과 입자의 간극, 관측 이전의 잠재성의 장이라는 얼굴로 드러난다.

2. 신론[39]의 논쟁과 선재성의 차원

성서는 차원 다른 삶의 전환을 살아낸 존재들의 서사다. 성서는 단지 종교적 경전이 아니라 근원에 대한 위대한 기억의 저장소이다. 아브라

---

39 | 종교를 무(無)의 자기조직화와 견주어서 연구하는 것은 매우 유의미한 작업이 될 것

이다. 고등 종교들은 각기 다르게 무(無)를 이해하고, 그것을 존재의 해체 지점이자 구원으로 이끄는 전환점으로 받아들인다. 5대 종교를 무와의 관계로 서술해 보면, 1) 불교에서는 무가 곧 존재의 본질로 이해되며, 유의 자리가 곧 아상과 집착, 무명으로 구성된 자아의 허상이다. 무의 체험은 공성(空性)의 통찰로 드러나고, 자기조직화는 팔정도와 같은 수행법을 통해 마음을 무집착적으로 재구성하는 것이다. 궁극적으로는 해탈에 이르러 모든 갈등으로부터 벗어난 상태에 도달한다. 이것이 열반의 경지로 자아와 세계의 경계가 사라지는 평온한 통합이다. 여기서 자기조직화란 고집착적 자아로부터 벗어난 마음의 흐름을 따라가는 삶의 과정 전체를 뜻한다. 이때 도달하는 무(無)는 '공(空)'의 자리이며, 모든 존재가 실체 없이 상호 의존적으로 발생한다는 연기(緣起)의 진리를 깨닫는 순간이다. 무의 통찰은 단순한 공허가 아니라 자아 해체를 통한 실재 이해로 이어지며, 이로부터 팔정도와 같은 실천이 시작된다. 무집착, 무소유의 삶을 살아가며 고요한 존재 구조를 스스로 형성하게 된다. 이러한 무집착적 삶은 모든 욕망과 분별을 초월한 열반(涅槃)이라는 해탈의 의식 상태에 도달하며 고통과 자아의 세계로부터 벗어난 존재의 통합에 이른다. 2) 힌두교에서 유는 윤회 속에 갇힌 개별 자아다. 무는 이 윤회의 구조가 허상임을 자각하는 순간이며, 마야(māyā, 환상)로부터 벗어난 자각이 무의 경험이다. 이는 브라흐만(절대자)과의 일체성을 회복하기 위한 내적 통합을 위한 단계이다. 무는 실재와의 일치를 가로막는 착오적 인식에서 벗어나는 계기이며, 자기조직화는 요가나 명상을 통해 아트만(자아)과 브라흐만(절대)의 일치를 실현하는 방향으로 이루어진다(영혼 신비주의와 구별하기가 필요하다). 이때 자아는 완전히 소멸되어 우주적 의식과의 합일에 이르는 단계를 소망한다. 힌두교에서 유(有)는 개별 자아(Atman)가 윤회와 카르마 속에 갇힌 상태다. 인간은 감각적 세계를 실재로 착각하고, 이로 인해 본래 자신이 브라흐만(절대자)과 하나임을 알지 못한 채 살아간다. 무(無)는 이러한 환상, 즉 마야의 덮개가 벗겨지는 순간이며, 자아의 허상이 드러나는 자각의 계기다. 이때 인간은 참된 자기를 인식하고, 해탈을 향한 여정을 시작한다. 이후 수행자는 요가, 명상, 지(智)의 실천을 통해 자신의 존재를 정화하고, 브라흐만과의 일체를 향해 나아간다. 마지막으로, 개별 아트만은 브라흐만과 하나가 되며, 자아는 완전히 사라지고 우주적 의식과 일체되는 해탈에 이르는데, 이렇듯 힌두교는 자기비움보다는 내면의 상승과 통합을 강조하는 구조를 보여준다. 3) 유대교에서 무는 신의 부재, 특히 성전이 파괴되고 유배된 역사적 순간에 드러나는 깊은 절망의 자리로 나타난다. 하지만 이 무는 종말이 아니라, 율법과 기억을 통해 공동체가 다시 질서를 형성해가는 전환점이 된다. 자기조직화는 이러한 율법 중심의 공동체적 재구성을 통해 이루어진다. 유대교에서 유(有)는 하나님의 언약, 율법, 성전 중심의 민족 정체성이다. 이러한 정체성은 공동체의 역사와 토라의 가르침 속에서 유지되며, 질서와 소속감을 제공한다. 하지만 바벨론 포로기, 성전 파괴, 신의 침묵과 같은 사건은 이 정체성에 균열을 일으키고, 공동체는 무(無)의 체험, 곧 하나님이 숨으시는 부재의 상태를 경험한다. 이러한 무는 단절이자 신의 부재처럼 보이지만, 유대교는 이 속에서 기억과 율법 해석을 통해 질서를 복원해낸다. 공동체는 랍비 전통, 토라 연구, 할라카(הלכה)를 통해 다시 관계와 정체성을 형성한다. 이들은 메시아 대망과 샬롬(שלום)이라는 미래적 통합을 지향한다. 메시아 대망과 샬롬은 그들의 기억과 희망 속망, 예수의 침묵과 부활—이 모든 장면은 인간이 자신을 둘러싼 유력의 질서, 통념, 상식을 넘어서 새로운 존재 방식으로 이행하는 사건들이다. 성서는 차원 전환의 여정을 서사와 시와 기도라는 언어로 풀어내며, 우리 안에 고유한 전환의 감각을 일깨운다. 그 서사 안에서 인간은 단지 생존하는 존재가 아니라 부름을 듣고 응답하는 존재, 즉 '차원을 열 수 있는 존재'로 등장한다. 무엇이 성서를 단지 고대 문헌이 아닌 '생명의 말씀'으로 만들었는가?

이 힘을 우리는 눈에 보이지 않지만 실제로 작동하는 '실상', 즉 '근원과 닿은 무'에 대한 함의로부터 시작한다. 실상의 세계는 보이지 않기에 무無와 같이 보인다. 그러나 무의 세계는 세계를 이루고 움직이는 근원적인 힘이며, 보이는 유有의 세계가 지속적으로 생동하고 존재하기 위한 원천이다. 참된 신, 참된 세계, 참된 인간은 모두 이 무한 자유의 잠재성인 무와의 관계 속에서 그 진위가 드러난다. 성서는 이 주제에 대해 가장 치열한 논쟁과 풍성한 전통을 품고 있다. 성서의 첫 시작인 창세기 1장의 태초의 기원도 이 보이는 세계와 보이지 않는 세계가 연결되고 생성되는 원리로서 무를 보여주고 있다.

에 유지되는 공동체적 통합의 비전이다. 4) 이슬람에서는 무가 곧 신의 '절대성'을 인식하는 자리이다. 인간은 알라 앞에서 철저히 무력하며, 이 무의 체험은 오히려 복종과 순종을 통해 신의 질서에 참여하게 만든다. 이슬람에서 유(有)는 인간의 자율적 의지, 불완전한 판단, 세속적 욕망으로 구성된 자아다. 이러한 자아는 알라 앞에서는 근본적으로 무력하며, 바로 이 절대자의 압도적 존재 앞에서 드러나는 인간의 낮아짐과 복종이다. 이는 존재적 경외와 두려움으로 경험되며, 샤리아(율법)에 절대적으로 복종하는 삶을 통해 질서를 회복한다. 알라의 뜻에 완전히 순응한 상태는 내면적 평화로 나타나는데 이슬람이 곧 평화를 뜻하는 것도 이 때문이라고 말한다.

이러한 '무'의 특성을 시대적으로 가장 잘 보여주는 것이 현대성이다. 현대 철학과 과학을 비롯하여 가장 현대적이면서 고차원을 다루는 학문들이 '무'에 대해 증언하고 있다. 현대성의 가장 중요한 특성 중 하나는 초월성이다. 기표화되고 대상화할 수 있는 유의 세계에 갇히지 않으며, 초월하고 관통하며, 무소부재하고, 명명할 수 없지만 깊이 스며든다. 영성spirituality 의 특징이 바로 이러하다. 영성은 무소부재하며 초월적인 '무'가 구체적으로 우리 삶에서 내재하여 작용하고, 우리의 시공간을 이루는 유의 세계를 어떻게 구체적으로 변화시키는지 말한다. 그렇다면 이 변화는 어떻게 가능한가? 무의 세계와 유의 세계, 실상의 세계와 현상의 세계, 초월과 내재의 관계는 어떻게 작동되는가?

창세기 1장은 만날 수 없는 두 대극의 마주침 그리고 운동력 속에서 새로운 창조가 펼쳐지는 것을 보인다. 그 핵심에 유일하신 하나님과 삼위일체 하나님의 관계성이 있다. 이 둘의 관계는 오랫동안 신비이며 풀리지 않는 난제와 수수께끼로 남아왔다.[40] 우선 유일하신 하나님은 전

---

40 ┃ 유일하신 하나님(The One God)의 신앙과 삼위일체 하나님(The Triune God)의 신앙 사이의 관계성은 기독교 신학의 가장 근본적이면서도 영원한 난제이자 신비로 여겨져 왔다. 이 문제는 단순히 신의 수를 논하는 것을 넘어 하나님의 초월성(유일성)과 내재성(삼위일체적 활동)을 어떻게 동시에 이해하고 고백할 것인가에 대한 깊은 존재론적, 구원론적 질문을 제기한다. 1) 고전적 삼위일체론: 교부들은 삼위일체를 신앙의 핵심이자 풀리지 않는 신비로 고백하면서도 그 의미를 명확히 하려 노력했다. 어거스틴은 『삼위일체론(De Trinitate)』에서 하나님의 본질적 통일성을 강조하며, 성부-성자-성령 간의 구별을 정신의 기억-이해-사랑이라는 심리적 유비(analogy)를 통해 설명하려 했다. 그러나 그는 이 유비조차 하나님의 신비의 한 면에 불과함을 인정했다. 카파도키아 교부들─바실리우스(Basilius), 닛사의 그레고리우스(Gregory of Nyssa), 나지안주스의 그레고리우스(Gregory of Nazianzus) 등─은 '하나의 본질(ousia)'과 '세 위격(hypostases)'이라는 공식을 통해 통일성과 삼위성을 동시에 옹호하며, 삼위일체가 인간 이성을 초월하는 계시된 신비임을 강조했다. Augustine, *The Trinity*, trans. Edmund Hill, ed. John

능하시고 초월적이시며 스스로 계신 자, 어떤 것에도 구속되지 않는 영원하신 하나님이다. 그런데 그리스도인들은 유일하신 하나님만 믿는 것이 아니다. 그리스도인들은 삼위일체 하나님, 즉 성부-성자-성령으로 활동하시며 시간과 공간 안으로 내재하시는 하나님을 믿음으로 고백한다. 이 두 신성은 분리되어 있는 것일까? 그러나 이 수수께끼 같은 관계성을 푸는 비밀이 있다. 바로 '무'이다.

흔히 우리는 유일신 하나님을 떠올릴 때 구약의 하나님을 떠올린다.

E. Rotelle (Hyde Park, NY: New City Press, 1991). 2) 중세 삼위일체론: 아퀴나스는 『신학대전(Summa Theologiae)』에서 삼위일체를 이성으로 완전히 파악할 수 없는 계시된 진리, 즉 신비로 규정하면서도, 존재론적·철학적 개념을 통해 삼위일체 내의 관계적 구별을 정밀하게 논증하려 했다. 그는 삼위일체를 '본질에 있어서는 하나이고, 관계에 있어서는 셋'이라는 전통적 명제를 견지하며 그 불가해성을 인정했다. Thomas Aquinas, *Summa Theologica*, trans. Fathers of the English Dominican Province (London: Burns, Oates & Washbourne, 1927). 3) 현대 삼위일체론: 현대 신학자들은 삼위일체 신비의 본질을 '관계성'과 '경륜'을 통해 새롭게 조명하려 한다. 칼 바르트(Karl Barth)는 『교회 교의학(Church Dogmatics)』에서 삼위일체를 계시의 중심에 두며, 하나님 자신이 '계시하시는 분(성부), 계시된 분(성자), 계시(성령)'라는 세 가지 양상으로 존재하심을 강조한다. 칼 라너(Karl Rahner)는 '경륜적 삼위일체는 내재적 삼위일체이며, 내재적 삼위일체는 경륜적 삼위일체이다(The economic Trinity is the immanent Trinity, and the immanent Trinity is the economic Trinity).'라는 명제를 통해 삼위일체가 구원 역사 속에 드러난 하나님의 실제 모습임을 역설하면서도, 여전히 인간 이성으로는 완전히 파악할 수 없는 신비임을 인정했다. 위르겐 몰트만(Jürgen Moltmann)은 '사회적 삼위일체론'을 통해 성부, 성자, 성령 각 위격 간의 상호 내주(perichoresis)와 관계성을 강조하며 삼위일체 내의 인격적 사랑과 역동성을 부각하지만 궁극적 신비는 여전히 남는다고 본다. 캐서린 라쿠냐(Catherine Mowry LaCugna) 역시 『우리를 위한 하나님(God for Us)』에서 삼위일체를 추상적인 교리가 아닌, 인간의 구원과 삶에 직접적으로 관련된 '관계의 신비'로 이해하려 했다. 이처럼 현대 신학은 삼위일체의 신비를 회피하기보다 그 신비 자체가 하나님의 본질과 계시의 풍요로움을 드러내는 방식임을 고백한다. Karl Rahner, *The Trinity*, trans. J. Donceel, rev. ed. (London: Bloomsbury Publishing, 2001); Catherine Mowry LaCugna, *God for Us: The Trinity and Christian Life* (San Francisco: HarperSanFrancisco, 1991).

그 하나님은 배타적이고 위압적이며, 불가해한 전능함 때문에 폭력적으로까지 보이기도 한다. 이해하기 어려운 이러한 유일신 하나님의 특성 때문에 어떤 이들은 구약의 하나님에 대해 언급하는 것을 꺼리기도 한다. 반면 삼위일체 하나님에 대해 초점을 두는 이들은 삼위일체의 공동체성에 대해 집중한다. 세 위격은 상호 내재하고 침투하며 동등한 관계성 안에서 활동하신다. 그런데 이러한 하나님은 인간과 어떤 차이가 있는가? 그 신성은 인간이 이해할 수 있는 차원과 너무나 비슷하여 감히 범접할 수 없는 하나님의 경이로운 신성은 사라지고, 신인동형적이고 빈약한 하나님의 모습만 남게 된다.

딜레마는 두 하나님 중 하나를 취사선택하려는 시도에서 온다. 그러나 우리는 유일하신 하나님에 대해 포기할 수 없다. 유일신 하나님을 제외시킨다면 우리는 하나님을 인식의 수준과 차원에서 논하게 될 것이다. 그러나 삼위일체 하나님의 공동체성과 내재성에 대해서도 역시 배제할 수 없다. 이 딜레마를 해결할 수 있는 답은 유일신 하나님과 삼위일체 하나님의 관계구조 속에 있다. 이 관계 안에 무엇이 흐르는지 추적하다 보면 난제에 대한 통찰을 얻을 수 있을 것이며, 나아가 신-인-세계 구조의 관계성에 대해서도 이해할 수 있을 것이다.

기독교를 비롯한 유대교, 이슬람교[41]는 '유일신 하나님'을 믿는 종교로

---

41 | 구약 성경은 이스라엘의 오랜 종교 문화사적 배경 속에서 형성되었고, 신약 성경은 헬라 철학적 정신문화와 대결하면서 형성되었다. 그 결과, 성경 자체 안에는 다신론적(多神論的), 일신론적(一神論的), 유일신론적(唯一神論的), 삼위일체론적(三位一體論的) 신 이해가 뒤섞여 있어서 깊이 생각하는 교인들은 혼란을 겪는다. 그리스도교 교회의 예배와 교의 안에서는 '삼위일체 하나님' 신앙 고백의 구조를 가지고 있다. 그러나 교인들은 그 삼

자처한다. 그러나 그 '하나'에 대한 이해는 시대적, 문화적 배경 속에서 다양한 형태로 혼합되며 발현되었다. 구약은 고대 근동의 다신론적 배경 속에서 형성되었고, 신약은 헬라 철학과의 치열한 사상적 긴장 속에서 집필되었다. 이로 인해 성서에 대한 해석은 질서 없이 다신론·일신론·유일신론·삼위일체론이 마구 혼재되어 나타나는 것처럼 보인다. 오늘날도 많은 신자가 이 차이를 명확히 구분하지 못한 채 '하나님'

위일체 하나님을 고백한다는 의미를 분명하게 깨닫지 못하고 형식적 고백 상태에 방치된다는 것이 현실이다. 종교에서 신관은, 인간이 대자연, 생명계, 인간 공동체 가운데서 관계를 맺으며 살아갈 때, 자기를 어떻게 자리매김하고 살아갈 것인가의 문제와 직결된다. 다시 말하면, 신관, 인간관, 실재관, 세계관은 서로 구별되지만 밀접하게 서로 영향을 받는다. 21세기 새 시대 문명은 새로운 하나님 이해를 성서 안에서 더 깊고 높게 이해하도록 촉구하고 있다. 유일신 신앙(monotheistic faith, monotheism/唯一神論)은 신이 한 분뿐이라는 신의 수(數)에 강조점이 있는 신관이라 생각하지만, 더 본질적인 의도는 신적 속성 곧 질(質)에 관한 문제임을 명심해야 한다. 신의 수(數)가 여럿이며, 다수의 신들이 존재한다고 믿는 사회 안에서 '그들 다수의 신들(혹은 궁극적 원리들)'을 통일할 만한(초월할 만한) 절대 신(절대 원리)은 없다고 생각하는 신관(실재 관) 혹은 종교가 다신론(多神論, polytheism)적이다. 고대 사회만이 아니라 현대 사회에서도 이런 견해는 여전히 존재한다. 유일신론과 혼동하는 신관은 일신론(henotheism, 一神論)이 있다. 구약 성서 족장 시대만이 아니라 오랜 세월 동안 지중해 연안과 중동 사회에 편만한 다신론적 종교 문화 속에서 이스라엘의 하나님이 '신들 중의 신', '가장 높으신 신'이라는 고백이 함께 있어 왔다. 경쟁적인 신들 중 권능이 가장 높고 뛰어난 신을 자신들이 섬긴다는 경쟁적 부족 국가들이나 문명 신들 중에서 일신론은 유행한다. 이런 신은 유일신은 아니다. 사회나 제국을 통합하는 최고 군주(통치자) 이미지를 강화하는 정치·사회 통합 기능을 감당하는 신이다. 대체로 제국주의, 국가주의 신들은 일신론적일 뿐이다. 명분은 유일신론이라고 스스로를 속인다. 반대로, 기독교 단체들 중에서도 입으로는 유일신을 고백한다면서 사실은 일신론인 경우가 대부분이다. 유일신론이란 '진정한' 의미에서의 신(하나님)은 한 분뿐이라고 믿는 신앙을 말한다. 이스라엘 종교사에서는 대체로 BC 8세기-5세기 경 예언자 시대(아모스, 호세아, 이사야, 예레미야, 에스겔 등)에 완전하게 확립되었다. 신들이라 일컫는 신적 존재자들은 신성 능력을 지녔을지라도 경배와 예배의 대상이 될 수 없다고 본다. 유일신은 시공을 초월하며 전지전능, 무소부재, 유와 무, 존재와 비존재, 언어와 개념 규정을 모두 초월하기 때문에, 엄밀하게 말한다면 유일신을 설명하거나 이해할 수 있는 '존재 유비(存在類比)'가 없다. 유일신 자신이 피조물들에게 스스로를 알리시는 '신의 자기 계시' 만큼만 알 수 있다. 더 자세한 논의는 다음을 참고하라. 김경재, 『이름 없는 하나님: 유일신 신앙에 대한 김경재 교수의 본격 비판』 (서울: 삼인, 2015).

이라는 이름 아래 상이한 신 개념을 뒤섞어 고백하고 살아간다. 사실 성서에 대한 차원적이고 구조적인 관점과 신비주의와 영성 전통이 말하는 무를 근원적으로 통합하여 이해할 수 없다면, 이 난제를 해결하기란 매우 어려운 일이다.[42] 현대성과 영성은 이 시대를 살아가는 신앙인들에게 진실로 중요한 화두임에 틀림없다.

이것이 의미하는 바는 분명하다. 하나님에 대한 이해는 인간의 실재관·세계관·윤리관·존재관 전반에 결정적인 영향을 미친다. 어떤 신을 믿느냐는 곧 어떤 존재로 살아갈 것인가를 결정짓는다. 특히 기독교 신학에서 유일신론과 삼위일체론의 관계를 정확히 분별하고 정리하는 일은 단순한 교리 정리를 넘어서는 것이다. 이는 '현상적 유의 차원에서 고착된 경쟁적 하나로서의 신 개념'을 변별하는 핵심 작업이 된다. 예컨대, 많은 종교적 신앙은 사실상 '권능 중심의 일신론 henotheism'에 머물며, 자기 부족과 신념을 보호하는 강력한 신을 숭배하는 것이다. 그러나 이것은 '유력의 세계에 갇힌 다신적 경쟁 구도 안의 최고신'을 섬기는 것이지 진정한 유일신 신앙이 아니다. 이러한 혼동은 유력에 갇힌 세계관에 왜곡되어 신의 수적 단일성에 대한 집착으로 나타나며, 초월성과 관계성을 상실한 채 정치적 신정주의로 퇴행할 위험을 내포한다.

근원적 차원과 무에 대한 관점은 이러한 납작한 신론과 그에 따른 세

---

42 | 이 책도 현대성과 영성을 성서의 근원적인 차원의 관점 아래 해석하여 네 가지 힘의 역학 관계로 구성한 것에 초점이 있다.

계관의 퇴행을 수정한다. 특히 차원에 대한 구조적 안목을 제공하는 창세기 1장의 보고寶庫는 유일신론이 진정으로 말하는 신이 무엇이며, 이 신이 내외적으로 어떤 관계구조를 이루는지 올바르게 이해하도록 우리를 이끈다.

1) 논쟁과 오해의 얼룩진 역사

유일신론과 삼위일체론의 논쟁과 관련된 기독교의 역사는 아름답기보다는 꺼림칙한 상흔이 더 많았다. '하나님은 사랑이시라' 요일 4:16 는 성서의 진리를 뒷받침하기에는 여러모로 꺼림칙했다. 기독교 신관의 두 얼굴 중 하나인 유일신론이 폭력적 군주 같은 이미지를 남겼다면 삼위일체신은 머리가 셋 달린 삼신 같은 이미지를 남겼다. 둘의 결합은 더욱 심각하고 혼란스러웠다. 유일신과 관련된 논쟁은 주로 유일신을 중심 교리로 하는 유대교와 이슬람교와의 동일시와 구분에서 생겨났다. 그들은 그리스도교가 세 신을 믿는다고 오해하면서, 삼신론은 신성모독이라고 주장했다. 즉 삼위일체라는 말 자체가 유일신의 위상을 훼손한다고 여겨진 것이다. 이 논쟁들을 접하다보면 단일신 개념이 각 종교에서 얼마나 다른 방식으로 체계화되었는지를 알 수 있다.

궁극적으로 삼위일체론은 기독론, 즉 예수의 신성에 근거하지만 그렇다고 유일신 하나님을 포기하지도 않는다. 유일성은 단일성이 아니라 삼위일체 하나님이 존재할 수 있는 절대적 근거이기 때문이다. 사실, 삼위일체는 인간의 논리만으로는 설명하기 어려운 신비다. 세 위격 persona 이 존재하지만 그 본질은 하나라니! 나는 인간과 세계를 초월한 그 존재 방식에 경외심을 느낀다. 유일신을 믿는 종교들이 서로를 오해하고, 삼위일체 교리를 성부수난과 동일시하는 모순이 그리스도교에게는 얼마나 설명하기 어려운 일일까? 그러나 이 고뇌야말로 단순한 신학적 차이를 넘어선 깊은 영성의 사유가 시작되는 지점이다.

논지는 분명하다. 성부, 성자, 성령의 세 위격은 서로 구별되면서도 본질이 같다. 각 위격 사이에 우열은 존재하지 않고, 세 위격 모두 온전한 하나님이다. 이 삼위일체의 신비를 접할 때마다 하나님이 하나이면서 셋이라는 신비 속에서 인간 의식이 닿을 수 없는 그분의 본질을 새롭게 깨닫게 된다. 성부께서 성자를 낳고 성령을 발현하시는데 하나라는 표현은 그 이상의 근원적 존재의 흐름 안에서만 이해될 수 있는 깊은 신비다. 결과적으로 예수는 성부 하나님과 동일한 하나님이라는 구조가 도출되는데 삼위가 일체고 성부가 유일신이 아니라면 유일신과 삼위일체 신과의 관계는 어찌되는가? 또 우리인데 오직 하나라니! 이 다양성과 동일성이 결합할 수 있는 근거는 대체 어디서 오는가?

중요한 초점은 유일신과 삼위일체 하나님의 일치를 포기하지 않는 것이다. 그것을 분리하는 순간부터 유일신론은 군주적 우상과 이단적 사유가 탄생하는 배경이 되고, 삼위일체 하나님은 여러 신들 중 하나인 상대적 존재로 전락한다. 두 신성 모두를 포기하지 않으려면 그 사이에 어떤 차원 다른 접속면이 필요하다. 그것은 바로 많은 영성가들이 흔적을 더듬었던 무의 근원을 주목하는 것이다.

그러나 그 전에 유일신과 삼위일체 신의 연합에 가장 큰 장애를 주는 유일신의 속성에 대해 정리할 필요가 있다. 하나님께서는 첫 번째 명령인 제1계명을 통하여 "너는 나 외에는 다른 신들을 네게 두지 말라"출 20:3라고 엄중하게 명령하셨다. "우리 하나님 여호와는 오직 유일한 여호와시니"신 6:4, "나는 만물을 지은 여호와라 홀로 하늘을 폈으며 나와 함께한 자 없이 땅을 펼쳤고"사 44:24, 사 45:18, 21, 22, "나는 여호와라 나 외에 다른 이가 없나니 나밖에 신이 없느니라"사 45:5-6, "나는 하나님이라 나 외에 다른 이가 없느니라"사 46:9, "나 여호와가 말하노라… 나의 전에 지음을 받은 신이 없었느니라 나의 후에도 없으리라"사 43:10-11, "여호와께서 홀로 인도하셨고 함께한 다른 신이 없었도다"신 32:12…. 그런 의미에서 유대교나 이슬람교가 믿는 유일신 사상은 오히려 단일신 사상에 가깝다. 그들의 종교는 성육신하여 사랑으로 자기를 부정하고, 유일신 하나님의 사랑의 마음과 뜻에 온전히 일치하여 삼위일체적으로 만물을 구원한 기독교와 본질적으로 다르다. 그들의 유일신은 타의 추종을 불허하며, 절대 둘로 나뉠 수 없는 독보적이고 경쟁적이고 자기부정을 모르는 전능신이다. 그들에게 신은 영원하고 불멸의 존재이니 고통받거나 죽을 수 없다. 만일 예수 그리스도가 하나님이시라는 주장을 수용하면 예수께서 십자가에서 고통받으셨을 때 하나님도 고통을 받으셨어야 하고, 예수의 죽음과 함께 하나님도 죽어야 하기 때문이다. 이것은 당시 이단으로 정죄된 '성부수난설'과도 연결된다.

이 골치 아픈 논쟁을 피하려고 둘 중 하나를 배제하고 하나만 선택하는 경향도 생겨났다. 대표적으로 유일신은 기독교의 신관이 아니며, 삼위일체 신론만이 기독교의 정체성이라고 말하면서 유일신에 대한 부담에 면죄부를 쓰는 것이다. 역사적 예로, 니케아 회의 Council of Nicaea,

325년에서 아들이 성부와 동일 본질을 지닌 참 하나님으로 선포되었고, '아들이 존재하기 전에는 하나님만 계셨다'는 아리우스의 주장은 단호히 거부되었다. 오늘날 교회에서 고백하는 사도신경은 일찍이 로마 교회의 세례자 교육에서 고백된 사도신경과 내용이 비슷하다. 그러나 당시 니케아 신경의 마지막 부분에는 예수님의 인간성을 강조한 아리우스 Arius 를 이단으로 정죄하고, 다음과 같이 저주하는 문장이 덧붙여졌다.

> '그분이 존재하지 않은 시대가 있었다', '나시기 전에 존재하지 않았다'라고 말하는 사람들을 또는 비존재에서 생겨났다거나, 다른 휘포스타시스 hypostasis, 본체 또는 우시아 ousia, 본질 에서 존재한다고 말하는 사람들 또는 하느님의 아들은 창조되었으며, 변할 수 있으며, 달라질 수 있다고 말하는 사람들을 보편 교회는 저주한다.[43]

이후에도 유일신과 삼위일체론의 딜레마는 계속되었고, 역사 속에서 수많은 왜곡된 변용을 일으키며 영향을 끼쳤다.

2) 유일성을 단일성으로 착각하는 근본 오해

결론적으로, 단일신론이 나타나는 가장 중요한 왜곡은 전혀 다른 실상의 차원에 존재하는 하나님과 세계를 마치 숫자 '하나'처럼 상대적

---

43 ┃ Heinrich Denzinger, *Enchiridion Symbolorum, definitionum et declarationum de rebus fidei et morum*, ed. Adolf Schönmetzer, 33rd ed. (Freiburg: Herder, 1965), 125-126.

차원으로 인식하는 것에서 비롯된다. 유일성에 담긴 이 비밀을 단일성으로 해석하는 순간, 심각한 갈등의 소지가 제기된다. 그 결과 모든 것을 포함하면서도 생명의 넘처남이 있는 근원으로서의 유일성은, 같은 차원에서 경쟁하고 배제하고 싸워야 하는 대상으로 전락하며 결핍과 한계를 안은 부분적 존재로서 여럿 중 하나가 된다.

단일신론의 속성으로 유일성을 해석할 때 생기는 첫 번째 문제는, 유일성을 단일적 개념 안에 서열을 매겨 계급화하는 것이다. 종속론 subordinationism에 속하는 '역동적 군주론'이 바로 그것이다. 이 이론은 삼위의 관계를 아버지에게서 아들이, 아들에게서 성령이 나오는 수직적 위계질서로 설명한다. 성자가 성부와 동일 본질인 것을 부인함으로써 하나님의 유일성을 유지하는 것이다. 그 결과 성부, 성자, 성령이 서열이나 등급으로 이해되기 시작하며, 삼위 안에서 일종의 위계가 생긴다. 성부 하나님은 영원한 신성으로 간주되며 성자와 성령은 대체로 열등한 신성이거나 피조물이라고 인식된다. 즉 성부 하나님은 유일신에 가장 가까운 위치로 등극하고, 성령은 가부장적 세계관에 덧대어 가장 보조적인 역할에 머무르게 된다. 이 역동적 군주론의 오해는 유일신과 삼위일체의 본질이 계급적 질서나 힘에 의해 형성되지 않았다는 것을 간과하는 것에 기인한다.

두 번째 문제는, 유일성을 숫자적 하나 單-性 로 보고 삼위를 양태론 modalism 적으로 보는 시각이다.[44] 즉 한 분의 신성이 때로는 성부로 나

---

44 ┃ 양태론(樣態論, modalism)자들은 하나님과 그리스도를 동일한 존재로 이해하려

타나고 때로는 성자나 성령으로 나타난다는 것이다. 예를 들어 성부, 성자, 성령을 단지 시대에 따라 달라지는 호칭으로 이해하면서 구약의 야훼, 신약의 예수 그리고 현재의 성령으로 구분하는 것도 같은 이치다. 하지만 이러한 양태론적 해석은 삼위일체의 위격 간 구별을 모호하게 만든다. 예수가 하나님이라는 주장을 받아들인다면 십자가의 고통 역시 하나님의 동일한 고통이라는 의미로 해석될 수 있다. 이 딜레마는 많은 이들이 혼란을 느낄 수 있는 부분이다. 실제로 일부는 이러한 주장 때문에 '하나님이 고통받을 수 없다'며 성부수난설을 고발하기도 했다. 이처럼 고통과 죽음을 신적 존재에게 적용할 수 있는가에 대한 논쟁은 지금도 여전히 유효한 질문이다. 그러나 필자는 이 논쟁의 해법이 단순한 교리의 정리가 아니라 인간 고통과 초월적 신적 현존이 어떤 차이가 있는지, 그럼에도 어떻게 연결할 수 있는지에 대한 깊은 영성적 탐구에서 나와야 한다고 본다.

했지만, 이 접근은 삼위일체의 고유한 관계성과 역사적 흐름과 층위를 단순화시킨다. 본래 이 단어는 독일 신학자 아돌프 폰 하르낙(Adolf Von harnack)이 삼위일체에 대해 이단적 교리를 가지고 있던 노에투스(Noetus)와 프락세아스(Praxeas), 3세기의 사벨리우스(Sabellius), 이 세 사람의 공통적 요소를 말하려고 도입한 단어였다. 양태론자들은 하나님은 한 분이시고, 그리스도는 완전한 신성을 가졌으므로 아버지와 아들은 하나라는 입장을 고수하였지만, 그 삼위가 모든 시간과 역사를 통괄하여 고유하면서도 삼중적으로 존재하는 특성을 사라지게 하는 결과를 낳았다. 그러나 세 위격이 각기 다른 방식으로 존재한다는 점은 단순한 양식의 문제가 아니라 신적 존재의 깊은 층위와 신비를 드러내는 핵심이라고 봐야 한다. 또한 사벨리우스는 성자와 성령을 성부의 임시적 표현으로 보았지만, 이 해석 역시 성자와 성령의 독립적 위격을 약화시키는 위험을 내포한다고 본다. 삼위일체의 신비는 단일한 신 안에서 세 위격이 어떻게 공존하는지를 탐구하는 여정이지, 단순한 역할 분담으로 환원될 수는 없는 것이다. 또한 사벨리우스의 '계승설(Successism)'에 따르면 성부로부터 성자가, 성자로부터 성령이 이어진다. 그러나 필자는 이 개념이 삼위의 관계를 인과적 시간 흐름으로 환원시킨다는 점에서 신적 존재의 본질적 일체성을 약화시킬 수 있다고 생각한다. 사벨리우스가 세 인격의 동등한 본질, 동등한 영원성을 암시한 점은 주목할 만한 일이지만, 결국 그는 삼위를 부정하고 단일한 인격을 주장함으로 대표적인 양태론자로 남게 되었다.

세 번째 문제는, 삼신론tritheism적 시각이다. 삼신론 안에서 성부, 성자, 성령은 모두 신성을 가진 개별적인 신으로 이해되며 유일신 하나님과의 연합 관계는 사라진다. 여기서 삼위의 각 위격은 독립된 신으로 찬양을 받지만, 삼위가 분리되므로 셋이 일체를 이루는 관계성은 모호해진다. 이는 다신론과 다를 바 없는 우상적 형태이다. 삼신론이 유일하신 하나님과의 관계를 사라지게 하고 다신론으로 가는 길목을 여는 셈이다. 하나님을 셋으로 믿는 것은 "나 이외에 우상을 만들지 말라"라는 십계명의 첫 계명을 정면으로 위반한다. 더욱이 삼신론적 이단은 삼위일체의 정통 교리라는 가면을 쓰고 있어 특히 위험하다. 정통의 탈을 쓰고 실은 우상적 다신론을 믿게 하는 위험에 빠뜨리기 때문이다.

이 시점에서 종교 개혁자 루터의 말을 상기해보는 것은 의미가 있다. 삼위일체 교리의 원래 목적은 기독론, 즉 예수의 하나님 되심을 부인하는 자들에게 대항하려 만들어진 것이다.[45] 그는 믿음의 대상인 하나

---

45 | 초기의 아타나시우스(Athanasius of Alexandria)가 세운 단순한 삼위일체 교리는 오랜 기간 많은 손질들이 가해지고 첨가되며 한 분이신 하나님은 세 분 하나님들로 변질되었다. 유일성 없는 삼신론은 교회의 분열과 배타로 이어지는 깊은 어둠의 구덩이인 것이다. 삼신론은 하나님을 셋으로 분리시키고 아들과 성령을 아버지에게서 분리했다. 즉, 크게는 아버지인 하나님과 아버지가 아닌 하나님들로 분류시킨 도표인 것이다. 서로 다른 세 분 하나님은 결코 하나님일 수 없다. 성경의 하나님은 유일하시고 한 분이신 하나님이시기 때문이다. 삼신론자들은 아버지와 아들과 성령이 서로 다르지만 일체(一體)이며 각각 완전한 하나님이라고 주장한다. 각각 서로 다른 하나님이 일체라는 것은 맞지 않다. 완전한 하나님이 왜 셋으로 존재하겠는가? 나뉜 하나님이 어떻게 하나의 완전한 하나님이 될 수 있겠는가? 아들과 아버지는 서로 다른 하나님인가? 여기에 우열이 존재하는가? 같다면 왜 삼위가 필요한가? 아버지와 아들이 서로 다르다면 "아버지와 나는 하나이니라"(요 10:30)라고 하신 예수의 말씀은 무엇인가? 예수께서는 아버지를 보여달라는 빌립에게 나를 본 자는 아버지를 보았다(요 14:8-9)고 하셨고 나를 보는 자는 나를 보내신 이

님을 한 분이 아니라 각각 나눠진 세 분으로 믿으면 신앙의 첫걸음부터 다른 길을 가게 되기에 '목이 부러지는 교리'라고까지 말했다. 루터는 삼위일체 교리의 정확한 핵심을 짚었다. 그것은 삼위일체가 단순한 신학적 개념이 아니라 '구원과 직결되는' 핵심 진리라는 것이다. 이러한 강조는 삼위일체가 단지 교리적 정통성을 지키려는 의도를 가진 것만이 아니라, 하나님과 인간 사이의 관계를 진실로 깊이 있게 이해하려는 시도임을 밝혀준다.

한편, 삼위일체론의 난제가 수렁에 빠져 힘겨운 씨름을 하는 동안 문제는 더욱 가중되었다. 바로 기독교의 교리가 세계관이나 정치적 힘에 영향을 받았다는 혐의가 씌워진 것이다. 먼저 유일신 개념은 플라톤과 플로티노스 Plotinos 가 말하는 만물의 궁극적 근원과 같으며, 이는 헬라 철학적 기반을 구성하는 선의 이데아와 일자에서 나왔다는 것이다. 또한 삼위일체론은 서방 교회가 정치적 힘과 결탁하여 철학적 개념들을 신학적으로 개조했다는 혐의를 받았다. 그 혐의는 교리의 체계화를 통해 서방 교회가 정치력을 갖기 위해 가다듬은 교리가 바로 삼위일체론이라는 것이었다.

(아버지)를 보는 것이라고 하셨다(요 12:45). 사도 바울도 예수의 실체가 하나님(아버지)의 본체(빌 2:6)라고 말했으며 히브리서도 하나님(아버지)의 본체의 형상(히 1:3)이라고 밝힌다. 또 이사야도 한 아기로 오실 메시아의 실체가 영존하시는 아버지(사 9:6)라고 기록했다. 그리고 도마도 "나의 주(LORD, 여호와, 아도나이)"라고 고백했고(요 20:28) 사도 요한도 말씀으로 오신 예수의 실체가 태초부터 계신 하나님(요 1:1)이시며 "주 하나님"(계 1:8)이시라고 밝힌다. 예수 이름을 통해 여호와를 볼 수 있어야 하고 여호와 이름에서 예수를 볼 수 있어야 한다. 즉, 예수와 여호와의 이름은 같은 구원자라는 뜻이다.

그러나 이 의심은 실은 유력에 갇힌 사고로 그 너머의 차원을 바라보려는 환원의 문제다. 보이지 않는 세계와 신을 바라보는 방식을 마치 세상의 존재들에게 적용하는 것과 의미가 동일한 것으로 착각하는 것이다. 특별히 이 문제가 지속적인 갈등과 논쟁을 불러일으킨다면 그곳에는 세계관의 문지방을 넘어가는 결정적 이슈가 있다. 예를 들어서 '그리스도의 선재성' 문제는 1등만이 근원성을 포함하고 있다는 뿌리 깊은 경쟁적 사고와 함께 갇힌 시간 속에서 영원이나 초월의 계시적 차원의 시간을 인식하려 한다는 함정이 있다. 이러한 개념들은 어느 정도 유비는 가질 수 있지만 절대적으로 신에 대해 동일한 의미를 가질 수는 없다. 즉 삼위일체론과 연관해서 사람들이 한결같이 갖고 있는 물음 가운데 하나는 "아들이 아버지에게서 나왔다고 하면서 도대체 어떻게 아들이 있지 않았던 때가 없이 동일한 본성을 가졌다고 주장하는가?"하는 선재성의 문제였다.[46] 심지어 삼위일체라는 용어를

---

46 ┃ 최근 삼위일체론 역시 성자의 영원한 출생이라는 오랜 주제에 대한 깊은 관심을 이어가고 있다. 이러한 관심은 과거 논쟁의 단순한 반복을 넘어 현대적 관점에서 성자의 영원한 출생(eternal generation)의 의미를 새롭게 밝히려는 활발한 시도로 나타난다. 특히, 이 연구들은 하나님의 내적 생명(immanent Trinity)과 구원 경륜(economic Trinity)의 유기적 연관성을 관계적 존재론(relational ontology) 및 사회적 삼위일체론(social Trinity)과 같은 다양한 접근 방식을 통해 재구성하고 있다. 이에 대한 최근의 삼위일체론 연구들은 다음을 참고하라. Jürgen Moltmann, *The Trinity and the Kingdom* (San Francisco: Harper & Row, 1981); Catherine Mowry LaCugna, *God for Us: The Trinity and Christian Life* (San Francisco: HarperSanFrancisco, 1991); Elizabeth A. Johnson, *She Who Is: The Mystery of God in Feminist Theological Discourse* (New York: Crossroad, 1992); T. F. Torrance, *The Trinitarian Faith*; *Trinitarian Theology Today*, ed. Christoph Schwöbel (Edinburgh: T&T Clark, 1995); Robert W. Jenson, *Systematic Theology*, vol. 1, *The Triune God* (New York: Oxford University Press, 1997); David S. Cunningham, *These Three Are One: The Practice of Trinitarian Theology* (Malden, MA: Blackwell, 1998); Stephen T. Davis, Daniel Kendall, and Gerald O'Collins, eds., *The Trinity: An Interdisciplinary Symposium* (New York: Oxford University Press, 1999);

만든 장본인인 테르툴리아누스Tertullianus 역시 성부에게서 성자가 나온 만큼 당연히 "아들이 존재하지 않았던 때가 있었다"라고 주장하기도 하였다. 결국 유일신과 삼위일체신론의 난제는 바로 이 '선재성의 문제'를 어떻게 해결하느냐의 문제로 이어지게 된다.

3) 선재성도 신적 차원에 맞게
(1) 선재성에 대한 오해들

'선재성pre-existence'은 그리스도가 '언제부터 계셨는가'라는 신학적 물음에 기인한다. 요한복음 1장 1절 "태초에 말씀이 계시니라"에서 '태초in principio' 이전에 하나님이 존재했음은 인정되지만, '말씀[로고스]', 즉 '아들이 과연 시간의 시작 이전부터 존재했는가?'라는 질문이 생긴다. 여기서 삼위일체 내 존재 순서에 대한 호기심이 문제를 키운다. 그 오해는 첫 번째로, 선재성을 시간차나 서열의 문제로 간주하려는 사고방식이다. 두 번째는, 차원과 연관된 선재성을 유력에 갇힌 세계관의 프레임으로 해석하려는 오류다. 세 번째는, 모든 차원을 관통하는 성령의 존재를 한 차원에 가두어 환원시키는 오류다. 이 세 가지 오해는 각각 따로 된 문제처럼 보이지만 실은 근원과 무, 차원에 대한 이해의 부족에서 온다.

첫 번째 오해는 태양력의 시간에 갇힌 인과적 사고로 삼위일체를 바라보는 것에 기인한다. 예를 들어 '성부로부터 성자가 나왔다면 성자는

Kathryn Tanner, *Jesus, Humanity and the Trinity: A Brief Systematic Theology* (Minneapolis: Fortress, 2001); Roger E. Olson and Christopher A. Hall, *The Trinity* (Grand Rapids: Eerdmans, 2002).

성부보다 늦게 생긴 것인가? 성령이 왜 먼저 운행하고 성자인 말씀은 왜 더 늦게 등장하나?'라는 의문은 모두 평면적 세계관에서 발생한 순서의 유비로 말미암아 일어나는 오해다. 결론적으로 선재성은 단순히 시간의 우선순위를 말하는 것이 아니라 시간과 존재의 구조 자체를 어떻게 차원이 가진 입체적 시간으로 보느냐 하는 문제이다.[47]

선재성을 오해하게 되는 가장 큰 원인은, 기원을 시간적 서열이나 인과 구조의 틀로 해석하려는 사고이다. 이러한 틀은 이미 존재를 시간, 그 조차도 태양력의 시간 차원에 종속시키고, 관계를 선후의 우열로 계량화한다. 그러나 이런 유력의 방식이 지닌 시간 이해는 삼위일체의 존재론을 하위 차원의 평면적 인식에 가둔다. 그뿐 아니라 성부의 선재성으로 인해 성자가 창조된 피조물이 되어야 한다는 기이한 결론을 낳는 구조를 자아낸다. 그러한 사유 구조는 '성자는 창조되었는가?'라는 아리우스 논쟁을 촉발시켰고, 이는 곧 '성부보다 성자가 늦게 생겼는데 어떻게 동일한 본질이라 할 수 있는가?'[48]와 같은 우문을 촉발시켰다.

---

47 | 이 핵심에 접근하기 위해 거듭 말하지만 유의 세계에 갇힌 사유, 선과 후의 우열이라는 인과적 시간 구조 안에서 생긴 인식의 한계에 대해 선을 그어야 한다. '아들이 있었던 때가 없었다면, 성부보다 먼저일 수도 없는 것 아닌가?'라는 질문은 선·후·결정이라는 인과 시간 구조 안에서만 유효하다. 즉 그 질문 자체로 이미 인과의 세계에 갇힌 차원의 한계가 드러나는 것이다. 그러나 삼위일체는 시간 밖의 근원과의 관계로부터 출발해야 하며 그 속성의 일치가 중요한 초점이 되어야 한다. 예컨대, "아버지에게서 나왔다"라는 표현은 선행 관계가 초점이 아니라 무의 접속점에서의 '자기비움-자기 수여'의 관계로 이해될 수 있다. 따라서 선재성은 삼위 간 차원적 '연합과 내주 관계'를 어떻게 이해하느냐에 따라 완전히 다른 신론 구조가 구성되는 지점이며, 그것이 곧 유일신과 삼위일체 논의의 분기점이 된다. 김리아, "디멘시오 2강 - 유일신과 삼위일체 - 근원적 차원과 무" (강의록, Fontis 후마니타스 연구원, 2023년 1학기).

48 | 아리우스 논쟁(Arian Controversy)은 4세기 초 기독교 역사에서 가장 중요하고 격렬했던 교리 논쟁 중 하나로, 알렉산드리아의 사제 아리우스(Arius)가 "아들이 있지 않았

즉 생물학적 시간 서열에 근거하여 '우열적 사고와 피조성을 연결하는 우愚'를 범한 것이다. 이러한 사고는 자연히 삼위 중 성부가 우위에 있으며, 성자는 파생되거나 보조적 위격이라는 결론뿐만 아니라 성령 역시 '보혜사'로서 같은 논리로 시간 후기에 오신 분이라는 점에서 가장 뒤로 밀려나는 위격이라는 오류에 봉착하게 했다.[49]

이러한 왜소한 관점은 삼위일체가 '창조의 시간 바깥, 그것도 태양력에 근거한 인과적 시간 너머'에 있는 근원적 존재의 속성에 대한 직관을 희미하게나마 감지했던 이들의 고백이라는 초점을 놓치게 한다. 현대 사상이 밝힌 시간이나 빛의 차원에 대한 지식이 당시에는 없었으나, 과학적 지식이 부족할지라도 이들이 말하려던 신적 직관과 의도는 퇴색되지 않는다. 만일 아타나시우스가 현대에 살았다면 "아들이 없

던 때가 있었다(There was a time when the Son was not)"라고 주장하며 성자를 피조물로 이해한 데서 시작되었다. 이 주장은 성부만이 유일하게 영원하며, 성자는 시간 속에서 존재하게 된 첫 번째 피조물이라는 전제를 깔고 있었다. 이는 예수 그리스도의 신성과 성부와의 동일 본질을 부정하는 것으로 기독교 구원론의 근간을 위협하는 심각한 문제로 인식되었다. 니케아 공의회(325년)에서 아리우스주의는 이단으로 정죄되고 성자는 성부와 '동일 본질(homoousios)'이라는 교리가 확립되었음에도 불구하고, 이 논쟁은 이후 수십 년간 지속되며 삼위일체론 발전의 중요한 계기가 되었다. T. F. Torrance, *The Trinitarian Faith: The Evangelical Theology of the Ancient Catholic Church* (Edinburgh: T&T Clark, 1993), 80-85.

49 | 이러한 삼위일체론적 위계적 해석은 고전적 삼위일체 논의에서 성자 및 성령의 종속론적 경향을 낳았다. 이에 대해 현대 페미니스트 신학은 비판적 관점을 제시한다. 예컨대 엘리자베스 존슨(Elizabeth A. Johnson)은 『She Who Is: The Mystery of God in Feminist Theological Discourse』에서 전통 신학이 남성 중심적 언어와 위계적 사유에 갇혀 하나님의 신비를 온전히 드러내지 못했다고 지적한다. 이를 위해 그녀는 '소피아(지혜)'의 상징을 발굴하여, 이를 바탕으로 전통적 삼위일체론을 관계적이고 상호적이며 비위계적인 그리고 성령 중심적인 삼위일체론으로 재구성한다. 이에 대한 자세한 논의는 다음을 참고하라. Elizabeth A. Johnson, *She Who Is: The Mystery of God in Feminist Theological Discourse* (New York: Crossroad, 1992).

었던 때가 없었다"라는 자신의 고백[50]은 시간 이전에 계시며 스스로 존
재하는 근원의 동일성을 유지하는 차원 다른 속성과 방식에 대한 것
이지, 삼위 간의 서열 문제가 아님을 밝혔을 것이다. 아타나시우스의
고백은 시간의 앞과 뒤, 원인과 결과, 먼저와 나중이라는 구조 자체를
넘어서는 '근원적 현재'[51]와 그 본성의 각도를 유지하는 인 관뚬[52]의 관

---

50 | Robert Jenson, *The Triune Identity* (Philadelphia: Fortress Press, 1982), 45-
58. 또한 고대 아리우스파는 성부로부터 '나왔다'는 표현을 문자 그대로 해석하여, 성자
의 비영원성과 파생성을 주장하였는데 그 논리는 "성부보다 먼저 아들이 존재할 수 없다
면 아들은 피조물일 수밖에 없다"라는 것이었다. AD 318년 아리우스는 그리스도가 "비
존재로부터 피조되었으며, 존재하지 않았을 때도 있었다"라고 주장함으로서 알렉산더 감
독과 대립하여 초대 교회를 분열시켰다. 아리우스는 성자는 어느 순간에 성부에 의하여
창조되었고, 성자는 성부와 유사하지만 본질적으로 동일하지 않다고 주장하였다.

51 | 근원적 현재의 관점은 이 책에서 말하는 'Fontis'의 관점을 의미한다. 'fontis'는 라
틴어 'fons, fontis'에서 유래하며, '샘, 근원, 기원'을 의미한다. 단순히 물리적 수원의
의미를 넘어서, 존재와 생명의 출처(origin), 사유의 출발점(source), 영적 흐름의 근원
(fountainhead)으로 확장될 수 있다. 이 말은 철학적으로는 아르케(ἀρχή, arche)—모든
것의 시작—와 연결되고, 신학적으로는 태초의 말씀, 로고스, 창조의 충만한 발화 이전
의 심연과 맞닿아 있다. 그러나 'Fontis'는 단순한 태고적 기원점(Fontes)이 아니라 현재
를 움직이는 생명의 근원, 곧 근원의 흐름을 가능하게 하는 관계적 상호작용의 잠재성을
포함하고 있다. 이는 정체된 최초가 아니라 지속적으로 자기를 내어주는 무의 근원, 즉 자
기를 내어주며 그것을 수용하고 응답하는 자유 의지와의 상호작용 속에 흘러가는 근원적
현재성을 말한다.

52 | '인 관뚬(in quantum)'은 '–하는 한'을 의미하는 라틴어로, 마이스터 에크하르트
(Meister Eckhart)가 자신의 독특한 존재론, 즉 영혼과 영원한 말씀의 관계를 설명하기
위해 사용한 개념이다. 존재의 충만이신 하나님과 그에 상응할 수 없는 피조물 사이에는
근본적인 간극이 존재한다. 그러나 인 관뚬은 존재가 동일해지는 '존재론적 동일성'을 일
컫는 것이 아니라 전혀 다른 차원의 일치를 통해 피조물이 신성과 '하나' 되는 경험에 참
여하는 것을 의미한다. "하나님에게서 낳음을 받는 한 피조물은 참된 존재이고 단일하며,
하나이고 영원하며, 신성과 동일시된다. 그러나 피조물이 스스로 '자기에게서 나오는 한'
그것은 무가치하고 공허하며 무의미하다." Rudolf Otto, *Mysticism East and West: A
Comparative Analysis of the Nature of Mysticism*, trans. Bertha L. Bracey and
Richenda C. Payne (New York: Meridian Books, 1957), 96에서 재인용. '피조물에
불과한 우리가 근원의 존재에 연결되어 있는 한', 하찮게 여겨졌던 피조물은 신성의 생명
안에서 살아 움직이며 그 빛을 드러내는 신적 존재로 격상된다. 이처럼 인 관뚬은 피조물

점에서 다루어져야 한다. 이어질 3장과 4장에서 더욱 자세히 밝히겠지만, 이 주제는 근원적 관계구조와 차원의 관점에 반드시 필요하다. 즉 유일하고 자존하신 근원, 그 근원의 내어줌을 온전히 수동적으로 받아낸 태초의 움브로서의 무, 그 무의 장 안에서 온전히 근원과의 일치를 이룬 삼위일체의 각 위격은 서열을 통해서가 아니라 동시적이면서 동차원적인 상호 내재 perichoresis를 통해 작동한다. 그 관계 속에서만 '삼위는 모든 창조 사역에 함께 사역하는 신'으로서 첫 피조물인 시간을 '창조한' 공동 주역이 된다. 즉 선재성의 핵심은 인간 인식과 시간을 넘어선 차원, 근원적 무의 장에서 벌어지는 차원 다른 존재에 관한 이야기다. 선재성은 인과적 시간의 선후 개념이 아니라 '차원의 선후' 개념과 연결되어 있다. 삼위의 일체성은 근원과의 관계 속에서 시간 탄생 이전 차원의 동등성 문제라는 속성이 이해되거나 전제되지 않는다면 각각의 위격은 위계적이거나 파생 개념으로 간주될 수밖에 없다.

또한 아버지와 아들의 관계보다 더 근원적인 차원은 모든 관계의 잠재성이자 관계 이전의 장인 '무'이다. 무는 '근원-무-삼위일체'의 구조에서 근원과 삼위일체 간의 유일한 매개이다. 첫 창조는 근원의 온전한 내어줌이 무한과 자유를 생성하고, 그 안에서 온전한 자유의 잠재성이 근원과 일치하여 삼위일체적으로 작용할 때 일어난 것이다.[53] 즉 창

과 하나님의 관계구조를 역설적으로 전환시킨다. 이 책은 이러한 에크하르트의 인 관품 원리를 '폰티스가 발현되는 접촉점'이자 '관계 각도의 일치'라는 관점에서 새롭게 재해석한다. 이에 대해서는 이 책의 Part 2(무), 1장 4절 "다시, 근원적 양가무와 삼위의 일체를 통한 창조로" 부분을 참고하라.

53 | 창세기 1장의 차원을 탈구조적 구조의 관점으로 해석하는 디멘시오의 순서에 따르면 상위 차원은 하위 차원을 품고 각 차원의 경계에 있는 무는 이 차원들이 일치하여 유

조를 낳은 것은 시간의 먼저와 나중 문제가 아니라 존재의 차원이 일치하는 상응 구조였다. 그러므로 '성자는 성부보다 늦게 생겼는가?'라는 질문 자체가 이미 첫 창조 이후 인과적 시간 구조에 갇힌 질문이며, 그 틀 안에서는 참된 삼위일체론을 말할 수 없다. 삼위의 일체성은 삼위 간의 우열을 다투어서는 풀 수 없는 난제이며, '어떻게 스스로 계신 자존자가 온전한 자기 내어줌으로써 무의 장이 열렸는지 또 삼위적 관계성이 어떻게 일치하여 일체가 되는가'[54]라는 문제이다.

두 번째 오해는 선재성을 단지 하나의 세계관적 구성물로 파악하고, 이를 고대 철학이나 제국 정치의 산물로 간주하려는 데서 생겨난다. 이는 기독교 신앙 고백의 핵심에 내재된 초월적이고 영적인 차원을 철저히 인과적 도식이나 이데올로기적 틀 안에 가두어버리는 심각한 위험을 수반한다. 이러한 해석은 곧 계시의 고유한 차원성과 신적 진리의 차원을 철학적 체계나 정치적 전략의 부산물로 축소시켜 그 본래의 영적 의미를 소거해 버리는 결과를 초래한다. 결국 이는 신학을 세계관의 하위 개념으로 종속시키는 환원주의적 오류이며, 영적 진리를 지적 담론의 투쟁터로 전락시키는 어둠의 의도된 전도 inversion 이기도 하다.

특히 기독교 삼위일체론이 신플라톤주의적 형이상학이나 로마 제국의 정치적 통치 전략과 타협 속에서 형성되었다는 일련의 주장들은 교의

지하게 하는 중요한 접속면이다. 김리아, 「근원적 차원의 하나님과 태초의 무」, 『디멘시오 성서와 세계관』 (미출간 교재).

54 | 이에 대한 상세한 논의는 이후에 다룰 이 책의 Part 2(무), 1장 4절 "다시, 근원적 양가무와 삼위의 일체를 통한 창조로" 부분을 참고하라.

형성의 역사적 배경을 설명하려는 시도로서 일정 부분 타당한 통찰을 제공할 수는 있다. 그러나 그 자체가 삼위일체의 존재론적 실재를 대체하거나 부정할 수는 없다. 이러한 주장은 일반적으로 두 가지 측면에 집중되어 있는데 가장 대중적인 것이 헬레니즘 철학의 개념어를 차용한 '신학의 헬레니즘화' 주장이다. 우선 초기 교부들이 플라톤주의와 신플라톤주의의 개념어—예컨대 '로고스', '일자the One', '유출', '존재의 위계 구조'—를 도입하여 기독교 교리를 설명하려 했다는 점은 역사적 사실이다. 하지만 이를 곧바로 '성서적 계시가 헬라 철학에 의해 오염되었다'는 도식으로 이해하는 것은 성급하고 무리한 일반화이다. 아돌프 폰 하르낙Adolf von Harnack 과 같은 자유주의 신학자들이 『교리사History of Dogma』에서 주장했듯이 삼위일체론이 헬라 철학의 옷을 입게 됨으로써 본래의 복음적 단순성과 예수의 인격적 계시가 손상되었다는 비판[55]은 철학적 영향 자체를 곧 진리의 왜곡으로 간주하는 전제를 내포한다. 그러나 철학적 개념을 '도구'로 사용한 것과 그 철학을 '근원'으로 삼는 것은 전혀 다른 차원의 문제다.

다음으로는 교리의 정치화 논쟁으로 교리 형성 과정에서의 제국 권력의 개입이다. 예컨대 니케아 공의회325년 는 콘스탄티누스 황제의 주도로 소집되었고, 정치적 통합의 필요 속에서 '정통' 교리가 제정되었다는 주장이다. 스콧 애플비R. Scott Appleby 는 『성스러움의 양가성The Ambivalence of the Sacred』에서 이러한 문제를 언급하며, 삼위일체론이 본래

---

55 | 하르낙과 같은 자유주의 신학자들이 이러한 주장을 대표적으로 펼쳤다. Adolf von Harnack, *History of Dogma*, vol. 1, trans. Neil Buchanan (New York: Dover Publications, 1961).

의 신학적 탐구라기보다는 정치적 질서의 수단으로 기능했다고 강조한다.[56] 이러한 시각은 삼위일체 교리를 구성한 의도 자체를 신학적 진리의 탐구보다는 권력의 필요에 따른 통치 전략으로 몰아가려는 경향이 있다. 하지만 이와 같은 정치적 역사주의는 계시의 초월적 실재와 존재론적 차원을 보지 못하는 심각한 시각의 편향과 의도를 드러낸다. 계시란 단지 역사적 사건이 아니라 그 사건 속에 내재된 초월적 차원의 진입과 존재 변형의 구조를 포함하는 것이기 때문이다.

결국 선재성을 해석함에 있어 세계관을 넘어서 존재론적 차원을 감지할 수 있는 안목이 필요하다. 이는 논리의 도식이 아니라 신비적 직관과 영적 실재 감각, 진리 앞에선 겸허한 여백을 필요로 한다. 이 시점에서 신비주의 영성을 딛고 또 넘는 것은 매우 시의적절하다. 신비주의는 표현 불가한 차원을 표현하려 하기에 어려움과 위험성을 담지하지만, 그 시도가 가치 있는 것은 기독교 영성의 신비 전통이 언제나 언어와 개념의 한계를 넘어 계시의 깊이를 체험하고자 하는 갈망에서 시작되었기 때문이다. 또한 현대 과학들을 포함한 학문적 성과들이 차원의 신비적 의미를 더듬을 수 있도록 길을 열고 있기에 기독교의 신비 영성 전통을 다시 살펴보는 것은 신학의 본래적 의미를 더욱 깊이 탐지할 수 있는 길이 될 것이다.

그러므로 선재성에 대한 환원은 결국 계시의 '차원적 신비'를 인식론

---

56 | R. Scott Appleby, *The Ambivalence of the Sacred: Religion, Violence, and Reconciliation* (Lanham, MD: Rowman & Littlefield Publishers, 2000).

적 편향과 세계관적 지평에 갇혀 폐기해버리는 결과를 낳는다. 신적 자기 현현의 언어는 언제나 인식을 '통과'하지만, 그것은 부분이며 '종속'될 수 없다. 교리는 언제나 근원으로부터 오는 은총에 대한 응답이지, 세계관의 재현이나 그 영향의 결과가 아니다.

세 번째 오해는 삼위일체가 위치한 시간 이전의 차원과 더불어 성부와 성자의 영인 성령의 무차원적 매개성의 특징을 환원하는 데서 비롯된다. 이 환원의 문제는 차원과 관계 자체를 이해하지 못하고 삼위일체의 의미를 엉뚱하게 보충하려는 시도로 나타난다. 그 예로 카를 융 Carl Gustav Jung 의 사위일체론 Quaternity 을 들 수 있다. 그의 사위일체론은 근원과 삼위일체론 혹은 무와 삼위일체 간의 차원적 관계를 환원한 것으로, 삼위일체를 하위 차원의 현상적 속성으로 환원한 데서 연유된 것이다. 그 결과 그는 서구 문화의 삼위일체 체계에 대해 의식의 통합을 위해 넘어서야 하는 불완전한 구조라고 보고, 이를 '4'라는 구조로 완성하려고 시도했다. 이 시도는 정신분석학을 넘어 신화학, 종교심리학, 연금술 해석 등 여러 영역에서 중요한 전환점이 된다. 융은 숫자 3 [삼위일체] 을 정신적 구조, 하늘의 질서, 남성 원리의 상징으로 본다. 그러나 심리적 전체성 wholeness 을 위해서는 4라는 구조, 즉 대립항의 통합, 무의식의 수용, 여성성과 어둠의 포섭이 필요하다고 보았다. 그는 부족한 삼위일체 [성부-성자-성령] 구도에 제4의 원소를 더함으로써 총체성의 상징, 곧 자기 self 의 완전한 상징 구조를 전개한다. 그는 이 이론을 모든 영역에 적용했는데, 예를 들어 기독교 신학에서는 성부-성자-성령, 성모 마리아 또는 인간성으로 신성과 인성의 통합을 시도했고, 분석심리학에서는 의식-자아-이성, 무의식 또는 그림자 자아와 무의식의 통합을 시도했다. 연금술에서는 황-수은-소금, 프리마 마테리아prima materia 물질과 영혼의 통합을, 인간 심리에서는 사고-감정-직관, 감각 또는 통합 자기를 나타내며 이것이 전체적인 의식 구조라고 보았다.

그에 따르면 삼위일체는 의식이 선호하는 구성[빛, 이성, 남성성]을 대표하고, 제4요소는 무의식, 어둠, 여성성, 자연성, 육체성 등 억압되거나 배제된 요소이다. 따라서 사위일체는 의식-무의식 통합, 남성-여성 원리의 결합, 하늘-땅 구조의 연결 등 심리적 전체성의 원형적 상징으로 해석된다. 융은 기독교의 삼위일체 신학이 인간의 심리 구조를 불완전하게 반영한다고 보았고, '제4요소의 배제'는 무의식의 억압으로 작용하여 신비주의, 이단, 연금술로 우회적으로 표현되었다고 분석했다. 그래서 그는 성모 마리아, 루시퍼, 인간성 등을 제4의 상징으로 제안하며 신학적 보완을 시도했다.[57]

정확히 말하면, 융은 삼위일체를 '빛, 남성성, 이성, 영적 원리'의 세 항으로 이루어진 완결된 구조로 오독하고, 그에 대칭되는 어둠, 여성성, 물질성, 무의식성을 억압된 제4항으로 재진입시키려 했다. 하지만 정통 삼위일체론—특히 동방 정교 전통의 페리코레시스perichoresis 개념이나

---

57 | C. G. Jung, *Aion: Researches into the Phenomenology of the Self*, 2nd ed., The Collected Works of C. G. Jung, vol. 9, pt. 2 (Princeton: Princeton University Press, 1968); C. G. Jung, *Mysterium Coniunctionis*, The Collected Works of C. G. Jung, vol. 14 (Princeton: Princeton University Press, 1970); Edward F. Edinger, *The Mystery of the Coniunctio* (Toronto: Inner City Books, 1994); Marie-Louise von Franz, *Number and Time: Reflections Leading toward a Unification of Depth Psychology and Physics* (Evanston, IL: Northwestern University Press, 1974).

칼 바르트 Karl Barth, 위르겐 몰트만 Jürgen Moltmann 그리고 현대 창조 신학이나 영성 신학의 삼위일체 이해에서는 삼위 간의 상호 내주적 관계와 비권력적 일치 안에 이미 무의 여백성과 생성성 그리고 관계의 케노시스가 내재해 있다. 삼위는 그 자체와 존재 방식을 통해 근원과 무의 자기 내어줌과 부정으로 연합하려는 얼굴을 동시에 보여준다.

또한 성령은 단지 셋 중 하나가 아니라 성부와 성자 사이의 관계성과 흐름, 전체 차원을 연결하는 보이지 않는 연결자 그 자체이다. 따라서 굳이 제4의 항으로 보완할 필요 없이 성령의 내적 구조 안에 '무의 감응성과 여백성'이 통합적으로 작동한다. 또한 어둠은 단순히 억압된 여성성이나 무의식이 아니다. 무는 곧 악의 근원이거나 혼돈 그 자체라는 이원론적 사고도 거부해야 하지만 악한 의도를 가진 어둠은 정확히 구분되어야 한다. 따라서 융의 사위일체론은 한편으로는 삼위일체론에 대한 수평적 이해에 통찰력을 제공하지만, 그 기저에 삼위일체의 역동적 차원성과 성령론, 악의 실재에 대한 이해가 부재하다.

(2) 양가적 아프리오리: 근원적 현재로서의 선재성의 역설

선재성이 존재를 다루는 차원적 문제라면, 선험적 인식의 구조는 선재성에 대해 접근을 가능하게 하는 사유의 근거가 된다. 칸트 이후 서양 철학사에서 선재성을 다루는 도구는 아프리오리 a priori —즉 경험적 조건에 의존하지 않고 경험에 선행하는 선험적 인식의 틀이었다. 이는 '모든 것은 만들어진 것'이라는 사조에 맞서 그 이전에 이미 존재하는 것으로서 구성되지 않은 진실, 근본적인 구조가 있음을 말하려는 것이다. 따라서 아프리오리는 인간 경험과 사회적 조건을 넘어 '보다 근원적인 것'이 있다고 말하는 철학적 근거가 되며, 그렇기에 아프리오리의 문제는 단지 선후 여부를 가리는 철학적 개념어가 아니다.[58] 그것은 근원적 차원의 구조와 속성, 상위 차원과 하부 차원의 관계를 이해하도록 요청하는 문턱 threshold이다. 선험성은 각 차원에 포함된 근원적 전체성과 하부 차원이 그 경계에 맞추어 유지되어야 하는 질서와 일치를 위한 주제다. 이 선험성은 시간도 없고 공간도 없는 근원적 관계구조에서 나오며, 시간을 낳는 시간 이전의 본질적 특성을 가리킨다.

루돌프 오토 Rudolf Otto 는 아프리오리를 단순한 논리적 추론이나 범주적 우선성과 구별하기 위해 '사물의 본질이 진정 무엇이었느냐'의 문제로 다시 정의한다. 아프리오리는 현상 이전, 현상을 있게 하는 근원

---

58 ┃ 아프리오리 논법은 18세기 철학자인 임마누엘 칸트(Immanuel Kant)에 의해 인식 연구에서 최초로 사용되고 정돈되었다. 1781년에 출판된 『순수이성비판(Critique of Pure Reason)』에서 칸트는 인간이 감각을 통해 아는 것이 아니라 마음의 타고난 본성과 구조에 속하는 지식을 소유하고 있다고 가르쳤다. 그의 이론에 의하면, 이 지식이 모든 감각 경험에 비의존적이기 때문에 그는 아프리오리라고 불렀다. 아프리오리가 존재론적 구조, 즉 '경험 이전에 이미 작동하고 있는' 인식의 형식 또는 구조라면, 아프리오리를 통과할 때 '선재성'은 단순히 '먼 옛날'에 대한 질문이 아니다. 이것은 존재의 구조가 어떤 '먼저 있는 것'에 의해 구성되어 있는가를 묻는 문제로 재초점화된다. 우리는 세계를 있는 그대로 보는 것이 아니라 우리 내부의 '프레임'을 통해 세상을 읽는다. 이 프레임이 바로 아프리오리적 구조다. 그렇다면 선재성에 대한 질문, '어떤 것이 이미 존재하는가?'를 묻는 모든 질문은 경험뿐만 아니라 그보다 더 근본적인 인식의 구조에 의해 영향을 받는다. 이렇게 선재성 논의를 아프리오리를 통해 해석하는 것은 선재성을 단순히 과거에 실제 존재했는지 실증적으로 고찰하는 문제가 아닌 진실을 어떻게 구성하고 받아들이는가에 대한 깊은 인식론적 질문으로 전환시킨다. 만들어지지 않은 것, 이미 주어져 있는 어떤 질서나 구조에 대한 질문이 없다면 우리는 기준을 잃고 회의에 빠질 것이다. 따라서 이 장에서 아프리오리를 문제 삼는 것은 종교적 믿음만의 문제가 아니라 인식 자체가 가능한 이유를 설명하려는 시도이며, 존재를 이해하고 무엇이 진짜인가에 대한 질문을 가능하게 하는 인식의 발판을 놓는 것이다. 그러나 구체적인 삶 속에서는 경험적인 결과가 그 원인보다 보통 더 뚜렷하게 감지된다. 우리의 몸과 감각이 이미 삶의 역사 속에서 구조화되어 있기 때문이다.

과 연결된 주제이며, 초월적 직관이 무의 경계에서 감지한 원형적 관계 구조의 흔적이기도 하다.[59] 그것은 현상 이전의 기미, 즉 유로 드러나기 전 무의 요동 속에서 진동하는 예감이다. 이러한 의미에서 아프리오리는 아포스테리오리 a posteriori 와 분리되지 않는다. 오히려 그것들은 뫼비우스의 띠처럼 접힌 초 순환 구조를 이루며, 무의 장에서 되기와 존재이기, 지각과 형상화, 통과와 도래가 반복적으로 맞물리는 일체성을 보여준다. 이 뫼비우스적 반복의 운동은 곧 근원적 현재로서의 양가 무의 작용이며, 선재성과 현실성의 분리 불가능성을 드러낸다. 무는 단지 없음이나 공허가 아니라 시간을 창조하고 관계를 잉태하는 창조적 균열의 장이며, 그곳에서 일어나는 모든 근원적 일치는 모든 아프리오리를 그 자체로 아포스테리오리의 잠재성으로 감싼다. 또한 모든 아포스테리오리 역시 비록 한 점이라고 할지라도 무로 상징되는 틈을 통해 넘침, '죽음 즉 삶'을 포함한 대극의 아프리오리를 담지하고 있다.

그러므로 신성은 단지 존재의 바깥에서 전제된 '원인'이 아니라 스스로를 끊임없이 현현시키며 굴러가는 수레바퀴다. 그 수레바퀴는 근원의 내어줌 가운데서 발출되어 무의 잠재성의 장에 접속하여 응답하는 자유 의지를 가진 모든 존재의 관계 속에서 다양한 경험과 존재를 형성한다. 여기서 아프리오리는 곧 신성의 내면적 순환 구조, 즉 무에서 유를 낳고 그 아포스테리오리의 지점에서 다시 근원으로 돌아가는 수레바퀴이며, 이 구조는 의식의 죽음과 부활을 통해 드러난 인간 영혼

---

59 | 원형의 실현이라는 관점에서 사물의 근원은 잠재적으로 이미 있지만, 구체적 실현은 지속적인 경험과 해석을 통해 최종적으로 취득된다. 김화영(김리아), 『영성, 삶으로 풀어내기』(서울: 대한기독교서회, 2013), 104.

의 직관 안에 반향처럼 새겨져 있다. 이와 같은 관점에서 영성적 직관은 단순히 '먼저 있는 것'을 감지하는 것이 아니라, 무를 통과하며 형상으로 태어나고 다시 무화되며 재조직화되는 영성 형성의 리듬을 지닌다. 인간은 원형적 누미노제를 선험적으로 지니고 그 안에는 후험적으로 실현될 아포스테리오리를 이미 잠재하고 있다. 그러나 그것이 실현되기 위해서는 던져진 세계의 시공 안에서 무의 경험과 해석, 자발적 수용과 재구성을 통한 응답을 거쳐야 한다. 그러므로 영성적 직관은 항상 선험성과 후험성의 상호작용, 즉 무-용의 접속과 재편의 운동 안에 있다.

그 운동의 비밀은 무의 차원의 양가성에 있다. 무는 아프리오리와 아포스테리오리가 함께 있는 시간의 무경계 지점이다. 그리고 이 구조는 필연적으로 삼위일체적 작용을 전제한다. 왜냐하면 모든 선재성은 고정된 절대자의 위치가 아니라 성부-성자-성령의 '근원적 일치를 위한 상호 내어줌과 자기부정'으로부터 발생하는 관계적 순환 속에 있기 때문이다. 에크하르트는 이를 '무로서의 신'이라 하여 직관했지만, 이 무는 그저 단순한 심연이 아니라 삼위가 서로를 주고 받는 창조적 접속면의 장이며, 그곳에서 모든 아프리오리적 진리는 양가적 문턱을 통과해 꼭 맞는 차원의 관계구조 안에서 비로소 아포스테리오리화된다.

따라서 아프리오리는 단일한 인식 범주가 아니라 차원을 넘어 드러나는 통합적 감응이며, 근원적 관계 속에서만 체득되는 '지금-여기-너머'의 작용이다. 선재성이란 바로 이 무의 접속면에서 시간 창조 이전에 이미 작동하는 삼위의 자유로운 관계성 안에서 발현되며, 인간의 인식은 이 감응에 참여함으로써만 비로소 그것을 후험적으로 구조화할 수 있다. 이것이 곧 양가적 아프리오리이며, 유-무-용-영 구조의 내적 순환을 감지하는 인식의 형식이자, 존재의 리듬이다.

(3) '선재성'이 말하려던 궁극적 의미

선재성이 말하려던 것은 결국 모두가 돌아갈 고향과 같은 근원, 차이로 구성된 모든 피조계가 고유함을 유지하면서도 하나된 '전체성으로서의 하나'에 대한 이야기다. 성서에서 '하나'는 단순한 수적 개념을 넘어 존재의 원천이자 궁극의 통일성으로 이해된다. 삼위일체 신학은 이 '하나'가 고립된 동일성이 아니라 관계적 차원을 전제한 하나임을 강조해 왔지만 하나와 셋을 잇는 무를 꿰지 못해 난항을 겪어왔다. 다시 말하자면 이 하나의 개념이 기원[선재성] 문제, 즉 근원적/태초의 '무'와 맺는 관계 그리고 존재와 실제적 구조 속에서 어떤 방식으로 작동하는지가 근본적인 핵심으로 남아 있는 것이다. 유일자이자 단독자이며 자존자인 '하나'를 어떻게 둘로 나누지 않으면서 무의 기원으로 삼을 것인가? 무에서 하나가 생겨난다고 볼 것인가? 이 질문은 단순한 물질계를 넘어선 형이상학의 물음이 아니라 구체적인 신과 인간, 생성과 구원, 자유와 타자의 연합 문제에 근본적 영향을 미친다. 따라서 우리는 '하나'를 태초의 무가 가진 고유한 특성 속에서 다시 해석할 필요가 있다. 그리고 그것이 다음 3장과 4장에서 전개하고자 하는 핵심이다.

지금까지의 논의를 살펴보면, '선재성'이란 단순히 과거 시제로 끝난 고백이 아니라 존재의 차원과 시간의 출발이 어디서 비롯되었는지를 밝히는 과업임을 알 수 있다. 모든 창조는 근원과 연결된 무의 마당에서 삼위일체적 관계로부터 비롯되었다. 따라서 이 '유일신 대對 삼위일체' 논의는 차원의 연합-분화 구조 속에서 하나와 셋이 동시에 성립하는 근원적 무의 차원들이 지닌 포함적 관계 속에서 해법을 찾아야 한다. 결국 삼위일체의 존재론은 같은 차원의 존재들을 연결하는 무중심성nadacentric structure이다. 즉 '같은 차원'에서는 중심이 없이 근원적 현재가 일으키는 상응 각도에 일치하여 그 통합된 중심성 안에 서로 거하고, 서로를 드러내는 방식으로 작동한다. 이러한 구조를 이해할 때, 우리는 유일신 개념과 삼위일체 개념이 '하나냐 셋이냐'의 문제가 아니라, 어떻게 셋이 하나이며 어떤 차원과 관계 안에서 상호작용 하는가에 대한 통합적이고 입체적 사유로 이동되는 것이다.

결국 삼위일체의 '선재성' 논쟁은 존재를 어떤 차원에서 이해하느냐, 또 그 차원들이 어떻게 하나로 연결되느냐를 이해하는 문제이다. 그러므로 선재성은 '영원과 시간', '근원과 현재'를 가능하게 하는 '근원적 무無와 자기조직화用'라는 통합적 구조 안에서 재해석되어야 한다. 즉 삼위일체는 '먼저와 나중', '주체와 파생'이라는 인과 구조에서 벗어나, 근원적 차원에서 발생하는 분화된 자기의 상호 내주적 구조로 이해되어야 한다. 이런 점에서 '선재성'은 삼위일체 간의 순위나 우열이 아니다. 오히려 그 이전, '무의 신비'를 내포하는 신론의 핵심 개념이며, 그리스도의 선재성은 모든 차원과 시간을 여는 창조의 근원을 삼위일체적 관계 속에서 밝히는 일임이 이해되어야 한다. 이 문턱을 넘을 때, 우리는 유일성과 삼위성, 시간성과 영원성, 존재성과 무의 구조를 하나의 통합된 차원에서 조망할 수 있게 된다. 이러한 이해는 삼위일체와 유일신 개념 사이의 분열을 넘어, 존재의 차원을 새롭게 구성할 수 있는 신학적 관문으로 선재성 개념을 재정립하도록 인도할 것이다.

3. 일치와 하나 그리고 무: 신비주의의 함의와 함정

1) 신성의 신비 – 개념과 범주를 넘어

선재성에 대한 이러한 관점은 단지 삼위일체 내 관계구조를 넘어서 신론에 대한 차원적 재사유로 우리를 이끈다. 이 대목에서 우리는 신비 영성의 대가들을 만날 것이며 이 장에서는 특별히 에크하르트의 신비신학과 만나고자 한다. 그는 '하나님 너머의 하나님 God beyond God'이라는 표현을 통해 삼위의 위격적 하나님 너머에 있는 신의 벌거벗은 본질 diu Gottheit, 즉 형이상적인 신성 die Gottheit 을 구분하고 특히 더 근원적인 존재 너머의 존재, 무의 투명성 속에 머무는 신성을 탐색하였다.[60] 그는 독일어 설교에서 삼위일체를 넘어선 숨겨진 신성, 즉 '하나님 너머의 하나님 Gottheit'을 제시하는데 모든 구별과 관계를 초월하는 절대 심연 abgrund 으로서 신의 근저를 말한다. 이처럼 에크하르트 사상의 급진성은 만물의 알파와 오메가가 궁극적이고 원초적인 신성에서 비롯된다고 보는 차원 다른 관점에서 나타난다. 또한 에크하르트만큼 직접적으로 언급하지는 않았으나 많은 영성가들이 보다 심층적 차원의 신에 대해 말해 왔다. 토마스 아퀴나스 Thomas Aquinas 는 "하나님은 범주로

---

60 | 에크하르트의 독특한 신관은 삼위일체 하나님(Gott)과 신성(Gottheit, Godhead)을 구분하는 데 그 특이점이 있다. 그에 따르면 신과 신성은 활동과 비활동에서 구별된다. Josef Quint, "Die Sprache Meister Eckharts als Ausdruck seiner mystischen Geisteswelt," *Deutsche Vierteljahrsschrift für Literaturwissenschaft und Geistesgeschichte* 6 (1927): 273.

이해될 수 없다De Ente et Essentia"[61]라고 말하며, 하나님을 존재의 일반 범주로 환원하는 시도 자체가 오류임을 지적한 바 있다. 그는 하나님을 존재 그 자체ipsum esse subsistens로 정의하며, 모든 피조적 존재와 구별된 초월적 실재로 상정하였다.

무엇보다 이러한 통찰은 성서, 특히 창세기 1장의 창조의 구조에서 암시된다. 여기서 [유일하신 하나님]-[혼돈과 공허와 흑암의 무無]-[삼위일체적 하나님의 작용: 성령의 운행, 말씀의 발화, 창조적 구획]이라는 3중 구조가 있고, 그곳에서 결정적인 중간 지대는 바로 '무'이다. 이 무는 아직 분화되지 않은 가능성들의 장이며 동시에 빛과 어둠이 분리되기 이전의 시간 없음과 존재 없음의 기원이다. 바로 이 무의 장에서 "빛이 있으라"라는 말씀이 발화될 때 태초의 시간[첫째 날]과 공간의 구획[둘째 날]이 시작되며, 삼위일체 하나님의 구별된 사역이 드러난다. 곧 무는 성령의 임재와 말씀의 발화 사이에 놓인 차원적 간극이자 발생의 토대이며, 삼위일체 하나님은 이 무의 장을 통과하며 창조의 주역으로 계시된다.

요컨대, 유일신과 삼위일체의 논쟁은 단순한 선후나 분할의 개념으로

---

61 | 아퀴나스는 그의 형이상학적 저술인 『존재와 본질에 관하여(De Ente et Essentia)』에서 하나님은 모든 존재 범주를 초월한다고 주장한다. 아퀴나스에 따르면, 아리스토텔레스가 제시한 범주(categories)는 피조물, 즉 존재와 본질이 구별되는 존재들에게만 적용된다. 그러나 하나님은 존재와 본질이 동일하신 분(actus purus, 순수 활동)이므로, 어떠한 범주나 유(genus)에도 속하지 않는다. 하나님은 스스로 존재하는 분이며, 어떤 유 아래 종속될 수 없기에 범주적으로 이해될 수 없다는 것이다. Thomas Aquinas, *On Being and Essence*, trans. Armand Maurer (Toronto: Pontifical Institute of Mediaeval Studies, 1968), chap. 4.

환원될 수 없으며 자존자이신 근원과 무, 그로부터 생성되는 충만과 관계적 자기비움의 구조 속에서만 그 진정한 의미가 드러난다. 삼위일체는 '하나님이 하나라는 진술'과 '하나님이 셋이라는 고백' 사이의 논리적 모순을 해결하려는 이론이 아니라 무의 자기 은닉 속에서 발현되는 다차원적 존재 질서, 곧 '무-차원-관계'의 구조적 전환을 인식하는 데서 드러나는 신비이다.[62]

신비주의는 신성의 '유일'과 '무'에 대한 새로운 차원의 안목을 열어줌으로써 현상적 차원에 머무는 신관을 구출해 내었다. 에크하르트를 포함하여 불교의 상카라Śaṅkara와 신비주의는 모두 궁극적 실재로서의 '하나'와 '무'를 강조한다. 그러나 그 '하나'가 세계와 어떻게 연결되고 실존적 인간과 악에 물든 이 세계가 어떻게 그 하나와 연합할 수 있는지에 대해서는 서로 전혀 다른 해법을 제시한다. 삼위일체는 이 연합의 비밀을 푸는 궁극적 열쇠라야 한다.

이 여정에서 에크하르트의 신비 사상이 차지하는 의미는 특별하다. 에크하르트는 현대 종교 간 사유의 지평에서 특별한 위치를 점하고 있는데, 그가 전통적으로 유일신론의 도식이 제시해온 신-(인간-세계) 간의 이원적 위계 구조를 해체하기 때문이다. 에크하르트는 시간 이후의 하나님, 개념화된 신, 표상된 신으로부터 철저히 탈피하여 '무로서의 신'에 주목하며, 그 심연에서 울려 나오는 삼위 간의 내적 운동을 직관

---

62 | 김리아, "디멘시오 1강 - 폰티스와 근원적 양가무" (강의록, Fontis 후마니타스 연구원, 2023년 1학기).

적으로 사유하려 하였다.[63] 이러한 신의 무상無相성과 출원성을 강조하는 방식은 힌두교의 아디바이타 베단타 Advaita Vedānta, 불이일원론 전통과의 대화 속에서도 일정한 접점을 형성한다. 상카라는 브라흐만 Brahman 을 속성 없는 절대 실재 nirguṇa Brahman 로 규정하고, 세계와 개별 자아 jīva 는 무지 avidyā 에 의해 형성된 환영 māyā 에 불과하다고 보았다.[64]

그러나 이 접점은 곧 깊은 균열로 이어진다. 상카라의 무지는 단지 인

---

63 ㅣ 에크하르트는 신-인간-세계 사이의 위계적 도식을 해체하고, 하나님의 생명과 피조계의 연합 가능성을 강조한다. 그는 '무로서의 신'이라는 심연에서 발원한 삼위의 리듬을 내적 비등(Bullitio)과 외적 비등(Ebullitio)이라는 개념으로 표현한다. 내적 비등은 '끓어오르다' 혹은 '끓어넘치다'라는 뜻으로, 성부 안에서 성자와 성령이 끓어오르듯 생성되는 하나님의 내적 생명을 은유한다. 그 끓어 넘치는 내적 충만이 피조 세계로 흘러 나가는 첫 순간을 외적 비등이라 하며, 이는 내적 비등에 뿌리를 둔 창조적 발출을 뜻한다. 이 두 비등은 출원과 회귀의 리듬 속에서 하나님의 자기비움과 사랑의 파동을 드러낸다. 그러나 에크하르트에게서 내적 비등은 삼위일체 하나님과 숨겨진 신성(Gottheit)을 구별하기 위한 개념이 아니며, 그 근원 역시 신성이 아닌 성부이다. 오히려 신성은 내적 비등의 관계를 넘어서, 모든 구별과 이름을 초월한 절대적 근거로 남는다. 이처럼 내적 비등과 외적 비등의 운동성은 하나님의 생명이 더 이상 자신 안에 머물지 못하고 충만하여 터져 나오듯 만물을 향해 흘러가며, 그 흘러감이 다시 근원으로 되돌아가는 끝없는 순환적 리듬을 뜻한다. 이는 신의 본질이 정지된 고정성이나 위계적 통치가 아니라, 사랑과 비움의 끝없는 운동이라는 것을 강조한다. P. L. Reynolds, "Bullitio and the God beyond God: Meister Eckhart's Trinitarian Theology: Part II: Distinctionless Godhead and Trinitarian God," *New Blackfriars* 70, no. 827 (May 1989): 235-244.

64 ㅣ 루돌프 오토(Rudolf Otto)는 『동서양의 신비주의(Mysticism East and West)』에서 상카라(Śaṅkara)의 사상 속에서 마야(māyā)의 기원에 대해 언급하면서 피조된 세계의 양면성을 구체적으로 보여준다. 마야는 마법사가 영향력을 갖는 데 필요한 마법의 힘으로서, 환상을 통해 '실존(existence)'을 만들어 낸다. 그것은 단순히 환상을 불러내는 우상에 가깝지만, 신성과 연결될 때는 매우 현실적인 효과가 있다. 사물과 세계의 다양성은 마야를 통해서만 존재할 수 있으며, 보다 높은 수준일 때 마야는 초자연적인 힘이 된다. 그러나 한편으로 마야가 단순한 피조물로만 존재할 때 그 자체로는 아무것도 아니며 가치가 없는 사물로 여겨진다. Rudolf Otto, *Mysticism East and West: A Comparative Analysis of the Nature of Mysticism*, trans. Bertha L. Bracey and Richenda C. Payne (New York: Meridian Books, 1957), 78-81.

간 인식의 오류가 아니라 '세계 그 자체'를 환영으로 설정한다. 이는 무를 창조 이전의 잠재성이 아니라 속성 없는 브라흐만으로부터의 전락轉落, 곧 진리로부터의 이탈의 징후로 간주하는 시선을 내포한다. 상카라가 말한 무지와 환영의 세계는 단순한 인식의 오류를 넘어 빛의 시간의 창조에 반응하지 않고 고집스레 남으려는 의지적 어둠, 곧 '비-탄생'의 존재 방식을 의미할 수 있다. 반면 에크하르트의 무는 신적 활동의 운동성을 제시하는데 집중하며 그 영적 저항성의 실체를 충분히 해명하지 않는다. 이 각각의 초점들은 어떤 지점에서 만날 수 있을까? 기독교 영성의 무와 삼위일체는 그 해법을 제공할 수 있다.

기독교 삼위일체론이 해결해야 할 난제도 바로 이곳에 있다. 신의 유일성과 초월성을 부정하지 않으면서도 그 '하나 되심'이 수적 단일one이 아니라 무의 장에서 벌어지는 성부-성자-성령의 상호 내재적 관계와 근원과의 상응 일치가 공명하여 드러나는 통일성이라는 길을 찾아야 한다[그런 의미에서 무는 자유 의지를 검증하는 장이기도 하다]. 창세기 1장은 그 실마리를 보여준다. '혼돈과 공허와 어둠'이 무의 장을 형성하고 그 위를 성령이 운행하며 로고스가 "빛이 있으라"라고 선언하는 장면은, 무가 단순한 해체의 공간이 아니라 생명과 질서가 발생하는 감응의 장임을 드러낸다. 여기서 '무'는 모든 존재를 초대하는 열린 잠재성의 공간으로 존재를 기획하는 성부, 흐름을 감싸 안아 운행하는 성령, 로고스로서 질서와 의미를 부여하는 성자의 일체 마당이다. 무는 삼위의 작용 아래 창조가 일어나는 차원적 통로이며 이곳에서 혼돈과 공허와 흑암은 빛의 시간으로 재조직된다. 이 관계적 역동은 단순히 초월의 심연이 아닌 생명의 유기적 발출로서, 무의 장 안에서 고집스럽게 남아 있는 어둠과의 긴장적 작용 속에서 생성된다.

그러나 에크하르트에 따르면, 신성die Gottheit은 모든 변화를 초월하는 절대적 실재 그 자체인 반면, 신은 피조물들과 인간과의 관계 속에서 '생성되고werden' '해체되는entwerde' 신적 활동을 한다. 신성은 아무런 활동도 없는Nichtwirken 고적한 실재이다. 즉, 에크하르트는 신을 넘어 신성으로의 환원 혹은 돌파가 신성으로부터의 출원보다 훨씬 더 고귀하다고 말한다. 그에 따르면 신은 활동하나 신성은 활동하지 않으며 할일도 없고 그 안에는 활동이 없다.

신과 신성을 구분한 바로 이 지점에서 에크하르트의 한계가 드러난다. 그의 사유는 근원과 차원의 관점을 향한 중요한 실마리를 제공하지만, 동시에 신성과 신의 특성 사이에 존재하는 무의 양가적 특성을 간과한다. 다시 말하자면 에크하르트는 신성과 하나님을 구분하며 특히 신성을 '아무것도 아님Nichts', 곧 개념 이전의 절대 심연abgrund으로 규정한다. 그렇기에 유일신으로서 자존하신 하나님은 신성으로 구분되면서 동시에 신성은 '무에 흡수된 것처럼' 보인다.[65] 그에게 있어 신성은

---

65 ┃ 에크하르트에게 '신성(Gottheit)'은 모든 구별과 속성을 넘어선 궁극적인 '무'이자 심연이다. 이 '무'는 비어 있음이 아니라, 모든 존재와 개념을 초월하는 무한한 충만성, 즉 인간의 인식을 압도하는 근원적인 '아무것도 아님'을 의미한다. 신성은 모든 속성, 심지어 '있음'이라는 속성마저 초월하기 때문에, 어떤 특정한 '무엇'도 아니라고 할 수 있다. 따라서 신성은 '아무것도 아님'으로서 모든 존재의 가능성이 잠재하는 근원적 심연 (abgrund)인 것이다. 버나드 맥긴(Bernard McGinn)은 이러한 에크하르트의 신비 신학의 특징을 '근저의 신비주의'라고 명명하기도 했다. Bernard McGinn, *The Mystical Thought of Meister Eckhart: The Man from Whom God Hid Nothing* (New York: Crossroad, 2001), 35-38.

어떤 개념이나 속성도 지닐 수 없고, 말 그대로 '무위無爲의 무無'이다. 이때의 무는 모든 개념과 사유 이전의 존재적 깊이이며 에크하르트는 영혼의 가장 깊은 중심을 통해 이 신성과 일치할 수 있다고 말한다. 이때 창조는 무에서의 발출 그리고 다시 무를 통한 신성으로의 귀환이라는 순환 구조를 따라 진행된다.

2) 드디어 주인공을 찾았는데, 중요한 게 빠졌다

이때 중심적인 물음은 다음과 같다. 에크하르트는 왜 '무'를 곧바로 신성의 실재로 설정했는가? 그에게는 신성과 무가 같은 차원에 있는 것으로 보인다. 왜 그는 '무의 장'을 어둠의 자유에 맞서 창조의 잠재성을 펼치는 삼위의 역동으로 전개하지 않고 해체와 침묵의 심연으로만 이해했는가? 우리는 바로 이 지점에서 에크하르트와 갈라진다. 무의 자유와 잠재성을 통과하지 않은 '하나'의 설정은 곧 비구별의 심연이 관계적 생성의 역동으로 전환되지 못하게 하는 '구조적 한계'를 드러낸다. 따라서 핵심은 '하나' 그 자체의 특성보다 그 '하나와의 일치'가 어떻게 구성되는가의 문제—곧 존재의 차원적 구성, 신성의 자기 은닉과 발출, 삼위의 상호 내재와 감응 그리고 그 모든 것 안에 깃든 관계구조와 상응 각도를 중심으로 무를 재조명하는 데 있다. 이는 부정의 심연보다 더 깊고 구체적인 드라마의 장이며, 존재를 무너뜨리는 무가 아니라 존재를 구성하기도 하고 해체하기도 하는 무에 대한 관점의 전환이다.

(1) 고립적 '하나'인가, 무를 통과한 관계 일치로서의 하나인가?

에크하르트는 이 무의 장을 철저히 '형이상학적으로' 접근한다. 그는 무를 '개념 해체의 심연', 존재 이전의 절대적 심층으로 이해하며, 신성을 '아무것도 아님'이라 부른다. 그에게 '신성'은 어떤 속성도, 관계도, 개념도 없는 절대적 심연이다.[66] 이러한 구조 속에서 '유일한 하나'는 무에서 곧바로 나온 절대 순수성이며, 에크하르트는 이 '하나'를 신성의 정체로 동일시한다. 인간의 영혼은 이 신성과 침묵과 소멸의 방식으로만 일치할 수 있으며, 이는 존재의 해체와 초탈을 통해 얻어지는 신비이다. 그러나 신성이 무를 넘어 근원 자체인 하나를 의미한다면 그것은 아무것도 아니면서 동시에 모든 것이어야 한다. 그리고 그 속성은 모든 존재의 생성마다 그 차원의 몸에 맞게 동일하게 이어질 때 그 하나로서의 전체성을 확보할 수 있다.

이 대목에서 신플라톤주의의 영향을 받았다고 의심받는 에크하르트는 이 '근원으로서의 하나'를 일체의 속성과 형상을 초월한 절대 순수

---

66 ┃ 에크하르트에 의하면, 신이 모세에게 전해준 "나는 나인 자이다"라는 말도 더 깊은 의미에서는 자기 이름을 감추기 위한 이름, 말하자면 '이름 아닌 이름'이다. 에크하르트는 말한다. "자, 주목해 보라. 하느님은 이름이 없다. 왜냐하면 아무도 그에 관해서 무엇을 말하거나 인식할 수 없기 때문이다. 그러므로 한 이방인 대가는 '우리가 최초 원인에 대해 인식하거나 말하는 것은 최초 원인에 관한 것이기보다는 우리 자신에 관한 것이다. 왜냐하면 그것은 언표와 이해를 넘어서기 때문이다.'라고 말한다. 따라서 내가 '하느님은 선하다.' 라고 말한다면 이는 참이 아니다. 내가 오히려 선하지, 하느님은 선하지 않다. 내가 또 '하느님은 지혜롭다.'라고 말한다면 이는 참이 아니다. 나는 그보다 더 지혜롭다! 만약 내가 또 '하느님은 존재다.'라고 말한다면 이는 참이 아니다. 그는 오히려 하나의 초존재적 존재이며 초존재적 무(Nichtheit)이다! … 그러므로 침묵하고 하느님에 대하여 지껄이지 말라. 왜냐하면 하느님에 대하여 지껄임으로 인해 그대는 거짓말을 하며 죄를 짓기 때문이다. 그대는 또한 하느님에 대해 아무것도 알려 하지 말라. 왜냐하면 하느님은 모든 인식을 초월하기 때문이다. 한 대가(어거스틴)는 '만약 내게 알 수 있는 하느님이 있다면 나는 그를 결코 하느님으로 간주하지 않을 것이다!'라고 말했다. 그러니 그대가 하느님에 대하여 무언가 안다면 그는 그것이 아니며 그대는 그에 대하여 무엇인가 알았다는 것으로 인해 무지에 빠지며 그러한 무지로 인해 어리석음에 빠진다." Josef Quint, "Die Sprache Meister Eckharts als Ausdruck seiner mystischen Geisteswelt," 353.

로 설정하며, 구별 없는 단일성이 곧 신의 본질이라 주장한다.[67] 그에 의하면 '하나'는 구별이 없기 때문에 '순수'하며 모든 개념은 침묵 속에 소멸해야 한다. 그러나 바로 그렇기 때문에 이 구조는 존재의 역동, 생명의 흐름, 피조물과의 응답적 관계성이 발생할 수 없는 닫힌 구조를 낳는다. 여기서 이 자존자로서의 '근원과 무'의 속성이 중요해진다. 무는 홀로 자존하면서 관계하지 않는 근원이 관계하면서 상호작용하는 존재들과 연결될 수 있는 무경계적 접속면이다. 성부-성자-성령의 상호 내재는 근원적 유일신의 전적 내어줌에 응답한 일치이며, 무는 바로 이 일치를 발생시키는 차원적 접촉면이다. 무는 해체로 도달하는 심연이 아니라 근원적 일치를 일으키는 상응의 파동으로 열리며, 삼위일체 하나님의 존재 양식은 바로 이 무의 장에서 발생하는 창조적 자기조직화의 기원이다.

에크하르트는 교리적 개념을 넘어선 신비의 깊이를 꿰뚫었지만, 무의 자유와 잠재성 그리고 삼위 간 일어나는 상호 역동의 구조를 경유하지

---

67 | 에크하르트는 신의 본질을 설명하면서 존재(esse)와 지성(intellectus)을 역설하지만, 그 모든 강조는 결국 신의 단일성을 드러내기 위한 것이다. 아퀴나스가 신의 여러 속성 가운데서도 존재를 근원으로 두고, 진리와 선, 지성 모두가 존재에 근거한다고 본 것과 달리, 에크하르트는 존재보다 '하나'에 우선권을 부여한다. 그에게 존재, 하나, 진리, 선은 서로 호환 가능하지만, 그 가운데서도 '하나'가 가장 순수하고, 선과 진리는 하나에 근거해 나타나는 파생적 속성일 뿐이다. 그는 '하나'를 선과 진리보다도 더 순수하고 덧붙여지지 않은 자리, 신이 성자와 성령으로 흘러나오기 전의 자신으로 머무는 자리라 말한다. 그곳에서 모든 이름과 개념은 덧붙여진 것이기에 침묵 속에서 사라져야 한다. 이러한 사유는 신플라톤주의의 영향을 받은 것으로 평가되며, 에크하르트가 '하나'를 모든 구별과 속성을 넘어선 절대 순수의 자리, 부정의 부정이자 만물의 근원으로 설정하고, 그것을 향해 끊질기게 나아가는 길을 신비적 통찰로 삼았다는 점에서 더욱 그렇다. Meister Eckhart, *Master Eckhart: Parisian Questions and Prologues*, ed. and trans. Armand A. Maurer (Toronto: Pontifical Institute of Mediaeval Studies, 1974), 14-15, 32.

못한 채 '유일한 하나'의 내밀한 정체로 곧장 나아갔다. 온전한 수동성의 장인 무와 잠재성의 실현으로서의 상호작용의 장인 무의 양가성이 온전히 근원으로서의 신성의 차원과 구분되지 않음으로써 오류가 생겨난다. '신성의 고요와 넘침'으로서의 자존자와, 온전한 반사의 장으로서의 무의 한 차원이 혼용되고 있는 것이다. 그 결과 심연의 무는 존재를 해체하고 반사할 수는 있으나 존재를 구성하는 역동의 장으로는 열리지 않으며, 초탈과 해체를 통한 부정의 길만이 해법으로 제시된다. 그러나 유일신과 삼위일체론의 난제는 '무'와 '근원적 유일의 하나'를 구별하고, 동시에 무 안에서 일어나는 관계의 역동성과 두 잠재성이 벌이는 긴장 역시 보존해야 한다는 것에 있다. '하나'는 단일성 그 자체가 아니라 '비구별의 심연-구별의 발출-응답적 통일'로 이어지며 이는 근원을 잇는 차원들의 관계구조 속에서 드러난다.

이러한 관계구조 안에서 존재는 단순히 하나에 통합되거나 해체되는 것이 아니라 무로부터의 응답과 발출을 통해 자기 존재를 조직하고, 다시 근원으로 향하는 차원의 순환 속에 놓인다. 여기서 근원적 차원의 '영-무-용-유'의 새 구조가 생성되며, 신성의 심연보다 더 중요한 '차원의 상응 각도와 관계구조의 조직화'가 발생된다. 비로소 존재는 해체되지 않고 응답을 통해 재창조된다.

(2) 하나와 무의 양가성: 신성의 고요와 삼위의 응답

에크하르트는 '신성'을 '순수한 하나das reine Eine'로 이해한다.[68] 이는 존

---

68 | Josef Quint, "Die Sprache Meister Eckharts als Ausdruck seiner

재론적 다수성과 구별을 초월한 절대적 단일성으로 어떠한 규정도 허용하지 않는 무규정적 실재이다. 이 '하나'는 삼위의 구별 이전에 존재하는 심연, 사유와 언어조차 침투하지 못하는 '무언의 하나님'이다. 에크하르트의 탁월함은 이러한 신성을 삼위일체 하나님보다 더 내밀하고 근원적인 실재로 설정하는 것에 있다. 궁극적 근원, 유일하신 자존자로서의 신성이 여기에서 표현된다. 그러나 바로 이 지점에서 중대한 질문이 떠오른다. 과연 이러한 '하나'는 창조와 구원의 드라마, 남아 있는 어둠의 잔재, 삼위일체적 역동성과 어떻게 연결되는가? 에크하르트가 말하는 '하나'는 모든 존재의 원천일 수는 있으나 그것이 무의 양가성—즉 자유와 어둠의 가능성이 교차하는 차원적 접촉면을 거치지 않는다면 오히려 형이상학적 고정점으로 정지될 위험을 안고 있다.

그러나 '양가무'는 에크하르트의 심연 abgrund 과 구별된다. 무는 단순한 침묵이나 해체의 반사만이 아니라 스스로 자존한 존재의 온전한 내어둠을 그대로 받은 전적 수용성이자, 무한의 잠재성과 응답[빛] 과 거절[어둠] 사이의 자유의 잠재성을 지닌 창조의 움브이기도 하다. 이 무의 상-하위 차원에 걸친 양가성은 자존자의 자발적 내어둠에 의해 열리고, 그 안에서 최초의 '자발적 관계성'인 삼위의 사역이 일어나는 태

---

mystischen Geisteswelt," 164. "하느님 자신도 위격들의 양태와 속성을 가지고 존재하는 한 결코 단 한 순간도 그 안(신성, 근저)을 엿보지 못할 것이며 일찍이 엿본 일이 없다. 이것은 쉽게 이해할 수 있다. 왜냐하면 이 단일한 '하나'는 양태와 속성이 없기 때문이다. 따라서 하느님이 한 번이라도 그 안을 엿보려 한다면 그는 신으로서의 그의 모든 이름과 인격적 속성들을 대가로 지불해야 한다. 그 안을 엿보려면 그것들을 몽땅 밖에 놓아두어야만 한다. 아니 그가 단순한 '하나'로서 아무런 양태나 속성도 없듯이 이런 의미에서 성부도 성자도 성령도 아니지만 그는 이것도 저것도 아닌 어떤 것이다."

초의 장이 가진 특성이다. 창조는 이곳에서 일어나는 신적인 상호작용 관계의 결과이다.[69] 무는 근원의 잠재성과 자유의 장이며 그 안에서 삼위일체적 공명을 실재로 조직하는 자기조직화의 발원지이자, 그 운동으로 말미암아 최초의 창조적 관계가 형성되는 자존자의 움브다.

에크하르트는 이러한 무의 근원과 삼위일체와의 응답적 관계성으로 인한 공명의 운동성을 충분히 전개하지 못한 채, '하나'를 곧장 신성의 정체성으로 동일시하였다. 그 결과 다음과 같은 신학적 결핍이 발생한다. 첫째, 신성은 창조와 구속의 시간 속 서사와 연결되지 못하고 단지 분리된 절대성으로 위치한다. 둘째, '하나'는 오히려 최초의 관계성인 삼위의 상호작용을 비활성화시키며 시간 이전의 창조적 근원의 자리를 약화시킨다. 셋째, 결과적으로 신성은 인간과 피조물의 근원적 존재가 아니라 형이상학적 절대자로 고정된다. 그러나 삼위일체 하나님은 무에서 자신을 비우고 응답하며 다시 그 상호 침투된 관계로부터 창조하는 신이다. 이 유일신과 삼위일체 하나님과의 관계는 존재의 조건을 자기 안에서부터 여는 사랑의 근원이며, 무 안에서 그 사랑에 응답하며 어둠을 다스리는 하나님의 형상으로서의 인간의 존재 방식을 계시한다.

(3) 인 관뭄과 '하나-무-삼위일체-유'의 상응 구조
에크하르트가 자주 사용한 개념 가운데 하나는 라틴어 인 관뭄in

---

69 ▎ 김리아, "디멘시오 1강 – 폰티스와 근원적 양가무", 참고.

quantum 이다.[70] 이는 '-하는 한에서', '특정 조건 아래서'라는 의미이다. 인 관뚬이 양가무의 특성에 맞게 재구성 될 때, 이 관계적 원리는 무의 양가성과 삼위일체적 역동성을 연결하는 핵심 고리가 될 것이다. '근원적 하나-무 [무의 양가적 특성과 중층적 차원] -삼위일체-유의 창조'라는 기원적 관계구조는 단순한 철학적 순서가 아니다. 이는 존재가 생성되는 가장 심층의 리듬이며, '근원인 한에서만 하나'이고 '무 無인 한에서만 발출이 일어난다'. 즉, 무의 고요와 침묵이 근원의 내어줌과 삼위일체적 사역이 상응하는 특정한 조건 속에서만 로고스는 발출하고 존재는 생겨난다.

따라서 '하나'는 고정된 실체가 아니다. '하나'가 자기를 내어 무의 장을 만들고 그 무는 삼위로 '관계 맺는 한', '하나'는 실재의 장을 여는 무한한 잠재성이 된다. 이때 무는 삼위의 상호작용이 근원적 자존자의 내어줌과 응답을 일으키는 진동의 장이며, 이곳에서 실재가 조직화되는 씨앗이 태동된다. 여기서 로고스는 성령과 공명하는 가운데 근원의 뜻에 공진하여 일체로 응답하며, 삼위일체적 내적 질서와 피조 세계의 생명 사이를 이어주는 다리이자 경계 역할을 한다.

---

70 | 이름과 형태를 지니고 존재하는 생산물(피조물)의 다양성 전체는 그것이 존재 자체 (Being itself)인 한에서 참되다. 그 자체로부터 나오는 한 그것은 거짓이다(Sarvam cha namarupadi vikarajatam sad-atmana eva satyam. Svatas tu anritam). Rudolf Otto, *Mysticism East and West*, 96. 자연이든 영혼이든 피조물 그 자체로는 아무것 도 아니며, 다만 구원의 '잠재적 가능성', 혹은 누미노제로서의 가능성만 지니고 있을 뿐이다. 오토는 이 창조의 원리를 에크하르트의 고유한 표현인 '인 관뚬(in quantum, in principio)'의 원리에서 발견한다.

이 관계 안에서 '유ᅨ'는 소멸되고 해체되어야 하는 환영이 아니라, 무의 장과 연결되고 삼위일체적 응답에 의해 형상화되는 실체이다. 이 생명의 법과 질서에서 '유'는 하나님의 내어줌과 그 근원적 일치의 응답이 만들어 내는 무-유형의 창조이며, 사랑과 응답, 비움과 충만의 종합물이다. 정말 해체되고 초월해야 할 것은 이 상응-일치 구조에서 분리된 어둠의 형상들과 법이다. 근원적 관계구조에 일치하고 어둠으로부터 분리되는 한, 존재는 삼위일체 하나님의 선율에 동참하는 자유 의지를 가진 실재이다. 다시 말해, '유'는 무의 중심에서 일어난 자기비움과 자유의 상호작용이 낳은 구체적 생명이다.

에크하르트는 무를 존재 이전의 침묵으로 이해했지만, 실은 무는 삼위일체적 자기비움과 관계의 응답이 발화되는 잠재성의 장으로 보다 역동적이며 관계적이다. '하나'는 무의 응답 속에서만 관계 맺고 움직이며, '삼위'는 무를 통과하며 비로소 그 일치의 잠재성이 드러난다. 이것이 바로 삼위의 근원적 일체이다. 이때 탄생하는 '유'는 무의 삼위일체적 일치의 결실이며, 그 응답이 만들어 내는 일치 안에서 스스로 계신 하나님은 존재를 넘어 존재를 낳는 창조적 근원으로 현존하신다.

따라서 '근원적 하나-무-삼위일체-유'의 구조는 그야말로 '인 관뜸의 정수'다. 하나님은 존재하는 한 존재하시며 그곳에 상응하며 그 내어줌에 응답하는 한 창조하신다. '하나'는 삼위일체적으로 응답하는 한에서만 창조 세계의 실재가 되고, '무'는 그 응답이 반향할 수 있는 고요한 잠재성의 장이다. 실재는 단순한 반영이 아니라 무-삼위-유로 이어지는 자유 의지가 포함된 생성의 파동이며, 하나님은 그 파동의 중심에서 자유와 사랑으로 세계와 관계하신다.

(4) 초탈적 공성이 간과하는 어둠의 실재

에크하르트는 신 안의 가장 근원적인 차원을 '무nichts'라고 부르며 이 무에서 '하나'가 일어난다고 본다. 이 무는 모든 구별 이전의 심연, 곧 무차별적인 신성의 자리이며, 인간은 자기를 완전히 비워 이 무와 합일 될 때에만 참된 신과의 일치에 이른다고 한다. 여기서 중요한 것은 에크하르트가 '무'를 존재의 해체나 초탈을 요청하는 심연으로 본다는 것이다. 인간의 에고는 이 무 앞에서 해체되어야 하며 이 해체의 과정을 통해 존재의 참된 내면성, 곧 하나 됨의 실재에 접근하게 된다. 이는 전통적인 신-피조물 구도를 전복하며 무를 통해 신성과의 직접적인 일치를 강조하는 급진적 사유이다.

하지만 바로 이 지점에서 에크하르트의 사유는 중요한 질문—"이 무는 '대적하는 어둠'의 실재성을 감당하는가?"를 피해간다. 이 질문은 구원과 은총, 영원한 생명과 사랑에 기초한 복음적 사유의 핵심이기도 하다. 에크하르트의 '무'는 모든 것을 초탈과 해체, 공성의 심연으로 흡수하지만[71] 차원 간의 충돌, 욕망과 저항, 관계 속에서 발생하는

---

71 ┃ 이러한 에크하르트의 신비 사상은 불교의 공(空) 사상과 접맥될 수 있는 지점들을 드러낸다. 에크하르트는 하나님을 존재·진리·선이라는 규정적 속성들로 파악하지 않고, 모든 구별과 관계를 넘어선 무차별적 심연, 곧 말해질 수 없고 형언할 수 없는 '무로 직관하려 했다. 그는 하나님에 대한 모든 이름과 개념이 결국 덧붙여진 것이며, 그 앞에서는 모든 사유와 언어가 침묵할 수밖에 없다고 본다. 이러한 에크하르트의 사유는 불교의 공성(空性) 사상과 구조적으로 유사한 점을 보인다. 불교의 공성은 자아와 세계의 실체적 자립을 부정하고, 모든 것이 상호 의존적이며 무자성(無自性)임을 통찰하여 해체의 지평에 도달한다. 에크하르트의 무차별적 신성과 초탈 그리고 '가난'의 강조는 불교의 무아(無我), 무

윤리적 긴장과 돌파의 에너지는 그 안에서 구체적으로 드러나지 않는다. 그는 "무는 참된 실재이며, 존재가 아닌 참된 존재"[72]라고 말한다. 이 말은 신의 개념화를 멈추게 하는 힘을 지닌다. 그러나 동시에, 아이러니하게도 그 부정적 개념 자체가 무의 기준이 되며 결과적으로 무는 단일한 원천으로 환원된다. 여기서 문제가 발생한다. 에크하르트는 무를 통해 신의 내적 넘침을 말하지만,[73] 이 무의 문턱을 통과할 때 마주

주(無住), 무념(無念)과 유사한 수행의 길로 읽힌다. 김용표는 에크하르트가 강조한 신성과 돌파가 불교의 수행자들이 지향하는 무분별지(無分別智)의 체험과 닮아 있다고 지적한다. 에크하르트의 사상 안에서 발견되는, 모든 구별과 형상을 넘어선 심연과 그것에 대한 완전한 몰입은, 불교적 공의 실현이 지향하는 해체와 자유의 체험과 맞닿아 있다. 그러나 김용표는 이러한 유사성에도 불구하고, 에크하르트의 사유가 불교적 공성과 완전히 동일시될 수는 없다고 비판한다. 에크하르트의 사유에는 여전히 신적 실체에 대한 미묘한 잔여가 남아 있으며, 그 심연을 불교처럼 철저하게 무차별적인 공으로 밀고 가지 못하고 있다는 것이다. 즉, 에크하르트는 신성을 무차별적 심연으로 파악하면서도, 그 심연을 여전히 신적 생명의 근거로 남겨 두었고, 그로부터 세계와 자아가 발출하는 역동적 관계성을 강조하였다. 김용표, "마이스터 에크하르트의 신비 사상과 불교와의 대화: 신성의 공성과 초탈의 보편적 종교성", 「한국불교학」 72 (2014), 7-56. 우리는 이러한 이해를 바탕으로 에크하르트가 불교적 공성과의 대화를 열어주는 사유의 지평을 제공하지만, 근본적 형식에 차이가 있다는 점을 분명히 인식할 필요가 있다.

72 ㅣ 에크하르트가 '무는 참된 실재이며, 존재가 아닌 참된 존재'라고 말할 때, 이는 신이 인간의 모든 존재 개념을 초월하는 궁극적 실재임을 강조하는 것이다. 이러한 '무'의 강조는 부정 신학 전통의 주된 표현으로서, 신에 대한 어떠한 개념화 시도도 불충분함을 드러내며, 신의 무한한 초월성을 고백하게 하는 힘을 지닌다. 즉, 하나님은 피조물 중 하나로서의 '어떤 존재(a being)'가 아니라, 모든 존재를 가능하게 하는 '존재 자체(Being itself)'이시며, 따라서 피조물의 범주를 넘어선 '아무것도 아닌 것(no-thing)'으로 지칭될 수밖에 없다는 것이다.

73 ㅣ 에크하르트에게 '무'는 크게 두 가지 층위에서 이해된다. 첫째, 피조물은 '귀속의 유비론'에 따라 그 존재가 전적으로 신에게 의존하므로, 신으로부터 분리될 경우 순전한 무(Nothingness of Creatures)와 다름없다고 바라보는 시각이다. 이는 피조물의 유한성과 존재론적 의존성을 강조하는 '결핍으로서의 무'이다. 둘째, 지선(至善)으로서의 신은 인간의 모든 개념과 존재를 초월하기에, 부정의 신학적 관점에서 '무'라고 바라보는 시각이다. 이 '신의 무(Nothingness of God)'는 비어 있음이 아니라, 인간의 언어와 이해를 넘어서는 궁극적인 충만성과 무한성을 의미한다. 에크하르트에게 이 두 가지 '무'는 피조물의 한계를 인식하고 신의 초월적 본질로 나아가는 영적 여정의 중요한 개념적 발판이

하게 되는 영적 사투, 곧 악한 의지를 가진 어둠과의 실존적 대면에 대해 사유하지 않는다. 무는 단지 '깊은 침묵'이나 '심연'으로 남아 있으며 그 통과의 사건에 따른 저항의 실제성이나 죽음의 구조, 차원적 돌파의 임계점은 거의 언급되지 않는다.

그러나 신적 창조는 단순한 넘침만이 아니다. 그것은 실존적으로는 죽음을 통과한 부활의 사건이며 빛과 어둠의 관계에서는 저항과 대립을 의미하며 생명의 법이 사망의 법을 무화시키고 다스리는 구조를 동반한다. 무는 그 자체로 중립적인 여백이 아니라 어둠의 세력과 빛의 계보가 교차하는 접속과 대립의 장이다. 성서에 나타난 출애굽 사건, 요한복음의 "빛이 어둠에 비치되 어둠이 깨닫지 못했다"요 1:5라는 선언, 로마서 7-8장에서 나타나는 바울의 전환은 모두 이 무의 장을 통과할 때 발생하는 투쟁과 분리, 재탄생의 도래 구조를 담고 있다.

에크하르트가 이러한 양가성—죽음과 생명, 절단과 접속이 교차하는 통과의 사건성을 놓쳤다는 점은 그의 신비 사상에서 더욱 명료하게 보완해야 할 지점이다. 무는 단지 '심연'이나 '잉여적인 가능성'만이 아니라 차원 전환의 내적 갈등의 이중성이 압축된 장소이며, 오직 그 문턱

된다. 그러나 에크하르트의 이러한 '무' 개념은 주로 신과 피조물의 존재론적 관계 및 신의 초월성을 설명하는 맥락에 집중한다. 즉 지성으로서의 신을 말할 때는 '신의 무'를, 존재로서의 신을 말할 때는 '피조물적 무'로 표현한다. 이에 대해서는 다음의 저서를 참고하라. Josef Quint, "Die Sprache Meister Eckharts als Ausdruck seiner mystischen Geisteswelt," 407; Alois M. Haas, *Nim din selbes war: Studien zur Mystik Meister Eckharts* (Freiburg: Universitätsverlag, 1991), 18-20. 그러나 에크하르트의 논의는 본문에서 논의되는 '차원적 무의 잠재성'이나 '창조적 진동'과의 상응 각도와 같은 현대 철학적, 영성적 논의의 영역까지 나아가지 않는다.

을 통과할 때에만 '성자의 탄생'이라는 구원의 구조가 발생할 수 있다. 에크하르트의 무는 '초탈Abgeschiedenheit'의 기능에는 탁월하지만 차원 전환의 장으로서의 무, 곧 '양가적 무'로는 기능하지 못한다. 다시 말해 그에게 무는 하나로 수렴되는 해체의 공空이지, 실존의 대적성과 생성의 돌파성을 품은 창조의 장場으로 기능하지는 않는다. 그러나 우리가 무를 존재 차원의 경계선이자 차원 간 전환의 마찰면으로 본다면 무는 더 이상 해체의 심연만이 아니라 욕망과 저항, 돌파와 균형, 타자와 진정한 자신이 교차하는 양가적 장이 된다. 이때 무는 다음 두 가지 극성을 가진다. 모든 분별을 넘어선 내적 심연으로서 생명의 창조를 기다리는 무, 자기중심적 욕망과 저항의 실체가 응축된 대적의 힘으로서의 무다.

(5) 삼자 역동과 돌파의 윤리: 하나는 스스로를 넘어 셋으로

이러한 무의 양가성, 특히 대립하는 어둠의 실재를 수용하지 못한 '하나' 개념은 결국 부정의 길의 한쪽 면을 극대화한 동일성에 머무른다. 그러나 근원적 무로부터 시작된 삼위일체적 관계는 시간 이전의 차원이 하나가 되는, 전혀 다른 일체의 작용 방식을 보여준다. 즉 절대적 타자로서의 근원적 하나가 스스로를 내어줌으로 인해 자기 안에서 자기를 포함한 둘로서의 움브가 되고, 다시 이 움브는 셋 안에서 관계적 생성의 장을 여는 창조의 역동이 된다. 이 구조 안에서 '하나'는 더 이상 고립된 절대가 아니라 자기 내어줌Done-Kénōsis[74]을 통해 자기-초월적 포

---

74 ┃ 이는 일반적 의미의 자기부정적 케노시스가 아니라 은총으로서의 넘침을 포함한 자기 초월적 케노시스로서의 선물과 내어줌이라는 의미를 포함한다.

화를 드러낸다. 이때 무는 단지 흡수하는 공空이 아니라 관계와 실존이 형성되는 '넘치는 파동'의 경계가 된다. 여기에 이르면 '하나'는 이 모든 돌파와 생성의 실재적 차원의 합으로 재정의된다.

에크하르트는 창조 이전, 시간 이전의 무에서 '신성으로서의 하나님'을 사유하고 삼위일체 신을 개념에 갇힌 신으로 격하한다. 그는 하나님을 존재자적 개념으로부터 끌어내려 존재조차 없는 '무'의 자리로 위치시켜 "신은 무이다"라는 급진적 명제를 가능하게 한다. 그러나 여기서 중요한 문제가 하나 발생한다. 에크하르트는 '무로서의 신'을 말할 때 그 무의 근원, 삼위일체적 관계성 안에서 활동하고 있는 신성의 자기 운동이라는 점이 충분히 드러나지 않는다. 즉, 그가 말하는 무는 삼위일체의 위격들이 출원되기 이전의 심연처럼 묘사된다. 그러나 성서적 계시와 삼위일체 전승의 본의에 따르면 하나님은 결코 관계성 이전의 단일한 근원으로 환원되지 않는다. 오히려 성부-성자-성령의 상호적 자기 내어줌은 바로 그 '무의 장' 안에서 이미 '선재적으로' 작동하고 있으며, 창조 이전에 이미 삼위 하나님의 존재는 '관계적 구조'로 존재하며 관계를 낳는 동인이 된다. 즉 무는 이미 단순한 비존재가 아니라 삼위의 순환성과 자기조직적 생명의 맥동이 내재된 잠재적 장field이다.

그런데 에크하르트는 '무로서의 신'을 강조하다보니 이 삼자 관계의 구조를 무와 구분하여 '존재 이후' 혹은 '시간 이후'에 머무르게 한다. 그는 인간의 표상을 넘어선 신을 말하려 오히려 '신 안의 관계적 구조를 탈시간화하면서 무관계적 심연으로 환원하는' 오류를 범한다. 그러나 무는 단순한 침묵이다. 고요, 탈개념에만 머무르지 않는다. 그것은 하나님의 자기 내어줌이 서로를 낳고 받는 운동, 즉 삼위일체의 내적 비등Bullitio이다. 이 운동은 '존재'가 발생하기 이전에 이미 있었으며 시간의 창조를 가능케 한 차원적 동역학이다.

(6) 신인합일 논의에 있어 '유' 방식의 사유 한계

에크하르트는 신과 인간의 근저가 하나라는 점을 대담하게 선언한다. 그는 "말씀이 육신이 된 사건이 나의 영혼 안에서 동일하게 일어나지 않는 한, 그것은 나와 아무 상관이 없다"[75]라고까지 말한다. 이는 인간 영혼의 깊은 곳에서 신적 탄생이 가능하다는 혁명적 사유로 이어진다. 그러나 이 지점에서 중요한 질문이 발생한다. 사망의 법 가운데 있는 실존적 인간은 과연 이 '내 안의 아들'을 언제, 어떻게 인식할 수 있는 가?

에크하르트는 내적 탄생을 선언하면서도 그 탄생의 조건을 충분히 밝히지 않는다. 인간의 인식은 대부분 유有의 구조, 즉 개념화·표상화·

---

75 | Meister Eckhart, "Expositio sancti evangelii secundum Ioannem," in *Lateinische Werke III* (Stuttgart: W. Kohlhammer, 1994), 101-102. 에크하르트의 주된 관심은 특정 역사적 사건이나 외적 행위를 넘어서는 보편적 진리 그리고 문자적 의미가 아닌 심층적인 상징적 의미에 보다 깊이 뿌리내리고 있다. 그에게 구원 사역은 외적 개입을 통해 이루어지는 특별한 사건이 아니라, 영혼 안에서 누구에게나 현현할 수 있는 근원적이고 보편적인 진리이기 때문이다. 이는 신적 현존의 장엄함이 인간 내면의 심연에서 직접적으로 발화함을 역설하는 급진적 통찰이다. 즉, 내 영혼에 이미 각인되어 있는 하느님의 모상(imago Dei)을 자각하고 실현하여, 하나님의 아들로 탄생하는 것이 그의 신비 사상을 둘러싼 궁극적 지향점이자 핵심 주제이다. 존 카푸토(John D. Caputo)는 에크하르트 사상의 '아들의 탄생'이 돌파에 의한 신성과의 일치를 완결 짓는다고 말한다. 이에 대해서는 다음의 저서를 참고하라. John D. Caputo, "Fundamental Themes in Meister Eckhart's Mysticism," *The Thomist* 42, no. 2 (1978): 222-224.

범주화를 통해 형성된다. 삼위일체는 이 '유'의 구조로는 인식되지 않는다. 오히려 유의 인식은 무의 현전을 가리고 은폐하는 방식으로 작동한다. 무를 말하려 하면서 무를 이미 유로 번역하고 있는 셈이다. 에크하르트는 이 번역의 위험을 경고하지만 동시에 그 구조적 한계를 구체적으로 분석하지 않는다.[76] 또한 차원 다른 바깥에서 작용하는 영적 어둠의 실제적 방해도 명확히 밝히지 않는다. 그러나 인간이 하나님의 아들을 낳는 성육신의 사건은 단순히 신과 인간의 동일성을 선언하려는 것이 아니라 신의 자기 초월적 죽음을 통한 근원적인 차원 돌파 사건이다. 이 과정은 자아의 죽음과 내적 붕괴, 인식의 붕괴를 포함하지만 하나님의 아들의 죽음과 부활의 이중성이 구조적으로 전제되지 않는 한 신과 인간의 일치는 결코 실현될 수 없다. 즉 아들의 탄생은 '그리스도 안에서'라는 자기 탄생과 그 탄생을 받아들이는 영혼의 수동성과 연결된 것이다.

그러므로 '인 관뜸'이 의미하는 '하나'는 단순히 존재론적으로 하나가

---

76 | 삼위일체적 역동은 불연속적 잠재성이 어둠과의 긴장 속에서 로고스의 공진(共振)으로만 명확해진다. 삼위일체는 개념과 시간을 초월하지만, 신성의 단순한 끓어 넘침이나 유출만으로는 삼위의 역동이 온전히 구현되거나 보장되지 않는다. 여기서 자유의 개념이 중요하다. 로고스는 자유를 가지고 '빛의 잠재성-일치'를 선택했으며, 이것이 곧 진리이다. 내적 비등(Bullitio)이 성자가 성부로부터 발생하는 과정을 묘사하는 은유라고는 하나, 이는 선(善)의 자기 확산적 성격을 드러낼 뿐 근원의 신성, 즉 유일자의 특성에 가까우며 삼위일체론의 핵심적 운동은 아니다. 즉, 신성이나 '무(無)'의 자기 확장이 삼위일체의 탄생을 의미하거나 그 내적 운동의 속성을 직접적으로 나타내는 것은 아니다. 기독교 구원론이 말하는 삼위일체의 원형은 어둠의 다스림과 긴장 관계를 넘어서는 빛의 창출과 그 운동력에 있다. 이러한 관계적 역동 없이는 영혼의 돌파도, 성자의 탄생도 온전히 이해될 수 없다. 이러한 불명확성으로 인해 에크하르트는 플로티노스적(Plotinian) 혐의를 벗지 못하게 되며, 영혼의 돌파와 직접성이 가지는 문제점 또한 여기에 기인한다.

아니라, 존재론을 초과하는 관계적 상응 각도 안에서만 하나가 될 수 있다. 그것은 오직 무를 통과하여 유의 차원을 꿰뚫고 용으로 조직되며 영의 차원에서 재기입될 때 가능한 하나 됨이다. 그러므로 신인합일은 선포적 개념이 아니라 예수 그리스도의 십자가 사건, 죽음과 부활을 통한 근원으로의 돌파를 전제로 한다.

3) 신비 영성의 함의와 재구성의 방향

그 외에도 에크하르트의 사상은 신학적 차원에서의 재구성을 요청한다. 첫 번째는, 역사성과 계시의 사건성의 탈중심화이다. 에크하르트는 성육신 사건의 유일회성을 넘어서려는 시도를 통해 모든 존재 안에 일어나는 보편적 탄생의 가능성을 강조하였다. 그러나 이는 예수 그리스도의 역사적 성육신 사건이 가지는 특수성과 구속사의 사건성을 상대화하거나 희석할 위험을 안고 있다.[77] 성육신은 단순한 상징이 아니라

---

77 | 에크하르트의 신비주의가 기독교적 정체성을 확고히 하기 위해서는 그리스도론 안에서 더욱 심도 있는 연구가 필요하다. 에크하르트 사후 그의 뒤를 이은 신비 사상가 헨리 수소(Henry Suso)는 그리스도의 고난과 부정의 길을 연결시킴으로써 한층 더 종교 개혁의 선상에 가까워지게 된다. 그가 지혜의 기사로 불리는 것은 영원한 지혜를 만나고 그 지혜의 달콤함에 도달하기 위해 필요한 인간적 고난과 고통으로 용기 있게 들어가는 것을 의미한다. 고통받다가 십자가에 못 박혀 죽은 자, 즉 역사적인 예수는 모든 수소의 명상에 있어서 근본적이다. 고통받는 그리스도의 인간성은 신성에 이르는 단 하나의 유일한 길인 것처럼 보인다. 수소에 따르면 어느 누구도 그리스도의 인간적 고통에 대한 예를 끌어들이지 않고서는 신성의 높이를 저울질할 수 없으며 묵상의 달콤함에 다가갈 수도 없다. 그리고 고난의 그 길은 그리스도의 고통을 묵상하며 슬퍼하고 고통스러워하는 것이 아니라 다시 초연으로 불리는 헛된 사랑에서의 자유와 그리스도를 닮는 사랑으로 표현된다. 미겔 데 우나무노(Miguel de Unamuno)는 십자가에 달린 그리스도에게서 하나님의 신비를 본다. 그는 삶의 비참한 순간들이 인간의 근본적이고 실존적인 경험이라고 말한다. 하나님은 인간 실존의 고통 가운데로 들어오시며 세계에 참여하신다. 따라서 십자가를 통한 고난에 대한 묵상은 초월로 향하는 중요한 묵상이 된다. 몰트만은 아빌라의 테레사(Teresa of Avila)와 성 요한의 예를 들면서 이 묵상이 하나님 안으로 침잠하기 위해 영혼에게서 모든 이미지를 비우는 것이며, 그리스도인들로 하여금 하나님과 자신을 본질적으

실재적이고도 고유한 계시 사건으로서, 하나님이 시간 속으로 진입하신 사건으로 보편화를 가능하게 하는 역사 속 근원의 유일한 좌표요 접속면이다. 에크하르트는 이를 개인 내면의 영적 탄생 구조로 해석함으로써 보편성의 논리로 특수성을 삼켜버린다.

두 번째, 신인합일의 구조가 낳는 존재론적 모호성이다. 에크하르트는 인간과 신의 근저가 동일하다고 보며 영혼 안에 아들의 탄생이 실현될 수 있다고 말한다. 이는 궁극적으로 신과 인간의 본질적 유사성 혹은 잠재적 동일성을 전제한다. 하지만 이러한 사유는 신과 피조물 사이의 본질적 구분을 약화시키며 자칫 범신론pantheism 혹은 신인동형론anthropomorphism 로 오해될 수 있다. 특히 그가 사용하는 '하나 됨'이라는 개념이 관계적 일치in quantum 의 구조를 넘어서 존재론적 혼용으로 받

로 동일시하지 않도록 막아준다고 말한다. 테레사의 초월 명상에 대한 거부는 그리스도의 인간성에 기초한 명상인 것이다. 마르틴 루터(Martin Luther) 역시 '하나님과 인간 영혼 사이의 직접적인 관계'를 확실시하는 명상을 거부한다. 몰트만은 이러한 테레사와 루터의 십자가 신비주의는 그리스도인으로 하여금 세계를 향해 책임 있는 존재로 인도한다고 말한다. 인간이 되신 하나님의 자기비허, 십자가의 죽음과 절대복종을 보이신 그리스도의 자기비움, 세계와 사물에 내재하신 성령님은 단지 무와 부정의 저편에 서 있는 몰인정하고 이원적인 신이 아니라 오히려 무를 감싸고 스스로의 부정을 자초하는 하나님으로서 '무' 속에 계시는 하나님이시다. 삼위일체 하나님의 무의 절정은 예수 그리스도의 인격 안에서 절정을 이룬다. 그리스도는 하나님을 향한 절대적 자기부정으로 골고다 언덕의 죽음으로 순명하는 데까지 이른다. 죽음과 부활, 십자가의 수치와 영광으로 올라가심은 그리스도 안에서 하나가 된다. 기독교 신비주의의 부정의 길은 스스로 사색하거나 명상적 회의를 통해서가 아니라 그리스도의 십자가를 통한 길이 되어야 한다. 에크하르트의 신비주의가 흔히 하나님과의 직접적인 합일인 것처럼 묘사되는 것도 그리스도의 십자가를 통한 부정의 길이 강조되지 않았기 때문일 것이다. 이에 대해서는 필자의 논문을 참고하라. 김화영(김리아), "마이스터 에크하르트 신비 사상 연구: 기독교 신비주의의 해석준거를 중심으로," (석사학위논문, 연세대학교 대학원, 2003), 95-97.

아들여질 경우,[78] 삼위일체론이 강조하는 타자성–연결성–내적 구별성의 질서를 흐릴 위험이 있다.

세 번째, 초탈적 영성의 사회적, 윤리적 맥락의 삭제다. 에크하르트의 핵심 개념인 초탈과 관련된 언어들—'욕망의 근절', '내면의 자유'[79] 등은 개인적 해방을 향한 강력한 초대처럼 들리지만, 삼위일체의 가장 중요한 본성인 근원적 관계와의 일치를 위한 자기부정이 자리할 곳이 없다. 그로 인해 종교적·사회적·윤리적 책임의 제거라는 맹점 역시 존

---

78 | 에크하르트의 '하나 됨' 개념이 관계적 일치(in quantum)를 넘어 존재론적 혼용으로 해석될 수 있는지에 대해서는 학자들 사이에서 여전히 논쟁적인 요소로 남아 있다. 그의 독일어 설교에서는 초탈(Abgeschiedenheit)이나 '영혼 안의 하나님의 탄생(Gottesgeburt in der Seele)'과 같은 급진적 개념들이 자주 등장하지만, 신과 신성의 명확한 구별은 라틴어 저작에서는 덜 분명하게 나타나는 경향이 있기 때문이다. 예를 들어, 에크하르트는 내재적 삼위일체 간의 운동과 그 관계조차 초월하는 '무(無)'의 신성을 구분하면서도, 때로는 라틴어 저작과 독일어 설교에서 이 개념들을 혼동하는 지점들을 보인다. 특히 근원으로의 고요 지점과 근원의 내어줌 속에 있는 무의 고요(잠재성이 펼쳐지지 않은 상태)와 삼위일체적 작용으로 인한 역동 지점이 명확하게 구분되지 않고 혼재되어 나타난다. 그는 근원과 무를 혼용하며, 무의 두 속성(존재의 근거와 삼위일체적 역동이 일어나는 지점) 역시 명확히 나누어 제시되지 않았다. 신성의 근저에 침투하는 '돌파(durchbruch)' 개념이 주는 에크하르트의 대담성과 극단성을 온전히 이해하려면, 이러한 해석학적 쟁점을 면밀히 고찰할 필요가 있다. Kurt Flasch, "Meister Eckharts 'These vom Sein'," in *Parusia: Studien zur Philosophie Platons und zur Problemgeschichte des Platonismus*, ed. Kurt Flasch (Frankfurt am Main: Minerva, 1965), 321–346; Bernard McGinn, *The Mystical Thought of Meister Eckhart*, 40-44.

79 | Meister Eckhart, "Sermons 28: Blessed are the poor," in *Meister Eckhart: A Modern Translation*, ed. and trans. R. Blakney (New York: Harper & Row, 1941), 227. "하나님의 전적인 사랑의 의지를 성취하기 위한 것이라고 하는 한 그는 마음의 가난을 소유하지 않은 것입니다. 왜냐하면 이런 사람은 그것을 가지고 하나님의 의지를 만족시킬 것을 원하기 때문입니다. 만일 그가 진정으로 가난해지기를 원한다면 그는 자신이 아직 태어나지 않았을 때처럼 자신의 창조된 의지로부터 자유로워져야 합니다."

재한다. 내면으로만 너무 깊이 침잠하는 사유[80]는 외부 세계와의 관계적 윤리를 상실하고, 공동체 속에서 육화되어야 할 연대의 영성을 잠재울 수 있다.

네 번째, 삼위일체에 대한 사유의 불균형이다. 에크하르트는 전통 삼위일체론의 표상화된 위계 질서[성부-성자-성령]를 비판하며 신성과 신의 분리, 혹은 무로서의 신을 강조한다. 이는 그가 삼위일체를 '근저로부터의 자기 비등'으로 재해석하고자 하는 시도로서 신-인 합일의 다리를 놓으려는 의미가 있다.[81] 그러나 문제는 삼위 사이의 관계적 구조와 시간적 작용의 구별을 생략하거나 내적 발생의 심연으로만 환원하는 경향이다. 그 결과 삼위일체는 종종 무로 수렴되는 탈-위격적 장으로 이해되며, 이는 전통 신학이 말하는 인격적 교제와 상호 침투 perichoresis 의 역동성을 약화시킬 수 있다. 삼위일체는 무에서 비롯된 일원적 구조가 아니라 근원 속에 이미 존재하는 다성적 통일성이 무의 장에서 발현된 것이다.

다섯 번째, 무의 양가성과 영적 전쟁의 실재성 결여이다. 에크하르트

---

80 | Meister Eckhart, "About Disinterest," in *Meister Eckhart: A Modern Translation*, ed. and trans. R. Blakney (New York: Harper & Row, 1941), 83. "그 어떤 덧없는 애착이나 슬픔, 명예나 비방이나 악으로조차도 움직여지지 않는 마음이야말로 진정 초탈에 이르는 것입니다. 이는 미풍에 전혀 흔들림 없는 장대한 산과도 같습니다. 그 어느 것에도 영향을 받지 않는 초탈은 인간으로 하여금 하나님을 쏙 빼닮게 합니다. 만일 인간이 하나님을 닮기를 원한다면, 모든 피조물이 하나님을 최대한 닮을 수 있는 길은 바로 초탈을 통해서 이루어집니다."

81 | 이에 대한 자세한 논의는 다음을 참고하라. P. L. Reynolds, "Bullitio and the God beyond God: Meister Eckhart's Trinitarian Theology: Part II: Distinctionless Godhead and Trinitarian God," 235–244.

는 무를 긍정적 생성의 심연으로 해석하며 그 무에서 생명의 내적 비등이 일어난다고 말한다. 하지만 이 '무'는 지나치게 평화로운 침묵의 장소로 그려진다. 실제 성서적 차원에서 무는 죽음·절단·광야·저항·어둠의 세력이 교차하는 분기점이기도 하다. 즉, 무를 통과할 때 발생하는 실존적 저항—악한 의지를 가진 어둠과의 영적 전쟁, 죄의 구조, 거짓 자아의 붕괴, 감정과 욕망의 교란 등은 충분히 서술되지 않았다. 무는 단지 '하나 됨'을 향한 중립적 심연이나 초연한 수련이 아니라, 구체적인 삶에서 자아와 세계의 죽음을 통과한 자만이 생명을 다시 얻는 이중성의 문턱이다. 이 긴장이 사라진 무는 차원 전환이 아닌 형이상학적 고요로 환원된다.

에크하르트의 신비주의는 위대한 문을 열었다. 그는 신을 개념의 감옥으로부터 해방시키고 인간의 영혼이 가진 위대함을 일깨웠다. 그러나 그의 사유는 결국 '대적하는 어둠'을 비실재화하며, '무의 양가성'을 감당하지 못하고 '하나'로의 관념적 흡수에 머물렀다. 이는 차원을 돌파하는 생성의 윤리를 가리지 못하며 근원의 속성인 내어줌과 근원을 품은 하위 차원들의 수동성, 연결된 복합적 자기 내어줌의 구조와 관계 형성에서 나타나는 역동성을 충분히 포함하지 못한다.

우리는 무를 다시 말해야 한다. 무는 존재의 심연이면서도 동시에 생성의 마찰면이며 '하나'는 자기-내어줌을 통해 온전한 수동성으로 움브를 여는 무와 삼위로 일치의 작용을 통해 창조 세계를 여는 입체적이고 생성적인 마당이다. 또한 근원으로서의 '하나'는 어둠을 통과하여 관계를 낳고 생명을 낳으며, 존재를 다시 태어나게 하는 차원 일치와 전환의 구조로 재해석되어야 한다. 즉 '근원-무-삼위일체-창조'의 구조와 차원적 순서를 따라 영성의 주요 개념을 재구성하는 것이다. 신과 인간의 합일은 단순한 '하나 됨'이 아니라 죽음을 통과한 생명의 부활, 무를 지난 빛의 폭발, 악한 어둠과의 대결 이후 생겨나는 말씀의 내적 탄생을 포함하는 역동적 과정이며, 이러한 맥락에서 에크하르트의 무 역시 다시 읽혀야 한다.

결론적으로 에크하르트의 사상은 실로 시대를 초월하는 깊이를 지니며, 특히 종교 간의 대립과 분열의 언어를 넘어서려는 시도라는 점에서 탁월한 초월하는 가치를 지닌다. 그는 일면으로 신론의 해방자다. 전통적 유일신론의 외적 대립과 초월과 전능 중심적 신 개념을 해체하고, 신과 신성의 구분을 통해 삼위일체 내의 내적 생명운동을 사유하려 했으며, 육화의 단일회성 only once incarnation 을 넘어서는 모든 존재 안의 성자 탄생 가능성을 천명하였다. 에크하르트의 사상은 기존 신론과 영성 개념을 뒤흔들며 인간 내면에 깃든 신성의 가능성을 극대화한다는 점에서 경이롭다. 그러나 계시 사건의 독특성, 신-인 관계의 존재론적 긴장과 사회적 실천성과 타자성, 삼위일체의 내적 관계성, 무의 실존적 통과성을 충분히 통합하지 못했다.

이는 곧 오늘날 근원적 무의 영성 Fontis-Nada Spirituality 혹은 유-무-용-영의 존재 구조로 그의 사유를 재구성해야 할 필요성을 시사한다. 신은 단지 무의 심연에 머무는 존재가 아니라 근원으로부터 시작된 내어줌에 응답하고 무를 통과하여 사랑과 생명, 타자와의 관계 안으로 흘러나오는 역동적 삼위일체적 사역으로 계시된다. 인간 또한 신의 죽음이 의미하는 무의 마당을 돌파해야만 그 연합의 비밀과 빛의 생명을 감당할 수 있다. 그것이 바로 예수 그리스도의 십자가에 자리한 무의 아름다움을 경험할 수 있는 비법이다.

4. 다시, 근원적 양가무와 삼위의 일체를 통한 창조로

1) 하나와 무의 양가성

에크하르트가 말하는 '하나'는 모든 존재의 전제 조건이자 원천으로서 이해될 수 있지만, 그것이 '무'의 양가적 자유의 차원과 연결되지 않을 경우 오히려 특정한 형이상학적 고정점으로 전락할 위험이 있다. 차이는 무의 특징이다. 여기서 '무'란 그것의 존재론적 지위, 곧 신적 자기 초월적 내어줌과 어둠의 중심에 깃든 두 자유의 무한한 가능성을 포함하는 개념이다. 이 '무'는 무한한 가능성을 내포한다. 완전한 하나로서 연합될 가능성이 있는 삼위일체적 요소와, 동시에 반대로 하나로 연결되지 않을 어둠의 요소의 가능성 모두를 포함한다. 즉 이 '무'는 단순한 부정이 아닌 차원적 전환이 일어나는 접촉면으로 이해되어야 한다. 다시 말해서 '하나'는 그 자체로 완결된 고정점이 아니라 무의 자유와 자발성에 의해 '열려 있어야' 하는 것이다. 이 열림을 통해서만 삼위일체적 생명의 역동성을 통한 하나 됨과 어둠과 피조계와의 비非우상적 관계가 존재하는 이유가 설명된다.

에크하르트는 이러한 '무의 자유의 잠재성'을 경유하지 않은 채 '하나'를 곧바로 신성의 내밀한 실재로 설정한다. 이는 다음과 같은 문제를 낳는다. 첫째, 삼위일체 하나님은 창조와 구원의 구체적 서사와의 연결성을 잃고 존재론적 절대성으로서의 단일성만을 유지하게 된다. 둘째, '하나'는 존재론적 권위로서 오히려 삼위적 역동성을 탈맥락화하고, 성부·성자·성령 간의 관계성과 그로부터 흘러나오는 은총의 흐름을 약화시킨다. 셋째, 신성의 내면성과 순수성만을 강조할 경우 삼위일체 하나님은 피조물과 '상대하는' 차원의 존재로 전락하며, 이는 하나님을 일종의 우상적 존재—곧 인간과 유사한, 피조물과 동일한 논리의 존재—로 전락시킨다.

그러나 삼위일체 하나님은 단순히 피조물과 마주보는 '상대'가 아니다. 피조계를 열어내는 차원의 근원이자, 무와 어둠을 통과하여 새로운 생명을 낳는 자기비움의 신비 속에 계시는 유일신의 하위 차원의 현현이다. 곧 삼위일체 하나님은 자신의 근원과 같은 속성으로 일치하여 무의 중심에서 자유롭게 자신을 비우시고 Kénōsis, 그 무에서 자기조직적으로 새로운 관계성과 차원을 창조하시는 분이다. 이 차원들의 층위 속에서 비로소 유일하신 하나님은 피조물과 직접 '상대하는' 것이 아니라 스스로 존재 조건을 자신에서부터 열어 주시는 '차원들의 근원'이 된다.

따라서, '하나'는 '무'와 어둠과 자기비움의 역설적 중심과 결합되어야만 참된 삼위일체 신론과 조화될 수 있다. 이는 '무' 안에서 일어나는 자유의 잠재성과 그 속에서 형성되는 관계적 자기조직화의 신비를 포함한다. 결과적으로 하나님은 단순한 절대적 초월자가 아니라, 무에서 자신을 주고 다시 생명을 낳는 사랑의 관계로서, 창조와 구속의 장 안

에 현존하신다.[82]

2) 인 관뚬과 양가무

이 '하나'는 에크하르트가 말했듯이 삼위일체 이전, 삼위의 구별조차
도 소멸된 무규정적 상태이다. 이 하나는 말로 표현할 수 없는 순수성,
어떤 실체성도 직접적으로 붙일 수 없는 하나님이다. 이 '하나'는 존재
의 근원으로서 무한한 침묵과 같지만 그 자체로는 창조와 구속, 즉 삼
위일체의 역동성이 발현되는 장이 되지 못한다. 여기에서 무의 잠재성
이 등장한다. '무'는 잠재성의 장場으로 삼위일체 하나님의 자기비움과
자기조직화self-organization 가 일어나는 접촉면으로서의 무다. 이때 무는
정적 고요가 아니라 차원을 생성할 수 있는 역동적 비움으로서 근원
에 일치하는 공명에 상응적으로 반응한다.

여기에서 삼위일체의 각 위격은 단순히 형이상학적 실체가 아니라 무
속에서 서로에게 공명하고, 주고받고, 관계하며 존재를 형성하는 자기
초월적 리듬을 만들어 낸다. 이 삼위일체적 존재는 무 안에서 관계적
으로 응답하는 한, 실재를 낳는다. 이 '하나-무-삼위일체'의 관계구조
는 인 관뚬의 정수이다. 이 근원적 '하나das Eine'개념과 무無의 잠재성
그리고 삼위일체의 역동성을 '-하는 한'이라는 원리와 연결하여 서술
하면, 신비주의적 존재론과 관계적 신론 사이의 구조적 긴장과 조화를
보다 정교하게 조망할 수 있다. 예를 들어 불교 철학에서 '인 관뚬'이

---

82 | 이와 같은 해석은 에크하르트의 형이상학적 신비주의에 대한 신학적 보완이자, 무와
삼위일체, 피조계의 관계성을 포괄하여 보다 차원론적으로 보완하려는 시도이다.

란, 모든 존재는 그 자체로 실체가 아니라 일정한 조건 아래서 '-하는 한' 존재한다는 원리이다. 즉, 존재는 독립적으로 존재하지 않고, 항상 관계와 조건, 상황 속에서 성립된다. 이는 삼라만상이 '공空'하다는 불이론不二論의 실천적 귀결이기도 하다. 그러나 기독교 영성에서 '하나'는 '하나인 한', 즉 그 자체로 존재하는 것이 아니라 무조건적 하나의 내어줌 안에서 '무'의 잠재성과 역동성이 삼위일체적 응답이 작동하는 조건 아래서만 참된 실재로 전환된다. 다시 말해, '하나'는 고정된 본체가 아니며, 무의 '비관계적이면서 동시에 관계적인' 양가적 틈새에서의 자유와 선택 속에서 하나로 작동하는 상응 각도 안에서만 진리이며 실재인 것이다. 이때 삼위일체 하나님도 '서로를 향해 응답하는 한' 존재하시는 하나님이시다. 이 응답이 멈추거나 고정될 때 하나님은 더 이상 삼위일체적 생명이 아니라 우상적 실체로 전락하게 된다.

기준이 중요하다. 여기서 에크하르트적 '하나'는 무규정의 절대성이지만, 양가무의 관점에서 보면 삼위일체적으로 응답하고 창발하는 잠재성의 장인지 그렇지 않은지를 기준으로 '하나 됨'의 특성이 갈라진다. 즉 인 관뚬의 원리, 곧 '-하는 한'의 존재론이 삼위의 일체성과 놀랍도록 조응하는 것이다. 에크하르트의 인 관뚬은 존재를 고정된 실체로 보지 않고 특정한 관계와 작용 그리고 참여의 조건 속에서 이해하려는 그의 독특한 관계적 존재론을 드러내지만, 이 개념도 양가무의 관점과 정확히 연결될 때에 비로소 그 빛을 발한다. 삼위일체적 생명은 '서로를 향해 응답하는 한' 생명이며 하나 됨은 이 양가무가 삼위일체적으로 응답하는 자유와 은총적 도래 속에서만 생성된다. 즉, '하나'도 '인 관뚬' 속에서 삼위일체적으로 자신을 내어주고 드러내고 관계 맺는 한에서만, 실재와 관계를 형성하는 것이다. 하나님은 삼위일체적으로 서로에게 응답하는 한 하나님이시며, 실재는 무의 잠재성이 하나님의 관계적 자기비움에 응답하는 한 발생한다. 따라서 실재란 고정된 실체가 아니라 관계적 응답과 차원적 자기조직화 속에서 생기는 존재의 사건이다. 이와 같은 통합적 구조는 신비주의적 고정성과 불교적 무아론을 넘어선 삼위일체적 역동성과 양가무의 통합적 철학을 제안하며, 동시에 존재와 창조, 무와 하나님 사이의 관계를 더욱 정교하게 이해할 수 있게 한다.[83] '하나는 하나인 한에서', 곧 무의 고요와 침묵 속에서 삼위일체적으로 '응답하는 한에서만, 말씀이 발출되고 세계가 반사된다'는 것이다.[84]

그러므로 이 양가무의 관계구조를 경유할 때 에크하르트가 의도한 '하나'의 의미가 더욱 선명하게 드러난다. '하나'는 고정된 독립 실체가 아니라 이 '하나인 한에서 in quantum est unum', 즉 곧 '무 안에서 자기 자신을 부정하고 삼위로 관계 맺는 한에서만' 비로소 실재의 장을 여는 신비로 작용한다. 이때 '하나'는 무로부터 출현하는 로고스의 근거이지만 로고스는 고요와 무의 자기비움 속에서만 태어날 수 있기 때문이다. 이 표현은 결정적으로 중요한데, 하나님은 단일한 '하나'로 있을 때

---

83 ┃ 김리아, "디멘시오 1강 - 폰티스와 근원적 양가무" (강의록, Fontis 후마니타스 연구원, 2023년 1학기).

84 ┃ 자연이든 영혼이든 피조물 그 자체로는 아무것도 아니며, 다만 구원의 '잠재적 가능성'으로서의 가능성만 지니고 있을 뿐이다. 오토는 이 창조의 원리를 에크하르트의 고유한 표현인 인 관툼(in quantum, in principio) 원리에서 발견한다. 하나님에게서 낳음을 받는 한 피조물은 참된 존재이고 단일하며, 하나이고 영원하며, 신성과 동일시된다. 그러나 피조물이 스스로 '자기에게서 나오는 한' 그것은 무가치하고 공허하며 무의미하다. Rudolf Otto, *Mysticism East and West*, 96.

는 단지 무규정한 침묵일 뿐이며 무 안에서 삼위로 존재를 주고받으며 응답하는 한 비로소 살아 있는 하나님이 되신다. 그리고 양가무는 이 삼위의 응답이 실재적으로 반향할 수 있는 장이다. 에크하르트의 사유 속에서 무는 로고스가 발출될 수 있는 고요함이자 잠재성의 공간이지만, 이 무는 삼위일체적인 자기-내어줌이 자유와 어둠과의 긴장 속에서 하나이신 하나님과 일치하여 작동하는 한에서만 in quantum est kenōsis 창조적으로 발현된다.

또한 기존의 신비주의적 해석이나 에크하르트적 사유 안에서 '유有'는 단지 하나님 안에 고요히 '사라지는 자리'로 간주된다. 존재는 무로 돌아가며 자기 내면화의 길을 통해 하나님의 무규정성으로 용해된다. 이것은 '유'가 자기실현을 멈추는 것을 의미할 수도 있다. 하지만 '유'는 이 양가무와 연결된 삼위일체적 관계인 한에서 곧 삼위일체적 자기비움과 무의 응답 사이에서 '형상화되는 한', 영-무-유는 분리되지 않는다. 분리되고 해체되는 것은 무에서 나타나는 어둠의 의도적 지향성뿐이다. 그러므로 '유'는 정태적 실체가 아니라 무의 자기비움 속에서 삼위일체의 관계적 구조가 응답하며 형성한 자기조직화의 형상이다. 즉, 하나님이 자신을 내어주시고 무가 그 울림에 응답하는 한, 유는 실상이며 하나이다. 이때 '유'는 무와 하나 사이의 응답적 떨림에서 빚어진 존재의 파동이며, 삼위일체 하나님의 선율에 동참하는 생명의 진동이다.

3) 인 관뚬과 유의 의미
'하나'는 '무의 양가적 장에서 하나인 한에서'만, 곧 삼위일체적으로 응답하고 흐르는 한, 실재의 장을 연다. 하나님은 삼위이신 한에서만 하나님이시며in quantum est trinitas, 무는 그 응답이 반향할 수 있는 고요한 잠재성의 장이다. '유'는 단지 사라지는 환영이 아니라 삼위일체적 자기 비움과 무의 응답이 교차하는 한에서만in quantum est forma resonans 발생하는 자기조직화된 실재이다.

이처럼 에크하르트의 인 관뚬 개념은 '하나-무-삼위일체-유'라는 관계구조 안에서 재조명되어야 한다. 이 구조는 단순한 신비주의적 침잠이 아니라 고요와 비움 속에서 응답적으로 태어나는 존재의 생명성을 드러내는 심오한 존재론이 된다. 또한 '하나-무-삼위일체-유'라는 관계구조는 근원적 관계구조로서 네 가지 힘의 역동으로 표현될 수 있다. 네 힘[영-무-용-위]은 존재와 구원의 구조를 동적으로 드러내는 틀이다. 이 구조에서 영[0]은 무에서 삼위일체의 지혜를 낳는 전체의 조율자이며, 접속면을 통해 자신의 영으로 감응을 통해 전체를 연결하고 흐르게 한다. 무無는 그 감응이 시작되는 장으로서 성부의 내어줌에 의해 열리며, 성자의 말씀을 통해 구체적이고 가시적인 형태로 드러난 생명 세계이다. 에크하르트에게도 이와 유사한 구조가 암시되어 있다. 인간의 영혼은 자신의 내적 중심에서 신성과 접속하려는 갈망을 지닌다. 이때 '영'은 자아를 넘어 신성의 무와 접속하는 능력이며 그 무는 어떤 형상도 갖지 않은 침묵의 심연이다. 에크하르트의 신성은 삼위 이전의 무차별적 하나로서 "신은 존재조차 아니다"[85]라고 말한다. 이 신

---

85 | Meister Eckhart, *Werke I*, ed. Niklaus Largier (Frankfurt am Main: Deutscher Klassiker Verlag, 1993), 197.

성의 심연abgrund으로부터 로고스, 곧 말씀Logos이 발출되어 세계를 비추게 된다. 여기서 말씀은 성부 안에 내재된 가능성이 성자의 존재를 통해 형상화되고, 이를 통해 피조 세계는 자존자이신 하나님의 반영으로 존재하게 된다. 그러나 이 발출은 무로부터의 직접적 자기조직화라기보다 무한한 비움과 고요 속에서의 반사reflection로 이해된다. 에크하르트의 '심연'은 근원적 무규정성의 장소로서 이 무는 삼위일체적으로 자기조직화되는 창조적 운동이라기보다, 이미 완결된 신성의 질서가 거울처럼 드러나는 내면적 반영의 장에 가깝다.

그러므로 에크하르트의 로고스 이해는 실재가 무로부터 구성된다는 적극적 창발創發의 개념이 아니라, 무의 침묵 안에서 드러난 삼위일체적 형상으로 세계가 반사되어 나타난다는 신비주의적 상징화에 더 가깝다. 여기서 '형상'이란 본질 자체가 발현되는 것이 아니라 그 본질이 비언어적 침묵과 고요 속에서 파생된 '상象'이며, 하나님 자체의 실체라기보다는 그 실체의 파동적 흔적, 곧 참여된 반사로서의 실재를 의미한다. 말하자면, 이 세계는 창조주의 의지나 자기 현현의 결과라기보다는 신적 고요 속에서 반영된 하나님의 내면적 구조가 파동처럼 드러난 자취인 셈이다.

에크하르트는 무를 통과하여 생성된 유에 대해서는 침묵한다. 그러나 관점을 삼위일체의 차원으로 옮길 때 '무'는 단지 고요한 반영의 장만이 아니라 자기비움Kenōsis을 통해 스스로를 여는 실재적 관계의 잠재성이 일어나는 장이다. 곧, 삼위일체 하나님의 내재적 관계—성부의 비움, 성자의 순종, 성령의 관계적 흐름이 이 무 속에서 응답적으로 울려 나와 실재를 창발시키는 자기조직화의 리듬을 형성한다. 이는 단순히 존재의 그림자가 아닌 존재 그 자체의 생성적 운동이며, 무로부터 '있음'이 솟구치는 근원적 사건이 된다. 따라서 이때부터 실재는 하나님의 반영으로서 머무는 것이 아니라 삼위일체적으로 작동하는 무의 응답성 안에서 '자기조직적으로 생성되는 실체'이다.

이 지점에서 '유有'에 대한 해석도 전환된다. 에크하르트에게 '유'는 본질적으로 하나님 안에서 고요히 소멸되는 자리를 가리킨다. 그에게 유는 자기성의 완전한 탈각 속에 무無의 정점에 이르러 신성 속으로 깊이 침잠해 버린다.[86] 그러나 이러한 구조는 '유'를 존재의 역동성을 경험하는 자리가 아니라 완전한 소멸의 무의미로 환원시킨다. 그 결과 실재의 유일회한 몸의 기회인 자기표현과 관계성의 운동이 중단된다. 이에 반해, 차원 구조에 기반한 삼위일체적 통찰은 '유'를 다른 방식으로 해석한다. 상위 차원의 관점에서 보자면 용광로에서 사라지는 것

---

86 | 에크하르트에 따르면, 피조물은 고유한 본질이나 독립된 실체를 지니지 않으며, 오직 신성(Gottheit)의 반향이자 반영으로 존재할 뿐이다. 이러한 사유를 바탕으로, 라이너 쉬르만(Reiner Schürmann)은 에크하르트의 신학적 독창성이 서구 형이상학이 전통적으로 견지해온 실체 중심적 존재 이해를 근본적으로 전복하는 데 있다고 평가한다. 그는 "모든 피조물은 순수한 무이다(All creatures are pure nothing)"라는 에크하르트의 급진적 진술을 중심으로, 실재가 고정된 중심 없이 작동하는 반사적 구조로 이루어져 있다는 신비주의적 존재론을 도출한다. 즉, 피조물이 자신만의 '있음(being)'을 고유하게 주장하는 순간, 그것은 신성의 순수한 흐름을 방해하고 왜곡하는 장애물이 된다. 따라서, 피조물이 자기 존재를 완전히 비워낸 '순수한 무(nothingness)'일 때에만, 신성의 활동을 왜곡 없이 비추는 투명한 거울이 될 수 있다. 이는 곧, 존재란 독립된 실체가 아니라 비-실체적 참여로서 드러나는 신성의 흔적(vestigium divinitatis)에 불과하다는 에크하르트적 통찰을 반영한다. Meister Eckhart, *Wandering Joy: Meister Eckhart's Mystical Philosophy*, trans. Reiner Schürmann (Great Barrington, MA: Lindisfarne Books, 2001), 80-84.

은 근원과 분리된 허상과 거짓 자아의 환영들 뿐이다. 마치 부활체 안에는 이전의 몸이 가졌던 기억과 형상이 남아 있는 것처럼 말이다. '유'는 무의 자유 속에서 존재의 잠재성이 응답적 형상으로 전개되는 자리다. 그 응답적 생명의 형상이 바로 빛이고 영원한 생명이고 창조다. 이는 성부의 근원성, 성자의 형상화, 성령의 내재성을 아우르는 신적 역동의 장場에서 살아 숨 쉰다. 이 관계성 안에서 '유'는 정적인 실체가 아니라 근원적 신-인-세계 관계 사이에서 발생하는 파동이며, 무에서 비롯된 창조적 응답의 형상이 된다.

'유有'는 잠깐 몸만 빌려 입은 단순한 실존이 아니다. 그것은 하나님의 관계 안에서 조율되고 응답되며 살아나는 존재의 육화이자 현현이다. 무의 깊은 장에서 솟구친 잠재성은 하나님의 사랑이라는 응답의 공간에서 영원히 살아갈 몸으로 형상화된다. 무는 더 이상 결핍이나 부정이 아니다. 그것은 삼위일체적 자아가 고요히 비워지는 가운데 관계성과 질서가 생성되는 창조적 생성터이다. 성부의 기획과 내어줌, 성자의 공진을 통한 형상화, 성령의 내재적 공명이 그 안에서 펼쳐진다. 이런 무는 단순한 반영의 고요가 아닌 잠재성의 발화점이며, 유가 근원과의 관계 속에서 구조화되는 차원적 생성의 장이다. 에크하르트가 무를 통해 세계를 '하나님의 형상'으로 비추는 반영의 차원으로 보았다면, 삼위일체론적 관점은 그 비움 안에서 역동적으로 응답하고 생성하는 장의 실재를 강조한다. 결국 '유'는 무의 자기조직화 과정을 통해 검증될 존재의 좌표이며 그 응답의 중심에는 관계성, 응답성, 초월성과 창조성이 얽혀 있다.

그러니 실재는 단지 하나님의 이미지로만 머물지 않는다. 삼위일체적 긍정과 부정의 일치 속에서 거듭난 존재로서의 '유'는 용의 좌표이자 근거다. 이러한 구조는 신비주의를 넘어 유-무-용-영의 차원과 힘의 역학 안에서 존재와 관계, 창조와 구속의 역동성을 보다 깊이 통합하게 한다.

이 무의 차원은 존재 이전의 심연이며 그 자체로 삼위일체의 깊은 기원과도 연결된다. 삼위일체는 세 위격의 조화로운 춤perichoresis으로 묘사되는데 그 춤이 일어나는 장field—그 움직임이 파생되는, 비어 있으나 충만한 여백이 바로 무이다. 신비주의는 흔히 '하나 됨'을 말하지만, 무의 차원에서 말하는 하나는 총합된 단일성monism이 아니다. 오히려 그것은 나뉘지 않되 구분 가능하며, 어둠의 잠재성 안에서 끊임없이 흐르는 생명의 긴장적 진동이다. 삼위일체는 무의 장에서의 파동[공명과 공진]으로 시작된다. 삼위일체는 하나의 신적 본질 안에 세 위격이 존재하는 독특한 구조이다. 하지만 그 위격들은 고정된 실체로 존재하지 않는다. 그들은 무의 장 안에서 서로를 향해 열려 있고, 서로를 통해 자기 정체성을 형성하며 서로를 비움으로 하나의 삶을 생성한다. 삼위일체는 무의 장에서 서로를 통해 자기 자신을 비워가는 존재의 흐름이며 그 흐름 안에서 자기와 타자의 구분은 남지만 대립은 사라진다.

무는 유-용-영의 사이에 존재하며 '함축된 파동장'이다. 유有도, 용用도, 영[0]도 이 무의 차원이 있어야 연합되고 생성된다. 자존자는 이 모든 힘의 근원이지만 홀로 자존하기에 무의 시원을 통해서만 존재의 의미가 계시된다. 또한 각 힘은 각각의 개별적 힘이 아니라 무의 장이 갖는 다양한 진동의 양상이기에, 그런 의미에서 무는 기원이 된다. 유는 무의 장이 응답적인 이름을 입고 드러나는 진동의 응결점이다. 용은 무가 관계 속에서 흐름으로 자기조직화되는 움직임이다. 영은 그 모든 흐름을 감싸고 넘으며, 무 안에서 장을 일으키며 다시 무로 되돌리는 통합적 지각의 리듬이다. 무의 차원은 이 전체 마당에서 나타나는 순환의 질과 경계를 보여준다.

따라서 이 힘들은 나누어지지 않고 무의 중심에서부터 동시적으로 파생되며 서로를 일으키고 때로 소멸된다. 그렇기에 무는 시원이며 접속면이며 죽음이며 삶이다. 무는 '아직 말해지지 않은 관계', '아직 개체화되지 않은 사랑', '아직 구분되지 않은 자기-타자 구조'가 진동하고 있는 중층적 차원이다. 무는 힘의 분리 이전이며, 하나이며 시원이지만 강제적 통합도 개체도 아니다. 그것은 힘들이 서로를 호출하고 교차하며 재귀적으로 자기 자신을 생성하는 장, 곧 차원의 심연이자 살아 있는 자궁이다.

5. 차원적 질서와 '잠재적 악'으로서의 어둠

무의 관계구조의 중요성은 동양 사상과의 비교를 통해 더욱 명확하게 드러난다. 음양의 조화를 추구하는 동양의 사유는 근대적이고 서구적인 대립항의 사유를 넘어 전체성에 더욱 가까이 다가갔다는 점에서 유의미하다. 그러나 동양의 조화와 연결의 사유만으로는 무의 잠재성으로부터 비롯된 어둠의 실체에 대해 밝힐 수가 없다. 즉 창세기가 정확히 구분하는 것은 근원적 관계구조의 일치가 만들어 내는 빛의 계보 그리고 그것이 자아내는 코스모스와, 그것을 분명히 거부하는 어둠의 실체이다. 창세기 2-3장에서는 이 어둠의 실체와 계보가 점점 구체화 되는 양상이 나타나며, 이 '어둠의 차원과 방식'이야말로 기독교와 동 양의 사유가 갈라지는 중요한 분기점이다. 이 차이를 차원과 무의 마 당의 개념을 결합하여 분석하면, 동양 사유와 기독교 신학은 존재의 차원 구조와 마당의 개설 방식, 포함과 통치의 범위 등에서 본질적인 차이를 보인다. 이 차이는 실존의 어둠과 높은 차원의 영적 실체 [어둠 의 권세]들의 존재와 위력에 대해 선명하게 나타낸다는 점에서 중요성을 가진다.

1) 창세기 1장과 동양 사상의 접점 지점: 무-빛-물의 창조 질서

동양의 사유는 만물의 모태이자 '무'를 생성의 장으로 이해하고 있다는 점에서 창세기 1장 2절에 나타난 태초의 무, "땅이 혼돈하고 공허하며" 의 히브리어 'tohu wa-bohu ההו והבו'와 같은 맥락을 보인다. 이때의 '무'는 비존재가 아닌 창조 전의 잠재성의 장이다. 도가 사상의 '도 道'[87] 혹은 선

---

87 | 도가사상에서 도(道, Dao)는 형상을 낳는 무형의 도이다. 『도덕경』에서 노자는 '도' 는 만물을 낳는 무형(無形)의 근원적 원리로 설명한다. 도는 이름 지을 수 없는 것으로서 존재 이전의 '무', 그러나 잠재성과 생성을 내포하는 무이다. 「道可道非常道, 名可名非常名。 無名天地之始, 有名萬物之母。」 "도가 도라고 불릴 수 있다면 그것은 영원한 도가 아니다. 이름 붙일 수 있는 것은 영원한 이름이 아니다. 이름 없음은 천지의 시작이며, 이름 있음 은 만물의 어머니다."(『도덕경』 제1장). 노자는 이 '무(無)'의 도가 '유(有)'를 낳는다고 말하 며, 도의 작용은 형상을 초월한 자생성(ziran)으로 표현된다. 이는 'tohu wa-bohu'가 비 존재가 아닌 생성 전의 잠재장임을 드러내는 해석과 맞닿아 있다. 또한 「道生一 一生二 二 生三 三生萬物。」 "도는 일(一)을 낳고, 일은 이(二)를 낳고, 이는 삼(三)을 낳고, 삼은 만물 을 낳는다."(『도덕경』 제42장). 즉, 도는 비존재가 아니라 형이상학적 진동의 근원, 우주의 원형적 '움직임 없는 움직임'으로, 창세기의 'tohu wa-bohu'와 마찬가지로 혼돈을 통한 생성의 장으로 해석된다.

불교에서의 무심無心, 유식학의 아라야식阿賴耶識[88]이 대표적인 '무'의 모습이다. 창세기의 혼돈과 공허는 형상 이전의 혼돈과 질서의 부재처럼 보이지만 실은 하나님의 창조 에너지가 내재된 잠재장으로 말씀이 작동하기 전의 무위 상태이며, 무질서 안의 창조 가능성이자 '하나님의 영'이 운행하는 장이다. 도道는 이름 붙일 수 없는 근원이며 형상 없는 질서로 만물이 생성하기 전의 형이상학적 흐름으로 모든 유의 어머니라 할 수 있다. 무심無心[89]은 개념과 분별을 초월한 순수 자각으로 망념을 제거한 후 형성되는 직관적 생성으로 고요하지만 살아 있는 자각의 장이다. 아라야식阿賴耶識은 무의식적 저장 구조로, 비표상적 식업과 경험의 종자를 저장하고 세간을 생성하는 인식 이전의 카르마적 진동 장이라 할 수 있다. 이 네 가지는 모두 '무'를 창조성과 잠재성이 충만한 공간으로 이해한

---

88 | 유식학에서 아라야식(阿賴耶識)은 비분별의 근원장으로 모든 경험과 업(業)의 흔적이 저장되는 심연의 의식층이다. 이는 인식 가능한 세계를 낳는 비표상적(非表象的) 장이며, 의식의 차원에서 보면 무(無)이다. 『성유식론(成唯識論)』은 「阿賴耶識者, 能藏, 所藏, 執藏三義。」 "아라야식은 능히 저장하고, 저장된 것을 담고, 그것을 자아로 고집하는 세 가지 의미를 지닌다."라고 설명한다. 이 아라야식은 일상적 분별식을 넘어선 무의식적 잠재장으로, 카르마적 결과를 생성하는 조건으로 기능한다. 이는 'tohu wa-bohu'가 창조를 가능케 하는 근원적 혼돈의 바다와 구조적으로 유사하다. 『유식삼십송(唯識三十頌)』에서는 "아라야식은 끊임없이 잠재적인 법칙에 따라 세간을 낳는다."라고 표현된다. 즉, 아라야식은 비어 있으면서도 세계를 낳는 '무형의 장', 형태 이전의 잠재적 진동성을 지닌 '심연적 생성 기반'이다.

89 | 선불교에서 무심(無心)은 텅 비었으나 깨어 있는 자각의 장이다. '무심'은 단순히 '마음 없음'이 아니라, 고정된 분별심과 망념이 사라진 텅 빈 마음을 뜻한다. 그러나 이 공(空)한 무심은 결코 무기력하거나 공허한 것이 아니라, 순수한 자각과 존재의 잠재성으로 충만하다. 「無心之心, 非木石之無心, 乃真常之心也。」 "무심의 마음이란 나무나 돌처럼 감정이 없는 것이 아니라, 진리로서 항상하는 참된 마음이다"라고 대혜종고(大慧宗杲)는 『대혜어록』에서 말한다. 선불교에서 무심은 모든 분별을 넘은 직관적 자각의 자리로서, '불이'(不二)', '자연지(自然智)'의 통로다. 이 무심은 고정된 '나'를 내려놓고, 대지 전체가 말없이 깨어 있는 상태로 진입하는 '무'의 장이다. 무심은 창세기의 'tohu wa-bohu'와 같이, 형상과 개념 이전의 자유로운 생성의 잠재성을 함축하며, 도가의 도처럼 이름 붙일 수 없는 실재, 그러나 생성적 조건으로 작용할 수 있다.

다. 따라서 동서양을 관통하는 존재론적 통찰은 무無는 곧 생성의 장이며 파동적 진동과 감응 속에서 구조를 낳는 마당이라는 것이다. 또한 '물 위에 운행하시는 하나님의 영'은 '무無' 위를 떠다니는 에너지적 의식, 혹은 혼돈 속의 조율된 진동이며, 동양의 기氣 또는 유동하는 도道 또한 구조적 유사성을 띤다.

2) 어둠의 실존과 높은 차원의 영적 실체

그러나 '빛'과 어둠의 존재 그리고 빛을 '좋다'라고 평가하고 분리하는 무 이전의 존재와 무의 두 법의 잠재성은 성서와 동양 사상의 결정적 차이다. "하나님이 이르시되 빛이 있으라 하시니 빛이 있었고"창 1:3 는 무에서의 첫 질서, 존재의 파동 혹은 구별의 시작이다. 이때의 '빛'은 단순한 광선이 아니라 의식의 분화가 시작되는 차원의 개막이자 영원한 시간의 출발이다. 이 빛은 어둠에서 분리되며 출현한 것이다. 그러나 이 어둠은 창세기 1장 2절의 태초의 흑암["흑암이 깊음 위에 있고"] 과는 선후 순서나 관계구조적인 면에서 차이를 보인다. 흑암은 아직 빛과 어둠으로 분화되지 않은 상태로 차원적으로 더 이전의 영적 실체를 가리키는 것으로 볼 수 있다. 이 흑암은 단순한 부재나 혼돈이 아니라 자유의 잠재성을 가지고 하나님의 창조와 대립할 수 있는 잠재적 힘이다. 즉, 창조 질서를 방해하거나 시험하는 영적 실체 [타락 이전의 가능성] 가 이미 '흑암의 깊음'의 구조 속에 담겨 있는 것이다. 이후에 이 영적 어둠은 "빛이 있으라"라는 근원적 존재의 명령에 따르지 않고 남아 있게 된다. 이 자유 의지를 가진 흑암의 고집스런 영역이 바로 어둠, 더 나아가 악의 정체이다. 이 빛과 어둠을 가르는 "빛이 있으라"라는 선언은 영적 자유를 가진 차원 높은 권세의 분별과 결단으로서 곧 빛과 어둠의 구분이라는 신정론적 긴장을 내포한다.

3) 나이브함의 위험: 영적 분별의 필요성

빛과 어둠이 구분되고 대립된다는 것은 실존적 긴장과 영적 권세의 실재를 우리에게 일깨운다. 실재하는 영적 존재들엡 6:12, 즉 "정사와 권세와 이 어두움의 세상 주관자들과 하늘에 있는 악의 영들"과 같은 존재들이 어둠 속에 숨어 있다. 그러므로 창세기 1장의 초반에서 나타나는 구조는 단순한 '만물 기원설'이 아니라 우주적 분별과 영적 존재들의 서막이라는 점을 염두해야 한다. 창조는 차원 간의 전쟁이자 조율이다. 창세기 1장은 차원 간의 구조화된 선언, 빛과 어둠의 분리 그리고 무로부터의 조율된 존재 출현[90]을 보여준다. 이 구조는 성서적 계시 속에 담긴 영적 실재의 분별을 요구한다. 따라서 차원적으로 깊은 실존의 어둠과 그 안에 존재하는 영적 실체를 무시한다면 오히려 영적 미성숙과 위험한 순진함에 빠질 수 있다.

동양 사상은 이러한 영적 실체에 대해 간과하며 중립적인 어둠에 대해서만 다루고 있다. 이 맹점은 차원과 악한 의지를 가진 어둠에 대한 몰이해에서 비롯된 것이다. 동양 사유에서의 차원은 중첩적이고 내재적인 흐름으로 구성된다. 기氣의 농밀도에 따라 형形이 나타나고 사라지

---

90 ┃ 동양 사상의 '무'는 혼돈이나 가능성의 공간으로 간주되며, 도가(道家) 사상이나 불교적 공(空)의 사유는 무에서부터 형상이 생성된다. 이런 점에서 창세기 1장은 무(無)의 심연으로부터 의미 있는 존재가 조율되어 생성되는 구조라는 점에서 동양의 형이상학과 대화를 이룰 수 있다. 그러나 그 유사성에도 불구하고, 성서적 세계관은 '어둠(חֹשֶׁךְ, choshek)'에 대한 신학적 실재성의 인식에서 중요한 차이가 드러난다. 이 구조는 생성의 층위를 드러내지만, '악'이나 '분리'에 대한 윤리적/존재론적 분별은 성서보다 약하다.

며, 음과 양의 리듬은 일정한 도道의 주기성을 따른다. 이 흐름은 수직적 초월보다는 수평적 변환을 중심으로 한다. 다시 말해, 동양의 차원은 상위 차원에 대한 도약을 포함하지 않으며 더 미묘하고 투명한 상태로 스며드는 흐름에 가깝다. 이러한 구조 속에서 마당場은 모든 존재가 이미 참여하고 있는 생명적 공간으로 여겨진다. 인간은 이 마당을 떠난 적이 없으며 오직 그 조화를 잊었거나 흐름에 저항하고 있을 뿐이다. 여기서 어둠은 마당 안에서의 한 국면을 차지하며 전환의 계기가 될 수 있는 어둠이다. 따라서 어둠은 배제가 아닌 포함을 통한 균형 회복의 자원이 된다. 음의 차원은 잠재성과 수렴의 공간이며, 양과의 통합을 위한 조화의 조건이다. 무無에서 기氣가 생성되는 구조도 이와 같으며 이때 어둠은 창조 이전의 고요한 가능성으로 존중된다.

반면 기독교 신학의 차원 구조는 창세기 3장 이후로 근원적 차원과 분리 [창세기 1장에서 빛과 분리시킨 어둠을 기억하라] 되는 구조를 가진다. 이 분리는 삭제나 배제가 아니라 사랑과 보호의 의지를 가진 경계의 의미다.[91] 기독교적 포함은 악한 의도를 가진 어둠까지 조화 속에 통합시키거나 흡수하지 않는다. 그것은 빛의 출현[92]을 통해 자연스럽게 분리된다. 그래서

---

91 ┃ 예수 그리스도의 성육신은 차원 간 관통(interface)이자, 마귀의 권세가 작동하는 차원을 뚫고 빛으로 어둠을 정복한다. 이 사건을 통해 새로운 은혜의 마당이 역사 안에 구체적으로 개설된다. 기독교적 마당은 자연적으로 주어지지 않는다. 그것은 하나님의 주권적 개입으로 '개설된 장소'이며, 인간의 자유 의지와 지향성(욕구의 각도 맞추기)을 요청한다. 이것은 인격적인 하나님, 인간에게 자유의 신성을 부여한 하나님의 사랑이다. 구체적으로는 십자가 사건, 오순절 성령 강림, 교회 공동체 안에서 차원 간 연결 통로로 실현된다. 인간은 이 마당에 들어서기 위해 회개와 믿음을 통해 초대되고 훈련되어야 한다.

92 ┃ "빛이 어둠에 비치되 어둠이 깨닫지 못하더라"(요 1:5)에서 '어둠'은 단순한 무(無)나 결핍이 아니라, 인격적으로 '빛'을 거부하거나 반응하지 않는 존재적 태도로 기능한다. 이는 창세기 1장의 빛에 반응하지 않는 어둠의 속성과도 신학적 연속성을 가진다. 이와 같

빛의 계보가 가진 일치의 자유 의지가 선행되어야 하며 빛이 오면 어둠이 물러가듯이 악한 의지를 가진 어둠은 분리된다. 그러나 빛의 계보에 포함되어 있는 어둠도 있으며 이 어둠은 악한 의지를 끝까지 고집하는 어둠이 아닌 잠재성으로서의 어둠이다. 이 구분이 중요하다. 악은 심판과 분리를 거쳐야만 회복될 수 있으며 그 회복은 하나님의 사랑과 주권 안에서만 가능하다. 그러므로 포함은 '무차별적 수용'이 아니라 일치를 위한 온전한 자기부정과 순종을 통해서만 가능한 포섭이다. 이 포섭은 삼위일체적 일치 안의 거룩을 전제로 하며, 그 안에서 인간은 다시 하나님의 통치를 받는 존재로 성숙해간다.

기독교는 동양의 사유처럼 차원을 하나의 자연스러운 유기적 흐름으로만 보지 않는다. 오히려 하나님께서는 각 다층적 차원들을 경계에 맞게 조화시키며 배치하고, 자유를 존중하시면서도 끝까지 그 차원에 꼭 맞는 사랑으로 인도하신다. 이 오묘하고 복잡한 다차원적 사이에는 윤리적이고 존재론적 경계가 존재하며, 각 차원의 경계는 은혜를 통한 전환과 개방을 통해 열린다. 하나님은 차원을 넘나드는 주권자이시며 어둠조차 경계 안에서 다스릴 수 있는 통치자이다. 그분이 열어주시는 마당에서 인간은 차원을 넘어서는 존재로 보호받고 변화될 수 있으며,

---

은 인식은 매우 중요하다. 현대의 많은 영적, 심리적 경향이 어둠을 부정적으로만 보지 않고, 포용하고 통합해야 할 무의 상태로 이해하는 것은 어느 부분 타당하지만, 성서가 제시하는 어둠은 단순히 감정적 그림자나 무의식적 가능성의 공간으로 환원될 수 없는 실재적 차원이 포함되어 있음을 암시한다. 창세기 1장의 질서화 과정에서 하나님이 어둠과 빛을 분리하신다는 선언은, 어둠에 대한 분별력이 존재론적 진리의 시작점임을 보여주는 것이다. 이는 신학적으로 매우 중요한 통찰이다. 왜냐하면 빛과 어둠의 구분이 흐려지면, 존재는 다시 혼돈으로 회귀하기 때문이다. 존재의 구조는 '무의 자유'에서 탄생하지만, 그 자유는 구별과 질서화의 역동을 통과할 때에만 참된 의미를 획득한다.

그 변화는 곧 하나님 나라의 구현이자 만유 회복의 서막이다.

창세기 1장의 완벽함과 질서 안에서는 in quantum 전체성을 전제하는 동양 사상도 함께 숨을 쉰다. 그와 달리, 창세기 2장과 3장의 실존에 가까워질수록 빛과 어둠, 선과 악의 전형적인 이분법적 실상이 구체적으로 드러난다. 동양 사상과 기독교가 다른 지점이 여기서부터 시작된다. 어둠의 실체와 그 자유를 허락하시는 모습을 통해 빛과 어둠 전체를 다스리시는 하나님, 무의 마당이 지닌 자유를 존중하시는 인격적인 하나님, 사랑의 하나님의 모습이 역설적으로 나타난다. 즉 어둠의 실체를 인정함으로써 마당의 주인이신 하나님을 드러내는 것이다. 그러나 동양의 사유는 어둠을 전체성이라는 매끄러운 구조에 포함시킴으로써 이 어둠의 속성과 정체를 희미하게 덮어 버린다.

동양 사유의 어둠은 이렇게 차원을 전제하지 않기 때문에 포함과 조화를 추구하는 어둠에 대해서만 이야기한다. 그러나 기독교 신학의 차원과 관계구조 안에서는 조화가 가능한 어둠과 악한 지향성을 가진 어둠이 구분된다. 조화가 가능한 어둠은 계속적인 성령의 운행을 통해 우주의 질서 안에서 포용되며, 이 경계 안에 들어오는 어둠은 빛을 대적하지 않는다. 이 어둠은 궁극적으로 회복과 포섭의 대상이 되어 더 깊은 차원의 마당 개설과 하나님 나라의 통치를 실재화한다. 이 어둠의 역동으로 인해 존재론·신론·시간론 그리고 인간론은 더욱 구체화되고 성숙해진다.

따라서 동양 사상은 제거되어야 할 절대악이 아닌, 잠재적 무로서의 어둠을 설명하기에 적합하다. 이때 어둠은 존재의 필연적 측면이자 조화를 위한 조건이다. 예를 들어 음과 양은 대립항이 아닌 상생적 원리로, 기氣의 흐름 속에서 서로를 조절하고 생성한다. 이 세계에서 어둠은 깊은 것, 쉬게 하는 것, 감추는 것 그리고 무형의 생명을 잉태하는 공간이다. 이 어둠이 포함될 때 빛이 온전해진다. 파괴나 구속이 아닌, 균형과 수용을 통해 통합적 존재로 성숙한다. 마당은 처음부터 전일적으로 열려 있으며 인간은 자신의 위치를 그 안에서 조율하며 수련해간다. 이 구조에서는 모든 존재가 이미 도道의 일부이며 인간은 깨달음과 지혜를 통해 그 구조와 일치하려는 존재다. 여기서는 죄도 어긋남이지, 하나님과의 단절처럼 실재론적 파열이 아니다.

중요한 것은 성서가 '포용 가능한 어둠'과 '악의 의지를 품은 어둠'을 분명히 분별한다는 사실이다. 창세기 3장은 악의 개입으로 인해 하나님과 인간 사이의 관계가 실제로 단절되었음을 보여준다. 이 단절 속에서 죄와 고통, 죽음 그리고 악의 권세가 역사에 스며든다. 그러나 이 어둠은 단순한 추방의 대상이 아니라 하나님의 개입을 통해 반드시 회복되어야 할 대상으로 등장한다. 성서는 어둠과의 분리를 선언하면서도 결국 다시 회복시키기 원하시는 하나님의 주권을 드러낸다. 이 어둠은 구속사의 맥락 속에서만 온전한 회복의 가능성을 지닌다. 회복은 단순한 포용이나 수용이 아니다. 오직 십자가의 대속과 악한 의지를 가진 어둠의 해체를 통해 이루어지는 전격적 개입이다. 이 회복의 '마당'은 저절로 주어지지 않는다. 그것은 예수 그리스도를 통해 새롭게 열린 역사적 공간이며, 비로소 '마당'은 회복된 관계와 새 창조 질서 그리고 사랑과 언약 속에 머물 수 있는 거처가 된다. 인간은 그 마당 안으로 초대되고, 훈련 가운데 성장하며, 하나님의 나라를 성숙하게 살아내는 참여적 존재로 빚어진다.

성서는 궁극적으로 그 악의 의지를 가진 어둠마저도 포함할 수 있는 하나님 나라의 질서를 지향한다. 그러나 그 포함은 십자가와 부활을 통한 존재론적 전환의 결과다. 예수 그리스도의 성육신은 단절된 마당에 하나님 자신이 들어오셔서 다시 길을 여시는 사건이다. 이는 피조물의 자율적 흐름이 아닌 신적 사랑의 개입과 통치의 회복, 거룩의 재질서화를 통해 이루어진다. 하나님은 포섭의 범위를 판단하실 수 있는 주권자이며 인간은 포섭되기 위해 자발적 응답과 회개의 과정을 거쳐야 한다. 이로써 열리는 마당은 무차별적 평면이 아니라 성숙과 통치를 전제한다. 그러므로 기독교에서 하나님의 통치는 단지 모든 것을 '하나로 묶는' 조화의 미학이 아니라 분리된 자를 다시 부르시고 품으시는 구속의 사랑을 포함한다. 하나님은 어둠의 실재를 부정하지 않으며 그 안으로 들어가 십자가로 악을 심판하시고 다시 그 어둠을 포함 가능한 마당으로 변화시키신다. 이는 자연 질서가 아니라 언약의 질서이며 십자가를 통한 회복의 통일이다. 이 통일 속에서 인간은 단지 존재하기만 하는 것이 아니라, 훈련받고 파송되어 공동체적 책임을 지는 존재로 성숙해 간다. 그렇게 '포함'은 기독교에서는 거룩한 통치의 구조 안에서만 가능한 능동적 수용이 된다.

2

양가무로 다시 보는 태초의 기원

1. 창조, 근원적 양가무의 오케스트라

1) 근원에서 내어진 움브로서의 무(The Womb of Dimensions: Nada from Todo)[93]

태초, 아직 아무 말도 발화되지 않았고 시간도 공간도 형체도 없었던

---

93 ┃ 'The Womb of Dimensions: Nada from Todo'라는 표현은 '근원(Todo)에서 갓 내어진 무(Nada)'라는 뉘앙스를 전달할 수 있으며, 특히 근원과 무의 다른 두 차원(Todo-Nada)의 차이와 연결, 흐름을 암시한다. 1) 'Todo'는 스페인어로 '모든 것, 전체'라는 뜻으로 영성 신학적으로는 성 요한의 'Todo-Nada' 구도에서 하나님 혹은 존재의 충만성(fullness of being)을 의미할 수 있으며 차원적으로는 초월적 근원 또는 통합된 최상위 차원에 해당된다. 여기서 'Todo'는 단지 '많은 것들'이 아니라, 존재의 총체이자 원천적 차원이다. 2) 'Nada'는 무, 비움, 공허를 뜻하되, 단순한 없음이 아니라 'Todo'와의 관계 속에 자리하며 모든 것으로부터 나와 모든 것을 낳는 능동적 여백을 의미한다. 하나님의 자기비움(케노시스), 물리학적으로는 양자장 이론의 진공 상태, 존재론적으로는 '가능성의 장'으로도 해석 가능하다. '갓 내어진 무'는 어떤 차원의 충만한 'Todo'에서 자기비움으로 분리된 첫 '틈'이자 움브이다. 이 조합은 모든 것인 것으로부터 파생되었으나 아무것도 아닌, 그러나 무한한 가능성을 내포한 '근원적 차원의 무'를 말한다. 그리고 이 순간은 'Todo'라는 충만한 차원에서 무(Nada)가 분리되거나 흘러나오며 하위 차원의 문을 여는 접속점이 되는 찰나를 포착하고 있다. 즉, 거대한 충만에서 흘러나온 첫 여백, 존재와 비존재 사이의 문지방, 빛이 닿기 직전의 무, 고요한 중력자처럼, 새 차원의 터전이 되는 틈, 자기비움의 결과로 생겨난 창조적 정지 상태, 차원 간 흐름과 생성의 긴장을 잘 표현하고 있으며, 특히 근원적 충만에서 방금 떨어져 나온 창조적 무의 장이라는 뉘앙스를 충분히 품고 있다. 이 장에서는 차원적 양극의 움직임과 '틈의 생성'을 담기 위한 용어로 사용한다.

그 깊은 적막의 순간—그곳에 자존자가 계셨다. 어떤 존재도 초월한 존재, 모든 것이면서도 충만하고 자족한 스스로 있는 존재. 존재의 근원—자존자, 빛도 그림자도 없는 근원, 유일하며 모든 것인 그분은 자신의 충만 속에서 자신을 내어놓았다. 창세기 1장 1절의 "태초에 하나님이"라는 말씀은 단순한 시점의 표지가 아니다. 그것은 차원 간 경계가 열리는 진동의 순간이며, 하나님의 내어줌이 시작되는 근원으로서의 창세기 0장이다.

유일한 자존자의 내어놓음이 무無, 바로 모든 차원을 품고 가능하게 한 태초의 움브였다. 그 무는 근원이신 유일자, 자존자로부터 나와 무한의 새로운 차원으로 드러났다. 이 무는 혼돈과 공허와 흑암, 유일하고도 유일하지 않은 존재다. 모든 '있음'의 잠재성이지만, 근원과 연합되지 않고 스스로 무의 한 면만을 위해 고립되면 '없음'의 잠재성인 존재이자 비존재일 뿐이다. 자존자의 내어줌으로부터 흘러나온 '양가무'는 모든 존재의 움브이다. 이 무는 고요하지만 비어 있지 않다. 그것은 자궁과 같고 어두운 동굴과 같고 아직 형태가 만들어지지 않은 허공과 같으며, 초끈의 떨림처럼 그 안에서 수많은 차원이 가능성의 상태로 웅크리고 있다.

여기에 하나의 진동이 더해진다—빛의 공명, 사랑의 진리, 관계의 수동성과 능동성의 파동, 자기부정과 하나 됨이 결합될 때 피조계가 태어날 수 있는 구조가 탄생한다. 빛이 이 무에 닿고, 무가 그를 반사하며 공명 共鳴, resonance 하고 공진 共振, coupled oscillation [94]할 때—이것이 곧 첫 창조이다. 스스로 계신 존재의 힘은 바로 이 양가적 무 속에서 자신의

---

94 | '공명(resonance)'와 '공진(coupled oscillation)'은 동전의 양면이다. 이들은 동시 발생적이지만 구별 가능한 작용으로 존재론적·차원론적 의미를 확장할 수 있다. 공명과 공진은 둘 다 무의 장에서 파동을 공유하며 근원의 자기 초월적 부정으로 일치하는 특징을 가지고 있지만 내부적으로 공명은 성령의 운행과 같이 감응성, 수동적 울림, 전체성과 조화를, 공진은 성령의 운행과 공명하는 말씀의 진동으로 인한 증폭과 경계를 나타낸다. 이를 통해 '공명은 흐름과 접속의 리듬', '공진은 결단과 구조의 긴장'이라는 입체적 구조가 가능해진다(창 1:2-3). 이는 동서양, 감성과 이성, 미학과 윤리를 하나의 리듬 안에서 통합하는 틀을 마련할 수 있다. 또한 신학적 구조화가 가능해진다. 삼위일체 또는 유-무-용-영의 구조와 정합성을 확보함으로써 공명은 성령의 감응, 사랑의 침묵, 무의 여백, 창조 전의 울림, 공진은 로고스의 말씀, 질서화된 명령, 형상의 결정, 차원의 발화로 나타낼 수 있다. 이는 삼위일체 구조에서 성령(공명)-성자(공진)-성부(결정과 승인)로 적용 가능하다. 물리학적으로 보면 공명은 단일 진동원에 의해 유도된 단일한 반응(외부로부터 일방향적)이지만, 공진은 두 개 이상의 진동원이 상호작용하며 에너지를 주고받는 긴장적 구조이다. 두 개념을 분리할 경우, 파동의 전달 메커니즘과 구조의 생성 메커니즘을 서로 구별하고 정밀하게 분석하는 것이 가능하다. 또한 창조론과 존재론에서 '존재가 감응할 수 있는가(공명)'와 '그 감응이 어느 방향성을 가지고 상응하여 실제 형상으로 증폭되는가(공진)'를 구별할 수 있다. 그러나 이렇게 구분할 때 생기는 단점도 있다. 실제 파동 현상에서 공명과 공진은 완전히 분리되지 않는다. 영과 진리도 뚜렷하게 구분되는 것이 아니고 중층적이고 동시적으로 작동한다. 그러나 성서의 구조로 볼 때 공명 후 공진으로 넘어가는 구조가 많다고 할 수 있다. 개념적으로 너무 명확하게 분리하려 하면 실제 현상의 유기성과 흐름을 인위적으로 쪼개는 위험이 존재한다. 감응(공명)과 결단(공진)을 구분하면서도 실제적 작용에서는 겹쳐 움직이기 때문에 경계는 분명하지 않다. 즉 '공명적 로고스'나 '공진적 감응'처럼 개념이 중첩되어 순환된다. 또 '공명'을 'resonance'로, '공진'을 'oscillation'으로 번역할 경우, 물리학/철학/신학의 영역마다 용어의 뉘앙스를 다르게 작동시켜야 한다. 어떤 경우에는 '공진'이 'resonance'로 번역되기도 하고, 다른 경우에는 'coupled resonance'로 구분되기도 한다. 그러므로 구분은 하되, 관계 속에서 순환 구조로 재통합하는 것이 이상적이다. 개념적 정밀도, 구조적 단계화, 신학적 해석에서 큰 이점을 가질 때는 구분하여 쓰되 현상에 대한 자연스러운 흐름과 일체성 그리고 영적 통합성을 해치지 않도록 혼용하며 맥락적으로 사용할 필요가 있다. 창세기의 구조에서는 "공명은 존재가 타자의 울림에 감응하는 시작이고, 공진은 그 감응이 구조화되어 새 차원으로 증폭되는 응답이다. 이 둘은 나눌 수 없지만 구분될 수 있으며, 무의 마당에서 하나의 리듬으로 순환하며 존재를 창조한다"라고 정리하는 것이 좋겠다. 이러한 정의를 통해 공명-공진은 분리되지 않는 차원적 작용의 양면으로 작동하면서, 무에서 유로의 공동 창조, 감응에서 진리의 경계와 실천으로의 길을 열어주는 '양가무의 리듬'이 된다.

충만한 힘만이 아니라 내어놓는 자기부정의 창조적 에너지를 마음껏 풀어낸다.

태초의 무는 하나의 평면이 아니다. 그것은 다층적인 마당들, 곧 겹겹이 접힌 차원적 장들의 겹침이다. 고차원의 울림과 이법이 하위 차원들에 반영되면서 공간도 시간도 그 안에서 다시 조직된다. 모래알이 종이 위에서 흔들릴 때 생기는 주름처럼 모든 피조된 것은 이 무의 떨림에서부터 형상화된다. 태초의 무는 자존자의 깊이를 가장 닮은 영적 공간이다. 하지만 이 무는 그저 중립적이지만은 않다. 그 안에는 무한과 자유라는 신적 잠재성으로 인해 양방향의 잠재성이 공존한다. 하나는 질서와 생명을 창조하는 빛의 잠재성이다. 이는 '영과 진리'로 작용하며, 삼위일체적 공동 진동 속에서 공명과 공진을 통해 피조계에 생명 질서를 부여한다. 이는 신학적으로 성령의 운행과 로고스의 발화처럼 작용한다.

다른 하나는 응답하지 않고 남아 있는 어둠의 잠재성이다. 이 어둠은 아직 악이 아니라 미응답의 여백이며 반응 없는 침묵의 장이다. 하지만 이 어둠이 의지를 가지고 응답을 거부하면 무는 우상화되고 왜곡되고 차원은 갈라지고 존재는 파편화된다. 근원과 고립된 무는 영적 존재이면서도 불멸과 전능만을 꿈꾸며 빛의 속성을 거부하는 어둠의 기원으로 남았다. 어둠은 자신을 기원으로 삼기 위해 근원과 분리된 무[없음. 혹은 무한의 전능성]를 시원으로 삼았다. 태초의 무의 근원은 스스로 존재하시되, 존재를 부정할 수 있는 자유까지 품으신 비존재적 존재이다. 그 자유의 허용은 빛과 어둠, 질서와 혼돈, 가능성과 침묵 모두를 끌어안는 무無의 마당에서 양가적 잠재성으로 드러났다. 그것이 근원적 무의 양가성이다.

빛은 단순한 발광체가 아니다. 창세기의 "빛이 있으라"라는 선언은 존재들의 관계망 안에서 일어나는 첫 번째 공명이다. 여기서 공명은 피조물의 존재 진동이 창조자의 진동에 조율되는 사건이고, 공진은 그 조율이 지속적으로 증폭되어 새로운 차원을 생성하는 구조이다. 영원한 생명의 기원인 첫 시간, 빛의 창조는 이런 삼위일체적 울림의 패턴 안에서 이어진다. 마치 음과 양이 서로를 증폭시키듯 말씀과 영이 서로를 진동시키고, 사랑과 질서가 서로를 반사시킨다. 이때 각 차원은 악보의 한 줄이고, 자존자는 삼위일체적 응답과 움직임에 따라 비로소 반응한다. 즉 자존자의 침묵과 비관계성은 존재 자체의 특징이지만 오직 삼위일체적 응답에 반응하는 신적 사랑의 관계성이다.

모든 창조는 차원의 층위를 갖는다. 하지만 이 구조는 억압이 아니라 질서 있고 자유로운 흐름이다. 상위 차원은 하위 차원을 다스리되 이 다스림은 명령이 아니라 파동의 통제된 영향력, 혹은 의식의 조율된 울림이다. 상위 차원의 진동은 하위 차원에 반영되며, 하위 차원은 그에 따라 형체를 재구성한다. 이는 빛이 프리즘을 통과하면서 다양한 색채를 만들어 내듯 고차원의 질서가 하위 차원에서 다양한 구체성으로 발현되는 것이다.

창세기 1장은 바로 이 구조를 암시한다. 빛-궁창-육지-해와 달-생명-인간—모두가 상위 차원의 의도와 하위 차원의 수용 사이에서 울리는 조화의 악장들이다. 하늘은 땅을 품고 땅은 생명을 품으며, 인간은 하나님의 독생자 안에서 아들의 생명으로 나타난다. 큰 차원은 작은 차원을 낳고 다스리고 비추며 결국 자존자의 사랑 안에서 모두가 하나의 관현악이 된다. 그리고 그 사이사이 차원들과 차원들 사이에 근원과 연결하는 접속면으로서의 양가무가 '저녁이 되고 아침이 되니'의 마당이 펼쳐질 때마다 존재한다. 태초의 무는 침묵이었지만 그 침묵 안에서 삼위가 일체가 되어 모든 차원의 음악이 시작되었다. 자존자의 내어둠은 무를 열었고 무는 빛의 파동을 받아들여, 음과 양의 울림으로 세상을 노래하게 했다. 우리는 지금도 이 위대한 오케스트라의 합주 안에 있다.

2) 근원적 양가무(Nada of Bipolar Meaning)[95]의 관계구조

창세기 1장은 단지 시간의 시작이나 물질의 기원이 아니다. 그것은 유

---

95 ┃ 'Nada of Bipolar Meaning'의 의미는 맥락에 따라 다양하게 쓰일 수 있지만 핵심적인 뜻은 다음과 같다: 1) 'Nada'는 스페인어로는 '무(無)'를 뜻하며, 성 요한의 'Nada-Todo(무-전체)' 개념은 자기를 비움으로써 전체와 합일되는 신비적 여정을 의미한다. 이때의 Nada는 단순한 공허가 아니라, 초월적 충만을 위한 비움의 공간이다. 2) 'Bipolar Meaning'는 '양극적 의미'라고 번역할 수 있는데, 이는 의미가 두 개의 상반된 극을 동시에 지닌다는 뜻이다. 예를 들어, 빛-어둠, 생명-죽음, 있음-없음, 십자가-부활 같은 양극적 구조는 신비주의나 차원론적 사유에서 흔히 사용된다. 즉, 'Bipolar Meaning'은 한 방향의 단순한 의미가 아니라, 대립적인 두 의미가 긴장 속에서 공존하고 있다는 뜻이다. 그래서 'Nada of Bipolar Meaning'은 다음과 같은 철학적-시적 뉘앙스를 지닌다. 모든 의미의 극이 사라지는 무(無)로서 의미의 근원적 분기점이다. 이는 양극적 의미의 해체 공간, 혹은 양극성을 품은 무의 장소, 존재론적 침묵이지만 동시에 그 안에 모든 존재가 갈라질 수 있는 가능성이 내재되어 있는 장소, 빛과 어둠이 분리되기 전의 고요한 기점, 창세기 1장 2절의 '혼돈과 공허' 속에서 성령이 운행하던 무의 특성을 의미한다. 차원론적 깊이를 암시하고 양극을 아우르는 자기부정적 자리이며 무언가의 시작 이전이다. 따라서 태초의 양가무로서 'Nada of Bipolar Meaning'은 의미가 갈라지기 전의 무이며, 의미의 모든 가능성을 품고 있으되, 그중 어떤 것도 아직 정해지지 않은 상태의 존재론적 공허를 암시한다.

일하신 하나님께서 자신을 내어 우주적 자궁인 무를 생성하고, 무 안에 자유를 통한 두 잠재성의 긴장적 관계로부터 우주 만물을 창조하신 위대한 드라마이다. 이 양가적 무의 장에서 빛과 어둠의 계보가 탄생한다. 영원한 생명의 창조는 삼위일체의 자기 초월적 비움의 방식으로 형성된 우주적 자기-증여이다. 이 창조는 목적적·의지적 계시 이전에 이미 '자기비움'이라는 근원적 사랑의 행위에서 출발한다. 그것은 무로 향하는 하나님의 자발적 자기-비존재화이며, 이로써 무는 결코 결핍이 아닌 충만이 내어진 자리이자 관계적 창조가 시작되는 공명적 장이다. 이 무로부터 두 관계가 시작되었다.

이렇듯 삼위일체적 창조는 말씀이 선포되기도 전에 이미 영으로 감돌고 있었다. "하나님의 영이 수면 위에 운행하시니라"창 1:2라는 말씀은 창조의 언어가 발화되기 전, 삼위 하나님의 일치된 사역이 이미 무의 마당에서 공명하고 있었음을 보여준다. 이 '운행 hovering'은 마치 암탉이 알을 품듯 생명을 준비하는 따뜻한 기운이며, 무형의 가능성들이 형태로 구조화되기 위한 성령의 맴돎이다. 이로써 우리는 유의 질서로 넘어가기 위한 서론이 태초의 창조가 아니었음을, [유일신-무-삼위일체와 세계]가 서로 맞닿는 일치에서 생겨나는 차원적 장력의 신비가 본래적 창조의 기원이었음을 깨닫게 된다.

이제 살펴볼 기원은 창세기 1장에서 비롯되는 네 가지 흐름이다. 이는 '근원과 두 잠재성의 실현 사이'에 있는 무의 마당에서 근원적 관계구조가 벌이는 합주곡이다. 이 악장들은 일회적인 사건이 아니라 매 순간 존재의 깊은 틈에서 반복적으로 발생하는 영적 창조의 마당들이다. 모든 존재, 의미와 시간, 빛과 어둠이 그 구조 안에서 다시 태어나기를 기다리고 있다.

첫째, 태초의 무의 움브로서의 장: 혼돈·공허·흑암에서는 태초의 무의 움브가 더 잘 느껴진다. 창세기는 "땅이 혼돈하고 공허하며 흑암이 깊음 위에 있었다"창 1:2라는 선언으로 시작한다. 이 무의 삼중적 장은 움브 womb—모든 존재의 자궁이며, 아직 말해지지 않은 언어의 집, 미발화된 빛의 깊은 공명과 공진이 파동을 일으키는 기원적 장이다.

둘째, 차원들을 잇고 마당을 여는 '사이': 차원 접속면인 양가무 Threshold of Interface Nada [96]에 대해 이해할 것이다. 그것은 겹쳐있지만 지독하게 아름다운 '차원을 가르는' 질서다. 하나님의 창조는 무에서 유로의 직접적인 선포가 아니다. 그 사이, 마치 양극 간의 전위를 허용하는 접속면 interface 처럼, 하나님은 무를 차원 간의 연결 통로이자 마당으로 펼치신다. 하늘과 땅, 물과 물 사이, 빛과 어둠 사이—이 모든 구획은 단절이 아니라 영원한 생명의 빛으로 연합된 관계적 조직이다. 무는 각 차원의 분리를 통해 전체를 조직하며 '사이'의 자리로 작동한다.

---

96 | 'Threshold of Interface Nada'는 차원이 열리는 문지방 같은 무이다. 차원들과 차원들 사이에 자리하며 특히 '사이로서의 양가무', 즉 차원과 차원 사이의 무(無), '틈'과 '접속점' 그리고 분리이면서 연결인 구조를 표현하려는 의도에 부합한다. 'Interface'는 단순한 접촉이 아니라, 두 차원이 서로를 인식하고 작용하게 되는 장소, 곧 '사이'의 구조이다. 여기서 'Nada'는 단지 '없는 것'이 아니라, 모든 것이 열리기 위해 반드시 통과해야 하는 '비어 있음', 현대 물리학의 다차원 공간의 경계면, 초끈 이론의 막(brane)과 그 사이의 간극, 진공 장과 같이 어떤 것도 아직 규정되지 않았지만, 그 안에 모든 차원이 잠재된 자리다. 'Nada'는 존재의 고요한 어머니이자, 모든 차원이 새로이 결합되는 재생의 틈이다. 따라서 'Interface Nada'는 곧 '차원과 차원의 사이에서 작용하는 비어 있음이자, 그 안에서 새로운 의미가 태어나는 자리'를 가리킨다.

이 틈은 끊어짐이 아니라 차원의 경계를 따라 생겨나는 새로운 질서의 잠재성이다.

셋째, 보시기에 좋았더라: 이 모든 차원 간의 조화의 기원, 삼위일체적 사역에 대한 하나님의 평가와 반복이 있다. '보시기에 좋았더라'라는 생명의 상응 각도에 대한 일치이다. "하나님이 보시기에 좋았더라"라는 선언은 단순한 감상이 아니라, 삼위 하나님의 영-말씀-의지 간의 일치가 완성되었음을 나타내는 상응 일치의 고백이다. '좋음'은 창조된 질서가 삼위 하나님의 뜻과 파동에 일치했음을 의미한다. 즉, 빛은 무의 장에 드러난 삼위의 공명에 응답한 첫 질서이며, 그 질서의 파동이 다음 창조의 기반이 된다. 이는 창조의 리듬이 평가와 수용, 새로운 명령으로 이어지는 자기조직화의 순환임을 보여준다. 양가무의 잠재성중 이 평가 안에서 빛으로 드러나지 않은 어둠은 창세기 1장의 경계내에 잘 다스려지고 있다.

넷째, 공진과 공명의 양가무 Double Resonance of Nada [97]: 성령의 공명적 운행과 성자의 공진적 로고스는 태초의 시간이 펼쳐지는 곳마다 공통적으로 일어나는 속성이다.

---

97 | 'Double Resonance of Nada'는 삼위일체적 작용이 무의 장에서 양가적으로 작동하는 구조를 표현한다. 'Resonance'가 갖는 물리적 깊이를 그대로 유지하면서 'Double'은 공명(성령) + 공진(성자)의 두 진동을 명시하며 이 작용이 'Nada'의 장에서만 발생할 수 있음을 표현한다. 태초의 무는 단순한 공허가 아니었다. 그곳은 성령의 공명과 성자의 공진이 교차하며 울리는 'Double Resonance of Nada'의 장이었다. 그 떨림 안에서 시간은 처음으로 진동했고, 공명은 마음을 깨우고, 공진은 빛의 세계를 낳았다. 삼위일체의 역동적 창조 작용을 차원론적 무의 장에서 기술하되, 성령(공명)과 성자(공진)의 양가적 작용이 무의 장 안에서 동시에 울리는 사건을 표현하는 용어이다.

이로써 우리는 창세기 1장의 기원을 읽을 준비가 되었다. 이 장에서 펼쳐 보일 것은 단순한 창조의 연대기가 아니다. 그것은 무를 사이에 두고 유일신과 삼위일체의 일치가 연주하는 아름다운 우주적 합주곡이다. 그리고 그 합주는 오늘도 우리 각자의 내면과 공동체, 세계의 역사 속에서 여전히 울려 퍼지고 있다. 이제 우리는 이 창세기 1장의 흐름으로 들어가야 한다. 그곳에서 우리는 존재를 열어주신 하나님의 자기비움 그리고 무를 품고 흐르는 성령의 공명, 말씀의 공진으로[98] 형상화되는 차원의 구획 그리고 그 모든 것 위에 흐르는 삼위일체의 '좋았더라'라는 합주곡을 듣게 될 것이다.

3) 태초의 무의 움브: 혼돈·공허·흑암

태초의 무는 근원의 모든 잠재성을 배태한 움브다. "땅은 혼돈하고 공허하며 흑암이 깊음 위에 있는"^{창 1:2} 무의 움브는 '혼돈 tohu'과 '공허 bohu', '흑암 choshek' 등 가장 깊은 무無의 형상을 담고 있다. 이 무 위와 안과 너머에 자존자이신 하나님의 영이 운행하신다. 자존자[유일재]는 무의 근원이며, 자기 안에 완전한 충만성을 지닌다. 그러나 이 넘치는 충만은 내재적으로 '내어줌'을 향한 역동성을 갖고 있으며, 그것이 자신으로부터 나온 무의 영역으로의 자기 진입 self-incarnation을 일으킨다. 이 자기 진입은 자존자의 자기비움과 맞닿아 있다.[99] 자존자의 자기 내

---

98 ┃ 공명(共鳴, sympathetic resonance)은 '함께 울림', 공진(共振, mechanical resonance)은 '함께 떨림'이라는 뜻을 가지고 있으며, 영어에서는 둘 다 'resonance'로 번역되지만, 문맥에 따라 구분된다. 본 글에서는 유에서 무로 진입하는 양가적 특징을 유사하면서도 반대적인 작용 구조를 가진 긴장 상보 관계로 규정하여 설명하는 데 사용한다.

99 ┃ 여기서 말하는 '자존자(유일자)'는 철학에서 논의되는 '일자(the One)'와는 본질적

어둠을 통해 무는 차원적 실재를 잉태하는 모태로 작용한다. 이때 발생하는 에너지와 구조의 파동은 자존자의 힘의 파열로 다차원적 생성의 폭발로 나타난다.

무의 움브는 차원을 내재하고 있으며, 유일자의 '자기 내재적 영과 말씀'을 통한 무로의 개입은 창조적 진동creative resonance을 통해 이 무의 장을 활성화시킨다. 이 진동은 단일 우주가 아닌, 무수한 차원들의 자기조직적 창발을 유도한다. 이러한 상호작용의 구조 속에서 태초의 '무로 말미암아 홀로 자존하던 유일자'는 근원적 관계 속에서 아버지로 관계하게 된다.

(1) 근원의 첫 차원
- 자존자의 내어줌과 무의 수동성: 성부 되심의 근원적 구조

태초의 '무'는 모든 존재 이전의 침묵의 장, 형상이 아직 나타나지 않았으나 모든 형상의 가능성이 간직된 최초의 내어진 마당이다. 이 무는 자의로 움직이지 않고, 스스로를 주장하지 않으며, 오직 내려오는 것, 불리는 것, 비치는 것, 주어지는 것에 온전히 응답하기 위해 기다리는 장이다. 그것은 온전한 수동성이기에 온전한 움브다. 그러나 이 수동

으로 다르다. 철학적 '일자', 특히 신플라톤주의(Neoplatonism) 전통에서 말하는 그것은 모든 존재의 근원이자 통일의 원리로서, 비인격적이고 초월적인 순수 단일성으로 이해된다. 그곳에서는 모든 차이가 소멸하고, 구별되지 않는 하나가 남는다. 그러나 본문에서 말하는 '자존자(유일자)'는 기독교 신학의 맥락에서 스스로 존재하며, 어떤 것도 그를 규정하거나 제약할 수 없는 하나님을 가리킨다. 유일자는 단순한 형이상학적 근거가 아니라, 인격적이면서도 차원적으로 넘치는 관계적 생명 자체이며, 내적 역동성을 지닌 분으로서 모든 존재를 가능하게 하고 동시에 자유롭게 하신다. 따라서 자존자는 '일자'가 아니라, 관계와 생명의 충만 속에서 자신을 나타내는 유일한 하나님이시다.

성은 결코 무기력이 아니다. 오히려 그것은 자존자로부터 오는 어떤 결정적 행위가 온전하게 접촉될 수 있도록 자신을 비워낸 고도의 능동적 수용성이다. 태초의 무는 어떤 저항 없이 받아들이는 여백이며, 그 온전한 수동의 응답 속에서 스스로 계신 자존자의 '내어줌'은 최초의 관계를 생성한다.

(2) 매개적 무 – 존재의 충만에서 삼위적 관계로

자존자는 홀로 계신다. 그분은 어떤 외적 필요도 없이 충만하신 분이시며 무엇을 통해 자신을 증명하지 않아도 되는 존재의 근원적 자기 충족체The Self-sufficient One이다. 그러나 그 자존자는 자기 안에 머무르기를 원치 않으셨다. 그분은 자신을 비우셨다("He emptied Himself…")빌 2:6-7. 그것은 관계에 의존하지 않고도 관계를 가능하게 하려는 자존적 존재의 첫 내적 결단이었다. 근원적 존재와 연합된 모든 존재는 바로 이 특징을 가진다. 그는 결핍에 의해 움직이는 것이 아니라 충만한 자족의 비움, 넘치기에 내어줌으로 움직인다. 이 내어줌은 조건 없는 무조건적 존재론적 개방이다.[100] 그분이 자신을 외부로, 혹은 외부로서 허용하기 위해 내려놓으신 자리, 바로 그 틈이 무의 마당이 되었고, 그곳에서 관계의 최초 조건이 생겨났다.

이 내어줌으로 인한 태초의 무의 마당은 삼위 안에서 유일하신 자존

---

100 | 그렇기에 "그분(하나님)께서는 악인에게나 선인에게나 당신의 해가 떠오르게 하신다"(마 5:45). 하나님은 악한 사람을 비추지도 않고, 선한 사람을 비추지도 않는다. 다만 '사람'을 비출 뿐이다. 그래서 똑같이 비를 내린다. 여기에도 비가 내리고, 저기에도 비가 내린다. 비에 젖는 땅만큼 내 그릇의 크기도 드러난다. 마태복음 5-7장의 산상 수훈을 참고하라.

자가 아버지가 되기 위한 첫 차원이며, 이 온전한 수동성으로의 무는 '스스로 있는 존재 자체'에서 '관계 맺는 분', 곧 '성자와 성령과 관계 맺는 성부 아버지'로 자리하게 되신다. 태초의 무는 이 '자기비움'의 응답처이다. 무는 자기 안에 아무 뜻도 소유하지 않기에 자존자의 내어줌을 왜곡 없이 받아들일 수 있는 가장 정결한 그릇이다. 그 안에는 기대도, 요구도, 저항도 없다. 그 무가 완전한 수동성으로 열릴 때 그곳은 자존자의 관계적 자기 드러남, 곧 아버지 됨을 가능하게 하는 마당이 된다. 여기서 중요한 점은 무는 아버지를 만들어 내지 않지만, 아버지 되심을 가능하게 하는 '터'를 마련한다는 것이다. 즉, 자존자가 관계적 존재로 나타나실 수 있는 구조는 무의 수동성과 내어주시는 유일자의 자기 포기가 정확히 일치하여 각도가 맞아떨어질 때 생성된다.

(3) 태초의 무와 아버지 되심
– 삼위일체적 자기비허 속의 참 아비와 거짓 아비의 갈림길

태초의 무는 그 자체로 중립적이다. 그곳은 참 아비인 근원이 드러날 수도 있고, 거짓 아비가 근원 대신 들어설 수도 있는 근원적 접속면이다. 왜냐하면 무는 수동적이지만, 자유의 지향성과 응답을 통해 파동을 증폭시키는 힘을 지니기 때문이다. 자존자의 내어줌이 사랑과 진리의 빛으로 작동하면 무는 성부-성자-성령의 마당이 되고, 그로부터 생명을 낳고 양육하며 지키는 창조 관계가 흐른다. 그러나 만일 그 내어줌에 근원과 일치하지 않은 자기 무게와 확장이 실리면, 다시 말해 그 공간이 뒤틀리거나 강제되거나 왜곡된 자기 동일성의 투사로 작동한다면, 그 무는 거짓 아비가 지배하는 장—어둠이 된다. 그때 관계는 생명을 낳는 공간이 아니라 사망의 통로로 타락할 수 있다.

이 구조는 단순히 창조 이전의 외적 장면이 아니라 삼위일체 내적 구조에서 이미 성립된 진리이다. 자존자는 무에서 성부로서 존재할 때 만물의 '아버지'가 되신다.[101] 성령은 자존자의 관계의 속성으로 사랑과 생명의 파동으로서 아버지와 아들을 연결하는 공명이다. 성자는 자존자의 자기부정과 이법의 속성을 통해 로고스로 창조하는 공진의 경계다. 따라서 태초의 무는 삼위일체적 구조의 밖에 있는 비존재가 아니라 그 관계가 열리고 울릴 수 있는 감응적 여백이며, 자존자의 온전한 내어주심을 온전히 수용하여 잠재적 관계를 여는 모태다.

이 무의 마당의 '삼위일체적 응답 속에서' 자존자는 비로소 홀로 자족한 존재로 머무르지 않고 지속적으로 내어주고 관계하시는 분, '아버지' 되시는 분 그리고 이법으로 창조하시는 분으로 자신을 열어 보이신다. 그 관계 속에서 태초의 무는 아무것도 없으나 모든 것이 열릴 수 있는 사랑의 장이다.

> 그 아버지 됨은 누군가와 관계하여 낳았기 때문에 부여되는 이름
> 이 아니라, 누군가를 위해 자신을 완전히 비우고 끊임없이 내어주

---

101 | 이 진술은 기독교 삼위일체론의 심오한 측면, 즉 성부의 '아버지' 되심이 성자(말씀)의 영원한 출생(eternal generation)을 통해 이루어진다는 신비를 강조한다. 이는 성부가 성자에게서 시간적으로 앞서는 존재가 아니라, 성자를 영원히 낳으심으로써 '아버지'라는 위격적 정체성을 가지게 된다는 관계적 이해를 담고 있다. 이러한 사유는 중세 서양 기독교 신비주의의 대가인 에크하르트의 신학에서 특히 두드러진다. 에크하르트는 하나님의 본질적인 '무(Gottheit)' 속에서 말씀(성자)의 영원한 탄생을 강조하며, 이 영원한 탄생을 통해 성부가 진정으로 '아버지'가 되고 성자가 '아들'이 된다는 역동적인 관계성을 설파한다. 그에게 '아버지'라는 이름은 단순히 원천이 아니라, 자신을 끊임없이 내어주는 영원한 산출의 행위 속에서 형성되는 것이다.

는 존재에게만 부여되는 정체성의 명칭이다.

무는 이 관계 속에서 끊임없이 새로운 차원을 낳는 우주적 자궁으로 작동한다. 이 태초의 무의 가장 아름다운 열매는 공명 [하나님의 영이 운행하시니라] 과 공진 [말씀하시기를 "빛이 있으라!"] 이 그 안에서 휘어지고 응축되어 첫 차원의 실재 [영원한 현재인 빛과 생명] 가 창조된 것이다. 태초의 무에는 혼돈과 공허, 흑암이라는 세 가지 생성의 씨앗이 담겨 있었고, 그 속에서 차원의 빛줄기들이 분출되며 수많은 존재와 질서가 탄생하였다. 빛은 파동을 따라 움직였고 움브는 그 빛을 따라 차원의 마당을 다시 잉태하였다. 각 차원은 빛과 어둠, 안과 밖, 기억과 가능성 등 존재의 다른 양태를 품은 생명체들로 가득 찼다. 이들은 자존자의 '계보'를 따라 서로 공명하며 질서와 아름다움을 창조했고, 차원들 사이에는 공동의 리듬이 존재했다. 그것은 그 모든 차원의 근원, 하나님이 보시기에 "참 좋았다".

그러나 태초의 무가 가진 영적 특징을 지닌 고등 차원의 영적 존재들 중에는 어둠의 자식들로 남은 존재들도 있었다. 그들은 하나님의 영과 공명/공진하며 빛을 탄생시키는 외아들—마음에 합당한 빛의 아들의 길을 거부하고, 자기가 취하고 싶은 요소만을 가지고 와서 폐쇄된 움브로 근원의 문을 닫아버렸다. 이로써 그들의 차원은 빛의 계보에서 이탈하였고, '차원 간의 길'은 근원에서 끊겼고, 무와 어둠의 결합으로 거짓 아비의 계보가 되었다. 분리된 자들은 영원한 빛의 시간과 물의 공간이 없는 자신만의 구조를 만들었으나 그 구조는 생명을 낳지 못했고, 무한이 갇힌 결과는 한정과 결핍의 세계였다. 그들은 타 마당을 침범하여 더 큰 힘과 의식으로 진화하며 자신의 한정된 에너지를 채우려 했다. 시간은 휘어졌고 공간은 찢어졌으며, 의식은 고립되고 존재들은 무질서 속에 갇혔다. 그들은 자기 자리도 없이 호시탐탐 기회를 노리며 유리되고 방황하는 존재들이 되었다. 무는 태초의 역동을 잃고 눌리고 고통스러우며 싸우고 지배하는 세상에서 잊혔고, 사람들은 창조의 역동을 가진 무를 더 이상 위대한 창조의 모태로 보기를 거부하며 마녀사냥을 하기 시작했다.

어둠이 임계점에 도달하던 때, 신의 아들이 무의 밑바닥으로 내려가 유력의 세계로 내려가기를 선택했다. 그는 자신의 차원과 이름, 신성을 모두 버리고 유력의 밑바닥으로 무를 안고 진입했다. 그 안에서 그는 모든 찢긴 존재들의 울음소리를 들었고, 그 절망을 자기의 몸에 담아 빛의 씨앗을 심었다. 십자가는 가장 위대하고 아름다운 무가 실현된 곳이었으며 침묵의 사흘은 태초의 무가 생명의 진입 마당으로 다시 복권된 시간이었다. 모든 어둠이 삼켜지고 빛이 새로운 마당을 열었다. 그의 안에서 새로운 차원, 지성소의 문이 열렸다. 이제 그 열린 문을 통해 마당을 자기 몸에 맞아들이는 존재들이 탄생했다. 새로운 존재들은 무로 돌아가 폐허 위에 다시 공명과 회복의 질서를 세우기 시작했다. 이 공동체는 하나의 종족이나 국가, 종교에 한정되지 않았으며 차원적 존재들의 살아 있는 네트워크로 연결되었다. 그들은 서로의 영혼에서 울리는 공명에 반응했고, 자존자의 호흡에 맞춰 움브가 태동시키는 힘을 각자의 경계 안에서 재현해 나갔다. 그들의 물질과 자원은 함께 살아가는 순환과 자유의 조화가 어우러진 풍요함이었다.

4) 차원들을 잇고 마당을 여는 양가무(Dimensional Interface Nada)

창세기 1장은 단지 고대의 우주 기원 서술이 아니다. 그것은 차원들 사이를 잇는 영적이고 과학적 인터페이스, 곧 무無의 장이 어떻게 창조의 마당을 개장하는가에 대한 압축적 서사이다. 이 본문은 세계가 단순히 '어디서 왔는가'를 묻기보다는, 어떻게 차원 간 통로가 열리고 존재가 탄생할 수 있는 구조가 작동했는가를 보여주는 가장 오래된 구조의 오케스트라이다. 여기서 핵심은 바로 'Dimensional Interface Nada', 곧 '차원적 접속면으로서의 양가무'이다. 이 개념은 무가 단순한 공허가 아니라, 존재들이 상위 차원과 하위 차원을 잇는 역동적 여백이자 생성의 문지방이라는 성서적, 과학적 통찰을 담고 있다.

(1) "저녁이 되고 아침이 되니" – 차원 간 접속의 반복

창세기 1장에 반복되는 리듬, "저녁이 되고 아침이 되니 –째 날이더라"는 첫 시간의 창조 이후 무에서 유로 이어지는 모든 하위 차원의 접속면이다. 저녁은 '보이지 않는' 상태이며 아직은 이름 붙일 수 없는 혼돈, 곧 형상 이전의 무의 장이다. 이는 단순한 어둠이 아니라 창조적 여백이며 차원이 전이되기 전, 중첩되고 얽혀 있는 진공 에너지 상태를 뜻한다. 물리학적으로 이는 양자 요동quantum fluctuation 의 상태와 유사하다. 진공 상태조차도 전적으로 비어 있지 않으며 그 안에는 플랑크 시간 단위 내에서 입자와 반입자가 끊임없이 생성되었다가 소멸하는 파동의 운동이 있다. 성서적 '저녁'−존재의 지평이 아직 열리지 않은 파동의 장은 이러한 잠재성의 약동으로 가득 차 있었을 것이다.

'아침'은 그 파동이 하나의 차원을 열고 존재가 형상화되어 가시화되는 시점이다. 따라서 저녁에서 아침으로 이어지는 시간은 단순한 24시간이 아니라 존재가 비존재에서 생성되는 차원 간 이동의 간극이며, 그 사이를 연결하는 것이 바로 'Dimensional Interface Nada', 즉 차원 간 생성의 접속면으로서의 무이다.

(2) 무의 장이 접속면이 되는 순간

무궁무진한 변용 가능성을 가진 무는 이제 차원 간 전환이 일어나는 다층적 구조의 마당이 된다. 무는 각 차원마다 고유의 리듬과 빛의 구조가 있기 때문에 하위 차원이 열리기 위해서는 상위 차원의 '승인' 과 하위 차원의 '응답'이 필요하다. 이는 곧 하나님의 뜻이 "빛이 있으라" 라는 말씀을 통해 개입되는 순간, 그 명령이 무의 장에서 공명하여 형상이 생성되는 원리와 같다. 이때 무는 단순히 배경이 아니다. 근원적 무에서 첫 창조가 일어났던 순간의 속성인 성령의 운행, 곧 공명하는 파동의 상태로서 무가 기능하며, 로고스적 공진이 무의 장과 맞물릴 때 창조가 일어난다. 성령은 창조적 진동을 예비하며 그 장은 물리학적으로는 공명의 개념으로 이해할 수 있다.

따라서 무는 파동에 응답할 수 있는 잠재적 접속면, 즉 'Dimensional Interface Nada'이며 창조는 이 무의 장이 성령의 공명과 성자의 공진을 받아들일 수 있는 상태에 이르렀을 때 마련된다.

(3) 마당(Madang)의 개장 – 차원적 공간의 통로

'마당'이란 한국적 개념이지만, 차원론적으로 매우 적절한 상징이다. 그것은 닫힌 방과는 달리 열려 있으면서도 구조화된 공간, 소통과 생성이 일어나는 틈과 장소이기 때문이다. 창세기에서 각 날은 하나의 새로운 마당을 연다. [빛-궁창-육지-해와 달-생명-인간]이 모든 창조 질서는 무의 마당이 구조화되는 다양한 차원의 장이다.

그리고 각각의 마당이 열릴 때, 'Dimensional Interface Nada'가 작동한다. 예를 들어 '궁창이 위의 물과 아래의 물을 나누는 것'^{창 1:6}은 무의 장 안에서 상하 차원이 구별되는 첫 구조화이며, 이는 고차원적 에너지 장이 하위 에너지 장으로 분기되는 차원 분기점의 신학적 표현이다. 즉, 마당은 무의 응답이며 무의 열림은 항상 상위 차원의 영과 로고스가 관통될 때 가능하다. 그리고 이 접속은 기계적인 작동이 아니라 하나님의 평가—"보시기에 좋았더라"—라는 승인에 의해 허용된다. 이것은 곧 신적 공명에 응답한 무가 새로운 부속 차원들을 열 수 있는 창조적 승인을 받았다는 뜻이다.

(4) 창조의 반복 구조 – 차원 간 순환 리듬의 표현

"저녁이 되고 아침이 되니"의 반복은 단순한 문학적 장치가 아니다. 그것은 '차원 간 생성의 리듬'이 반복적으로 이루어지고 있음을 상징하는 구조화된 패턴이다. 각 날은 동일한 무에서 시작되지만 상위 차원의 입력에 따라 다른 형상과 질서가 나타난다. 이 구조는 마치 프랙털 fractal[102]처럼 동일한 원리가 반복되지만 각 반복은 고유한 차원 구조를

---

102 ㅣ 프랙털(fractal)은 부분과 전체가 닮아 있는 기하학적 구조를 가리키는 개념으로, 작은 조각을 확대해 보면 전체와 비슷한 형태가 반복되는 특징을 가진다. 이러한 성질을 자기 유사성(self-similarity)이라 하며, 자기 유사성을 지닌 도형이나 패턴을 프랙털 구조라고 부른다.

가진 창조로 이어진다. 이는 기하학적으로는 나선형의 확장 구조, 물리학적으로는 공진 구조 속에서의 위상 전이 topological transition 와 유사하지만 신학적으로는 무의 비합리성과 어둠의 긴장적 요소로 인한 돌파로서의 전환 transformation 이다. 결국 창세기 1장에서는 무의 마당이 차원을 따라 펼쳐지며, 차원적 양가무 Dimensional Interface Nada 가 매 순간 접속면으로 작동하여 공명과 공진, 비움과 충만, 합리적 질서와 비합리성 사이의 틈에서 새로운 세계가 열리고 있다고 할 수 있다.

그러므로 "태초에 하나님이 천지를 창조하시니라"라는 선언은 차원이 열리며 무가 접속면으로 작용하는 신비로운 시간의 구조를 드러낸다. 그 접속면은 'Dimensional Interface Nada', 곧 차원의 사이로서의 양가무이다. 그 무 안에서 성령은 공명하고, 로고스는 공진하며, 그 영과 진리의 파동이 맞물릴 때 마당은 열린다. 그리고 저녁과 아침은 단지 하루의 경과가 아니라 차원 간 순환과 생성이 반복되는 차원적 마디다. 우리는 그 리듬 안에서 살아가며, 매 순간 창조에 참여한다. 하나님은 지금도 무의 장에서 말씀하시며 그 무에 응답하는 자에게는 새로운 마당이 열린다.

2. 빛과 어둠의 계보: 일치의 상응 각도와 불일치

1) 태초의 빛 – 최초의 생명의 시간
태초에 빛이 있었다. 빛은 하나님의 의지에 일치하여 반응한 형상이며, 무에서 유로 이행된 최초의 창조이다. 그러나 성서는 동시에 어둠에 대해서도 언급하는 것을 잊지 않는다. 빛은 어둠, 즉 마당의 주인에게 일치하지 않고 자신을 고집하는 '무의 어둠'으로부터 영의 파도와 진리의 경계로 분리된 결과이다.

> '그 빛이' 하나님의 보시기에 '좋았더라'
> 하나님이 빛과 어두움을 '나누사' 창 1:4
> God saw that 'the light' was good,
> and He 'separated' the light 'from' the darkness
> Gen 1:4

어둠은 단지 인식의 한계가 아니라 자기중심성과 닫힌 자유 의지로 인해 일치와 공명에 저항한 실존적 거부를 의미한다. 어둠은 창조의 마당 위에 있었지만 그 마당의 각도에 응답하지 않았고, 고집스럽게도 공명하지 않았다. 이에 따라 어둠은 빛의 계보에 포함되지 못하고 하나님의 창조 의도가 온전히 실현되지 않는 왜곡으로 남는다. 그러나 하나님은 어둠을 없애거나 포기하지 않으신다. 그분은 어둠조차 지속적으로 '저녁이 되고 아침이 되는' 무의 마당으로 초대하고 다스리신다. 마침내 창조의 가장 하위 차원에 이르기까지 이 어둠의 고집은 잔존하지만, 그것은 지속적으로 초대되면서 응답을 요청받으며, 빛의 세계 질서 안에서 '다스려진다'.

우리가 주목해야 할 점이 바로 이 마당에서 이루어지는 두 계보이다. 하나님은 모든 마당의 기획자이시며, 모든 창조의 움브인 무의 마당에 빛을 비추신다. 그러나 그 마당 안에 있다고 해서 자동으로 생명의 계보에 속하는 것은 아니다. 결국 창조는, 유일하신 하나님의 자기비움에서 비롯된 '무의 마당 안에서' 삼위일체 하나님의 '일치된 사역'으로 빛이 형상화되며, 그 빛에 응답하는 존재만이 생명의 계보에 편입되는 구조로 이뤄져 있다. 반대로 공명하지 않는 존재는 그 마당의 질서를 왜곡시키며, 유일신의 창조 의도와 구속적 총체성을 드러내지 못하는 어둠의 계보로 전락한다.

이 지점에서 우리는 무를 중심으로 한 네 힘[유-무-용-영]의 원형적 구조를 보게 된다. 이 네 힘은 분리된 것이 아니라, 모든 창조 마당에서 동시에 진동하며 창조 세계 전체에 흐르는 회로이다. 하나님은 그 회로 전체를 설계하신 마당의 기획자이시며 그 '온전한 일치' 아래서만 "좋다"라고 평가하신다. 반면, 이 마당의 각도에 응답하지 않는 존재도 있다. 빛이 비치지만 반사하지 않고 흡수만 하는 어둠―그것은 형상을 부여받았으나 창조자의 질서에 응답하지 않고 고집하는 자유이다. 그 어둠은 단지 결핍이나 미완성이 아니라 삼위일체적 사역으로 창조된 빛의 시간을 거부하며, "좋다" 하시는 평가로부터 이탈하여 자기 고립적 계보를 만든다.

성서가 말하는 구원의 역사란 이 이탈된 마당을 다시 정렬하는 작업이며 예수 그리스도는 그 불일치의 각도를 십자가로 맞추신 존재다. 하나님의 뜻과 인간의 의지 사이에 가로놓인 무한한 간극, 그 차이를 온전히 감당하여 다시 "좋다" 하시는 마당을 유의 세계에서 회복시킨 사건이 바로 십자가이다.

이 십자가로 말미암아 태초부터 계신 유일하신 하나님이 '아버지와 아들 관계' 안으로 들어오셨다! 예수 그리스도는 유일하신 하나님의 마음에 꼭 드는 아들, 영원한 생명이며 근원이신 유일하신 하나님의 뜻에 온전히 일치하신 태초의 말씀이시다. 그분으로 인해 이 놀라운 복음의 선물이 주어졌다.

태초부터 계신 유일하신 하나님과 무의 광대한 간극과 그 일치와 연합을 위한 십자가의 은혜가 어떤 차원의 의미인지도 모르고 함부로 복음을 논하지 말라! 영과 진리는 이 구조 안에서 나를 다시 무의 마당 위에 세우는 행위다. 십자가는 흑암과 혼돈 속에서도 하나님의 영이 운행하신 그 무의 깊은 틈에서 모든 시간과 존재가 다시 "좋다" 하시는 평가에 맞춰지기를 바라는 응답이다. 유일하신 하나님은 스스로 존재하고 계시면서 빛과 어둠의 세계를 동시에 다스리신다. 그분은 무의 장을 통과하며 일치의 각도를 맞추어 빛을 탄생시킨 삼위일체적 창조 사역에 옳다고 손을 들어 주셨다. 근원적인 토대를 만드는 첫날의 평가 이후 이 시간을 반석으로 하여 생성된 다음 차원들의 창조가 삼위일체 하나님의 전권적인 사역으로 주어졌다. 삼위일체 하나님의 자기조직화! 이 빛과 생명의 시간 안에서 천지 만물은 영과 진리의 반복 안에서 다양성을 가지고 피어나기 시작했다.

2) 무의 잠재성을 허용하시는 하나님

모든 마당의 주권자이신 하나님의 자유는 우리가 그분의 사랑을 거부하는 것조차 용납하신다. 무 앞에 선 우리에게 자유가 주어졌다. 의식과 자유, 창조 세계의 돌봄은 인간에게 주어진 특별한 권리이다. 그 자유는 자신을 내어주시며 끝까지 사랑하시고 빛의 계보를 만드시는 하나님께 일치할지 혹은 저항하며 거부할지에 대한 자유를 포함한다. 모든 이가 빛을 선택하는 것은 아니다. 사도 요한은 이 사실을 명확히 밝혀준다. "빛이 어둠 속에 비치었으나, 어둠은 이를 깨닫지 못했다. 더 나아가 미워했다" 요 1:5-11. 이 간단한 구절은 존재의 가장 심오한 긴장을 드러낸다. 빛은 왔고, 그 자체로 드러났으며, 어둠을 비추었다. 빛은 하나님의 뜻과 설계, 마음에 일치하고 순종하여 창조하신 뜻을 드러냈다. 그러나 어둠은 그 빛에 반응하지 않았다. 아니, 반응하지 않았을 뿐 아니라 의지를 가지고 그것을 거부했다. 그것이 바로 어둠의 본질이요 사망의 법이 가진 토대이다.

> 창세기 1장 2절에 등장하는 '흑암 choshek'은 단지 물리적 암흑만
> 이 아니라, 자유 의지를 포함한다. 어둠은 존재론적으로 하나님께
> 반응하지 않는 '의지적 저항'의 상징이다. 어둠은 근원을 거부하고
> 무에서 자신이 취할 것만 취한다.

어둠은 빛이 비쳐도 하나님이 좋다고 하신 질서에 공명하여 마음을 열지 않으며 그 선하심과 창조적 부름에 대한 응답을 거부한다. 이러한 거부는 단순한 무지나 무감각 때문에 나타난 것이 아니라 신에 대한 경쟁적 욕망에 기인한다. "나는 근원의 존재를 인정하지 않겠다. 내가 스스로 하나님이 될 것이다." 이것이 바로 어둠의 숨겨진 의지이며 하나님께서 "좋지 않다"라고 암묵적으로 판단하신 태도다. 어둠은 단지 혼돈과 공허에 머무르지 않고 그것에 질서를 부여하려는 하나님의 말씀에 맞서며 자기 고집을 절대화한다. 이는 '무의식적 혼돈'이 아니라

'의식적 저항과 방어'의 실체다. 이 '어둠의 실체와 진화 과정'을 모른다면 우리는 성서가 일반 이론과 어떤 차이가 있는지 알 수 없을 것이다.

우리의 삶도 본질적으로 이 빛과 어둠의 경계에서 서성거린다. "아니요, 그것은 제 뜻과 방향에 맞지 않습니다. 저는 제 방식대로 살아가겠습니다." 이는 단지 독립심이나 책임감의 표현이 아니라 하나님과의 관계 안에서 자신의 존재 근거를 부정하고 스스로 중심이 되려는 어둠의 반역이 가진 욕망이다. 그 반역의 열매는 공허와 결핍이다. 자아는 메마르고 스스로 유지할 수 없으며 결국 자신 안의 공허를 외부로부터 채우려 한다. 그리고 이 결핍은 탐욕으로, 탐욕은 타인을 도구화하는 폭력으로 이어진다.

성경에 등장하는 최초의 살인은 바로 이 '어둠의 의지'가 구체적으로 형상화된 사건이다. 선악과를 따먹으라고 유혹했던 초라한 뱀은 하나님과 멀어진 인간의 욕망을 먹고 자라며 점점 더 구체적으로 진화한다. 가인은 자신의 제사를 받지 않으신 하나님의 평가 앞에서 분노하였고, 그 분노를 통해 아벨을 죽여서 제거한다. 그 결과로 가인의 계보가 이어지고, 자기중심성과 타자를 희생시키는 어둠의 논리가 역사 속에 뿌리내리게 된다.

> 가인의 이야기는 어둠의 세계와 그 법이 어떻게 구체적인 사건으로 형상화되는지 보여준다. 하나님의 질서에 응답하지 못한 가인은 자기 내면의 부족함을 타인의 제거를 통해 해결하려 한다. 이때 살인은 단순한 범죄가 아니라, 빛을 거부한 어둠의 자기 보존

전략, 즉 질서와 의미를 내면과 하나님과의 관계가 아니라 '타인
탓과 제거'를 통해 확보하려는 전략적 반응이다.

이 반응은 개인의 심리에서 사회의 이데올로기까지 확장된다. 가인의
계보는 빛을 거부한 자들이 만든 [자기중심성-희생양[103]-폭력]의 반복
구조로서 어둠의 법이 시간 속에서 체계화된 하나의 질서임을 보여준
다. 이 어둠의 법은 개인의 내면뿐 아니라 인간의 문명 전체 속에서도
구조적으로 반복된다. 반면, 빛의 계보는 셋을 통해 다시 시작되며 하
나님의 뜻에 응답하고 질서에 참여하는 자들을 통해 계속 확장되어
간다.

이처럼 빛과 어둠은 단지 물리적 현상이 아니라 존재론적 태도이며 자
유 의지를 가지고 선택한 지향성의 결과다. 창조의 이야기 속에서 이
둘은 각기 다른 방향으로 진화해 간다. 유일하신 하나님께서 "좋다"
라고 평가하시는 삼위일체 하나님의 마당 속에서 복된 생명으로 사는

---

103 | 르네 지라르(René Girard)는 프랑스 출신의 문학비평가이자 인류학자, 철학자, 종
교 사상가로서, 모방 욕망(mimetic desire), 희생양 메커니즘(scapegoat mechanism),
폭력의 기원과 해소 구조, 기독교 계시의 독특성 등을 통해 문학, 종교, 사회 현상을 통합
적으로 분석한 독창적 이론가이다. 그의 이론은 문학 작품 분석에서 시작되었지만, 이후
인류학, 종교학, 신학, 심리학, 정치 철학에 이르기까지 매우 넓은 영향력을 미쳤다. 지라르
의 사상은 '폭력과 희생'에 대한 성찰을 중심으로 인간 공동체의 구조를 근원적으로 해석
하려는 시도로 요약될 수 있다. 대표 저서들로는 문학 작품을 통해 모방 욕망의 구조를 분
석한 초기작인 『낭만적 거짓과 소설적 진실(Deceit, Desire, and the Novel)』, 희생양
메커니즘과 종교의 기원에 대한 핵심 이론을 제시하는 『폭력과 성스러움(Violence and
the Sacred)』, 희생양 구조가 실제 역사·사회 속에서 어떻게 작동하는지 분석하는 『희생
양(The Scapegoat)』, 기독교 복음서의 계시가 희생양 구조를 어떻게 해체하는지 탐구하
는 『나는 사탄이 번개처럼 떨어지는 것을 보았다(I Saw Satan Fall Like Lightning)』 등
이 있다.

이들이 있다. 한편에는 유일하신 하나님의 전능만을 선택해 유력의 세계에서 왕이 되기를 원하는 '사탄ṣāṭān'[104] 그리고 그 휘하의 우상신들의 마당에서 평생을 노예처럼 살아가다가 죽는 이들이 있다. 그리고 그들 중에는 의식이 깨어나 자유 의지로 빛의 계보를 선택하도록 무의 마당

---

104 | 사탄의 존재를 이해하는 것은 '마귀의 일을 멸하러 오신 예수 그리스도의 복음 사역'을 이해하는 매우 중요한 초점이다. '사탄'이라는 명칭은 구약 성경에서 처음 등장하며, 일반 명사로는 고소자, 대적자를 의미한다. 점차 신적 대화나 시련의 장면에서 하나님의 계획을 방해하거나 인간을 시험하는 존재로 나타난다. 예컨대, 욥기 1-2 장에서는 '하나님의 아들들' 가운데 나타나 인간의 신앙을 시험하는 역할을 맡은 하나님의 허락 아래 있는 고소자로 등장한다. "사탄도 그들 가운데에 온지라… 사탄이 여호와께 대답하여 이르되 땅을 두루 돌아 여기저기 다녀왔나이다"(욥 1:6-7)라는 표현은 그가 가진 신분의 위치와 특성을 보여준다. 욥기에서 '사탄'은 독립적 악의 주권자라기보다는 하나님이 허용하신 시련의 도구로 기능한다. 이후 구약 후기와 신약 시대로 넘어가며, 사탄은 보다 인격화되고 악의 실체로 진화하게 된다(예: 마태복음 4 장의 예수 시험 사건). 사탄의 전신이 루시퍼였다는 설도 존재한다. 루시퍼는 라틴어로 'Lucifer' - 빛을 가져오는 자라는 뜻으로 루시퍼라는 이름은 이사야 14장 12절의 라틴어 번역(Vulgata)에서 유래한다. 해당 구절은 바벨론 왕의 몰락을 풍자적으로 묘사하는 시적 표현이며, 원문 히브리어는 'הֵילֵל בֶּן־שָׁחַר(hêlēl ben-šāḥar)', 즉 '새벽의 아들, 빛나는 자'라는 의미다. 이 구절은 다음과 같이 라틴어로 번역되었다. "Quomodo cecidisti de caelo, Lucifer, fili aurorae!"("오, 너 새벽의 아들 루시퍼여, 어찌하여 하늘에서 떨어졌는가!"). 이 표현이 중세 이후 기독교 신학과 문학에서 타락한 천사의 기원 서사와 결합되며, '루시퍼'는 천상의 자리를 잃고 지하로 떨어진 빛에서 어둠으로 추락한 존재로 이해되기 시작했다. 특히 이사야서의 시적 장면과 누가복음 10장 18절의 예수의 발언, "사탄이 하늘에서 번개같이 떨어지는 것을 보았다"라는 구절이 병치되어 루시퍼의 타락은 사탄의 탄생과 동일시되었다. 루시퍼가 '빛의 존재'에서 타락하여 사탄이 되었다는 해석은 성경 원문보다는 후대의 신학적 해석과 문학적 상상력에서 발전된 것이다. 대표적인 예가 요한계시록 12장의 용과 그의 사자들의 하늘 전쟁이다. "큰 용이 내쫓기니 옛 뱀 곧 마귀라고도 하고 사탄이라고도 하는 자… 땅으로 내쫓기니라"(계 12:9) 이 구절은 단일한 실체가 중층적으로 결합되면서 '사탄(Satan)'이자 '마귀(διάβολος, diabolos)'이며, '옛 뱀(창세기 3장의 뱀)'이라는 복합적 상징으로 제시된다. 이로부터 신학 전통은 루시퍼가 타락함으로써 어둠의 세계를 관장하는 사탄, 즉 마왕(魔王, prince of darkness)이 되었다는 서사를 구축했다. 루시퍼는 처음에는 천상의 영광을 지닌 존재였지만, 교만과 반역으로 인해 타락하여 어둠의 심연으로 떨어졌고, 이후 악의 세력들을 거느리는 사탄이라는 이름의 왕적 권세를 지닌 마왕으로 등극했다. 이는 단순한 이름의 변화가 아니라 존재의 차원 진화 과정—빛에서 어둠으로, 천상에서 지하로, 찬양에서 대적자로 이동—을 보여주는 역동의 서사다.

에 초대받는 이들이 있다. 현상의 세계는 이 빛과 어둠의 두 진영의 무대요 전쟁터인 것이다.

이처럼 빛의 창조는 삼위의 일치이고, 어둠의 고집은 고립된[근원으로부터 이탈된] 어둠의 자기 절대화이다. 그 사이에서 인간은 자유롭게 응답할 수 있도록 놓여 있다. 이것이 곧, 유일하신 하나님의 위대함이 드러나는 방식—자유를 주시고, 자기비움을 허락하시며, 그분과의 일치에 스스로 참여하길 기다리는 방식이 있다. 결국 무는 초월적 하나님과 내재적 하나님 사이의 열린 마당이며, 존재가 깨어나는 균열이며, 의식이 전환되는 차원의 경계이다. 그리고 그 무의 깊은 여백 속에서 하나님은 말씀하신다. "빛이 있으라. 세계가 있으라. 관계가 있으라." 그리고 그 말씀이 진동하는 순간, 무는 삼위일체적 하나님과의 관계 속에서 계속 유의 차원을 낳는 모태가 된다.

3. 보시기에 좋았더라 – 빛의 경계: 공명과 공진의 상응 일치

"보시기에 좋았더라ㄱ, tov"—창세기 1장을 관통하는 이 반복적 승인은 차원 간 생성의 임계점을 통과했음을 알리는 신적 서명이다. 또한 삼위일체적 작용이 무의 장에서 하나의 응답을 이끌어내고, 그 응답이 신적 조화에 부합되었을 때만 주어지는 근원적 평정이다. 하나님은 창조의 각 날을 마치신 후, 그 과정 전체가 일정한 질서와 사랑의 파동 속에서 자기 의도에 충실히 반응하였는지를 관찰하신다. 그리고 그 마당의 파동이 성령의 공명과 로고스의 공진에 적절히 호응하며 차원의 문턱을 넘을 수 있을 만큼 감응성이 충만해졌을 때, 비로소 그 자리에 "좋다" 하시는 인준이 떨어진다.

1) "좋다" 하시는 신적 심미(審美) 판단이자 존재의 통과 인증

창조 행위의 각 날 끝마다 반복되는 "보시기에 좋았더라"라는 구절은 하나님이 피조 세계를 단순히 '생겼다'라고 수용한 것이 아니다. 그 구조가 삼위일체적 생명 질서와 조응하며 다음 차원의 무의 마당을 열 자격이 있는지를 면밀히 판단하고 평가한 결과이다. 이는 양자역학의 관측자가 상태함수의 붕괴를 결정짓는 순간처럼 신의 시선이 존재의 가능성을 현실로 확정 짓는 사건이며, 존재의 생성이 '무'로부터의 우발이 아닌 신적 통찰에 의해 승인된 구조임을 의미한다. 즉, "좋다" 하시는 선언은 그 존재가 무의 장으로부터 깨어나 신의 리듬에 실질적으로 편입되었음을 가리키는 '차원 승인서'이다.

2) "좋다"는 반복과 전진의 기준 – 새로운 마당이 열리기 위한 임계점

창세기의 각 날의 창조는 누적적이거나 병렬적인 행위가 아니다. 그것은 각각 창조의 날마다 전환을 통해 다음 차원의 문이 열리는 점진적 창발 과정이다. 그러나 이 전환에는 신적 기준점이 필요하다. 각 마당은 선행 마당의 구조와 충분히 응답했는가, 감응력이 충만했는가, 빛과 질서가 지속 가능하도록 구조화되었는가에 대한 삼위일체의 내적 평가를 통과해야만 다음 차원의 무의 마당이 열릴 수 있다. 즉, "좋다" 하시는 선언이 없는 상태에서는 다음 창조로 나아갈 수 없다. 그것은 물리학적으로 말하자면 위상 전이가 일어나기 위해 요구되는 에너지 임계점과 같고, 신학적으로는 하나님의 생명 질서에 부합되는 응답성이 확보되었는지를 평가하는 내재적 선택의 순간이다. 이 평정이 반복되는 구조는 하나님의 창조가 기계적 명령의 누적이 아닌, [감응-응답-승인]의 신적 관계성 속에서 이루어지는 동적 과정임을 보여준다.

3) 양가무와 하나님의 평가: 공명-공진의 선택 구조

이 선언이 가능한 이유는 각 창조 과정이 단순한 물질의 배열이 아니라, 성령의 공명과 성자의 공진이 무의 장과 얼마나 잘 결합했는가에 대한 구조적 분별이기 때문이다. 성령은 무의 장에 울림을 가하고 성자는 그 울림에 질서를 부여하며 그 파동에 상호작용하는 관계를 통해 일정한 감응성이 생성된다. 그리고 하나님은 그 생성의 장이 다음 차원을 수용할 수 있는 열림에 도달했는지를 판단하신다. 그러므로 "좋다" 하시는 선언은 곧 삼위일체적 역동을 수용한 무의 장이 실제로 새로운 차원을 낳을 수 있을 만큼 열린 상태에 도달했음을 나타내는 신호이다.

4) 어둠에 대한 신적 경계이자 생명의 보호막

이 선언은 단지 승인만이 아니라 그 마당에 대한 하나님의 주권과 보호의 선언이기도 하다. 하나님이 보시기에 "좋다" 하시는 말씀이 선포된 마당은 어둠이 함부로 들어오지 못하는 신적 질서의 장이 된다. 이는 욥기에서 사탄이 하나님의 허락 없이는 욥을 시험하지 못한 것과 같이 신성한 경계를 뜻한다. 그렇기에 "좋다" 하시는 선언은 신의 기쁨과 생명 질서의 봉인이며, 창조된 것들이 그 자체로 존재할 자격을 부여받았음을 선언하는 인장의 언어이다. 이 언어는 그 마당 자체를 거룩한 영역으로 고정시키며 다음 무의 마당이 열릴 수 있는 조건이 마련되었음을 공적으로 선포한다. "좋다"라는 선언 없이는 다음 날이 시작되지 않으며 그 선언은 무의 잠재성이 실제의 차원으로 형상화될 수 있는 조건을 부여받는다. 이 선언은 차원 간 전이의 가능성을 확정하는 평가이고 생명 질서를 보호하는 방패이며, 다음 창조로 나아가는 문을 여는 관문이 된다. 그러므로 우리는 오늘도 하나님이 "좋다" 하신 선언 위에 머물기를 그리고 그 선언을 통해 열린 마당의 질서를 유지하며 다음 차원의 무의 마당으로 감응하고 도약할 수 있는 존재로 살기를 요청받고 있는 것이다.

4. 창세기 1-3장의 신정론적 재구성

무의 잠재성과 일치의 상응 각도, 이 관계구조를 이해한다면 기독교에 대해 무수히 쏟아져 왔던 신정론은 더 이상 딜레마가 아닐 것이다. 초점은 이제 '악의 존재'가 아니라 '그 악이 무엇이며 어떻게 탄생되었는지'로 옮겨간다. 하나님의 창조는 무로부터의 일회적 사건이 아니라 빛과 어둠 모두를 아우르시며 끊임없이 어둠마저도 빛의 질서로 초청하시는 다스림이기에, 우리는 주권자이신 하나님의 통치와 다스림 속에서 그분의 끈질기고 영원한 구속의 의지를 보게 된다.

1) 어둠과 빛의 경계 – 창조의 첫 질서(시간 1-7의 차원)

창세기 1장은 흔히 '무로부터의 창조 Creatio ex Nihilo'로 해석되지만, 히브리 성서의 원맥에서 이 '무'는 단순한 비존재가 아닌 혼돈적 상태 תהו ובהו, tohu wa-bohu, 즉 잠재성과 함께 파동과 충돌이 존재하는 역동적 장이다. 하나님의 창조는 이 무질서 위에 질서를 '더하는' 행위이다. 그러므로 이 무의 근원, 무를 있게 한 하나님의 속성이 중요하다.

> 땅은 혼돈하고 공허하며 어둠이 깊음 위에 있고
> '하나님의' 영은 수면 위에 운행하시니라 창 1:2

이 장면은 하나님의 창조가 무無화 과정에 공명 [영] 과 공진 [명령] 을 '덧입히는' 것으로 해석된다. 여기서 "빛이 있으라"라는 말은 단지 시각적 명령이 아니라 에너지와 질서의 중심을 세우는 선언이다. 혼돈하고 공허함tohu wa-bohu 과 흑암choshek 은 피조 이전의 무질서한 실재 상태로 활동적이고 끌리고 움직이는 잠재성의 장이다. 즉 하나님은 이 무질서한 상태를 제거하는 것이 아니라 그 위에 일치의 질서를 부여하는 다스림으로 운영하신다.

> 어둠은 제거되지 않는다.
> 오히려 '빛'과 함께 '밤'으로 분리되어 질서의 일부로 편입된다.
> 하나님은 어둠에 대한 '평가를 유보'하고
> 억누르거나 제거하지 않고 구조 내로 수용하며 다스린다.

여기서 하나님의 영 Ruach Elohim 은 무의 깊음 위를 진동하며 차원적 전이를 유도하는 기운의 임재로 해석된다. 이 장면은 신정론적 질문에 선제적으로 응답한다. 한편으로 하나님의 영에 감응되어 탄생한 빛의 시간이 있으나, 나머지는 여전히 잠재성을 지닌 어둠으로 남는다. 이때의 어둠은 빛의 질서 안에 편입된 것은 아니지만, 여전히 배제되거나 소멸되지 않고 다스림의 질서 안에 있다창 1:4. 여기서 어둠은 두 가지 잠재성을 지닌다. 삼위일체적 구원의 빛 안으로 들어와 새로운 차원을 생성하는 데 기여하거나, 구원에 대해 의지적인 거절과 대적을 거듭하여 더 큰 악으로 진화하고 창조 세계를 파괴하는 것이다. 그러나 창세기 1장의 두 어둠—창조 이전과 이후의 어둠—은 모두 다스림의 질서 안에 위치된 실재임에는 변동이 없다.

2) 자유의 시험과 두 법의 투쟁 – 의도된 가능성과 신정론의 여백

> 여호와 하나님이 그 사람을 이끌어 에덴 동산에 두어 그것을 경
> 작하며 지키게 하시고… 선악을 알게 하는 나무의 열매는 먹지
> 말라창 2:15-17

어둠의 위치와 존재가 훨씬 격상되었으며 [어둠의 형상화된 차원에 맞추어졌으며], 선악과는 생명과와 마찬가지로 선택할 수 있는 대등한 위치에 주어진다. 이 명령은 단순한 금지가 아닌 자유의 경계 설정이다. 하나님의 창조 질서는 질서 있는 공동체를 형성하는 자유와 책임의 구조를 포함한다. 생명과와 달리 선악과는 이차적 법의 상징으로 인간이 하나님 중심의 질서에서 자기중심 해석의 법으로 전이할 자유와, 선동으로 말미암아 악과 연합할 가능성을 내포한다.

따라서 악은 창조 외부의 침입이 아니라 창조 안에 허용된 가능성의 차원이다. 신정론의 핵심은 이 허용의 구조에 있다. 왜 하나님은 그러한 가능성을 열어두셨는가? 이는 '무로부터의 창조'가 아닌 무 안에서

의 자기조직화된 다스림이라는 비밀로 풀어진다. 하나님은 완전무결한 제거의 신이 아니라 대면하고 제한하며, 때로 허용하고 다시 질서화하시는 주권자로 드러난다.

창세기 2-3장은 에덴 동산에서의 자유의 여지와 선과 악의 인식을 중심으로 전개된다. 하나님의 명령 ["먹지 말라"] 은 단순한 기계적 금지라기보다 하나님과의 관계 안에서의 자유의 경계와 그 선택을 의미한다. 이때 뱀이 등장하는 창세기 2-3장의 천지의 구조는 1장과 전혀 다르다는 것을 주목하자. 창세기 2장에서 나타난 자연은 1장의 조화롭고 웅대한 창조라기보다는 그 흔적만 겨우 남아 있는 모습을 갖고 있다.

> 이때 등장하는 뱀과 그 유혹은 다른 중심의 어둠의 법, 즉 '자기 욕망 중심의 자유와 해석 질서'를 들이민다. 선악과는 단순한 선·악의 지식이 아니라 다른 '법'을 시도하는 힘, 즉 자율성과 반역의 접점이다.[105]

창세기 1장에서 어둠은 삼위일체적 시간과 공간의 일치적 질서 안에 있지만, 2장의 시공에서는 '활성화된' 혼돈의 씨앗이 인간이 선택하는 자유의 장 안에서 다시 발현될 수 있음을 보여준다.

> 너희가 그것을 먹는 날에는 너희 눈이 밝아져 하나님과 같이 되어 선악을 알 줄 하나님이 아심이라 창 3:5

---

105 | 이에 대해서는 Part 3(용), 4장의 "어둠의 자기조직화"에서 자세히 다룬다.

창세기 3장은 다시 창세기 2장으로부터 비롯된 또 다른, 그러나 훨씬 더 한정된 공간이다. 창세기 2장에서는 천지의 내력이 나타나지만 하나님은 동방의 에덴에 따로 동산을 창설하시고, 그곳이 창세기 3장의 무대가 된다. 뱀은 이 한정된 공간에서 힘을 발휘한다. 이전에는 형체도 없었던 어둠은 이제 언어를 갖춘 새로운 의식의 발화자로서, 창조주와는 또 다른 해석의 룰을 제시하기까지 한다. 뱀이 제시한 것은 하나님의 법인 창조 질서와는 대조되는 자기 판단의 법이며, 이로 인해 인간 중심의 인식 법칙이 악에 이끌리는 '죄의 근원'이 나타난다. 이러한 뱀의 제안은 단순한 거짓말이 아니라 다른 해석의 법을 제안하는 것이다. 이는 인간에게 존재의 중심과 차원을 전복시키는 도전이자 유혹이다.

디트리히 본회퍼 Dietrich Bonhoeffer 는 선악과를 "하나님 없이 선과 악을 판단하려는 자율성의 상징"[106]으로 보았다. 폴 틸리히 Paul Tillich 는 악에 대해서 "파괴는 특별한 신적 개입 혹은 마성적 개입 때문에 일어나는 것이 아니라 소외의 구조 자체 때문에 일어나는 결과"라고 말하며 악

---

106 | 디트리히 본회퍼(Dietrich Bonhoeffer)는 이러한 인간—즉 하나님 없이 선과 악을 분간하려 하는 고립된 인간을 '하나님처럼 되고자 하는 인간(Sicut Deus)'라고 부르며, '하나님의 형상(imago Dei)을 닮은 인간'과 구별한다. 이것은 하나님에 대항하여 '하나님처럼 되고자 하는 인간'의 모습이다. 즉 '하나님의 형상 안에 있는 인간과 하나님' 대(對) '하나님처럼 되고자 하는 인간(Sicut Deus)과 하나님'의 대립이 나타난다. '하나님의 형상'이란 하나님과 이웃을 위한 존재로서, 자신의 본래적인 피조물 됨과 유한함 속에 있는 인간을 의미한다. 반면 '하나님처럼 되고자 하는 인간'이란 스스로 선과 악을 앎으로써, 아무런 한계 없이 자신의 자원에서 행동하며, 스스로 존재하고, 홀로 있는, 하나님과 같이 되려는 인간을 의미한다. Dietrich Bonhoeffer, *Creation and Fall: A Theological Exposition of Genesis 1-3*, trans. Douglas Stephen Bax, ed. John W. de Gruchy (Minneapolis: Fortress Press, 2004), 48.

을 '존재의 구조 내 허용된 파열'로 해석한다.[107] 이는 하나님이 창조 구조 안에 자유와 그 파괴의 가능성을 허용하셨다는 뜻이다. 이는 창세기 3장이 단지 윤리적 타락이 아니라 다른 차원으로의 전이 사건임을 보여준다. 무無의 가능성은 폐기되지 않고 인간 자유의 장 안에 잠재된 선택지로 잔존한다.

뱀이 개입하는 틈은 창세기 3장에서 어둠의 불안정성이 활동하는 여지를 보여준다. 이로써 혼돈은 고정화된 억눌림이 언제든 차원과 장에 따라 재창출되는 잠재성임이 드러난다. 타락한 인간은 그 무를 '자기 욕망의 법'으로 호출했고, 이는 선과 악의 구분이라는 심판과 구속의 질서를 불러온다. 하지만 이 심판은 멸절이 아닌 다시 시작되는 은총의 경계와 다스림의 구조로 연결된다. 하나님께서는 어둠과 반역을 선택하여 에덴에서 쫓겨난 인간에게 가죽옷을 지어 입히신다창 3:21. 그러나 그곳에서도 악은 자신의 계보를 이루며 더욱 구체화되고 진화한다. 악의 활동 무대는 피조 세계 외부에서 침투한 이질적 힘이 아니라 창조 안에 허용된 '가능성의 차원'으로서의 무이다. 인간은 그 무에 '욕망'으로 응답함으로써 차원을 전도시키고, 하나님의 법과 자기 법 사이의 전쟁에 진입하게 된다.

3) 핵심 긴장: 창조 – 다스림/혼돈의 잔존과 궁극적 승리
여기서 신정론의 딜레마가 발생한다. 하나님은 왜 그 가능성을 열어두

---

107 | Paul Tillich, *Systematic Theology*, vol. 2, *Existence and the Christ* (Chicago: University of Chicago Press, 1957), 60.

셨는가? 히브리 성서 전체는 다음과 같은 영적 변증법에 근거한 신학 spiritual dialectic theology 의 방향성을 보여준다. 창조는 혼돈의 제거가 아니라 다스림 속에 자기 밖의 존재를 '자기 안에' 재편입하는 행위이다. 악은 창조 질서에 외재적이면서도 동시에 내재적이며, 하나님의 허용 속에서 활동할 수 있다. 야훼의 승리는 완결된 상태가 아니라 항상 '다시 회복되어야 하는' 질서의 재구축이다. 이러한 역동은 노아의 홍수, 출애굽, 바벨론 포로기 그리고 종말론에 이르기까지 반복된다. 그 원리에 따라 하나님의 다스림은 차원적으로는 항상 무의 경계에서 생성된다. 혼돈은 단순한 폐기물이 아니라 잠재적 저항자이자 새 창조를 촉진하는 동인이기도 하다. 새 창조적 잠재성이 저항보다 훨씬 더 큰 차원으로 존재해야만 하는 것이다.

히브리 신앙은 절대자에 대한 노예적 굴종을 원하지 않는다. 그렇기에 신뢰를 가지고 하나님과의 논쟁하는 것 역시 신앙으로 허용한다. 욥, 예레미야, 시편의 기자는 하나님의 침묵과 주권에 대해 항의하면서도 그 안에서 여전히 언약에 대한 신실함을 잃지 않는다. 그들의 탄식과 질문은 신정론을 관념적 설명이 아닌 실존적 질문으로 전환시키는 신앙의 행위로 만든다. 심판과 구속의 역사 속에서 무는 제거되지 않는다. 오히려 모든 창조는 다시 무로부터 창조하고 '재조직화'되는 사건이며, 하나님은 이 무를 다스리시고 인간은 자기 안의 자유와 악을 다스림으로 빛과 일치하는 존재이다. 따라서 신정론은 다음과 같은 차원론적 진술로 정리된다.

하나님의 전능은 무를 제거하는 힘이 아니라, 무 안에서 자유의

잠재성의 힘과 역동을 가지고 근원에 일치하는 질서를 반복해 탄
생시키는 자기조직적 권능이다.

하나님의 창조는 어둠과 악의 허용을 통해 드러나는 다스림이다. 하나
님은 신의 형상으로서 그분이 부여하신 자유 의지를 존중하시며, 설령
자신이 거부당할지라도 그 선택으로 인한 결과를 수용하신다. 창조는
완전무결한 결과물이 아니라 혼돈 위에서 질서를 부과하는 끊임없는
다스림의 행위이다. 히브리 창조 신학의 핵심은 무질서의 파동을 하나
님이 다스릴 수 있다는 신뢰이며, 이 믿음은 현실의 악과 고통을 회피
하지 않으며 정면으로 마주하고 오히려 이를 더 큰 차원 아래 둘 수 있
는 힘으로 성립된다.

이사야 45장 7절은 하나님을 빛도 짓고 어둠도 창조하며, 평안도 짓고
재앙도 창조하는 자로 고백한다. 이는 창세기 1장의 구조를 직접 계승
하는 선언이며, 혼돈과 악도 하나님의 다스림 안에 있다는 신정론적
확신을 보여준다. 노아의 홍수, 출애굽, 바벨론 포로기, 종말론은 모두
질서가 위협받고 다시 회복되는 반복의 구조를 보여준다. 즉, 하나님의
창조는 완결이 아니라 지금도 진행되고 있다는 점에서 반복적이며, 다
스림은 자기조직화의 갱신을 포함한다. 이때 혼돈은 제거 대상이 아니
라 '역창조 de-creation [108]와 재창조 사이의 잠재성'으로 남아 있다.

---

108 | 이사야 45장 7절의 "나는 빛도 짓고 어둠도 창조하며 나는 평안도 짓고 환난도 창
조하나니…" 이 본문은 하나님의 절대주권적 창조성이 혼돈, 어둠, 재앙까지 포함한다는
선언이다. 구조적 의미로 볼 때 창세기 1장의 혼돈 위에서의 창조 구조와 직접 연결되는
태초의 무의 창조의 차원을 나타낸다고 할 수 있다. 노아, 출애굽, 바벨론 포로기, 종말론
은 모두 질서 붕괴와 갱신의 반복으로 이 과정에서 혼돈은 단순히 심판과 제거의 대상이

창세기 1-3장은 악이 어떻게 존재할 수 있는가에 대한 직접적 해명을 제시하지 않는다. 대신 하나님의 질서화 권능 그리고 반복적 창조의 구조 안에 차원에 맞추어 그것을 견디고 다루는 길을 열어놓는다. 창조는 자유의 혼돈 위에 세워진 다스림의 반복적 실현이다. 신정론은 전능한 통제가 아니라, 무에 접촉하여 생명을 낳고 다시 질서화하는 사랑의 통치로 확장된다. 생명의 법도 이 어둠과의 씨름을 통해 더욱 공고하며 정교해진다. 어둠으로부터 분리하고 쟁취해 온 땅이 빛의 공간이 되며 이 빛의 공간 안에서 다스려진 어둠은 새로운 창조의 잠재성이요 재료가 된다. 창조는 이 모든 과정과 역동을 포함하며 차원을 달리하여 진행되고 있다. 하나님의 창조는 무로부터의 일회적 사건이 아니라 무의 경계 위에서 질서를 반복적으로 조직화하는 다스림이다. 존재와 무, 무의 공명과 공진, 빛과 어둠, 시간과 공간, 저녁과 아침, 상부와 하부 차원, 동등한 차원 등 모든 영역과 관계에서 이 무는 창조의 기둥 역할을 한다. 욥과 시편 기자, 예레미야처럼, 성서의 신앙인들은 하나님의 지연된 다스림 앞에서 질문하고 항의하지만 그 일치 관계에서 이탈하지 않는다. 이는 논쟁과 순종이 공존하지만 긴장적 일치를 잃지 않는 신정론의 성숙한 형태다.

아니라, 새로운 창조의 가능성을 품은 '잠재적 마당'으로 거슬러 올라간다는 의미가 있다. 물론 '역창조'라는 단어의 용례가 가진 한계가 있다. 일반적으로 '역창조'는 창조를 되돌린다는 모호한 이중 의미도 포함되어 있다. 그러나 본 장에서 말하고자 하는 바는 역창조가 단순한 되돌림이나 반복이 아니라, 창조의 위기와 균열이 창조 질서 내에서 발생하면서 새로운 질서를 위한 가능성을 열어주는 태초의 무의 잠재성에서 나타난다는 의미다. 즉, 이 때 '혼돈'은 악의 폐기물이 아니라, 아직 길들여지지 않고 남아 있는 창조적 잠재성, 혹은 돌이킬 가능성이 있는 잠재성의 상태라는 의미로 'De-creation'을 사용한다. 하나님의 역사 속에서 창조는 단순한 수동적 배경이 아니라, 끊임없는 근원으로부터 오는 끝없는 '내적 분화와 자기 조정'의 장이다. 질서의 해체와 재구성은 하나님의 창조성을 드러낼 뿐만 아니라 인간-세계와 실제로 관계 맺는 방식의 핵심 요소로 자리한다.

4) 창조 질서를 통한 악의 시공간적 구획과 다스림

창세기 1장은 '시간과 공간의 다스림'을 중심으로 한 삼위일체적 우주론적 질서를 서술한 것이다. 이는 고대 히브리 창조 개념과 삼위일체론, 물리학의 차원 분리와 연합 개념을 종합하여 '빛과 어둠의 다스림이 구조적으로 구획된 우주적 공간 질서'로 재해석될 수 있다. 첫날의 빛의 창조 이후 공간은 상부와 하부로 분할되며 다스려진다.

> 하나님이 이르시되 물 가운데에 궁창이 있어 물과 물로 나뉘게 하
> 리라… 하나님이 궁창을 하늘이라 칭하시니라 창 1:6-8

창세기의 이 대목은 종종 '대기권 창조'로 단순히 해석되지만 본문은 훨씬 더 깊은 우주론적 분할 구조를 암시한다. 여기서 '물과 물 사이의 궁창'은 단지 자연 현상이 아니라 차원을 구획하는 공간적 경계이며 두 번째로 큰 구조적 창조 행위이다. 삼위일체적 우주 구조는 고차원에서 하위 차원으로 흐르며 성부는 질서의 근원으로서 태초를 선언하며 모든 차원의 구분과 시작을 뜻하는 '분리의 명령'을 발한 존재가 된다. 성자는 로고스로서 구획하는 존재이며 '말씀으로 나눔'은 존재의 질서를 분기시키는 구조화 행위로서 빛과 어둠, 물과 물, 하늘과 땅의 경계를 의미로 구획하는 중심 좌표로 작동한다. 성령은 차원 간 진동자로 궁창[하늘]을 매개로 위의 물[고차원의 잠재성]과 아래의 물[하위 차원의 구체화]을 연결한다. 성령은 차원 간 파동과 계시의 중개자이자 혼돈의 잉여를 생명의 리듬으로 번역하는 존재이다.

(1) 공간: 하늘의 3중 구조 그리고 어둠의 권세가 허락된 둘째 하늘

히브리 사상과 초기 기독교 전통에서 하늘은 세 층위로 구성되어 있다. 셋째 하늘은 하나님의 보좌와 초월적 영광의 세계, 시간 바깥의 원형적 질서가 존재하는 공간이다. 둘째 하늘은 영적 권세들이 활동하는 중간 차원으로서 영의 진동이 파동처럼 흐르며, 어둠의 세력들이 제한된 범위에서 작동하는 공간이다. 여기서 어둠은 완전히 제거되지 않고 한정된 권세를 부여받는다. 첫째 하늘[지귀]은 피조물이 거하는 공간으로 성육신을 통해 의미와 질서를 다시 부여받고, 새로운 창조 역사와 생명의 반복적 리듬을 전개한다.

이 구조 속에서 어둠은 지워지지 않은 실재이되, 빛의 통치 아래 제한된 역할을 수행하게 된다. 즉, 빛은 어둠과의 투쟁을 통해 다스림을 이루는 것뿐 아니라 더 큰 차원의 장에서는 어둠을 구조 속에 수용하고 조율함으로써 질서를 완성한다. 이 삼위의 공동 작용은 시간의 두 차원을 오가며, 어둠의 잔존을 허용하면서도 최종적으로 다스림과 구속의 질서를 완성해 간다.

성경은 어둠을 피조 질서 외부에서 침입한 이질적 악으로만 묘사하지 않는다. 오히려 창세기 1장에서 하나님은 어둠이 존재하는 상태를 수용하고 그 위에 질서를 부과하신다. 특히 둘째 하늘에서의 어둠은 다음과 같은 방식으로 묘사된다: 1) 일정 범위 내에서만 활동을 허용받음 욥 1-2, 엡 6:12. 2) 성령의 감지와 교통에 의해 제한됨 계 12장. 3) 궁극적으로 성자의 재림과 심판에 의해 추방됨 계 20:10. 어둠은 전면적이거나 본질적인 힘이 아니며, 질서화되지 않은 에너지로서 삼위 하나님의 목적 속에서 허용된 잉여적 실재이다.

어둠은 무에서 분기점이 갈라진다. 어둠은 빛의 시간으로 질서화되지 않은 물질과 공간의 여백에 국한된 권세를 부여받는다. 이 권세는 '빛의 명령'을 거슬러 일종의 역질서의 장anti-order field을 형성하지만, 이는 삼위일체적 다스림의 허용 속에 있는 혹은 패배로 예정된 제한적 활동이다.

(2) 시간 - 무의 차원에서 본 시간의 두 얼굴

이런 관점에서 보면 '시간'은 단순히 물리적 인과의 흐름으로 환원되지 않는다. 성경 속 시간은 근본적으로 어둠과의 관계 속에서 두 가지 층위를 지닌다. '크로노스chronos'와 '카이로스kairos'라는 시간 개념도 여기에 깊이를 더한다. 흔히 크로노스는 선형적인 시간의 흐름, 카이로스는 사건으로 개입하는 결정적 시간의 순간으로 이해된다. 그러나 본디 시간은 창조의 산물이며 빛과 어둠의 분기점이 있다. 예를 들어 창세기 1장의 '날'이라는 단위는 선형적 시간의 개시 같지만 그 이면에는 존재론적 시간의 다층적 차원이 겹쳐 있다. 빛과 어둠의 대비는 단순한 물리적 현상이 아니라, 삼위일체적 자기 현현과 피조 세계의 응답 속에서 탄생하는 시간의 이중 구조이다. 성서는 이 잠재적 리듬에 따라 시간의 통치를 묘사한다.

제1차원의 시간은 빛과 어둠의 공존 구조 속에 있다. 하나님은 "저녁이 되고 아침이 되니 이는 첫째 날이니라"라고 선언하심으로써, 시간의 리듬을 설정하셨다. 이 리듬은 어둠이 먼저 오고 빛이 따라오는 구조를 갖는다. 즉, 어둠은 제거되지 않고 창조의 주기 속에 포함된다. 이 시간은 농사의 계절처럼, 피조물이 스스로를 형성해 가는 반복적인 시간 안에 잠재성으로 숨어 있는 빛의 시간이다. 여기서 빛은 명시적 명령이기보다는 삶의 리듬을 정돈하는 조율자로 작용한다. 어둠은 도전자이며 동시에 훈련의 장으로 하나님의 명령 안에서 일정한 범위 안에 위치한다.

제2차원의 시간은 빛의 돌입과 어둠의 전복이다. 성경은 조화와 반복적 시간만 말하지 않는다. "빛이 있으라"라는 하나님의 말씀은 단순한 '시작'이 아니라 심연에 돌입하는 결정적 사건이다. 이때 시간은 멈추거나 굽혀지고, 빛이 어둠을 뚫고 들어오는 사건의 시간kairos 으로 바뀐다. 이 시간은 삼위일체 하나님의 공동 개입, 특히 성자의 말씀과 성령의 임재가 차원을 뚫고 내려오는 시간이다. 그 순간 어둠은 더 이상 공존할 수 없고 질서 안에 포섭되거나 추방되는 구조로 바뀐다.

즉 현재의 시간은 어둠을 안고 있지만 빛이 오면 다스려진다. 시간은 어둠과 빛의 대결장이 아니라 그 두 긴장 속에서 펼쳐지는 삼위일체적 다스림의 장이다. 어둠은 파멸되어야 할 대상만이 아니라 리듬 속에 구획되고 질서화되어야 할 실재이며, 빛은 그것을 통과하여 창조적 질서를 반복적이고 사건적으로 선포하는 구조화의 힘이다. 빛은 어둠과 함께 있지 않고 어둠을 지나 새로운 질서를 만든다. 그 경계 위에서 삼위 하나님의 손길로 생명의 시간과 공간이 창조된다.

그 원리는 창조 질서 안에서 어둠에 허용된 권세와 빛의 통치다. 창조란 단지 어떤 존재를 '만드는 것'이 아니다. 실제로 '만드는' 행위로서의 창조는 창세기 1장이 아니라 2장에 들어서서 이루어진다. 창세기 1장의 창조는 근원이신 유일하신 하나님을 믿으며 삼위일체 하나님의 작용—무질서한 가능성의 장 속에서 영과 진리의 질서를 구획하고 구조화하는 응답적 행위이다. 히브리의 창조 서사는 이것을 "하나님이 나누사… 이름을 부르사… 질서를 정하시니라"라는 반복적 진술 속에서 드러낸다. 특히 창세기 1장 6-8절의 물과 물 사이의 궁창을 세우시는 장면은 단지 대기권이 아닌 원초적 차원 간 경계의 설정이다. 이때 등장하는 빛과 어둠의 구분, 하늘의 분할, 물과 물의 분리 등은 삼위일체 하나님의 시간-공간 질서 구조화 행위로 해석될 수 있다.

따라서 성경에 나타나는 시간은 단순히 인과적이거나 물리적 흐름이 아니라 '어둠과의 관계 속에서 두 층위로' 나뉜다. 근원의 회복 시간은 하나님의 개입이 돌입하는 시간으로 결정적 사건이 현실 세계를 관통하여 차원을 전환시킨다. 이는 빛이 어둠을 뚫고 들어오는 시간으로 회개, 계시, 부활, 심판과 같은 구속적 사건이 발생하는 시간이다. 이 시간 안에서 현실의 선형적이며 반복되는 시간chronos, 생장, 순환, 역사적 지속의 영역이 조화롭게 진행된다. 여기서 어둠은 허용되며 리듬의 일부 [예: 음과 양, 낮과 밤] 로 작동한다.

우주의 구조는 삼위일체적 질서 속에서 다스려진다. 하나님은 시간과 공간을 단순한 선형 흐름이나 물리적 배경으로 두신 것이 아니라 빛과 어둠이 긴장하며 조화되는 다층적 구조로 설계하셨다. 시간은 반복적 리듬 속에서 인내하게 하고, 사건 속에서 전환과 구속을 가능케 한다. 공간은 초월과 매개의 두 지향성, 피조의 층위로 나뉘되 그 모든 곳에서 삼위 하나님의 운행, 말씀, 일치의 질서가 활동한다. 어둠은 단순한 제거 대상이 아니라 빛의 질서 안에서 다스림 받으며, 최종적으로 생명 창조와 조직화를 위한 배경이 된다. 하나님은 빛이시다. 그러나 그 빛은 어둠을 없애지 않고 다스린다. 그것이 바로 시간과 공간이 존재하는 방식이며 우리가 존재하도록 허락된 방식이다.

5. 무의 마당에서 공명하고, 차원에서 공진하다
– 동서 사유의 양가무적 통합

인류의 철학은 동양과 서양이라는 두 커다란 장에서 각각 다른 방식으로 실재를 탐색해 왔다. 동양은 흐름과 관계성, 공명적 감응을 중심으로 존재를 사유했고, 서양은 구조와 주체화, 개념적 분리를 통해 실재를 구획 지어왔다. 그러나 이 둘은 단순한 대립항이 아니다. 오늘날 우리는 이 두 흐름이 결국 무無의 마당에서 운동하는 동전의 양면임을 알게 된다. 이 모든 사유는 '공명과 공진의 양가무 兩價無'[109]—즉 무의 장場에서의 감응성과 차원이 전환되는 구조적 경계 안에서 긴장적 통합을 꾀할 수 있다.

1) 동서 사유의 차이를 '무의 장'에서 조율한다는 관점
동양 사유는 실재를 고정된 실체로 보지 않는다. 모든 존재는 흐름 속에서 잠시 머무는 형상일 뿐이다. 이 흐름의 근원은 무無이며, 근원과

---

109 ┃ 공명과 공진의 양가무에 대해서는 94번 각주를 참고하라.

연합될 때 이 무는 '없음이나 공空'이 아니라 모든 가능성과 생성을 품은 여백의 진동 장場이 된다. 도가의 '유는 무로부터 생긴다'라는 통찰은 존재의 차원이 본래 무의 파동에서 비롯된다는 인식의 핵심을 짚는다. 불교에서 말하는 무상無常과 무아無我는 존재가 자기 동일성을 지니지 않고 계속해서 감응하며 진동하고 전이되는 현상임을 말한다. 반면 서양 사유는 존재를 분명하게 규정하고 형상화하려 한다. 르네 데카르트René Descartes로부터 시작된 근대의 주체 중심 사유는 존재의 핵심을 '자기 인식의 구조' 안에 위치시켰으며, 임마누엘 칸트Immanuel Kant와 프리드리히 헤겔Friedrich Hegel에 이르러서는 그 구조를 이성과 정신의 자기 전개로 해석했다.[110] 그러나 이 흐름도 결국 마르틴 하이데거

---

110 | 르네 데카르트(René Descartes)는 근대 철학에서 '주체 중심 사유'의 문을 연 인물로 평가된다. 그는 모든 것을 의심하는 방법론적 회의를 통해 궁극적으로 의심할 수 없는 확실한 진리, 즉 "나는 생각한다, 고로 존재한다(Cogito, ergo sum)"에 도달하였다. 이를 통해 그는 존재의 핵심을 외부 세계나 신이 아닌, '자기 인식의 구조', 즉 사유하는 자아(의식) 안에 위치시켰다. 데카르트에게 자아는 인지의 주체이자 사유 없는 존재를 상상할 수 없는 독립적이고 영속적인 실체이다. 이러한 자아는 계몽사상의 '자율적이고 합리적인 주체'의 근본 원리를 확립하는 데에 큰 역할을 하였다. 데카르트는 신의 존재 증명을 한 유신론자였고 평생 로마 카톨릭 신자였지만, 그의 신앙은 기계론적인 관점에서의 신에 가까웠으며 이에 따라 자연 세계와 우주 역시 기계 장치로 귀결된다. 그는 『철학원리(Principia Philosophiae)』에서 역학의 출발점으로서의 신을 상정했다. 이 명제는 '신은 운동의 제1원인이며, 그는 항상 우주 속에 같은 양의 운동을 보존하고 있다'라고 했다. 데카르트는 신이 태초에 정한 '자연의 법칙'에 따라 세계를 지배한다고 생각했고, 창조 후 이제까지 자동 기계에 대해 간섭하지 않는다는 신론을 펼쳤다. 임마누엘 칸트(Immanuel Kant)는 데카르트가 확립한 주체의 사유 구조를 '이성의 자기 전개'라는 관점에서 심화시켰다. 칸트는 인간의 이성이 단순히 대상을 수동적으로 받아들이는 것이 아니라, 인식의 대상(현상)을 구성하고 질서화하는 능동적인 역할, 즉 스스로 작동하고 규칙을 만들어가는 능력을 가지고 있다고 보았다. 그의 비판 철학은 순수 이성의 한계와 가능성을 탐구하며, 인간 이성이 스스로 자신에게 던지는 질문에 답하고 모순을 해결해 나가는 과정을 통해 자신을 정립해 나간다는 점을 강조했다. 이는 주체 내부의 이성이 스스로의 원리에 따라 세계를 이해하고 윤리적 판단을 내리는 '자기 전개'의 양상을 보여준다. 프리드리히 헤겔(Friedrich Hegel)은 칸트의 이성 개념을 더욱 확장하여 '정신의 자기 전개'라는 개념으로 발전시켰다. 그는 '정신(Geist)'을 단순히 개별 주체의 이성이 아닌, 역사와 사회 속에

Martin Heidegger 와 사르트르에 이르러 존재를 넘어서 무와의 관계로 회귀하게 된다.[111]

이러한 차이 속에서도, 두 전통은 모두 존재와 무를 사유한다. 다만 동양은 관계와 리듬의 마당에서의 공명을 강조하고, 서양은 자기 규정과 선택의 차원에서의 공진을 강조하는 흐름이 주를 이루었을 뿐이다. 이 두 사유는 현대적 사유에서 무의 마당과 연결되며, 그 안에서 조율되고 확장된다.

서 끊임없이 발전하고 스스로를 실현해 나가는 보편적이고 절대적인 존재로 보았다. 헤겔의 주저 『정신현상학(Phänomenologie des Geistes)』은 의식, 자기의식, 이성, 정신, 종교, 절대지에 이르는 정신의 발전 단계를 설명하며, 이 과정에서 정신은 대립과 모순(변증법)을 통해 스스로를 지양하고 더 높은 단계로 나아가면서 점진적으로 자신을 온전히 인식하고 실현한다고 주장했다. 이는 주체의 사유가 단순한 자기 인식을 넘어 역사적이고 총체적인 '정신의 자기 전개'로 이해된 것을 보여준다.

111 ┃ 마르틴 하이데거(Martin Heidegger)는 주체 중심 사유의 흐름은 인간 이성과 정신의 능동적이고 자기 전개적인 특성이 존재(Sein) 자체의 의미를 망각하고 존재자(Seiendes)를 중심으로 사유했다고 비판한다. 그는 인간 존재를 '세계-내-존재(Dasein)'로 규정하고, 존재를 이해하기 위해서는 '무(Nichts)'와의 관계를 직시해야 한다고 보았다. 하이데거에게 '무'는 단순히 존재의 부재나 허무가 아니라, 존재자가 드러날 수 있는 근원적인 배경이자 존재 자체의 본질과 밀접하게 연결된 것이다. 그는 인간이 '불안(Angst)'이라는 근본적인 정조(情調)를 통해 '무'와 마주하게 되며, 이 '무'의 경험을 통해 비로소 모든 존재자가 지니는 의미와 궁극적으로는 존재 자체의 의미를 깨달을 수 있다고 주장했다. 따라서 '무'는 존재를 이해하기 위한 필수적인 지평이자 조건이 된다. 장-폴 사르트르(Jean-Paul Sartre)는 하이데거의 영향을 받아 실존주의 철학을 전개하며 '존재와 무의 관계를 인간의 자유와 책임의 근거로 삼았다. 그의 주저 『존재와 무(L'Être et le Néant)』에서 사르트르는 존재를 '즉자 존재(en-soi)'와 '대자 존재(pour-soi)'로 구분했다. 인간은 의식을 가진 '대자 존재'로서, 끊임없이 자신을 초월하려는 존재이며, 이러한 초월의 과정에서 '무(Néant)'가 발생한다고 보았다. 사르트르에게 '무'는 인간 의식의 본질적인 특성이자 자유의 공간이다. 즉, 인간은 '무'를 통해 자신의 본질이 미리 정해져 있지 않고 스스로 만들어 나가야 하는 존재임을 깨닫게 되며, 이는 무한한 자유와 그에 따르는 책임을 의미한다. 주체의 사유는 궁극적으로 '무'라는 허공 앞에서 자신의 존재를 스스로 구성해야 하는 실존적 상황으로 귀결된다.

2) 공명과 공진 – 마당과 차원의 이중 구조

'공명 共鳴'은 존재가 파동처럼 다른 존재에 감응하여 울리는 현상이며, '공진 共振'은 상이한 파동들이 상호작용하면서 하나의 구조적 진동을 증폭시키는 과정이다. 이 둘은 동양과 서양 사유의 심층 구조를 상징적으로 대변할 수 있다. 공명은 동양의 감응적 존재론을 대표한다. 무심 無心, 무위 無爲, 자비 慈悲, 도 道—모두 형상이 생기기 전의 조율된 울림을 중요시한다. 공진은 서양의 실존적 구조화와 대응한다. 주체·선택·자유·실존·윤리—이들은 파동이 구조화되고, 응답이 결정으로 전환되는 움직임을 뜻한다.

마당은 이러한 공명과 공진이 교차하고 충돌하고 포개지는 장소이다. 마당은 단순히 무의 여백이 아니라 존재가 새롭게 형상화되기 직전의 에너지적 접속면이며 차원의 문턱이다. 동양의 사유는 이 마당에 대한 섬세한 감지력을 제공하고, 서양의 사유는 그 마당에서 태어난 구조들을 조직하고 전개해 나간다.

3) 차원론적 관점에서 재통합되는 동서 사유

이제 우리는 이러한 두 사유의 방식이 실은 동일한 양가무의 구조 안에서 작동한다는 것을 볼 수 있다. 동양은 무의 장에서의 공명, 서양은 차원적 전이 속 공진을 강조해 온 것이다. 이 둘은 대립하는 것이 아니라 차원을 넘나들며 순환하는 이중 작용의 구조를 이룬다. 동양은 '존재 이전'의 파동을 감지하고 서양은 '존재 이후'의 책임을 구조화한다. 이와 같이 동서 사유는 무의 장에서 차원으로 이어지는 생성 구조에 각기 다른 빛을 비춘다. 그 접점에 서 있는 것이 바로 공명–공진의 양가무이며 이것이 존재가 생성되고 구조화되며 도약하는 리듬이다.

4) 무의 마당: 공명과 공진이 맞물리는 신적 인터페이스

이 마당은 단순한 공간이 아니다. 이는 성령이 운행하며 공명하고, 로고스가 진입하여 공진하는 무의 인터페이스 Interface Nada 이다. 동양의 도는 이 마당의 흐름을 감지하고 따르는 법이며, 서양의 로고스는 이 마당 안에서 구조를 생성하고 의미를 조직한다. 그러므로 무의 마당은 동양의 내적 침묵과 서양의 논리적 구조가 접속하는 존재의 가장 깊은 경계면이며, 그곳에서 공명과 공진은 빛과 어둠, 실존과 형상, 감응과 선택이 교차하며 존재의 새로운 차원을 열게 한다.

이제 우리는 동서 사유의 통합이 단지 사상사의 문제나 문화적 융합의 문제가 아니라, 존재 방식의 전환을 위한 차원적 진동의 쌍방향적 재구성임을 인식해야 한다. 그 중심에 있는 인간은 더는 자기중심적 주체도 해체된 객체도 아니다. 그는 무의 마당에 감응하고, 차원의 구조에 공진하며, 존재를 새롭게 태어나게 하는 차원적 실존자이다. 그는 침묵과 여백에 귀를 기울이며 공명하는 자, 윤리적 결단과 구조적 실천을 통해 공진하는 자, 무의 파동과 구조적 형상을 함께 인식할 수 있는 통합적 리듬의 주체다. 결국 동양과 서양은 다른 곳을 향한 여정이 아니었다. 그들은 존재의 동일한 중심, 곧 무의 마당을 둘러싸고 양방향으로 진동해 온 것이다. 이제 우리는 그 장 안에서 서로의 파동을 인식하고 그 구조를 공진시키며, 보다 깊고 입체적인 존재의 차원으로 나아가야 한다. 그러므로 공명은 감응을 시작하는 떨림이며, 공진은 창조를 열어젖히는 경계의 힘이다. 그 둘의 교차점에서 새로운 존재 방식이 움튼다. 그리고 그 장은 바로 근원과 맞닿은 무의 마당이다.

3

과학과 양가무

과학과 신학은 오랫동안 인간 이해와 세계 해석의 두 기둥 역할을 해왔다. 전자는 세계의 물리적 구조와 법칙을 해명하는 데 헌신해 왔고, 후자는 그 세계를 관통하는 의미와 목적 그리고 인간의 궁극적 지향을 묻는 전통을 견지하며 각자의 자리를 유지해 왔다. 그러나 근대에 접어들며 이 둘은 서로 평행선을 그으며, 때로는 충돌하고 때로는 외면하며 각자의 방식으로만 세계를 해석해 왔다.

괄목할 만한 점은 현대 물리학이 도달한 새로운 발견들—양자역학의 불확정성, 끈string 이론의 다차원적 구조, 자기조직화된 복잡계의 창발성—이 고전적인 인과율과 목적론에 기반한 근대 과학의 설명으로는 더 이상 자연 세계를 통합적으로 포괄하기 어렵다는 사실을 보여주고 있다는 것이다.

이러한 과학의 도약과 딜레마는 동시에 신학을 향해서도 근본적인 질문을 던진다. 신은 어디에서 어떻게 작용하는가? 창조는 단회적인 사건인가 아니면 여전히 지속되는 자기표현의 흐름인가? 우주의 다층적 구조와 예측 불가능성 속에서 신의 섭리는 어떻게 이해될 수 있는가? 무엇보다도 과학이 다루는 세계와 신학이 고백하는 세계는 서로 분리 되어야 하는가 아니면 보다 깊은 차원에서 만나야 하는가?

이 장은 위와 같은 문제에 대한 접근 방식을 '근원적 차원'과 '양가무 無의 구조'를 중심으로 새롭게 정립하고자 한다. 고전적 신학과 과학 의 통합이 주로 개념의 병렬적 정합성 또는 상보성에 초점을 맞췄다 면, 본 글은 존재론적 '차원들의 구조'를 따라 새로운 과학과 신학의 만남 지점을 모색하려 한다.

1. '과학과 신학'의 대화: 무의 과학과 영성 신학

성서의 '차원'은 단지 공간적 또는 물리적 개념이 아니라 존재의 층위 와 인식의 깊이, 의미의 구조를 함께 가리키는 범주이다. 즉 물리적 실 재有의 차원, 비가시적 가능성과 진동으로 가득한 무無의 차원 그리 고 자율성과 의미를 갖춘 창발적 조직화인 용用의 차원, 초월적 통합 과 자기 수여가 일어나는 영[0]의 차원은 분리된 것이 아니라 상호적으 로 포개지고 서로에게 진입할 수 있는 층위로 존재한다. 과학은 주로 유-용의 층위에서 작동하며, 신학은 무-영의 층위를 중심으로 세계를 해석해 왔다. 하지만 최근의 현대 물리학과 무의식을 다루는 심리학 등은 유-용의 저변에 있는 무의 층위를 다루기 시작했다. 즉 이 현대 학문들의 지평들은 단절된 것이 아니라 '무'의 중심에서 상호감응하고 공명하며, 대화의 열린 구조 속에 놓여 있다.

이때 필요한 것이 '인터페이싱 나다Interfacing Nada'로서의 양가무이다. 앞서 양가무의 특성을 '인터페이스 나다Interface Nada'로 설명하였으나 과학과 신학과 같은 학문들의 연결적 접속면을 위해서는 '인터페이싱interfacing'의 역동적 특성이 필요하다. '인터페이스interface'는 전통적으로 두 체계나 차원 사이의 경계면을 의미하는 용어로 사용되어 왔다. 이 개념은 컴퓨터 공학, 시스템 이론, 정보 기술 등에서 유용하지만, 대체로 정태적static 구조이며 사전 정의된 규약이나 형식의 교환 지점을 전제로 한다.

이러한 점에서 인터페이스는 구조적 고정성과 중립성의 개념에 가까운 반면 '인터페이싱 나다'는 그와 다른 속성을 가리킨다. 여기서 차원 간에 작동하는 '양가무Interfacing Nada'는 통합의 핵심인 '접속면'의 연합적 특징을 제공하기 때문이다. 양가무란 무가 단지 부재나 결핍이 아니라 서로 '모순되거나 이질적인 차원이 조우하는' 진동적 장을 뜻한다. 즉 과학이 탐지한 우주의 불확정성과 비결정성, 창발성과 복잡성은 차원 간의 공명과 간섭의 흔적일 수 있다. 마찬가지로 신학이 말하는 초월성, 성육신, 은총, 종말론 역시 단지 신화적 고백이 아니라 다차원적 실재가 현실 세계에 접속하는 양가적 틈의 구조들을 나타낸다.

이 진행형으로서의 '양가무'는 차원들 사이에서 실시간으로 작동하며, 감응과 진동, 창발과 전이의 사건이 일어나는 동태적 장場을 지시한다. 여기서 'Nada[무]'는 차원과 차원 간의 공명과 간섭, 생성이 이루어지는 살아 있는 틈이며 접속면이다[사실, 원래 살아 있는 것들만 대화가 가능하다]. 따라서 신학과 과학 사이의 대화에서 양자의 언어가 감응할 수 있는 실질적인 차원 구조를 다음과 같이 제공할 수 있다.

1) 정적인 'Interface'에서, 현재 진행형의 'Interfacing'으로

현대 과학과 신학의 대화는 단순히 개념과 개념을 나란히 놓고 비교하는 죽은 방식으로는 불충분하다. 양자 사이에는 해석의 전이와 시간의 굴절, 의미의 창발과 흔들림이 개입한다. 이 모든 현상은 고정된 접속면interface 보다는 열려 있고 작동하는 접속장interfacing이라는 구조를 필요로 한다. 양가무는 지금 이 순간에도 감응하고 있으며, 양자를 단순히 통로처럼 '매개'만 하는 것이 아니라 상호 발생적으로 생성시킨다.

2) '무(Nada)'의 역동성에 대한 재해석과 대화의 가능성

'무無'는 전통적으로 철학과 신학, 일상적 언어 사용에서 '존재하지 않음' 혹은 '실체의 부재'를 의미하는 소극적 개념으로 이해되어 왔다. 이는 흔히 형이상학적 이원론이나 존재-비존재의 이분법 속에서 '무'를 존재의 결핍이나 부정적인 상태로 간주하는 고전적 관점에서 기인한 것이다. 특히 서구 사유 전통에서 '무'는 종종 카오스chaos, 즉 질서 이전의 혼돈 상태와 동일시되었으며, 이는 무질서와 방향 없음, 비형상성을 지닌 원초적 배경으로 간주되었다. 이러한 이해는 '무'를 근원적이기는 하지만 역동성과 아름다움이 결여된 수동적 배경으로 환원시키는 경향이 있었다.

그러나 현대 과학, 특히 양자물리학과 우주론의 발달은 '무'에 대한 기존의 고정된 의미 지평을 재구성할 필요성을 제기하고 있다. 예를 들어, 양자장 이론에서 진공quantum vacuum은 단순한 '텅 빈 공간'이 아니라 입자와 반입자가 무작위적으로 생성되고 소멸하는 고도의 역동적인 장field으로 이해되며, 이는 '무'가 오히려 생성성과 잠재성이 밀도 있게 내재된 실존적 기반이라는 사실을 시사한다. 더 나아가 '무'는 정보의 비선형성, 파동성과 입자의 중첩성 등에서 그 자체로 창발적 질서와 통일장을 매개하는 접속의 장으로 기능할 수 있다.

따라서 현대 과학과 신학의 대화적 접점에서는 '무'를 단순한 비존재 또는 혼돈이 아닌 잠재적 생성성과 관계성, 자기 초월성을 지닌 존재론적 장場, ontological field으로 재정의할 필요가 있다.[112] 양가무는 고대의 '일자the One' 개념—예컨대 플로티노스의 일자[113]처럼 자기 완결적이고 모든 것을 산출하는 절대 근원과 구분되어야 한다. '양가무'는 자기 완결적 근원성의 개념을 가져오면서도 다른 한편 구분되어야 한다. 플로

---

112 | 현대 신학의 흐름에서도 '무'는 단순한 결핍이 아니라 '하나님의 자기비움' 혹은 초월적 자기 은폐의 긴장적 장소로 재조명되고 있다. 반면 영성 전통의 위-디오니시우스(Pseudo-Dionysius)의 부정 신학(apophatic theology) 전통이나 성 요한의 '어둔 밤'은 존재의 가장 깊은 곳에서 초월이 침묵 가운데 임재하는 신비적 접경을 '무'로 명명한다. 이러한 신비 신학적 관점에서 '무'는 하나님의 계시가 발현되기 이전의 지극한 은닉의 상태, 곧 모든 개념과 언어를 초과하는 실재의 다른 이름으로 간주된다.

113 | 플로티노스(Plotinos)는 『엔네아드(Enneads)』에서 일자(the One)를 모든 존재와 사유 이전의 궁극적 실재로 규정하며, "일자는 그 자체로 완전하고 더 이상 어떤 것도 필요로 하지 않으며, 자신 밖으로 넘쳐흘러 만물을 낳는다"라고 주장한다. Plotinus, *The Enneads*, trans. Stephen MacKenna (London: Penguin Classics, 1991), V.2.1–2, 376–77. 플로티노스의 일자는 분명히 '무의 근원'으로서 사유될 수 있는 가능성을 열었지만, 그것은 초월적 충일성(plēroma)으로서의 무이지, 생성적 공백 또는 차원 간 리듬으로서의 무를 포함하지 않는다. 현대 존재론, 특히 들뢰즈의 차이론, 모리스 메를로-퐁티(Maurice Merleau-Ponty)의 지각 현상학, 양자장 이론 등에 기반한 철학들은 존재 이전의 무를 '결핍'이 아닌 '생성적 감응의 자리'로 재해석하며, 무의 비동일성, 틈, 파동성, 자기비움의 힘을 강조한다.

티노스에게 일자는 모든 존재와 사유, 영혼의 기원을 이루는 궁극적 원천으로서 어떤 이질성이나 결핍도 없이 스스로 충만하다. 즉 오직 넘쳐 흐름emanation을 통해 일체의 존재를 산출하는 초월적 단일성이다. 이는 존재의 '근원으로서의 무'를 사유하는 고대 형이상학의 정점이지만, 현대의 생성적 존재론이나 차원론적 사유에서는 중요한 한계를 드러낸다.

즉, 플로티노스의 일자는 자기 원인causa sui으로 작용하는 형이상학적 충일성이며 비움이나 틈이 개입할 여지가 없는 초과적 통일성이다. 이 일자는 존재론적 위계 구조hierarchy of being 속에서 존재가 점차 덜 충만한 방식으로 전개되는 '하강의 구조'인 반면, 앞으로 설명할 폰티스 구조에서의 '무'는 단순한 기원적 충만이 아니라 자기비움과 감응, 전이와 중첩의 장으로서의 잠재성을 내포한다. 즉 양가무의 기원인 자존자는 무를 통해 자신을 절대화하지 않고 차이와 관계를 허용하는 열린 충만한 생성의 장을 생성한다. 이 차이는 무를 실체적 근원으로 고정하는 고전적 형이상학의 한계를 넘어 무의 양가성과 리듬성을 통해 실재가 스스로 구성되고 교차되는 장field으로 이해하는 현대적 전환과 연결된다.

따라서 플로티노스의 일자는 무의 근원으로서 이해될 수 있는 철학적 공헌을 지니되 무 안에 작동하는 '양가적 잠재성'을 표현하지 못한다. 곧 틈과 감응, 전이와 공명, 생성과 자기조직화의 리듬을 배제함으로써 '비움의 생성성'이라는 현대적 존재론의 핵심을 포함하지 못한다는 한계를 가진다. 폰티스는 고립되고 완결된 기원으로서의 일자로 분리되기보다는 무의 움브를 통해 온전한 완결의 의미를 열린 생성의 인터페이스이자, 차원이 중첩되며 자기조직화가 발생하는 공명의 장이 가진 잠재성의 완결로 기능한다.

3) 신학과 과학은 모두 '차원 간 접속'을 필요로 하며 여기에 대화의 초점이 있다

신학은 하나님의 초월적 실재가 역사 속으로 침투하는 방식에 대해 말하고자 하며, 과학은 관찰 불가능한 질서가 어떻게 현상계에 나타나는가를 설명하고자 한다. 두 영역 모두 고립된 실체가 아니라 차원 간 흐름과 전이의 구조를 탐색하고 있다. 그러나 과학과 신학의 대화가 종종 단절되는 이유는 차원 간 접속을 뜻하는 용어를 각각 '유'의 차원에서 서로 다른 개념 체계 semantic domain 로 사용하고 있기 때문이다. 특히 고전적 의미의 신학은 형이상학적 실체나 고정된 교리 중심의 언어를 주로 사용한다. 근대적 의미의 과학은 실험, 인과, 예측 가능성, 객관적 언어를 사용하는 '유의 학문'이다. 즉 대화의 불통은 두 학문 영역 간의 문제라기보다, 각 학문의 개념 체계가 한계 있는 유의 방식을 고집할 때 생기는 문제이다. 그러므로 양가무의 접속면 [차원과 차원 간의 역동적 살아 있는 장]에서 두 학문은 내용적 측면을 차치하더라도 먼저 구조와 방법의 측면에서 만날 수 있다. 과학은 불확정성·복잡성·상대성·창발성이라는 개념으로, 신학은 성육신·계시·은총·종말론이라는 개념으로 이 전이를 사유한다. 이 접속의 지점을 매개하는 용어로 양가무가 제시될 수 있다. 따라서 '인터페이스 interface'로서의 양가무는 그 감응의 두께와 진동성을 설명하기 어렵지만 '인터페이싱 나다 Interfacing Nada'는 이질적인 차원들이 서로 접속되고 충돌하고 창발하는 양가적 경계 지대를 묘사할 수 있다.

4) 그럼에도 불구하고, Interface

그럼에도 불구하고 전면에 무의 통합적 용어로 '인터페이스 나다 Interface Nada'를 사용하면서 중층적으로 무의 개념들을 사용하는 이유는 다음과 같다.

(1) 개념사적 연속성과 언어 전이의 다리

현대 학문 담론에서 '인터페이스interface'는 이미 과학·기술·인지 과학·미디어 이론 등 여러 분야에서 '차원 간 접속'이나 '이질적 체계 간 번역'의 장치로 광범위하게 사용되어 왔다. 정보 기술에서는 사용자와 시스템 사이의 상호작용면으로,[114] 생물학에서는 유전자와 표현형 사이의 매개 기제로,[115] 인지 과학에서는 지각과 환경의 접속면으로,[116] 과

---

114 | 인터페이스는 GUI(Graphical User Interface)를 포함하여 사용자와 시스템 간의 모든 상호작용을 중재하는 구조로 정의된다. 대표적으로 도널드 노먼(Donald Norman)은 『The Design of Everyday Things』에서, 사용자 경험(UX)과 시스템 사이의 인지적 경계면으로서 인터페이스의 중요성을 강조하였다. Donald Norman, *The Design of Everyday Things* (Cambridge, MA: MIT Press, 2013).

115 | 생물학에서의 인터페이스는 유전체 정보(genotype)가 표현형(phenotype)으로 발현되는 과정에서 조절 네트워크, 에피제네틱 요소, 환경 요인들이 작용하는 접속면을 의미한다. 이 과정은 엄밀히 말해 유전자와 형질 사이의 '번역 구조'이며, 숀 캐럴(Sean B. Carroll)은 이를 진화 발생생물학(evo-devo) 관점에서 조명한다. Sean B. Carroll, *Endless Forms Most Beautiful: The New Science of Evo Devo* (New York: W. W. Norton, 2005).

116 | 지각(perception)은 단순한 수동적 수용이 아니라 주체의 감각적·운동적 반응 간의 상호작용에서 형성된다. 제임스 깁슨(James J. Gibson)의 생태심리학 이론은 이 지점에서 지각의 인터페이스적 구조, 즉 지각-환경 사이의 동적 접촉면을 설명한다. J. J. Gibson, *The Ecological Approach to Visual Perception* (Boston: Houghton Mifflin, 1979).

학 철학에서는 관찰과 실재 사이의 모델링 구조로 쓰인다.[117] 즉, '인터페이스'는 현대 지식 지형에서 학문 간 대화를 이끌어내는 보편적 개념의 지위를 이미 확보하고 있다. 이를 무시하고 곧장 '인터페이싱 나다Interfacing Nada'라는 동적 개념으로만 진입할 경우, 기존의 이해 구조와 단절이 발생하며 설명적 장력이 과도하게 발생된다. 따라서 '인터페이스'는 기존 담론에 연결된 개념의 다리이자 '무Nada'의 차원적 개입을 이해시키기 위한 외부적 진입로로 기능해야 한다.

(2) 인식론적 층위 구분: 구조와 사건의 이중 언어

'인터페이스interface'는 구조적 접속의 틀framework 전반을 의미하고, '인터페이싱 나다Interfacing Nada'는 그 틀에서 발생하는 사건적 진동과 생성의 과정process을 의미한다. 이 두 용어는 서로 대립되는 것이 아니라 차원의 깊이에 따라 작용하는 인식론적 층위가 다르다. 1차 구조적 층위인 인터페이스는 체계 간 접속의 조건 설정·언어·개념·시각 체계 등 이질적 영역 간의 경계면 설정에 보다 적합하다. 2차 존재적 사건 층위인 '인터페이싱 나다'는 그 접속면에서 발생하는 감응과 생성의 장·진동·전이·창발·계시 등 차원 간 사건의 실현 공간이다. '인터페이스'는 마치 문지방threshold을 포함하여 공간적 경계를 더 의미 있게 구사하고, '인터페이싱 나다'는 그 문지방을 넘는 몸의 감각과 역동을 더 깊이 묘사한다.

---

117 | 과학 철학에서는 실재(reality)와 관찰자(observation) 사이의 중간 영역에서 이론이 어떻게 모델을 통해 실재를 표상하거나 번역하는지를 다룬다. 로날드 기어리(Ronald N. Giere)는 과학 이론이 직접 실재를 반영하는 것이 아니라, 모델을 통해 실재와 인터페이스 관계를 맺는다고 주장했다. Ronald N. Giere, *Scientific Perspectivism* (Chicago: University of Chicago Press, 2006).

(3) 실천적 언어 전략: 번역 가능한 통로로서의 인터페이스(interface)

신학과 과학의 대화는 단지 추상적 개념의 정합성을 검토하는 작업이 아니다. 그것은 언어·개념·체험·실천·기술·세계관이 서로 충돌하면서도 번역할 수 있는 틈을 찾아가는 과정이다. 이때 '인터페이싱 나다 Interfacing Nada'는 신학적 사유에 가까우며, '무의 감응적 역동성'을 중심으로 존재론적 전이를 말하기에 용이하다.

반면, '인터페이스 interface'는 과학이나 기술 담론에 익숙한 연구자들에게 접속 가능성과 논리적 구조의 문맥을 제공한다. 즉 '인터페이스'는 외부 언어 사용자에게 설명할 수 있는 번역 통로이며, '인터페이싱 나다 Interfacing Nada'는 내부 의미 생성의 진동 중심이다. 둘 다 있어야 이론의 실천적 확장성과 개념적 내공이 모두 확보된다. 따라서 '인터페이스 interface'는 신학과 과학의 접촉을 위한 기본 언어이자 이론 간 소통 가능성을 열어주는 제도적·언어적 조건이다. 두 용어를 중층적으로 병행 사용할 때, 우리는 이론적 설득력과 존재론적 깊이, 과학적 설명력과 신학적 통찰력, 담론의 개방성과 무의 중심성이라는 세 가지 목표를 동시에 확보할 수 있다.

2. 양가무의 접속 지점: 유-무-용-영과 자기 초월적 비움의 구조

더 이상 과학과 신학을 통합하기 위해 한쪽의 언어를 강요하거나 개념적 유사성을 찾는 것이 아니라, 양쪽 모두를 '무의 자기비움 구조'라는 존재론적 심층에 올려놓고 서로 다른 차원에서 발생하는 자기조직화의 리듬을 이해해야 한다.[118] 현대 과학이 묻는 '어떻게'의 세계를 구성하는 동역학과, 신학이 묻는 '왜'의 세계를 구성하는 존재 이유와 방향성은 무의 장에서 동시에 만나고 있으며, 둘 다 삼위일체적 자기비움-자기표현-자기수여의 구조 속에 포함될 수 있다.

1) 과학의 차원적 해석: 유(有)-무(無)-용(用)의 구조로 본 현대 물리학

과학은 세계를 설명하려는 인간의 이성이 가장 집약된 산물 중 하나이다. 특히 현대 물리학은 더 이상 단순히 '눈에 보이는 것'의 질서를 설명하는 도구가 아니라 존재의 근본적 구조에 접근하려는 언어로 변모하였다. 고전역학의 인과율과 결정론은 이제 양자역학의 불확정성과 복잡계 이론의 창발성, 끈 이론의 다차원성 속에서 다층적이고 비결정적인 세계상으로 대체되고 있다. 이러한 현대 과학의 세계관을 차원적 구조의 관점에서 유-무-용이라는 세 가지 층위로 분석하고자 한다. 이를 통해 과학이 다루는 '실재'의 개념이 어떻게 차원적으로 열려 있는지를 드러내고, 무를 통해 신학적 개념과 어떻게 연결 가능한지 알게 될 것이다.

---

118 ┃ 오늘날 '과학과 신학의 대화'라는 표제는 다양한 학술적 시도들 속에서 반복되어 왔다. 그러나 대부분의 시도는 신학이 과학의 진보를 어떻게 수용하거나 비판할 수 있는 지를 기술적으로 분석하는 수준에 머물러 있다. 즉 과학이 제공하는 사실(fact)과 신학이 제공하는 가치(value) 혹은 해석(meaning) 사이의 조화 가능성을 논리적으로 검토하거나 신학이 과학적 사실을 어떤 상징체계로 변환할 수 있을지를 탐색하는 방식으로 이루어진다. 이러한 접근은 유익하지만, 실재의 더 깊은 차원, 즉 존재의 생성 구조, 차원 간 긴장, 무의 근원성과 자기비움의 신학적 구조에 대해 접근하지 못하는 한계를 지닌다.

(1) 유(有): 실체적 실재를 향한 물리학과 신학의 시선

고전 물리학에서 세계는 질량과 에너지, 운동과 위치, 속도와 시간이라는 확정적 변수들의 총합으로 이해되었다. 이 세계는 측정할 수 있고 예측할 수 있는 보편적 법칙에 의해 지배된다. 아이작 뉴턴 Isaac Newton 의 역학[119], 제임스 맥스웰 James Clerk Maxwell 의 전자기 이론[120]은 이

---

119 | 뉴턴의 역학(Newtonian Mechanics): 아이작 뉴턴(Isaac Newton)의 과학사적 공헌은 다음과 같다. 1) 운동의 보편 법칙 정립: 뉴턴은 1687년 『자연 철학의 수학적 원리 (Principia Mathematica)』에서 세 가지 운동 법칙(관성의 법칙, 힘과 가속도의 관계, 작용-반작용의 법칙)과 만유인력의 법칙을 정립함으로써 지구 위의 사물과 천체의 운동을 하나의 수학적 틀로 통합했다. 2) 우주의 기계론적 이해 확립: 우주는 신의 창조물로서 완벽한 질서를 따르는 '거대한 시계'로 이해되었고, 신은 이 우주를 설계한 '최고의 수학자'로 간주되었다. 3) 예측 가능한 자연 세계의 모델: 뉴턴 역학은 결정론적 모델로, 초기 조건이 주어지면 미래 상태를 정확히 예측할 수 있다. 이로 인해 물리학은 실험적·수학적 학문으로 확립되었고, 기술 발전의 기반이 되었다. 이 이론은 현대에 와서 그 한계가 드러나고 있다. 1) 시간과 공간의 절대성 전제: 뉴턴은 시간과 공간을 절대적 배경으로 보았으며, 이는 이후 아인슈타인의 상대성 이론에서 부정되었다. 즉 차원의 관점에서 보면, '차원 간 상호작용'이 아니라 고정된 유(有)의 틀만을 상정한 셈이다. 2) 폐쇄적 인과 결정론: 자연은 닫힌 기계이며, 자유나 목적성, 창발성, 무작위성은 시스템 외부의 개입 없이 설명될 수 없었다. 3) 관찰자 배제: 뉴턴 역학은 관찰자의 존재가 실재에 영향을 미치지 않는다고 가정한다. 이는 양자역학과 현상학에서 부정된다.

120 | 맥스웰(James Clerk Maxwell)은 전기와 자기를 하나의 통합된 장이론으로 설명한 과학자로, 19세기 중반 고전 전자기 이론의 기초를 확립하였다. 맥스웰은 당시 분리되어 있던 전기 현상과 자기 현상을 수학적으로 통합하는 방정식 체계를 제시함으로써, 이 두 힘이 서로 얽혀 하나의 연속된 장으로 작용한다는 사실을 드러냈다. 특히, 그는 전기장이 시간에 따라 변화하면 자기장이 생성되고, 반대로 자기장의 변화는 전기장을 유도한다는 상호작용의 원리를 명확히 수립하였다. 이로써 전자기장이 자가 지속적인 파동의 형태로 공간을 전파할 수 있음을 보여주었고, 빛 또한 이러한 전자기파의 일종임을 이론적으로 증명하였다. 당시까지는 빛이 입자의 흐름으로 여겨지는 경향이 강했으나, 맥스웰은 빛의 본질이 전자기장의 진동이라는 파동적 현상임을 수학적으로 보여줌으로써 빛에 대한 고전적 이해를 전환시켰다. 이 통합 이론은 이후 물리학의 근본 패러다임을 바꾸는 토대가 되었고, 아인슈타인은 맥스웰의 방정식이 보여주는 광속의 불변성에 주목하여 이를 특수 상대성 이론의 핵심 원리로 채택하였다. 더 나아가, 맥스웰의 전자기 이론은 양자 역학의 초기 발전에도 깊은 영향을 끼쳤으며, 빛과 입자의 이중성에 대한 통찰을 가능케 하는 기반으로 작용하였다. 요컨대, 맥스웰은 전기와 자기라는 두 현상을 하나의 통일된 장으로 설명하고, 이를 통해 물리학의 고전과 현대를 연결하는 이론적 다리를 놓은 인물이

러한 유_有의 구조를 수학적 언어로 정교하게 정식화하였다. 이 층위에서 실재는 고정되고 연속적이며 환원할 수 있는 것이다. 신학적으로도 이 시기 동안 자연은 하나님의 창조 질서로 간주되었고, 법칙은 그분의 지혜와 권능의 표현으로 이해되었다. 그러나 이러한 유_有의 실재관은 20세기 이후 무_無의 차원적 개입에 의해 결정적인 도전을 받게 된다.

(2) 무(無): 양자역학이 드러낸 실재의 심층성

양자역학은 실재를 더 이상 고정된 입자나 연속적인 궤도로 설명하지 않는다. 입자는 동시에 여러 가능성[중첩 상태]을 가지며 관측의 행위가 그 상태를 하나로 수축시킨다. 이로써 실재는 더 이상 '존재하는 것'이 아니라 존재할 수 있는 것들의 진동과 파동으로 구성된 무의 장으로 해석되기 시작한다. 베르너 하이젠베르크Werner Karl Heisenberg의 불확정성 원리는 위치와 운동량이 동시에 정확히 측정될 수 없음을 보여주었고, 이는 세계가 근원적으로 비결정적이며 잠재성의 장으로서 구성되어 있음을 시사한다. 이는 존재론적 무정형성에 관한 것이며 이로써 무의 차원이 실재의 심층 구조로 드러난다. 이 무의 층위는 예측 불가능성·자유도·비선형성·자기조직화의 가능성을 내포하고 있으며, 고전 물리학이 가질 수 없었던 창조성의 기반을 제공한다. 그러나 이 창조성은 단순한 무질서가 아니다. 그것은 다음 단계인 구조적 도약을 위한 에너지 장이기도 하다.

며, 그의 사유는 현대 기술 문명의 기초를 형성한 위대한 통합적 지성이라 할 수 있다.

(3) 용(用): 창발성과 자기조직화의 층위

복잡계 이론과 비선형 동역학은 '혼돈 속의 구조', '무질서 속의 질서'를 파헤친다. 다수의 구성요소들이 반복적으로 상호작용할 때 전체는 단순한 합계를 넘어서 새로운 질서를 창출한다. 이것이 바로 창발성emergence이며 생명·의식·생태계·사회 등 다양한 영역에서 확인되는 원리다. 실재는 이러한 자기조직화의 원리를 따라 끊임없이 창출되고 재구성되며 새로운 기능과 의미를 창출해낸다. 이때 과학은 단순히 물리적 결과를 기술하는 것이 아니다. 무의 진동으로부터 유가 응답하며 생성되는 구조—즉 '용'의 층위를 탐구하는 것이다. 이 운동은 물리적이면서 동시에 존재의 자기표현이며, 이 지점에서 신학과 영성의 새 언어로 해석될 가능성이 열린다.

2) 과학이 멈춘 곳

현대 과학은 분명히 유-무-용의 차원 구조를 일정 수준까지 기술적으로 포착해 내고 있다. 유有는 고전 물리학이 다룬 물질·에너지·구조의 법칙성 속에서 명료하게 파악된다. 무無의 영역 역시 양자역학적 진공 상태, 불확정성, 양자 요동의 개념 속에서 드러난다. 용用은 복잡계 이론·창발성·자기조직화·생명의 자발적 질서 창출 등에서 실증적으로 확인되고 있다. 그러나 과학은 이 구조들을 존재의 깊이·방향성·의미·관계성의 차원에서는 파악하지 못한다. 즉 과학은 '무엇이 어떻게 작동하는가'에 대한 설명은 할 수 있지만 '왜 이러한 질서가 존재하는가', '이 실재는 무로부터 어떻게 일어났으며', '그 최종적인 목적성이나 방향성은 무엇인가'라는 존재론적·목적론적 질문 앞에서는 침묵할 수밖에 없다. 이 침묵은 단순한 학문적 한계가 아니라 차원의 구조적 조건의 문제이다. 과학이 다루는 세계는 관측할 수 있고 반복할 수 있으며 수학적으로 기술될 수 있는 차원[유-有]에 속하며, 그 기반이 되는 무無 역시 어디까지나 불확정성의 통계적 추론 혹은 비어 있음의 전제 조건으로 기능할 뿐이다.

더 나아가 우리가 주목해야 할 점은 현대 과학이 다루는 '무의 시점'이다. 과학이 다루는 '무'의 영역은 성서와 신학이 말하는 '태초의 무'와 동일하지 않다. 현대 과학에서의 무는 실질적으로는 이미 첫 창조가 발생한 이후, 즉 시간과 공간 및 질량과 에너지의 법칙이 설정된 코스모스 내부에서 관찰 가능한 '질서와 무질서의 경계면', 혹은 에너지의 결핍으로서의 무로 이해될 가능성이 더 크다. 이는 "땅이 혼돈하고 공허하며 흑암이 깊음 위에 있고"라는 창세기 1장 2절의 세계가 보이는 절대적 무Todo Nada 라기보다, 오히려 어둠이 안정적으로 분리된 경계 안에서 어둠이 반복되는 구조, 즉 "저녁이 되고 아침이 되니"라는 창조 이후의 리듬 안에 포함된 무의 형식이라 할 수 있다.

반복의 '무'는 자연의 아름다움 속에서 빛난다. 성서의 표현처럼 "저녁이 되고 아침이 되니"라는 구조는 주기적 반복 속에서 창조적 질서가 드러나는 형식이며, 과학은 이러한 구조를 자연의 아름다운 수학적 표현으로 포착해 왔다. 천체의 회전·생체 리듬·계절의 주기성·진자의 움직임 등은 어둠에서 빛으로, 침묵에서 소리로, 무질서에서 질서로 전환되는 무의 진동을 보여준다. 이러한 반복은 삼위일체적 영적 작용의 결과로 영원한 생명의 질서 안에 있는 우주적 이법이며 내면적 질서와 조화의 원리를 담고 있는 자연의 언어다. 이처럼 과학은 태초의 무와 영적 어둠의 실체, 궁극적 근원에는 도달하지 못하지만, 첫 창조 이후의 아름다운 반복 구조에 대한 우주적 은유와 상징 언어를 제공할 수 있다. 이때 신학은 과학의 언어를 그대로 적용하는 것이 아니라 그 언어의 배후에 있는 근원적 차원을 열어주는 해석의 창이 되어야 한다.

'무'의 법칙까지 탐구되는 현대 과학의 발전 시점에서 신학은 과학과의 대화에 적절한 언어를 선택해야 한다. 단순히 교리적 설명이나 이론 간의 조화를 꾀하는 논리를 넘어 무의 근원적 차원에서 일어나는 비밀을 해석할 수 있는 '영성 신학' 혹은 '신비 신학'의 언어로 들어가야 한다. 무의 자리에 머무를 수 있는 신학—말보다 침묵, 선언보다 기도, 해석보다 영적 직관과 더 가까운 차원의 신학, 존재의 깊은 고요 속에서 하나님의 충만한 내어줌과 자기비움을 감지하는 내면의 감식력—이것이 바로 오늘날 과학과의 진정한 만남이 가능해지는 지점이다. 영성 신학은 깨어 있는 영혼의 신학이며, 영적 관계와 의미의 리듬을 읽을 수 있는 영성적 인간의 영성과 지성에 연결되어 있다. 그 지혜는 근원과 연결된 무의 장에서 살아 있으며, 삼위일체의 초월적 자기비움의 흐름과 순환 속에서 새로운 지혜의 통섭을 만들어 내는 기준으로 작용한다. 이것이 바로 오늘날 우리가 맞이해야 할 새로운 대화의 장이며, 근원적 코스모스와 인간 그리고 삼위일체 하나님의 자기 수여를 잇는 진정한 영적 해석학의 출발점이다.

3. 폰티스 영성의 가능성

21세기 이후 과학은 자연의 이법을 넘어 실재의 생성과 본성을 탐구하는 차원으로 이행하고 있다. 양자역학·복잡계 이론·정보 이론·생명 시스템론·우주론의 발전은 '관찰 가능한observable 것'에 대한 기술적 설명을 넘어서 존재의 다층성, 잠재성, 생성성과 연동된 철학적 질문들을 야기하고 있다. 그러나 이러한 과학적 진보 앞에서 전통적인 신학은 여전히 개념적 병렬 또는 상징적 대응 수준에서 멈추어 있다. 신학이 근본적인 전환을 요구받고 있는 시점에서 폰티스 영성은 이러한 전환을 가능하게 하는 새로운 이론적 기반을 제공한다.

1) 무와 유-무-용-영 구조의 과학적 함의

폰티스 영성은 근원적 무의 차원들과 현재화의 잠재성을 말한다. 따라서 과학적 언어와 영성적 직관이 충돌하는 것이 아니라 무無의 접속면에서 공명하며, 차원 간 리듬 속에서 자기비움의 창조가 이루어지는 현장을 해석할 수 있는 구조를 지닌다. 또한 유-무-용-영의 네 힘의 구조는 각각 고립된 힘이 아니라 무의 중심에서 생성적으로 전이되고 교차 순환되는 역동적 장을 구성한다.[121]

폰티스 영성에서의 무는 바로 이와 유사한 방식으로 존재가 생성되기

---

121 ᅵ 현대 과학, 특히 양자역학과 장이론(Field Theory)은 '무'를 잠재성과 생성성으로 가득 찬 동역학적 진공으로 바라본다. 양자 진공 상태(quantum vacuum)는 아무것도 없는 상태가 아니라, 끊임없는 입자-반입자의 쌍 생성(pair creation)과 소멸이 일어나는 에너지 장이다. 이러한 진공은 '실재 이전의 진동면'으로 기능하며, 실재는 이 장의 특정한 형태적 패턴 또는 응축(condensate)으로 출현한다.

전의 경계적 파동면, 즉 차원 간 교차와 전이, 관계적 응답이 일어나는 중심 접면으로 이해한다. 근원과 구체적인 유의 좌표에서 시작된 무는 모든 생성의 중심이다. 이때 유-무-용-영이라는 네 힘은 무의 접속면에서 파동적으로 상호 간섭하며 실재를 창발시킨다. 이 힘의 구조는 실재의 네 차원적 위상으로서 장의 구조를 형성하고 변화시킨다. 예를 들어 유ㅒ는 고정된 구조와 관성, 동일성 유지의 힘을 나타내며, 고전 역학적 관성을 의미한다. 또한 고정 상태를 유지하고 인과적 정체성을 유지하며 기존 질서의 지속을 추구한다. 무삠는 차원 간 접속면의 경계이자 틈을 의미하고 파동의 감응·비실체적 운동성·양자 요동·인터페이스·장 간의 진동과 차원 간 경계에서의 감응과 전이를 나타낸다. 용ㅒ은 창발적 구조 형성·복잡계의 자기조직화·위상 전이·잠재성의 구체화·새로운 실재의 출현을 나타낸다. 영ㅣㅇㅣ은 리더십·방향성과 조율, 메타-시야를 확보한 지성·동역학의 조율·전체 장의 위상 구조 의미화로 전체 흐름을 이끈다.

또한 과학에서 비선형 시스템이나 카오스 이론은 작은 진동이 임계점에서 전체 시스템의 구조를 바꿀 수 있다는 것을 보여준다. 이는 영성적으로 무삠의 장에서 '유력 [관성]'을 넘어 '용 [재창조]'과 '영 [통합]'으로 도약하는 차원 전환과 대응된다. '무'는 이 전환이 일어나는 위상 전이점 phase transformation point이다. 양자역학에서는 파동 함수가 특정한 조건에서 붕괴하며 하나의 현실로 응축되는데, 이 과정은 폰티스 코드의 전환 구조에서 '무-용' 사이의 도약과 자기조직화로 해석될 수 있다.

따라서 폰티스 코드의 네 힘이 가진 과학적 의의는 다음과 같다. '무삠'

는 단지 존재의 결핍이 아니라 생성의 조건을 품은 장이다. 양자역학이나 장 이론, 복잡계 과학은 이러한 관점을 공유한다. 폰티스 코드의 네 힘—유有, 무無, 용用, 영[0] 역시 개별적인 실체가 아니라 장 속에서 위상적 진동으로 상호작용하며 근원적 실재를 형성한다. 마치 삼위일체와 같이 이들은 서로를 넘나들며 교차하고, 분리된 층위라기보다 하나의 거대한 흐름 속에서 서로를 구성하고, 침투하고, 재배열한다. 장의 중심에서 무는 고정된 실체가 아니라 차원 간의 움직임을 통해 매 순간 접속하고 반응하고 재창조한다. 이는 형이상학과 과학, 영성과 수학 사이의 경계를 허물며 영성적 직관을 위한 이론적 사유의 교량이 된다.

이 구조는 과학적 설명과 영성적 체험이 충돌하지 않고, 무의 접속면에서 공명하며 실재를 공동 구성하는 창조적 해석의 장을 제공한다. 이는 곧 과학적 언어가 직관적 영성과 적대적인 것이 아니라 영성의 심층 구조를 이해하기 위한 하나의 번역 기제가 될 수 있음을 시사한다.

2) 하나 됨 안에서 차원적 차이를 수용하는 폰티스 영성

하나 됨은 인류와 우주의 영원한 숙제이며 과학계와 신학계 모두에서 그 중심적 과제로 남아 있다. 예컨대 물리학자들의 숙원인 통일장 이론 Unified Field Theory 또는 만물 이론 Theory of Everything, ToE 의 탐구 역시 존재의 차원을 가로지르며 이질적 상호작용을 하나의 근원적 장으로 통합하려는 시도이다. 이 통합은 단지 힘들의 통일이 아니라 차이들을

'잇는' 투명한 통로로서의 '무'를 전제하지 않고는 이루어질 수 없다.[122]

자연의 상호작용으로부터 나오는 각각의 힘은 공통된 무의 장에서 진동하고 파생된 것으로 볼 수 있다. 예를 들자면, 초대칭성은 '대극적 항들이 무에서 중첩되고 갈라져 나온 것'이다. 이 대립항들은 어디서 나온 것일까? 이 난제는 과학이 쉽게 접근할 수 없는 영역으로 존재한다. 이 문제를 차치하고라도 분명한 것은 통합을 위한 시작은 동일성이 아니라 '무'로부터 파생된 양가성이라는 것이다. 이 '무'를 기준으로 볼 때, 통일장 이론이 궁극적으로 지향하는 바는 단순한 '하나 됨'이 아니라 '틈을 가진 하나 됨', 곧 서로를 차이 속에서 수용할 수 있는 열린

---

122 | 이른바 만물 이론(Theory of Everything, ToE)은 인류가 인식하고 있는 네 가지 기본 상호작용—중력, 전자기력, 약력, 강력—을 하나의 통일된 이론으로 설명하려는 궁극적 물리학 이론이다. 이 이론은 빅뱅 직후에 존재했을 것으로 상정되는 초력(superforce)이 이후 분화하여 다양한 힘으로 나뉘었다는 가설을 기반으로 하며, 이 힘들을 다시 하나의 이론 체계로 복원하려는 시도이다. 현재까지 과학의 두 핵심 기둥—아인슈타인의 일반 상대성 이론과 보어/하이젠베르크 계열의 양자역학—은 서로 양립 불가능한 수학적·물리적 구조를 지니며, 이를 아우르는 이론은 아직 정립되지 못했다. 이러한 시도는 초기 우주의 극한 조건(예: 빅뱅 특이점, 블랙홀 내부 등)에서 두 이론이 동시에 작동해야 하는 문제의식에서 출발한다. 확률이 무한대로 발산하거나 인과율이 붕괴되는 문제들이 양자 중력 이론의 핵심 난제로 남아 있다. 현대에는 이를 해결하려는 여러 이론적 시도가 진행 중이며, 대표적으로 초끈 이론(String Theory)은 입자를 점이 아닌 끈의 진동으로 설명하며, 기본 힘들을 통합하려 한다. M-이론(M-Theory)은 에드워드 위튼(Edward Witten)이 제안한 것으로, 11차원 이상의 다차원 구조 안에서 다양한 초끈 이론들을 통합하려는 접근이다. F-이론(Father Theory)은 아직 가설 단계이나, 12차원까지 확장된 수학적 틀을 전제로 하는 이론이다. 이러한 이론들은 여전히 실험적 검증 단계에는 이르지 못했으나 현대 물리학에서 '궁극적 설명 체계'로 향하는 필수적 탐구 대상이며, 자연계에 존재할 수도 있는 제5의 힘이나 미지의 차원들을 고려한 통합적 시야를 형성한다. Brian Greene, *The Elegant Universe*; Edward Witten, "Reflections on the Fate of Spacetime," *Physics Today* 49, no. 4 (April 1996): 24–30; Michio Kaku, *Parallel Worlds: A Journey Through Creation, Higher Dimensions, and the Future of the Cosmos* (New York: Doubleday, 2004); Lisa Randall, *Warped Passages*.

구조임을 알 수 있다.[123] 이는 차원적 차이 dimensional difference 를 동반하는 양가적 무無의 특성과 연결된다.

현대 이론 물리학이 오랜 세월 추구해 온 통일장 이론의 본질은 상이한 힘들—중력, 전자기력, 강력, 약력이 실은 단일한 존재론적 기반 위에서 출현하는 다양한 위상적 표현이라는 통찰에서 출발한다. 이때, 그 공통 기반은 어떤 실체적 동일성이 아니라 오히려 실체 이전의 차원을 관통하는 '무無'의 접속장, 즉 차원 간 전이를 매개하는 투명한 통로로 이해되어야 한다. 여기서 말하는 '무'는 '서로 다른 차원이 서로를 인식하고 공명할 수 있게 하는' 중첩과 전이의 장場이며, 이는 폰티스 영성의 핵심 구조와 맞닿아 있다.

폰티스에서 '차원적 차이'란 단지 동일한 본질의 다양한 표현이 아니라 실재가 존재하는 층위 자체의 구조적 이질성을 의미한다. 창세기 1장에서 이 양가적 구조는 태초의 무의 시원에서부터 있었다. 근원과 연결된 빛은 영과 로고스의 동일적 장 안에서 일어나는 차이이며, 최초의 빛 또한 어둠과의 대립적 차이라는 긴장적 구조를 포함한다. 즉 통일자는 근원과, 근원과의 연결되는 자기 초월적 부정으로만 가능하다. 또한 유-무-용-영의 네 힘도 전체를 흐르며 차이를 안고 순환한다. 다시 말해, 유有적 힘이 표면에서 형태와 질서를 구축하는 층위가

---

123 | 통일장 이론은 모든 실재의 힘들이 실은 하나의 깊은 장(field)에서 갈라진 것이라는 전제 아래 탐구된다. 그러나 이 장의 근원은 기계적 동일성이 아니라 다양한 차원과 상호작용이 교차하며 생성되는 '무의 통과면'일 수 있다. 폰티스 영성은 이러한 통합의 방향성을 신학적 직관과 연결하여 존재의 자기 초월적 비움, 감응, 리듬, 공명의 장으로서의 무(無)를 이론적 접속 지점으로 제안한다.

있다면 무無는 그 아래에서 차원이 넘나드는 간극과 공명, 전이와 파동성을 매개한다. 또한 용用은 그것을 바탕으로 새로운 자기조직적 실재를 생성하고, 영[0]은 그 전체 흐름을 통합적으로 감지하고 리드한다. 이 네 힘은 각기 다른 리듬과 응답성, 인식 구조를 지니며 어느 하나가 다른 것을 흡수하거나 제거함으로써 일치를 이루지 않는다.

여기서 말하는 '하나 됨'이란 단순한 종합의 상태가 아니라 차원 간 이질성이 무의 장에서 충돌 없이 공명하는 역동적 일치, 즉 '양가적 긴장의 틈을 가진 하나 됨unity with a gap'이다. 이 틈은 차이가 머물고 전이하며 서로를 향해 열릴 수 있는 구조적 여백이다. 마치 초대칭 이론에서 보손Boson과 페르미온Fermion [124]이 무의 평면에서 쌍으로 중첩되고 분기되듯 실재의 구조 역시 차이를 포섭하는 하나 됨, 즉 무에서 발현된 양가성의 수용 구조로 이루어져 있다.

이러한 관점은 폰티스 영성이 추구하는 존재의 통일이 일차적 동일성identity이나 외적 조율uniformity이 아니라 무를 매개로 한 차원 간 관계성의 매우 본질적이고 역동적 생성임을 의미한다. 통일은 동일성의 강

---

124 ┃ 보손(Boson)은 정수 스핀(0, 1, 2 등)을 가지며, 여러 입자가 동일한 양자 상태를 공유할 수 있는 양자장 이론의 입자군을 말한다. 힘을 매개하는 입자들—예컨대 광자(전자기력), 글루온(강력), W/Z 보손(약력), 힉스 보손(질량의 생성)—이 이에 속한다. 이들은 집합적이고 연속적인 질서와 관련되며, '장(field)'의 연속성과 에너지의 파동적 성격을 드러낸다. 관계성과 에너지의 통합적 흐름을 상징하는 존재로 비유될 수 있다. 페르미온(Fermion)은 반정수 스핀(1/2, 3/2 등)을 가지며, 파울리 배타 원리에 따라 하나의 양자 상태에 둘 이상의 입자가 동시에 존재할 수 없는 입자군이다. 전자, 쿼크, 중성 미자 등이 이에 해당하며, 이들은 물질의 구조를 구성하고 분화된 개체성을 형성하는 역할을 한다. 비유적으로 자아, 구분, 개별성, 경계를 형성하는 실체적 요소로 해석될 수 있으며, 존재론적 분화의 상징이다.

화가 아니라 무를 기준으로 서로 다른 차원의 리듬들이 자기비움의 여백 속에서 서로를 감싸안는 일치이다. 결론적으로 '하나 됨'은 근원적 차원 안에서 생성되는 차이의 질서와 공명이다. 이런 구조에서 태초의 무無는 차원 간 통로이자 움브이며 근원적 관계성의 원천으로 작동한다.

3) 관찰자의 시선과 실재의 이중 구조: 신 앞에서의 응시와 응답

관찰자의 시선이 실재의 성립에 참여한다는 사유는 다시 인간을 주목하게 한다.[125] 이는 곧 무無를 인지하고 감지하고 관찰하는 인간의 의식이 실재의 분기와 형상화 과정에 실질적인 영향을 미칠 수 있다는 뜻이다. 무를 관찰하고 감응하는 인간 의식은 단순히 수동적 수용자가 아니라 차원 간 전이에 실질적으로 관여하는 주체적 공명자로 기능하며, 이는 폰티스 영성에서 무의 관찰 구조와 일치한다.

이러한 맥락에서 양자역학에서 관찰자의 행위가 실재의 상태를 결정한다는 '관측 문제'는 물리적 세계가 인간 의식과 에너지, 지향성과 결코 객관적으로 독립되어 있지 않음을 시사한다. 관찰자는 단순한 외부자나 중립자가 아니라 그 자신도 하나의 진동하는 장으로 실재의 생성

---

125 ┃ 카를로 로벨리(Carlo Rovelli)는 『나 없이는 존재하지 않는 세상』에서 인간의 관찰 행위가 단순히 외부 세계를 인식하는 것이 아니라, 관찰 자체가 실재의 상태를 결정짓는 행위임을 주장한다. 그는 물리학적 실재가 관찰자와의 관계 속에서만 의미를 지닌다는 관계론적 양자역학(Relational Quantum Mechanics)의 입장에서, "세상은 절대적으로 존재하지 않는다. 우리 없이 존재하는 '세상'이라는 것은 없다"라고 말한다. 이는 곧 실재란 관찰 행위와 분리된 독립항이 아니라, 관찰자의 인식 구조 안에서만 성립 가능한 상호작용적 사건(event)임을 뜻하며, 고전적 실재론을 넘는 양자물리학적 존재론의 대안적 제안이다. 카를로 로벨리/김정훈 옮김, 『나 없이는 존재하지 않는 세상』 (서울: 쌤앤파커스, 2023), 31-42, 85-97.

에 참여하고 있다. 왜냐하면 관찰자와 관찰 대상은 하나의 흐름적 전체holomovement [126]로서 분리 불가하기 때문이다. 이는 존재의 구조 자체가 '닫힌 체계'가 아니라 그 자체로 무의 틈을 통해 타자의 시선과 감응하는 열린 장이며, 서로가 서로를 접힌folding 구조로 포함하거나 펼쳐내는unfolding 관계이기 때문이다.

4장에서 다룰 '무'의 현상학은 인식의 구조를 전복한다. 대상을 바라보는 주체의 지향성만이 아니라, 대상 그 자체가 자기 자신을 드러내며 응답을 요청하는 실재의 현현성apparition에 주목하기 때문이다. [127] '관찰자'란 단순히 외부에 있는 대상을 응시하는 자가 아니라, 자신이 응시하는 그 대상을 통해 다시 자신이 응시당하는 자로 전환되는 존재다. 이 지점에서 폰티스 영성은 중요한 신학적 함의를 제공한다. 이 구조에서 실재는 자기를 닫은 객체가 아니라 자기 자신을 비워내며 응시자의 시선에 응답하는 '무의 열림'으로서의 존재다. 다시 말해, 보는 자와

---

126 | 데이비드 봄(David Bohm)이 제시하는 전체는 미분리적 전체(undivided wholeness)이다. 고전 물리학의 상대성 이론과 양자역학의 새로운 질서가 충돌하는 상황에서, 봄은 이 두 상반된 이론의 공통점이 미분리된 전체를 전제하고 있다는 것을 꼽는다. 상대성 이론과 양자역학 모두 세계를 단절이나 분할로 보지 않으며, 개별 부분의 상호작용으로 세계가 이루어져 있음이 근거 없다고 말한다. 명확히 나누어진 부분으로 세계를 분석하는 일이 더 이상 의미가 없다면, 부분으로 분석하는 질서가 아닌 미분리된 전체를 기준으로 삼는 새로운 질서가 도출된다. 이러한 질서를 전달하는 운동을 전운동(holomovement)이라고 하는데, 전운동은 끊기거나 나뉘지 않으며 특정 측면(예: 빛, 전자, 소리)을 따로 뽑아내도 결국 합쳐져 분리되지 않는다. 데이비드 봄, 『양자역학, 전체와 접힌 질서』, 228.

127 | 이는 에드문트 후설(Edmund Husserl)의 지향성 개념을 메를로-퐁티가 논한 '살(flesh)'과 연결할 때 더욱 명료해진다. 즉 보는 자와 보이는 자가 하나의 살로 얽혀 있음과 유사한 현상학적 구조로서, 이 양가성 안에서 '보이는 것도 나를 본다'는 이중 지향성이 발생한다.

보이는 자의 구분은 무의 접면에서 무너지고, 실재는 자신을 드러냄과 동시에 관찰자의 존재를 반사적으로 재구성하는 역동적 구조로 작동한다. 이는 다음 세 가지 방식에서 성서의 관점과 연결된다.

첫째, 하나님의 눈으로 본 세계: 이는 단지 '신적 관점'이라는 초월적 시점이 아니라 하나님이 성령으로 우리 안에서 세계를 바라보시는 이중 관찰 구조를 말한다. 하나님은 존재의 기원자이자 동시에 피조물을 통해 다시 세계를 응시하는 평가적 관찰자로 드러난다. 이는 관찰자의 자리를 인간에게 전이시키는 신적 신뢰이며, 우리가 세상을 바라보는 방식이 그분의 응시와 공명할 수 있도록 열린 구조로 비어 있는 무의 몸이 되어야 함을 의미한다.

둘째, 신 앞에서의 실존 Coram Deo : 인간이 자율적 주체로 존재하는 것이 아니라 신의 응시 앞에서 자신의 존재를 부여받고 구성 받는 존재임을 의미한다. 폰티스적 관계구조에서 이 실존은 '유력'에 갇힌 자아를 넘어서 무의 중심에서 자신을 비우고 하나님 앞에 열린 차원으로 존재하는 무아적 형태로 나타난다.[128] 인간은 신을 보는 자가 되면서 동시에 신 앞에 드러난 존재이기에, '응답함으로써 응답받는 자'가 된다. 이 응시-응답의 구조는 실재를 '객관화'하지 않고 존재 전체가 관계적으로 재구성되는 영성적 관계를 제시한다.

셋째, 성령의 탄식과 상응하는 믿음의 응시: 성령은 우리가 기도할 수

---

128 | 무아에 대해서는 본서 711-713 페이지를 참고하라.

없을 때 말 없는 탄식으로 우리를 대신하여 기도하신다롬 8:26. 이때 성령의 탄식은 세계의 고통을 관찰하는 하나님의 감응이며, 우리의 '믿음의 응시'는 신-인-세계 사이의 무의 차원으로 진입하여 응시 구조에 들어가는 참여적 관찰 행위가 된다. '무'는 이 감응의 공간이고, 우리의 눈과 하나님의 눈이 교차하며 현실을 다시 탄생시키는 차원적 경계로 기능한다. 기도는 응시를 통한 존재의 재진입이며 믿음은 실재의 고통 앞에서 자기를 비우고 성령의 리듬에 감응하는 내공이다.

결국 '관찰자'란 단순히 바깥에서 관조만 하는 존재가 아니다. 그는 실재의 자기비움에 참여하고 그 감응 속에서 존재를 다시 구성하며, 새로운 탄생의 장면에 응답하는 존재로서의 주체다. 폰티스 영성은 이 관찰자의 구조를 통해 과학적 탐구-신학적 직관-영성적 참여가 하나의 근원 안에서 서로를 재구성할 수 있는 사유를 정초한다. '하나님의 눈으로 본 세계'란 하나님이 멀리서 내려다보는 시선이 아니다. 하나님이 우리를 통해 우리 안에서 다시 보시는 세계, 곧 존재가 자기 자신을 우리에게 내어주며 드러내는 살아 있는 차원적 실재의 현장이다.

4. 통합의 중심은 관찰하는 인간 – '신비적 인간'이라는 통로

1) 무를 관측하는 인간

현대 과학과 신학의 대화는 흔히 '어떻게 [과학]'와 '왜 [신학]'의 조합으로 정리된다. 그러나 이 구도는 실은 '외재적 설명-내재적 의미'라는 이원적 구조로 구성된 관념적 해석의 틀이며, 그 자체로는 실재가 통합되는 존재적 사건에 도달할 수 없다. 핵심 질문은 이것이다: 무와 영의 감응을 감지하고, 실재를 변화시키고 창조할 수 있는 거기에 응답할 수 있는 매개는 무엇인가?

그 해답은 어떤 개념이나 이론이 아니라 실재와 물리가 통합된 몸이다. 그 몸은 근원적 무의 떨림에 공명할 수 있는 존재―곧 '신비적 인간 mystical human' 또는 "좋다" 하심의 평가에 일치하여 새로운 창조가 가능한 '무의 감응력과 자기 수여 능력을 가진 인간', 즉 성령이 내주하는 인간이다. 무와 영은 관찰자에게 감지되는 사건이다. 과학이 다루는 유와 용의 힘은 비개입적 관찰자를 전제하고 스스로 갇힌 세계로서 인과적 조직화만 허용된다. 그러나 무와 영의 차원은 관찰자 없이 작동하지 않는다. 즉 무와 영은 항상 그 장을 인식할 수 있는 '누군가'에게 발생하는 현상이며, 그 누군가는 기계적 측정자가 아니라 존재의 틈을 감지할 수 있는 영적 존재, 곧 신비적 인간이다. 이 성령―그리스도의 영이 내주한 신비적 인간만이 근원의 평가인 "좋다" 하심에 감응하고 승복할 수 있으며, 자아를 부정하여 영의 흐름 안에서 새로운 창조를 보고 예언하고 조직할 수 있다.

"좋다" 하심에 일치하는 존재는 창조적 구조와 영적 직관의 접속점이 있다. 창세기 1장에서 하나님은 창조의 각 단계를 보시고 "좋다"라고 평가하셨다. 이 좋음은 단순한 심미적 감탄이 아니라 하나님의 내적 질서와 생명의 자기조직화가 현현되었음을 나타내는 영적 평가이다. 그러므로 "좋다"하심은 존재가 근원과 일치하고, 무를 통과하여 새로운 차원을 열어 영의 흐름에 공명하며 들어설 때 나타나는 평가이다.

이를 감지하고 내면화할 수 있는 존재는 바로 영적 직관을 가지고 근원적 흐름을 감지하며 순종하는 인간이다.

2) 통합의 '통로'인 인간

여기서 핵심은 통합이 이론적 구조 안에서 발생하지 않으며 언제나 '통로' 안에서 발생한다는 것이다. 즉 신비적 인간이란 통합 자체를 가능케하는 무의 몸이다. 그는 단순히 해석하는 자가 아니라 존재와 존재 사이의 공명과 공진이 발생하는 성령의 몸으로서, 자신을 비워 무를 통과하게 하고 영을 통해 타자와 연결되는 매개이다. 즉 통합은 '근원과 현재 사이의 다리를 놓는 자', 곧 자신의 존재를 접속면으로 바치는 자들에 의해 실현된다. 그들 안에서 과학과 신학, 물질과 영, 유와 무, 생성과 은총이 함께 만나고 생성된다. 이때 관찰은 그대로 새로운 사건이 되며 변혁의 전환이 된다.

신비적 인간은 '영적 물리학'의 관찰자이며 물리적 현상에 영향을 주는 매개자이다. 이것은 양자역학의 관측자 효과와도 상응하지만, 보다 깊은 차원에서는 신학적 존재론에 기초한 영적 물리학이다. 이때 신비적 인간은 단순히 현상을 바꾸는 자가 아니라 무의 떨림을 감지하고, 영의 흐름에 자신의 영과 혼, 몸을 접속시키는 자이다. 그는 첫 창조에 참여하며, 그 참여의 무대는 근원적 시간과 공간인 엔 크리스토 en Christo, 그리스도 안에서 다. 그러므로 통합의 비밀은 개념 사이가 아니라 존재 사이에서 발생한다. 그리고 그 존재는 무와 영의 경계를 열고 통과하며, 과학의 관측을 존재론적 감응으로 신학의 선언을 생명의 리듬으로 전환시키는 통로이다. 따라서 진정한 통합은 유와 무, 과학과 신학, 사실과 의미, 생성과 은총이 '신비적 인간과 영적 학문'이라는 틈과 통로를 통해 교차할 때만 가능하다. 그는 단지 해석자가 아니라 그리스도 안에서 생명과 죽음, 빛과 어둠의 관측자이며 그 자체로 무의 관문이자 영의 도래를 수용하는 통로이다.

3) 그리스도 안과 무의 지대

바울이 에베소서에서 반복적으로 사용하는 '그리스도 안에서 ἐν Χριστῷ'라는 구절은 단순한 신분의 위치 변화가 아니다. 그것은 존재가 새롭게 재배열되고, 차원이 이동되며, 무의 자리를 통과하여 새로운 존재로 변형되는 구조적 선언이다.

> 그리스도 안에서 하늘에 속한 모든 신령한 복을 우리에게 주시되
> … 그리스도 안에서 너희도 함께 지어져 가느니라 엡 1:3, 2:22

즉 그리스도 안에 있다는 것은 자아의 관성이 다스리던 유有에서 무無를 통과한 후, 영의 차원에서 살아가는 존재로 재구성된다는 것用이다. 이 구조는 폰티스 영성이 말하는 무의 차원을 통과한 자로서의 신비적 인간과 정확히 상응한다. 로마서 7장 역시 무의 지대에서 탄식하는 인간 실존을 그린다.

> 내 속사람으로는 하나님의 법을 즐거워하되 내 지체 속에서 한 다른 법이 내 마음의 법과 싸워 내 지체 속에 있는 죄의 법으로 나를 사로잡는 것을 보는도다 롬 7:22-23

여기서 '나'는 사망의 법에 의해 고통받고 분열된 존재이다. 자아는 스스로에게서 멀어져 있으며, 존재는 의지와 현실 사이의 틈, 곧 무의 공간에 위치해 있다. 그러나 로마서 8장은 이 무의 공간이 성령에 의해 관측되고 전환되는 자리임을 선언한다. 그는 관측하고 갈망하고 새로운 차원을 부른다.

> 성령이 말할 수 없는 탄식으로 우리를 위하여 친히 간구하시느니라 … 피조물이 고대하는 바는 하나님의 아들들이 나타나는 것이니 롬 8:26, 19

성령은 이 무의 장을 관찰하고 해석하고 "좋다"라고 평가하며, 그 평가 안에서 인간은 자기 의지로 자유롭게 승복한다. 그것이 바로 "생명의 성령의 법이 죄와 사망의 법에서 너를 해방했다" 롬 8:2 라는 선언의 깊은 의미이다. 과학과 신학의 통합은 학문 분과의 문제가 아니라 그 학문을 하는 인간의 차원 및 의식과 연결된다.

바울은 과학이 다루지 못한 무의 깊이에서 자기 존재를 통과시키고, 그리스도와의 일치 안에서 무를 통과해 새롭게 살아나는 존재, 곧 '엔 크리스토의 관측자'이다. 과학과 신학의 진정한 접속면은 '그리스도 안, 성령이 내주한 인간'이다. 과학은 무를 설명할 수는 있어도 무를 통과할 수는 없다. 신학이 은총을 말할 수는 있어도 은총에 응답하는 존재를 대신 살아줄 수는 없다. 그 둘이 접속되는 유일한 접속면은—그 무를 감지하고 영의 리듬에 응답할 수 있는, '그리스도 안에서의 신비적 인간'이다. 그는 "좋다"라고 하신 생명과 평화를 기억하는 존재이며

'탄식' 속에서도 영원한 생명을 고대하며 예고한다.

5. 기도와 물리적 리얼리티의 인터페이스

기도는 관찰에 어떤 영향을 미치는가? 기도는 단지 인간의 내면 정화나 심리적 위로로 축소될 수 없다. 그것은 무無의 감응과 영靈의 흐름을 매개로 실재의 차원을 조정하고 변화시키는 접속이다. 현대 과학은 기도를 실재적 현상으로 다루기 어렵다. 측정할 수 없고 재현 가능성이 적으며, 기도가 결과에 영향을 미친다는 인과성도 실증적으로 증명되기 어렵기 때문이다. 하지만 이것은 기도가 실재에 영향을 주지 않는다는 의미가 아니라 유의 차원을 넘어선 무와 영의 층위에서 기도가 작동한다는 뜻이다. 기도는 현실의 구조적 '틈'에 작용하며, 그 틈은 과학이 탐지할 수는 있어도 해석할 수는 없는 자리이다.

근원적 실재 reality 의 층위는 유有에서는 가시적 질서·물질·인과 법칙·고전 물리학·생물 등 외재적 차원으로, 낮은 곳에 위치한다. 무無에서는 잠재성·진동·불확정성 양자역학·진공 요동 등 내재적 감응 차원으로 높은 곳에 위치한다. 용用의 창발성·자기조직화·복잡계·생명 체계 등 잠재성이 발현되어 조직되는 구조에서는 높은 차원에 위치한다. 영[0]에서는 통합·수여·사랑의 기운·정보 흐름·통일장 등 가장 깊은 개입이 일어난다. 기도는 이 근원적 구조의 층위 속에서 단순히 '무언가를 얻기 위한 말'이 아니라 존재 구조의 리듬에 감응하고 그 리듬을 내면화하여 실재의 중심부에 반응을 일으키는 상응 조정 행위이다. 기도가 밀접한 영향을 주는 곳은 무의 접속면이다. 실제로 양자역학에서의 '무'는 단지 '없는 것'이 아니다. 진공 vacuum 은 오히려 에너지의 가능성이 진동하고 있는 장場이며, 실재는 관측이 발생할 때 파동함수의 수축을 통해 하나의 현실로 나타난다. 이때 관측이란 단순한 시각적 확인이 아니라 관계적 접속이 발생하는 행위이다. 따라서 기도는 무의 장에 대한 관계적 응시이며 감응의 집중이다. 기도는 무의 지대에서 존재가 열린 상태로 자기 자신을 드러내는 순간이다. 기도하는 자는 자기 의지로 무에 머무르며, 존재의 가능성과 불확정성과 잠재성의 자유 속에서 오직 '그리스도 안에서' 새로운 존재를 응시하고 관찰하고 응답한다. 이때 존재의 패턴이 조율되고 통찰이 일어나며 실천을 통해 용用의 차원에서 새롭게 현실화된다.

이제 모든 것이 정확해진다. '기도는 현실을 바꾸지 않는다.' 도리어 기도를 통해 존재가 무의 진동에 맞추어 자기 구조를 전환하며, 실재가 다른 차원으로 접속되도록 장을 열게 되는 것이다. 그것을 인식하는 직관과 예언적 통찰, 통합적 시선 등이 학문으로 이어질 때 무를 다루는 현대 과학과 신비를 다루는 영성 신학이 만나게 된다.

기도는 영의 차원에서의 공명이다. 그것은 존재가 무와 영의 사이에서 공명하는 파동의 일치다. 그 공명은 차원을 넘나드는 파동으로 실재에 영향력을 행사한다. 삼위일체적 구조에서 보면 성부의 자기비움은 무의 구조를 형성하고, 성자의 육화는 무에 감응하여 현실로 나타나는 응답이며, 성령은 이 흐름을 모든 존재에 감응시키는 '공명력'으로 작동한다. 기도하는 자는 바로 이 한복판에서 자기 자신을 비운다. 말씀을 듣고, 침묵 속에서 탄식하며, 삼위일체의 리듬에 자신을 맞춰가는 무아의 '조율자'가 된다 [세상도 없고 나도 없고 사랑의 주만 보이도다]. 이때 기도는 "좋다" 하시는 창조적 승인에 일치하여 새로운 창조의 '현실'에 참여하는 힘이다. '하늘에서 이루어진 바와 같이 땅에서도 이루어져'마 6:10 실재적이고 물리적 리얼리티에 영향을 주려면 기도하며 연구하는 자, 지성과 영성을 갖춘 자들이 그 연결의 통로가 될 때 두 학문의 만남은 가능하다.

6. 스스로 있는 세계를 흔들다: 진짜 믿음

앞서 살펴보았듯이 '무의 마당'은 단순한 비움이나 유희를 위해 공명하는 공간이 아니다. 그곳은 에너지의 잠재태 potential energy 들이 상호작용하는 장場이다. 아무것도 하지 않는 것처럼 보이지만 유력의 세계를 변화시킬 결정적인 계기를 기다리며 중심을 잡고 있는 곳이다. 이 마당에서 인간은 무로부터 오는 충격과 진동을 견디고 새롭게 오는 파동에 자신을 정밀하게 맞추는 법을 배운다. 흔드는 것이 없으면 마당은 진행하지 않는다. 아니 더 정확히 말하자면 구체적인 좌표에서 흔드는 것이 없으면 마당은 진행하지 않는다. 유력의 세계를 흔들 때 무는 준비된 유가 필요하다 [선이든 악이든 무르익은 유는 마당의 전개에 필연적이다!]. 무의 타깃이 된 유는 그저 단순한 입자가 아닌 '무와 연결된 좌표를 가진' 힘, 즉 방향성 있는 타격점으로 변모한다. 예를 들어 절벽 끝자락에 위치한 바위는 멈춰 있는 듯 보이지만, 그것은 지구 자전에 의해 시속 1,670km로 움직이고 있다. 그것은 잠재된 운동량을 지닌 가공할 무기이다. 어느 순간 정확한 각도와 방향으로 떨어지도록 마당의 힘이 바위에 가해진다면 그것은 압도적인 파괴력을 가진 무기가 된다.

다윗의 손에 들린 물맷돌도 마찬가지다. 그것은 단지 작고 둥근 돌이 아니다. 마당의 근원이신 하나님을 모독하는 적을 향한 강력한 분노와 정확한 속도·회전력·탄성·각도가 마당과 일치되는 순간, 그 돌은 거대한 방어구와 무기로 무장한 골리앗을 정확히 꿰뚫는 무기가 된다. 중요한 것은 공진共振을 일으키는 힘과의 정확한 각도 맞추기다. 그 돌멩이는 다윗의 용기보다 오히려 다윗의 각도를 닮아 있었다. 겨우 소년이 던진 돌 하나에 나자빠진 거인의 모습은 이스라엘이나 블레셋 진영에는 전혀 낯선 일이었지만, 한편으로 예견된 일이었다.

> 무의 파동은 언제나 그를 부르고 있었고
> 소년의 공명과 공진은 일상이었다.

외로운 들판에서 소년은 날마다 평화롭게 비파를 연주했다. 그날도 그는 자기에게 맡겨진 양들을 지키기 위해 조용히 돌들을 고르고 있었다. 그의 형들은 전쟁터로 떠났다는 소식을 들었다. 오랜 숙적인 블레셋 진영에서 살상 무기라고 불리는 거인이 온 이스라엘을 떨게 하고 있다는 두려움 어린 전언도 함께. 아버지가 시킨 심부름을 하러 그는 곧장 전쟁터로 갔다. 그곳에서 그는 블레셋 거인이 제멋대로 지껄이는 욕지거리를 들었다. 이스라엘 진영은 침묵했고 무장을 한 형들은 소년을 비웃었다. 그는 전장에 나갈 참이었다. 사울 왕은 미덥지 않은 얼굴로 방패와 갑옷을 내밀었지만, 소년은 웃으며 고개를 저었다.

이건 너무 무겁습니다. 제게 익숙하지 않아요.

그는 천천히 마른 시냇가에서 자신이 익숙하게 사용했던 돌들과 가장 비슷한 다섯 개의 돌을 집었다. 그의 손에 쥐어진 돌들은 이미 마당의 파동을 알고 있는 것 같았다. 그는 손에 돌을 쥐고, 아무 말 없이 골리앗 앞에 섰다. 거인은 비웃었다. "내가 개냐? 네가 막대기를 들고 나왔구나?"삼상 17:43 그러나 다윗은 그 거인의 진짜 약점이 무엇인지 알고 있었다. 그는 '무'의 가공할 힘에 무감한 자였다. 그는 혼자 서는 자 같았지만 그저 무지한 자였으며 단지 군중들의 함성과 유력의 중력에 민감한 자였다. 다윗은 숨을 들이쉬었다. 그는 돌을 휘둘렀다. 손과 어깨, 무릎과 눈—모든 것이 한 궤도에 맞춰져 있었다. 돌을 회전시키며 그는 우주가 여호와와 함께 맞춰 돌아가는 춤을 느꼈다. 회전을 거듭하며 물매가 팽팽해질수록 돌에는 다윗을 왕으로 만들어 낼 기억, 하나님을 사랑하며 들판의 맹수들 앞에 서서 돌을 휘둘렀던 역사에 가속력이 붙었다.

그리고 그 순간,
시간이 멈추었다.

마당에서 온 가공할 힘이 돌과 접점을 일으켰다. 돌은 바람을 가르고 전장 한복판을 뚫고 날아가 딱 한 좌표, 골리앗의 이마에 정확히 닿았다. 그것으로 충분했다. 거인은 땅에 나뒹굴고 오로지 침묵만이 양 진영을 압도했다. 이스라엘도 블레셋도 감히 입을 여는 자가 없었다. 그러나 다윗의 안에서는 아무도 모르는 마당의 노랫가락 하나가 울리고 있었다.

'흔듦'은 구조에 주름을 만들어 내는 첫 움직임이자 기존 질서에 무의 개입을 발생시키는 에너지다. 전쟁은 유력의 장을 흔들며 새로운 영웅을 요구한다. 마당은 이러한 힘이 개입하지 않으면 그대로 고정된 평면[유]으로 머무른다. 마당은 무한 잠재성의 장field이지만 그러나 반드시 '관계적으로 힘에 의해' 깨어나야 한다. 마당은 자동으로 자기조직화를 실행하지는 않는다. 그곳에 무無에서 온 진짜 주름이 잡히려면 일정한 '간섭력' 혹은 '흔듦'이 정확한 좌표의 틈에 선행되어야 한다. 다시 말하지만 가만히 있는 장에는 아무 일도 일어나지 않는다. 작용이 들어오고 요동이 생길 때 마당은 새로운 배열을 만들어 낸다. 즉 차원전환은 무의 개방 없이는 일어나지 않고, 무는 '힘의 요동'을 통해서만 열린다. 마음을 울리는 메시지, 깊은 여운을 남기는 찬미, 습관화된 사고를 흔드는 정문일침, 경외감으로부터 우러나오는 감탄, 고통 가운데서의 탄식, 절망 속에서 간절히 부르짖는 기도, 감정의 파장을 일으키는 관계의 충돌, 패턴을 뒤틀어버리는 무의식의 충격, 예술에서 솟아나는 형언할 수 없는 경험, 광대한 자연 속에서 느껴지는 시간의 감동 등…. 마당의 흐름, 즉 자기조직적 생성의 첫 출발은 다양한 '흔들리는 지점의 강렬도'에서 시작된다.

'흔듦'은 단순한 외부 충격이 아니다. 그것은 유력의 견고한 구조에 미세한 진동과 간섭을 일으켜 무의 마당을 열어젖히는 위상적 균열의 시작이다. 물리학적으로 '힘force'이란 두 물체가 직접적으로 밀거나 당기는 것이 아니라 공간 자체―즉 장field의 구조―를 변형시키는 파동적 흐름의 작용이다. 다시 말해 접촉의 본질은 실체의 이동이 아니라 공간의 위상 전환에 있다. 힘이 가해지는 순간 흔들리는 것은 물질 자체가 아니라 그 물질이 놓여 있는 공간의 연속성이며, 그에 따라 내재된 모든 구조는 재배열된다. 이때 유력의 세계는 잠재성으로 전환되는 문턱에 놓이게 된다.

이 원리는 공진共振, resonance이라는 개념과도 깊이 연결된다. 파동으로 구성된 우주의 모든 존재는 끊임없이 진동한다. 그리고 특정한 주파수에서 맞닿을 때 그 진동은 기하급수적인 증폭을 일으킨다. 거대한 다리는 거센 바람보다 정확한 공진 주파수의 미세한 진동으로 무너진다. 그것은 단지 파괴가 아니라 새로운 구조적 질서의 출현을 예비한다. 지구 생명의 시작도 이러한 공진적 충돌의 결과였다. 원시의 지구는 표면 온도 1,200도에 이르는 불지옥이었다. 그러나 거대한 소행성이 고속으로 충돌하며 자전축의 경사와 달의 탄생이라는 극적인 사건이 발생했다. 이 충돌은 단지 파괴가 아니라 지구라는 그릇의 '형성 조건'을 새로 조정하는 작용이었다. 달은 그 후로 지구의 흔들림을 적절히 잡아주었고, 기울어진 축은 햇빛을 고르게 분산시키는 토대를 만들었다. 충돌-흔듦-공진-재균형, 이 일련의 과정에서 생명은 탄생했다. 달은 그저 부유하는 돌덩어리가 아니라 우주적 공진의 역사이자 틈의 증인이다.

이와 같은 공진의 법칙은 인간의 삶에도 그대로 적용된다. 우리가 두려워하는 돌연변이와 예기치 않은 사건, 예상치 못한 충돌은 단지 방해물이 아니다. 오히려 그것은 유와 무의 경계에서 '존재의 마당'을 흔들어 깨우는 신적 간섭이다. 하나님의 교육 과정은 유력의 안정을 보존하기 위한 것이 아니다. 그분은 우리에게 정확한 각도의 충돌과 정확한 진동수의 흔듦을 허락하신다. 바로 그때, 우리 내면의 깊숙한 층위가 흔들리고 새로운 층이 생긴다.

사건으로서의 복음은 그런 점에서 강력한 공진이다. 그것은 나보다 더 큰 타자와의 접촉이고, 나의 내공과 마찰하며 '나'를 낡은 구조로부터 해방시키는 생명의 진동이다. 단단히 닫힌 세계는 복음 사건을 통해서만 열린다. 흔듦 없이 틈은 생기지 않고, 틈이 없으면 무는 반응하지 않으며, 무가 반응하지 않으면 마당은 열리지 않는다. 마당이란 곧 진정한 변환이 일어나는 차원의 접촉면이며 이곳에서만 새로운 생명은 출현한다.

7. 현대 물리학에 신학적 상상력을 입히다

1) 공명과 공진이 함께 작용하며: 전능과 사랑

무 마당의 중요한 힘인 성령의 운행과 성자의 말씀은 무의 삼위일체적 일치가 가진 본성을 보여준다. 공명과 공진은 개념적으로 유사해 보이지만, 그 작동 구조는 본질적으로 서로 반대 방향의 에너지를 내포하고 있다. 기본적으로는 두 개념 모두 근원적 일치 안에서 '울림'과 '진동'을 핵심으로 삼는다. 그러나 공진이 외부 자극에 의해 내부 구조가 붕괴되고 재편되는 사건적 변화라면, 공명은 내부 감응을 통한 의미의 확장이다. 둘은 방향은 반대이나 서로 배타적이지 않으며, 오히려 대극의 긴장 속에서 서로를 작동시키고 상호 보완하는 원리로 존재한다.

공진은 외력에 의해 시스템 내부의 고유 구조가 강제적으로 흔들리는 현상이다. 특정한 주파수에서 외부 진동이 시스템의 고유 진동수와 정확히 일치할 때, 에너지는 기하급수적으로 증폭되며 기존의 구조를 뒤흔든다. 이러한 공진은 단순한 자극이 아니라 파괴를 통한 창조의 계기가 된다. 견고하던 구조는 무너지고, 그 붕괴를 통해 새로운 질서로의 이행이 가능해진다. 이와 같은 공진의 방식은 신적 사건이 자아를 궤도에서 이탈시키는 순간, 곧 예기치 못한 충격이나 개입을 통해 삶의 차원이 전환되는 존재론적 체험과 유사하다. 반면 공명은 외적 충격이 아닌 내부의 고유한 진동이 타자의 진동과 자연스럽게 감응하는 방식으로 작동한다. 여기서는 완전한 일치보다는 유사성에 기반한 간접적이고 섬세한 동조가 중요하다. 타자의 파동이 나의 내면에 닿을 때, 그것은 강제적 흔들림이 아니라 내부에서 자율적으로 일어나는 울림을 불러일으킨다. 공명은 기존 구조를 파괴하지 않는다. 오히려 그 안에서 울림이 확산되며 이해와 공감의 지평을 넓혀간다.

요컨대 공진은 외부의 힘이 나를 흔드는 방식이고, 공명은 안에서부터 울려 퍼지는 방식이다. 전자가 급격한 차원 전환을 돌파하기 위한 '폭발'이라면, 후자는 관계 속에서 서서히 깊어지는 '공감'이다. 전자는 변화를 낳고 후자는 이해를 확장한다. 그러나 이 두 작용은 모두 존재가 깨어나는 길이며, 둘이 조화를 이룰 때 생명은 더욱 깊고 넓은 방식으로 생성된다. 또한 창세기 1장의 순서에서는 공명으로 장을 만들고 공진은 그 장과 상응하며 질서와 행동력을 형성한다.

또한 이 둘을 전능과 사랑의 구조에 적용하자면, 비워서 생성되는 공명과 몰입하여 힘을 집중시키는 공진의 방법론으로 확장할 수 있다. 이는 단순히 속성의 대조가 아니라 생성과 차원 전환의 메커니즘으로 전능과 사랑, 공진과 공명의 긴장을 풀어낸다. 전능과 사랑은 공진과 공명처럼 표면적으로는 상반된 것처럼 보이지만 전능은 모든 것을 행사할 수 있는 지배와 파괴의 힘이고, 사랑은 자기를 내어주는 비움이다. 공진은 고유 진동을 깨우는 에너지 집중의 순간이고, 공명은 타자의 파동에 감응하여 자발적으로 울리는 개방이다. 그러나 이들은 사실상 하나의 동일한 생성 구조 속에서 서로 긴장하고 상보하는 축이다.

전능은 마당이 연결된 유有의 고착된 상태로 질서화되고 형상화된 힘의 구조를 강화해 준다. 이는 모든 것을 가능하게 할 수 있는 응축된 에너지의 중심이며, 자기를 행사함으로써 세계를 형성하고 구조화한다. 공진은 몰입을 통해 힘을 집중하고 외부의 정확한 주파수와 정합될 때 내부의 고유 진동수가 깨어나 기하급수적으로 진폭이 증폭되는 현상이다. 전능은 내적으로 고유한 에너지를 품고 있지만 외부로부터의 정확한 자극, 곧 공진의 사건이 도래할 때 비로소 그 힘이 자기 초월적 폭발로 이어진다. 따라서 공진으로서의 전능은 그 자체의 강제력이 아니라 새로운 차원으로 통과시키는 문이 된다. 십자가의 사건은 하나님의 전능이 공진적으로 작동한 대표적 사례다. 그분은 자신의 능력을 '과시'하지 않고 철저히 집중된 사랑의 폭발력으로 유력의 갇힌 세계를 흔드셨다.

반대로, 사랑은 존재의 무無적 상태로 형상을 의도적으로 내려놓는 자기 유보와 틈의 개방이다. 사랑은 힘을 포기하는 것이 아니라 힘을 사용하는 방식을 전환하는 것이다. 그것은 억누르거나 지배하지 않고 타자가 다가올 수 있도록 자리를 비워주는 공간적 창조다. 이러한 사랑은 공진과는 정반대처럼 보이는 원리인 공명의 구조로 작동한다. 공명은 타자의 파동을 온전히 감지하고, 자발적으로 그 파동에 울림을 일으키는 현상이다. 그것은 정확히 일치하지 않아도 유사한 진동 상태에서 자연스럽게 일어나는 감응이다. 사랑은 이처럼 외부 자극을 통제하려 하지 않고 내면 깊은 곳에서 그 자극을 받아 울림으로 전환시킨다. 그러므로 공명은 사랑의 방식이다. 하나님의 사랑은 전능과 달리 자기를 침묵시키고 타자의 응답을 기다리는 방식으로만 진정한 생명을 가능하게 한다. '나보다 더 큰 타자가 내게 부딪히는 사건'은 공진이지만, '그 타자의 파동에 내 존재가 울리는 것'은 공명이다.

전능은 집중된 힘이며 공진의 조건을 갖춘 응축력이다. 반면 사랑은 열려 있는 틈이며, 공명의 가능성으로 가득 찬 공간이다. 인간이 삶을 전환할 때 겪는 결정적 사건들은 대개 이 두 힘이 동시에 작동하는 순간에 발생한다. 또한 어떤 사건이 나의 구조를 흔들어 고정된 자아를 깨우는 것은 공진이다. 그러나 그 흔들림을 받아들여 내면 깊은 울림으로 반응할 수 있을 때 그 존재는 진정한 변화로 나아간다. 그것이 공명이다. 즉, 공진이 존재를 흔들고 공명이 존재를 확장한다. 공진이 전능을 통과시키고 공명이 사랑으로 이어진다. 전능이 몰입의 힘이라면 사랑은 비움의 힘이다.

이러한 구조는 하나님에 대한 신학적 이해뿐 아니라 인간 존재에 대한 깊은 통찰로도 확장된다. 인간이 지닌 전능의 욕망은 집중된 몰입과 공진을 통해 자신의 가능성을 실현하고자 한다. 그러나 이때 사랑이라는 무의 감응 구조가 없다면 그 몰입은 결국 타자를 파괴하고 자기를 고립시키는 힘이 된다. 반대로 사랑이 전능의 힘을 온전히 내면화하지 않으면 감응만 있고 구조가 없는 해체적 무력함으로 전락한다. 진정한 존재의 생성은 이 두 가지가 긴장 속에서 동시에 작동할 때 일어난다. 전능과 사랑은 따로 작동하지 않는다. 공명이 없으면 흔들림은 일어나지 않고, 공진이 없으면 흔들림은 변화로 이어지지 않는다. 진정한 차원 전환은 이 둘이 하나의 마당에서 만날 때 비로소 일어난다.

2) 근원으로 갈수록 넘치다: 잉여

보이는 마당들의 틈 사이로 보이지 않는 마당들이 있다. 그것은 흙으로 된 마당이 아니라 차원의 틈에 피어나는 영혼의 마당이다. 어떤 마당은 말보다 먼저 깨어 있고, 어떤 마당은 침묵을 다 품은 뒤에야 문을 연다. 이 마당은 단일한 공간이 아니다. 그것은 중층된 차원들의 교차점이다. 한 사람의 마음속에도, 공동체의 역사의식 안에도, 시간의 결이 다르게 흐르는 마당들이 존재한다. 어떤 마당은 과거의 슬픔이 눕는 자리이고 어떤 마당은 아직 오지 않은 기쁨이 예비된 장소다. 이 모든 마당이 문을 열고 서로의 틈이 벌어진 곳과 접촉이 일어날 때, 이 중층의 겹친 마당들 사이에서 '잉여'는 피어난다. 잉여란 그저 부산물이 아니라 더 큰 차원에서 온 선물로서 예기치 않은 초과의 탄생이다. 질서와 기능의 논리를 초과하는 그 어떤 것—삶이 단순히 효율이나 성과로 환원되지 않을 때 솟아나는 여백. 유력의 세계에서는 절대 알 수 없는 사랑의 기운과 생명의 힘이 있는 곳에 이 마당은 펼쳐지고 새로운 차원이 열린다.

모세의 삶에도 몇 번씩 무의 마당이 열렸다. 모세가 기획한 것은 아니었다. 본디 마당은 항상 우리의 인식이나 계획보다 더 크다. 갈대 상자가 애굽의 강물을 떠도는 시간, 광야에서의 침묵의 시간, 입술을 열 수 없어 뒤로 물러섰던 부르심의 시간. 이 모든 마당은 다음 차원을 기다리던 중층의 장場이었다. 그 속에 차원이 겹치고 남겨진 것은 용광로에서 되살아나서 존재의 변형을 드러냈고, 잉여는 태초를 품은 말씀이 되었다.

무의 입체 마당은 유력의 중심이 아니라 그 주변과 바깥에 있다. 그러나 모든 중심은 결국 그 마당에서 다시 태어난다. 잉여는 버려진 것의 힘이 아니라 유력의 갇힌 세계에서 많은 이들을 짓밟고 중심이 되기를 거부하는 자리에서 생명을 통해 탄생하는 힘이다. 그래서 진정한 변화는 언제나 마당에서 시작된다―누구도 주목하지 않지만 폭발적인 그러나 다 함께 살아가는 생명의 틈에서. 이 마당은 차원이 겹쳐 있기에 중층적이다.

차원의 중층성[129]이란, 시간과 공간이 단일한 직선 위에 펼쳐지는 것

---

129 | 현대 물리학이 차원의 중층성을 도입하는 이유는 현재 알려진 물리 법칙만으로는 설명하기 어려운 현상(예: 암흑 물질, 암흑 에너지, 중력의 약함)을 해결하거나 상충되는 이론 간 통일성을 구축하기 위함이다. 이로 인해 크게 세 가지 관점이 나타나는데 여분의 차원(extra dimensions)과 다중 우주(multiverse), 다른 물리 법칙과 상수를 가진 우주이다. 이에 따라 차원의 중층성에 대해 설명하는 많은 이론이 있으나 초끈 이론과 브레

이 아니라 서로 다른 속성과 밀도를 가진 층들이 겹쳐서 존재한다는 것을 말한다. 이는 현대 물리학의 다중 우주multiverse[130]나 막 이론brane theory에서처럼 상이한 차원들이 서로 관통하거나 인접하여 영향을 주고받는 구조와 유사하다. 이러한 다차원의 접속면은 단순히 공간적 구조가 아니라 존재론적 접속면이며, 여기서 차원 다른 힘이 움직이는 '중층적 마당'이라는 은유적 공간이 발생한다.

그래서 '마당'은 단지 물리적 장소가 아니라 여러 차원이 교차하는 인지적·사회적 인터페이스다. 마당은 하나의 사건이 과거와 미래를 잇고, 개인과 공동체·무의식과 제도·말과 침묵이 다층적으로 엮이는 중첩의 장이다. 이는 양자 중첩quantum superposition[131]처럼 하나의 마당 안

인 이론은 저차원 안에 작게 꼬여 있는 압축된 고차원, 또한 여분의 차원을 자유롭게 이동하는 중력을 통해 특히 차원 간의 관통과 인접된 영향력을 강조한다. 이에 대해서는 다음의 저서를 참고하라. Lisa Randall, *Warped Passages*; Brian Greene, *The Elegant Universe*; Michio Kaku, *Parallel Worlds*.

130 | 다세계 해석(Many-worlds Interpretation) 혹은 다중 우주론이 나타난 배경은 양자역학의 관찰에서 비롯되는 측정 문제(measurement problem)을 해결하기 위함이었다. 슈뢰딩거 방정식의 파동 함수는 관측하기 전 입자 상태가 확정된 하나의 위치나 운동량이 아니라 여러 가능한 상태가 동시에 존재하는 확률적 중첩 상태로 기술된다. 이는 관측되기 전까지 여러 가능한 상태가 동시에 존재하는 양자중첩(quantum superposition) 상태를 낳는 것이다. 그러나 관측은 이 중첩 상태를 확정된 하나의 상태로 나타나게 하는데 코펜하겐 해석에서는 관측 행위가 파동 함수를 특정한 하나의 상태로 즉시 붕괴시키기 때문이라고 설명한다. 그러나 이 '붕괴' 과정은 슈뢰딩거 방정식으로는 설명되지 않는 비결정론적이고 비연속적인 과정이기에 측정 문제는 양자역학의 난제 중 하나로 남았다. 이것을 해결하기 위해 휴 에버렛(Hugh Everett)이 제안한 것이 '다세계 해석' 또는 '다중 우주론'이다. 다중 우주론은 파동 함수가 붕괴된다고 보지 않고, 슈뢰딩거 방정식이 나타내는 모든 가능한 상태를 인정한다. 즉 양자 시스템은 중첩 상태에 있을 때 측정이 이루어지면, 그 결과는 하나로 붕괴되는 것이 아니라 파동 함수가 나타내는 모든 가능한 결과가 각각 다른 평행 우주에서 실제로 실현된다고 보는 것이다.

131 | 양자 중첩(quantum superposition)은 양자 상태에 있는 입자가 '관측'되기 전까

에 서로 배타적인 의미와 가능성이 공존하는 현상으로 이해될 수 있다. 이 중층적 마당에서 발생하는 '잉여'surplus 는 단순히 남거나 과잉된 것이 아니다. 그것은 기존의 차원 질서로 환원되지 않는 비가시적 잠재성의 진동이다. 이 잉여는 물리학적으로 말하면 에너지 진동의 경계면에서 발생하는 교란perturbation 과 유사하다. 그것은 기존 질서로 환원되지 않는 미세한 진동으로서 안정된 구조를 잠시 흔들어 놓지만, 바로 그 교란을 통해 새로운 차원이 출현할 수 있는 틈이 열린다. 이 무의 잉여에서 비롯된 파동은 단지 혼란이 아니라 상이한 차원과 힘들을 엮어내는 통합의 계기로 작용한다. 이 잉여의 선물은 무의 마당의 생명력을 분별하는 데 있어 매우 중요한 요소이다. 만일 이 잉여가 발생하지 않는다면 그 지점은 무의 형식을 흉내 낼 뿐 실제로는 생성을 거부하고 왜곡하는 어둠의 힘일 것이다. 진정한 무는 잉여를 품고 있을 때만, 차원 간 에너지를 매개하며 통합의 장으로 작동할 수 있다. 그리하여 무는 단순한 부재가 아니라 잉여를 품은 파동적 중층이자 모든 힘이 하나로 얽히는 통합의 왕좌로 등극한다.

지는 여러 가능한 상태가 동시에 공존하는 것을 의미한다. 대표적인 예시가 '슈뢰딩거의 고양이' 사고 실험이다. 방사성 원자가 붕괴되면 독가스가 나와 고양이가 죽게 되는 상자를 설치해 놓으면, 원자는 관측되기 전까지 상태가 결정되지 않기 때문에 고양이 역시 '살아 있는 상태'와 '죽어있는 상태'라는 배타적 상황이 동시에 중첩되어 존재하는 모순적인 상황에 놓이게 된다. 이 사고 실험은 슈뢰딩거가 '고양이가 살아 있기도 하고 죽어 있기도 한' 터무니없는 결과를 통해 보어와 하이젠베르크가 이끄는 코펜하겐 해석(Copenhagen Interpretation)이 완전하지 않음을 지적하기 위한 의도를 가진 것이었다. 그러나 도리어 이 실험은 양자역학의 가장 심오한 난제 중 하나인 '측정 문제'를 수면 위로 압축적으로 드러냈으며 이를 통해 에버렛의 다세계 이론, 봄의 파일럿 파동(Pilot-wave) 이론, 기라르디-리미니-웨버(GRW)의 자발적 붕괴 이론 등 여러 양자역학 해석들이 논의되었고, 이는 실재를 이해하는 방식에 대한 논쟁을 일으키며 탐구의 지평을 확산시켰다.

이 통찰은 물리학의 최전선에서도 암시되고 있다. 과학이 눈부신 발전을 거듭하며 과학주의scientism가 세계관을 지배할 정도로 확장된 시대임에도 물리학은 아직 우주의 네 가지 힘—중력·전자기력·약력·강력을 하나로 통합하는 '통일장 이론'[132]을 완성하지 못하고 있다. 알베르트 아인슈타인Albert Einstein이 마지막까지 몰두했던 이 이론을 추적하는 과정에서 물리학자들은 놀랍게도 '여분의 차원extra-dimensions'이라는 주제를 만나게 되었다. 이는 힘의 통합이 단순한 수식의 문제가 아니라 '감춰진 차원의 구조'에 달려 있다는 것을 뜻한다. 칼루자-클라인 이론Kaluza-Klein theory은 바로 이러한 여분의 차원이 플랑크 길이 수준으로 '초압축되어' 존재하며, 우리가 인식하지 못하는 차원적 잉여가 물리 법칙의 근간을 구성한다는 통찰을 제공했다.[133] 이 감춰진 차원은

---

132 ┃ 통일장 이론은 자연의 모든 근본적인 힘과 기본 입자를 단일하고 일관된 수학적 틀 안에서 설명하려는 물리학의 오랜 꿈이자 목표이다. 이는 궁극적으로 만물의 이론(Theory of Everything, ToE)을 향한 단계이다. 통일장 이론은 물리학적으로 힘의 통합을 통해 발전해왔는데, 19세기에 맥스웰의 전기와 자기가 실은 통일된 전자기력이라는 것을 발견한 것에서 출발한다. 이후 20세기에 아인슈타인은 중력과 전자기력을 하나의 장으로 묶으려는 통일장 이론을 시도했으나 성공하지 못했다. 동시대에 칼루자-클라인은 역시 중력과 전자기력을 통일하기 위해 여분의 차원을 도입하였고, 이는 현대의 여분 차원 이론과 초끈 이론으로 이어진다. 20세기 후반 입자물리학의 표준 모형은 전자기력, 약력, 강력을 통합하는 성공을 거두었고, 이 성공 이후 물리학자들은 전약력(electroweak force)과 강력도 하나로 통합하려는 대통일 이론(Grand Unified Theory)를 연구하기 시작했으나 아직 검증되지 못하였다. 통합의 가장 큰 난제는 중력을 양자역학과 성공적으로 통일하는 것인데, 이를 위해서는 중력을 양자화하려는 시도가 필요하다. 기본 입자를 점이 아닌 진동하는 끈으로 보는 초끈 이론과 브레인 이론은 현재 가장 유력한 ToE의 후보이다.

133 ┃ 1919년, 아인슈타인의 일반 상대성 이론이 발표된 직후, 독일의 수학자 테오도어 칼루자(Theodor Kaluza)는 중력과 전자기력을 통합하려는 놀라운 제안을 내놓는다. 그는 우리가 살아가는 4차원의 시공간(3차원 공간 + 1차원 시간) 외에 추가적인 한 차원, 즉 다섯 번째 차원이 존재한다고 주장한다. 이 제안은 단순한 수학적 장난이 아니라, 서로 다른 두 힘이 동일한 기하학적 구조로부터 유도될 수 있다는 물리적 통찰에 기반한 것이었다. 1926년, 스웨덴의 물리학자 오스카르 클라인은 이 추가 차원이 왜 우리가 감지하

마치 무의 마당처럼 보이지 않지만 결정적인 역할을 하며, 그 구조 속에서 에너지·기억·힘이 얽혀 새로운 법칙을 낳는다. 이 차원은 물리적으로는 작지만 존재론적으로는 기억과 에너지, 리듬과 진동의 구조화된 코드를 내포한다. 그것은 상위 차원의 통합성이 하위 차원의 조건에 따라 변형된 방식으로 작동하는 진동 공간이다.

이는 의식 구조에서도 동일한 양상을 보인다. 인간의 '의식'은 총체적이고 통합적인 실재이지만, 하위 차원에서는 감정과 이성, 충동 등 분절된 형태의 심리적 요소들로 경험된다. 이는 상위의 통합된 잉여가 하위 차원의 제한된 틀 안에서 분화되고 왜곡된 실재로 나타나는 전형적인 예이다. 그런데도 이 분절된 실재들 사이에는 항상 보이지 않는 흔적이 숨어 있다. 마치 초끈이 진동하며 차원을 넘나드는 것처럼 우리의 감정과 기억, 통찰도 상위 구조의 흔적을 따라 울린다. 삶은 이 잉여를 감지하고 해석해 내는 과정이다. 감정 속에 내재된 통합적 진리를 읽어내고, 파편 속에서 진동하는 일관된 리듬을 포착할 때, 인간은 하위 차원에 머무르지 않고 상위 차원의 울림과 접속할 수 있다. 여분의 차원은 곧 존재의 잉여이고, 그 잉여는 우리로 하여금 지금의 실재

지 못하는지를 설명한다. 그는 이 여분 차원의 크기가 플랑크 길이(Planck length), 즉 약 1.616×10^{-35}미터라고 제안한다. 이는 원자보다 약 10^{24}배, 양성자보다도 10^{20}배 더 작은 크기이다. 이러한 미세함 때문에 우리는 이 차원을 감지할 수 없지만, 이 차원은 물리적 실재의 기초 구조를 형성하는 중요한 잉여적 차원으로 기능한다. 이 여분 차원은 이후 초끈 이론(String Theory)의 이론적 기반이 된다. 초끈 이론은 우주를 10차원의 시공간으로 설명하며, 이 가운데 6개의 상위 차원은 여분 차원으로 '감추어져' 있다고 본다. 이 감추어진 차원은 하위 차원의 왜곡 속에서도 작용하는 보이지 않는 잉여의 층이 된다. 여기서 주목할 것은 이 여분 차원이 단지 작은 것이 아니라 '초압축된 질서'를 담고 있다는 사실이다.

를 넘어선 차원 전환의 마당을 찾게 만든다.

결국 여분의 차원이 과학이 다다르지 못한 무의 마당을 예시한다면 그곳에서 일어나는 잉여의 파동은 차원의 전환과 질서를 재구성할 수 있게 하는 은총의 통로다. 통합은 견고하고 안정적인 구조의 결과가 아니라 교란을 품은 무의 진동을 통과할 때 비로소 가능해진다. 또한 여기서 중요한 점은 이 여분의 차원이 단순히 작거나 숨어 있다는 것이 아니라 그 감춰진 차원이야말로 우주의 힘과 입자, 시간과 공간의 법칙을 결정짓는 구조적 기제라는 사실이다. 이 겹친 차원은 마치 아무것도 없는 '무無'처럼 보이지만 실제로는 기억과 에너지, 힘과 정보를 얽어내는 고차원의 진동 구조를 가지고 있으며, 상위 차원에서 새로운 법칙과 질서의 틈을 여는 공간이다. 이러한 이론은 '무의 마당'에서 발생하는 '잉여 surplus'를 이해하는 데 중요한 통찰을 제공한다. 그것은 무의 마당이 단순한 결핍이나 비어 있음이 아니라, 기존 차원 질서에 포획되지 않은 잠재적 에너지의 경계면이라는 사실이다. 여분의 차원이 보이지 않지만 결정적 역할을 한다. 무의 마당에 숨어있는 잉여 역시 기존의 언어·제도·감각·논리로는 포착되지 않지만 새로운 차원을 열수 있는 '압축된 힘'의 진동으로 존재한다. 초끈 이론이 말하는 것처럼 작고 감추어진 차원이 오히려 우주의 본질에 가장 가까운 진동을 품고 있듯 잉여는 존재의 가장자리에서 시작되는 은총을 입은 창조적 힘의 파동이며 차원을 전환시키는 마당의 증폭자이다.

예컨대 한 사회의 억압적 질서 속에서 발화되지 못한 말, 규범의 언어로는 설명할 수 없는 감정, 기능화된 제도 속에 남겨진 잉여적 존재들—이 모두는 마당의 경계에서 새로운 차원을 열 잠재적 '에너지'로 존재한다. 모세는 바로 이러한 차원의 경계에서 살아남은 자다. 그는 제국의 중심에서 태어났지만 강물 위를 떠돌며 차원의 경계면, 즉 구조와 혼돈의 중첩 지점에 놓인다. 그의 존재 자체가 차원 간 접속면이며, 그가 접촉한 마당들—궁전·광야·떨기나무 앞·시내산·홍해와 요단강 등은 물리적 장소이자 존재의 차원 전환dimensional transformation이 일어나는 변곡점이다.

이러한 원리에 따르자면 바른 지도자는 단지 왜곡된 감정이나 사고를 '해석'하거나 '치유'하는 것만이 아니라 그 안에 숨어 있는 잉여의 힘을 감지하여 깨우고 보호하고 그 힘이 이끄는 방향으로 존재의 궤도 자체를 바꾸도록 도전하고 권면한다. 예를 들어, 개인의 정체성 위기는 왜곡된 감정의 강렬도 지점인 무가치감이나 죄책감, 분노로 나타나지만, 이 틈에서 '나는 누구인가'라는 진정한 정체성에 관한 질문이 떠오르며 잉여의 작용이 일어난다. 또한 공동체 내부에 갈등이 일어날 때, 지도자는 잉여를 중심으로 도약하거나 감기고 꼬인 매듭을 풀어줌으로써 문제를 해결할 수 있다. 즉 특정한 하위 차원의 가치가 상위의 관계성과 초월성을 왜곡하며 억압적 체계로 변질될 때, 그 갈등에서 잉여를 감지하고 새로운 구조로 도약시키는 역할을 해야 하는 것이다.

결론적으로, 마당은 차원의 접속면이자 잉여가 현실을 교란하고 재구성하는 잠재적 장소다. 잉여는 실패하거나 남은 것이 아니라 현실을 새로이 구성할 수 있는 진동하는 여백이다. 인문학적으로 말하면 존재론적 잉여이고, 물리학적으로 말하면 비가역적 시간 흐름 속의 정보 생성을 위한 비선형적 출현 조건이다. 이 다차원적 접속면인 무의 '마당'에서 발생하는 '잉여'는 단순히 남거나 초과된 현상이 아니다. 어디에도 속할 수 없지만 미래의 희망인 잠재적 힘이다. 문제는 그 힘들이 어떻게 모이고 생성되며 창조를 향해 나갈 수 있게 하느냐인 것이다. 그것은 예컨대 한 사회의 억압적 질서 속에서 발화되지 못한 말이나 규범의 언어로는 설명할 수 없는 감정, 기능화된 제도 속에 남겨진 잉여적 존재들—이 모두는 그 어디에도 속할 수 없었던 것들이지만 그렇기에 마당의 경계에서 새로운 차원을 열 잠재적 '에너지'로 존재한다.

예를 들어 다윗이 도망자 신세로 아둘람 굴에 머물던 시절, 그에게 모여든 이들은 "환난 당한 모든 자와 빚진 모든 자와 마음이 원통한 자들"삼상 22:2이었다. 이들은 당시 이스라엘의 지배적 질서—왕권·제사 체계·군대 조직·사회적 계급 구조 어느 범주에도 온전히 귀속되지 못한 '주변과 경계에 있는 존재'들이었다. 그러나 이들이 후에 다윗 왕조를 건설하는 주역이 된 것을 보면 그들을 단순한 주변인이나 반체제 인물로 규정하는 것은 이 마당의 본질을 놓치는 것이다.

아둘람 굴은 기존 질서로 환원 불가능한 대★ 잠재성의 마당이었다. 이곳에서 발생한 '잉여'는 차원을 넘어서는 파동—새로운 공동체 형성과 정치적 리더십의 생성 가능성을 품은 에너지였다. 물리학적으로 말하자면 이는 기존 구조로는 설명할 수 없는 '비선형계 non-linear system'134

---

134 ┃ 비선형계(non-linear system)는 자연과 사회의 복잡한 현상을 설명하는 데 핵심적인 개념이며, 물리학, 생물학, 경제학, 심리학, 신학 등 다양한 분야에서 폭넓게 연구되었다. 비선형계란 입력과 출력의 관계가 직선적으로, 즉 선형적으로 비례하지 않는 시스

의 경계면에서 발생하는 에너지 진동과 유사하다. 위계 질서와 제도적 통제 속에선 정지되거나 잉여 인간처럼 보이던 이들의 존재는 중첩된 경계 [굴이라는 비가시적 장소, 다윗이라는 큰 마당을 펼쳐줄 잠재적 지도자, 유동적인 소속감] 의 접촉 면에서 파동처럼 진정한 공명이 일어나는 무의 힘으로 재조직되었다.

이 잉여적 파동은 단지 감정이나 동기가 아니라 한편으로는 성령의 미명 속 예비된 창조적 질서였다. 아둘람 굴은 바로 그러한 차원 전환의 접속면이었다. 이 접속면에서 기존에 기능화되지 못한 자들은 기존의 방식이 아닌 새로운 공명으로 새 마당을 형성할 리더십 구조와 영적-사회적 공동체의 패턴을 자생적으로 조직되어 갔다. 그리고 훗날, 이 외인부대는 다윗 왕조의 핵심 지휘관이자 역사의 결정적 전환점을 이끌 '에너지 매개체의 흐름'으로 등장한다.

그러한 마당들에서 일어나는 '잉여의 발생'은 단순히 감정의 포화가 아

템을 말한다. 이 시스템에서는 작은 원인이 큰 결과를 낳거나 예측 불가능한 결과가 발생할 수 있다. 즉 시스템의 상태는 그 구성 요소들의 단순한 합보다 훨씬 더 복잡하게 상호작용한다. 주요한 특성으로는 작은 변화가 큰 효과를 일으키는 민감성, 나비 효과, 창발성 등으로 복잡계 및 카오스 이론과 긴밀히 연결된다. 주요 학자와 저서로는 다음을 참고하라. Ilya Prigogine and Isabelle Stengers, *Order Out of Chaos: Man's New Dialogue with Nature* (New York: Bantam Books, 1984); Ilya Prigogine, *The End of Certainty: Time, Chaos, and the New Laws of Nature* (New York: Free Press, 1997); Edward Lorenz, "Deterministic Nonperiodic Flow," *Journal of the Atmospheric Sciences* 20, no. 2 (1963): 130–41; Stuart Kauffman, *At Home in the Universe: The Search for the Laws of Self-Organization and Complexity* (New York: Oxford University Press, 1995); Gregory Bateson, *Steps to an Ecology of Mind* (San Francisco: Chandler Publishing Company, 1972); Paul Cilliers, *Complexity and Postmodernism: Understanding Complex Systems* (London: Routledge, 1998).

니라 자기조직적 질서의 창발적 출현emergence [135]이다. 모세의 말의 둔함은 오히려 기존 언어 질서에의 저항이며, 그 속에서 생명의 언어—새로운 차원의 호출—가 발생한다. 결론적으로, 무의 마당은 차원의 접촉면이자 잉여가 현실을 교란하고 재구성하는 잠재적 장소다. 만일 무가 결핍으로만 작동하고 있다면 그는 아직 유력의 마당에 머물고 있는 것이다. 잉여는 실패하거나 남은 잔재가 아니라 현실을 새로이 구성하고도 남는 파동의 힘이다.

3) 중력자의 존재 – 괴물들의 눈을 피하는 법

관찰자는 무의 장에서 '보는 행위'를 통해 존재의 형상을 정렬하고, 질서를 선택하며, 창조적 방향성을 부여한다. 이때 선택된 방향성과 형상을 전체 구조에 연결하며, 새로 생긴 차원이 무너지지 않도록 붙들고 조화롭게 엮어주는 구조적 매개자가 필요하다. 마치 초끈 이론에서 브레인 세계를 자유롭게 이탈하며 3차원과 여분의 차원 사이에서 정보를 교환하는 '중력자graviton'처럼 말이다. 이 중력자는 어느 마당에도 속박되지 않고, 하나의 마당에 고정되지도 않으며, 모든 마당 사이를 매개하는 존재다. 바로 이 '속박되지 않음'이 중력자의 위대함이며 그것이 곧 연합을 가능하게 한다. 그러나 아이러니하게도 이 자유는 3차원의 브레인 세계에서는 가장 미약한 힘으로 나타난다. 비록 뉴턴 역학에서 중력은 질량이 커질수록 강하게 나타나지만 실은 전자기력이

---

135 | 하위 수준의 구성 요소들에는 존재하지 않던 새로운 패턴이나 속성이 상위 수준에서 자발적으로 나타나는 동적인 과정을 '창발적 출현(emergent phenomenon)'이라 말한다. 창발적 출현과 그에 따른 창발적 구조에 대해서는 244번 각주를 참고하라.

나 강력, 약력에 비해 '가장 약한 힘'이다.[136] 유력의 마당 위에 있는 우리에게 중력자는 희미하고 때로는 아무런 영향도 주지 않는 듯하다. 하지만 이 세계에서 바로 그 약해 보이는 그 힘이 고차원의 흔적이며, 차원을 연결하는 가장 깊은 힘으로 매개한다.

마당의 위임 구조에서 보면 각 날의 창조 마당은 특정 차원의 자기조직화된 질서를 부여받는다. 땅의 마당, 빛의 마당, 바다의 마당, 생물의 마당은 서로 다른 층위에서 분화된 권한을 갖는다. 그러나 이 마당들은 자신을 위해 존재하지 않는다. 그들은 모두 보다 큰 차원의 일치와 연결, 생명의 리듬을 위해 움직인다. 중력자는 이 '일치와 연합'을 위해 마당들 사이를 가장 낮고 보이지 않는 힘으로 연결하는 존재라 할 수 있다. 중력자는 자기의 '독자적 마당을 열 정체성'을 포기한 채 닫힌 끈의 형태로 고차원과 하위 차원 사이를 매개하는 존재다. 중력자는 자기 위치를 점유하지 않음으로써 역설적으로 모든 위치를 잇는 자가 된다. 그리고 모든 마당도 근본적으로는 같은 속성을 가지고 있기에 중

---

136 | 중력은 다른 힘에 비해 힘의 강도나 에너지 스케일에서 계층적으로 극단적이고 막대한 격차를 보인다. 물리학에서는 이론을 이루는 매개변수들이 특별한 이유 없이 극단적으로 큰 값이나 작은 값을 가져서는 안 되기 때문에 이러한 극단적 불균형은 특정한 설명을 요하는 문제가 된다. 브레인 이론은 그 이유를 '누설(leakage)' 개념을 통해 설명한다. 중력은 3차원 브레인에 갇히지 않고 추가적인 차원으로 퍼져나가기 때문에 3차원 브레인에서는 중력의 일부만 느껴지고, 이 누수가 중력을 극도로 약한 힘으로 만드는 것이다. 브레인 이론과 초대칭 이론은 이 계층 문제에 대한 유력한 대안을 제시하는 이론으로 평가받고 있다. 중력의 계층 문제와 그 해결에 대한 관련 저서는 다음을 참고하라. Nima Arkani-Hamed, Savas Dimopoulos and Georgi Dvali, "The Hierarchy Problem and New Dimensions at a Millimeter Scale," *Physics Letters B* 429, no. 3-4 (1998): 263-72; Gordon Kane, *Supersymmetry: Unveiling the Ultimate Laws of Nature* (Cambridge, MA: Perseus Books, 2000).

력자를 통해 일치를 이룰 수 있다.

이것이야말로 어둠이 갖지 못한 속성이다. 그것은 바로 자기부정과 연합을 위해 자신의 자유를 제한하는 자기부정의 힘이다. 어둠, 곧 악의 계보는 자기 보존과 폐쇄된 권력의 농축을 특징으로 한다. 악은 언제나 자기 정체성을 강화하며, 전능의 확장을 위해 자기부정적 일치에 저항하고 고립을 선택한다. 그것은 다른 마당과의 접속을 거부하며, 대극을 정복하고 소멸시켜 생명을 탄생하지 못하도록 한다. 그러나 빛의 계보와 중력자의 방식은 다르다. 그는 스스로 낮아져 각 마당에 침투한다. 그리고 자신의 정체를 고정하지 않고, 다양한 차원의 흐름에 맞추어 진동한다. 그 진동은 '세다'기보다는 '깊다'. 눈에 띄지 않는 파동으로 침투하는 힘, 이것이 바로 고차원의 자기부정적 통일성이다.

십자가는 바로 이러한 중력자의 길과 같다. 그는 자기 차원을 포기하고 낮아져 인간의 마당으로 내려오지만 특정한 한 마당[민족, 제도, 철학]에 속박되지 않는다. 모든 차원의 마당을 가로지르는 침투적 약함, 그것이 바로 십자가의 방식이다. 그렇기에 악마들과 자기 강화의 괴물들은 중력자의 리듬에 맞출 수 없다. 그들은 '약함 속의 가장 강한 힘'을 감지하지 못하기 때문이다. 강함과 명확함, 자기 보존과 거부로 구성된 존재에게는 자기비움과 연합의 리듬은 무기력처럼 보일 뿐이다. 중력자는 마당들을 연결하는 보이지 않는 끈의 메신저라 비유할 수 있다. 이 존재는 따로 된 자기 정체성을 고정하지 않고, 각 마당의 리듬에 진동하며 차원 간 통합을 가능케 한다. 이 진동은 물리적으로는 약하고 비물질적이지만, 존재론적으로는 통합과 연합의 가장 깊은 근거가 된다.

중력자는 하위 차원의 왜곡을 막는다. 상위 차원의 '잉여'는 하위 차원의 '왜곡된 실재'로 나타난다.[137] 예를 들면, 사각뿔 모양의 피라미드 예시를 들 수 있다. 사각뿔은 3차원에서 밑면의 사각형과 옆면의 삼각형이 종합적으로 관찰되지만, 부피 개념이 없는 2차원에서는 평면의 사각형으로 인식될 수밖에 없다. 이 비유는 층위의 깊은 고뇌를 드러낸다. 그것은 고차원에서는 하나로 통합된 원리가 하위 차원으로 투사되면 분할된 현상들로 왜곡되어 나타난다는 것이다. 이 차이의 핵심은 차원의 밀도와 해상도의 차이에서 비롯된다. 칼루자-클라인 이론은 5차원의 여분적 차원이 4차원에서 중력과 전자기력으로 나뉘는 방식으로 이 간극을 설명한다. 상위 차원의 하나의 울림이 하위 차원에서는 구별되고 독립적인 실재로 해석된다. 마치 하나의 악보가 여러 악기의 연주로 분해되어 들리는 것처럼 의식의 총체성도 이성·감정·욕망·의도 등으로 분절되어 나타난다.

중력자는 이 분절된 하위 차원에 속박되지 않으면서도 고차원의 메신

---

137 | 이때의 '왜곡된 실재'란 실재가 뒤틀렸다는 의미가 아니라 고차원의 기하학적 현상이 저차원에서는 우리가 인지할 수 있는 다른 종류의 물리적 힘으로 발현되거나 투영됨을 뜻한다. 칼루자-클라인 이론에 의하면 우리는 초압축된 고차원을 인지할 수 없으며 이것은 4차원 이상의 여분(혹은 잉여)적 차원이 된다. 이 잉여는 사라지지 않으며 그 존재와 기하학적 속성은 우리가 인지하는 4차원 시공간에 투영되거나 다른 형태로 발현되는 것이다. 예를 들어 5차원에서는 단일한 중력이었던 기하학적 현상이 4차원에 투영되면서는 우리가 인지하는 중력과 전자기력으로 분리되어 드러난다. 이는 3차원의 그림자가 2차원 평면에 투영될 때 원본의 3차원적 정보가 '왜곡'되어 2차원적 형태로 나타날 수밖에 없는 것과 같다. 고차원의 온전한 기하학적 모습은 저차원에서는 부분적으로 나타나고, 그 나머지는 다른 물리 법칙의 형태로 숨겨져 있다.

저가 되어 두 차원을 연합하게 한다. 중력자는 특정한 힘이나 영역으로 정의되지 않기 때문에 하위 차원의 조건에 자신을 맞추지 않으면서도 고차원의 총체성을 잃지 않고, 그것을 희미하지만 지속적인 공명으로 하위 차원에 새긴다. 이는 잉여가 실재로 전락하지 않고 실재 안에서 그 여백을 남기는 방식으로 하위 차원에서 일방적으로 고착되지 않는다. 상위 차원으로 재진입할 수 있는 진동의 흔적을 만드는 방식이다. 이 진동은 대개 감지되지 않는다. 중력은 눈에 띄지 않게 작용하며, 가장 깊으면서도 원거리에서 작용하는 힘이다. 마찬가지로, 의식의 총체성은 언어화되지 않은 직관과 고요한 통찰, 감정의 침묵 속 떨림처럼 하위 차원에 나타난다. 그것은 우리에게 존재가 아직 닫히지 않았음을 알려주는 틈이다. 중력자는 그런 면에서 차원의 잉여성과 현상의 파편성을 잇는 다리이면서, 상위 차원의 리듬을 잃지 않기 위한 자기 구조화의 기억이다. 그것은 왜곡된 세계 속에서도 진정한 통합의 소리를 잃지 않게 하는 파동으로 작용한다.

4
현상학과 양가무

1. 무를 마주하는 인간

인간이란 무엇인가? 이 질문은 단순히 육체와 정신의 구조를 파악하는 해부학적, 심리학적 탐색이 아니다. 그것은 존재의 기원과 방향, 깊이를 묻는 철학적 사유를 포함한다. 특히 오늘날처럼 보이는 것과 보이지 않는 것, 실재와 허구, 정보와 감정이 복잡하게 얽힌 시대에 이 질문은 더욱 근원적 의미를 지닌다. 여기에서 우리는 '무無'를 마주하는 인간, 곧 무를 감지하고 사유하고 응답할 수 있는 존재로서의 인간을 다시 생각해 볼 필요가 있다.

이런 맥락에서 현상학Phenomenology은 적절한 도구가 된다. 그 이유는, 현상학이 인간을 보이는 현상에 갇힌 존재로 파악하지 않기 때문이다. 현상학의 중심에는 보이지 않지만 실재하는 것, 틈, 곧 무의 여백을 감지하고 추적하려는 의식의 능동성과 지향성이 있다. 현상학은 단순히 '사물이 어떻게 보이는가'가 아니라 '의식이 어떻게 세계를 구성하고 의미화하는가'를 추적한다. 이때 중요한 두 개념은 바로 의식의 지향성

intentionality[138]과 존재의 본질essence이다. 에드문트 후설Edmund Husserl의 언어로 말하자면 인간은 세계와의 관계 속에서 항상 어떤 의미를 향해 의식을 던지는 존재이며, 그 의식의 방향 속에서 세계는 드러난다. 그러나 이 드러남은 투명하지 않다. 인간은 언제나 현상과 본질 사이의 틈 속에서 사유한다. 즉 보이는 것 이면에 '더 깊은 것'이 있다는 직관, 그 현상 너머의 깊이와 무게를 의식하는 능력은 인간만이 가진 고유한 감각이다. 이로써 우리는 인간이 단지 감각적으로 자극을 받는 동물이 아니라 보이지 않는 세계를 사유하고, 그 차원을 감지하는 존재라는 점을 확인한다.

현상학이 주는 진정한 깨달음은 단지 유를 탐구하는 데서 멈추지 않고 '의식과 삶 너머와 없음無'에 주목한다는 것에 있다. 하이데거는 존

---

138 | 후설은 지향성(intentionality)의 본질을 단순히 '대상에 대한 의식'으로 설명하지 않고, 이를 보다 정교화한 '노에시스(Noesis)–노에마(Noema)'의 상관 구조로 해석한다. 노에시스는 판단, 표상, 소망, 의심 등 의식의 행위적 측면을 말하며, 이는 다시 주관의 태도에 따른 '특질(Qualität)'과 행위의 지향 방식인 '재료(Materie)'로 구성된다. 이는 브렌타노의 심리학적 분석을 비판적으로 계승하여 감각적 자료와 그것을 지각하는 태도 사이의 차이를 철저히 구분하려는 시도이다. 한편 노에마는 이러한 노에시스에 상응하여 구성되는 지향된 대상의 의미 구조로서 단순한 표상이 아니라 '사념된 것(Gedachtes)'이자 '소여된 것(Gegebenes)'으로 이해된다. 다시 말해, 의식 속에 주어진 대상은 노에시스의 다양한 행위 양상에 따라 서로 다른 의미 구조를 지니며, 동일한 사과라도 그것이 지각된 것인지, 기억된 것인지, 의심되는 것인지에 따라 상이한 노에마가 구성된다. 이처럼 후설에게 지향성은 의식과 대상이 독립된 실체로 존재하는 것이 아니라 상호 구성적 관계 속에서만 의미를 지닌다고 본다. 지향성의 본질은 '의식–대상'이라는 이원론을 넘어서서 의미의 작용과 그 결과로서의 의미 내용 간의 상관성으로 드러난다. 여기에서 노에시스와 노에마는 분리될 수 없는 평행 관계를 이루며, 지향적 체험 속에서 구성적으로 맞물려 작용한다. 이와 같이 현상학은 단순히 보이는 현상 너머 '어떻게 의미가 주어지고 세계가 구성되는가'를 탐구하는 철학적 기획 속에서 시작되었다. 더 깊은 이해는 다음을 참고하라. 에드문트 후설/이종훈 옮김, 『순수현상학과 현상학적 철학의 이념들1』(파주: 한길사, 2009).

재는 언제나 무로부터 드러난다고 보았다. 모리스 메를로-퐁티 Maurice Merleau-Ponty 는 몸과 지각의 흐름 속에서 아직 나타나지 않은 가능성의 장으로서의 '무'를 사유했다. 여기서 '무'는 새로운 존재가 도래할 수 있는 틈이자 가능성의 장으로 차원을 넘는 문이기도 하다. 장-뤽 마리옹 Jean-Luc Marion 이 말하듯 무는 초과하여 오는 현상이며 그 자체가 선물이다. 이런 의미에서 무는 신적 차원과 인간 차원이 맞닿는 자리이며 영의 숨결이 감지되는 접점이다. 그리고 바로 이 지점에서 인간은 '자기 초월 self-transcendence 과 부정'이라는 놀라운 능력을 발휘한다. 인간은 단지 현재의 자아에 갇히는 것이 아니라 무를 사유하고 받아들이고 응답하는 과정을 통해 더 큰 차원으로 나아갈 수 있는 존재다. 이는 인간이 무를 두려워하지 않고 그 안에서 가능성과 초월, 자유와 사랑을 감지하는 감수성을 가질 때 비로소 이루어진다.

무無는 마치 생명이 움트는 씨앗의 어두운 흙과도 같다. 아직 빛은 없지만 내적 가능성과 방향성은 존재한다. 무의 장 안에서 인간은 단지 습관적으로 보이는 것에 반응만 하는 것이 아니라 차원 다른 창조적 운동을 시작한다. 현상학은 역설적이지만 인간만의 고유한 능력인 '의식적 응답과 지향성'을 디딤돌로 삼아 그것을 넘는 과정이라 할 수 있다. 무를 마주하고 차원 다른 사유를 할 수 있다는 것 그리고 그 안에서 도래하는 의미 너머에 응답하며 삶을 조직해 나갈 수 있다는 것이 바로 인간의 특징이다. 그래서 무의 현상학은 비록 기원적 의미에서 한계는 분명하다 할지라도 이러한 과정을 언어화하고 철학적으로 조명하는 중요한 방법론이 된다.

인간이 참으로 인간다워지는 순간은 이렇듯 유有의 틈과 죽음 앞에서 멈추어 서서 사유하는 순간이다. 무의 깊이 앞에서 떨리고 그 안에서 사랑과 갈망을 느끼며, 의미 없는 듯한 현실 속에서도 진정한 의미의 파동을 포착할 수 있는 존재, 바로 그것이 인간이다. 이러한 인간 이해는 단지 철학적 사유의 차원을 넘어 신앙과 영성, 예술과 공동체, 선교와 교육에 이르기까지 실존적 영향을 미친다. 실은 우리가 신을 인식하고 삶을 전환하는 것도 모두 '무를 감지하는 감수성과 지향성'에서 비롯된 것이다. 현상학은 보이는 것과 보이지 않는 것 사이에서 현상과 무의 대화를 추적하는 섬세한 언어이자 인식의 훈련이다. 이로써 우리는 더 이상 단순히 존재하는 자가 아니라 초월을 수용하고 구조화하는 존재, 무에 응답하는 존재, 참 인간으로 나가는 길을 탐색하는 자가 된다.

2. 다차원의 겹친 세계와 무의 마당에 대한 현상학적 탐색

우리가 살아가는 세계는 보이는 세계와 보이지 않는 세계가 중첩되어 있다. 둘은 서로 끌어당기고 교차하며 각 차원의 조건에 따라 정보와 에너지를 조율한다. 이러한 중층적 구조를 사유하는 데 있어 핵심이 되는 개념은 '차원'과 '무無' 그리고 이 둘이 실제로 접속하고 파동치는 '접속면'이다. 이 구조는 삶이 단순히 표면적이거나 물리적인 현상으로 환원되지 않는다. 차원적 깊이와 접힘, 틈과 접속의 경로들을 포함하는 다차원적 구조이기 때문이다. 이 구조를 열어젖히는 틈이 바로 '무'이다. '무'는 현상적으로는 결핍처럼 보일 수 있으나 우리가 그것을 맞이할 준비만 되어 있다면 새로운 차원을 도래하게 하는 접속면이 된다. '무'는 더 큰 차원에서 도래하는 선물이며 넘침이고, 이 '무'가 차원을 넘나들며 힘을 발휘하는 자리가 바로 '무의 마당'이다. 이 무의 마당은 다양한 차원들이 맞닿고 상호작용을 하는 살아 있는 장으로서 단순한 물리적 공간이나 심리적 배경을 넘어 존재와 현상, 보임과 숨김, 파동과 형상이 뒤얽히는 역동적이고 다차원적인 생성 공간이다. 인간은 이 마당 안에서 차원을 감지하고, 무의 틈을 지각하며, 응답할 수 있는 존재로 거듭난다.

이 장에서는 이러한 사유가 구체적인 삶의 전환으로 이어지기 위해서 현상학이라는 철학적 방법론을 초대한다. 삶이 전환되기 위해서는 방향만이 아니라 구체적인 방법론이 필요하다. 현상학 Phenomenology 은 '보이는 것'과 '보이지 않는 것' 사이의 틈을 사유하는 방법론을 제공한다. 현상학은 묻는다. "어떻게 보이는가?", "보이지 않지만 현존하는 것은 무엇인가?" 이로써 현상학은 유의 현실로부터 일정한 거리를 두고 의식의 방향성과 가능성의 여백을 추적함으로써, 우리에게 주어진 조건의 한계와 그 너머의 가능성을 동시에 포착하게 한다.

현상학은 이러한 다차원성을 인식하고, 의미의 원천을 단일한 실체가 아닌 무의 마당들의 복합성 속에서 삶을 탐색하게 한다. 또한 현상학은 현실을 초과하는 사유를 통해 '무'의 가능성을 비추는 작업이기도 하다. 후설은 의식의 지향성과 환원을 통해 아직 주어지지 않은 의미의 가능성으로서 '무'를 사유하며, 하이데거는 존재가 은폐된 '무'로부터 조명된다고 본다. 메를로-퐁티는 신체의 통전적 지각이 아직 도달하지 못한 틈을 통해 '무'를 감지하며, 마리옹은 예측할 수 없는 포화 현상으로서의 '보이지 않음'을 강조한다. 이와 같이 '무'는 마당이라는 접속의 공간 안에서 현존의 가능성을 증폭시키는 열쇠 key 로 작용한다.

이 장에서는 '현상'과 '무의 접속면' 그리고 근원에 도달하는 '차원 전환'의 관점을 탐색하기 위해 후설과 하이데거, 메를로-퐁티, 오토, 마리옹을 초대하였다. 이 논객들과의 대화 과정이 주는 의미는 분명하다. 긍정적이든 부정적이든 의식을 중심으로 전개될 수밖에 없는 현상학 동네에서 어느 순간 다람쥐 쳇바퀴 돌던 의미 중심적 구조에서 벗어나지는 것이다. 목표는 5인의 현상학자들이 지닌 깊은 고민의 언저리[139]를 함께 탐색하다가 마침내 그 너머의 실마리를 보는 것에 있다.

현상학의 사유들은 결국, 보다 근원적인 차원에서 도래하는 빛과 생명의 조명을 수용하기 위한 것이다. 조명은 인간이 능동적으로 만들어내는 것이 아니라 더 큰 층위의 마당에서 도래하며, 의식은 이에 응답하는 방식으로 형성된다. 전환은 무의 틈을 감지하고 조명 안에서 새로운 자기조직화를 받아들이는 과정에서 일어난다. 현상학은 이 과정

---

139 ┃ '언저리'여야 한다. 내용도 방식도 전체의 조밀한 구조에 빠져버리면 우리가 추적하는 초점, 유 마당의 가장자리에서 번뜩이는 무의 계기를 놓쳐버리기 때문이다. 후설은 의식의 흐름과 너머를 통해 마당에 드러나는 현상의 본질을 탐색하였고, 하이데거는 존재가 스스로를 은폐하고 드러내는 불안과 죽음으로 드러나는 세계를 사유하였다. 메를로-퐁티는 지각과 몸의 관계 안에서 현상과 무의 틈을 감지하였으며, 오토는 접속면에서 느껴지는 양가적 무의 전율과 황홀감을 '거룩함의 감각'으로 포착하였다. 장-뤽 마리옹(Jean-Luc Marion)은 주체를 초과하는 포화의 선물을 주목하였다. 그런다 할지라도 여전히 유의 세계의 중심인 의식이 기준 노릇을 하는 답답함은 현상학의 한계이자 또 다른 의미의 공헌일 수 있다.

을 철학적으로 정교하게 포착하며 무의 마당을 통과한 다음 차원의 도래에 길을 내도록 돕는 사유의 도구이다.

3. 5인의 현상학자를 무의 마당에 초대하다

1) 에드문트 후설: 새로운 차원의 감지자로서의 '너머 의식'

"의식은 항상 무엇인가에 대한 의식이다." 이 명제는 후설 현상학[140]의 출발점이자 20세기 철학이 세계를 사유하는 방식을 근본적으로 바꾼 전환점이다. 후설은 이러한 세계 이해의 틀을 잠정적으로 중지하는 '판단 중지 Epoche, 에포케'를 통해 '지향성 intentionality'이라는 인간 인식의 근원적 구조를 드러낸다. 이 지향성은 '무엇을' 보는가보다 '보는 방식'의 원초적 방향을 바꾸며, 이 낯선 시선 속에서 대상은 개념이나 판단에서 해방되어 생생하고 낯선 현상으로 출현한다. 이때 무의 세계가 얼굴을 보인다. 그것은 넘치는 잠재성의 틈으로서 미완성인 상태로 채워짐을

---

140 | 후설의 현상학은 종종 '의식의 본질에 대한 철저한 기술'로 간단히 정의되지만, 보다 정밀하게는 인간 의식이 경험하는 세계의 본질적 구성 방식을 탐색하는 차원적 탐구의 형식이라고 말할 수 있다. 그의 사유는 단순히 '무엇이 보이는가'를 묻는 것이 아니라 '보이는 것이 어떻게 보이게 되었는가'—그 작동 방식과 지평 구조, 의미 발생의 조건들—를 질문한다. 이는 '무'—의미의 결여와 틈—속에서 드러나는 세계의 새 차원을 통해 더욱 분명해진다. 근대 이후 현대인의 의식은 대체로 세계를 객체(object)로 고정하고, 마치 그 세계가 투명하고 완결된 실체처럼 존재한다는 실재론 위에 세워져 있다. 우리는 늘 세계가 '거기 있다'와 같은 전제 속에서 살며, 일상적인 삶의 흐름 속에서 모든 경험을 자동적으로 해석하고 구조화한다. 그러나 이처럼 굳건히 작동하는 세계 해석의 유력(有力)의 틀은 사실상 수많은 전제, 언어, 문화, 판단의 조각들로 구성된 인식의 인프라일 뿐이며, 그것은 현실 그 자체라기보다 '해석된 현실'이라 할 수 있다. 이는 곧 우리가 너무 익숙하게 받아들이는 '세계'라는 것 자체를 다시 해석하고, 그 기반을 구성하는 의식의 작용을 들여다보는 일이다.

기다리고 있다. 에포케 Epoche 는 무의 마당에 출입하기 위한 대기 티켓과 같다. 에포케는 단순히 세계를 부정하는 것이 아니라 오히려 '세계가 당연히 주어졌다고 믿는 전제'를 잠정적으로 중단하고, 그것이 어떻게 경험되는지를 새롭게 바라보는 구조적 관점이다. 이 판단 중지와 거리 떼기를 통해 두 가지 의식 훈련을 할 수 있다. 먼저 보고 싶은 대로 보았던 자기중심적 사고를 내려놓고 사실을 사실 그대로 보면서 한계와 한계 너머의 차원을 갈망하는 훈련을 하는 것이다. 이때 중요한 초점은 반드시 '자족한 갈망'이어야 한다는 것이다. 자족과 충만은 사실 그대로를 보면서도 결핍에 빠지지 않고 그 너머의 근원을 갈망하는 힘을 제공한다. 이때 우리의 생각과 편견으로 꽉 짜인 세계에 '무'가 비집고 들어와 새로운 사유의 마당을 만들어 내는 멍석을 깔아준다.

후설의 말처럼 세계는 지속적으로 '우리에 대하여 거기 있는', 앞에 주어져 있기에 끊임없이 머무르게 되는 의식된 '실제 세계'이다. 그러므로 이 모든 자연적 세계는 그것이 우리에게 아무리 좋을지라도 괄호를 쳐야 한다.[141] 이는 단순한 판단 보류를 넘어 실재를 구성하고 있던 신념의 구조 자체를 '괄호 치는 용기'라고 할 수 있다. 이 괄호 치기는 기존 인식의 지배적 힘을 무력화시키고, 그 이면에 숨어 있던 잠재적 가능성의 장, 곧 '무'의 열린 접속면이 드러날 기회를 준다. 물론 괄호 치는 이의 상태는 합리적 의심 정도가 아니라 어떤 너머에 대한 감지력에 노출된 후여야 한다. 항상 공명이 먼저이다. 그리고 의식이 작동해

---

141 | Edmund Husserl, *Ideen zu einer reinen Phänomenologie und phänomenologischen Philosophie, Erstes Buch: Allgemeine Einführung in die reine Phänomenologie* (The Hague: Martinus Nijhoff, 1976), 65.

야 한다. 그때 후설의 에포케는 기존의 해석 틀을 벗기며 은폐된 진실이 다시금 존재할 수 있는 빈틈을 마련한다.

이 에포케는 지향성, 즉 의식의 방향성을 숨 고르도록 도와준다. 의식은 결코 고립된 주체적 내면이 아니라 항상 '어떤 것'을 향해 나아가는 지향성과 결합되어 있다. 의식은 스스로 완결되지 않고 자기 안의 욕구와 자신 바깥의 세계가 결합됨으로써만 존재한다. 다시 말해, 의식은 항상 자신이 닿을 수 없지만 자신이 태어난 이유와 잠재성이 숨어 있는 차원, '보이지 않는 의미의 층위'를 향해 있다. 즉 지향성이 의식과 대상 사이가 투명하다고 착각하지만 않으면 그 사이에는 항상 아직 '발현되지 않은 무'—즉 의미의 결여, 의미의 미완성, 여분의 틈이 있다는 뜻이다. 이러한 개념은 세계를 '객체'로 고정하고 의식은 세계를 투명하게 있는 그대로 반영한다는 유력에 대한 실재론적 태도를 해체한다. 그리고 모든 의식은 차원의 경계선과 배후, 이면에서 이루어진다는 진실을 드러낸다.

후설은 말한다. "의식되기는 하지만 그 자체로 지각 대상이 되는 것이 감각이라는 의미에서의 현존과, 바로 그 지각 대상이라는 의미에서의 내용인 현존의 차이"[142]가 있다. 이 말은 의식의 정보 속에는 존

---

142 ǀ Hua XIX/1, 395. 이 구절에서 후설은 지각 속에서 '현존'이 단일한 방식이 아니라 이중적으로 구성된다는 점을 지적한다. 하나는 감각이라는 방식으로 주어지는 현존이며, 다른 하나는 지각 대상 자체로 주어지는 현존이다. 예를 들어, 빨간 사과를 볼 때, 사과의 '빨강'이라는 감각은 의식 속에서 분명히 의식되지만 그것은 사과 그 자체는 아니다. 이때의 감각은 지각 대상을 가능하게 하는 조건으로서의 '현존'이며, 그 자체가 지각의 목적이 되는 것은 아니다. 반면 의식이 '이것은 빨간 사과다'라고 파악할 때, 그 지각 대상은 바로

재하지만 아직 형상화되지 않은 감각 내용이, 아직 감지되는 않더라도 무의 마당에서 진입한 실재의 미세한 진동임을 보여준다. 이는 의식이 차원을 전환하고 구조화하는 과정을 거쳐 지각 대상이라는 응결된 실재로 형상화된다는 것을 말해준다. 이 둘의 차이는 곧 존재가 감응의 상태로서 '다가오는 무'의 차원과 그 감응이 유의 차원에서 '응답되고 응고된 상태'를 반영하는 것이다. 의식은 단순히 대상object을 향할 뿐 아니라 무의식적으로 다른 마당을 의식하며 선택한다. 그리고 그 선택은 단순한 의식의 방향 설정이 아니라 실재의 층위 중 어느 곳과 접속할 것인가를 결정하는 욕구와 흐름을 인지하는 지향성의 행위이다. 후설의 지향성은 이러한 차원적 마당dimensions of field 속에서 작동하는 관찰자의 위치와 파동을 감지하는 감응 방식이라는 관점으로 재구성될 수 있다.

후설에게 지향성은 의식의 본질적 구조이다. 의식은 언제나 자신 바깥에 있는 무언가를 향해 열려 있으며, 그것은 사물이나 개념일 수도 있고, 시간의 흐름일 수도 있다. 그러나 중요한 것은 의식이 자기 자신을 단일한 내적 중심이 아닌 '지향하는 흐름'으로서 존재한다는 점이다. 하지만 지향은 단지 어떤 대상을 향해 나아가는 화살표가 아니다. 의식은 항상 '어디를' 향해 열릴 것인가를 결정해야 하는데 의지적 결단만으로는 스스로 의식을 멈출 수는 있어도 열림을 결정할 수는 없다. 지향성이 닿아야 할 '어디'는 실재의 다층적 구조 중 '알 수 없음' 앞에

내용으로서의 현존, 즉 의식이 지향하고 있는 대상 그 자체이다. 후설은 이처럼 지각의 구조를 '감각의 층위'와 '대상의 층위'로 구분함으로써 의식 속에서 나타나는 현상의 층위를 정밀하게 분석하고자 한다.

서야 하며, 그것을 통과해야 비로소 다다를 수 있는 입체적 차원이다. 즉 의식은 멈추고 지향할 수는 있지만 그다음 차원의 도래는 의식의 힘으로 닿을 수 없다는 딜레마가 있다. 갈망과 기도의 중요성이 여기에 있다. 지향성은 이제 의식이 아닌 갈망과 기도에 실려, 특정한 차원의 진동에 동조하는 영적 감지력으로 나타나야 한다. 그러려면 우리가 사유하는 세계는 단층적이지 않다는 것을 항상 겸손하게 인식해야 한다. 세계는 감각적 현실, 정서적 관계망, 상징적 구조, 초월적 의미, 영적 통찰 등이 중첩된 다차원적 마당이다. 그 각각은 다른 파장과 다른 질서, 다른 시간성을 가지며, 의식은 바로 이 장들 사이에서 다차원적 관찰자로서의 선택과 조율을 수행해야 한다. 따라서 후설이 말한 지향성은 이러한 중층적 마당들의 감응적 선택 행위로서 재해석될 수 있다. 비로소 에포케[143]는 닫힌 구조가 아니라 의식의 회개repentance를 향해 정확한 방향성을 가진다. 이 지점에서 의식은 비로소 스스로 지시할 수 없는 무엇, 이름 붙일 수 없는 사건, 감각적 파악을 초과하는 실재를 향해 돌아설 수 있다. 후설은 의식이 시간 속에 존재하면서도 시간을 넘어선다고 말한다. 후설은 의식의 지향성이 어떻게 과거, 현재, 미래를 포괄하며 특별히 이 지향성이 무한한 시간의 흐름과 어떻게 연결되는지를 분석하는데,[144] 바로 이 지점에서 의식과 갈라지는 분기점

---

143 | 에포케는 세계에 대한 자연적 태도를 괄호 안에 넣고, 사태가 의식에 '어떻게 주어지는지'를 탐색하는 철학적 중단의 기술이다. 그러나 이 에포케를 차원적 관점에서 다시 보면, 유력 마당의 고정력을 해제하고 거리 떼기를 통해 무의 진입을 준비하는 다리, 특정 차원에 대한 고착을 해제하고, 새로운 마당으로 이행할 수 있는 조건을 여는 지속적 장치이다. 그러나 에포케는 인식론적 중단에 초점이 있지 않으며, 존재론적 해방의 도래에 초점을 두어야 한다. 후설은 에포케를 인식론의 틀 안에서 제시했지만, 이것을 의식을 가진 관찰자가 차원 전환을 하는 틈을 마련하는 장치로 해석할 수 있다.

144 | 특히 후설은 『내적 시간의식에 대한 현상학적 강의』에서, 의식이 시간 속에서

이다.

의식은 무엇인가? 우리는 이제 현상학의 근원적인 질문에 이르렀다. 후설은 철저하게 '의식'을 탐구했지만, '관찰자'의 존재에 대해서는 침묵했다[아마 이 관찰자도 곧 근원적 감지자에 밀릴 것이다]. 그러나 오늘날 우리는 물리학·신경 과학·인지 과학·존재론 등이 교차하는 지점에서 관찰자의 문제를 다시 묻게 되었다. 의식은 세계를 바라보는 주체이기 이전에 차원 간 감응을 조율하는 존재이며, 그 존재는 상황에 따라 다른 파장과 다른 질서를 수용하는 차원 간 조율자이다. 이 관점에서 후설의 의식은 유동적 위치를 가진 관찰자로 재구성된다. 이 관찰자는 하나의 차원에 고착되지 않으며, 언제나 그 바깥과 감응할 수 있는 여지를 남긴다. 따라서 이러한 '유동적이고 감응적 관찰자'야말로 지향성의 깊은 본질이 되어야 한다.

이제 환원을 통한 지향성의 의미는 단지 의식의 기술에 머무르지 않고

현상하는 방식—즉, 의식의 지향성이 어떻게 과거(retention), 현재(präsenz), 미래(protention)의 구조를 본질적으로 포함하는지를 상세히 분석한다. 그는 시간의 흐름이 단지 현재의 점들의 선형적 연속이 아니라, 기억의 잔존(retention)과 기대의 예기(protention)가 교직되어 형성되는 살아 있는 현재(lebendige Gegenwart)의 연속적 흐름임을 보여준다. 이 흐름은 '현재화'되는 지각의 순간 속에서 과거의 흔적과 미래에 대한 개방성이라는 구조적 긴장을 내포하며, 그 자체로 무한한 시간의 지평과 열려 있는 통일성을 구성한다. 이는 곧 의식이 고립된 현재의 점이 아니라, 시간이라는 현상지평 속에서 지속적으로 자신을 넘어서는 존재 양식임을 드러낸다. Edmund Husserl, *Vorlesungen zur Phänomenologie des inneren Zeitbewusstseins*, ed. Rudolf Boehm, Husserliana: Edmund Husserl - Gesammelte Werke, vol. 10 (The Hague: Martinus Nijhoff, 1966), §§ 1-12; Edmund Husserl, *The Phenomenology of Internal Time-Consciousness*, ed. Martin Heidegger, trans. James S. Churchill (Bloomington: Indiana University Press, 1964); 에드문트 후설/이남인·김태희 옮김, 『에드문트 후설의 내적 시간의식의 현상학』 (서울: 서광사, 2020), 17-45.

계시의 틈이 열리는 의미를 열어준다. 이 자리는 우리가 일방적으로 세계를 인식하던 구조를 멈추고 세계가 우리에게 어떻게 말을 거는지 들을 수 있는 상태, 곧 '말씀의 현상학'이 시작되는 자리로 재구성될 수 있다. 후설이 말한 근원적 세계란 인간의 해석 틀에 의해 굴절되기 이전의 세계다. 그러므로 이곳은 의식이 생각하거나 상상할 수 없어 낯설게 느껴지는 무의 타자성 속에서 도래한다. 따라서 후설의 현상학을 빌어서 재해석되는 '무'는 '유력이 가지는 의미를 괄호 치는 행위' 속에서 나타나는 차원의 전환 지점이다. 그곳에서 우리는 다시금 세계와의 관계성을 갱신하며 더 나아가 존재의 의미와 신적 목소리를 새롭게 들을 수 있는 여백을 얻게 된다. 이때 현상학적 환원[145]이란 단지 판단을 멈추고 성찰하는 것만이 아님을 알게 된다. 그것은 존재의 틈새에서 들려오는 생생한 울림을 다시 듣는 기도의 자리이자 치열한 영성 수련이기도 하다. 그의 현상학은 보이지 않음, 무, 틈, 지연과 가능성, 예비적 구

---

145 | '환원(reduction)'이라는 개념은 사용하는 맥락에 따라 서로 다른 차원을 가리킨다. 1) 과학적 환원은 복잡한 현상을 더 단순한 요소나 법칙으로 설명하려는 시도이며, 일반적으로 상위 차원의 현상을 하위 차원의 기초 단위로 분석함으로써 객관성·인과성·설명 가능성을 확보하려는 방식이다. 2) 반면 현상학적 환원은 후설이 제안한 철학적 사유방식으로 세계에 대한 '자연적 태도'를 괄호 치고, 사물 그 자체가 의식에 어떻게 나타나는지를 탐구한다. 이는 객관적 설명보다 의미가 어떻게 '현상'하는가에 집중하며, 인식의 틀을 일시 정지시켜 경험의 순수한 층위를 드러내려는 시도이다. 3) 이러한 환원 전통을 비판적으로 계승한 마리옹은, 의식의 범주로 포착될 수 없는 초과된 주어짐을 '선물'로 사유하며, '주는 자', '받는 자', '선물 자체' 모두를 괄호 치는 삼중의 환원을 제안한다. 이는 의식의 중심성을 해체하고, 순수한 은총의 도래를 사유하려는 급진적 시도이다. 4) 그러나 필자가 이해하는 환원은 이 철학적 기법을 넘어서 있다. 그것은 단지 의식을 해체하는 것이 아니라 계시의 도래 앞에서 존재의 방향을 다시 정렬하고, 응답할 수 있는 생명으로 새롭게 구성되는 영적 사건을 의미한다. 이 환원은 해체가 아니라 말씀 앞에 선 존재의 형성이며, 존재의 틈새에서 들려오는 울림으로 인해 인식과 해석의 틀이 중지되고, 역으로 자유와 잠재성이 깨어나는 자리를 뜻한다. 여기서 비로소 '말씀의 현상학'이 시작된다. 김리아, "폰티스 코드 5강 – 무 앞에 선 인간" (강의록, Fontis 후마니타스 연구원, 2025년 1학기).

조와 같은 삶의 전이 현상들과 긴밀히 연결될 수 있다. 또한 이와 같은 사유는 공간적으로 '마당'이라는 개념과 만나며 더욱 깊어진다. 마당은 존재와 의미가 접속하고 충돌하며 새로운 질서를 생성하는 실제적 지점이다. 에포케는 마당을 여는 준비의 결단이며, 지향성은 마당을 가로지르는 감응의 선이다. 마당은 우리가 일상에서 지각하는 세계의 층을 넘어 보이지 않는 의미의 파동이 실재를 흔들며 도래하는 장이다.

후설의 지향성 개념은 현대의 차원적 사유에 의해 새로운 잠재력을 드러낸다. 그것은 단지 의식의 구조가 아니라 차원 간 이동의 조건이며, 의식의 지향성에 필수적으로 담겨야 하는 '자기부정 역량'이다. 후설은 '의식이 어떻게 세계를 지시하는가'를 물었지만 우리는 다시 물어야 한다. 의식은 어떤 차원을 감지하며 방향을 기울이고 있는가? 그리고 의식은 어떻게 권좌에서 내려와 새로운 마당의 출현과 파동을 도울 것인가? 이제 의식은 '관찰자'라는 청지기적 존재로 재정의되며 무의 마당의 도래를 기다리고 감지하는 새로운 소명을 요청받고 있다.

2) 마르틴 하이데거: 열린 존재의 틈(불안과 죽음)으로 차원들을 접속하다

하이데거는 후설의 제자였지만 그는 의식 중심의 현상학에서 '존재론적 현상학'으로 방향을 전환하였다. 후설이 의식은 항상 무엇을 지향한다고 말했다면, 하이데거는 오히려 존재는 언제나 자신을 은폐하며 나타난다고 말한다. 하이데거에게 중요한 것은 의식이 아니라 '존재 Sein'이며, 그 존재는 일상의 피상성 속에 감추어져 있다가 특정한 실존적 사건을 통해서만 드러난다. 그는 현상학을 통해 의식보다 앞서는 존재 그리고 그 존재가 드러나는 방식 자체를 탐구하고자 했다.

존재의 은폐와 틈 – 도구적 관계들의 고장

하이데거에 따르면 인간Dasein, 세계-내-존재은 세계 안에 '던져진 존재Geworfenheit'이다. 그는 항상 이미 던져진 세계 속에서 살아가며 세계와 도구적 관계를 맺는다. 필자가 주목하는 것은 『존재와 시간』에 나타난 현성하지 않음Unzuhandenheit, 불현성인데, 하이데거가 일상적 도구 사용에 주목하여 존재가 은폐되는 방식을 기술한 점이다.[146] 일상에서 인간은 대개 존재에 관해 물음조차 갖지 않는다. 그것은 유력의 세계 속에서 우리가 일상에 필요한 도구들을 자연스럽게 사용하며, 그것이 어떻게 존재하는가를 따지지 않는 것과 같다. 예를 들어, 망치를 사용할 때 우리는 그것을 하나의 '존재자'로 인식하지 않고, 단지 '못을 박는 기능'에 주목한다. 이처럼 도구적 관계는 존재 자체가 아닌 기능과 쓰임으로 세계를 경험하게 하며, 결과적으로 존재는 배경으로 밀려나 은폐된다.

유력有力은 우리가 '일상적 존재'로서 세계를 살아갈 힘이다. 일상적 존재는 도구의 존재 방식을 통해 살며, 이 도구들의 '쓸모 있음

---

146 ┃ 하이데거의 '불현성(Unzuhandenheit)'은 『존재와 시간』에서 도구의 존재 방식을 설명하기 위해 사용된 핵심 개념 중 하나이다. 하이데거는 인간이 도구를 사용할 때, 그것을 '하나의 사물로 명시적으로 인식하는 것이 아니라 그것을 통해 어떤 목적을 수행한다는 점에 주목한다. 예컨대 망치를 사용할 때 우리는 그것이 '존재한다'는 사실조차 의식하지 않으며, 오직 '못을 박는 수단'으로 삼는다. 이러한 상태를 하이데거는 '불현성 (Unzuhandenheit)'이라 부른다. 이는 도구가 원활히 작동할 때 전면에 드러나지 않고, 배경 속에서 은폐되어 있는 상태를 뜻한다. 반대로 도구가 파손되거나 제 기능을 하지 않을 때 비로소 그것이 '손에 쥘 수 없게(Vorhandenheit)' 되며, 존재자로서 주목되기 시작한다. 이 구분은 하이데거의 존재 물음 전체에 중요한 전환을 제공한다. 일상적인 삶 속에서 우리는 대부분 존재를 묻지 않고, 도구적·기능적 세계 속에 몰입하여 살아간다. 이로 인해 존재는 우리에게 '익숙함'이라는 가면을 쓰고 은폐된다. Martin Heidegger, *Being and Time*, trans. John Macquarrie and Edward Robinson (New York: Harper & Row, 1962).

Zuhandenheit, ready-to-hand '[147]은 유력이 세계를 조직화하는 핵심이다. 이때 유력은 세계 속에서 유용하게 기능하는 존재로서의 자아를 상징하며 기존의 익숙한 정체성과 사회적 역할, 기능적 유용함으로 나타난다. 하이데거에 따르면 이 일상적 존재가 '무'를 인식하고 본래성을 회복해 가는 과정은 바로 이 '쓸모 usefulness'라는 기준에 대해 다시 생각하는 계기를 통해서다. 우리는 사회적 역할을 수행하고, 누군가에게 필요하거나 어떤 목적을 위해 움직이며 '유용한 존재'로 살아간다. 여기에서 존재는 도구처럼 작동하고 존재 자체로 질문되지 않는다. 이것이 곧 존재 망각의 상태로서 본질과 상관없이 주어진 주름 잡힌 마당에 적응하며 살아가는 비본래적 존재의 상태. 이러한 상태의 삶은 배려 care와 용도를 중심으로 조직되며[148] 이때 세계는 개별적인 각 대상이 아니라 '-을 위해 -을'로 연결된 용도적 연쇄 Zeugzusammenhang[149]로 파악된다.

예를 들면 망치는 이 손안의 것—그래서 망치라고 불리는 것—을

---

147 | 예를 들면, 망치를 들고 망치질함은 이 존재자를 주제적으로 앞에 놓여 있는 사물로서 파악하지도 않으며 예컨대 도구 구조 그 자체의 사용을 알고 있지도 않다. … 오히려 망치질을 함 자체가 망치의 독특한 '편의성(손에 익음)'을 발견한다. 도구가 그 안에서 그것 자체에서부터 스스로를 내보이고 있는 도구의 존재 양식을 우리는 '손 안에 있음'이라 부른다. 마르틴 하이데거, 『존재와 시간』(서울: 까치, 1998), 101.

148 | 마르틴 하이데거, 『존재와 시간』, 102-103.

149 | 도구들은 개별적으로 존재하지 않으며 서로 긴밀하게 연결되어 하나의 기능적이고 목적 지향적인 총체적 맥락을 이룬다. 엄밀히 말해 하나의 도구는 없다. 도구의 존재에는 그때마다 각기 언제나, 그 안에서 도구가 그것이 무엇인 바로 이 도구일 수 있는 일종의 도구 전체가 속한다. 도구는 본질적으로 '무엇을 하기 위한 어떤 것'이다. 유용성, 기여성, 사용성, 편의성 등과 같은 '하기 위한'의 여러 상이한 방식들이 하나의 도구 전체성을 구성한다. … 개별 도구에 앞서 이미 그때마다 하나의 도구 전체성이 발견되어 있다. 마르틴 하이데거, 『존재와 시간』, 100-101.

가지고 망치질하는 데에 자신의 사용 사태를 가지는데, 망치질함은 무엇인가를 고정하는 데에 자신의 사용 사태를 가지며, 고정함은 폭풍우를 방비하는 데에 자신의 사용 사태를 가진다. 이 방비라는 것은 현존재가 그 안으로 피난하기 위함 때문에 있는 것이니, 다시 말해서 현존재의 존재의 한 가능성 때문에 있는 것이다. 하나의 손안의 것이 어떤 사용 사태를 가지는가 하는 것은 그때마다 사용 사태 전체성에서부터 앞서 윤곽 지어진다.[150]

이것이 하이데거가 말하는 '일상적 존재', 즉 자신을 망각한 채 '쓸모있음'으로 유력에 살고 있는 현존재의 모습이다. 그러나 삶은 어느 순간 우리를 이 쓸모의 세계로부터 급격히 이탈시키는 사건을 맞닥뜨리게 하는데 그것이 불안 Angst 으로 나타난다. 그에 따르면 유력을 유용하게 만드는 도구가 더 이상 쓸모없게 될 때 존재는 '현성 顯性'하며, 현존재 역시 죽음을 통해 자신의 근본적인 쓸모없음과 마주한다.

손안에 있는 존재자가 배려함에서 사용 불가능한 것으로, 그것의 특정한 사용을 위해서 준비가 되어 있지 못한 것으로 만나게 될 수 있다. 작업 도구는 파손된 것으로 판명되고, 재료는 부적합한 것으로 드러난다. 이러한 사용 불가능성의 발견에서 도구는 눈에 띄게 된다 auffällig. … 일상적인 그 자리에 있음이 너무 자명해서 전혀 주의를 기울이지 않았던 어떤 손안의 것의 빔. 둘러봄은 허공에 부딪치고 나서야 비로소 비는 것이 그것을 가지고 무엇을 하기

---

150 | 마르틴 하이데거, 『존재와 시간』, 120.

위해서 손안에 있었는지를 보게 된다. 다시금 주위 세계가 스스로
를 알려온다.[151]

즉, 도구가 고장 나면 우리는 그것을 새롭게 인식하게 되며 이 사건은
그것이 단순히 도구가 아닌 '존재하는 것'으로 드러나는 계기가 된다.
예를 들어 평소에는 의자를 '앉는 것'으로만 생각하지만 의자가 부서
졌을 때 비로소 '의자'라는 존재가 문제적 대상으로 떠오른다. 이러한
'쓸모 있음의 실패'는 삶에 균열을 내며 우리가 자동적으로 몰입해 있
던 실천적 연쇄가 중단된다. 하이데거는 이것을 존재의 현상적 드러남
으로 파악한다. 쓸모 있음이 실패하면 단순히 '존재로 거기 있음'이 출
현하게 된다. 이때 우리는 도구를 단지 기능의 일부가 아닌 존재하는
'것 자체'에 주목하게 된다.

유력의 마당은 하이데거의 도구적 세계관에서 말하는 일상의 구조를
연상시킨다. 그것은 인간이 세계와 관계 맺으며 살아가는 방식이며 세
계는 그 속에서 '쓸모 있는 것들의 질서'로 구성된다. 그러나 이 유력은
결정적인 문제를 내포한다. 유력은 도구적 필요를 중심으로 구성된 우
상신의 형상을 낳는다. 인간은 종종 '나의 필요에 응답하는 신'을 경배
하며 이는 절대자의 현성이라기보다는 도구적 유용성의 극대화된 투
사에 가깝다. 결국 유력은 신이 아니라 우상으로 경배 되며 존재의 본
질이 아닌 존재의 기능에 봉사하는 힘으로 작동한다.

---

151 | 마르틴 하이데거, 『존재와 시간』, 106, 109.

진정한 차원 전환은 여기서 단순한 자각에 멈추지 않고 존재의 본질에 대한 근원적 방향 전환을 수반해야 한다. 히브리인들의 서사는 이를 잘 보여준다. 그들은 단지 억압에서 벗어난 것이 아니라 광야라는 무의 마당을 통과하며 도구적 존재가 아닌 하나님의 백성으로서의 새로운 정체성을 형성하였다. 유력은 단지 불안과 죽음만으로는 존재의 현존에 이르기에 부족하다. 어쩌면 그것은 반쪽, 그것도 그림자일지도 모른다. 무는 기능의 결핍이 아니라 존재에 대한 부름이 울리는 지점이다. 존재를 기다리고 견디며 부르는 마당에서야말로 존재됨이 드러나며, 도구적 우상성은 그 빛 앞에서 비로소 초라한 실상으로 드러난다.

하이데거에게 존재의 은폐는 존재가 드러날 가능성을 위한 전제이며, 드러남ἀλήθεια은 존재의 은폐를 유지하던 효율적 도구 관계의 벗겨짐으로 성립한다. 이 순간 우리는 단지 도구를 쓰던 몰입의 상태에서 벗어난다. 그리고 '이 도구는 어떤 존재인가? 나는 왜 이런 방식으로 세계와 관계 맺고 있었는가?'와 같은 근본적인 존재의 물음으로 이행하게 된다. 이 전환은 바로 '무의 틈'이 감지되는 지점과 겹친다.

그러나 초점은 따로 있다. 도구의 붕괴는 '틈'이 될 수는 있어도 본격적인 '마당의 개장'은 아니라는 것이다. 하이데거가 언급하는 도구의 고장Beschädigung, 결핍Fehlung, 부적합성Untauglichkeit은 일상적 몰입 상태에서 벗어나 존재자를 하나의 대상object으로 조명하게 만드는 계기를 제공한다. 그러나 이와 같은 틈은 단지 인식의 변화일 뿐 존재의 본질에 다가서는 마당의 개장으로 이어지지는 않는다. 존재의 현성은 도구의 고장에서 자동적으로 열리는 것이 아니다. 도구적 질서의 붕괴라는 '틈'을 넘어서 존재 그 자체를 향한 내적 갈망과 탄원이 일어날 때 비로소 마당으로 전환된다. 유력은 무의 마당에서 해체되어야 하며 불안과 죽음의 징조만으로 '미리' 해체되어서는 안 된다. 무는 기능의 결핍이 아니라 존재에 대한 부름이 울리는 지점이기 때문이다. 진정한 존재의 현성은 이 부름에 응답하는 인간의 감응과 전향 속에서 이루어진다.

죽음 앞에 선 존재의 낯선 감정, 불안

현존재의 실존도 '쓸모없음'을 경험할 때 그 약해진 틈 사이로 깨어나는 계기를 만난다. 불안은 그가 빠져 있는 '세계'로부터 현존재를 불러내어 자기 자신에게로 되돌려 놓을 계기를 제공한다.[152] 평소 현존재는 세계 속에서 일상적 사물들과 관계를 맺으며 몰입하고 있다. 이 일상성은 그에게 익숙하고 안정적인 세계를 제공하지만 동시에 존재에 대한 진지한 물음을 가로막는 무사유의 친숙함이기도 하다. 그러나 불안은 이 일상적 친숙함을 뿌리째 흔들어 무너뜨린다. 불안에 빠진 현존재는 이전처럼 세계와 사물들 사이에 편안히 머물 수 없다. 그 어떤 것도 더 이상 안전한 배경이 되지 않으며, 세계는 익숙한 의미의 질서를 상실한 낯선 공간이 된다. 이 불안 속에서 현존재는 고립되고 개별화된다. 하지만 이 개별화는 단순한 외로움이나 심리적 소외가 아니다. 그것은 존재론적 개별화로 이어져야 한다. 다시 말해, 현존재는 세계 속 여러 역할이나 기능으로 분산되었던 자신을 하나의 고유한 존재로

---

152 | 마르틴 하이데거, 『존재와 시간』, 1부 1편 제40절 「현존재의 한 탁월한 열어 밝혀져 있음인 불안이라는 근본적 처해 있음」, 251-260.

서 응시할 기회를 맛보게 된다.

그러나 현존재가 여전히 세계-내-존재로 남아 있다면 불안은 세계 속에서 그가 어떤 방식으로 존재하는지를 다시 보게 만드는 계기가 된다. 이러한 상태에서 '안에 있음 In-Sein', 즉 세계 속에 던져져 있는 자신의 존재 방식은 더 이상 편안하거나 자연스럽지 않다. 오히려 그것은 불편함과 위태로움이라는 실존적 정조로 나타난다. 그러나 불안이 갖는 결정적인 의미는 바로 이 지점에서 드러난다. 불안은 단지 현존재를 개별화시킬 뿐만 아니라 그의 존재가 지닌 근본적인 무의 두 잠재성, 즉 본래성과 비본래성의 갈림을 보여준다.

여기서 질문이 생긴다. 나는 내 삶을 본래적인 방식으로 살아갈 수 있는가? 아니면 여전히 익숙한 세계로 도피하며 비본래적으로 살아갈 것인가? 결국 불안은 현존재로 하여금 자기의 존재에 대한 본질적 선택의 장 앞에 서게 만든다. 그 선택 앞에서 현존재는 비로소 자신을 실존하는 존재로 받아들이게 된다. 평소 몰두하던 기능적 일상이 무너지고 내가 죽음을 향한 존재라는 사실 앞에 직면할 때, 존재를 향한 질문이 비로소 가능해진다. 이것이 바로 불안이 보내는 신호의 의미다. 불안은 익숙한 세계 전체가 낯설어지고 나의 존재 가능성 전체가 무너져 내리는 것 같은 근본적 소외다. 이는 표면적으로는 도구적 관성의 붕괴, 즉 존재의 도구성과 목적성에서 이탈된 쓸모없음의 얼굴을 하고 온다.

그 실존적 사건의 핵심이 바로 '죽음의 불안'인 것이다. 따라서 하이데거에게 '불안'은 단순한 감정이 아니다. 존재가 무와 접촉하는 가장 급진적인 체험이며, 차원의 전환이 일어나는 잉여의 틈이다. 하이데거의 사상은 이 불안의 감정, 특히 삶과 죽음에 대한 근원적 감정이 가지는 의미를 밝혔다는 것에 중요한 의미가 있다. 하이데거는 불안을 다음과 같이 묘사한다.

> 불안은 우리에게 말문을 막아버린다. 존재자 전체가 쑥 빠져나가고, 그래서 곧바로 무가 들이닥치기 때문에, 그 무에 직면하여 이것이 무엇이며 저것이 무엇'이다'라는 그 모든 말함이 침묵 속에 잠긴다. 우리는 불안이라는 섬뜩함 속에서 자주 그 허전한 정적을 아무렇게나 되는 대로 지껄임으로써 깨뜨려보려고 하여도, 그것은 오히려 무의 현존에 대한 증명이 될 뿐이다. 불안이 무를 드러내고 있다는 사실은 그 불안이 물러갔을 때, 비로소 인간 자신이 직접 확인하게 된다.[153]

말의 구조가 무너지는 것은 단지 언어적 기능의 상실 때문이 아니라 유有에 속한 존재 전체가 빠져나간 자리에 돌연히 도래하는 '무'의 현존 때문이다. 이때 말문이 막히는 것은 그 현상이 존재와 의미의 기반 자체가 잠정적으로 붕괴되었음을 반영하는 실존적 증후이기 때문이다. 후설이 환원을 통해 경험적 판단을 괄호 치며 생생한 차원의 계기의 문을 열듯 불안은 일상적 의미의 구조로부터 이탈시켜 근원적인 차원의 여분이 일어나는 '틈의 자각' 속으로 밀어 넣는다. 불안은 무의 마

---

153 ❘ 마르틴 하이데거, 『이정표1』 (서울: 한길사, 2005), 160-161.

당을 감지하게 만드는 중요한 감정이며, 일상에서 무심히 지나쳤던 존재의 기반을 새롭게 응시하게 만드는 '실존적 판단 중지의 감지'다. 우리는 이 불안 속에서 유력의 세계에서는 그토록 명료하게 '이것은 무엇이다'라고 말했던 의식의 명증한 세계가 침묵 당하는 것을 경험한다.

이때 인간은 종종 그 불안의 침묵을 견디지 못하고 의미 없는 말들로 방어하려 한다. 그러나 유력의 세계를 지탱하던 기존의 말들은 오히려 무의 존재를 더욱 반증할 뿐이다. 이처럼 불안은 우리 안의 방어 기제를 일깨워 무에 대한 공포를 가시화시키는 동시에, 그 무를 직면하고 통과한 후에야 비로소 존재의 새 지평에 도달할 수 있도록 하는 통로가 된다. 불안은 존재가 자신을 새롭게 드러내는 신호 중 하나다. 이는 '존재자 전체가 사라진 자리에 남겨진 존재 자체의 소리 없는 호명'과도 같다. 이때 인간은 자기 삶을 새로운 차원에서 다시 번역하고 재구성 할 준비를 하게 된다. 불안은 고통이라기보다 의미를 재구성하는 존재의 공명이다. 이 시기는 세계가 갑자기 의미를 잃고 익숙한 대상들이 낯설어진다. 바로 인간이 '자기 자신을 자신의 가능성으로서 경험하는' 상태로 들어가는 순간이다. 이때 우리는 세계의 구조, 역할, 언어, 목적 등으로부터 벗겨져 존재 그 자체로 노출된다. 이때의 불안은 '무'를 감지하는 것이다. 무는 존재의 배경이며 존재를 존재하게 만드는 궁극적 기반이라고 할 수 있다. 불안은 그러므로 존재가 자신을 드러내는 틈의 경험이며, 이 틈은 인간을 실존의 깊은 차원으로 추락하게 만든다. 하이데거는 이 틈을 존재의 진리가 빛처럼 열리는 것[154]으

---

154 | 마르틴 하이데거, 『이정표1』, 163.

로 보았다.

그렇기에 죽음은 존재가 무를 직면하는 궁극적 가능성이다. 하이데거의 유명한 개념인 '죽음을 향한 존재 Sein-zum-Tode'[155]는 인간이 그 어떤 타자도 대신해 줄 수 없는 고유한 무의 가능성과 마주하는 사건임을 보여준다. 이 사건을 통해 인간은 자신의 존재를 타성에서 분리하고 자기 존재의 차원을 재구성하는 능력을 획득한다. 이때 죽음은 단순히 삶의 끝이나 종말을 인식하는 것이 아니라 보이는 세계의 허구성과 구조적 한계를 직시하게 만드는 의식으로부터 탈출하게 한다. 죽음은 보이는 세계에 틈을 만든다. 역설적이지만 그 틈을 통해 인간은 보이지 않는 존재를 사유하는 새로운 무의 현존으로 입장할 기회를 맞는 것이다.

현존재는 더 이상 '유력의 일상'에 몰두할 수 없으며, 자신의 고유한 존재 가능성에 응답해야 하는 본래성의 길에 놓인다. 그것은 '죽음 후에도 남은 것'이다. 이 전환의 핵심은 '자기-배려 Sorge'다. 하이데거의 '배려'는 단순한 자기애가 아니라 자신의 존재 전체를 책임지는 적극적 참여다. 진정으로 자기를 배려하는 힘, 참 자기조직화를 해내는 '용用'의 힘이다. 기존의 쓸모 있음에 기반한 유력의 질서가 무너진 자리에서 오히려 죽음에 직면한 존재로서의 인간은 진정으로 자기의 삶을 창조적으로 구성하기 시작한다.

그러므로 하이데거가 말하는 불안은 단순한 감정이 아니라 내게 익숙

---

155 | 마르틴 하이데거, 『존재와 시간』, 329.

하던 세계 전체가 한순간에 낯설어지고 무너지는 체험, 곧 '세계의 철회'를 의미한다. 하이데거는 죽음을 이 무無의 체험이 가장 순수하게 드러나는 지점으로 본다. 죽음은 나의 잠재성을 끝장내는 것이 아니라 오히려 모든 가능성 위에 놓인 궁극적 잠재성이다. 이는 그 어떤 타자도 대신해 줄 수 없고 그 누구의 방식도 따라갈 수 없는, 완전히 고유한 나에 대한 배려로부터 나온다.

하이데거는 이러한 죽음과 무의 체험이 존재에 대한 가장 고유한 질문을 열어준다고 본다. 우리는 이 무 앞에서 비로소 묻기 시작한다. 나는 누구인가? 존재란 무엇인가? 불안 앞에서 이 묻기의 시작이 곧 본래성을 회복하는 출발점이다. 하지만 하이데거의 사유는 여기서 그치지 않는다. 후기 저작들에서 그는 '무'를 더 깊은 방식으로 사유하면서 존재 자체가 자신을 비우며 우리에게 다가온다고 본다. 그는 이를 '줌 Geben' 또는 '내어줌 Schickung'[156]이라 부른다.

> 무는 어떤 것을 자기에게로 끌어들이지 않는다. 오히려 쑥 빠져나가는 존재자 전체를 이렇듯 전체적으로 거부하면서 가리키는 것, 이것이 곧 무의 본질인 무화다. … 무화는 이런 존재자를 여태까지는 숨겨져 있었던 완전한 낯섦 속에서 무에 대한 단적인 타자로서 드러낸다. 불안이라는 무의 밝은 밤에, '그것은 존재자이지 무가 아니라'라고 하는, 존재자 그 자체의 근원적 개시성 [열려 있음]이 비로소 생겨난다. … 근원적으로 무화하는 무의 본질은, 그것이

---

156 ⎸ 마르틴 하이데거, 『존재와 시간』, 162.

[무개] 이제야 비로소 시원적으로 터-있음을 존재하는 것 그 자체 앞으로 데려온다는 사실에 있다.[157]

여기서 '주는 것'은 단순한 소유 이전移轉이 아니다. 존재가 자신을 내어주되 동시에 자신을 감추고 물러서는 방식을 말한다. 존재는 인간에게 자신의 진리를 폭력적으로 강요하지 않고, 은근하게 자신을 비우면서 잠정적으로 드러나는 방식으로 주어진다. '줌'이라는 존재의 방식은 구체적으로는 '보내줌Schickung' 또는 '내어줌'의 형식을 취한다. 하이데거는 이 '보내줌'을 존재의 역사적 사건과 연결지어 설명한다. 그에 의하면 '주는 것'은 주는 것을 위해 자신이 물러서는 것을 의미한다. 내어줌은 자기 자제를 통해 발생한다.[158] 하이데거는 이러한 자기-물러섬과 은닉의 방식을 '자기 거절' 혹은 '자제함An sich Halten' 그리고 후설과는 다른 뉘앙스의 '에포케ἐποχή'라는 말로 설명한다. 여기서 비로소 존재를 향한 지향성이 나타난다.

위험의 전회 속에서 존재의 진리가 번갯불처럼 번쩍일 때, 존재의 본질이 자신을 밝힌다. … 귀의는 어디를 향해 자신을 생생하게 고유화하는가? 다른 곳이 아니라, 바로 이제까지 자신의 진리의 망각에 입각해 현성하는 존재 자체를 향해서다. 그런데 이러한 존재 자체가 기술의 본질로 현성한다. 기술의 본질은 게슈텔

---

157 | 마르틴 하이데거, 『존재와 시간』, 163.

158 | 마르틴 하이데거/이기상·신상희·박찬국 옮김, 『강연과 논문』 (서울: 이학문선, 2008), 43-44.

Gestell[159]이다. 망각의 전회의 생생한 고유화로서의 귀의는 지금 우리가 존재의 에포케Epoche라 부르는 그것에로 귀의한다.[160]

'에포케'는 본디 판단을 보류한다는 뜻이지만, 하이데거는 이것을 존재가 자신을 열어주되 결정적인 방식으로 드러나지 않고 자제하며 침묵하는 태도로 재해석한다.[161] 즉 존재는 무처럼 비워지고 물러서는 것 같지만, 그 속에서 새로운 도래의 사건을 준비하고 있는 것이다. 하이데거에게 존재는 자기비움 속에서 주어지고 도래하는 사건이라고 할 수 있다. 무는 그 도래의 조건이자 존재 비움의 문턱이다.

하이데거의 사유는 결국 우리에게 묻는다. 너는 던져진 세계에서 그저 쓸모 있는 도구적 존재로 살 것인가, 불안하지만 존재 자체에 새롭게 응답하는 자로 살 것인가? 우리는 불안을 피하고 죽음을 외면하며 살아가지만, 오히려 그 속에서야말로 존재는 비로소 말을 걸어온다.

---

159 ┃ 게슈텔(Gestell)이 존재가 자기 자신을 스스로 억누름이라면, 존재의 진리는 존재의 에포케를 향해 귀의한다.

160 ┃ 마르틴 하이데거, 『강연과 논문』, 43.

161 ┃ 에포케는 하이데거가 중심적으로 사용하는 용어는 아니지만, 하이데거는 이 개념을 전유하여 독창적인 존재론적 의미로 변형시켰다. 그는 그리스어 동사 에페케인(epéchein, '멈추다', '자제하다')의 어원에 주목하면서, 이를 인간 주체의 의식적 유보가 아닌 존재 자체의 근본적인 움직임으로 해석한다. 즉 존재는 역사 속에서 자신을 드러내어 빛을 비추는 동시에(Aletheia, 진리/탈은폐) 그 완전한 모습은 감추며 스스로를 보류하고 자제하는데 하이데거는 '존재'의 바로 이러한 자기 은폐(Lethe)적 성격을 '에포케'로 파악했다. 윌리엄 리처드슨(William J. Richardson)은 『Heidegger: Through Phenomenology to Thought』에서 하이데거가 후설의 방법론적 에포케를 주체적 유보가 아닌 존재의 자기 은폐적 운동으로 전유했다고 해설한다. William J. Richardson, *Heidegger: Through Phenomenology to Thought* (The Hague: Martinus Nijhoff, 1963).

항상 열려 있는 마당들, 기쁨의 희망이 불안을 덮는 존재

하이데거에게 존재는 유력의 세계에 속한 인간으로 인해 은폐되어 있다. 그러나 존재는 열려 있고, 숨겨져 있으며, 가려졌다가 드러나는 과정 '그 자체'로 진입해야 한다. 이 존재의 '열림 Erschlossenheit'은 인식적 능력이 아니라 존재가 놓인 '차원의 구성 방식'이다. 세계는 감각적·정서적·언어적·초월적 차원이 중첩된 장이며, 현존재는 그 장의 개방을 통해 존재한다. 다시 말해, 존재란 자신이 놓인 차원을 열 수 있는 존재의 방식이며, 그 차원이 '세계'로 감각되는 것이다.

그러나 하이데거는 존재가 항상 이러한 열림 속에 머무는 것은 아니라고 본다. 오히려 인간 존재는 자주 '빠져 있음 Verfallen', 낙하함과 몰입해 있음의 상태에 놓인다. 이는 존재가 유력의 마당에서 자기를 망각하고, 일상의 흐름 속에서 자기를 기계적으로 동일화하면서 차원의 깊이를 상실하는 구조적 폐쇄 상태이다. 이 현상은 차원적 관점에서 보면 존재가 하나의 차원에 고정되고 중력화되어 버리는 상태, 즉 고착된 유력의 의식 구조로 설명할 수 있다. 중력자는 물리학적 의미에서 공간을 휘게 만드는 힘을 매개하지만, 존재론적으로는 현존재가 더 이상 틈을 감지하지 못하도록 인식의 자유를 억압하는 내적 중력으로도 작용한다.

빠져 있음은 단순한 산만함이나 게으름이 아니라 존재의 무게가 자기자신을 아래로 끌어당기는 내적 중력 현상이다. 이것은 일종의 타성이다. 그것은 반복된 일상성과 익숙한 세계에 중첩된 무감각으로 이 반복과 고착을 강화시킴으로써 존재의 차원적 전환 가능성을 가려버린다.

그러나 하이데거는 이러한 낙하가 완전한 폐쇄는 아님을 분명히 한다. 존재는 언제나 그로부터 벗어날 수 있는 틈abgrund, 절벽·틈·심연을 품고 있다.

이 틈이 자주 '불안'이라는 형태로 나타나는 것이다. 불안은 공포 Furcht 처럼 구체적 대상이 있는 감정이 아니라 대상이 없기에 더욱 세계 전체가 낯설어지는 감정이다. 하이데거는 이를 존재가 다시 자신의 조건을 자각할 수 있는 존재론적 각성의 순간이라 보았다. 불안은 한 차원에서 다른 차원으로의 전환이 일어나기 직전의 진동 상태이며, 이렇게 두 차원이 연결될 때 존재자는 일시적으로 무력화된다.

우리가 불안할 때 느끼는 그 '이유를 알 수 없는 낯섦'은, 사실상 기존 차원의 고정성과 중력자적 구조가 느슨해지고 있다는 징후이다. 따라서 불안은 다른 차원의 마당이 우리에게 접근하고 있다는 예감으로서 실존적 위기가 아니라 차원 전환의 관문이 된다. 이는 지향성보다 훨씬 더 차원적이며 생성적인 사유를 담고 있다. 존재는 언제나 열린 것이 아니며 언제든 낙하하고 중력화될 수 있다. 그러나 그 안에는 항상 잉여로운 틈이 존재하며, 그 틈은 불안·언어·침묵·시적 사유들을 통해 새로운 차원의 길을 열어준다. 우리가 다시 존재를 묻는 이유는, 죽음이 두려워서가 아니라 다른 차원의 가능성이 우리 안에 살아 있다는 것을 느끼기 때문이다.

3) 모리스 메를로-퐁티: 무와 접촉하는 접속면으로서의 몸
현상학이 후설과 하이데거를 거치며 의식과 존재의 구조를 탐색해 왔다면, 메를로-퐁티는 그 탐색을 몸의 차원으로 옮겨왔다. 그는 존재를 지각하는 몸, 즉 세계에 직접적으로 닿아 있는 살의 존재로서 이해하고자 했다. 이때 몸은 더 이상 '의식의 도구'도 아니고 실존의 껍질도 아니다. 그것은 세계와의 관계 그 자체, 즉 차원 간 감응의 마당이다. 이제 현상학은 의식 중심의 철학에서 감응적 존재의 철학으로 나아간다. 지각perception은 의식의 작용이 아니라 차원이 살을 통해 서로를 만나는 교차의 사건이며, 몸은 그 교차가 일어나는 장치이자 장소이다. '살'이라는 개념은 존재를 하나의 차원에 고정시키지 않고, 보이지 않는 것과 보이는 것이 서로를 감싸고 만지는 생성의 지점으로 도약시킨다. 이 지점에서 우리는 감각 이전의 차원적 접속 지점, 즉 자기 동일성 이전의 감응성 그리고 의미화 이전의 진동을 경험하게 된다. 따라서 메를로-퐁티의 '살'은 차원 간 마당이 형성되는 존재론적 인터페이스이며, 그것은 더 이상 의식과 세계의 관계가 아니라 관찰자와 마당이 얽히는 접촉면으로서의 몸이라 할 수 있다.

메를로-퐁티가 말하는 '살'은 보는 자와 보이는 자, 만지는 자와 만져지는 자가 교차하는 접속면이다. 이 접속면은 곧 차원 간 중첩의 자리이며, 우리가 '지각'이라고 부르는 모든 경험은 이 중첩의 교차점에서 발생한다. 이러한 그의 사유는 보이는 세계와 보이지 않는 세계가 고정된 경계를 가지지 않는다는 점 그리고 차원들이 몸을 경유하여 서로 접속되고 넘나든다는 점에서 새로운 통찰을 제공한다. 따라서 메를로-퐁티는 의식과 에너지가 몸을 통해서 구성되고 보인다는 것을 차원의 중층성과 무의 지각과 통합적 구조 속에서 가장 구체적이고 실천적인 방식으로 드러낸 사상가라고 할 수 있다. 그에게 몸은 그저 현상적 신체가 아니라 보이지 않는 것을 감각하는 '살의 지평'이다.

인체가 존재하기 시작하는 때는

봄과 보임 사이에

만짐과 만져짐 사이에

이 눈과 저 눈 사이에

손과 손 사이에

일종의 재교배가 일어나는 때요,

느낌-느껴짐의 불꽃이 타오르는 때다.[162]

그의 후기 저작에서는 이 '살'의 개념이 더욱 중요하게 등장한다. 여기서 몸의 존재론적 기원은 단순한 생물학적 발생이 아니다. 몸은 차원 사이의 접속interfacing에서 일어나는 감각적·관계적 사건으로, 이는 닫힌 실체가 아니라 경계와 틈, 접촉과 감응의 순간 속에서 지속적으로 생겨나는 차원적 형성물로 재해석된다. 인체는 단지 내부 장기를 갖춘 생물학적 개체를 넘어 서로 다른 차원과 차원이 교차하는 틈의 사건으로 탄생한다. 메를로-퐁티가 말하는 '봄과 보임 사이', '만짐과 만져짐 사이', '이 눈과 저 눈 사이', '손과 손 사이'는 모두 닫힌 실체로서의 '몸'이 아니라 '관계적 경계 사이에서 발생하는 접속의 장'을 가리킨다. 이 경계는 단절이 아니라 재교배recroisement, 곧 차원과 차원이 서로를 관통하며 새로운 감각과 존재의 틈을 열어젖히는 접속면이라고 할 수 있다.

이때 탄생하는 '몸'은 물리적 구조만이 아니라 느낌-느껴짐의 상호작

---

162 | 모리스 메를로-퐁티/김정아 옮김, 『눈과 마음』 (서울: 마음산책, 2008), 43.

용을 통해 점화되는 감각 자체이다. 이는 각 존재의 몸이 가진 마당의 역사가 단일하지 않으며, 각 몸은 상호 지향성과 응답 가능성 그리고 차원의 교차가 이루어질 때 생생한 진동임을 의미한다. '이 눈과 저 눈 사이'란, 곧 주체와 타자, 자기와 타자의 차원이 서로를 인식할 수 있게 만드는 틈의 장이다. 즉 몸은 언제나 타자의 시선, 손길, 감각이 스며드는 열린 표면으로 존재한다. 차원의 접속이라는 관점에서 보면 존재의 시작이란 단지 '무에서 유로'의 일방향적 발생을 의미하지 않는다. 존재는 이미 존재하는 몸의 차원들—감각과 감각, 시선과 시선, 존재와 존재 '사이'에서 벌어지는 입체적 진동과 교차의 사건이다. 이 사건은 마치 새로운 질서와 차원이 도래하는 에너지가 점화될 때 피어나는 불꽃과도 같다. 이 에너지의 흐름은 몸을 단일 주체의 경계로 닫는 것이 아니라, 늘 접속 가능하고, 만져질 수 있으며 응답할 수 있는 존재로 열어준다.

차원 접속에 대한 메를로-퐁티의 통찰은 신학적 해석과도 만날 수 있는 장을 열어준다. 하나님의 현현은 고요한 차원 속에서 일방향적으로 내려오는 것이 아니라 인간의 구체적인 현실의 몸인 감각과 응답의 틈을 통하여, 곧 '만짐과 만져짐' 사이에서 나타난다. 즉 인간의 몸과 우리의 구체적인 현실은 초월과 내재가 교차하는 영적 인터페이스 spiritual interface 로서 구체적인 접속의 좌표를 제공한다. 그러므로 살은 세계와 자아, 보이는 것과 보이지 않는 것 사이의 접속층이자 서로 접히면서 교차하는 구조다. 보이지 않는 세계는 이 살의 감응성 안에서 이미 '느껴진다'. 예를 들어 다른 사람의 시선이나 부재하는 사물의 존재감, 공간의 분위기, 언어의 여운 같은 것은 명시적으로 '보이지' 않지만, 몸은 그것을 감지하고 반응한다. 이는 무가 단순한 부재가 아니라 살이라는 감각적으로 체험되는 현실의 접속면을 가지고 있음을 보여준다.

사실 이것은 역설이다. 몸은 접촉과 간극의 역설을 품고 있다. 지각이란 두 개의 표면이 접촉하는 순간에 일어나지만 그 접촉은 완전한 동일성이 아니라 항상 미묘한 틈과 지연, 불일치, 여백이라는 무의 공간을 동반한다. 메를로-퐁티는 이러한 '차이의 공간'과 '미세한 틈'을 사유의 핵심으로 삼는다.[163] 지각은 항상 무언가를 남기며 보이지 않지만 남겨진 것이 오히려 존재의 진실을 구성한다. 이 점에서 '무'는 몸이 세계와 교섭할 때 발현되는 가장 원초적 감응의 틈이라고 할 수 있다. 이 틈은 존재의 차원이 다른 차원과 만나는 파동의 경계이자 인터페이스로 기능한다. 이 몸은 차원 간 이동과 통합의 중심축으로서 시간·감정·언어·타자성·신성 등 다양한 차원을 교차시키는 통합적 매개체이다. 이러한 몸의 다층성으로 인해 세계는 결코 단일할 수 없다. 오히려 세계는 겹쳐 있고, 접혀 있으며, 드러남과 감춤이 교차하는 다층적 마당으로서의 몸이다.

---

163 ┃ 메를로-퐁티에게 '틈'은 세계와 내가 어느 한쪽으로 완전히 환원될 수 없게 하는 균열이다. 그런데 이 균열은 오히려 세계와 나를 단절시키는 구멍이 아니라 서로 침투해서 뒤엉킨 제3의 존재 영역으로서 '상호 세계'를 만든다. 이 틈에서 발생한 세계는 온전히 나만의 것도 타자만의 것도 아니고 서로의 경험이 중첩되어 있는 공동 세계. 메를로-퐁티는 나-타자 사이를 횡단하는 교직 교차를 만지는 오른손(반성하는 주체)과 만져진 왼손(반성되는 대상)이 감각적으로 연결된 내 몸에서 발견한다. 한국현상학회, 『프랑스철학의 위대한 시절』(서울: 반비, 2014), 122.

얽힘으로 이해되는 지평은 가시적인 것에서 내 시각이 작동하는 모든 경계를 넘나들며, 심지어 사물의 살flesh인 잠복되는 것[가려진]에서 보이는 모든 것을 포용한다. 눈에 보이는 것은 결코 순수하지 않고 항상 보이지 않는 것으로 요동치며, 내가 가진 그것에 대한 시각조차도 명확하게 규정할 수 있는 것이 아니라 신체성에 새겨져 있다는 것이다. 따라서 서로 얽혀 있다는 것은 세상의 살에 의해 보이는 것과 신체성에 의한 나의 시각의 이중적인 넘침을 향한 몸짓이다.[164]

이제 '보이는 것'은 단지 물리적으로 단일한 실재이거나 단순한 시각 정보의 총합이 아니다. 그것은 보이지 않는 리듬, 감정, 시간성, 기억 등과 얽힌 중층적 마당으로서 펼쳐지며, 몸과 세계가 얽혀 있는 접면에서 감각적이고 존재론적 진동의 장으로 드러난다. 이 장은 보이는 것과 보이지 않는 것의 리듬이 얽히며 생겨난다. 따라서 '무'는 이러한 얽힘이 생성되는 공간—곧 존재가 자신을 완전히 드러낼 수 없고 또 전적으로 감출 수 없는 경계의 공간이 된다.

메를로-퐁티에게 있어 '보이는 것'은 언제나 '보이지 않는 것들'과 얽혀 있다. 그렇다면 차원 역시 인지되고 포착되는 순간, 이미 중층적으로 얽힌 것으로서 나타난다. 다시 말해, 우리가 보는 것은 결코 '순수한' 가시적 실체가 아니며, 항상 보이지 않는 차원에 의해 구성되고 진동

---

164 | Dominique Janicaud, *Phenomenology and the Theological Turn* (New York: Fordham University Press, 2001), 24.

된 것이다. 메를로-퐁티가 말하는 '얽힘'이란 단지 외적 관계의 복잡성이 아니라 세계와 나 사이에서 서로의 살이 '서로를 감싸고 스며드는' 존재론적 현상이다. 그렇기에 '보임'은 이미 몸의 감각과 세계의 살이 서로를 스쳐 가는 틈새에서 일어나는 사건이다. 우리는 보면서 동시에 느끼고, 기억하고, 시간들을 감각한다. 그 느낌은 다시 내 신체성에 새겨진 과거의 흔적들에 의해 조율된다. 즉 세계를 보는 시선조차 세계와 내가 얽힌 감각적 리듬 속에서 만들어지는 것이다.

이러한 얽힘 속에서 '무'는 보이는 것과 보이지 않는 것의 경계와 같다. 그것은 감춰짐과 드러남의 접경, 곧 보이지 않는 것의 리듬에 의해 보이는 것이 움직이는 전체성을 보이는 자리다. 무는 이 얽힘의 과정에서 생기는 과잉과 결여의 긴장, 간극gap, 과다와 과소, 정체성과 타자성의 상호 침투, 말로 환원되지 않는 감각의 잔여로 현현한다. 결국 메를로-퐁티에게 있어 무는 실존적 공허함이 아니라 몸과 세계가 접촉하면서 생겨나는 '차이의 생성지'[165]이며, 존재의 의미가 솟아나는 틈이다. 그가 말하는 '보이지 않는 것의 현전'은 감각적 지각과 초월적 사유의 이분법을 넘어서 몸을 통한 차원적 사유의 가능성을 열어준다. 그러나 그의 '살'은 감응의 구조를 보여주지만 그 감응은 여전히 동시적이고 평형적 진동 안에 머문다.

---

165 | 만지는 손과 만져진 손이 일치하지 않는 틈은 '존재론적 공허'가 아니라 둘 사이를 잇는 경첩이자 공통 지대다. '상호 잠식'이자 '얽힘' 운동인 교직-교차는 내 몸과 타자가 하나의 직물처럼 연결된 제3의 존재로서 '살'을 생성하는 원리다. 한국현상학회, 『프랑스철학의 위대한 시절』, 123.

그러나 차원 전환은 감응의 연장선이 아니라 질적 도약과 응답적 구조를 포함하는 비연속적 출현이다. 따라서 '살'에서 열리는 감응의 틈을 공진의 사건으로 확장하기 위해서는 존재가 자신을 넘어서 더 큰 타자의 음성에 응답할 수 있는 시간과 방향성이 필요하다. 차원 전환은 단순한 상호 교환의 논리가 아니라 불균형 속에서 새로운 에너지와 구조가 창출되는 사건이기 때문이다. 유력의 반복, 얽힘의 평형적 순환에서 벗어나기 위해서는 무無의 간극, 잉여의 과잉 그리고 그것을 바탕으로 한 자기조직화self-organization 가 요구된다. 이 창발은 감응적 되먹임으로는 이끌어낼 수 없는 비약적 구성력이다. '살'의 되먹임 구조가 창발적 몸에 이르기 위해서는 보다 불균형적이고 사건적이며 창발적인 차원 다른 힘을 받아들여야 한다.

'살'은 접속적이며 감각적으로 풍부한 '마당'을 제공하지만, 그 마당은 스스로를 해석하거나 통합하거나 지도할 수 있는 메타 차원을 열지는 않는다. 그에 비해 영[0]은 몸을 넘어 차원 전체를 성찰하며 질서를 통합하고, 초월적 책임과 공동체적 리더십을 수반하며, 존재가 전체 구조 속에서 어떻게 의미를 맺을 것인가를 조율하는 초월적 힘이다. 메를로-퐁티의 '살'은 마당의 풍요는 주지만 그 마당 위에서 길을 열고 책임지는 존재—곧 예언자, 지도자, 메타-관찰자의 차원은 부재하다. 그는 '살'을 통해 감각 이전의 존재론적 마당을 열었지만, 그 차원을 넘어 존재가 출현하는 사건으로까지는 도약하지 않는다. 이제 남은 과제는 살의 마당에서 시작해 무의 틈을 통과하고, 새로운 존재의 응답 구조를 창출하며, 전체 차원을 조율하는 메타-형상으로서의 '살'을 세우는 과정이다.

4) 루돌프 오토: 양가무의 포착에서 존재론적 형상화로

오토는 철저하게 종교적 체험의 현상학을 시도한 학자다. 그의 대표작 『성스러움의 의미』에서 오토는 고유하고 독자적인 비합리적 감각으로 종교적 체험을 규정한다. 그는 이 체험을 누미노제 감각das Numinose이라 불렀으며, 그 감각은 이성과 언어의 한계를 넘어선 어떤 신비적 대상과의 조우에서 발생하고[166] 합리적 설명이나 도덕적 가치로는 환원되지 않는다.

> 참으로 '신비한' 대상이 우리에게 이해 불가능한 이유는 단지 우리의 인식이 그것과 관련해서 어떤 극복할 수 없는 한계를 갖고 있기 때문이 아니라 바로 그 유와 본질에 있어서 우리와는 비교할 수 없고 따라서 그 앞에서 우리는 순전한 놀람으로 주춤할 수밖에 없는 하나의 '전혀 다른 것'에 부딪치고 있기 때문이다.[167]

이러한 오토의 사유는 '보이는 세계'와 '보이지 않는 세계' 사이의 틈을 좀 더 종교적이고 독보적 방식으로 다루었다. 그는 철저히 보이지 않는 것이 보이는 세계에 나타나는 현상에 대해 집중했다. 그 보이지 않는 것의 실체는 양가적 감정 구조와 감응의 사건성으로 나타난다. 그에게 '무'는 인간을 압도하고 변화시키는 신비적 접촉의 장이며, 비합리적이고 압도적인 체험이다.[168]

---

166 ┃ 루돌프 오토/길희성 옮김, 『성스러움의 의미』 (서울: 분도출판사, 1987), 39.

167 ┃ 루돌프 오토, 『성스러움의 의미』, 69.

168 ┃ 오토는 모든 존재의 근거인 이 무를 인식할 수 있는 감각을 '누멘적 감각'이라 말하면서 그 본질을 합리나 논리를 초월하는 비합리적 무엇, 시대와 공간을 넘어서 모든 이들

오토는 거룩한 체험의 본질을 두 가지 상반된 감정의 동시적 경험으로 설명한다. 첫째, 전율Mysterium Tremendum은 두려움과 압도, 존재의 무력함을 동반하는 '거룩한 두려움'을 나타낸다. 다음으로 황홀Mysterium Fascinans은 끌림·매혹·도취를 동반하며, '신적 아름다움'을 나타낸다. 이 두 감정은 공존하면서 거룩한 체험의 양가적 구조를 형성한다. 이 감정의 충일한 장은 인간이 자기를 초월적 차원과 접촉하면서 발생하는 차원 전환의 경험을 설명한다. 이때 경험되는 '무'는 인간 인식의 경계를 무너뜨리며 나타나는 초월적 타자성의 침입이며, 무의 경험으로 인해 인간은 '전혀 다른 층위의 마당'을 체험하게 된다.

오토의 사유에서 중요한 점은 신성[거룩함]이 항상 '계시'의 형태로 주어진다는 것이다. 이 계시는 어떤 실체적 형상으로 다가오지 않는다. 계시는 그 자체로는 볼 수 없지만 체험되며, 감각되고, 전율되는 무겁고 압도적인 현전이다. 그 정점은 바로 피조물이 느끼는 무성이다.

> "나는 아무것도 아니요 당신은 모든 것"이라는 고백, 신비주의의
>
> 어떤 형태들에서 보이는 것처럼 한편으로는 자아의 소멸이요 다른

에게 공통으로 발견되는 무엇으로 해명코자 했다. 그러나 이러한 원시적인 원형은 비합리적 요소 그 자체에 주목하기 보다 원형에 잠재된 총체적 관계구조를 통해 해석되어야 한다. 무의 특성이 중요한 이유는 합리와 비합리적 요소 뿐 아니라 초월과 내재, 내면과 관계, 순간과 단계라는 영성의 갈등 관계를 통합할 수 있는 양가적 특성을 원형적으로 지니고 있기 때문이다. 필자는 『영성, 삶으로 풀어내기』에서 오토의 신비주의에 나타나는 누미노제 감각을 양가무의 관점으로 재조명 했다. 이는 오토의 사상을 양가무의 구조를 통해 바라봄으로써 초월과 내재는 '전율과 황홀의 양가성에' 의해, 내면과 관계는 '관상적 활동을' 통해, 순간과 단계는 '균형과 돌파의 긴장을' 통해 통합되어 발전된다는 것을 구체적으로 보여준다. 김화영(김리아), 『영성, 삶으로 풀어내기』 (서울: 기독교서회, 2013), 91-118.

한편으로는 초월적인 것만의 유일한 실재성 내지 전부가 됨이다.
… 이 말 속에 표현되고 있는 '의존성'은 피조성 Geschaffenheit 의 의
존성이 아니라 피조물성 Geschöpflichkeit 의 의존성이며 압도적인 것
앞에 느끼는 무력감과 자신의 무성 無性 인 것이다.[169]

"나는 아무것도 아니요 당신은 모든 것!"이라는 고백은 단순한 자아
비하나 자기 소멸을 넘어서 존재론적 불균형의 압도적 진실에 응답하
는 영적 언어라 할 수 있다. 이는 오토가 말했듯 거룩함의 압도적인 현
존 앞에 선 인간의 반응, 곧 피조물로서 느끼는 '무성 nothingness'의 실존
을 응축한 진술이다. 이 고백의 핵심에는 '피조물성 Geschöpflichkeit', 곧
존재가 아니라 존재 방식의 한계와 의존성에 대한 감각이 작동하고 있
다.

이는 곧 존재의 주권이 스스로에게 있지 않고, 타자적인 근원, 즉 창조
주 안에 있다는 근원적 관계성의 자각이다. 인간은 이 구조 속에서 더
는 자기 자신이 중심이 아니라 타자적 실재의 호명과 도래 앞에 구성
된 존재로 자리 잡는다. 이때 느껴지는 무성의 실존적 인식은 자아의
해체가 아니라 감당할 수 없을 만큼 압도적으로 넘치는 신적 도래에
기인한다. 이는 인간의 모든 구성 능력과 자기 동일화의 틀을 무너뜨린
다. 그 자리에 도래하는 것은 인간이 상상하거나 규정할 수 있는 신이
아니다. 이때 임재하는 것은 '존재를 압도하는 자', 곧 '영 [0]'—무한히
넘쳐흐르며 창조 이전의 존재를 감싸안는 태초의 부르심이다. 모든 마

---

169 ▎ 루돌프 오토, 『성스러움의 의미』, 58.

당을 침묵하게 만드는 태초의 무의 마당을 연 존재다.

이때 '유력有力'의 구조, 곧 인간 존재가 일상적으로 머무는 자기 정체성과 기능적 확신의 틀은 붕괴 또는 괄호 치기를 '당하게' 된다. 근원적 '영'의 차원이 도래하는 순간 기존의 '유력'은 한계로 드러나며, 자아는 자기를 초과하는 실재 앞에 멈춰 선다. 여기서 존재는 세계 앞에서 새로운 접속과 질서의 문턱에 서게 되는 잠재성을 가진 무의 존재로 전환된다. 무의 자각을 통하여 새로운 차원의 응답 가능성에 접속하는 인간은 창조주의 무한함 앞에서 비로소 자기 존재를 인식한다. 결국 이 피조물로서 느끼는 무는 인간 존재의 가장 근원적인 신 앞에서의 경험적 태도이며, 자기 안으로 닫힌 실체가 창조주의 도래에 열려 있는 차원으로 재해석되는 계기가 된다. 이때 무력함은 단지 무기력이 아니라 차원 간 접속을 가능케 하는 조건으로서, 피조물이 신과 관계를 맺을 때 갖추어야 할 겸손한 태도다. 오토는 보이는 세계 너머의 세계가 단순한 형이상학적 추론이 아니라 현상학적 실재로 인간 실존에 파고드는 사건임을 강조한다. 그 사건은 낮은 차원의 인식 기반을 무너뜨리고 존재의 기반을 뒤흔든다. '무'는 누미노제 감각의 경험을 통해 신적 초월을 감지하게 한다.

오토에게 있어 성스러움의 체험은 단순히 초월과 내재의 구분을 넘어서는 것이다. 그것은 하늘과 땅이 만나는 지점, 즉 차원들이 서로 틈입하고 교차하는 접속 상태에서 발생한다. 이때 누멘적 감정은 차원을 감지하는 가장 빠른 통로이며 양가무의 차원 간 접속 상태를 몸으로 경험하게 만든다. 이 점에서 오토는 하이데거나 메를로-퐁티보다 더 신학적이고 직접적으로 '무'의 현현을 감정의 구조로 설명했다. 또한 보이지 않는 세계가 얼마나 실재적으로 인간 경험에 작동하는지, 얼마나 큰 변화를 일으키는지를 구체화시킨다.

그러나 오토의 신비 개념은 유일신의 압도적 초월성과 숭고함을 드러내는 데 탁월했지만 삼위일체적 내재화—즉 신의 관계성, 교통 그리고 공동체적 자기조직화의 차원을 거의 반영하지 못했다는 점에서 신학적, 존재론적 불균형을 지니고 있다. 또한 오토가 밝힌 무의 체험은 감각적으로 체험되는 신비를 보여주었지만, '차원적 신비 dimensional mystery'를 다 담아내지는 못했다. 차원적 신비란 보이지 않는 마당에서 존재와 세계의 만남을 통해 일어나며 존재가 새로운 차원으로 탄생하고 조직되는 창발 현상으로 드러난다. 이는 개인의 '신비로운 느낌'이나 '거룩함의 전율/황홀감'을 넘어서 구조적·사건적·형성적 신비를 가리킨다. 오토의 성스러움은 느끼는 주체와 느껴지는 거룩함 사이의 관계에 국한되지만 차원적 신비는 피조 세계 전체가 틈 속에서 새로워지는 역동적 재구성의 마당 전체를 아우른다. 궁극적 신비는 감각과 인식, 존재, 의미가 각기 다른 차원에서 상호작용하는 방식의 구조를 포함한다. 즉 존재가 틈을 통과해 붕괴되며 새롭게 응답할 때 발생하는 전환의 순간을 담은 신비가 있으며, 무의 마당에서 새로운 자기조직화가 일어나고 통합적 리더십이 출현하는 과정인 영성 형성 과정을 포함한다.

또한 오토의 신비는 절대 타자인 신의 압도적이고 초월적인 주권의 특성을 중심에 세운다. 오토에게 신비는 "다가설 수 없는 위엄"이며, 그것을 감각하는 인간은 오직 전율하며 무릎 꿇는 자로만 위치한다. 그러나 우리가 고백하는 유일신은 삼위일체적 일치 아래 존재론적 구조화나 내재적 형상화가 진행되는 창조의 근원, 자기 내어줌의 사랑이다.

특히 삼위일체적 사유에서 유일신은 단지 절대자의 자리에 머무르지 않는다. 자존자는 성부-성자-성령의 관계성 안에서 자신을 조직하고 내재화하는 존재이다. 성부와의 관계 속에서는 원천적 존재, 생성의 기원이라는 초월성을 계시하신다. 성자와의 관계 속에서는 자기의 인격적 형상화, 로고스의 가시화를 계시하신다. 성령과의 관계 속에서는 관계적 통합, 사랑의 교통과 생명력, 공동체적 조직화를 계시하신다. 그러나 오토는 이 관계성과 형상화, 통합의 구조를 구체화하지 않는다.

오토는 유-무의 마당에서 일어나는 신의 현존까지는 진입하지만 내재적 자기조직화와 형상화, 공동체 윤리로 이어지는 통합적 차원 구조는 구체적으로 제시하지 않는다. 삼위일체는 단지 교리나 숫자 구성이 아니라 존재가 자기 안에서 구조화되고 응답하며 살아 있는 질서로 드러나는 방식이다. 그것은 곧 자기 초월적 자기부정을 통해 차원을 통과하고 자기를 내어주고, 그것을 타자와 나누며, 윤리와 시간 속에 구체화하는 존재 방식이다. 오토의 성스러움은 이 내적 윤리성과 생성력, 교통성을 사유하지 않음으로써 구체적으로 그 신비가 차원의 각 마당에서 어떻게 구체화되어야 하는지에 대한 후속 작업이 없다.

그럼에도 불구하고 오토의 사상은 태초의 무가 가진 파동을 가장 선명하게 포착한 사유자이며, 누미노제 개념은 차원과 유-무-용-영 마당의 현상을 다루는 결정적 고리라 할 수 있다. 그의 누미노제 감각은 의례와 예배를 통해서도 드러나야 한다. 거룩한 공간, 성스러운 시간, 상징적 행위, 깊은 감응이 일어나는 메시지와 간증 속에서 누미노제의 감응이 증폭되어야 한다. 이 맥락에서 예배는 단순한 종교 행위가 아니라 영과 진리로 공진과 공명이 형성되는 장이다. 공동체는 찬미와 언어, 동작과 침묵을 통해 의식의 파장을 정렬시키고, 특정 차원의 접근 가능성을 높이는 마당의 구성자가 된다. 이때 일어나는 신비 체험은 개인의 내적 상태를 넘어 마당과 차원이 동시에 열릴 때 발생하는 감응의 사건이 되며, 오토가 비합리적 성스러움이라 부른 영역과 연결되는 통로로 나타난다.

오토의 누미노제 개념은 현대 사유 안에서 감정의 신비를 넘어 감응의 실재성으로 재해석될 수 있다. 그것은 '내가 느낀 것'이 아니라 '나를 관통한 것', '보이지 않는 차원이 내 감각을 흔든 사건'의 현상이다.

5) 장-뤽 마리옹: 무의 포화가 인식과 성찰을 덮어버리다
마리옹은 후기 현상학의 흐름 속에서 '현상 그 자체를 넘치는 현상', 즉 주체의 수용 능력을 초과하는 방식으로 주어지는 포화 현상에 주목한다. 그는 후설과 하이데거의 전통을 계승하면서도, '넘침 surplus'의 개념을 통해 기존의 현상학이 놓쳤던 여분성·초과·은혜·계시와 같은 주제들을 본격적으로 다룰 수 있는 길을 열었다. 마리옹은 이를 세 가지 환원이라는 방법을 통해 제시하는데, 이를 통해 마리옹은 기존의 환원으로는 다다를 수 없었던 현상의 주어짐 그 자체를 사유할 수 있는 급진적 현상학의 기반을 마련한다. 즉 후설이 제안한 '환원'은 의식의 본질을 드러내기 위한 방법[의식에로의 환원]이었고, 하이데거는 그것을 존재의 현현[존재에로의 환원]이라는 차원으로 밀어붙였다. 그러나 마리옹은 이 두 환원이 여전히 대상성과 존재의 틀 안에 머물며, '주는 것' 자체의 주어짐, 즉 현상 그 자체의 나타남을 충분히 사유하지 못했다고 비판하는 것이다. 이에 마리옹은 '세 번째 환원', 곧 '주어짐에로의 환원 the reduction to givenness'을 제안함으로써 형이상학적 기획과 주체 중심적 지향성의 한계를 넘어 어떤 조건이나 구성 없이도 스스로를 넘치게 드러내는 현상, 즉 순수한 주어짐으로 현전하는 현상을 사유하는 새로운 현상학의 지평을 연다.[170]

마리옹의 개념은 '무'와 '차원의 틈'이라는 주제를 가장 급진적이고 복

---

170 ┃ 마리옹의 세 번째 환원이란 기획은 단일한 절차가 아니라 '지향성, 객관성, 주체성의 환원'이라는 기존 현상학의 핵심 범주를 차례로 해체하고, 비판하는 세 단계의 내적 구조를 함의하고 있다. 첫째로, 후설이 전제한 주체의 지향성을 환원함으로써 현상이 더 이상 의식에 의해 구성되는 것이 아니라 그것 자체로 주체에게 '주어지는 사건'으로 이해되는 지향성의 환원이다. 둘째로, 현상이 객체로 파악되어야 한다는 전통적인 전제를 넘어서 객체화될 수 없지만 강하게 주어지는 현상들—예컨대 사랑, 고통, 예술작품, 계시 등—이 객체성의 범주를 초과한다는 사실을 드러난다는 객관성의 환원이다. 셋째로, 더 이상 주체가 나타남을 규정하지 않기에 주체 스스로도 환원되어야 한다는 주체성의 환원이다. 마리옹은 이에 따라 능동적 인식 주체 대신, 현상을 수동적으로 수용하는 존재로서의 '수용자(witness 또는 gifted)'라는 존재 구조를 제시한다. 이처럼 마리옹은 세 번째 환원을 통해 주어짐의 우선성을 근본적 구조로 삼고, 기존 현상학의 틀을 전복하며, '과잉으로 나타나는 현상', 곧 포화 현상(saturated phenomenon)의 가능성에 이르는 새로운 현상학의 지평을 연다. 이에 대한 더 자세한 논의는 다음의 저서를 참고하라. Jean-Luc Marion, *Reduction and Givenness: Investigations of Husserl, Heidegger, and Phenomenology*, trans. Thomas A. Carlson (Evanston, IL: Northwestern University Press, 1998); Jean-Luc Marion, *Being Given: Toward a Phenomenology of Givenness*, trans. Jeffrey L. Kosky (Stanford, CA: Stanford University Press, 2002).

음적으로 발전시킬 수 있는 사유다. 그의 철학은 단지 보이지 않는 세계를 향해 나아가는 것이 아니라 그 보이지 않음이 역설적으로 '초과적으로 주어지는 방식으로 도래'하기 때문이다. 이 초과적 도래는 은총에 대한 통찰을 암시하고 있다. 이제 보이지 않는 세계가 나타나는 접속점으로서의 틈은 오히려 잉여 그 자체로서의 '넘치는 무'의 축제로 전제된다. 마리옹이 말하는 이 '포화된 현상saturated phenomenon'은 감각이나 개념·상상·언어의 능력을 초과하는 방식으로 주어진다. 예를 들어, 사랑·예술·고통·계시·은혜·십자가와 같은 경험은 받는 자의 구조로는 통제하거나 구성할 수 없는 다른 차원에서 오는 침입의 현상들이다. 이때 주체는 더 이상 구성하는 기획자가 아니라 수용자, 수혜자, 노출된 존재가 된다.

> 실제로 우리가 보는 것은 보이는 것에서 그 어떤 것들에게 부과한 구성에서 비롯된 것이 아니라 그것들이 우리에 대해 생산해 낸 효과들에서 비롯한다. 이러한 현상은 역-지향성의 방식으로, 우리의 시선을 휩쓸어버리는 데 이른다. 따라서 우리는 더 이상 초월적인 나가 아니라 자기에게 예기치 않게 도래한 것을 통해 구성된 증인이 된다.[171]

포화의 방식은 유력의 세계에 무의 무한과 자유의 잠재성을 열어젖히는 계기가 된다. 이때 무는 넘치는 은총의 선물이 가득한 축제의 마당

---

171 | 장-뤽 마리옹/김동규 옮김, 『과잉에 대하여: 포화된 현상에 대한 연구』 (서울: 그린비, 2010), 200.

을 개장한다. 마리옹에게 '무'는 결핍이나 부재가 아니라 과잉과 넘침의 방식으로 다가오는 타자성의 현존이다. 그리고 이 넘침은 언제나 조건 없이 주어지는 '선물don'의 형식을 띤다.

> 우리는 왜 '사실'이나 '현전'이 아닌 '주어진 것' [자체에] 관해 말해야 하는가? 왜냐하면 주어진 것은 그 응답이 알려지지 않은 채로 남아 있는 물음 또는 그 의미조차 여전히 알려지지 않은 채로 남아 있는 물음에 관한 것이기 때문이다. … 주어진 것이 나에게 그 자신을 부과하고 나를 부르고, 나를 규정하기 때문에, 이 주어진 것이 나에게 그 자신을 준다. 요컨대 나는 주어진 것의 창시자가 아니기 때문이다. 주어진 것은 그것이 나에게 들이닥치는 한, 기정사실이라는 명칭을 받은 자격을 갖는다. 따라서 주어진 것은 나에게서 일어나는 그리고 나에게서 예견되고, 종합되고 구성된 대상과 구별된다. 왜냐하면 그것은 사건으로서 나에게 도래하기 때문이다.[172]

포화된 현상의 급진성은 현상의 주어짐 자체를 특권화하는 현상학의 논리를 끝까지 밀어붙여 우리의 '인식 능력'마저도 무능하게 만들어버리는 압도적인 넘침의 차원을 드러낸다. 주어진 것에 관한 마리옹의 사유는 고전 현상학의 틀을 넘어서는 '포화된 현상' 개념을 통해 존재와 인식 그리고 신적 은총에 대한 근본적인 인식론적 전환을 제안한다.

---

172 | 장-뤽 마리옹, 『과잉에 대하여: 포화된 현상에 대한 연구』, 54-55.

우리는 왜 '사실 fact'이 아니라 '주어진 것 donné'에 대해 말해야 할까? 마리옹은 이 물음을 통해 근대 철학이 전제해 온 '주체 중심적 인식'의 구조를 해체한다. 복음은 우리의 생각과 예측을 넘어 온전한 선물을 받기 위한 수동성이며, 그 수동성을 위해 능동적 주도권을 포기하는 힘이다. 주어진 것은 그러한 지향성의 범주를 넘어서 주체에게 예기치 않게 도래하는 은총의 사건이다. 이러한 주어진 것은 미리 알려진 적이 없는 약속의 방식으로 도래하며, 그것이 뜻하는 바조차 완전히 인식되지 않은 채로 우리에게 던져진 채 응답을 기다린다. 이로써 주어진 것은 어떤 인식 구조에 의해 명확히 규정되거나 예견되는 것이 아니라, 나를 향해 '자기를 드러내는 그 자체로서' 포화된 채 도래하는 현상이다. 즉 그것은 나의 인식 능력—나의 예측·구성·종합을 압도하는 방식으로 그 자체가 하나의 은총 grâce 으로써 작용한다.

여기서 마리옹이 말하는 포화된 현상은 어떤 감각이나 개념으로도 완전히 담아낼 수는 없기에 '너무 많이 주어진' 현상이다. 그것은 경험할 수 있지만 이해할 수 없는 현상이며, 보이지만 파악될 수 없는 것, 드러나 있지만 동일화될 수 없는 것으로서 초월적 도래의 표지가 된다. 이는 하나님의 계시 또는 말씀의 은총과 같은 신학적 사건들과 구조적으로 유사하다. 은총은 내가 원하거나 구성하거나 요구한 결과로 주어지지 않는다. 오히려 그것은 나를 뚫고 들어오며 내가 누구인지조차 다시 규정하고 구성하는 선물이다. 이 도래는 단지 새로운 정보나 인식의 확장이 아니라 지각의 구조를 바꾸는 전환점이며, 하나님과의 관계 자체가 나의 존재 조건을 다시 규정하는 계시적 사건이다. 결국 마리옹의 견해를 적용하자면 우리에게는 다음과 같은 인식의 근본 전환이 요청된다.

> 인간은 더 이상 세상의 주인도, 인식의 주체도 아니다.
> 주어진 것 앞에서 인간은 창시자가 아니라 수혜자이며,
> 그 도래 앞에서 증인, 응답자, 호명된 자가 된다!

우리는 종종 삶에서 설명할 수 없는 사건을 맞이한다. 그 사건은 우리가 익히 알고 있던 언어로는 가늠할 수 없다. 기존의 의미 체계로는 온전히 이해되지 않으며, 때때로 너무 크거나 깊어서 '이해한다'라는 행위 자체가 명함도 못 내밀도록 만들어 버린다. 사랑, 죽음, 신의 응답, 예기치 않은 용서, 어떤 고요한 반짝이는 선물 같은 순간들…. 우리는 그것을 경험하면서도 그것을 설명할 수 없다. 그것은 다만 '도래했다'고밖에 말할 수 없는 현상들이다. 이때 인간은 더 이상 인식의 주체가 아니라 주어짐의 수용자로서 멈춰 서게 된다. 생각도 의지도 멈춰진 상태로 말이다. 마리옹의 포화는 이러한 특징을 확연하게 드러낸다. 이는 전통적인 현상학이 전제해 온 '현상은 주체의 인식 능력에 비례하여 드러난다'는 논리의 한계를 넘어선다.

> 우리는 빈약한 현상과 공통 현상과는 반대로, 개념 [의미 작용, 지향성,
> 의도 등]이 미리 볼 수 있고 보여줄 수 있는 것을 '초과함으로써' 자
> 신을 주는 직관을 검토한다. 우리는 이를 '포화된 현상 내지 역설'
> 이라고 명명한다. … 우리는 이 현상에 대한 봄을 소유할 수 없다.
> 왜냐하면 우리는 이를 여전히 대상으로 만들어 내지 못하며, 일

의적 의미에서 구성해 낼 수 없기 때문이다.[173]

마리옹의 '포화된 현상'은 전통적 현상학의 틀, 즉 주체 중심의 지향성과 구성 능력에 의한 세계 이해를 넘어 은총의 존재론, 초과의 인식론으로 비약하게 한다. 포화란 단순히 더 많이 느끼거나 감동을 받는 '강렬한 경험'을 가리키지 않는다. 오히려 이를 위해 우리는 인식하거나 소유하거나 해석할 수 있는 능력의 한계가 명확하게 드러나는 사건의 자리를 전제해야 한다. 이 자리에서 경험하는 존재의 역설적 증여가 바로 포화된 현상이다.

전통적 현상학에서 현상은 지향성, 즉 주체의 의식이 대상을 구성하고 그것을 인식할 수 있는 대상으로 만드는 능력을 통해 드러난다. 그러나 포화된 현상은 이 지향성의 능력을 철저히 무력화시킨다. 그것은 개념·의미 작용·범주·의도성 같은 해석의 그릇에 담기기에 너무나도 넘쳐흐른다. 말 그대로 '초과하는 현상'이다. 이 현상은 이해되기보다 부딪히고, 주어지고, 감당되지 않은 채 사건으로 남아 있다. 에포케와 지향성은 바로 이 도래의 넘쳐나는 지점을 향해 있다.

이러한 초과는 '신적 현존'이나 '은총의 도래', 혹은 '말씀의 돌연한 강림'이나 '부르심'과 같은 영적 체험의 구조와 밀접하게 연결된다. 하나님의 임재는 어떤 인식적 투사나 해석을 통해 구성될 수 있는 '의미'가 아니다. 신적 임재는 존재 전체를 휩쓸어 가는 돌연한 현존, 즉 감당

---

173 | 장-뤽 마리옹, 『과잉에 대하여: 포화된 현상에 대한 연구』, 198-199.

할 수 없지만 사라지지 않는 포화로 주어진다. 이때 인간은 더 이상 보는 자나 해석하는 자가 아니라 응답하는 자, 혹은 증인witness이 된다. 마리옹의 언어로 표현하자면, 이 포화는 '의미 작용이 미리 볼 수 있는 것'을 넘어서면서 주어지는 직관intuition이다. 역설은 이 직관이 대상화되거나 동일화될 수 없고, 의미화되지 않은 채로 존재의 균열로 작용한다는 점이다. 그것은 나타나지만 파악되지 않고, 드러나지만 닫히지 않으며, 주어지지만 소유되지 않는다.

포화된 현상은 기도 속의 침묵, 말씀에 대한 돌연한 각성, 타자 앞에서의 자아의 무력함, 용서의 불가능성을 넘어서는 자비, 십자가의 침묵과 부활의 도래 등 신의 사건들이 인간 인식의 그릇을 깨고 들어오는 현상을 설명해 준다. 이런 체험은 개념화되지 않은 계시나 조건 없는 은총, 소유될 수 없는 사랑을 통해 인간을 뿌리부터 뒤흔든다. 그것은 인간을, 세계를 지배하거나 이해하는 위치로부터, 세계로부터 호명받고 구성되는 자로 재구성되게 한다. 이 존재적 전환은 기존의 현상학이 놓친 '은총의 구조'나 '도래의 시간', '초과의 존재론'을 회복하는 시발점이 된다.

결국 현상학적 환원은 '주어진 선물'을 해방시키는 사유의 운동이어야 한다. 현상 그 자체에 대한 환원은 의식이나 존재보다 앞서 도래하는 것, 주는 것 자체에서 오는 환원이어야 하기 때문이다. 우리가 의식과 의지의 의도성을 거두고 나면 남는 것은 현상 자체가 스스로를 선물처럼 '과잉되게' 드러내는 역설이다. 마리옹은 이 원리를 설명하기 위해 '순수한 선물'이라는 비유를 제시한다. 선물은 줄 수 있지만 계산되거나 회수되어서는 안된다. 선물이 주고받는 거래의 항목으로 환원될 수 있다면 그것은 더 이상 선물이 아니라 계약이다.

> 마리옹은 순수한 주어짐으로 환원된 현상의 가능성을 현실화하기 위해 '순수한 선물'의 모형을 제시한다. 즉 선물이 누군가에게 순수하게, 보답에 대한 아무런 기대 없이 주어질 수 있다면 우리 삶에서 순수한 줌과 받음이 불가능할 이유가 없다는 것이다. … 그렇다면 순수한 선물, 무조건적 줌과 받음, 상호성을 넘어선 줌과 받음은 어떻게 가능한가? 마리옹은 세번째 환원, 더 정확하게는 삼중의 환원 또는 삼중의 괄호 치기를 통해 선물을 정당화하려고 한다.[174]

마리옹의 '삼중의 환원 triple reduction' 개념은 선물의 존재론적 조건을 탐구하는 혁명이다. 그에게 있어서 선물은 단순한 물질적 사물이나 계산된 교환 행위가 아니다. 존재가 자기 자신을 초과하여 타자에게 도래하는 사건, 곧 무조건적 주어짐이다. 이러한 '순수한 선물'의 가능성을 확보하기 위해 마리옹은 세 번째 환원의 예시, 삼중의 환원을 제안한다. 이는 곧 선물의 구조를 이루는 세 항—주는 자, 받는 자, 선물의 대상성—을 모두 괄호 치는 일이다. 이 환원을 통해 우리는 다음과 같은 존재론적 지평에 이르게 된다. 먼저, 주는 자를 괄호 친다는 것은 선물이 어떤 주체의 의도나 공로, 심지어 주체성 그 자체로부터 비롯되었다는 자의식조차 뿌리부터 삭제하는 것이다. 은총은 주는 자의 자

---

174 | 김동규, 『장뤽 마리옹』 (서울: 커뮤니케이션북스, 2025), 92-93.

아로부터 나오기보다 그 자아마저 초과하는 도래로서 주어진다. 두 번째, 받는 자를 괄호 친다는 것은 선물이 어떤 능동적 수용자, 기대하는 주체의 자격이나 자격 조건에 의해 제한되지 않는다는 뜻이다. 오히려 수혜자는 선물의 도래에 의해 구성되고 규정되는 존재, 다시 말해 받기 이전에는 존재하지 않았던 방식으로 존재하게 된다. 마지막으로 선물 자체를 괄호 친다는 것은 물질적 대상이나 명확히 파악할 수 있는 객체로 선물을 환원하지 않는다는 것이다. 선물은 관계의 사건으로, 무조건적 형태와 흔적으로 나타난다. 그 본질은 주어진 그 자체에 머물지 않고 갇히지 않으며 초과하여 흐르게 된다.[175] 이렇게 삼중으로 환원된 구조 안에서 선물은 '끊임없이 흐르고 순환되는' 존재론적 사건으로 자리 잡는다. 선물이 주어진다는 사실은 세계가 어떤 계산 가능한 구조나 자율적 체계로 구성된 것이 아니라 끊임없는 초과와 순환에 열려 있는 장임을 의미한다. 이런 점에서 '순수한 선물'은 영성적 표지가 된다. 그것은 주체의 의도나 능력을 넘어서면서도 인간에게 의미 있게 도달하는 무자격성과 무조건성을 가진 '은총'의 형태이기 때문이다.

---

175 ┃ 마리옹의 이론에서 말하는 '도래로서 주어짐'이란, 은총이 단순히 주는 자의 자아나 의도를 통해 전달되는 것이 아니라 그 자아마저 초과하여 우리 의식에 도달하는 초월적 사건임을 뜻한다. 이때의 은총은 대상처럼 주고받는 관계를 초월하며, 하나님의 자아를 넘어선다는 뜻이 아니라 우리의 인식 구조(의식, 자아, 수용 능력)를 초과하여 도래한다는 의미이다. 따라서 '주는 자를 초과하는 은총'이란 하나님보다 더 큰 어떤 실체가 있다는 말이 아니라 하나님으로부터 오는 은총이 우리의 의식으로 결코 포착될 수 없을 정도로 무한하고 넘치는 방식으로 온다는 것이다. 이 은총은 의식의 구조에 균열을 일으키며, 도래하는 방식 자체가 파열이자 은유이고, 그로 인해 우리의 신관은 계속 갱신되고 확장된다. 이는 마치 양파 껍질이 계속 벗겨지듯 은총은 한계를 초과하며 계속 다가오는 초월의 흐름으로 이해된다.

우리가 일상에서 경험하는 어떤 감동의 순간—예상치 못한 용서나 설명할 수 없는 호의, 존재의 근원에서 주어지는 생명 그 자체는 모두 선물로서의 존재, 은총으로서의 세계에 대한 인식의 단면일 수 있다. 결국 마리옹이 말하는 '순수한 선물'은 도덕적 이상이 아니라 인간 존재 자체가 이미 받은 자이며, 포화된 은총 앞에서 응답하는 자라는 영성적 인간학의 선언이 된다. 마리옹에게 있어 선물은 하나의 차원을 넘어 다른 차원의 흐름을 타고 오는 현상이다. 주체는 이 선물을 예측하거나 구성할 수 없으며 그저 주어진 것을 받는 자가 된다. 선물을 받은 자는 더 이상 주체적으로 세계를 해석할 수 없으며 자신에게 주어진 것에 대해 그저 열린 자, 수용하는 자, 나누는 자로 전환된다.

포화된 현상에 대한 영성적 통찰은 철학적 개념을 넘어 삶을 깊이 묵상하게 한다. 이곳에는 삶의 차원을 전환하는 방식에 대한 가장 깊은 묘사가 담겨 있다. 우리는 설명할 수 있는 감정이나 통제 가능한 목표, 예측할 수 있는 선택의 영역 안에서만 살아가는 것이 아니다. 도저히 해석할 수 없는 사건들, 즉 우리의 의미 작용을 무너뜨리면서 동시에 새로운 존재 방식을 예비하는 현상들이 우리를 찾아온다. 그때 우리는 존재의 깊은 틈 앞에 서게 되며, 기존 차원의 구조로는 감당할 수 없는 은총 어린 삶을 감지하게 된다.

그 앞에서 경험되는 무는 지나친 초과다. 무는 이해할 수 없으므로 불가해한 것이 아니라 너무나 넘치기 때문에 이해될 수 없는 것이다. 십자가 사건은 인류 역사상 가장 포화된 현상이다. 신이 자신을 완전히 비워줌으로써 인간에게 도래한 사건, 그리스도의 죽음은 단지 역사적 고난이 아니라 도저히 이해될 수 없을 정도로 넘쳐흐르는 사랑의 계시이며, 이 계시는 인간의 모든 인식 구조를 무너뜨린다. 그것은 말 그대로 삶의 차원을 바꾼다.

삶이 차원을 넘는다는 것은 바로 이런 일이다. 너무 작아서가 아니라 너무 커서 설명할 수 없는 사건, 너무 느리거나 너무 갑작스러워 구조화되지 않는 감정, 너무 낯설어 말로 옮길 수 없는 만남⋯. 혹자는 그것을 '삶의 위기'라고 부를 수도 있지만 누군가는 '부르심'이라고 설명할 수도 있다. 마리옹 식으로 말하면 그것을 예고 없이 나를 건너 내게 온 넘치는 선물이다. 우리는 그 앞에서 더 이상 이론가일 수 없다. 다만 열림과 수용의 존재, 타자를 향해 내 삶을 비워 그 선물을 받아낼 수 있는 감각이 우리에게 남겨진 단 하나의 응답이다. 이 응답이야말로 차원 전환의 시작이자 조건이며, 무를 결핍이 아닌 잉여와 선물의 자리로 다시 말하려는 마리옹의 급진적 현상학이 우리 삶 속에 열어주는 통찰이다.

사랑은 내가 주체가 아니라 타자에게 드러난 나 자신이 새로운 의미로 주어지는 사건이다. 은총은 받을 자격이 없지만 부여되는, 원인과 결과의 질서를 넘어선 선물이다. 계시는 종교적 의미에서 신이 인간에게 자신을 열어 보이는 방식이지만, 동시에 자기 완결적 차원이 하위 차원에 접속하는 사건이기도 하다. 이 세 가지는 모두 포화 현상으로서의 특성을 갖는다. 그것들은 다음의 조건을 충족한다.

감각되지만 이름 붙일 수 없다.

설명되지만 완결되지 않는다.

받아들여지지만 통제되지 않는다.

이는 명백히 무의 마당의 침입이고, 은총이다. 의식의 구성 구조가 대응할 수 없는 실재의 파동이 의식의 마당을 관통하며 흔드는 것이다. 현상학은 이 지점에서 단순한 해석의 도구가 아니라 차원의 여진을 감지하는 감응의 기술로 전환된다. 마리옹의 사유는 관찰자라는 개념 자체를 다시 구성하게 만든다. 고전적 의미의 관찰자는 의식의 중심에 서서 세계를 바라보는 존재였다. 하지만 포화 현상의 침입 앞에서 관찰자는 해체된다. 더 이상 의식은 세계를 해석하는 중심이 아니라 세계의 깊은 차원에 의해 구성되는 감응적 존재가 된다. 이때 '나'는 더 이상 주체 subject 가 아니라 선물로서의 현상에 자신을 열고 있는 수용자이며, 차원의 파동에 감응하는 존재이다. 의식은 이제 지각이나 개념화의 장이 아니라 차원이 들려주는 사랑의 파동에 대해 응답해야 한다.

따라서 이 마리옹의 급진성은 의도 없이 주어지는 선물 앞에서 의식의 주체성이 무너진다는 것에 있다. 현상계에서는 무엇을 해도 의식이 기준이며 주인공일 수밖에 없다. 의식을 무너뜨리거나 환원을 하려 해도 혹은 거리를 떼려 해도 언제나 의식으로 다시 돌아올 수밖에 없다. 그런데 아무리 해도 벗어날 수 없었던 의식을 무너뜨린 것이 바로 이 선물이다. 어떤 의도나 조건도 없다. 그것은 넘치도록 주어짐으로써 포화되는 것이다. 의식은 반대한다고 무너지는 것이 아니라 바로 이 의도 없음과 포화 속에서 그 오만한 특권을 상실한다. 이것이 마리옹이 의식과 전쟁을 벌였던 핵심이다. 의식의 허점을 공략하는 대신 의식의 방식을 한계까지 밀어붙인 후 스스로 그 모순과 한계에 맞닥뜨리게 하는 것, 즉 '삼중의 괄호 치기'이다.

그러나 아이러니하게도 마리옹은 바로 이 지점에서 스스로 딜레마에 봉착한다. 의식의 한계를 드러내는 그 도구가 바로 의식이기 때문이다. 의식이라는 거대한 성을 해체하여 무너뜨린 줄 알았는데 실은 손에 쥔 검이 바로 의식이었던 것이다. 괄호 치기와 환원을 통해 의식이 무너진 줄 알았으나 실제로 그 일은 의식을 통해서만 가능했다. 즉 마리옹은 차원을 가르는 질적 도약에 실패했다. 의식을 포화 상태로 만든 것은 '양적 많음'일 뿐이며 이것은 '질적 다름'과는 전적으로 다른 것이다. 의식의 초과는 의식 이상의 것, 즉 의식이라는 차원 구조 자체를 해체하거나 재조직하는 것을 담보하지 못한다. 이것은 마리옹이 의식 너머의 신비를 지각 능력의 포화 이상으로 보지 못하는 한계로부터 오는 자연스러운 결과이다. 그는 '주어진 것'을 존재 구조와 시간성, 자기조직성, 통합적 책임을 아우르는 총체적 전환의 영적 생성 사건으로 이해하지 않았다.

이 생성적 사건이 없으므로 주체는 그저 '주어진 것' 앞에서 그것을 수동적으로 수용할 수밖에 없는 존재가 된다. 그러나 그것이 진정한 무의 초과로부터 주어진 것이라면 그곳에는 언제나 자유와 잠재성이 있다. 자유가 주어졌는데 어떻게 그것을 받은 주체가 수동적으로 남아 있을 수 있겠는가? 차원 전환으로부터 오는 선물이 주어졌을 때는 언제나 잉여의 창발성, 자기조직화의 힘이 있다. 주체는 무에 수동적으로 응답하거나 내부적으로 완성된 것을 그저 받아들이는 것이 아니다. 마리옹의 삼중적 환원과 수용은 차원 전환에서 요구되는 잉여의 창발성과 자기조직화의 힘을 놓치게 한다. 차원 전환의 핵심은 수동성에만 있지 않고 무를 통과해 형상과 윤리를 생성해 내는 용用의 힘에 있다. 마리옹은 이 형상화를 은총의 도래로 설명하지만 그것은 주체 내부의 형식화된 응답이나 메타-윤리적 삶의 창조적 구성력을 충분히 사고하지 못한다. 또한 마리옹은 초과를 받아들이는 것까지는 말하지만 그것을 어떻게 차원의 언어와 공동체의 구조 그리고 실천적 응답으로 구체화하는지는 말하지 않는다.

또한 마리옹에게는 '마당' 개념이 없으므로, '선물'은 관계적 접속면이 아닌 일방적 도착이 된다. 마리옹은 은총이나 신성의 현현을 '나에게 주어진 것'으로 말하지만 그것은 관계의 마당에서 이루어지는 상호적 공진의 구조라기보다는 일방적 도래라는 형식에 가깝다. 그러나 마당으로서 도래하는 차원은 나와 세계, 신과 존재 사이의 접속과 감응, 생성과 응답이 교차하는 장이다. 마리옹은 이러한 상호 진동이나 공진의 마당을 구성하기보다는 '대상이 나를 넘쳐흐르는' 구조로서 단일 방향의 흐름만을 설정한다. 마리옹에게는 존재와 존재가 함께 울리는 접면, 즉 차원 간 공동 생성의 장이 결여된 것이다.

마지막으로 마리옹은 신비의 사건을 체험으로 머무르게 할 뿐 그 체험이 어떻게 형상으로 구체화되고 세계 안에서 윤리적-제도적 구조를 형성하는가에 대해서는 침묵한다[영적 차원, 메타적 형상화 부재]. 마리옹의 '주는 현상'은 수용자로서의 인간만을 강조하고 그 이후에 도래하는 형상화의 주체, 즉 공동체의 리더십과 책임, 응답의 주체를 소환하지 않는다. 단순한 감응이나 수용을 넘어서 존재 전체의 구조를 재조망하려면 통합적 책임과 메타 윤리를 형성하는 차원이 필요하다. 초과와 수용만으로는 존재의 질서가 새롭게 조직되지 않고, '신비를 받은 자'는 그 신비를 형상화하고 응답할 책임을 지는 자로 전환되어야 한다. 신비는 주어지는 것이기도 하지만 그에 응답하여 형상화되는 존재의 작업이어야 한다.

결국 우리에게는 마리옹 이후의 과제가 있다. 그것은 은총의 신비가 차원 구조 속에서 형상화되어야 한다는 것이다. 마리옹은 신비를 철학적으로 복권시켰지만, 존재의 구조를 넘는 전환적 운동으로서의 신비는 제시하지 않았다. 우리는 초과와 감응을 출발점으로 삼되 차원을 넘는 틈, 창발적 조직화로서의 응답과 책임으로 나아가야 차원적 행위를 낳는 신비론을 완성할 수 있다.

따라서 마리옹의 사유는 의식 너머에 있는 감응적 지점을 중점으로 전유되어야 한다. 마리옹의 포화 현상은 단순한 초과나 혼란이 아니라 기존의 차원 구조가 붕괴되고 상위 차원의 감응이 침입하는 임계 지점을 사유하게 한다. 이러한 관점에서 마리옹은 철저히 차원의 전환과 감응의 철학자이다. 그의 '포화 현상'은 더 이상 '의식이 의미화하는 대상'이 아니라 의식을 압도하고 규정하고 심지어는 해체하는 사건으로 등장한다. 이러한 전환은 의식이 '세계에 열려 있는' 존재가 아니라 세계가 의식을 침입할 수 있는 빈틈의 여백을 가지고 있는 존재임을 전제한다. 따라서 마리옹의 철학은 비의도성의 현상학, 혹은 차원 감응의 현상학이라 불릴 수 있다. 이것은 차원의 관점에서 보면 한 차원의 수용 구조가 상위 차원의 도래로 포섭되는 사건이다. 포화는 단순한 인식적 과잉이 아니라 차원이 붕괴하면서 다른 차원의 파동이 의식의 마당으로 유입되는 사건이다. 이때 의식은 개체화된 시간성과 공간성, 해석 가능성을 상실하며, 자신이 놓인 위치와 경계를 재구성해야 하는 전환의 임계점에 도달한다. 그것은 결국 포화의 수여자이자 괄호 치기의 달인인 의식이 감응적 응답자로 전환되는 지점이다.

4. 무의 몸과 영의 현상학

1) 관찰자이자 감지자, 의식과 파동의 감응자

이 작업을 통해 우리는 하나의 명확한 통찰에 이르렀다. 존재와 세계는 차원 간의 감응적 진동점이며, 실재는 하나의 층위가 아니라 접속되고 전이되는 마당들의 연속이다. 현상 역시 단일한 표면이 아니다. 후설의 지향성이 보여준 대로 의식은 언제나 무엇인가를 향하고 있었지만 그 '무엇'은 단순한 대상이 아니라 차원이 펼치는 마당들이었다. 하이데거는 그 차원이 열리고 닫히는 과정을 존재론적으로 해명하였고, 메를로-퐁티는 그 차원들이 몸과 지각이라는 살의 접속면에서 접촉함을 보여주었다. 오토는 차원의 돌입과 접속이 누미노제 감각의 전율과 매혹으로 나타날 수 있음을 드러냈고, 마리옹은 그 침입이 포화 현상, 즉 의식의 한계를 붕괴시키는 실재의 밀도로 작용함을 보여주었다. 무의 현상이란 결국 유의 세계의 근원이자 넘치는 차원이 나에게 닿는 흔적이다. 인간은 그 차원을 의식의 수준으로는 알 수 없기에 감응으로만 감지한다. 이 감응은 지각일 수도, 언어일 수도, 이미지나 감정일 수도 있지만, 그 모든 것의 바탕에는 차원 간 에너지의 진입과 차이, 공명과 공진이 결합된 매우 역동적이고 오묘한 근원에서 온 영혼의 결이 있다.

전통적인 현상학은 의식을 여전히 '고정된 관찰자'의 자리에 두기 때문에 유력의 마당에서 일어나는 일들을 거리 떼는 것으로부터 시작한다. 이 관찰자는 판단 중지 하는 지향자[후설], 현존재[하이데거], 지각하는 살[메를로-퐁티], 누미노제 감각을 체험하는 자[오토], 포화 현상 앞에서 무너지는 수용자[마리옹]로서 모습을 바꾸어왔다. 그러나 이제 현상학은 이 위치를 재구성해야 한다. 관찰자는 무의 마당들에서 일어나는 차원의 파동 속에서 끊임없이 공명하며 응답하는 감지자여야 한다. 이제 우리는 그 모든 변형을 관통하며 의식을 다음과 같이 정의할 수 있다. 의식이란 차원 간 마당에 응답하는 감응의 축이며, 실재의 다층적 에너지와 접속하는 인터페이스와 관계하고 응시한다. 이 감응자는 유력의 세계에서 하듯이 정체성을 고정하고 확장하지 않으며, 항상 다른 차원의 진입을 위해 틈을 보존하고, 중력에 저항하며, 근원적 울림에 자신을 열고 응답하는 존재다.

차원의 전환은 '인식의 관성'에 대해 조심하고 숙고하게 한다. 유력의 관성은 실재가 특정 차원에 고착될 때 작동하는 중력의 힘이다. 중력은 개인의 무의식, 문화적 편향, 제도적 구조물, 언어적 한계, 신경적 패턴 등 다양한 방식으로 차원의 고착과 재생산에 이바지한다. 그러나 차원 전환은 이 중력의 힘을 이완시키고 의식을 탈중심화한다. 새로운 창조를 만드는 마당을 생성한다. 그것은 철학적으로는 '에포케', 실존적으로는 '틈', 신체적으로는 '지각의 전환', 신학적으로는 '은총', 신비적으로는 '누미노제', 인식론적으로는 '포화 현상'으로 나타난다.

따라서 차원 전환은 단순한 인식적 업그레이드가 아니라 존재 방식의 정치학적 재구성이며, 새로운 윤리와 감응의 형태를 요청하는 실존적 개입의 계기이다.[176] 또한 모든 차원을 하나의 리듬으로 감싸고 있는 가장 근원적인 실재의 장은 직접적으로 감지되지 않지만 차원이 변할 때마다 그 파동이 느껴진다. 오토의 누멘적 경외감, 메를로-퐁티의 살의 접촉, 마리옹의 포화는 모두 이 근원적 마당이 침입할 때 발생하는 차원의 균열과 통합의 징후들이다. 이 마당은 '밖'에 있지 않다. 그것은 모든 차원 안에 있으면서도 동시에 그 바깥을 열어주는 내외적 초월이다. 이는 현상학이 단지 인식론의 재해석이 아니라 존재와 실재에 대한 새로운 통합 사유로 나아가야 함을 뜻한다.

---

176 | 정치학적 재구성이 필요하다는 것은 차원 전환이 개인적인 의식의 수준에서 일어나는 문제만이 아니라, 그가 위치한 구조가 바뀔 때 가능한 일임을 함의한다. 구조는 그 안에서 작동하는 법칙과 에너지를 포함하므로 구조가 바뀐다는 것은 새로운 법과 에너지를 통해 재구성된다는 것을 의미한다. 또한 정치를 권력의 역학이라고 본다면 정치학적 재구성 역시 다스림(ruling)의 주권에 대해 필연적으로 논하게 된다. 즉 이때의 새로운 구조는 법뿐만 아니라 새로운 다스림의 방식에 대해서도 재구성을 요청한다. 예를 들어 이스라엘 백성들의 출애굽은 이들이 정치학적으로 재구성되는 과정을 보여준다. 이스라엘 백성들은 제국이 다스리는 유력의 구조에서 노예 의식과 노예의 법을 내면화하여 살고 있었으나 모세의 등장으로 애굽의 구조에서 빠져나가 광야에서 새로운 공동체로 재구성된다. 이곳에서 이스라엘 백성들은 제국의 바로가 아닌 모세의 지도를 받으며, 그에 따른 새로운 중심 가치와 법의 제정을 통해 공동체적인 의식 전환을 경험한다. 김리아, "Fontis Code 강의(25. 6. 2.) - 무를 마주하는 인간, 21세기 현상학과 만나다" (강의록, Fontis 후마니타스 연구원, 2025년 1학기).

이제 우리는 다음과 같은 새로운 존재론을 세울 수 있다. 존재란 차원 간 파동과 감응의 마당 속에서 형성된다. 의식은 차원을 선택하고 접속한다. 동시에 관찰하고 응답하며 감지하는 인터페이스로 작용한다. 실재는 보이는 세계에 고정된 것이 아니라 보이지 않는 층위들이 중첩된 장이다. 전환은 지속적인 틈의 감지, 중력에 대한 저항, 통일장에 대한 조율을 통해 발생한다. 무의 현상학은 차원의 여백을 듣는 예술이며 그 사유는 감응을 기록하는 기억이다. 이것이 '현상학의 차원과 전환'이 오늘 우리에게 요청하는 사유의 방식이다. 우리는 이런 인식을 통해서만 존재의 진짜 층위를 알아갈 수 있다. 그것이 우리가 분과적 철학이 아닌 존재의 진동을 감지하기 위한 사유이자 현상학을 배우는 이유이다. 학문은 단지 논문을 쓰기 위한 방법론이 아니라 의식의 주름을 깊게 만들고, 진짜 은총의 자리를 분별할 수 있는 내적 감도를 길러주는 훈련이다. 은총이 도래하는 그 자리에서 우리는 먼저 기획하지 않는다. 공명하고 응답하고 나서 기획한다. 자기조직화는 그렇게 시작된다. 기도하고, 계획하며, 관계가 다시 배치된다. 이는 마리옹이 말한 포화된 현상이 일어나는 순간이며, 이 경험은 단지 철학의 문제가 아닌 삶 전체가 진동하는 '현상으로서의 은총'이다.

현상학의 결론을 향해 다가갈수록 우리 앞에 열리는 것은 단순한 인식의 정렬이 아니라 존재의 근원에서 도래하는 빛 앞에서의 '유쾌한 전복'이다. 그것은 곧 의식의 자리 전환이며 기도의 자리 재배치이다. 생각하기 전에 기도하고, 반성하기 전에 기도하고, 꿈꾸기 전에 기도하는 것—그것이 존재 앞에서 경청하고 순명하며 응답하는 의식의 자세이다. 보는 것은 단순히 눈을 뜨는 일이 아니다. 보는 자는 이미 세계 안에 던져져 있고, 그 보는 방식은 감각과 사유의 구조에 의해 짜여 있다. 현상학은 바로 이 '보임의 구조'에 대한 근원적인 질문에서 시작되었으며, 점차 '보이지 않는 것의 도래'를 향해 사유를 확장해 왔다.

결국 현상학은 우리를 철학의 언어 너머로 이끈다. '존재는 어디서 오는가? 왜 오는가? 언제 어떤 방식으로 오는가?'라는 질문은 존재를 기다리는 자리로 우리를 데려간다. 이 마당은 단지 종교적 신념의 공간이 아니라 존재의 도래를 기다리며 고요히 침잠하는 의식의 지점에 있다.

이때 의식은 비로소 고요한 가운데 응답한다. 의식은 산만하고 능동적인 판단 주체가 아니라 빛과 생명의 도래 앞에서 공명하는 감응체로 자리 잡는다. 의식은 이제 조직하지 않지만, 자신이 조각되기 시작하는 것을 본다. 무의 마당 위에서 생명은 거듭난다. 그 전환은 내가 무엇을 했기 때문이 아니라 빛의 도래를 받아 옮겨졌기 때문에 일어난다. 이 전환의 징표는 언제나 조용하고 작지만 전체를 담은 한 점의 등장이다. 이것이 우리가 현상학을 통해 발견하게 되는 무의 선물이다. 그곳은 시끄러운 말이 멎고, 변화가 시작되며, 의식이 껍질을 깨고 깨어나는 자리이다. 그곳에서 삶은 다시 시작되고 존재는 삶의 기원이 되는 말, "이것이 은총이다"라고 고백할 수 있게 된다.

결국 진정한 인간됨은 무를 상대하는 존재가 되는 길에 서 있다. 스스로, 혼자 할 수는 없다. 이때 의식은 단순한 판단의 기능이 아니라 신적 현현을 감지하는 장소가 된다. 생명의 몸으로 반응하고, 공동체로 이어지고, 역사로 기록되는 이 현상의 지층 위에서 우리는 새로운 존재가 된다. 이것이 '의식의 층위'를 추적하는 이유이며, 그 이유가 바로 우리 삶의 실재성과 소명의 자리에 닿는다. 결이 다른 삶, 주름이 새겨진 뇌, 깨어난 감각과 응답하는 몸—그 모든 것이 무의 마당에서 드러나는 빛의 도래를 맞이하기 위한 준비이다. 이 준비는 결국 '나'라는 존재의 겸허한 인식을 통과해 하나님의 은총이 머무를 수 있는 새로운 차원의 시작점이 된다.

2) 현상학의 운명적 한계와 영성적 해석자의 길

현상학은 본질적으로 현상의 구조와 의미 생성의 과정을 다루는 철학이다. 그런 이유로 현상의 바깥, 즉 무無 자체를 직접 다루는 데에는 근본적인 한계를 지닌다. 이 한계를 넘어서기 위해서는 무를 매개로 한 차원 전환과 그 무에서 생성되는 통합적 조율의 의식, 곧 영[0]의 차원이 요청된다.

현상학은 어떤 것도 '있는 그대로' 주어지지 않으며, 모든 것은 의식 속에서 의미를 지닌 방식으로 나타난다는 전제를 따른다. 이것이 후설이 말한 지향성의 구조이다. 우리는 세계를 있는 그대로 '보는' 것이 아니라 언제나 특정한 관심과 의도, 시간적 지평과 한계 속에서 '의미화된 방식'으로 체험한다. 현상학은 이 과정을 분석하여 의미 생성의 구조를 드러내려 한다. 하지만 바로 이 지점에서 무無는 본질적으로 현상학의 체계 안에서 기입되기 어려운 대상이 된다. 왜냐하면 무는 '의식에 주어진 것'이 아니며, 지향의 대상이 아닌 그 지향이 좌절되고 해체되는 자리에서 주어지기 때문이다. 무는 대상이 아니라 현상 그 자체의 불가능성과 의미화의 실패, 혹은 모든 의식의 구조가 무너지는 틈을 통해 발현되는 근원의 얼굴이다.

무를 접촉하려는 시도 또한 한계가 있다. 무는 존재의 의미 가능성을 여는 차원으로 기능한다. 그러므로 틈의 현상이나 존재에 종속된 배경 혹은 유의 관계적 속성 안에서[177] 처리하면 그 자체로 본질적인 한계가 생긴다. 이 맥락에서는 무 자체가 현상 이전의 초현상적 조건으로만 머무르기 때문에 현상학은 무를 곧이곧대로 다루는 언어를 갖지 못한다.

마리옹의 '과잉으로 주어지는 현상saturated phenomenon' 즉 '포화된 현상'은 현상 자체가 우리의 인식 구조를 초과할 수 있음을 보여준다. 이는 현상학 내부에서 무한성과 은폐성, 초월성을 다루려는 의미 있는 시도이다. 그러나 여기서도 무는 초과된 '현상'으로 남으며, 결국 현상의 범주를 벗어나지 못한다. 즉 무는 여전히 나타남이라는 현상적 형식 속

---

177 | 대표적인 예로 에마뉘엘 레비나스(Emmanuel Lévinas)의 타자 철학을 들 수 있다. 레비나스는 존재의 전체성을 와해시키는 '타자의 얼굴'과 그 초월적 타자성 속에서 '존재 너머(au-delà de l'être)'로서의 무(無)가 지닌 윤리적 차원을 엿보지만, 여전히 그것은 '얼굴'의 구체적인 현현(épiphanie) 이라는 형태로, 즉 윤리적 관계를 정초(定礎)하는 하나의 현상 구조 안으로 다시 포섭되는 한계를 드러낸다. 이러한 비판적 분석은 자크 데리다(Jacques Derrida)가 그의 유명한 논문 "폭력과 형이상학"에서 제기한 물음과 궤를 같이한다. 데리다는 레비나스가 '타자'의 절대적 외부성을 말하기 위해 사용하는 언어 자체가 필연적으로 그리스 철학의 존재론적, 현상학적 언어와 개념에 의존하여 전개됨을 지적한다. Jacques Derrida, "Violence and Metaphysics: An Essay on the Thought of Emmanuel Levinas," in *Writing and Difference*, trans. Alan Bass (London: Routledge, 1978), 78-142. 이는 본문에서 지적한 '존재 너머가 현상 구조 안으로 포섭되는 한계'와 직접적으로 연결되는 지점이다.

에 머무르고, 그것을 조율하고 이해하는 통합적 근원적-지성, 즉 '영의 차원'은 드러나지 않는다.

현상학과의 관계 속에서 진정한 무는 필연적으로 의식이 아무것도 의미화하지 못하는 자리, 즉 모든 프레임과 시간성이 무너지고, 주체와 대상의 구분이 소멸되는 차원의 해체 지점이다. 현상학은 이 지점을 '사유할 수 있는 잠재성' 안에 포획하려고 새로운 존재 구조의 탄생을 요청하며 강제로 거리 떼기를 한다. 실은 이 지점이야말로 의식의 진화된 속임수를 무력화시키는 지점이지만, 도리어 그 인위적 노력으로 인해 아직 구조화되지 않은 가능성의 장이 사이비 신성으로 포획될 위험이 생긴다. 차라리 이때 필요한 것은 억지로 현상을 관찰하고 분석하는 의식이 아니라 그 차원의 틈에서 접속되어 생긴 자연스러운 영역의 다스림이다.

이 지점에서 영[0]은 자신의 다양한 얼굴 중에서 무에서 생성된 의미를 통합하고 조율하는 고차 의식으로 작용한다. 이때 영은 의도적 사고력이나 판단력과는 구별된다. 그것은 의식 이전의 감응과 의식 이후의 통합 능력을 함께 포괄하는 근원적 지성이다. 무의 틈에서 발생하는 낯선 신호와 파동을 감지하고, 그것을 삶의 질서와 공동체의 통찰, 윤리적 행위로 전환할 수 있는 차원이 바로 영이다. 현상학이 구조를 해명하고 의미화를 추적한다면 영은 그 의미 생성의 장 전체를 감싸안으며 파괴와 탄생, 단절과 연결, 인식과 실천을 가로지르는 메타적 통합자의 기능을 수행한다. 이는 곧 자기조직화된 존재의 리더십 또는 차원 전환을 안내하는 통합적 영성의 차원이다.

이제 현상학은 현상학 이후를 열기 위한 무-영의 전환 지성을 준비해야 한다. 현상학은 인간 의식이 어떻게 세계를 경험하고 구성하는지를 깊이 있게 파헤쳤지만 그 의식의 가능성을 열어주는 무 자체에 대해 정면으로 접근하지 못했다. 무는 단순한 철학적 배경이 아니라 존재와 의식이 해체되고 다시 구성되는 생성의 진동면이다. 그리고 그 무의 마당에서 검증받아 새로운 차원을 감지하며 조율해 내는 힘은 더 이상 분석적 주체가 아니라 통합적이고 감응적인 차원 다른 '영적 지성'이다.

따라서 현상학 이후의 길은 단순한 반성의 연장이나 추적이 아니라 무의 접면을 통과하며 영의 차원으로 차원 전환의 여정이어야 한다. 이 여정 속에서만 인간은 다시금 창조 세계와 만날 수 있고, 의미 없는 시대의 균열을 넘어 다시 살아낼 수 있는 앎의 방식을 회복할 수 있다. 그러나 딜레마가 있다. 현상학은 중심에 서든 배후로 물러나든 의식이 의미를 구성하는 활동의 분석이라는 틀에서 벗어나지 않기에 은총 입은 의식의 철저한 겸손함이 필요하다. 무의 접면에 이르면 이 구성 활동 자체가 더 이상 유효하지 않다. 여기서 의식은 더 이상 대상에 대한 능동적 포착 주체가 아니라 무언가 도래하는 것 앞에 전적으로 수동적인 자리에 설 수 있을 때만 그 가치를 인정받게 된다.[178]

---

178 | 로마서 7-8장은 바울이 고백한 내면의 투쟁과 해방의 과정으로 '관찰자 의식의 차원'을 잘 드러내 주는 본문이다. 이는 차원 전환의 구조(유-무-용-영)와 이 네 힘의 역동을 보여준다. 먼저 유(有)의 차원에 갇힌 의식은 사망의 법과 의지의 무력, 즉 '율법의 힘에 갇힌 의식'이다. 로마서 7장은 바울의 고백적 내면 독백으로 열리며, 율법의 선함에도 불구하고 그 율법이 인간 안의 죄를 활성화시키고, 결국 사망에 이르게 한다는 모순을 드러낸다. 이때 '율법'은 탐심과 함께 유력(有力)의 힘으로 작동한다. 그것은 유의 세계를 지탱

영의 차원은 무의 통과 이후에 열리는 구조적 질서이지만 그것은 의식의 능동적 도약으로 획득되는 것이 아니다. 영은 '도달'하는 것이 아니라 타자의 얼굴로 다른 차원으로부터 '도래'하는 것이다. 내가 만든 것이 아닌 나를 넘는 것으로부터 온다. 의식은 더는 자기 위치를 스스로 정하는 주체가 아니다. 오히려 자신의 한계와 해체를 겪고 난 후에 무

하는 힘이자 선한 의지를 자극하지만 수행할 수 없는 기준을 제시하며, 인간을 끊임없이 자책과 분열로 몰아넣는다. "원함은 내게 있으나 선을 행하는 것은 없노라… 오호라 나는 곤고한 사람이로다"(롬 7:18, 24). 여기서 바울은 자신의 '나($\dot{\epsilon}\gamma\grave{\omega}$)'가 더 이상 유의 주체가 아님을 경험한다. 의지는 분열되고, 내면은 서로 다른 법의 충돌 지대로 전락한다. 유력은 자기 정체성을 유지하려는 관성의 힘으로 작용하며, 바울은 그것에 갇힌 자아의 구조를 철저히 인식하게 된다. 이제 바울은 분열된 자기 자신을 더 이상 동일시하지 않으며, 내면을 관찰하는 시선, 즉 '관찰자 의식(observer consciousness)'으로 이동한다. "만일 내가 원하지 아니하는 그것을 하면 이를 행하는 자는 내가 아니요 내 속에 거하는 죄니라"(롬 7:20). 이 문장에서 바울은 '나'와 '내 안에 거하는 무엇' 사이를 분리하여 인식한다. 바로 이 순간이 무(無)의 차원, 즉 차원 전환의 접속면이자 관찰자 의식이 도래하는 문턱이다. 그는 자신의 의지가 아니라 어떤 더 근원적인 법이 작동하고 있음을 자각하며, 그것을 바라보는 제3의 시선을 열어낸다. 이 접속면에서 관찰자는 탄식하고 멈춘다. 그러나 그 멈춤은 단지 패배가 아니라 자기의 의지를 해체하면서 새로운 차원을 향한 전환을 준비하는 잠복과 사이의 공간이다. 이 멈춤과 관찰은 곧 탄식의 영성이며, '무의 감응'을 통해 유력의 세계에서 돌이켜 더 큰 차원의 해방자의 도래를 기다리는 첫 발걸음이다. 그리고 로마서 8장은 이 접속면을 통과한 의식이 새로운 차원, 곧 '생명의 성령의 법' 아래로 이동하는 과정을 서술한다. "이는 그리스도 예수 안에 있는 생명의 성령의 법이 죄와 사망의 법에서 너를 해방하였음이라"(롬 8:2). 이 법은 강제적 명령이 아니라 깊은 내면으로부터 새로운 차원의 질서로 자기조직화(self-organization)를 일으키는 창조적 힘(용)의 씨앗으로 로마서 8장 이후를 살게 할 힘이다. 관찰자 의식은 이제 성령과 함께 내면에서 새로운 법을 감응하고 응답하는 존재로 변화된다. 이 새로운 법은 육신의 사망의 법과 달리 생명을 낳고, 고통 가운데서도 영광을 바라보는 차원적 확장을 가능하게 한다. "무릇 하나님의 영으로 인도함을 받는 사람은 곧 하나님의 아들이라"(롬 8:14). 이제 관찰자 의식은 단지 인지적 성찰에 머무는 것이 아니라 감탄하고 감사하며 성령과 더불어 신음하며(롬 8:23, 26), 영광을 향한 공동 상속자의 정체성으로 나아간다. 고통과 해방, 탄식과 생명, 사망과 영광 사이를 가로지르는 관찰자 의식은 영의 힘으로 무에 숨은 생명의 잠재성을 획득하고 존재의 새 창조를 감지하는 영적 촉수로 기능한다. 그런 의미에서 로마서 7–8장은 '관찰자 의식'이 깨어나는 영적 차원 전환의 서사라고 할 수 있다. 김리아, "깨어나기 73기" (수업, Fontis 후마니타스 연구원, 2024년 2학기).

로부터 스머드는 다른 차원의 어떤 영의 질서에 의해 자기 바깥에서부터 재구성되는 자리에 위치한다. 이때 주체는 스스로를 이루는 것이 아니라 주어짐을 은혜롭게 '받아들이는' 방식으로만 존재할 수 있다. 그 영은 다차원적이고 다중적인 현상 속에서 무엇이 생명의 질서인지, 어떤 흐름이 위로부터 오는 것인지를 새로운 빛과 생명의 시간을 통해 분별 discernment 하게 된다.

무의 현상학은 철저히 구조 이전의 생성 조건, 즉 질서가 아직 오지 않았고, 의미가 아직 붙여지지 않은 여백 속에서 탄생한다. 그리고 바로 진정한 갈망을 가지고 기도하는 그 여백의 자리에서 어떤 방식으로든 생명의 성령의 법, '삶 전체를 꿰뚫는 낯선 질서'가 도래하게 된다. 영은 무의 해체 이후에 도약하는 조건이 아니라 근원과의 일치 각도를 위해 무를 견디는 그 수동성 속에서 '오는 것'이다. 그래서 무-영의 현상학은 의식의 주체가 다시 일어서는 방식이 아니라 이미 일어난 것과 아직 일어나지 않은 것 사이에 깨어나 응답하는 방식, 즉 감응하고 분별하는 존재들이 만드는 학문이다. 현상학이 지향성을 통해 세계를 재구성하려는 야심 찬 전략을 세웠다면, 무와 영의 차원에서는 그 구성력 자체가 무너진다. 의식은 더 이상 세계를 지시하거나 의미화할 수 없고, 도래하는 어떤 절대적인 것 앞에 해체된 채 노출되어 있다. 그러나 그렇다고 해서 주체가 완전히 사라지는 것이 아니다. 오히려 의식이 주체가 되었던 자리에서 '튕겨져 나와', 그 벌거벗음을 수치라 여겨 무화과로 가리지 않고, '노출됨'을 견디고 침묵 속에서 감응하며 도래한 질서에 응답해야 한다. 그때야 비로소 응답적 주체는 새롭게 자리하며 빛의 도래를 함께 맞이하는 영광을 얻게 된다.

그렇기에 이 의식의 수동성은 일반적 의미에서의 수동적 태도와 다르다. 그것은 단순히 '반응함'이나 '무기력함'이 아니라 도래를 감지하고 분별하게 되는 내적 감응 구조, 즉 존재론적 감수성 vulnerability 과 도래하는 분별력 discernment 의 자리에 있다. 그리고 이 감응의 수동성은 철저히 열려 있기 때문에 무한을 받아들일 수 있는 그릇이 된다. 다시 그 무한에 대한 응답은 윤리적 책임과 차원의 선택에 따른 존재적 행위를 하게 된다. 이러한 수동성은 곧 능동성으로 환원되지 않지만, 그 누구도 대신할 수 없는 고유한 '내'가 가장 아름답고 근원적인 것에 응답한다는 점에서 역설적으로 가장 아름다운 주체이다.

의식은 자신이 아닌 것으로부터 출발하는 것을 배운다.

'영적 현상학' spiritual phenomenology 은 아직 정립된 철학적 학문 분야로 일반화되어 있지는 않지만, 현상학의 방법과 깊이를 유지하면서도 무無의 접면과 영[0] 의 도래 그리고 응답적 주체의 형성을 해명하려는 시도로서 현상학 이후를 시도할 수 있다. '영적 현상학'은 단순히 '영적인 것을 설명하는 현상학'이 아니라 '의식이 도달할 수 없는 차원의 현현에 의식이 어떻게 감응하고 응답하는가'를 해명하는 차원 다른 지성이 감당할 수 있는 학문 분야가 될 수 있다. 이 깨어난 연구자들은 단순한 지식의 확장자가 아니라, 기도하는 존재로서 삶의 질서를 새롭게 조직하는 역사에 한몫을 감당할 수도 있을 것이다.

'유-무-용-영'에서 '영-무-용-유'로

무를 상대하기 시작한 인간은 위대한 관찰자이다. 근원을 감지하고 따라가는 인간은 비로소 실상의 세계가 들리고 보이며 무의 공간을 맞을 준비가 된다. 유는 아무리 가볍고 약해도 건드리면 저항이 있고 다른 것에 보태면 작든 크든 그 물체의 질량이 커진다. 반면에 무는 만질 수도 없고 지나다녀도 아무 저항이 없다. 무는 혼란이고 패턴이다. 시간도 공간도 없다. 진정한 무는 법칙성조차 없다. 아무것도 적히지 않은 빈 종이다. 남는 것은 무한 가능성과 상호작용이다. 이것을 어떻게 알아차릴까? 무는 개념과 감각, 경험의 질서 바깥에 있다. 그러므로 무는 '이해'하는 것이 아니라 감지하고, 비우고, 초월하고, 머무르며, 따라가야 한다. 가장 진실한 소원에는 무의 길이 있다. 기존 의미 구조를 잠시 중지하는 '판단 중지'·느낌 이전의 감각·말 이전의 존재·경험 이전의 수용성·흐름을 붙잡지 않되 흐름에 무너지지도 않는 '깨어 있는 공허' 그리고 더 큰 차원을 감지하고 따라가는 갈망이 생길 때, 무는 전적으로 자신을 의탁한 이에게 자기의 마당을 열어준다.

무는 광활하고 위대하다. 큰 자유의 시원과 같다. 만일 무가 영과 연결되어 있지 않는다면 큰 혼돈과 압도로 끝날 것이다. 그러나 영과 연결된 그 지점부터 무의 마당은 우리에게 차원의 인접한 중첩을 현시한다. 근원과의 연결 없이 무는 혼돈으로 끝나지만 더 큰 차원의 세계와 함께 연결되어 있다고 알게 되는 그 지점부터 우리는 다른 존재가 된다. 그것은 '초월적으로 분리된 나'가 아닌 예기치 않게 도래된 것을 통해서 재구성되는 풍요함의 증인이다. 현상학은 의식을 초월한다고 하지만 '초월적인 나'에 대해 생각할 때는 도리어 자의식을 부추긴다(그 결과 형이상학적 오만이 생긴다). 그러나 영의 충만으로 인해 의식이 감당할 수 없는 포화 속에서 스스로 부정될 때, 그는 열린 무의 마당을 목도하며 자신이 본 것에 의해 구성되는 자가 될 수밖에 없다. 즉 영의 충만, 이것이 무의 마당을 축복으로 만드는 열쇠이다. 이제 무의 마당에 진입한 인간은 유-무-용-영 힘의 구조가 아니라 영으로부터 출발하여 무에서 진정한 자기 정체성과 함께 함의 불꽃을 받아 자기조직화를 통해 새로운 유를 만들어가는 '영-무-용-유'의 힘의 역학 속에 있게 된다.

5
영적 지도의 현상학

오늘의 현상학이 열어낸 사유의 새로운 지평은 단지 인식의 변화에 머무르지 않는다. 그것은 우리 존재가 놓인 차원의 구조를 바꾼다. 그리고 우리가 세계와 맺는 감응적 관계의 질 그리고 의식이 변화하는 리듬과 접속의 과정을 통합적으로 조명한다. 이제 이러한 통찰은 영적 지도 spiritual direction 의 장에까지 이르러야 한다. 왜냐하면 영성이란 영과 넘치는 진리로 차원 간의 이동과 실재에 대한 감응 그리고 참 인간의 자기조직화에 이르는 과정을 포함하기 때문이다.

1. 영적 지도의 현대적 원리

영적 지도[179]는 이제 '경건함'이나 '내면적 나눔'을 넘어 무의 마당을 감지하며 공명/공진으로 깨우고 그 깨어남을 기초로 분별하고 상호작용

---

179 | 영적 지도가 도달할 최종 목적지는 내면 깊은 곳에 있는 신적 현존, 즉 우리 내면에 내주하시는 성령님의 임재를 자각하고 그리스도의 몸으로서의 현실을 살아가는 것이다. 영적 지도에 대해 흔히 카리스마를 가진 영적 지도자가 전권을 가지고 지시하는 이미지가

하며 조직화하는 차원으로 재정의되어야 한다. 여기에 의식의 층위를 가르고 형성하는 일이 중요하다. 의식은 이제 단지 정보를 수용하거나 판단하는 것만이 아니라 진정한 갈망으로 열리는 차원의 감응에 있으며, 특정 리듬과 파동에 반응하여 공진한다. 영적 지도는 바로 이 공명과 공진을 자각하게 하고 증폭시키는 일이다. 일상에 갇힌 인식 구조 안에 머무르며 무감각한 상태에 빠져 있을 때, 다른 차원의 리듬을 가진 사람의 말과 기도, 눈빛과 호흡 속에서 갇혀있는 어떤 마당을 깨우는 일, 그것이 영적 지도의 시작이다. 그것이 곧 깨어난 의식의 각성과 차원 전이의 기폭제가 된다.

영성 전통은 일치[180]를 말해 왔다. 하나님과의 일치, 본래적 자기와의

주조를 이루지만 영적 지도의 포인트는 이 신적 현존에 다다를 수 있도록 '내면의 깊은 동굴'을 통과하는 여정을 함께하는 것이다. 이 어두운 동굴은 영적 지도에서 큰 상징성을 가진다. 우선 이곳은 현상과 유력에 익숙한 시력으로는 밝고 환하게 보이는 곳이 아니며, 눈에 익지 않고 숨겨진 길이 있는 곳이다. 이 동굴을 안내하며 함께 길을 찾아가는 영적 지도자는 두 가지 도구를 가져야 한다. 하나는 동굴을 비추는 역할을 하는 등불이며, 다른 하나는 동굴 속에서 길을 잃지 않도록 내면과 세상을 연결해주는 실이다. 그러나 동굴에서는 이 도구를 개념적이거나 대상적인 방식, 즉 유력화된 방식으로 다룰 수 없다. 오히려 '무'의 상태에서 발생한 모든 것을 방어하거나 배척하지 않고 일어나도록 두고 관찰하는 일이다. 즉 가장 근원으로 가는 길과 성령의 지도를 지향하면서도 그 과정에서 자연스럽게 삶과 마음에서 오고 가는 것들을 받아들이며, 그것에 압도당하거나 지배되지 않아야 한다. 그 과정에서 삶의 중요한 화두가 발견되기도 하고, 묶였던 영역이 풀어지고, 깨어지며, 정돈되고 해결되는 과정이 외부적으로 나타난다. 마지막으로는 깊은 신적 현존 속에서 소명 자리가 발견되어지는 일이 일어난다. 김리아, 「12강」, 『디멘시오 성서와 세계관』 (강의록, Fontis 후마니타스 연구원).

180 | 영성 전통에서 일치 또는 합일(union)은 정화(purification)-조명(illumination)-일치(union)의 세 단계로 이루어진 삼중의 길 혹은 세 단계의 길이라는 영적 여정을 거친다. 영혼은 윤리와 덕목의 실천으로 우선 정화되며, 하나님이 만드신 세상에 대해 관상하는 법을 배우고 마지막으로 하나님을 직접적으로 보게 되어 합일에 이른다. 이때 하나님의 절대 주권 및 인간의 수동성이 강조되는데 이러한 측면에서 단순한 임재와 신비적 합일의 상태는 다르다. 합일에 이르렀을 때 의식은 모든 이미지와 개념과 관념을 넘어 하나

일치, 세계와의 조화로운 통합이 그것이다. 그러나 이 일치는 단지 신비적 내면 체험으로만 이해될 것이 아니다. 그것은 차원 간 접속이 안정된 패턴을 형성하고, 나의 존재가 우주적 빛의 하모니 속에서 공동 조직화되는 위대한 일이다. 여기서 자기조직화는 복잡계 이론과 동역학에서 차용된 개념이지만, 영적 성장의 구조에도 적용된다. 임계점에 이른 포화 현상으로 이전 유력의 세계가 균열이 가고 공명과 공진을 통해 새로운 차원이 나를 관통하면 내 존재는 이전과 다른 방식으로 나를 재구성한다. 이때 일치는 소유나 동일성의 문제가 아니라 내외적 의식의 질서와 감응의 흐름이 자연스레 맞물리는 새로운 차원 생성의 열매다.

또한 전통적 영적 지도는 '분별'[181]과 '영혼의 지혜'를 강조해 왔다. 이것

님에 대한 사랑으로 충만해진다.

181 ▍ 영성에서 가장 중요한 핵심은 개념이나 분위기라기보다 구조적이면서 또한 보이지 않는 영들의 움직임을 파악하고 식별하는 것이다. 우리가 싸워야 할 것은 혈과 육이 아니요, 영들의 관계에 관한 것이다. 초대 교회 교부들은 영적 분별을 수도자들의 영적 성장을 위한 '영들의 분별'에 두었다. 내면에 일어나는 생각, 감정, 충동이 성령으로부터 오는 것인지, 악한 영이나 육신으로부터 오는 것인지 구별하는 것이었다. 오리게네스(Origen)와 폰티쿠스의 에바그리우스(Evagrius Ponticus) 그리고 요한 카시아누스(John Cassian)의 가르침에서 이를 찾아볼 수 있다. 이러한 분별은 중세 시대의 수도원 전통을 거쳐 로욜라의 이나시오(Ignatius of Loyola)에서 중요한 역사를 이룬다. 이나시오는 『영신 수련(Spiritual Exercises)』에서 영적 분별에 대한 체계적인 규칙을 제시하고, 분별의 과정에서 감정을 면밀히 살피는 것의 중요성을 말한다. 그러나 영적 분별이 개인적이고 내면적인 분별을 넘어 세계관과 이데올로기에 내재된 영들의 분별까지 나아가야 한다. 이론들의 배후에 있는 숨은 영의 움직임, 성취적 자아와 특정 세계관에 근거한 배타적 이데올로기에 대한 식별이 그것이다. 특히 이론들의 갈등과 논쟁은 유형 자체의 다름, 생물학적 남과 여, 민족성, 유형을 구분하는 이원성(duality)으로부터 오지 않는다. 오히려 이 '다름'의 동등성을 인정하지 못한 채 그 다름에 서열을 매기고, 한쪽을 배제하고 지배하는 이원론(dualism)으로부터 온다. 이러한 왜곡을 견제할 수 있도록 자아의 경향성과 세계관에 숨은 지배적, 억압적 이데올로기를 성찰할 수 있는 성찰과 식별의 감각이 필요하다. 김화영

을 차원적 현상학의 관점에서 보면 진정한 지도자는 무엇보다 더 큰 차원에 '공명하고 공진할 줄 아는 자'이다. 그들은 피지도자의 내면에서 진동하고 있는 미세한 틈과 감응의 여백, 차원의 균열을 감지하고, 거기에 근원적 의식의 길을 여는 자이다. 이때 지도자는 판단자가 아니라 근원적 차원의 감응 매개자mediator이다. 그는 파동이 이는 말, 부재와 침묵과 동조, 존재의 울림과 몸의 긴장 속에서 실상을 감지한다. 그는 때로 정문일침으로 굳은 유력의 방어를 깨는 공진과 서로가 마주 보는 눈빛 속에서 발생하는 공명의 패턴을 신중하게 감지[182]하며, 그 파동을 따라 피지도자 안에 열리는 '다른 세계의 문'을 연다.

현상학적 영성 지도는 인간의 변화 과정을 다음과 같은 차원 전환 구조로 이해한다. 폐쇄된 유력의 구조인 일상, 동일성을 굳히려는 방어에서 공허·불안·의문·어긋남 등의 틈의 현상을 감지하고 깨운다. 공진·감응·포화·은총을 통해 다른 차원에서 열리는 진정한 욕구와 잠재성을 감지하게 한다. 지속적으로 새로운 시간 구조와 의미 패턴, 관계의 재형성하는 자기조직화를 세우고 지지한다. 고요 속의 조화, 비움 속의 충만, 타자 속의 자아의 역설과 일치를 통해 무의 마당이 가진

(김리아), 『영성, 삶으로 풀어내기』 (서울: 대한기독교서회, 2013), 75-76.

182 | 영성 전통은 이를 관상적 직관으로 표현한다. 자신이 의도적으로는 알 수 없는 타자적이고 우주적 신비가 내면을 꿰뚫고 들어와 형성되며, 이 형성에 실천적으로 응답할 때 삶에는 변화가 일어나고, 세계와 진정한 관계 맺음이 가능해진다. 위-디오니시우스는 이 앎에 대해 이렇게 서술한다. "하나님을 아는 보다 고귀한 방법이 있다. 사변적인 과정인 철학과 신학의 과정에 의해 획득되는 신(神)지식 외에 무지(無知)를 통해 획득되는 가장 거룩한 신(神)지식이 있다. 이 지식 안에서는 헤아릴 수 없는 깊은 지혜에 의해서 신적인 것이 조명된다." 칼 아리코/엄성옥 옮김, 『집중기도와 관상여행』 (서울: 은성출판사, 2000), 51.

다른 층위의 특징을 새기도록 한다. 이 과정은 진리 전달이나 기도와 상담, 고통의 해석, 고독과 부재의 의미, 관계의 갈등 해소 등 다양한 방법을 통해 구현될 수 있으며, 핵심은 내면의 리듬이 외부 실재와 접속하며 새로운 구조를 창출하게 하는 데 있다. 영적 지도는 이 과정 전체를 동행하는 예술이자 세밀하고 날 선 검으로 자아의 고집을 깨뜨리고 집도하는 영혼의 수술이다.

현상학의 차원적 전환은 철학의 언어로 시작되었으나 이제 삶의 언어와 영성적 실천으로 이어져야 한다. 영적 지도는 그 첫 여정이다. 관찰자는 감지자로, 분석가는 공진자로, 안내자는 마당의 동반자로서의 면모도 '함께' 중층적으로 갖춰야 한다. 이 '영적 지도'는 더 이상 특정한 종교적 언어 안에서만 이해될 수 없다. 그것은 차원을 여는 동행이며, 진리와 사랑이 공명하는 마당場을 함께 감지하고 살아내는 예술이다. 특히 오늘날, 진리라는 단어는 정보나 정답의 층위로 오염되고 사랑은 소유의 감정과 욕망의 층위로 왜곡되어 있다. 그러나 진리와 사랑은 단일한 감정도 개념도 아니며, 서로 공진하는 차원의 힘이자 흐름이다.

이 안에서 진리는 영의 파동과 함께 더욱 선명하게 전달된다. 우리는 종종 진리를 '정확히 설명된 정답'으로 오해한다. 그러나 진리는 중층적이고 차원적이다. 즉 진리는 단일 문장으로 환원되지 않고, 존재 전체가 어느 마당에 접속되었는가에 따라 다르게 울리는 구조를 갖는다. 진리란 근원적 차원에서 주어진 실상의 관계구조이다. 그 진리는 억지로 말해지는 것이 아니라 삶이 특정 마당에 닿을 때 발생하는 공진으로서 명확히 감지된다. 특히 더 성장해야 할 잠재성이 있는 이들이 갇혀 있을 때, 그 세계를 두드리고 깨우고 다른 차원의 마당이 열리도록 도와야 한다.

영적 지도자는 그 사람이 지금 머물러 있는 차원을 알아차리고, 그가 말하지 못한 진동을 먼저 느끼는 이어야 한다. 말보다 마당이 먼저 울리고 정답보다 깨어 있는 존재의 떨림이 먼저 다가와야 한다. 이때 진리는 이론이 아니라 먼저 살아본 자의 깊은 통찰로 새겨진다. '사랑'이라는 단어 역시 흔하디흔하게 쓰이지만, 진정한 사랑은 낮은 차원의 욕망이나 결핍에서 출발한 애고착의 언어로는 해석되지 않는다. 깊은 사랑은 단지 심장이 뛰는 감정이 아니라 존재의 더 깊은 차원이 깨어나도록 두드리고 울리는 진동의 소리이다. 그 울림은 '외부에서 오는 부름'이기도 하지만 동시에 내 안의 더 높은 차원이 나를 부르고 있는 반향이기도 하다. 그것은 내가 본래 누구였는지, 어디에 있어야 하는지를 잊은 채 살던 삶의 구조에 일종의 금이 가게 하는 소리이다. 공명은 삶의 방향을 바꾸게 만들며, 이미 존재하는 나를 '다른 진동의 구조'로 조정한다.

2. 전적 신뢰, 빛과 어둠으로 조각 당하기

진정한 영적 여정은 근원과의 관계를 재설정하는 것으로부터 시작된다. 이는 신을 단순히 '도움 주시는 분'이나 '문제 해결자'로 신뢰하는 수준을 넘어 온 생명과 차원의 근원, 곧 유일자唯一者로 신뢰하는 데서 출발한다. 이 유일하신 하나님은 단지 밝은 곳만이 아니라 빛과 어둠, 생명과 상실, 고통과 탄생의 모든 차원을 동시에 다스리시는 분이시며, 어둠에조차 경계를 정하고 있게 하신 분이다 창 1:4, 욥 38:8-11.

이 하나님에 대한 전적 신뢰는 삶의 상황이 어둠에 잠긴 듯 보일 때도 무너지지 않도록 한다. 왜냐하면 그 어둠조차 다음 차원으로 들어가는 관문, 곧 내면과 존재의 구조를 다시 조각하시는 하나님의 창조 작업의 일부임을 알기 때문이다. 삶 속에서 어둠은 단지 악이 아니라 의미와 방향의 재구성이 시작되는 경계선이다. 하나님은 어둠 자체를 허용하시지만, 결코 무한히 퍼지게 하지 않으시고 반드시 그 경계를 두신다. 그 경계는 '감당할 수 있는 시험' 고전 10:13 의 형태로, 혹은 '분리'와 '한계를 넘었을 때의 심판'의 형태로 나타난다.

이러한 어둠 속에서 우리는 종종 고통을 겪고 관계가 끊어지며, 익숙한 자아의 구조가 붕괴된다. 그러나 이 분리는 해체만이 아니라 차원 전환의 준비 과정이다. 과거 차원에서 형성된 관계와 정체성의 조각들이 무너질 때, 하나님은 그 파편 위에 다음 차원의 존재를 입체적 빛으로 조각해 가신다. 이는 단순한 치유가 아니라 차원 다른 존재의 출현이다.

하나님은 모든 것을 합력하여 선을 이루시지만, 그 시기 [카이로스의 도래] 와 방식 [차원별 창조 원리] 은 우리의 기대와는 다르다. 우리는 주로 즉각적 결과와 효율성을 기대하지만, 하나님은 차원의 진동 주기에 따라 움직이시며 각 존재가 자기 정체성의 구조를 성령의 공명에 따라 자기조직화하도록 여백을 주신다. 이때 진정한 신뢰란 "내 뜻대로 마시옵고 아버지의 뜻대로 하옵소서"눅 22:42라는 예수 그리스도의 고백처럼, 내가 원하는 타이밍과 해법을 내려놓고 영원한 빛의 시간과 방식이 나를 조율하도록 맡기는 것이다. 성령은 그 조율을 위해 공명과 공진의 방식으로 내면에 신호를 주며, 우리가 그 흐름에 민감해질 때 자아는 새롭게 조직되기 시작한다.

무아無我란 아무것도 못 하는 상태가 아니라 더 이상 자아가 중심이 아닌 상태다. 내면의 진동에 민감해져 하나님이 부르시는 대로 자기 존재를 조직해 나가는 창조적 상태이다. 이 과정에서 과거의 역할과 정체성은 정지되고 새로운 정체성과 소명이 주어진다. 이 여정은 자아가 기획하던 대로 되지 않고 예기치 않은 전환 속에서 진정성이 드러나는 비예측성과 하나님과의 교통, 공동체와의 감응, 존재 전체와의 공진 속에서 이루어지는 상호작용과 일치성을 동반한다. 즉 단순히 성장하는 것이 아니라 완전히 다른 질서의 존재로 이동하는 관계구조와 차원의 도약인 것이다.

영적 지도자는 이 여정에서 단순한 상담자나 조언자, 길벗만이 아니다. 그는 하나님의 방식과 시간에 대한 신뢰 안에서 어둠 속에서도 파동을 감지하며, 존재의 재조직화를 조율해 주는 동행자이다. 그는 영혼의 상태를 감지하고, 빛과 어둠을 분별하는 해석자이다. 시험과 어둠을 단지 고통으로 보지 않고 그 안에 숨겨진 분리의 의미와 차원 전환의 문맥을 해석해 줄 수 있어야 한다. 온전히 의탁된 이들은 어둠과 악의 장난질조차도 하나님이 궁극적으로 합력하여 선을 이루심을 믿는다.

그는 공진의 유도자이다. 응답자가 자기 내면의 미세한 공명에 귀 기울이도록 도와 성령의 파동에 따라 자아를 꺾고 [혹은 내려놓고] 온전히 더 큰 차원의 타자의 음성에 귀 기울이도록 유도한다. 그는 빛의 조각자이다. 성령이 이끄시는 새로운 정체성과 관계의 틀을 함께 직조하며, 존재의 새 패턴을 빛의 리듬으로 재구성하도록 격려한다. 그는 영원한 현재의 시간이 도래하도록 인내하고 동행하는 안내자이다. 하나님의 때와 방식에 합당한 여정으로 존재가 확장되도록 긴 시간 지켜보고 동행한다.

삶의 어둠과 고통은 하나님의 부재가 아니라 다음 차원의 정체성을 준비하는 해체의 도입부이다. 영적 지도자는 이 전환의 공간을 '부재'가 아닌 '태동의 장'으로 해석하며, 그 안에서 내면이 새롭게 공명하도록 이끈다. 그리고 하나님은 모든 것을 합력하여 반드시 그분의 시간과 방식—빛의 구조로 질서 지어진 다음 차원—으로 우리를 인도하신다. 이 여정은 믿음으로 이루어지는 내면의 건축이자 우주의 공진에 참여하는 자기조직화된 존재의 출현이다. 무아는 소멸이 아니라 성령과의 동조 속에서 창조적으로 다시 태어나는 과정이다.

3. 진정한 갈망과 소명 자리 발견하기

영적 지도는 이 삶의 구체적인 실존 속에서 그것을 넘어 깊은 부르심을 함께 듣는 자리에 있다. 그는 먼저 그 길을 가 본 경험과 지식이 있어야 한다. 그것은 때로 해석으로, 때로 침묵으로, 때로 망치로, 때로 함께 침묵하고 기다리는 일을 동반한다. 그 여정은 함께 부르심 속에서 갈망 속에 숨겨두신 언약을 바라보며 동행하는 길이다. 그 길에는 욕망의 정직한 드러냄과 초월적 부정, 공동체 성장의 여정이 있다. 진정한 욕구는 차원 전환의 촉매이다. 그것은 단지 '하고 싶은 것'이 아니라 '참으로 살아 있음으로부터 요청받는 일'이다. 영적 지도는 욕구 속에 깃든 차원의 목소리를 감지하게 한다. 진정한 욕구는 흔히 두려움과 수치, 회피의 감정 아래 숨어 있으며, 그것은 차원의 고요함을 감지할 수 있을 때 비로소 드러난다. 그러므로 영적 지도는 욕구를 조정하는 것이 아니라 그 욕구의 스팟spot을 발견하고 표면적 욕구를 넘어 진정한 갈망이 '어디에서 울리고 있는지'를 함께 찾는 감응적 동행이다.

영적 지도는 한 존재가 더 정직하게 자신의 진짜 소원을 알아차리는 것, 그것을 위해 자기 초월적 부정으로 살아가도록 돕는 여정이다. 진실하게 존재할 수 있는 차원으로 접속할 수 있도록 그의 말보다 먼저 그의 울림을 듣고, 그 울림보다 더 깊은 침묵의 파장을 기다리는 예술이다. 점차 '욕구'는 진정성과 공동선을 되찾고, 삶은 더 이상 설명이 아니라 차원의 응답이 된다. 진정한 욕구는 점차 진리와 사랑과 함께 더욱 정교해지고 구체적으로 된다. 무의 마당에서 가장 빨리 검증되는 것은 사실 이 진리와 사랑이다. 진리가 깊어질 때 사랑은 따뜻해지고, 사랑이 진실할 때 진리는 감동을 동반한다. 이 둘은 다른 차원의 파동이 같은 마당에서 작용하며 동시에 발생하는 현상이다.

물리학은 '욕구'라는 표현은 직접 쓰지 않지만, 에너지의 방향성, 상호작용의 강도, 장field 안의 전이 가능성 등을 통해 존재가 어떻게 움직이거나 멈추는가를 분석한다. 이 메커니즘은 욕구의 긍정과 자기부정의 양가적 구조에 은유적이고 구조적인 통찰을 제공한다. 먼저 욕구의 긍정은 에너지 경로를 형성하고 파동적 운동을 개시하도록 촉발한다. 입자는 '자기장'을 형성하며, 자발적으로 더 낮은 에너지 상태를 향해 움직이려는 경향을 가진다. 이는 존재가 자기 안의 차원을 넘어 더 넓은 상호작용 가능성으로 자신을 전개하려는 욕구로 읽을 수 있다. 즉 욕구는 시스템이 내부 에너지 분포를 재구성하고, 새로운 상태로 이동하려는 자연스러운 경향성이다. 우리가 알고 있는 모든 물질과 존재는 단순히 '그 자리에 머물러 있으려는' 정적인 것이 아니다. 오히려 그것은 자기 안에서 형성된 장場, 즉 자기장에 의해 끊임없이 움직이고 변화하려는 성향을 보인다. 입자조차도 스스로 더 낮은 에너지 상태, 더 안정적인 상태로 나아가려는 경향이 있다. 이것은 물리적 사실이면서 동시에 인간 존재와 욕망의 본성을 설명해 주는 중요한 은유이기도 하다. 이러한 움직임은 존재가 자기 내부의 경계를 넘어 더 넓은 상호작용 가능성으로 자신을 열어가려는 욕구로 이해할 수 있다. 이때의 욕구는 단지 결핍을 채우려는 이기적 충동이 아니라 존재가 자기를 넘어서고자 하는 자연스러운 확장 욕구다. 이 욕구는 긍정되어야 한다. 왜냐하면 그것은 정체되지 않고 살아 있으려는 생명 그 자체의 리듬이기 때문이다. 그래서 욕구를 있는 그대로 받아주고 표현하도록 하는 것은 영적 지도의 매우 중요한 첫 관문이다.

그러나 여기에는 또 하나의 중요한 요소가 기다리고 있다. 바로 욕구의 자기부정 시점이다. 이때부터는 자신의 욕구를 긍정하며 받아들이던 지도 관계가 도전과 깨우침으로 전환해야 할 시점이며 그간에 쌓인 신뢰가 큰 역할을 하게 된다. 욕망의 자기부정은 한 존재가 한 상태에서 새로운 상태로 '도약'하려면 지금까지 머물던 안정된 구조를 포기하고 전환시키는 순간에 필요한 것이다. 이는 양자역학에서 입자가 더 높은 에너지 준위로 도약하기 위해서는 이전 상태를 버려야 하는 순간, 즉 불연속적인 전환점을 통과해야 하는 것과 같은 이치다. 마치 열역학에서 물이 끓어 수증기로 바뀌려면 그 구조가 완전히 변형되어야 하는 임계점이 있는 것처럼 말이다. 자기부정은 구조의 붕괴와 임계점의 통과에 필수적이다. 양자역학에서 도약quantum leap은 기존 에너지 준위에서 벗어나기 위해 내부 상태를 포기해야 한다. 열역학의 위상 전이도 기존 상태를 유지하는 힘 [관성] 의 임계점을 넘어설 때만 새로운 구조가 생성된다. 즉 자기부정은 단순한 자기희생이나 억제나 억압이 아니다. 욕구의 긍정의 힘으로 쌓아 올린 기존 구조가 부분적 자기 정체성으로 견고해질 때, 통전적 차원으로 도약하기 위한 것이다. 이 도약은 항상 '에너지의 재배치'를 필요로 한다. 여기서 핵심은 욕구가 단순히 충족되어야 할 것이 아니라 긍정하면서도 동시에 부정되어야 하는 이중의 힘—즉 욕구의 양가성이 전환과 도약의 동력이라는 점이다. 그리고 이것은 억압이나 금기로는 절대 이루어지지 않는다. 또한 긍정도 부정도 오로지 자기의 몫이기에 그것을 인도하고 밝히는 영적 지도에 대한 깊은 신뢰 관계가 중요하다.

> 그 싸움은 싫든 좋든 네 것이어야만 한다.
> 욕구는 불순한 듯하나 진실의 불씨였고,
> 자기부정은 무너짐이 아닌 도약을 향한 깨어남이었으며,
> 사망의 법은 너를 흔드는 그림자일 뿐이었다.
> 그러나 그 욕구를 가진 정직한 너만이,

그 모두를 꿰뚫고 흘러갈 수 있다.

이 과정에서 중요한 것은 욕구는 더 깊게 긍정되되 현재의 상태에 머무르려는 방어적 욕구는 부정되어야 한다는 역설이다. 욕구의 긍정이 도약의 에너지를 제공하고, 욕구의 부정이 구조를 붕괴시키며 그 도약을 가능하게 만드는 것이다. 근원에서 온 이 양가성과 통합이 바로 전환과 도약의 핵심 동력이다. 결국 우리는 욕구를 억제하거나 단순히 추종하는 것이 아니라 그것을 깊이 이해하고, 어느 지점에서는 긍정적으로 확장시키며, 또 어느 지점에서는 그 갇힌 한계를 부정하여 초월하도록 도와야 한다. 이렇게 돌파와 균형의 작용 속에서 우리는 더 넓은 차원으로 이동할 수 있으며, 그것이 바로 존재가 진정으로 성장하는 길, 도약과 전환의 길이다.

4. 멈춤과 관찰의 힘 기르기

'무'는 자아의 욕망이 해체되는 자리지만, 동시에 존재의 가장 깊은 끌림이 솟아오르는 공간이기도 하다. 간절한 욕망이 무력화된 그 밑바닥의 지점에서 인간은 처음으로 진정한 욕구를 감지한다. 이 욕망은 단순한 감정이 아니라 존재의 저편에서 일어나는 방향성 있는 끌림이다. 자기 자신을 한 번 무너뜨린 후에야 다시 태어날 수 있는, 거듭난 존재만이 가질 수 있는 전환의 계기다. 무는 혼돈이나 침묵처럼 보일지라도 그 안에는 미세한 리듬과 조율의 흐름이 숨어 있다.

지향성intentionality이 중요하다. 지향성은 존재를 이끄는 영혼의 깊은 나침반이 되어 그가 어디로 향해야 할지를 직관적으로 가리킨다. 지향성은 자아 중심적인 결정이 아닌 파동적 흐름을 감지하며 매 순간을 열어간다. 감정이 흔들릴 때 즉각 반응하지 않고 '이것이 어디로 향하는가'를 잠시 감지하는 멈춤, 선택의 순간에 침묵하며 더 큰 차원의 리듬에 조율되기를 기다리는 태도…. 이 모든 것은 스스로 길을 만드는 것이 아니라 더 큰 차원에 감응하며 응답하는 방식의 삶이다.

지향성과 함께 무를 감지하는 또 하나의 핵심은 분별이다. 바울이 말한 것처럼 "내 지체 속에서 나를 사로잡는 또 하나의 법, 곧 사망의 법과 싸우는 생명의 성령의 법"롬 7:23이다. 무의 자리에 머무르는 것은 마치 사망의 법, 즉 무기력과 절망, 죄의식과 자포자기의 중력에 끌려들어가는 것 같은 체험이 될 수 있다. 그러나 진정한 전환은 그 자리에서 더 깊은 차원의 '생명력'이 솟아오를 수 있음을 믿고 행하는 것에서 온다. 아주 작은 시도라도 방향을 알면 정확해진다. 무력해졌을 때 억지로 회복하려 하지 않고 그 밑에 있는 '살고자 하는 힘'을 신뢰하며 기다리는 것, 고통 속에서 '나는 이 감정에 무너지지 않고, 이 감정을 통과할 것이다.'라는 조용한 내면 선언을 반복하는 것, 더 큰 차원으로 이끌어 줄 동반자들과 함께하는 것, 무에서 '끝'이 아닌 '열림'을 선택하는 훈련―죽음처럼 보이는 순간을 새로운 관계와 법칙의 입구로 인식하는 것. 이 과정을 통해 생명의 법은 사망을 밀어내는 힘이 아니라 사망을 통과하며 드러나는 더 깊은 생기의 도래가 된다.

무는 '비움' 그 자체가 목적이 아니다. 그것은 나의 욕망을 다시 보게 하고, 진정한 나를 위해 에고가 해체되는 지점을 통과하게 한다. 그리고 끝내 '죽음의 법'이 아닌 '살게 하는 더 깊은 법'이 나를 일으키는 자리로 인도한다. 영적 지도의 꽃은 이 무의 장으로 안전하게 진입하고 바르게 분별하여 전환하도록 돕는 것이다.

여기서 관찰자는 다음 차원의 발현을 촉진하는 분별적 감응자이다. 분별의 초점은 창세기에서 하나님이 삼위일체적 작용의 결과인 빛을 보시고 "좋았더라"라고 말씀하신 그 평가에 상응하는 것이다. 이 '평가의 언어'는 단지 미적 감상이나 판단이 아니라 창조적 관측 행위이다. 이때 하나님은 단순한 창조자이면서도 동시에 관찰자-분별자이시다. 형상을 부여하고 질서를 드러내는 차원의 결정자로 등장하고, 이 승인과 방식에 일치하기를 원하신다. 물리학적으로도 관찰자는 특정 상태를 확정하는 존재이다. 이와 같은 의미에서 "좋았더라"라는 말씀은 무의 장에서 일어나는 무한한 가능성 중 하나를 선택적으로 고정함으로써 새로운 차원이 구체화되는 기준이다. 즉 관찰자는 단순히 외부적 목격자가 아니라 차원을 열고 방향을 부여하는 존재이다. 영적 지도는 이 관찰을 향한 거리 떼기와 근원에 일치하는 힘을 깨우고 형성하도록 도와야 한다.

먼저 관찰과 판단 이전, 판단 이후의 통합을 위해 성령의 임재를 통한 공명이 일어나는 시간과 새로운 차원이 일어날 관계의 여백을 확보하는 것이 중요하다. 창세기에서의 '하나님의 영'은 수면 위를 운행하며 형상이 드러나기도 전에 무의 장을 감싸고 있다. 성령은 관찰자가 생성하는 구획과 구분 사이를 연결하고, 분리된 것들을 '서로 함께 있게 만드는 통합의 장'으로 작용한다. 현대 물리학에서 성령의 특징과 가장 많이 닮은 중력자는 가상의 입자로서 시공간을 굽히고 존재를 붙잡는 힘을 매개한다. 중력은 가장 약한 힘이지만 가장 멀리 작용하며 전체 구조를 유지하는 근본적인 장력이다. 특히 다차원 우주론에서 중력만이 고차원 사이를 관통할 수 있는 유일한 힘으로 간주된다. 신학적으로 보면 중력자는 성령 Spirit 의 기능과도 연결되며, 성부의 판단, 성자의 말씀을 존재 안에 실제적으로 묶고 조직하는 힘, 즉 삼위 간 사랑의 끈이며 존재의 구조를 실현시키는 감응적 응집력이다. 즉 중력자는 단지 질량을 붙들어주는 자연법칙만이 아니라 존재 간의 관계를 지속시키고 차원 간 연결을 가능케 하는 사랑의 매개자로서의 비유로도 작동될 수 있다.

관찰과 연결을 위한 매개는 영과 진리와 같이 동전의 양면이다. 관찰자는 무의 장에서 '보는 행위'를 통해 존재의 형상을 정렬하고, 질서를 선택하고 창조적 방향성을 부여한다. 중력자는 이 관찰이 선명하게 일어나도록 하며 또한 이 선택된 방향성과 형상을 전체 구조에 연결함으로써 새로 생긴 차원이 무너지지 않도록 붙들고 조화롭게 엮어주는 구조적 매개자의 역할을 한다.

무의 장에서의 차원 전환은 관찰자와 중력자의 공동 작용이며, 이는 삼위일체 하나님의 자기조직화된 사랑의 관계구조와 상응한다. 하나님의 "좋다" 하시는 평가는 우주의 진동을 특정한 질서로 고정시키는 신적 응시이며, 성령의 운행은 그 고정된 질서를 전체 안에 연동시키는 생명의 중력이다.

5. 화두 일으키기와 줄탁동시

무의 공명과 공진은 유력의 힘을 깨뜨리고, 창조하는 말은 화두와 줄탁동시의 깨우는 과정과 닮아 있다. 이 과정에서 유력은 기존의 동일성과 자아 정체성을 유지하고자 하는 심리적·존재론적 관성의 힘으로 작동한다. 이는 방어 기제로 나타나 변화 가능성을 봉쇄하고, 차원 전환의 문턱에서 '기존의 나'를 고집하게 만든다. 이러한 유력은 '의식의 중력장'을 형성하며, 새로운 인식이나 존재로의 이행을 차단하는 '차원의 경계면'에 고착된 힘이다. 이때 무의 장에서 일어나는 파동은 이러한 유력의 관성과 애고착을 두드리고 깨우는 역할을 한다. 이 무의 장에서는 외부로부터의 '자극'과 내부의 '파동'이 서로 공명 resonance 하고, 복합적인 진동들이 구조적 변화의 임계치를 넘어서며 공진 amplified resonance 을 일으킨다. 이 공진은 단순한 반복이 아니라 내재된 고정성을 흔들고 새로운 구조적 재편을 일으키는 창발성의 조건이다. 무의 공진을 통하여 나타나는 결정적 계기는 말의 형태로 주어질 수 있다. 이 말은 단순한 정보 전달이 아니라 새로운 존재를 발현시키는 발화 행위이다. 특히 임계점에 이른 상황의 말은 깨달음을 여는 도구이자 동시에 이전의 세계와 관점을 해체하고 재구성하는 역설적 매개로 사용된다.

이때 중요한 개념이 '화두話頭'이다. 화두는 지성적 논리로는 풀 수 없는 질문이나 일화로, 고착된 자아와 사유의 구조를 깨우친다. 다시 말해 무의 공명은 화두에 감응하고 그 화두는 무를 통해 증폭되어 공진의 힘으로 작용한다. '줄탁동시啐啄同時'는 병아리가 알 안에서 부리를 치는 소리啐와 어미 닭이 밖에서 그 타이밍에 맞춰 껍데기를 깨는 소리啄가 동시에 일어남을 의미한다. 깨달음이란 한쪽의 일방적 노력으로 주어지지 않으며, 내면의 감응과 외부의 타자성[또는 초월성]의 응답이 동시적으로 작동할 때 비로소 일어난다.

이와 유사하게 무의 공진은 내면에서 일어난 파동이 외부로부터의 언어적 자극과 만나서 구조적 전환을 일으킬 때 효과를 발휘한다. 이때 말은 단순한 지시어가 아니라 차원을 넘는 진동, 즉 새로운 창조적 계기의 전달자이다. 언어는 이중 구조를 지니며 들리는 말과 그 말 너머의 침묵, 존재와 무를 동시에 드러낸다. 이러한 무의 공진을 통한 화두의 깨침 그리고 줄탁동시적 사건을 통해 기존 유력의 껍질은 깨어지고 새로운 정체성과 창조적 질서가 형성된다. 이는 단지 정신적 깨달음이 아니라 존재론적 새로운 관계 맥락에서의 재구성, 곧 차원 전환의 사건이다. 언어의 의미는 '안'에서 발생하며 기존 언어의 틀을 넘어 '말할 수 없음의 무의 공간'에서 새로운 삶의 가능성이 떠오른다.[183] 이러한 말의 경계에서의 침묵과 무의 공명은 선불교의 화두[184] 체계와도 깊이

---

183 | 루트비히 비트겐슈타인(Ludwig Wittgenstein) 역시 『논고』에서 언어의 경계 바깥에 있는 것, 즉 윤리, 종교, 미학, 존재 자체의 의미를 '말할 수 없는 것(Das Unsagbare)'이라 부르고, 그 차원을 신비(das Mystische)라고 명명한다. 6.522. "Es gibt allerdings Unaussprechliches. Dies zeigt sich, es ist das Mystische(말할 수 없는 것이 분명히 있다. 그것은 자신을 드러낸다. 그것이 바로 신비다)." 또한 비트겐슈타인은 6.44–6.522에서 언어의 한계를 초과하는 실재에 대한 사유를 신비로 명명하며, 그것이 세계의 존재 자체에 대한 경외감이라고 설명한다. 6.44. "Nicht wie die Welt ist, ist das Mystische, sondern daß sie ist(세계가 어떻게 존재하는가가 아니라 세계가 존재한다는 그 사실 자체가 신비다)."

184 | 선불교의 화두는 언어로 존재의 근본을 해명하려는 시도를 전복시키는 수행 도구이다. '무(無)'라는 단일 화두조차도 언어의 끝자락에서 수행자가 지성의 한계를 넘고, 존

상응하지만, 무의 근원과 삼위일체적 관계구조의 관점에서 세밀하게 분별할 필요가 있다.

6. 무의 공명과 기도: 침묵과 발화 사이의 존재 구조

기도는 단순한 종교적 행위가 아니라, 영과 영이 만날 때 존재의 차원을 흔드는 공명적 사건이 된다. 특히 무의 장場과 연결된 기도는 말 이전의 침묵과 말 이후의 창조 사이에 위치한 차원 간 접촉의 행위이다. 자기 안에 가득한 말이 그치고 성령의 탄식이 들려올 때 침묵은 단순한 언어의 부재가 아니다. 이때 무는 영적 언어의 하울링이 반사되는 동굴의 공간이다. '부정의 길 via negativa'은 모두 말이 닿을 수 없는 신적 차원을 향한 경건한 후퇴를 동반한다. 이 침묵의 깊이는 말이 사라진 자리에 빈 공간을 만들어 무의 장과 공명한다.

기도는 침묵 속에서 형성된 존재의 공명을 바탕으로 하늘을 향한 발화로 전개된다. 이때의 말은 설명이나 정보 전달이 아니라 존재의 떨림을 동반한 응답적 행위이다. 이때의 발화는 존재 전체를 건 거룩한 외침 kerygma이며 차원을 깨우는 외적 공진의 시작이다. 무의 침묵에서 시작된 기도는 기존 언어 구조가 해체된 이후 새로운 언어의 잠재성을 여는 지점에 도달한다.

재의 본질과 마주하게 한다. 공안은 이러한 수행을 돕는 언어적 장치이자 붕괴의 도구이다. 여기서 말은 의미를 깨닫기 위한 것이 아니라 깨뜨리기 위한 방편으로 존재한다.

차원 전환은 기존의 인식과 언어 체계를 통과하면서 생기는 존재론적 파열을 포함한다. 이 파열은 기존 언어로는 설명할 수 없는 감각과 통찰을 동반한다. 후기에 루트비히 비트겐슈타인Ludwig Wittgenstein은 "세계 밖은 세계 내의 것으로 말할 수 없으며, 말할 수 없는 것은 침묵해야 한다"[185]라고 하면서 언어가 작동하는 근원적인 배경이자 더 이상 해명하거나 정당화할 수 없는 것, 즉 주어진 것the given이 삶의 형식form of life[186]이라 말한다. 이처럼 침묵의 기도는 언어를 거부하는 것이 아니라 언어의 구조를 넘어서기 위한 이행이며, 무의 장과 상응하는 시각의 차원적 확장이다. 그리고 그 후에 주어지는 '말'은 단지 의미를 전달하는 말이 아니라 새로운 차원을 조직하는 생성적 언어[187]이다. 무의 침묵을 통과한 자아의 비움, 존재 전체의 공명과 동기화, 내재적 구조와 외재적 질서의 접속, 타자와 초월을 향한 개방성 등 이러한 조건을 갖춘

---

185 | Ludwig Wittgenstein, *Tractatus Logico-Philosophicus*, trans. D. F. Pears and B. F. McGuinness (London: Routledge & Kegan Paul, 1961), 86, 89 (§§ 6.41, 7).

186 | 『철학적 탐구』에서 비트겐슈타인은 언어가 고정된 의미의 체계가 아니라 상황과 실천 속에서 그 의미가 결정되는 유동적 게임이라고 본다. 말 너머에는 말할 수 없지만 언어의 토대이자 근원적인 실천인 삶의 형식(form of life)이 있다. '말'은 그것이 사용되는 삶의 형식 안에서만 의미를 가지며, 이는 곧 언어의 탈구조화─실존화를 의미한다. Ludwig Wittgenstein, *Philosophical Investigations*, trans. G. E. M. Anscombe (Oxford: Blackwell Publishing, 2001), § 204. 비트겐슈타인은 언어와 삶의 구조를 철학적으로 사유하는 데 집중한 반면, 선불교는 실제 수행의 몸으로 그 전이를 구현하고자 한다는 점에서 실천적 차이를 지닌다. 양자는 언어의 구조를 넘어서 존재와 차원의 깊이로 진입하기 위한 무의 사유와 훈련이라는 점에서 상통한다.

187 | 비트겐슈타인은 『논고』 전체를 하나의 사다리(Leiter)로 간주한다. "Meine Sätze erklären dadurch, daß der, der mich versteht, sie schließlich als unsinnig erkennt… Er muß sozusagen die Leiter wegwerfen, nachdem er auf ihr hinaufgestiegen ist(내 명제들은 결국 그것들을 이해하는 사람이 그것들이 무의미함을 깨닫는 순간, 설명을 다한 것이다. 그는 마치 사다리를 올라간 뒤 그 사다리를 던져버려야 한다)." Ludwig Wittgenstein, *Tractatus Logico-Philosophicus*, § 6.54.

언어만이 새로운 차원을 여는 자기조직화의 말로 기능할 수 있다.

에크하르트는 말한다. "신은 존재자가 아니라 존재조차 넘어선다. 그러므로 신은 말해질 수 없고, 오직 침묵 속에서 체험될 뿐이다."[188] 이는 위-디오니시우스의 부정 신학과도 직접 연결된다. "신은 모든 말해짐과 앎의 바깥에 계신다. 그분은 존재하지도, 알 수도 없는 방식으로 존재하신다."[189] 이것은 영성 수련에서 전환을 위해 돌파 시 모든 개념과 이름, 형상을 비워내는 해체 과정과 유사하다. 그 최종 지점에서 남는 것이 무엇이며, 또 무엇과 연결되어야 할지가 실상이다. 그곳은 말해질 수 없음의 심연이며, 유력의 말과 감응 방식의 해체와 동시에 모든 존재와 관계가 새롭게 열리는 차원 전환의 접속 지점이다. 차원 전환에 있어 말의 해체는 본질이 아닌 도구화 된 언어의 용도성[190]이다.

---

188 | Meister Eckhart, *Werke I*, 271.

189 | Pseudo-Dionysius, "The Mystical Theology," trans. Colm Luibheid and Paul Rorem, in *Pseudo-Dionysius: The Complete Works* (New York: Paulist Press, 1987), 140-141.

190 | 비트겐슈타인의 『철학적 탐구(Philosophical Investigations)』에서 핵심은 다음의 전환이다. 언어의 의미는 그것이 지시하는 대상이나 내재적 본질에서 나오는 것이 아니라, 언어의 사용(use) 속에서 발생한다. "Die Bedeutung eines Wortes ist sein Gebrauch in der Sprache(단어의 의미는 언어 속에서의 그 사용이다)." *Philosophical Investigations*, §43. 이로써 그는 언어를 고정된 '표상 체계'가 아니라 다양한 실천적 맥락 안에서 구성되고 기능하는 살아 있는 행위 체계로 보게 된다. 비트겐슈타인의 '언어 게임' 개념은 규범과 초월 사이에 있다. 언어가 특정한 '삶의 형식(form of life)' 속에서 규칙에 따라 작동한다는 전제를 포함한다. 언어는 세계를 정확히 그리는 도구가 아니라, 우리가 살아가는 세계의 의미 구조를 만들고 나누는 실천적 행위이다. 그러나 후기 비트겐슈타인은 동시에 이러한 언어적 실천이 어떤 초월적 근거 없이 작동할 수 없음을 시사한다. 언어는 단순히 개인이 정하는 것이 아니라 공동의 '삶의 형식'이라는 공유된 기반 속에서 작동한다는 뜻이다. 그러나 그 삶의 형식 자체는 더 이상 설명될 수 없는 전제이자 실존적 기반, 일종의 현상적 무(無)로 기능한다. 신비주의의 '무'개념은 바로 이 '설명되지 않는 기반'—언어가 성립하기 위한 미명(微明)의 장과 연결된다. 그것은 말과 의미 이전에 이미 공

7. 방어 기제의 특징을 분별하고 신뢰로 내려놓기

영적 지도는 자기중심적 자아ego의 해체 혹은 초월로 초대하는 과정
이다. 이는 '유력有力'의 힘에서 벗어나 '무無'의 지향성과 잠재성 그리
고 그것이 일으키는 공명과 공진에 상응하려는 영적 전환의 핵심이다.
그러나 이러한 무아로의 진입에는 내적 저항이 존재하며, 이는 다양한
감정적·인지적·의지적 층위에서 방어 기제로 작동한다.

1) 감정 방어

감정적 방어 기제는 정서적 자기 동일화와 유사 쾌락의 고착에 기인한
다. 감정은 자기의식이 세계와 관계 맺는 가장 초기적 접촉 양태이다.
후설은 감정intuition of feeling을 지향성의 한 방식으로 보았지만, 하이데
거는 감정mood, Befindlichkeit, 특히 불안을 세계-내-존재의 본질적 요소
로 이해한다. 그러나 방어 기제로서의 감정은 무의 개방성과 잠재성에
저항하는 방식이다. 예컨대 불안은 세계의 무근거성과 무無의 잠재성
을 드러내는 감정이지만, 이를 회피하기 위해 인간은 분노·우울·자기
연민 등 보다 익숙한 감정에 고착된다. 감정의 방어 기제는 무의 마당

유되고 체현된 감응, 비지시적 감각 질서이다. *Philosophical Investigations*, §241. 신
비주의에서 말하는 '무'는 종종 언어화되기 전, 혹은 언어화가 불가능한 직접적 체험과
실재를 가리킨다. 후기 비트겐슈타인에게서도 그러한 차원은 '삶의 형식'이라는 이름으
로 간접적으로 드러난다. 삶의 형식은 언어 게임이 가능한 지각, 몸, 신체적 행위, 문화적
습관 등을 포함하며, 궁극적으로는 설명할 수 없고 다만 따를 수밖에 없는 규범적 기반
이다. 그는 이것을 '더 이상 논증할 수 없는 기초(bedrock)'로 표현한다. *Philosophical
Investigations*, §217. 후기 비트겐슈타인은 철저히 언어와 실천을 탐구하지만, 궁극적으
로는 언어와 실천이 기반하고 있는 설명 불가능한 '장'의 존재를 시사하며 철학적 사고를
'침묵'이 아니라 무의 감응에 대한 감각으로 이동시킨다고 볼 수 있다.

에 진입하지 못하고 위로받고 싶어 하는 영적 미숙성으로 나타난다.[191] 성령의 내적 작용은 영적으로 충만한 감정을 통해 자기를 열어 무無의 차원으로 이끄나, 자아는 감정을 회피하거나 통제하여 방어하려 한다.

감정 방어가 강한 이들은 자신의 정서에 대해 과도하게 동일화하거나 반대로 철저히 회피하는 경향을 보인다. 감정이 올라올 때 이를 객관적으로 바라보지 못하고 분노나 슬픔, 수치심에 휩싸여 그것이 곧 현실이라고 믿는다. 또는 감정을 느끼는 것을 두려워하여 회피와 무감각 상태로 자신을 보호한다. 이러한 이들은 타인과의 관계에서 반복적으로 같은 감정의 고리 속에 갇히며, 신앙 안에서도 하나님의 침묵이나 부재에 대해 깊은 불안을 느낀다.

이러한 감정 방어를 넘어서기 위해서는 감정을 억누르거나 해석하려 하기보다 '떠오르게 두는 것let them go'과 정직하기·소통하기·인도되기를 배워야 한다. 감정은 억압할 대상이 아니라 자신 안에서 울리는 파동으로 이해되어야 하며, 이를 통해 무의 공명과 접속할 수 있다. 침묵

---

191 ┃ 이는 성 요한이 말하는 '정화의 밤'에서 감각이 저항하는 상태와 유사하다. 성 요한에게 '욕구'란 단순히 물질적 탐욕이 아니라 하나님이 아닌 다른 피조물이나 감각적·정신적 쾌락에 대한 모든 무질서한 애착을 포함한다. 영혼이 이러한 익숙한 위안과 감각적 만족에 집착할 때, 영적 진보는 정체되고 영혼은 스스로를 피곤하고 고통스럽게 만들며 지성이 어두워져 영적인 분별력을 상실한다. 성 요한은 이 상태를 '가는 줄에 묶여 날아가지 못하는 새'나 거대한 배를 멈추게 하는 작은 '빨판상어'에 비유하며, 아무리 사소해 보이는 집착이라도 영혼이 하나님과의 합일이라는 '전(全)'으로 나아가는 것을 가로막는다고 보았다. 결국 이러한 감정적 고착과 위로를 향한 갈망은 하나님으로 채워지기 위해 반드시 거쳐야 할 '무(無)의 밤'을 회피하려는 영적 미숙성의 대표적인 모습이라 할 수 있다. 더 자세한 논의는 다음을 참고하라. 윤주현, "십자가의 요한의 영성에서 본 '욕구'의 정화," 『신학전망』 219 (2022): 220-244.

기도, 감정 묵상 일지 작성 그리고 몸의 감각[특히 호흡과 긴장]에 집중하는 훈련은 이러한 감정 중심성에서 벗어나 무의 잠재성과 연결되는 통로가 된다. 기도 가운데는 "이 감정을 피하거나 붙들지 않고, 오직 당신의 실재 안에 머물게 하소서"라는 고백이 핵심이다.

감정 방어의 현상은 반복되는 감정 폭발 [예: 특정 사람에게 늘 분노하거나, 작은 비판에 과도하게 상처받음], 감정의 회피 [예: 중요한 대화나 갈등 상황에서 도망가거나 무감각함으로 일관함. '내가 이렇게 느꼈으니까 이것은 틀림없이 나쁜 일이야.'] 등, 감정이 곧 '진리나 사실'이라고 믿는 경향으로 나타난다.

감정 방어의 매듭 풀기

(1) 감정 일기 쓰기: 감정을 비판하지 않고 기록하되 '그 감정이 나를 어디로 이끌려 하는지' 관찰하기, 희로애락을 있는 그대로 표현하기

(2) 몸의 감각 호흡 훈련: 감정이 올라올 때 머리에서 벗어나 가슴, 복부 등 몸의 긴장과 연결하고 심호흡하며 판단 없이 바라보기

(3) 기도: "하나님, 내 감정에 시선이 묶이지 않고 실상에 더 깊이 연결되게 하소서."

2) 사고 방어

사고적 방어 기제는 설명, 판단, 합리화로 자연스러운 공명이 일어나는 것을 막는다. 현상학에서 사고 thinking 는 지향성의 후차적 구성물로 이해된다. 그러나 자아는 자기 동일성을 유지하기 위해 끊임없이 개념화

하고 해석하며, 이로써 세계를 분절하고 소유하려고 한다. 이는 메를로-퐁티가 말한 '살의 지혜 le savoir de la chair'—살로부터 오는 감각적 앎을 이론화하여 죽은 의미로 환원시키는 과정이다. 사고는 믿음의 역설에 저항한다. 십자가는 인간 이성과 윤리로 이해할 수 없는 사건이며, 오직 은혜로만 수용된다. 그러나 인간은 그 구조를 설명하려 하고, 악과 고통을 해석 가능한 것으로 환원시켜 초월적 여백보다 이성의 방어로 가린다. 모든 문제를 분석적으로 해결하려 하며, 감정이나 직관을 무시하거나 명확한 답이 없거나 논리적 구조가 없으면 불안해한다. 묵상과 기도 속에서도 원하는 '답'을 얻지 못하면 낙담한다.

사고 중심의 방어 기제가 강한 이들은 세상을 이해하고 통제하기 위해 모든 현상을 분석하고 판단하려 든다. 복잡한 상황, 감정, 인간관계도 반드시 논리적 설명을 붙여야만 안심할 수 있다. 그러나 이러한 태도는 신앙의 본질인 신비와 초월, 모순과 역설을 견디지 못하게 만든다. 하나님을 머리로만 이해하려 하고, 이해되지 않으면 실망하거나 그분의 존재 자체를 의심하기도 한다.

이 방어를 교정하는 방향은 '생각을 내려놓는 훈련'이다. 말 그대로 생각을 멈추는 것이 아니라 생각을 붙잡지 않는 연습을 의미한다. 예를 들어, 기도 중 떠오르는 분심 [계획, 생각 등]을 흘려보내며 마음이 무중력 상태에 머물도록 두는 것이다. 또한 명확한 교리나 개념이 아닌 '시편'이나 '욥기'처럼 모호하기도 하고 응답 없는 듯한 기도나 말씀 자체를 에코잉함으로써 머리보다 더 깊은 곳에서 진리를 감지하는 영적 감수성을 키운다. 이성적 이해를 초월하는 통찰은 논리적 확신이 아니라 직관과 은총 속에서 주어진다.

사고 방어 매듭 풀기

    (1) 머릿속 생각을 구름처럼 흘려보내며 무념의 공간에 머무르기

    (2) 시편, 욥기 묵상: 답 없는 신앙, 고통의 기도, '왜?' 대신 '그럼에
        도 불구하고'의 신뢰에 접속하기

    (3) 기도: 논리를 해체하고 은유, 상징, 감각어, 느낌 중심으로 자
        신의 신앙을 표현하기

3) 역할 방어

역할적 방어 기제는 역할을 수행하기 위한 가면과 자신을 동일시하여
진정한 욕구를 발견하는 데 장애가 된다. 이때 존재는 항상 '다른 사람
을 의식하는 나'로서 드러난다. 일상적 자아는 사회적 역할을 내면화
함으로써 참된 '응답 가능성' 대신 기능적 정체성으로 자신을 고정시
킨다. 이는 하이데거의 '비본래적인 자기ungeigentliches Selbst'로 나타나며,
죽음에 직면할 때조차 사회적·종교적 정체성 안에서 의미를 찾으려
한다. 사도 바울은 율법적 자아, 즉 '행위로 자기를 의롭다 함'을 부정
하며, 존재의 진정성은 '그리스도 안에서의 새사람'으로 거듭나야 함
을 강조한다고후 5:17. 그러나 역할적 방어는 나의 신분과 인정받는 위치
를 십자가에 못 박지 않고, '나 됨'을 은폐한 채 율법과 역할적 자아로
회귀하게 한다. 이는 공동체나 가정, 직장에서 '반드시 내가 이것을 해
야 한다'라는 압박감, '좋은 이웃 혹은 좋은 리더'라는 이미지와 시선에
몰입하기, 타인의 실망을 두려워하여 무리하게 헌신하기 등으로 인해

번아웃되는 결과를 낳는다.

역할 방어가 강한 사람은 자신이 맡은 역할이나 사회적 이미지에 과도하게 동일화되어 있다. 교회에서는 '헌신적인 리더', 가정에서는 '책임 있는 부모', 일터에서는 '유능한 일꾼'으로 살아야 한다는 강박이 있다. 이러한 사람은 역할 수행을 곧 존재로 착각하며, 타인의 실망이나 불인정을 위기로 받아들인다. 그 결과 번아웃에 이르거나 정작 자신의 내면은 돌보지 못한 채 '일의 과잉'으로 소진되는 경우가 많다.

이러한 방어 기제를 교정하기 위해서는 '역할을 내려놓는 용기'를 갖는 훈련이 필요하다. 즉 아무것도 하지 않고도 사랑받는 자신의 존재를 경험하는 것이다. 고백 공동체 안에서 자신의 무능함과 약함을 드러내고, 완전하지 않은 나도 환대받는 경험은 강력한 치유와 회복의 순간이 된다. 또한 '오늘 무엇을 했는가'가 아닌 '나는 어떤 존재였는가'를 묻는 일기 쓰기, 쉼과 침묵의 훈련, 사역 없는 안식의 시기 설정은 자기 정체성을 역할에서 존재로 옮기는 핵심적 통로가 된다.

역할 방어의 매듭 풀기

> (1) 가면 벗기 연습: 안전한 공동체 안에서 자기 약함을 있는 그대로 고백하기
>
> (2) 일과 존재 분리 훈련: '하는 나'와 '존재하는 나'를 구분하는 일지 쓰기
>
> (3) 기도: "하나님, 제가 어떤 역할을 하든 자족하며 최선을 다하

는 것으로 만족케 하소서."

4) 자기중심 방어

자기중심적 방어 기제는 통제와 기획의 무한 확장으로 나타난다. 현상학에서 '자기'는 지향하는 주체이지만, 무아를 향한 여정에서는 '내가 주체다'라는 중심성이 해체되어야 한다. 이 여정에서조차 후설이 말한 '초월론적 자아'는 자주 오해되어 세계를 통제하고 구성하는 '전능한 주체'로 왜곡된다. 이 자기중심성은 '가능성의 지평'을 스스로 설정하려 하며, 무의 잠재성이 제안하는 낯선 미래에 저항한다. 그러나 십자가는 자아의 기획을 완전히 무너뜨린다. 하나님의 일하심은 우리의 통제를 벗어나 있으며 무의 지평은 성령의 자유로운 임재에 의해 열린다. 자기중심적 자아는 '내가 원하는 곳에 가겠다'라는 욕망으로 무의 공명을 차단하고 '성령이 보내는 곳'으로의 부르심에 귀를 막는다 ^{행 16:6-10} 참고. 그들은 항상 무언가를 '계획하고 추진해야' 안정감을 느낀다. 일이 예상대로 되지 않을 때는 과도한 좌절과 불신, 분노가 일어난다. 그들은 '나는 이런 사람이다'라는 정체성 틀에서 벗어나지 않는다. 자기중심적 방어가 강한 사람은 삶의 모든 영역을 계획하고 통제해야 안심하는 성향이 있다. 예기치 못한 상황이나 실패를 견디지 못하며, 모든 것이 자기 뜻대로 이루어져야 한다는 깊은 중심성이 내재되어 있다. 이러한 성향은 기도조차 자신의 기획을 관철하기 위한 수단으로 전락시키며, 하나님의 침묵이나 방향 전환을 오해하여 불순종하도록 만든다.

이러한 자기중심적 방어는 '예측불허의 시간'에 순종하는 실천으로부터 깨진다. 예를 들어 감동에 반응하는 시간 활용, 목적 없는 산책, 내 마음에 들든 들지 않든 내 뜻과 맞든 맞지 않든 순종하는 훈련 등을 통해 '내가 원하는 방향'이 아닌 '성령이 원하시는 방향'으로 움직이는 감각을 훈련한다. 또한 요셉처럼 자신의 기획이 무너졌지만, 그 안에서 하나님의 인도하심을 신뢰한 서사를 묵상하며, '가장 선한 결과를 계획하심에 대한 신뢰'를 실습하는 것이 필요하다. 자기중심성은 신뢰하며 의탁하는 훈련을 통해 비로소 회개의 자리에 도달할 수 있다.

자기중심 방어의 매듭 풀기

(1) 예측불가능한 시간 훈련: 일정하지 않은 화살기도 시간, 목적 없는 산책, 공명이 일어나는 것에 맞추어 즉흥적으로 즉각 행동하기

(2) 성서 인물의 여정 묵상: 예기치 못한 사건 속에서 성령의 섭리를 신뢰했던 인물의 이야기를 삶에 적용하기

(3) 기도: "아버지의 뜻이라면 무엇이든 그대로 받을 준비가 되어 있습니다. 그것이 가장 좋은 길이라고 믿습니다."

결과에 대한 통제가 아닌 신뢰로 머무는 기도하기

8. 무와 만나, 어둠과 빛 사이에서 조각된 영혼들

1) 욥(고대 근동)
– 자기 의의 정당성이 무너지던 날
당시는 고대 메소포타미아 문명의 전성기이자 인간의 고난을 운명과

신의 질서로 설명하려는 신정론적 패러다임이 지배하던 시대였다. '의인은 복 받고 악인은 벌을 받는다'라는 인과율이 삶과 종교의 중심이었다. 욥은 이 세계관 속에서 가장 완벽한 수혜자이자 살아 있는 증거였다. 그의 부와 명예 그리고 흠 없는 경건은 그가 '올바른 길' 위에 서 있음을 온 세상에 공인하는 징표와도 같았다. 그는 경건하고 부유했으며, 모든 이들은 그를 존경했고, 부러워했다.

그러던 어느 날, 그 완벽한 증거가 와르르 무너져 내렸다. 자녀들이 갑작스레 죽고, 재산은 순식간에 사라졌으며, 그의 몸은 정체를 알 수 없는 질병에 시달려야 했다. 침묵하던 아내는 그를 버렸고 가장 가까운 친구들은 그의 숨은 죄를 추궁하는 심판관이 되었다. 그가 알던 모든 세계가 그를 배신했다. 그는 해석되지 않는 고통, 존재의 무근거성이라는 광야에 홀로 내던져졌다.

욥은 혼돈에 빠졌다. 늘 응답하시던 하나님은 침묵하셨고 이 무응답은 그가 악해서 징벌을 받는다는 친구들의 논리를 강화하는 듯 보였다. 친구들은 욥의 헤아릴 수 없는 고통을 자신들의 인과율이란 틀frame 안에 구겨 넣으려 했다. "죄 없이 망한 자가 누가 있는가?" 그러나 욥은 그의 친구들처럼 억지로 하나님의 방식을 자기 논리 안으로 구겨 넣지 않았고, 섣불리 깨달은 척하지도 않았다. 오히려 그는 이 불의해 보이는 현실을 끝까지 붙들고 근본적인 질문을 놓지 않았다.

그러던 어느날, 마침내 폭풍 속에서 하나님의 음성이 들려왔다. 그러나 욥의 질문에 대한 해명이 아니었다. 그 음성은 땅의 기초를 놓고 새벽 별들의 노래를 지휘하신 창조주의 목소리, 인간의 모든 질문을 삼켜버리는 광대한 존재의 울림이었다. 하나님은 그의 고통을 설명하는 대신 창조의 광대함과 인간 이해의 미미함을 압도적으로 보여주신다.

무지한 말로 이치를 가리는 자가 누구냐? 욥 38:2

그 순간, 욥의 모든 질문이 사라져 버렸다. 철석같이 알고 있고, 그 앞에 근거하여 복을 누릴 자격이 있다고 믿었던 자신을 내려놓자, 욥은 처음으로 반복되는 쳇바퀴 논리에서 벗어나 삶이 제공하는 진실에 직면하게 된다. 욥은 하나님의 정당성을 헤아리는 것이 아니라 자신의 무지함을 헤아려야 했다. 삶은 결코 네모반듯하지 않았다! 자신이 당하고 있는 재앙이 자기의 죄 때문이 아니었듯이 지금까지 누리고 있던 부요 역시 자기의 의로움 때문이 아니었다! 하나님의 전적 주권에 따른 은혜였다![192] 욥은 이제 보이는 세계를 둘러싸고 있던 어떤 경계를 깨고 들어가 영혼의 눈으로 실상의 세계를 보는 자가 된다.[193]

내가 주께 대하여 귀로 듣기만 하였사오나

---

192 ┃ 김리아, 『욥, 모든 질문이 사라지던 날』 (서울: 신의 정원, 2021), 61.

193 ┃ 김리아, 『욥, 모든 질문이 사라지던 날』, 12. 욥기 해석서들이 가진 의문을 '하나님의 의'를 주제로 재해석한 이 저서는 욥기에 나타난 긴장과 비약을 통해 하나님의 의를 경험한, 어느 인간의 위대한 존재 변화를 다룬다. 저자는 기존의 욥기 해석이 인간적 차원의 교훈적 요소에 머문 채 하나님의 근원적 관계 안에서 변혁되는 욥의 영적 여정이 무엇을 마주했는지를 드러내지 못했음에 주목한다. '나는 누구인가', '우리는 어떤 존재 앞에 서 있는가', '진정한 의란 무엇인가'를 묻는 이 저서는 시간이 영원과 함께 공명하며 신의 음성을 듣는 곳, 아무것도 매일 수 없는, 인간의 의의 프레임에 갇히지 않는 살아계신 하나님의 얼굴에 관해 눈을 뜨게 만든다. 그리고 우리의 인생을 그곳으로부터 다시 시작하라고 초대한다.

이제는 눈으로 주를 뵈옵나이다 욥 42:5

그는 우주를 들어올리기보다 더 무거운 자기애의 눈꺼풀을 들어 올려 시간을 초월한다. 그리고 이 세상의 시원이 있는 곳, 아무것에도 매이지 않아 인간의 의의 프레임에 갇히지 않는 살아계신 하나님의 얼굴을 본다.[194] 욥은 이제 자신의 의로움을 변호하던 법정에서 내려와 설명할 수 없는 신비 앞에 경배하는 예배자가 된 것이다.

욥의 질문과 고백은 우리에게 묻는다. "내가 붙잡고 있는 의의 정당성은 무엇인가?"

2) 성 어거스틴(St. Augustine, 북아프리카, 4-5세기)
– 갈라진 욕망을 다스리는 은총의 울림

어거스틴이 살았던 시대는 거대한 로마 제국이 스러져가던 황혼의 시기였다. 외적 침입과 내적의 도덕적 피폐 속에서 제국은 무너지고 있었고, 전통 철학은 이에 해답을 주지 못했다. 고전적 이성과 쾌락 사이에서 방황하던 인류는 지성으로는 해결할 수 없는 욕망의 무정부 상태를 통과하고 있었다. 그 가운데서도 어거스틴의 실존적 분열은 서서히 스러져가던 로마 제국 말기의 혼돈을 고스란히 비추는 거울과도 같았다. 그의 영혼은 한편으로 신을 향한 지성의 갈망과 다른 한편으로 세상을 향한 육체의 탐닉 사이에서 방황하고 있었다. 그의 명석한 두뇌는 신을 논증할 수 있었지만, 제멋대로 날뛰는 자신의 욕망 하나 길들

---

194 | 김리아, 『욥, 모든 질문이 사라지던 날』, 12.

이지 못했다. 그가 마주한 어둠은 바로 이 실존적 분열, 스스로를 구원할 수 없다는 처절한 무력감이었다.

그러나 그는 자신의 참된 본향을 찾는 진실한 탐색자였다. 그는 비록 어머니의 기도 앞에서 도망쳤고 욕망의 사슬에 매여 신음했지만, 그의 영혼 깊은 곳에서 하나님이 그를 기다리고 있다는 느낌만은 지워지지 않았다. 그의 방황이 절정에 달했을 때 한 정원에서 아이의 노랫소리가 들려왔다. "집어라, 읽어라Tolle, lege." 무심코 펼쳐 든 성경의 말씀은 더 이상 분석해야 할 문자가 아니었다. 그 순간, 말씀이 살아 있는 공진共振이 되어 그의 분열된 욕망을 꿰뚫고 심령을 쪼갰다. 그는 무너졌다. 그러나 부서진 것이 아니었다. 그는 울었고 그러면서 새롭게 빚어졌다. 수많은 단어와 개념으로 신을 설명하면서도 자신의 어긋난 욕망조차 다스릴 수 없던 그가 마침내 신의 은총 앞에서 침묵할 줄 아는 존재로 거듭난 것이다.

그 순간, 어거스틴은 자신의 죄악 됨을 논증하던 검사에서 하나님의 은혜를 노래하는 증인이 되었다. 신에 대해 '설명'하려던 수사학자는 사라지고 신의 빛 앞에서 자신의 어둠을 '조명'받는 신학자가 탄생한 것이다. 그의 신학은 이제 관념의 유희가 아니라 자기 삶의 실패와 하나님의 은총이 만나 이루어진 치열한 사랑의 기록이 되었다.

이제 갈라진 욕망과 실패는 더 이상 자기변명을 위한 자리가 아니었다. 그에게 무無란 소멸이 아니라 새로운 차원으로 살아내는 창조적 굴복이었기에. 그는 마침내 자신이 깨달은 바를 고백할 수 있었다. 자신의 지적 오만과 감각의 분열을 지나 만난 그 음성이야말로 자기의 오만한 삶의 위에 새롭게 쓰여진 '공진의 악보'라는 것. 거기에는 우리의 욕망을 넘어 다스리시는 하나님의 사랑과 은총의 울림이 있었다.

그의 방황과 고백은 우리에게 묻는다. "나의 욕망은 어디로 흘러가고 있고 나의 관념은 무엇을 변명하며 방치하고 있는가? 어렴풋이 오랫동안 나를 인내하시는 그분의 마음은 언제 느껴지는가?"

3) 힐데가르트 폰 빙엔(Hildegard of Bingen, 독일, 12세기)
– 우주의 진동을 기록한 여인

중세는 교회의 권위가 정점에 달했지만, 여성의 목소리와 개인의 신비 체험은 침묵을 강요당하던 시대였다. 신학은 남성 지성의 전유물이었고 제도 밖의 영성은 이단으로 의심받았다. 힐데가르트는 그 모든 억압의 시대 한가운데 있었다. 여성이었고, 평생을 병약함 속에 살았으며, 높은 성벽의 수도원 안에 갇힌 존재. 세상의 눈으로 볼 때 그녀는 아무런 힘도 없고, 빛도 없는 초라한 존재였다.

그러나 그 침묵의 심장부에서 세상의 논리로는 설명할 수 없는 빛이 그녀 안에 타오르기 시작했다. 그녀는 43세 경, 극적인 체험을 하였다. 그것은 "네가 보는 것을 글로 적고, 네가 듣는 것을 말하라!"라는 하나님의 분명한 음성이었다. 그녀의 연약한 몸은 세상의 기준으로는 결함이었지만, 역설적으로 가장 민감한 영적 감지력의 통로가 되었다. 세상의 소음이 차단된 고독과 침묵 속에서 그녀는 다른 차원의 소리를 듣기 시작했다. '살아 있는 빛 Lux Vivens'이라 부른 환시 속에서 그녀는 창조 세계 전체가 하나님을 향해 울리는 거대한 교향곡임을 보고 들었던 것이다.

> 만물의 요소들이 외쳤다. 우리는 우리 주님이 지시해 주신 우리의 과제를 더 이상 수행할 수 없습니다. 인간들이 악행을 저질러 우리를 파멸시키고 휘저어 놓았기 때문입니다. 우리는 이제 악취를 풍기고 정의에 굶주려 죽어가고 있습니다. … 비리디타스는 눈 먼 인간 무리들의 어리석음 때문에 말라 버리고 말았습니다.[195]

마침내 그녀의 내면에서 터져 나온 "나는 보았다. 그러므로 나는 써야만 했다"라는 외침은 개인적 체험을 넘어선 시대적 사명이었다. 그것은 침묵하는 하나님을 대신하여 경직된 시대에 생명의 숨결을 불어넣는 예언자의 목소리였다. 그녀의 기록을 통해 세상은 비로소 깨달았다. 그녀가 전한 '비리디타스 Viriditas'란 모든 창조물 안에 깃든 하나님의 살아 있는 숨결이자 치유의 능력이라는 것을. 그녀는 차원의 문을 넘어 우리에게 돌아와 메마른 영혼과 우주의 푸른 생명력을 다시 잇는 영원한 안내자가 되었다는 것을.[196] 그녀의 음악과 글, 그림은 닫힌

---

195 | Hildegard of Bingen, *The Book of the Rewards of Life*, Oxford Univ. Press (1997), 125-126.

196 | 김리아, 『내일의 종교를 모색하다: 인문학적 성찰과 영적 지혜를 중심으로』 (서울: 신의 정원, 2025), 278-282. 종교가 본래 지닌 근원적 통찰을 통해 진정한 내일의 종교를 묻는 이 저서는 5부에서 힐데가르트의 영성을 다룬다. 인간은 신의 형상으로 창조되었지만, 그것이 인간 중심주의로 갈 수 없는 까닭은 인간의 가치가 다른 모든 피조물과의 관계 속에서 드러나기 때문이다. 인간과 우주, 이 모든 세계에 공통적으로 맥이 뛰게 하는 '푸른 생명력(viriditas)'은 창조주의 사랑이 정해준 질서 안에서 자신의 위치를 보고 전체와 겸손하게 관계 맺게 한다. 생명의 연합은 누구도 소외시키지 않는다. 인간도, 자연도, 영-혼-육 그 어느 것도 이 연합 안에서 벗어날 수는 없다.

차원의 문을 열고 들어온 '빛의 언어'였고, 그녀 자신이 곧 살아 있는 메시지가 되었다.

그녀는 더 이상 세상의 기준에 갇힌 병약한 여성이 아니었다. 그녀는 우주의 소리를 듣고, 그것을 '기록하는 자'로 다시 태어났다. 그녀의 연약함이 있던 바로 그 자리에 이제 온 우주를 품는 하나님의 생명력이 자리 잡으셨다.

힐데가르트는 우리에게 묻는다. "나에게만 주어진 영적 감각은 무엇인가? 두려움 때문에 침묵하고 있는 나에게 주님이 주시는 음성은 무엇인가?"

4) 마르틴 루터(Martin Luther, 독일, 16세기)
– 조직의 틀을 깨고 믿음으로만 선포한 자

르네상스의 빛과 함께 종교 권력의 어둠도 깊어졌던 시대. 교회는 신자들의 죄책감을 수입원으로 삼았고, 사람들은 행위의 무게에 짓눌려 구원의 확신 없이 신음했다. 바로 이 거대한 종교 시스템의 한복판에서 '나는 구원받았는가?'라는 영혼의 질문을 끌어안고 고뇌하던 한 수도사가 있었다. 그의 이름은 마르틴 루터였다. 그러나 그는 자신이 속한 거대한 조직과 다르게 말할 수 없었다.

그는 죄에 대한 두려움 때문에 수도사가 되었다. 그리고 그 누구보다 처절하게 자신의 의義를 쌓으려 했다. 폭풍 속에서 무릎을 꿇었고, 높은 계단을 기어오르며 참회했다. 그러나 그의 선행이 쌓일수록 하나님은 자비로운 아버지가 아닌 진노하는 심판관으로 다가왔다. 그는 스스로를 용서하지도 용서받지도 못한 채 절망의 감옥에 갇혔다.

바로 그 자기 의의 잿더미 위에서 "오직 의인은 믿음으로 말미암아 살리라"는 말씀이 그의 영혼에 벼락처럼 내리꽂혔다. '오직, 오직, 오직…' 그 말씀은 그가 속한 종교 세계 전체를 전복하는 차원 다른 복음이었다. 그것은 그가 속한 종교 세계와는 너무나도 다른 말씀이었다. 그 말씀이 그의 내면에 금이 가게 했고 그 틈 사이로 무의 시원한 바람, 성령의 자유로운 바람이 스며들었다.

그는 세상과 싸웠다. 교권과도 싸웠고, 내부의 죄책감과도 싸웠다. 그러나 진짜 전쟁은 자신 안의 하나님에 대한 오랜 오해였다. 루터는 율법의 행위를 헤아리는 노예에서 하나님의 은혜를 신뢰하는 자유인이 되었다. 그는 결국 자기 안의 공진이 주는 진실을 외쳐야 했다. "나는 여기에 서 있다. 나는 내 안에서 울리는 이 소리와 다르게 말할 수 없다." 이 외침은 한 개인의 저항이 아니라 인간의 공로를 요구하는 모든 종교 시스템을 향한 하나님의 선전 포고였다.

그날 이후 그는 하나님의 의를 '덧입은 자'로, 말씀의 자유 속에서 새로 태어난 존재가 되었다. 거대 집단과 시대 의식의 소속감이 해체된 곳에서, 그는 율법주의적 죄책감이 무력해지는 사각지대를 지나며 오직 진리의 말씀에만 붙들렸다. '오직 의인은 믿음으로 살리라'라는 내적 공진의 폭발은 어두운 시대에 새로운 종교를 갈라내었다.

루터는 우리에게 묻는다. "나를 옭아매는 율법과 사회적 틀은 내 안에서 움직이는 진리의 외침과 무엇이 다른가?"

5) 십자가의 성 요한(St. John of the Cross, 스페인, 16세기 후반)
– 무의 어둠을 빛으로 알아본 사람

종교 개혁의 불길에 맞서 교회가 스스로를 통제하던 반동의 시대. 순수한 내면의 신비 체험은 '위험한 것'으로 간주되었고 제도는 위계와 질서를 넘어서는 영성을 두려워했다. 바로 이 경직된 가톨릭 교회의 한복판에서 한 신비가가 어둠 속으로 던져졌다. 그의 이름은 십자가의 성 요한이었다.

그가 마주한 어둠은 빛 한 줌 들지 않는 감옥이자 모든 감각이 박탈되고 신마저 부재하는 듯한 '영혼의 어둔 밤'이었다. 그의 육체는 으스러지고, 그의 마음은 의문 속에 갇혀 있었다. 그러나 그는 이 어둠의 의미를 섣불리 해석하거나 피하려 하지 않았다. 불평하는 대신 그 어둠의 가장 깊은 중심을 향해 자신의 존재 전부를 열어놓았다.

바로 그 모든 것이 사라진 '무無의 중심'에서 그는 역설적으로 또 다른 차원의 하나님을 만났다. 외적인 빛은 없었지만 그는 내면의 빛을 보았고, 어떤 소리는 들리지 않았지만 영혼의 노래를 들었다. 그는 더 이상 어둠을 '하나님의 부재'로 인식하지 않았다. 오히려 자신의 영혼을 이끌어 주는 신비롭고 빛나는 밤으로 받아들였다. 고통의 심연에서 그가 길어 올린 것은 단순한 시가 아니었다. 그것은 그의 감각을 넘어선 하나님의 현존 방식, 불붙는 사랑의 실재 그 자체였다.

오, 밤이여, 나를 이끌어 주는 밤이여!

깊은 밤, 사랑은 나를 인도하였다.[197]

그는 어둠을 통과하며 황홀한 사랑의 시를 길어 올렸다. 그에게 어둠은 고통이 아니라 정화였고 상실이 아니라 만남의 자리였다. 그렇기에 그는 더 이상 감옥 속에 갇힌 죄수가 아니었다. 세상은 그의 몸을 가두었지만, 오히려 그를 가둔 자들이야말로 낡은 교리와 형식이라는 '기표화된 시대의 감옥'에 갇힌 자들이었다.

그가 어둠 속에서 길어 올린 시詩들은 신의 부재처럼 보이는 바로 그곳에 숨겨진 사랑의 얼굴을 가만히 들여다보라는 영원한 초대장으로 우리에게 주어져 있다. 어둠을 두려워하지 말고 가만히 들여다보라. 그리고 그곳에 숨은 빛과 사랑의 얼굴을 보라.

요한은 우리에게 묻는다. "나는 삶의 어두운 밤을 피하고 있는가, 사랑에 대한 신뢰로 가만히 머물고 있는가? 나는 어둠 속에 숨은 불꽃의 시적 언어가 있는가?"

6) 존 웨슬리(John Wesley, 영국, 18세기)
– 자기 기획의 실패가 하나님의 성공이 되다

산업 혁명이 도래하기 직전 교회는 세상을 비출 불꽃이 없었고, 사회는 양극화되었다. 계몽주의 이성이 세계를 해석하는 도구가 되었지만,

---

197 | 십자가의 요한/최민순 옮김, 『어둔 밤』 (서울: 바오로딸, 1988), 8-9.

영혼은 차가운 논리 속에서 길을 잃었다. 그는 한때 열렬한 사역자였다. 신성 클럽을 비롯한 열정적 사역들과 그의 달변을 보면 그는 성공한 사역자로 불리기에 마땅했다. 그러나 작정하고 떠난 선교지에서 그는 실패했고, 그 실패의 지점에서 자신조차 믿지 못하는 말씀을 들었다.

그는 복음을 전하러 바다를 건넜다. 그는 옳은 것을 믿었고, 그 믿음을 전파하려 했다. 그러나 폭풍이 배를 집어삼킬 듯 일던 어느 밤, 그는 흔들렸다. 그는 모라비안 형제들이 찬송하는 모습을 보았고, 그렇게나 열심히 활동하던 자신은 두려움에 떨고 있었다. 처음으로 이상한 회의가 들었다. '내가 믿고 있는 건 무엇인가? 나는 진짜 구원을 받은 자인가?'

그는 돌아왔다. 실패자로. 조지아에서의 선교는 무너졌다. 그 밤은 길었다. 믿는 자로 살면서 믿음을 잃어버린 자로서의 밤. 말씀은 있었지만 빛은 없었다. 사역은 있었지만 공명은 없었다. 그는 아무것도 아닌 자가 되었다. 그러던 1738년 5월 24일, 올더스게이트 거리의 한 집회에서 루터의 로마서 서문을 읽는 음성을 들었다. "하나님께서 그리스도를 통해 사람을 의롭게 하신다." 그는 적었다. "내 마음이 이상하게 따뜻해졌다." 그 순간, 긴 어둠의 밤은 깨졌다. 그것은 번개나 광휘가 아니었고, 존재의 깊은 틈 안에서 일어난 부드러운 점화였다.

그는 그때 비로소 알았다. 믿음은 자신의 손에서 빚어내는 것이 아니라 자기조차 의심할 수밖에 없는 그 자리에서 무엇인가 자신을 안에서부터 다시 만들기 시작하는 것임을. 그는 다시 설교했다. 그러나 이번

엔 그가 말한 것이 아니라 그 안의 무엇이 진동하고 있었다. 그는 더 이상 도덕적 교사나 열렬한 행위자가 아니었고, 차원을 통과한 살아 있는 복음의 진동자였다.

웨슬리는 우리에게 묻는다. "나는 행위의 분주함 속에 바르게 가고 있다고 확신하고 있지는 않은가? 신앙적 행위의 열심이 실패할 때, 실망하지 않고 나를 넘어선 존재의 부르심을 다시 들을 준비가 되었는가?"

7) 토머스 머튼(Thomas Merton, 미국, 20세기 중반)
– 침묵의 마당에서 하나가 되는 길을 보다

두 번의 세계대전과 냉전, 인간 소외와 도시화, 신에 대한 무관심이 깊어지던 시대. 그는 그 시대의 고뇌하는 지성이었다. 그는 세상을 껴안고 싶었지만 정작 자신이 어디로 가야 할지를 찾지 못했다. 뉴욕의 청년 시절, 그는 문학과 예술, 술과 사랑, 정치적 열정 속에서 삶의 의미를 붙잡으려 했으나 그것들은 잠시 불을 밝힐 뿐 그의 영혼의 깊은 갈망을 채워주지 못했다.

결국 그는 세상의 소음에서 벗어나고자 켄터키의 트라피스트 수도원에 들어갔다. 침묵 속에서 하나님을 찾고자 한 것이다. 그러나 그곳에서 처음 마주한 것은 안식이나 평안이 아니었다. 침묵은 오히려 그를 불안과 대면하게 했고 고독은 분열된 자아와의 씨름으로 이끌었다. 수도원의 담장은 세상의 소음은 차단했지만 그의 내면에서 울리는 소리는 막아주지 못했다. 그는 거룩한 장소에 있었지만 여전히 하나님과 분리되어 있었다.

전환은 어느 날, 루이빌 시내 한복판에서 찾아왔다. 분주히 거리를 오가는 사람들 속에서 그는 갑작스러운 깨달음에 사로잡혔다. 그들 모두가 자신과 분리될 수 없는 하나이며 각자가 눈부시게 빛나는 하나님의 형상이라는 강렬한 인식과 연합의 감각이 밀려왔다.

> 나는 그들과 하나다. 이 모든 사람은 나이며 하나님의 이미지다.[198]
> 우리는 사랑 안에서 서로의 존재를 완성해야 한다.[199]

그 순간, 그는 성벽 안의 수도사이면서 동시에 세상의 심장 한복판에 선 신비가이자 인류 전체와 연결된 예언자가 되었다. "나는 수도원 밖에서 활동하는 것보다 바로 여기서 침묵 가운데 평화를 위해 훨씬 많은 일을 할 수 있습니다."[200] 그는 더 이상 '세상을 등진 수도사'가 아니었다. 수도원의 담장 안에서도 세상의 숨결과 고통, 기쁨을 함께 나누는 '하나님의 연인'으로 다시 태어났다. 그의 거룩한 담장이 있던 자리는 이제 온 세상을 품는 그리스도의 충만한 사랑으로 채워졌다.

머튼은 우리에게 묻는다. "나는 누구와 연결되어 있는가? 당신의 경건은 이 사랑의 연결을 방해하는가? 도움이 되는가?"

---

198 | 토머스 머튼/류해욱 옮김, 『토머스 머튼의 시간』 (서울: 바오로딸, 2010), 213.

199 | Thomas Merton, *New Seeds of Contemplation* (New York: New Directions, 1961), 72.

200 | Thomas Merton, *Witness to Freedom: The Letters of Thomas Merton in Times of Crisis,* ed. William H. Shannon (New York: Farrar, Straus and Giroux, 1994), 48.

8) 에티 힐레숨(Etty Hillesum, 네덜란드, 20세기 초반)[201]

– 비참한 수용소에서도 지켜진 관상의 불꽃

히틀러의 나치즘 아래, 유대인은 체계적으로 박멸당했고, 이성은 죽었다. 문명 전체가 인간성을 배신한 시대 수용소는 그 자체로 흑암의 심연이었다. 유대인, 젊은 여성, 시인, 철학도, 연인 그리고 표면적으로는 '신을 믿지 않는 자'. 그녀는 삶을 사랑했지만 삶은 그녀를 향해 입을 다물고 있었다. 수용소에서 그녀는 말했다. "내가 하나님을 지켜드려야 해요. 사람들이 그를 죽이고 있으니까요."[202]

그녀는 더 이상 기도하지 않았다. 그녀 자신이 기도 그 자체가 되었기 때문이다. 비가 오는 날 병든 이를 위해 담요를 덮어주며, 그녀는 미소 지었다. 그녀는 죽음을 통과하는 중이었고, 그곳에서 하나님의 숨결을 낳고 있었다. 그녀는 무엇보다 인간에게 깊은 '내적' 차원의 실재가 있다는 것을 증언했다. 그녀가 끊임없이 다시 돌아온 곳은 영혼의 내적

---

201 ┃ 27세의 네덜란드 유대인 에티 힐레숨(Etty Hillesum)은 2차 세계 대전 때 독일이 점령한 암스테르담에 살았고, 1941년 3월 9일부터 일기를 쓰기 시작했다. 그 일기는 나중에 임시 수용소에 갇혔을 때 친구들에게 보낸 편지들과 더불어 나치의 홀로코스트에서 비롯된 가장 놀라운 문서들 가운데 하나가 되었다. 에티의 일기와 편지들은 한 사람의 삶이 단지 2년 반 만에 근본적인 변화를 이룬 것을 보여 준다. 그녀는 1942년 6월 베스터보르크 임시 수용소로 보내졌다가 1943년 9월 폴란드의 아우슈비츠 수용소로 이송되었고 거기서 숨졌다.

202 ┃ Etty Hillesum, *An Interrupted Life: The Diaries, 1941-1943 and Letters from Westerbork*, trans. Arnold J. Pomerans (New York: Henry Holt and Company, 1996), 178. "하지만 제게 한 가지 사실만은 점점 더 분명해집니다. 그것은 바로 당신께서 우리를 도우실 수 없으며, 우리가 우리 자신을 돕기 위해 당신을 도와야만 한다는 것입니다. 그리고 이것이 오늘날 우리가 할 수 있는 전부이자 또한 진정으로 중요하고 유일한 것입니다. 바로 우리 안에 있는 당신의 작은 조각을, 오 하나님, 우리 스스로 지켜내는 일입니다. 그리고 어쩌면 다른 사람들 안에 있는 그것까지도 말입니다."

광대함이었고, 바로 그것이 그녀로 하여금 주변에서 일어나는 야만성과 증오를 직시하고 감당할 수 있게 해준 깊은 자질이었다. 에티는 수용소에 갈 때까지의 긴 여정 그리고 수용소에서 망가질 수 없는 삶의 근원과 선함과 아름다움을 발견했다. 그것은 그녀를 둘러싸고 결국 그녀를 삼켜버린 무시무시한 죽음과 증오보다 더 위대하고 더 깊이 더 지속적인 것이 되었다.

> 그러면 자꾸만 어떤 인식이 가슴으로부터 솟구쳐 올라와. 그것은 삶은 장엄하고 숭고하다는 것 그리고 언젠가 우리가 전혀 새로운 세계를 건설할 것이라는 인식이야.[203] 우리는 내면에서 형태를 갖춘 것에 의해 행동할 수 있다. 가장 깊은 심연으로부터 의식에 도달해서 구체화된 것에 의해 행동할 수 있다.[204]

점점 내적 확신이 깊어지면서 에티는 부정적인 일을 당해도 짓눌리지 않고 받아들일 수 있다는 것도 알게 된다. 빛과 어둠은 함께 있다는 것, 슬픔과 기쁨은 서로 필수 불가결하다는 것 그리고 자기가 슬픔과 기쁨을 모두 받아들일 수 있음을 발견했다.

> 하나 더 말하고 싶은 것이 있다. 모든 순간은 하나의 위대한 선물이자 위로이며, 영원한 현재인 기억들이다. 그 모든 순간은 뒤따라오는 다른 순간에 의해 희미해진다. 우리는 남겨질 것에도 파괴될

---

203 ┃ 패트릭 우드하우스/이창엽 옮김, 『에티 힐레숨: 근본적으로 변화된 삶』 (서울: 한국기독교연구소, 2021), 165.
204 ┃ 패트릭 우드하우스, 『에티 힐레숨: 근본적으로 변화된 삶』, 50.

것에도 기대해서는 안 된다. 그것들은 그저 막대한 잠재성일 뿐, 어느 쪽도 확실성을 띠고 있지 않다. 중요한 것은 일상의 관심사에 있다.[205]

그녀에게 진정한 종교는 삶이 주는 문제 제기와 더불어 내면에서 일어난 인식과 더 많은 관련이 있다. 그녀는 이제 설명하기보다 무엇이든 일어나게 놓아둔다. 그리고 햇빛 아래 앉아 있을 때 문득 깊은 내면에 얼굴을 묻고 평화를 찾을 수 있다는 것을 알게 된다.

에티는 우리에게 묻는다. "당신이 새로운 사람이 되는 토대가 되었던 신앙은 어디에서 비롯되었는가? 당신 안의 성소는 어디에 있는가?"

무의 밤은 누구에게나 온다. 그 밤은 하나님의 작업장이며 성령은 침묵 속에서 조직하며 우리는 빛의 언어로 재편되는 중이다. 그리고 무를 먼저 살아낸 그들의 연대기는 우리에게 빛을 비춘다. 그것은 지금 이 시대의 어둠을 걷는 우리에게 삶의 고통과 어려움의 터널을 지나고 있는 이들에게 다음 차원의 희망을 감지하게 하는 빛의 지도이다. 그리고 우리에게 묻는다.

"당신의 여정은 어디쯤 있는가?
어둠과 빛은 당신을 어떻게 조각하고 있는가?"

---

205 | Etty Hillesum, *An Interrupted Life*, 163.

무의 마당: 하나님의 "좋다" 하심을 향한 전환

그날, 차원의 마당에 모인 이들은 자신이 옳다고 믿는 언어를 품고 있었다. 그러나 마당은 무언가 빠져 있음을 직감했다. 그리고 긴 기다림의 끝에 무의 바닥에서 한 빛줄기가 솟구쳤다. 그 빛은 창세기의 첫 새벽의 빛처럼 말하고 있었다. "보시기에 좋았더라."

그것은 판단이 아니었다.
그것은 분별 어린 축복이었다.
존재가 존재되도록 허락하는 목소리,
만물이 제 자리를 찾도록 이끄는 창조주의 심미적 호흡.

노자가 속삭였다.
"무위가 아니라 사랑의 중심이었군."

소크라테스가 고개를 들었다.

"질문이 아니라 그 안에 머무는 선善이 있었네."

붓다가 눈을 감으며 미소 지었다.

"고苦를 넘어서는 길, 그것이 이 빛이었군요."

그리고 예수는 말없이 그 빛의 중심으로 걸어 들어갔다. 그는 어떤 단어도 말하지 않았지만, 모든 전통이 잃어버린 언어를 되찾아 자신의 육화된 살과 피로 다시 빚고 있었다. 그 언어는 논리도, 침묵도, 해탈도 아니었다. 그것은 하나님이 보시기에 좋았던 존재의 첫 떨림, 서로를 축복하고, 피조물을 온전히 받아들이는 사랑의 음성, 무를 통과하여 다시 깨어난 생명의 말이었다. 이 언어는 다르지 않았다. 그 언어는 오히려 너무 명료하고 고요하고 단순하여 모든 철학과 종교와 과학의 무거운 망토를 벗게 했다.

그 마당의 끝에서 그들은 마침내 침묵했고, 그 침묵은 하나님이 처음 세상을 보시며 웃으신 바로 그 '좋음의 침묵'과 같았다. 그리고 무는 속삭였다.

"내 안을 묵묵히 진실하게 지나온 자만이 '좋다' 하심을 들을 수 있지."

Part 3.
용,
공동체의 자기조직화

용의 공동체 – 등불을 든 사람들

그는 깊은 침묵의 저편에서 태어났다. 그동안 수많은 잠재성이 피었다가 졌다. 아주 오랫동안 깊은 동굴에서 어둡지만 충만한 사랑 가운데서 그는 스스로 준비되었음을 느꼈다. 그는 자신이 밖으로 나가 무엇을 해야 할지 어렴풋이 알고 있었다.

"이제 나갈 준비가 되었는가?" 묻는 존재는 그가 말하지 않아도 이미 알고 있는 듯했다. 무엇으로 응답했는지 알 수 없었지만 그 순간, 그는 안전하고 어두운 움브womb에서 나왔다. 탯줄은 곧 끊어질 예정이었지만 두렵지 않았다. 세상의 모든 차원은 조용히 접혀 하나의 면이 되었고, 그 면은 결코 볼 수 없었던 문을 열고 있었다. 매우 생태적이고 역동적이며 무한한 잠재성이 펼쳐지는 그런 곳이었다.

그 문 너머에 빛이 있었다. 그러나 그 빛은 인공적인 광채가 아니라, 누군가 오래도록 자신을 내어주며 타오르는 불꽃 같았다. 그 불꽃은 조용하지만 절대 꺼지지 않았으며 관계에 따라 자유자재로 조절되는 듯도 하였다. 그 빛은 자존자, 충만한 내어주심의 존재, 홀로 계시되 언제나 자신을 타자에게 내어주시는 분의 마음을 받들어 나를 태어나게 하고 움브 밖으로 보낸 바로 그 삼위의 수호자였다. 따뜻한 파동과 의식이 선명해지는 그 빛은 어둠의 맹수들로부터 그를 지켜주었다.

그는 밝은 빛 앞에서 난생처음으로 자신 '안'에 있는 등불을 마주했다. 자유롭고, 무한한, 그러나 가장 아름다운 빛, 함께 살아감의 비밀인 그 등불을. 그 빛 앞에 자신을 만든 기억들, 자신을 억누른 소리들, 자기 내면에서 회피되던 그림자들, 그 모든 것이 벌거벗겨지고 있었다. 그러나 그 벌거벗겨짐은 수치가 아니었다. 그는 더 이상 자신과의 전쟁을 두려워하지 않았다. 그는 그 싸움을 통해 자신을 구성하던 조각들이 어떻게 새로운 질서로 정렬되는지 보았다. 두려움이 질서로, 혼돈이 의미로 재편되는 순간이었다.

그는 깨달았다. 자아를 비운 그 열망이 자기 안에서부터 새 힘을 조직하고 있었다. 그것은 외부의 명령도 누군가의 기대도 아니었다. 오직 무한한 내어줌의 계보를 따라 구성된 빛의 흐름이 자신 안에 자기 자신으로 자리 잡기 시작한 것이다. 그 힘은 '새로운 차원에 대한 응답'이었다. 이 힘은 가만히 있지 않았다. 스스로 움직이며 갈 바를 안으로부터 인도하며 그를 다시 걷게 했다. 그리고 그의 불꽃에 감동된 사람들이 함께 걷기 시작했다. 그들은 그렇게 함께 걷기로 태초부터 예정된 이들이었다.

1
용의 자기조직화 원리

모든 존재와 비존재, 차원과 차원 사이의 마당은 하나의 궁극적 실재로부터 비롯된다. 그 근원은 오직 유일한 자존자—다시 말해 존재하기 이전부터 스스로 있는 자, 곧 존재의 조건을 초월하지만 그 모든 존재의 근원이다. 이 자존자는 단순한 정태적 존재가 아니다. 충만한 내어줌의 끝없는 역동인 무이면서 또 그 무를 넘어선 존재로서 머무신다. 그분은 무지한 이들이 함부로 그분을 이름 붙이거나 이용할 수 없는 곳, 삼위일체적 관계 안에서 가장 편히 '좋다' 하시며 머무신다.

자존자는 삼위일체의 관계 속에서 영원한 시간의 빛으로 계시가 되었다. 곧, 스스로 존재하는 자이자, 자신을 내어주며 그 내어줌의 관계 안에서 타자와 연합하는 [자존-내어줌]의 존재는 모든 사물을 하나로 연합하게 하며, 모든 창발의 원형이다. '용用'의 창발성은 이 근원의 연합이 지닌 역동적 장, 무의 움브에서 형성된 씨앗이 유와 상호작용을 통해 자기조직화를 할 수 있는 실제적 힘이다. 이는 그 잠재성에 응답하는 자기 내부의 패턴을 인식하고 환경과 관계를 재구성하는 힘이다. 이 힘은 자유 의지의 지향성과 관계의 공명 그리고 기존의 유력에서 새로운 창조적 힘을 분리하는 공진력이기도 하다.

이 조직화는 또한 더 높은 차원의 생명과 의미, 힘을 형성해 나가는 성품, 자기 초월과 케노시스를 닮아가는 과정이다.[206] 용의 마당은 자존자의 선물인 자유 의지와 두 잠재성의 선택 여부로 그 진입을 시험한다. 태초의 무에서 나타난 삼위일체의 작용에 일치한 첫 창조 그리고 어둠으로부터의 분리는 창조 이후 나타난 모든 차원에 흐르는 법이다. 이 자유 의지 [빛/어둠, 일치/불일치] 는 모든 차원의 주인이시며 유일하신 자존자의 가장 위대한 선물이자 시험 장치이다.

용은 반드시 공동체와 두 법의 긴장을 거쳐 조직화된다. 이 공동체는 위계가 아닌 차원 관계적 [상위 차원이 하위 차원을 포함하고 살리는] 자기 조율 구조를 띠며, 각자의 빛의 흐름이 상호 공명한다. 이러한 관계망은 상위 차원으로 성장할수록 하위 차원을 다스리는 존재들의 메타-리더십을 요청한다. 이 공동체는 물론 그러한 현상으로 보이긴 하지만, 물리적 영토를 가진 정치체 政治體 가 아니다. 무로부터 생명을 낳는 능력, 차원을 열고 다스리는 리더십 그리고 빛과 관계의 조율을 실현하는 무형의 구조로서 먼저 기능한다. 즉 자존자의 자기비움은 움브로서의 무를 낳고, 움브는 생명의 차원을 잉태한다. 모든 존재는 자유의 선택을 통해 자기조직화되고, 공동체는 그 구조 위에 생명의 차원을 살아가며 더 큰 조직체로 형성된다.

---

206 ❘ 무의 장에서도 말했듯이 유일자는 자존적 존재이며, 자기 자신 안에 완전한 충만을 지닌다. 그러나 이 존재는 고립된 자족이 아니라, 사랑으로 생명을 낳고 번성시키기 위한 역동적 자기비움(Kénōsis)을 통해 움직인다. 이에 대해서는 본서 Part 2 (무)를 참고하라.

1. 태초의 자기조직화: 일곱 날들의 차원과 질서의 위임 구조[207]

창세기 1장의 창조는 단지 순차적인 사건의 나열이 아니다. 차원적 자기조직화self-organization의 층위들이 선명한 구조를 갖추며 위임되고 전개되는 우주적 공동체의 서사이다. 그 중심에는 '빛'이라는 생명 에너지의 가장 순수한 첫 형태가 있다. 이 빛은 단순한 광선이 아니라 생명과 인식의 리듬을 부여하고, 창조의 기원이 되는 영원한 생명의 시간이다. 성서가 말하는 "하나님이 이르시되 빛이 있으라 하시니 빛이 있었고"창 1:3라는 선언은 차원을 여는 최초의 공명적 공진이며, 모든 조직화의 리듬을 정초하는 대파동이다.

"태초에 하나님이 천지를 창조하시니라"창 1:1 ─최초의 분화가 일어나기 전, 무無의 마당은 유일하신 하나님의 단독적 의지로 시작된다. 이 '무'는 아직 구조화되지 않은 가능성의 심연이며 다차원적 조직이 생성될 수 있는 차원 간 접속의 기저이다. 이 마당에서 시간과 에너지, 질서의 씨앗들은 창조의 명령을 통해 자기조직화를 기다리며 준비한다. 이 전체 마당의 주인은 유일하신 하나님 [엘로힘]이다. 무의 자유 앞에서 삼위일체 하나님의 본질적 일치와 상호작용은 이 '무의 마당'에 질서와 방향성을 부여하며, 이후 각각의 창조 날마다 특정 차원의 자기조직화가 발생하는 '마당'들로 전개하는 근원적 힘이 된다.

---

207 ┃ 김리아, 「영원에 기댄 시간의 차원들」, 『영원과 시간』 (미출간 교재) 1부 1장을 참고하라.

빛과 시간의 마당 [첫째 날, 창 1:1-5]

빛은 단순한 물리적 현상이 아니라 생명과 의식의 차원을 가능케 하는 시간, 곧 영원한 생명의 리듬이다. 이 빛은 삼위일체 하나님의 사역으로 탄생한다. 이 생명의 빛은 '영의 운행'으로 인한 공명과 '말씀 Logos'에 의해 발현된 공진으로 된 창조 세계 전체의 질서이며, 생명계 전체의 자기조직화가 흐를 수 있는 기운을 부여한다. 이후 빛은 모든 존재가 존재하도록 허용하는 생명적 시간의 장을 구성한다. 그리고 여기서 가장 근원적/영적 존재에 가까운 빛과 어둠이 분리됨으로써, 이후 형성되는 생명의 모든 차원과 마당을 '보호한다'. 근원의 빛 안에서 반복되는 '낮'과 '밤'은 상호 보완적이며, 이는 모든 인식과 분화, 성장의 기본 틀을 이룬다. 이후 모든 '빛의 계보'는 이 리듬에 의해 살아간다.

궁창의 공간 마당 [둘째 날, 창 1:6-8]

둘째 날의 궁창은 물과 물 사이를 나누는 공간이다. 이는 혼돈 속 물질적 에너지의 분화이며, 위와 아래의 질서화된 구획이다. 오늘날의 과학적 언어로 보자면 이는 물질-에너지 장 사이의 위상 변화이자, 생명 조건이 갖추어질 최초 공간의 탄생이다. 위의 물은 잠재적 생명의 조건, 아래의 물은 실재하는 세계의 기반이다. 이 마당은 공간의 위상적 자기조직화로 생태계의 순환 구조가 탄생할 수 있는 바탕을 마련한다.

땅과 바다의 마당 [셋째 날, 창 1:9-13]

땅은 생명을 품고 자라게 하는 유형적 자기조직화의 마당이다. 이곳에서 비로소 '씨를 맺는 채소'와 '열매 맺는 나무'가 자라며 유기적 자기

복제와 생명력의 표현이 본격화된다. 땅은 단순한 무기물이 아니라 씨앗을 받아들여 생명의 코드를 현실화하는 유전자적 마당이며, 태초의 코드가 물질로 정착되는 영역이다. 이 마당의 주인은 '땅' 자체이며 땅은 스스로 생물과 소산을 내며 다스리는 대표 권한을 위임받는다.

해와 달과 별들의 마당 [넷째 날, 창 1:14-19]

넷째 날은 생명의 시간[첫째 날]이 물리적 장치로 구체화된 날이다. 해와 달은 생명적 리듬을 가시적 구조로 지도화한 천체로서 낮과 밤, 계절과 해를 구분 짓는 주기적 자기조직화가 유력화된 시스템이다. 태양은 단순한 별이 아니다. 그것은 빛의 계보의 우주 마당을 주관하는 주체로서 빛과 생명의 대사 순환을 리드한다. 이로써 우주는 처음으로 리듬을 가진 서사적 장을 형성한다. 하나님은 땅과 바다와 하늘에 '자기조직화의 힘'을 위임하셨으며, 그것은 생명을 주관하도록 허락된 창조적 위탁이었다. 더 큰 차원은 더 작은 차원을 먹여 살리며 바다의 큰 마당 안에는 상어도, 새우를 비롯한 작은 어류들도 공존한다.

예수 그리스도의 생애 역시 점차 확장되는 마당과 가족 군의 구조로 전개되었다. 그분은 자신의 가족에서 시작하여 민족을 품고, 종교를 넘어서며, 결국 우주적 차원의 생명 장을 형성했다. 그 안에서 모든 존재는 자신의 방향성을 가지고 자율적으로 운동하되, 결코 전체를 위협하지 않는다. 아무리 큰 상어라도 바다 전체를 거스를 수 없듯이 모든 피조계는 거대한 생명의 장 안에서 생명을 유지하며 살아간다. 자기조직화는 이처럼 따로 또 같이, 독립과 연합의 긴장적 조화 속에서 이루어진다. 식물은 각기 씨를 맺되 동일한 땅에서 양분을 흡수하며 함께 성장한다. 이 조직화의 원리는 단지 우주 창조의 원리만이 아니다. 공동체도 마찬가지다. 각자의 소명을 자각하고 자신의 장을 성실히 형성하는 개인들 사이에서, 공동체는 전체의 생명성을 유지하면서도 구성원의 자유를 존중하는 유기체로 형성된다.

그것은 또한 오늘도 우리 내면에서 반복되는 창조적 자기조직화의 원리이기도 하다. 하나님은 모든 존재에게 잠재성을 위임하셨고 그 가능성은 자기 자신을 조직할 수 있는 자유로 주어졌다. 그러나 그 자유는 방종이 아니라 더 큰 장과의 조화를 전제로 한다. 우리는 자기 자신을 향해 정직하고 공동체와 유기적으로 연결되며 하나님이 부여하신 장 안에서 생명을 발아시키는 존재다. 성령의 장 안에서 각자의 운동성과 소명을 따라 살아갈 때, 생명은 살아나고 세계는 복원된다.

생물의 마당과 인간 [다섯째 날, 창 1:20-23, 여섯째 날, 창 1:24-31]

다섯째 날에는 하나님께서 물과 하늘이라는 공간에 생명을 불어넣으셨다. 깊은 바다와 드넓은 하늘, 이 상반된 두 영역은 무정형의 혼돈에서 질서 있는 생명 공간으로 전환된 장소들이다. 그곳에 하나님은 의도적으로 다양한 생명체들을 종류대로 창조하셨다. 이는 하나님의 창조가 무작위가 아니라 각 생명체의 고유한 형태와 리듬, 환경에 적합한 구조를 갖춘 자기조직적 생명 질서를 따르고 있다는 점을 보여준다.

먼저 물속에는 크고 작은 생명체들이 종류대로 창조되었다. "큰 바다 짐승들과 물에서 번성하는 모든 생물을 종류대로" 창조하셨다는 표현은 바다라는 공간이 단순히 자연환경이 아니라 다양한 생명의 발원지임을 보여준다. 그 안에서 생명은 창발적으로 분화되고 확장된다는 차원적 상징성을 지닌다. 바다는 고대 근동에서 종종 혼돈을 상징하는 공간이었지만 창조주 하나님은 그 혼돈 위에 생명을 질서 있게 출현시키심으로써 존재의 가능성을 선언하셨다. 이는 무無의 심연에서 유有의 생성이 시작되는 창발적 접속의 마당으로서 바다의 기능을 드러낸다.

이어 하늘을 나는 새들이 창조되었는데, 이 역시 "날개 있는 모든 새를 그 종류대로" 지으셨다는 점에서 공중의 질서와 자유, 방향성을 지닌 생명들의 다양성과 구조가 강조된다. 새들은 단순히 공간을 이동하는 동물이 아니라 방향 감각과 시야, 이주와 귀소의 리듬을 지닌 존재들이다. 이들은 창조 세계의 상층부를 움직이는 상징적 존재들이며 창조의 위계 속에서 미래와 시간, 고도와 예지의 차원을 암시한다.

창세기 1장의 인간은 '하나님의 형상대로' 지음 받았다. 이는 인간이 삼위일체 하나님 [우리의 형상대로, 창 1:26-28] [208] 의 자기조직적 구조를 반영한 차원적 존재로서의 위임자임을 의미한다. 남자와 여자는 창세기 2장과 달리 동시에 창조되었고 그들은 생육하고 번성하고 모든 생물을 다

---

208 | 창세기 1장 26-28절: 하나님이 가라사대 '우리의 형상'을 따라 '우리의 모양대로' '우리가' 사람을 만들고 그로 바다의 고기와 공중의 새와 육축과 온 땅과 땅에 기는 모든 것을 '다스리게 하자' 하시고, 하나님이 자기 형상 곧 하나님의 형상대로 사람을 창조하시되 '남자와 여자를' 창조하시고, 하나님이 그들에게 복을 주시며 그들에게 이르시되 생육하고 번성하여 땅에 충만하라. 땅을 정복하라. 바다의 고기와 공중의 새와 땅에 움직이는 모든 생물을 다스리라 하시니라.

스리는 권한을 받았다.

안식의 마당 [일곱째 날, 창 2:1-2]

하나님께서 "쉬셨다"라는 것은 창조 질서가 자기 완결적 구조를 이룰 수 있도록 위임이 완성되었음을 뜻한다. 이것은 무한한 자기조직화가 잠정적으로 닫히며, 그 안에서 모든 존재가 자유로운 응답과 책임의 존재로 살아갈 수 있도록 소명을 부여받았다는 선언이기도 하다.

창조는 유일하신 하나님의 자기 내어줌이자 위임이며 마당은 그 위임된 차원의 무대다. 창세기 1장은 단순한 창조의 서사가 아니다. 이는 고도로 세련된 일치의 상응 각도가 만들어 내는 자유의 차원과 상호 신뢰가 만들어 내는 멋진 관계의 합주다. 이 자기조직화의 위임 구조 안에서 각각의 날은 고유한 질서의 마당을 형성하고, 그 마당은 물리적 공간이자 의미론적 공간, 영적 통로이기도 하다. 태초의 '무의 마당'에서 시작된 생명의 진동은 리듬과 형태를 얻는다. 그리고 이곳에서 본디 인간은 이 아름다운 일치와 조화의 세계를 다스리는 '하나님의 형상'이었다.

또한 각 날의 창조는 하나의 마당이자 하나의 차원이며, 삼위일체 하나님의 생명적 자기조직화의 빛의 층위들과 그 경계 안에 있는 어둠의 잠재성을 포함한다. 그리고 이 마당들을 관통하는 유일한 법은 빛과 진리, 응답과 자유, 자기조직화와 위임의 원리이다. 이 원리를 따라 존재하는 모든 것은 자기 안에 신적 리듬을 지니며 각자 자기 차원의 고유한 마당을 살아가게 된다.

2. 근원적 마당들의 등장과 (영-무)-용의 구조

1) 차원을 연결하는 층위의 접속면 – 태초의 무의 움브

창세기 1장 3절부터 시작되는 서사는 무를 바탕으로 유일하신 하나님이 삼위일체적으로 작용하여 만들어 내는 창조 작품이다. 빛과 물이라는 두 초물질적 요소가 창조의 근원적 바탕을 형성한다. 무는 모든 마당의 모태와 같고 빛과 물은 근원적 시간과 공간이라는 두 기둥이다. 이 마당에서 하나님은 어둠과 혼돈이 가득한 포화 상태에 "빛이 있으라"라고 말씀하시고, 큰 빛의 잠재성을 어둠에서 분리하신다. 이 빛은 단순한 광선이 아니라, 질서화의 첫 기준점이다. 이는 태초의 무에서 가장 근원적인 형태로서의 유ㅕ를 향한 전이를 나타내며, 에너지가 구조로 응결되는 최초의 순간이다. 이어 물과 물 사이를 가르신다. 이 구분은 가장 근원적 공간의 확보로 잠재성의 무질서한 팽창을 막는 경계로서의 공간이다.

"저녁이 되고 아침이 되니"는 이 두 기둥의 구조적 반복으로 다차원을 만들어 내는 접속면이다. 이는 시간의 주기적 진동으로 작용하며, 자연과 생명의 내재적 리듬을 예시한다. 영원으로부터 오는 빛의 반복과 각 날마다 구체적으로 생겨나는 차이는 함께 얽혀 각 차원의 마당들을 만들어 낸다. 빛과 물은 이 구조의 핵심 구성 요소로 모든 차원의 시간과 공간의 맥락을 무형적으로 생성하는 기본이다. 무형적 빛과 물은 질료 이전의 조건이며 형상이 생기기 전 '기둥'이 세워지는 존재의 근원적 접속면이다.

2) 근원적 유의 구조 – 경계, 구분, 유형화의 시작

둘째 날부터 셋째 날까지 전개되는 창조는 형태를 가지는 질서의 출현, 곧 다양한 차원의 유有의 마당으로 진입한다. 여기서 하나님은 하늘 穹蒼을 통해 물과 물을 나누고 묻히지 않은 물 아래로 땅과 바다의 경계를 만들어 공간을 분할한다. 이때 형성되는 '유'의 형상은 '기계적 고정'이 아니라 무형의 마당으로부터 도출된 경계가 형체를 갖춘 것이다. 이는 빛과 물이 만든 팽창의 여백 속에 구체적 형태가 '응축'되어 생겨난 것이다. 가장 중요한 초점은 모든 유는 이 근원적 유의 상태, 형체가 없고 부드러운 경계를 가진 이 특성이 유지되어야 생명력이 지속된다는 것이다.

이는 구별은 하되 배제되지 않고 잠재성을 존중하는 사랑의 질서이며, 소통과 상호작용이 가능한 열린 경계들이다. 이 경계들은 곧 저녁과 아침이라는 시간의 경계와도 대응되며, 차원적 리듬 속에 유형적 구체성이 상응하며 응답하는 형식을 띤다. 이 마당의 경계들은 창조계를 유지하는 매우 중요한 근원적 질서다. 이 유의 마당들은 "보시기에 좋았더라"라는 평가와 함께 각 날마다 하나님의 조화로운 기획을 따라 세계 안에 자리매김한다.

3) 용(用) – 생명 창조와 존재의 자기조직화

셋째 날부터 여섯째 날까지 반복되는 창조의 패턴은 첫째 날과 둘째 날의 차원에 기대어 스스로를 구조화하고 내용이 채워지는 생명의 자기조직화로 확장된다. "땅이 풀과 채소를 내라", "물들이 생물을 번성하게 하라"라는 명령은 첫째 날과 둘째 날의 일치가 만들어 낸 열매다.

이 단계부터 생명은 내재된 생명의 공진성과 자발성 속에서 자라난다. 반복과 차이는 유기적으로 서로의 조건이 되어 리듬과 변화의 흐름 속에서 새로운 존재들을 생성시킨다. 빛과 물로 이루어진 무형의 마당이 생명과 형태로 변환되는 이 구간은 숨겨진 생명의 질서가 외현화되는 결정적 접점이다. 즉, 모든 현상은 무형적 근원의 반복된 충만으로부터 생긴 결과이다. 이는 오늘날 인간 존재가 자신의 영역에 무형의 빛과 물―곧 진리와 영의 임재를 채울 때 삶이 창발적으로 조직화되는 원리와도 연결된다.

넷째 날 이후, 하나님은 시간을 구성하는 지표들로 해와 달과 별을 배치하신다. 여기서부터는 우리가 살아가는 태양력의 시간, 즉 넷째 날의 시간 차원이다. 이 시간의 질서는 물리적 질서가 아니라 생명을 경영하기 위해 차원에 맞게 마당들을 배열한 것이다. 빛은 단지 밝음이 아니라 주관성의 통로이다. 이 주관은 지배가 아니라 다스림이다. 주어진 차원의 질서 안에서 모든 생명이 유지되도록 조율하고 다스리는 공동 경영의 권한이다. 이 마당에서 광명체들은 그 경계를 넘지 않는다. 경계는 파괴되거나 강요되지 않고 조화와 확장 속에서만 작용한다. "저녁이 되고 아침이 되니"라는 이 시공의 접속면을 통과할 때마다 세계는 빛과 물로 채워진 근원의 차원을 다시 품고 유지된다. 창세기 1장의 창조는 한 번의 사건이 아니라 [무형-유형-자발성-위임]으로 이어지는 다층적 구조화이며, 오늘날 우리의 삶 역시 그 마당 위에서 끊임없이 창조되고 재창조되는 중이다. 따라서 우리의 삶도 근본적으로 전환되려면 각 영역마다 먼저 이 근원의 빛과 물을 채워야 한다.[209] 먼저 진리와 생명의 영이 흐를 때, 시간은 살아 있고 공간은 열려 있으며 존재는 깨어나기 시작한다.

또한 "우리가 우리의 형상을 따라 사람을 만들자"창 1:26라는 신의 복수적 자기 반영은 삼위일체적 내재 질서의 분산적 자기조직화를 함축하며, 참 인간에 내재된 형상이 유일신이 아니라 삼위일체적 관계로 반영되어야 함을 알려준다. 이는 단순한 제작이 아닌 삼위일체 하나님이 인간을 공동 운영자로 세우는 메타-리더십meta-leadership의 장면이다. 말씀으로 창조된 존재들이 다시 소통하고 다스리는 존재가 되는 구조 속에서, 삼위일체적 섭리와 차원적 연대를 통해 모든 영적 존재가 참여하는 코스모스가 나타난다.

그리고 이 모든 차원과 마당을 설계하고 창조하고 유지하는 이는 모든 마당 자체의 근원이신 유일하신 하나님, 삼위일체적으로 계시되신 그 하나님이다. 그분의 뜻은 빛과 물로 채워진 마당 속에서 생명이 태어

---

209 ᅵ 태초의 근원적 시간과 공간은 빛과 물의 기둥에 의해 탄생된다(창 1:3-6). 성령의 운행하심 가운데 로고스의 공진이 작용하는 곳마다 빛의 시간과 물의 공간이 세워진다. 즉 말씀과 성령이 가득한 곳에 빛이 새로운 시간을 만들어 내며 어둠들을 몰아내고, 생명의 물이 흘러넘치면서 장에 있는 모든 생명을 먹여 살린다. 빛과 물이 창조의 장 전체에 흐르면서 시간과 공간을 조직해 나가는 것이다. 이 빛과 물은 현상으로 구체화되지 않았으나 시간과 공간을 창조하는 거대한 잠재성이자 실상의 가능성을 뜻한다. 잠재성을 품은 무형의 시공간을 먼저 기둥으로 세울 때, 빛과 물로부터 흘러넘친 구체적인 현상들이 반드시 삶에 나타난다. 건물을 세우려면 기둥부터 세워야 하듯 빛과 물의 기둥이 채워질 때 생명이 흐르는 삶의 구조가 세워지고, 그에 적합한 현상이 내용으로 채워진다. 이 창조의 원리는 삶의 전환에도 동일하게 나타난다. 차원의 전환은 기존에 있던 시간과 공간의 경계를 부드럽고 유연하게 하며, 무형의 가능성과 잠재성이 흐르는 곳에서 새로운 시공간의 탄생을 준비시킨다. 김리아, 「영원에 기댄 시간의 차원들」, 『영원과 시간』(미출간 교재).

나고, 생명이 질서화되고, 그 질서가 하나님의 통치와 위임을 따라 아름답게 순환하는 것이다.

3. 자기조직화의 이중 구조: 마당과 용, 바탕과 내용의 교차점

'용用'의 자기조직화는 두 문턱을 통과해야 한다. 먼저 유력有力의 고정된 정체성을 넘어야 하며, 다음으로는 무無의 차원적 인터페이스와 접속해야 한다. 이 과정을 통해 새로운 질서와 구조를 생성하는 창발의 과정이 바로 '용'이다. 이는 생명이 내면과 외부 사이의 긴장, 그 속에서 일어나는 다른 차원과의 접속을 통해 자기 자신을 조직화하는 창조적 능력 그 자체임을 의미한다. 인간의 자기조직화 역시 내면에서 솟아나는 의미 생성과 결단, 실천적 전환 그리고 공동체적 상호작용을 통해 창발적으로 일어난다. 이 창발성은 존재가 지속적으로 개방되고 생성되는 생명의 리듬 속에서 조직된다. 이는 삼위일체의 관계 안에서 흘러나오는 생명력이 지속적인 자기조직화의 원리임을 나타낸다. 참된 존재란 내적 구조 속에서 질서를 형성하고 외부와 상호작용하면서 생명을 조직하는 창발적 주체다.

이때 '마당'은 접속의 장이자 무와 유, 음과 양, 자아와 타자가 연결되는 빈 공간으로 작동한다. 그곳은 아직 구체화되지 않은 가능성과 에너지가 흐르며, 비어 있으면서도 드러냄을 가능케 하는 역설적 배경으로 작용한다. 마당은 차원 전환이 일어나는 경계면이며 고정된 질서에서 새로운 세계로 넘어가는 접속 공간으로 존재한다.

이때 마당은 잠재성과 흐름이 살아 있는 장이며 용은 그 잠재성을 구체적인 질서와 구조로 형상화하는 발현의 작용이다. 즉, 마당이 없으면 용은 자기조직화할 수 없고, 용이 없으면 마당은 영원히 무정형적 잉여로 머물 뿐 구체화되지 않는다. 무無의 접촉면으로서의 마당은 자기조직화를 촉발하는 조건이 된다. 이때 무無의 파장을 감지하고 감응할 수 있는 마당이 열려야 비로소 용의 창발적 자기조직화가 촉발된다. 동양적 사유로 본다면 기氣가 모이고 흐르는 곳에서 형形이 만들어지는 이치와 같다.[210] 마당은 기가 도는 장場이자 음양이 교차하는 장소이고, 용은 이 흐름에서 자연스럽게 자기 조화를 이루며 형을 갖춰간다. 자연스러운 생성과 질서는 외적 강제가 아니라 마당 내의 흐름과 감응을 통해 탄생한다.

메를로-퐁티에 따르면, 모든 의미 있는 형상은 살flesh이라는 공감각적이고 살아 있는 지각의 장에서 나오며, '용'은 이 살에서 자라난 의미의 형상화라 할 수 있다. '마당'은 용의 자기조직화가 발화되고 작동할 수 있는 살아 있는 장場이며, '용'은 마당 안에서 무의 파장을 감지하고 새롭게 재구성된 구조적 응답이다. 마당 없는 용은 추상적 가능성에 머

---

210 | 장자는 『장자(莊子)』「소요유(逍遙遊)」에서, 형(形)은 고정된 실체가 아니라 기(氣)의 응집이며, '도(道)'와의 조화를 통해 형이 생긴다고 말한다. 또한 그는 「지북유(知北遊)」 편에서 「氣之聚也生, 散也死。生者, 形也；形, 神之宅也。」 "기(氣)가 모이면 삶이 있고, 흩어지면 죽음이 있다. 삶은 형(形)이고, 형은 신(神)의 거처이다."라고 하였다. 송대 유학자이자 성리학의 대가인 주희(朱熹)는 『주자어류(朱子語類)』에서 「理無形而氣有形。形者氣之凝結也。」 "리(理)는 형이 없고, 기(氣)는 형이 있어 만물을 낳는다"라고 하며, 기의 응결이 곧 형의 발생이라고 말한다. 『주역(周易)』 주석가 왕필(王弼)은 「形者, 氣之結也。」 "형이란 기가 뭉친 것이다."라고 하여, '무형(無形)의 도(道)'가 형(形)을 낳는 구조를 강조하면서 기(氣)는 형이 생기기 전의 무정형 상태로 이해한다.

무르고, 용 없는 마당은 무형의 잠재성에 갇힌다. 그러므로 마당과 용의 관계는 단순한 구조 관계가 아니라 마당이 용을 낳고, 용은 다시 새로운 마당을 형성하는 '창조성의 순환 구조'다. 이 자기조직화는 기계적 반복이나 자연법칙의 자동화가 아니라, 삼위일체 하나님의 자유로운 생명 흐름에 참여하는 응답의 '능동성'이다. 곧, 성부의 의지와 성자의 말씀, 성령의 운행이 각기 질서를 이루며 생명을 낳고 유지시키는 장인 것이다. 이때 '용'은 사랑과 생명의 창조적 순환으로서의 공동 존재를 만들어 간다.

악은 이 리듬을 거스르거나 단절시키는 방식으로 작동한다. 자기중심적 고착이나 두려움에 기반한 통제, 자기 확장의 충동은 모두 생명의 자기조직화를 왜곡하고 타자와의 관계성을 파괴한다. 그러나 삼위일체 하나님의 구조는 그 자체로 관계이며 창조이며 회복이기에, 왜곡된 조직화도 다시 해체되고 초대되고 재창조될 수 있다. 어둠이 고집하거나 고착되지 않고 영과 진리에 응답한다면, 무와 유가 결합하여 새로운 세계의 생성은 늘 지속된다. 근원적 유有는 무無로부터의 최초 분화이며 존재 생성의 기원적 형상이다. 이는 단순한 실체가 아니라 생명 가능성과 생성의 질서를 품은 '씨앗semen'이다. 동양의 우주론에서도 '태극이 동하여 양을 낳고, 정하여 음을 낳는다太極動而生陽 靜而生陰'라는 말은 태극 이후의 최초 운동이 유의 발생, 곧 존재의 시작임을 의미한다.[211] 여기에서 유는 곧 '운동성 있는 형상formative energy'으로 무에서

---

211 ┃ 동양의 우주론은 무의 근원과 삼위일체적 작용, 어둠의 악한 지향성에 관한 특성을 빼고 구조적 유사성만을 염두에 둔 것이다. 『주역계사전(繫辭傳)』에 따르면, "태극은 동하여 양을 낳고 정하여 음을 낳는다(太極動而生陽 靜而生陰)"라고 하며, 이로부터 음양이 서

비롯된 최초의 구조화된 잠재성이다. 즉, 태극은 무와 유의 매개적 장場이며, 유는 그 장에서 분화된 실질적 첫 흐름으로 이해될 수 있다. 이는 생명의 구체적 출현 이전에 이미 작동하고 있는 '질서의 씨앗'이며, 동적이며 유기적인 자기조직화의 토대가 된다.

과학적으로는 장場 속에서 에너지 응결이 발생하여 입자 형태로 존재가 형성되는 순간에 해당하며, 성서적으로는 "태초에 말씀이 계시니라"라는 요한복음 1장 1절의 구절과도 연결된다. 말씀이 아직 육신이 되기 전 존재의 씨앗으로서 잠재성과 실재성을 함께 가진 상태가 바로 '자기조직화하는 유'이다.[212]

로 작용하여 만물이 생성된다고 본다. 이는 무에서 유가 어떻게 발생하는지를 동적 대극(對極)의 운동으로 설명하는 고전적 구조이다. 노자 역시 『도덕경』 42장에서 "도는 하나를 낳고, 하나는 둘을 낳고, 둘은 셋을 낳고, 셋은 만물을 낳는다(道生一 一生二 二生三 三生萬物)"라고 하여, 무(도)로부터 유(하나), 그 유의 분화로서 음양, 더 나아가 만물의 생성 질서를 설명한다. 이 관점에서 '유'는 무로부터 직접 유래한 최초의 '형상화된 가능성'으로 해석된다. 현대 물리학에서도 유사한 구조를 발견할 수 있다. 양자장 이론에서 '진공(vacuum)'은 에너지로 가득 찬 '잠재적 생성의 장'이며, 여기에서 일어나는 진공 요동(vacuum fluctuation)이 입자-반입자 쌍의 출현으로 이어질 수 있다.

212 | '자기조직화를 하는 유'를 이해하는 데 있어 '잠재성'과 '실증성(실재성)' 관계를 이해하는 것은 중요하다. '잠재성'과 '실증성'의 관계는 한때 분리된 실체들의 이분법적 대립으로 간주되었으나, 그 진정한 의미는 전체성의 관점을 통해 회복될 필요가 있다. 먼저 실증성의 세계는, 관찰 가능한 사실을 벽돌처럼 쌓아 올리면 진리에 도달할 수 있다는 실증주의적 축적론에 기댄다. 그러나 이 모델은 단순히 '부분의 합'을 늘려갈 뿐, 질적으로 다른 차원의 '통합'을 이루어내지 못한다는 근본적 결함을 가진다. 즉, 이 방식은 주어진 패러다임의 내적 안정성을 강화할 수는 있어도, 그 패러다임 자체가 문제시되는 심각한 '위기' 앞에서는 어떠한 창조적 해답도 제시하지 못한 채 무력해지는 것이다. 바로 이 지점에서 토머스 쿤(Thomas Samuel Kuhn)이 통찰한 '패러다임의 전환'이라는 혁명적 도약이 필연적으로 요청된다. 쿤의 통찰은 잠재성과 실재성의 관계를 새롭게 정의하게 하는데, 이는 한쪽이 다른 쪽을 대체하는 것이 아니라, 기존의 실재성이 잠재성과의 새로운 만남을 통해 더 높은 차원의 전체성으로 통합되는 창조적 긴장 관계에 그 핵심이 있다. 사상사에 있어 이러한 전복적 전환을 가능케 하는 것은 다름 아닌 창조적 상상력이었다. 가스통 바

자기조직화는 마당을 생성한다. 즉 자기조직화 안에는 이 과정을 펼칠 마당에 대한 기획이 전체성으로 포함되어 있다. 이때 마당은 '바탕'과 '내용'의 이중 구조를 가진다. 마당은 단순한 장소나 배경이 아니라 형성과 작용의 장, 혹은 발현과 수용의 상호작용이 일어나는 공간이다. 이렇게 마당을 의미 발생과 차원 전환이 일어나는 통전적 장으로 이해한다면, 마당의 이중적 구조는 다음과 같다. '바탕陰'은 수용적, 열린, 비어 있음, 무형성, 가능성의 장으로 존재를 담는 그릇이며 모든 발생의 조건인 '무無'의 차원과 연결된다. 이때 '내용陽'은 구체적으로 현현되어 작동하는 것, 형성된 것, 존재의 실현, 관계의 패턴, 에너지의 흐름, 주체의 작용, 마당 안에서 드러나는 형태화된 사건 또는 차원을 갖는 유동적 구성물이다. 이때 마당은 음과 양의 교차점, 즉 현상과 비현상이 마주치는 접속 계면界面이 된다. 마당이 정태적인 공간적 배경이

슐라르(Gaston Bachelard)가 "과학적 상상력이 과학을 탄생시켰다"라고 역설했듯, 모든 영역의 창조적 상상력은 공상이 아니라 아직 실현되지 않은 잠재성에 실체(substance)를 부여하는 힘을 지닌다. 이때 잠재성이란, 그 자체로 막연한 '가능성(possibility)'에 머무를 수도 있지만, 시대를 관통하는 근원적이고 원형적인 힘과의 올바른 관계 속에서 작용할 때, 비로소 지금은 보이지 않지만 반드시 실현될 운명을 지닌 '실재적 현실(virtuality)'로 격상된다. 반대로 이 원형적 힘과의 연결이 끊어질 때, 잠재성은 망상이 되고 상상력은 우상이 된다. 이러한 통합적 관점은 우리가 깊이 뿌리박힌 근대적 이분법적 사고 자체에 도전한다. 우리는 흔히 안과 밖, 과거와 미래를 뚜렷한 경계로 나누지만, 진정한 전체성이란 이러한 분리가 무의미한 '얽힘과 역설(entanglement and paradox)'의 상태이며, 그 동력은 마치 삼위일체의 응답적 역동처럼 작용하는 세 힘의 창조적 일치 속에서 비롯된다. 즉, 1) 실증성의 세계가 제공하는 '현실의 위기', 2) 시대를 관통하는 '잠재성의 원형적 힘', 3) 이 둘을 매개하는 '창조적 상상력'이 바로 그것이다. 이 세 요소는 서로가 서로를 끊임없이 전제하며 하나의 사건으로 응결되는데, 이 역동적 일치 그 자체가 바로 새로운 존재의 장(場)인 '마당'의 생성으로 이어진다. 결국 '자기조직화를 하는 유(有)'란, 분리된 조각들을 합치는 존재가 아니라, 이 근원적 관계구조의 긴장을 자신의 본질로 삼아 시공간을 초월하는 새로운 차원의 질서를 창조해내는 과정 그 자체이다. 김리아, "현대신학 세미나 1-2강 – 잠재성과 실증성의 관계와 통합적 모델" (강의록, 연세대학교 대학원, 2015년 1학기).

아니라 '운동하는 장'이라면, 음과 양의 상호작용은 마당 자체의 생성 운동이 된다. 음은 정적인 배경만이 아니라 수용과 파장의 가능성, 즉 '비어 있음의 에너지'다. 양은 고정된 실체가 아니라 에너지의 응축과 패턴화, 즉 '형태로 드러나는 흐름'이다. 이러한 의미에서 마당은 비어 있으면서도 충만한 공간, 즉 현상과 비현상이 동시에 작용하는 생성의 계면이다. 자기조직화 역시 이러한 기획 아래 상호작용 속에서 이루어진다.

그러므로 자기조직화는 홀로 만드는 계획을 뜻하지 않는다. 이 과정은 끊임없는 관계적 마당—바탕과 내용이 끊임없이 교섭하고 전환되는 장소에서 형성된다. 여기서 바탕은 지평 horizon, 즉 우리가 의식하지 않아도 항상 작동하는 무의식적 바탕이며, 내용은 의식의 초점이 되는 도드라진 현상 phenomenon 으로서 이 둘의 동시적 공존과 긴장 속에서 진행된다. 또한 개인의 영성 생활 속에서 바탕은 자기 초월적 내려놓음/수용/틈/내어줌과 같은 수동성을, 내용은 작용 作用/실천/결단/구조화된 관계 같은 능동성을 의미할 수도 있다. 이 둘이 마당에서 만나 차원을 열고 새로운 의미의 공간을 탄생시키며 자기조직화가 전개되는 것이다.

4. 일치의 구조와 자유의 타자적 긴장

그러나 여기서 간과하지 말아야 할 중요한 초점이 있다. 유는 반드시 무와 연결되어야 하지만, 만일 유가 자신의 경계를 고정하고 정체성을 방어하려 하면 유력 有力 의 관성과 방어 기제가 발생한다. 유력은 존재가 자신을 지키기 위한 방어적 에너지이며, 자아 동일성을 유지하고자 하는 관성으로 작용한다. 유력은 구체적인 생존과 구별의 힘이지만 고집하면 창조적 흐름을 막는 장애물이 될 수 있다. 이때 인간의 의식이나 문화, 종교 제도, 사상 체계 등은 모두 유력의 힘으로 기능할 수 있다. 유가 자신을 고정된 실체로 여기거나 전체 세계와의 조화 없이 확장욕을 가진다면, 근원적 무와의 접속을 차단하려는 경향을 지닌다. 이것이 어둠의 유력이 가진 근원적 속성이자 유혹이다.

하지만 유력이 방어하지 않고 무와 연결된다면 전혀 다른 차원의 생성이 일어난다. 유력이 무의 감응에 자신을 다시 열고 자신이 본래 무에서 비롯된 존재임을 인정하게 될 때, 존재는 고정된 정체성의 틀을 넘어서며 새로운 창조의 장으로 들어선다. 이 과정이 영성적 차원에서는 자아의 부정, 곧 케노시스 [자기비움]이며 물리학적으로는 복잡계가 창발을 통해 더 높은 차원의 질서를 생성하는 현상에 비유될 수 있다. 무와 연합된 유는 더 이상 고정된 실체가 아니라, 무에 응답하는 유기체적 생성의 도관이 되며, 이것이 용의 또 다른 모습이기도 하다. 이때 비로소 양陽이 발생한다. 양은 유가 무와의 감응 속에서 외화되는 드러남의 원리이며, 현실 세계에서의 활동성이다. 동양에서는 양이 형체와 작용을 담당하며 음이 마련한 공간 위에서 움직이는 에너지 흐름이라 한다. 과학적으로는 에너지가 작용을 일으키는 상태이며, 성서적으로는 말씀이 육신이 되어 세상 가운데 오시는 사건, 즉 예수 그리스도의 성육신을 상징한다. 양은 드러남이지만, 이 드러남은 무에서 시작된 흐름을 따라온 것일 때만 진리를 향할 수 있다.

마지막으로 이 흐름은 진리로 수렴된다. 진리는 단순한 정보나 교리가 아니라 무와 유, 음과 양이 통합되어 존재가 자기 자신을 초월하는 차원에서 실현되는 총체적 의미의 전체성이다. 성령이 우리를 모든 진리 가운데로 인도한다는 요한복음 16장 13절의 말씀처럼, 존재는 더 이상 고립된 개체가 아니라 무의 감응과 유의 개별성, 음陰과 양陽의 작용성을 모두 통합한 차원의 통찰이다.

> 하나님은 영이시니 예배하는 자가 영과 진리로 예배할지니라
>
> 요 4:24

결론적으로 세계의 생성은 무에서 유로, 유에서 양으로, 양에서 진리로 나아가는 창조적 흐름을 따른다. 이때, 가장 핵심적인 전환점은 유력이 방어하지 않고 무와 다시 접속할 때 발생한다. 유력이 무와 연결될 수 있다면 존재는 반복과 고착의 고리를 벗어나 자기 초월적 케노시스의 길을 걷게 된다. 이는 모든 인간적 성숙과 영적 각성 그리고 창조적 문화의 시작점이 된다. 진리는 드러남의 끝이 아니라 무와 유, 드러남과 비움이 하나로 통합되는 깊은 생성의 지점들을 포괄한다. 이 지점에서야 비로소 존재는 자기 자신을 넘어 타자와 세계, 진리와 영원에 응답할 수 있는 존재로 서게 된다.

5. 자기 초월적 케노시스: 존재의 생성 구조와 영적 전환의 길

존재는 자기 자신을 넘어서는 진정한 욕구의 인식을 통해 힘이 생기고, 다시 자기 자신을 비우는 과정을 통해 다음 차원에 이른다. 이것이 바로 자기 초월적 케노시스 transcendental Kénōsis 라 불리는 여정이다. 이 자기 초월의 길은 단순한 의지적 상승이 아니라 존재의 근원적 구조를 따라 흐르는 하나의 영적 리듬이다.

자기 초월은 근원이 아닌 첫 존재, 무 無 와의 관계로부터 시작된다. 무는 말할 수 없고 형상화되지 않으며, 사유로 규정되지 않지만 모든 존재의 심연에서 들려오는 감응의 파도다. 세계에 던져진 유가 이 감응을 받아들이는 순간, 인과적 세계를 구성하던 자기 폐쇄적 고리가 흔들리기 시작한다. 이때 인간은 자신 안에 품고 있던 무의 공간이 열리게 된다. 동양의 도가 사상은 이를 '허 虛'라 부르고, 기독교 신비 신학은 이를 '하나님의 침묵' 혹은 '부재 중의 임재'로 이해한다. 이 무는 고요하나 적극적이며, 침묵하나 창조적이다. 자기 초월은 이 '넘치는 케노시스'를 두려움 없이 받아들이는 신뢰에서 시작된다. 존재는 무의 감응을 받아 최초의 깨어난 분화를 경험한다. 그것이 자기조직화의 씨앗을 담은 유 有이다. 유는 새로운 정체성의 형성과 확립, 의미의 최초 구성을 의미한다.

이 유는 무의 접속을 통해 생긴 것이므로 본래적으로 열린 구조를 지니지만, 시간이 흐르면서 자신을 고정된 실체로 오해하기 시작한다. 어둠의 세력들은 자신의 세를 불리고자 이를 부추기고 가상의 세계를 만들기 시작한다. 유는 자기를 보호하려 하고 경계를 만들며 타자와 세계를 통제하려 한다. 이때 발생하는 것이 고착적 유력有力이다. 유력은 자아가 자기 동일성을 유지하고자 하는 힘이며, 이 힘은 외부의 불확실성을 막아내려는 방어의 형태로 나타난다. 그러나 유력이 지나치게 강화되면 존재는 닫히고, 무의 감응에 저항하거나 대적하게 된다. 자기 초월의 가장 큰 장애는 바로 이 방어적 유력이다. 유력은 살아남기 위한 힘이지만 동시에 자기를 넘어서지 못하게 하는 관성이다. 그러나 무의 마당을 접한 유는 자기 초월의 힘으로 유력의 방어를 중단하고 무의 감응에 자신을 다시 열게 된다. 이때 존재는 자기 안에 숨겨졌던 무한의 창조적 리듬을 회복한다. 여기서 케노시스는 단순한 자기 부정이나 자기 포기의 미덕이 아니라 무의 창조적 파동에 자신을 내어 맡기는 개방이다.

신학적으로 케노시스는 "그는 자기를 비워 종의 형체를 가지사…"빌 2:7라는 예수 그리스도의 자기비움에 근거한다. 이는 신적 존재가 자기 능력을 포기하고 근원적 타자에 대한 완전한 열림으로 나아가는 것이다. 이 자기비움은 패배가 아니라 오히려 근원적 수동의 힘으로부터 온 큰 생성의 힘이다. 존재는 이 비움 속에서 영원한 생명으로 다시 태어난다. 그러므로 케노시스는 더 넓은 질서 속으로 자신을 내어 맡기는 참여다. 이는 불확실성과 고통을 수반하지만 동시에 가장 깊은 자유와 평화를 동반한다. 케노시스를 통해 열린 존재성은 이제 양陽으로 드러난다. 양은 단순한 작용의 힘이 아니라 [무-유]를 생성하는 비움의 리듬을 따라온 존재의 에너지이다. 이 드러남은 자기 과시가 아니라 타자와의 관계 속에서 유기적으로 발현되는 것이다. 그리스도의 삶은 비움의 절정에서 시작된 공적 사역의 흐름으로 이해할 수 있으며, '자기를 낮추는 자가 도 道를 이룬다'라는 진리에 이른다. 이 양 陽 [무-위]은 더 이상 독립적 실체가 아니라, 무의 통과를 거친 유기적 자기로서의 실현이다. 존재는 이제 자신의 드러남을 통해 세상과 연결되고, 타자의 필요에 응답하며 진리의 장으로 이동한다.

이 모든 흐름의 종착지는 진리이다. 그러나 이 진리는 개념이나 지식이 아니라 존재가 자기 자신을 넘어서면서 만나는 통합의 장이다. 진리는 무와 유, 비움과 충만, 침묵과 말씀이 함께 있는 차원의 통일체이다. 성령이 우리를 모든 진리 가운데로 인도하신다는 말씀 요 16:13은 바로 이 무-유를 통과한 자가 이르게 되는 차원을 가리킨다. 이 진리는 자기 초월적 자기부정의 여정에 응답하는 모든 존재의 열매이며, 케노시스를 두려워하지 않은 자가 얻게 되는 새로운 정체성의 이름이다. 무-유는 더 이상 폐쇄된 자아가 아니라 세계와 타자, 실상과 현상, 시간과 영원을 함께 살아내는 존재가 되었다.

2
용 마당의 전환과 진입 요소들

1. 예외 상태의 재정의

1) 창발적 예외 상태

용의 가장 중요한 특징은 공동체와 자기조직화이다. 이 전개를 위해 먼저 자기조직화가 지닌 중요한 정치적 구조와, 주권의 본질을 정의할 필요가 있다. 공동체란 하나님 나라의 주권과 연결되어 있기에, '가장 영적이고 본질적 의미로' 가장 정치적이어야 한다. 특히 예외 상태의 인정과 함께 그 비상사태를 판단하는 자가 누구인가의 문제는 영성 공동체의 정체성과 지도력의 본질에 매우 중요한 초점이다. '예외 상태'라는 개념은 카를 슈미트 Carl Schmitt 에 의해 정치 신학의 핵심 범주로 처음으로 제시되었다. 그는 『정치 신학』에서 "주권자는 예외 상태에 관해 결정하는 자"[213]라고 선언하며, 법의 외부에 있으나 법의 근거를 결

---

[213] 카를 슈미트(Carl Schmitt)는 계몽주의적 법철학과 국가 철학, 특히 주권(sovereignty) 개념을 급진적으로 재해석함으로 논쟁적인 논의를 제기한다. 계몽주의는 이성에 기반한 보편적 법의 지배, 즉 법치주의를 이상으로 삼고 주권이 이러한 합리적 법질서 안에서 작동한다고 보았다. 법은 보편적이고 예측 가능하며, 주권자는 법의 테두리 안에서 통치해야 한다는 것이 계몽주의의 핵심 신념이었다. 그러나 슈미트는 이러한 계몽주의적 이상

정하는 존재로서 주권의 역설적 지위를 강조하였다.

그러나 여기서 예외 상태란 단지 규범이 일시적으로 정지된 상태가 아니라, 오히려 그로 인해 법적 질서의 근본 조건과 철학이 드러나는 '결정의 순간'임이 중요하다. 예외 상태는 오로지 주권 개념을 두 법의 한

을 정면으로 반박한다. 그는 자신의 저서 『정치 신학(Politische Theologie, 1922)』에서 "주권자는 예외 상태에 대해 결정하는 자다"라고 선언하며, 주권의 본질이 법의 합리적 규범성 안에 있는 것이 아니라, 오히려 법의 작동이 정지되는 비상 상황, 즉 예외 상태에서 법을 정지시키고 질서를 재확립하는 '결정' 능력에 있다고 주장한다. 슈미트에게 법의 권위는 그 자체의 논리나 이성적 합법성에서 나오는 것이 아니라, 법의 공백 상태에서도 질서를 부여할 수 있는 주권자의 '결단'에서 비롯된다. 이는 계몽주의가 법을 통해 통제하려 했던 주권자의 초월적이고 자의적인 측면을 다시 전면에 내세운 것이다. 계몽적 법철학이 주권자의 권력을 법 아래 두어 자의성을 제한하려 했다면, 슈미트는 오히려 주권자의 결정권이 모든 법의 근거이자 원천이라고 보았다. 그에게 주권은 이성적 입법의 산물이 아니라, 비이성적인 '결단'의 영역에 속하며, 이는 마치 종교적 기적이 자연법칙을 정지시키듯, 법적 규범을 정지시킬 수 있는 힘을 가진다. 따라서 슈미트는 주권 개념을 계몽주의가 '이성적 법' 안에 가두려 했던 틀에서 벗어나, 법의 외부에서 작동하는 최종적이고 결정적인 권위로 변형시켰다. 그는 이러한 방식으로 근대적 법률주의의 취약성을 폭로하고, 정치의 본질을 이성이나 규범이 아닌 '결단'과 '적과 동지의 구별'에 있음을 강조했다. 이는 계몽주의가 추구했던 보편적 합리성과 평화를 넘어서, 정치의 근원적인 대립과 갈등을 부각하려는 의도를 지닌다. 그러나 필자는 슈미트의 '예외 상태' 개념이 이후 조르조 아감벤(Giorgio Agamben)에 의해 전유되면서, 현대 사회에서의 예외 상태가 단순한 일시적 비상조치가 아니라 법 자체의 작동 원리이자 영구적 패러다임으로 기능함을 드러내는 비판 이론의 핵심 개념으로 전환되었다는 점에 주목한다. 슈미트가 '결정주의'를 통해 위로부터의 권위적 개입과 질서 회복을 강조했다면, 아감벤은 『Homo Sacer』, 『State of Exception』 등에서 인간 행위의 탈작동성과 무위(inoperativity)를 사유함으로써, 외적 강제 없이 내적 가능성의 개방을 통해 질서의 재편을 사유할 여지를 마련한다. 필자는 이를 '창발적 자기조직화를 지향하는 비권위적 정치성'에 대한 해석적 열쇠로 읽으며, 기존 예외 상태 개념이 머무르는 비극적 반복의 구조를 넘어, 법과 권력이 정지된 임계의 틈에서 새로운 존재적 관계망이 감응적으로 구성되는 창발적 생성의 가능성을 사유하는 지점으로 이행할 필요가 있음을 제안한다. 슈미트와 아감벤의 기본 논지에 대해서는 다음을 참고하라. Carl Schmitt, *Political Theology: Four Chapters on the Concept of Sovereignty*, trans. George Schwab (Chicago: University of Chicago Press, 2005); Giorgio Agamben, *Homo Sacer: Sovereign Power and Bare Life*, trans. Daniel Heller-Roazen (Stanford, CA: Stanford University Press, 1998).

계 개념 critical concept 으로 생각할 때만 타당하다. 한계 개념은 혼란스러운 개념이 아니라 극한에 다다른 임계점이나 차원 전환을 위해 사용되어야 하며, 그렇기에 무와 연결된다. 즉 '근원적 무의 생명의 계보에 조응하는 한 [인 괄틈]' 그렇다. 여기서 예외 상태는 일종의 긴급 명령이나 계엄 상태 같은 것이 아니라 근원과 연결된 공동체적 법 [생명의 법]의 일반 개념으로 이해되어야 한다. 이 결정 행위를 통해 근원적 의미에서 적과 동지 [빛과 어둠]의 구별이 명확해지고, 공동체의 영성적 일치성이 강화된다. 따라서 슈미트와 조르조 아감벤 Giorgio Agamben 의 이론적 유산을 공정하게 이해하되, 그 사유가 머물러 있는 정치 신학적, 비극적 서사의 한계를 넘어서는 차원적 존재론과 자기조직화의 잠재성으로 이행할 필요가 있다.

이 여정에서 우리는 아감벤이 말하는 예외 상태를 다시 한번 가로질러야 한다. 그는 슈미트의 개념을 생명 정치적으로 재구성하며, 예외 상태를 법의 정지이자 동시에 작동이라는 이중 구조로 파악하였다.[214] 이 상태에서 인간은 시민적 권리를 지닌 주체가 아니라 법 밖에 위치한 벌거벗은 생명 bare life 으로 전락한다. 물론 그의 통찰은 생명에 대한 권력의 폭력성과 윤리의 해체를 드러내지만 그 역시 기존 세계의 해체 이후 창조적 생성을 충분히 설명하지 못한다. 슈미트가 주권자의 결단을 절대화하고 아감벤이 메시아의 도래를 희망하며 머뭇거리는 사이,

---

214 | Giorgio Agamben, *Homo Sacer*; Giorgio Agamben, *State of Exception*, trans. Kevin Attell (Chicago: University of Chicago Press, 2005). 아감벤은 슈미트의 예외 상태를 생명정치적 맥락에서 전유하면서, 법의 유효성과 무효성이 동시에 작동하는 공간에서 인간은 벌거벗은 생명으로 환원되며, 이 공간이 현대 정치의 핵심 구조라고 주장한다.

세계의 해체 이후에 일어날 회복과 조직화는 공백으로 남는다.[215]

이 지점에서 주목해야 할 것은, 예외 상태를 차원의 붕괴가 아니라 생성의 시작점, 곧 창발성 emergence 과 자기조직화 self-organization 의 관점에서 재구성하는 방식이다. '창발적 예외 상태'는 기존 법과 권력의 작동이 정지되는 동시에, 존재의 새로운 차원이 자기 내적 리듬과 감응을 통해 형성되기 시작하는 임계 공간이다. 이는 단지 보호받지 못하는 생명 혹은 신의 부재를 증명하는 공간이 아니라, 차원적 무 無 를 통해 새로운 관계와 존재 구조가 스스로 조직되는 생성적 틈으로서, 유-무-용-영의 동역학과 정합적으로 연결된다.

이 예외 상태에는 기존 차원의 구조가 해체된다. 그 자리에 고정된 법과 규범, 정체성이 잠시 사라진 틈으로서의 무의 공간성, 전혀 다른 관계성과 존재 형태가 자생적으로 구조화되기 시작하는 자기조직화, 무질서와 가능성이 동시에 자리한다. 또한 새로운 '유'의 형태가 생성되는 양가적 운동성, 단순한 회복이나 복귀가 아니라 이전과는 다른 차원으로의 이행이 내포되는 차원 전환성, 특정 주권자의 결정도 기존 법의 적용만도 아닌 영적 존재의 관계망에 의한 자기 발생 조건에 의해 질서가 생성되는 영적 공동성의 주권이라는 특징이 포함되어야 한다.

결론적으로 창발적 예외 상태 emergent state of exception 는 기존의 질서[법,

---

215 | 특히 슈미트의 주권 개념은 근대 국민 주권의 맥락과는 동떨어진 특권적 결정자를 상정하며, 이를 본래적 주권으로 오인할 때 아감벤의 신성 영역 해석도 위험한 오독에 빠질 수 있다.

권력, 정체성 등]가 무효화 되거나 붕괴되는 임계점의 순간에 새로운 차원적 질서가 자기조직적으로 형성되기 시작하는 '차원 전환적 생명성을 가진 틈의 상태'를 가리킨다. 이는 정치적, 법적 차원의 정지 상태를 넘어 존재론적 생성성과 차원 전이의 임계 지점으로 기능한다. 이 예외 상태는 생명의 정치와 사회의 경계, 존재의 형이상학 모두를 새롭게 사고하도록 요청하는 공간이다. 이는 더 이상 '누가 주권자인가?' 또는 '법이 어디서 정지되는가?'의 문제가 아니라, '어디서 생성이 일어나는가? 근원이 이 한계 지점에서 어떻게 새롭게 작동해야 하는가?'라는 질문으로 화두를 이끌어간다.

2) 양가무와 예외 상태

'예외 상태'는 단지 긴급 명령이나 계엄령과 같은 정치적 비상조치가 아니다. 그것은 존재론적, 법리적 질서가 극한에 도달하여 더 이상 작동하지 않는 접경지대로서, 무無의 깊은 구조와 연결된 생명의 발생 조건을 드러내는 차원적 아름다움이 되어야 한다. 이 지점에서 '예외 상태'는 슈미트의 정의처럼 단순히 "주권자가 예외 상태에 관해 결정한다"라는 권력 중심의 개념으로 환원되어서는 안 된다.

이 정의는 오로지 주권 개념을 '한계 개념'으로 간주할 때에만 성립한다. 슈미트는 주권을 규범 질서의 바깥에서 결정하는 자로 상정했지만, 그 정의는 주권을 법적 작동의 정상 사례가 아니라 극한 상황에 대한 대응으로 본다는 점에서 '한계 개념'으로 작동한다. 중요한 것은 '한계'란 혼란이나 공백이 아니라 개념이 더 이상 확장되지 않는 최종 경계의 자리이며, 이는 곧 근원적 차원과의 창조와 접속되어야 한다는 것이다.

무는 차원적 재편성을 위한 양가적 운동이 일어나는 자리이며, 그 안에서 새로운 관계와 형상이 시작된다. 이러한 맥락에서 양가무는 무의 이중적 구조—즉 해체와 창발, 분리와 감응, 정지와 가능성을 동시에 품고 있는 개념으로서 예외 상태를 그다음 차원으로 끌어낼 수 있는 주요 개념이다. 따라서 예외 상태가 단지 국가적 비상사태가 아니라 존재의 질서가 극한으로 수렴하며 동시에 생명의 기원을 드러내는 자리로 이해될 때, '형상 이전의 창조적 잠재성'으로 작동한다.

이처럼 예외 상태는 정상 질서가 아닌 한계 상황에서만 주권이 작동하는 구조를 반영한다. 그러나 동시에 그 한계가 근원적 무와 조응할 경우에만 진정한 창발성과 생명의 계보 genealogy of Zoe 를 기대할 수 있다. 다시 말해, 예외 상태가 근원에서 울려오는 무의 공명과 그것에 응답하는 감응의 장場으로 작동하는 한, 생명의 법 Nomos of Zoe [216]이 그 안에

---

216 ┃ 노모스(nomos)는 고대 그리스어에서 유래한 라틴어 단어로 '법, 관습, 규칙, 질서'를 의미하며, 사회 공동체의 규범적 질서 전반을 포괄한다. 조에(Zoe)는 고대 그리스어에서 '생명'을 뜻하지만, 단순한 생물학적 생명(Bios)을 넘어선 지속적이고 근원적인 생명력, 즉 신적인 생명이나 모든 존재를 관통하는 생명의 원리를 지칭한다. 이러한 맥락에서 필자는 성서가 말하는 예외 상태, '생명의 법(Nomos of Zoe)'은 단순한 법의 중지나 예외적 조치를 넘어서는 맥락 안에서 이해되어야 함을 제안한다. 성서가 말하는 탈영토화는 기존 질서의 단순한 소멸이나 변화가 아니다. 이스라엘 백성의 애굽 탈출 비유에서 드러나듯, 탈영토화는 진정한 신. 스스로 존재하는 신의 개입으로 인한 십대 재앙을 수반한다. 이 재앙은 단순히 물리적인 사건을 넘어, 기존의 세계관과 신관이 해체되고 재구성되는 신들의 전쟁과 같은 충돌을 의미한다. 이러한 과정은 갑작스럽거나 금욕적인 삭제로 이루어지지 않으며, 기계적이고 인과적인 방식과도 다르다. 대신, 삶의 지배적인 구조 속에 '틈'을 내고 '가로지르기'를 통해 일어난다. 즉, 근원에서 울려오는 무(無)의 공명과, 이에 응답하는 인간적 감응의 장(場)이 형성될 때 비로소 발생한다. 이 지점에서 신관과 세계관이

서 시작될 수 있다. 그러므로 예외 상태는 단순히 법의 중지나 예외적 조치가 아니라 공동적 생명의 법을 향한 차원 전환의 마당으로 이해되어야 한다. 즉 양가무의 자기조직화가 시작되는 구조적 조건으로 재정의되어야 하는 것이다. 따라서 슈미트의 주권 개념은 법의 정상 사례가 아닌 한계 상황에만 유효하다. '한계 개념'은 극한에 도달한 자리다. 이때의 예외 상태는 무질서나 공백이 아닌, 무의 양가성 속에서 생명의 창발이 일어나는 임계 지대이다. 따라서 예외 상태는 공동적 생명의 법이 전개되는 차원적 접속 지대로 자기조직화의 시작 조건이다.

이 예외 상태는 유-무-용-영 구조와 연결된 '창발적 예외 상태'의 지형도를 형성한다. 1) 유有의 한계 지점: 기존의 정체성이나 체계화된 법과 권력의 구조, 고착된 세계의 균열과 붕괴로 시작된다. 기존 법질서나 주권 구조, 정체성의 통일성 등은 더 이상 작동하지 않으며, 이에 따라 '무력한 유' 또는 '과잉된 유력'의 상태가 드러난다. 슈미트식 구별의 힘도 여기서 작동하지만, 이는 곧 한계에 도달한다. 2) 무無의 접속: 아감벤의 '예외 상태'에 해당하는 상태이다. 법은 중지되되 여전히 작동하고, 존재는 법과 보호의 경계에서 벗어난다. 이때 '무'는 단순한 부정이 아니라, 양가적 진동과 새로운 잠재성이 태동하는 마당이 된다. 이곳이 바로 창발적 예외 상태의 중심 무대이다. 3) 용用의 자기조직화

충돌하며 구체적인 기적들이 일어나, 기존 질서에 균열을 내고 새로운 차원으로의 전환을 가능하게 한다. 결론적으로, 영적 질서에서의 차원 전환, 곧 '생명의 법(Nomos of Zoe)'의 창발은 외적인 강제나 단순한 변화가 아니다. 그것은 존재의 깊은 차원에서 근원으로부터 발현된 무의 공명과 인간의 감응이 균형을 이루며 삶의 근원적 질서를 재구성하는 역동적인 과정이다. 김리아, "영성, 현대성과의 만남, 2강 - 현대성에 나타난 무의 얼굴은 무엇을 가리키는가" (강의록, Fontis 후마니타스 연구원, 2023년 2학기).

발생: 관계의 재형성, 차원의 재배치 등 무의 틈에서 근원과 연결된 새로운 유가 나타나기 시작할 때, 그것은 외부로부터 주어진 명령이 아닌 내적 긴장과 감응의 흐름을 따라 자발적으로 조직되는 구조화이다. 생명은 이 틈에서 응답하고, 적응하며, 새롭게 관계를 짠다. 바로 여기서 '용'의 창발성과 협동성이 일어난다. 4) 영[0]의 새로운 차원에서의 통합과 메타적 리더십: 선험적 직관과 존재의 통전적 운영 기획이 일어난다. 창발된 질서가 더 이상 이전의 주권에 기대지 않고 새로운 법과 존재 형태를 내포한 공동체적 윤리/리더십으로 이어질 때, '예외 상태'는 차원을 넘어선다. 이때의 '영'은 단순히 질서를 회복하는 것이 아닌, 새 질서를 선도하는 메타 리더십으로 나타난다.

2. 생명 공동체의 예외 상태

1) 예외 상태의 구멍이 뚫리다

출애굽은 어둠이 다스리는 유력의 세계에서 분리되어 자유와 새로운 창조의 길을 걷기로 한 집단적 결단이다. 광야는 유력으로 살아가던 생존 방식이 제거된 공간이며, 그동안 배운 노예의 방식도 그렇게나 부러워하던 애굽의 방식도 작동되지 않는다. 광야는 단순한 과도기나 시련의 공간이 아니라 존재 질서의 차원 전환이 일어나는 '창발적 예외 상태'의 자기조직화가 일어나는 곳이다. 이곳은 미드바르—오직 태초의 말씀만이 들리는 은혜의 땅이자 훈련의 땅이다. 이제 이 언약의 백성은 기존에 애굽에서 배웠던 방식이 아니라, 약해 보이지만 언약에 기댄 무의 방식이 어떻게 더 강력한 힘이 되는가를 배워야 한다. 출애굽은 단지 역사적 사건만이 아니다. 지금도 반복되는 차원의 경계에서 우리가 어떤 차원의 법과 질서, 지향성을 따라 살 것인지를 묻는 사건 이다.

> 그들이 '떠났다'는 것은 단지 위치의 이동이 아니다.
> 이제 새로운 생명 질서의 마당에서 사는 법을 배워야 한다.

출애굽은 이스라엘이 노예의 정체성과 역할을 버리고 생명의 운동성으로 나아가게 하는 전환점이다. 언약의 땅을 향해 떠나는 무의 '자유'와 잠재성은 이미 주어진 약속 안에 있는 힘이지만, 실제로 몸을 움직여 우상적 질서를 떠나 국경이 정해지지 않은 '예외적 땅'으로 떠날 때 비로소 생성된다. 그리고 그 힘은 문설주에 바른 '어린양의 희생'이다. 이 희생을 통해 신성의 참여에 배제되었던 이스라엘은 '아바드 עבד'로 소생된다. 이 회복의 과정은 단지 종교적 의식의 회복이 아니라, 인간의 삶 전체—창조주와 교감하며 세상을 돌보는 제사장의 대언이 매우 중요한 요소가 됨을 알려준다. 죽음의 사자들을 피하는 유일한 방식, 그것은 어린양의 피를 문설주에 바르는 말씀과 경청과 순종이었다. 여기에 무엇보다 중요한 초점이 있다. 이 경청과 순종은 어둠의 힘들이 알 수도 없고 행할 수도 없는, 바로 그렇기에 강력한 방식이라는 것이다.

이 유월의 방식은 무엇보다 우상들의 방식과 다르다. 하나님은 자기 이름, "스스로 있는 자"출 3:14를 선포하시고 십대 재앙을 통해 매우 낯설고 경이롭지만 우상의 한계와 본질을 폭로하는 일을 시작하신다. 이것은 지금까지 살아오던 방식과 전혀 다른 차원이 있다는 신호다. 우상들은 이 방식을 흉내 내려야 낼 수 없다. 무엇보다 그것은 그들이 보기에 매우 비효율적이고 낯선 방식이며 그들의 수호신들이 상상할 수 없는 자발적 희생의 예외적 방식이다!

이 유월의 방식은 하나님이 차원 다른 마당을 다스리는 참된 주권자임을 인정하는 것이다. 그 정당성은 우상의 질서를 횡단하며 애굽에 소동을 일으키는 재앙의 파동으로 전달된다. 여기서 모세는 그저 한 인간이 아니라 '예외 상태'를 일으키고 확장시키는 '대언자'로 등장한다. 그의 힘은 이스라엘에는 경이로운 해방 사건을 일으키지만 애굽에는 수많은 피해와 재앙을 일으킨다. 그의 말 한마디는 거의 절대 권력을 방불케 한다. 이는 사망의 법으로 고착된 유력의 세계를 넘는 주권의 출현을 상징한다.

> 주권자란 예외 상태를 결정할 수 있는 자이다.[217]

여기서 '예외 상태'는 단순한 혼란이나 별도의 치외 법권 공간이 아니다. 기존 질서의 중단과 새로운 질서, 힘의 창출을 허용하는 정치적 의미의 공간이다. 새로운 법은 예외를 통해 자신의 경계를 드러내고 그 경계를 규정할 수 있는 자가 진정한 주권자로 등극한다. 새로운 생명의 법의 주권자는 여호와 하나님이며 모세는 그 뜻을 대언하는 자로 등장한다. 이 틀에서 애굽은 강력한 유력의 체계이며, 그 질서는 우상신이 제공하는 절대 권력으로서 황금 지팡이를 중심으로 세워진 간

---

217 | Carl Schmitt, *Political Theology*, 5.

힌 유력의 질서다. 이 질서 안에서 이스라엘은 살아 있는 생명이 아닌 도구로만 존재하고 변화 가능성은 봉쇄되어 있다. 그런데 바로 여기에 차원 다른 생명의 주권자가 등장하는 것이다.

출애굽 사건은 무의 '예외 공간'을 만드시는 하나님의 초월적 개입으로 시작된다. 이 유력에 '무'의 구멍 뚫기는 단순히 한 민족의 해방이 아니라, 이스라엘에 스며든 우상의 정치와 질서를 해체하는 새 차원의 출현이다. 여호와는 파라오의 질서에 정면으로 대항하거나 싸우지 않는다. 아니 그럴 필요가 없다. 다만 그 질서의 근원지, 우상들의 실체를 파헤치고 진정한 신의 권능을 보여주고 '해방시키는' 방식으로 개입한다. 그때마다 모세의 권위의 상징인 지팡이는 초월적 힘을 드러낸다. 10가지 재앙의 반복, 모세의 지팡이를 통한 기적적 사건들, 파라오의 장자와 애굽의 장자들을 치심으로 권력의 상징을 무력화하기, 홍해를 가르고 시간-공간 구조를 재조직화하는 일들은 단순히 '더 강한 힘'이 아니다. 기존 차원 바깥에서의 새로운 생명 질서를 개시하는 '예외적 절대 주권과 시공간'의 도래의 선포인 것이다.

여기서 모세는 예외 상태를 확장하고 그곳에 새로운 생명의 법이 실현될 시간과 공간을 확장하는 '대언자적 주권자'이다. 그는 어떤 다른 차원에서 온 신적 힘에 붙들려 있다. 그로 인해 그는 새로운 일이 시작되는 예외 상태의 정당성을 드러내는 존재며, 이전의 법과 질서는 그 존재 앞에서 정지된다. 슈미트는 법과 질서가 일시적으로 정지될 때, 오히려 주권이 그 실체를 드러낸다고 말한다. 예외 상태는 법의 바깥에서 법을 성립시키는 순간이다. 그리고 정상 질서가 아닌 위기의 순간에 보이는 반응으로 권력의 지향성이 가진 본질이 드러나고 적과 동지가 드러난다. 중요한 것은 이 예외 상태가 단순히 바깥에서 애굽의 우상적 질서와 법을 정지시키는 것이 아니라, 두 차원을 다스리고 총괄하는 근원적 차원에서 왔다는 것이다.[218]

슈미트와 모세의 이야기는 결정적인 차이점이 있다. 슈미트의 예외 상태는 법적 초월의 근거가 불명확하다. 때로 예외 상태는 적을 전제적으로 규정하고 배제하는 데 쓰이며, 주권자의 야욕을 강화한다. 그러나 모세의 예외 상태는 그의 야욕에 근거하는 것이 아니라 하나님의 부르심과 위임, 공동체 형성과 언약에 근거한다. 그는 욕망을 불러 대중을 선동하지 않고 소명 자리가 주는 고난과 영광을 그대로 받으며, 공동체 전체가 예외적 전환 마당에서 펼쳐지는 하나님의 주권을 따라가도록 인도한다. 그는 끊임없이 하나님의 뜻에 귀 기울이고, 예언자적 분별을 통해 백성과 하나님 사이를 중재하며 생명의 새로운 차원이 연결되도록 돕는 자이다. 무엇보다 그는 제국적 유력의 땅을 '속지 않고 관찰하는 자'다. 따라서 그의 '예외 상태'는 자기 권력의 초법적 정당화가 목적이 아니다. 이 예외 상태는 다른 차원의 창조와 선을 위해 주어

---

218 ┃ 모세의 이야기, 특히 애굽의 십대 재앙과 출애굽 사건에서 나타나는 '예외 상태'는 단순한 법의 정지나 주권자의 자의적 결정과는 근본적으로 다르다. 성서적 맥락에서의 재앙은 신적인 의지와 목적에 의해 기존의 우상적 질서와 신관에 '틈'을 내고 진정한 생명의 힘을 보여주는 과정이었다. 이는 특정 집단을 임의로 배제하기 위함이 아니라, 억압받는 자들을 해방하고 새로운 생명의 질서를 세우기 위한 중층적 차원에서의 개입이었다. 따라서 모세의 이야기는 '예외 상태'가 단순히 권력의 본질을 드러내는 것을 넘어, 그 초월적 근거와 지향하는 바가 무엇인지에 따라 그 의미와 결과가 완전히 달라질 수 있음을 보여준다. 김리아, "영성, 현대성과의 만남, 2강 - 현대성에 나타난 무의 얼굴은 무엇을 가리키는가".

져 있으며, 정치적 낭만주의도 투쟁의 결과도 아니다. 이 예외 상태는 넘치는 잠재성과 창발적 힘의 잉여로 인해 스스로 자기 안의 정당성을 가진다.

이에 따라 광야는 무법적 혼란의 시간이 아니라, 새로운 법과 질서가 형성되는 창조적 예외의 시간이 된다. 이 기간에 새로운 율법의 수여로 법이 정립되고 성막이 건축되자 하나님의 임재를 중심으로 공동체가 질서 있게 체계화된다. 제사장 제도가 등장하여 권력이 자아 중심으로 변질되지 않고 신의 뜻을 중심으로 질서 있게 분배된다. 안식일과 절기 또한 시간 자체가 다시 조직되어 생명의 리듬이 공동체의 삶에 흐르게 된다. 이러한 구조 속에서 예외 상태는 단지 정치적 초법이 아니라 생명을 위한 창조의 접속면으로 드러나며, 하나님의 주권이 우상과 다른 방식으로 질서를 형성함을 분명하게 증명한다.

이러한 예외 상태의 진행은 점점 적과 동지를 분명하게 구분하게 만든다. 이 예외 상태가 분명하게 출현하자 애굽은 더 이상 공존 가능한 타자나 협상할 수 있는 이웃이 아니며, 이스라엘을 멸절시키거나 노예화하려는 의도를 가진 적임이 적나라하게 밝혀진다. 이스라엘이 노예의 정체성으로 있을 때 애굽은 고기 가마와 향신료를 제공하는 인심 좋은 주인 같았지만, 이스라엘이 신성한 자신의 정체성을 깨달은 후 애굽은 분명한 적임이 드러난다. 그렇다. 이 원리는 광야에서 두 차례의 본격적인 전쟁 중에도 확연히 드러난다. 빛이 먼저 드러나야 어둠의 실체가 드러나는 법이다! 적과 동지의 구별은 단순한 진영 논리가 아니라, 빛과 어둠, 생명과 사망의 정체성을 확인하는 결정적인 구획이다. 이스라엘은 '내 백성'이라는 구절을 통해 신과 연합된 새로운 정체성이 표현되고 이 자유의 '크기'는 더 이상 노예로 있을 수 없게 만든다. 새로운 법을 만드는 공동체로 재정의되자 이스라엘을 배제된 생명으로 규정하고 노예화했던 애굽은 그 법적 정의에 다시 반응해야 했다. 그리고 그 반응의 선택이야말로 적과 동지를 분명하게 가르는 기준이다! 다시 말해, 이스라엘의 예외 상태는 하나님의 나라를 만들어가는 새로운 공동체가 '자기 정체성'을 다시 규정하는 과정에 필수 불가결하다. 적은 그 비상사태에서 '누가 이 새로운 정체성을 무슨 목적으로 위협하는가?'라는 구별을 통해 드러난다.

2) 카르마의 제국으로부터 탈출하기

탈출은 그저 한 개인이나 집단의 해방구 문제가 아니라 거대한 시스템과, 그 세계를 지탱하는 법으로부터 탈출하여 예외 상태를 만들어 내는 결단적 행위다. 이스라엘이 탈출한 애굽 역시 단순한 고대 국가가 아니라 질서와 길흉, 신분과 숙명, 생사까지 통제하는 체계화된 운명의 시스템이었다. 이 구조는 모든 존재를 '원인과 결과'라는 거대한 연쇄 고리 안에 고정시키며 인간을 이 악순환의 노예로 만들어 낸다. 거기서 생명은 자유롭지 않다. 존재는 죄를 지어서가 아니라 태어난 자리로 인해 굴레 안에 갇힌다. 피라미드 구조는 사회의 외형일 뿐 아니라 죽음의 구조화된 상징이다. 파라오는 신의 화신이다. 그는 시간과 공간, 노동과 죽음 모두를 관리하는 신적 중개자로 군림한다.

비극은, 이 안에서는 사후마저도 전환을 기대할 수 없다는 것이다. 노예는 노동의 도구로 태어나고 죽어서도 무덤이 없다. 그의 행위는 축적되지 않고 카르마의 체계를 유지하는 소모품으로 사라질 뿐이다. 운명으로 위장된 권력은 제국적 카르마의 메커니즘으로 지탱된다. 기억의 통제로 역사는 파라오를 통해 기록되고 하층민의 고통은 삭제된다. 노동의 도구적 절대화로 삶은 반복이며 노동에는 신성의 가치가 없다. 신이 제도화된 종교는 영적 해방이 아니라 잠깐의 위안과 통제의 기계로 기능한다. 그것에는 패자 부활전도, 은총의 개입도 없다.

이러한 질서에서는 죄도, 구원도, 생명도 자기 원인으로 환원된다. 타자와의 관계나 은총, 단절이나 전환도 허용되지 않는다. 이것이 바로 카르마의 제국화―결과를 절대화하여 존재를 고정하고, 그 고정을 제도화하여 영원히 재현하게 만든 시스템이다. 그래서 출애굽은 단순한 탈출이 아니라 '무대에서 마당으로'의 이동이다. 무대는 타인이 만든 각본과 배역이 정해져 있던 곳이다. 그러나 마당은 생명이 서로를 감응하며, 예기치 않은 사건들이 일어날 수 있는 공간이다. 애굽에서는 이스라엘 백성들이 도구로 존재했지만, 광야에서는 관계적 존재로 호명된다. 그들은 '들으라 이스라엘'신 6:4이라는 명령을 받는다. 즉, '이제 너는 행위의 결과물이 아니라, 듣고 응답하는 존재'라는 부르심이다.

마당에서 생명은 인과적 반복이 아닌, 차이를 생성하는 반복을 시작한다. 만나가 매일 내리되 저장할 수 없고, 하나님의 임재는 예측 불가한 방식으로 이동하는 구름 기둥과 불기둥이 중심이다. 장막 또한 고정된 성전이 아니라 동행하는 영의 처소가 된다. 즉, 출애굽은 행위와 운명의 인과율에서 벗어나 무형의 말씀이 조직하는 생명의 마당으로 '옮겨진' 사건이며, 거기서 인간은 다시금 자기 존재를 새롭게 구성할 수 있는 마당을 선물 받는다.

하나님의 구원은 카르마를 파괴하지 않는다. 제국이라 해도 그렇다. 하나님의 목적은 애굽을 멸망시키는 것이 아니라[그것을 '넘는다'] 자신을 기억하고 부르는 백성들의 구원과 옮김이었다. 하나님은 인간의 행위와 결과를 무시하지 않으신다. 그러나 그것이 존재를 규정하는 최종 원리가 되도록 허락하지 않으신다. 출애굽은 그 어떤 인과율보다 깊은 차원에서의 호명이며 존재를 배역에서 해방시키고 새로운 마당 위에서 자기조직화와 관계 속 응답의 리듬으로 이끄시는 사건이다.

그 사건은 오늘날에도 반복된다. 우리 내면의 애굽—성공이라는 피라미드, 행위의 열매로 자아를 정당화하려는 욕망, 영성을 종교적 체계로 환원시키려는 시도 등은 다시 삶을 카르마의 제국적 무대로 퇴행시킬 위험을 안고 있다. 애굽은 단순한 고대 국가가 아닌 사후까지도 제국화된 카르마의 시스템 안에 놓인 '갇힌 유력有力의 세계'다. 애굽의 유력은 죽음의 질서를 유지하기 위한 것이었다. 이스라엘은 거기서 자신을 존재로 느낄 수 없는 상태, 어둠의 밑바닥에 있었다.

> 내가 애굽에 있는 내 백성의 고통을 분명히 보고… 그들의 감독자
> 로 말미암아 부르짖음을 듣고… 출 3:7

하나님의 '듣는 행위'는 존재의 틈에 귀를 기울이시는 행위, 무無가 가장 닮아 있는 마당의 밑바닥에 초월적 감응을 입히시는 순간이다. 이것이 언약을 기억하는 시작이며 견고해진 유력의 밑바닥에서 고통으

로 울부짖는 진동 지대다. 스스로 계신 하나님의 부름은 모든 '있음' 위의 있음, 모든 없음을 다스리는 무의 근원의 출현을 부르는 간절한 밑바닥의 부름이다. 말씀이라는 형태가 나타나는 이 순간은 일으키고 드러내고 분화하고 경계를 가르는 에너지로 작동한다.

3) 카르마가 멈춘 곳 – 은총의 시작

카르마[219]는 단순한 보상-처벌의 공식이 아니다. 그것은 존재가 반복하

---

219 | 최근의 카르마 관련 연구서들은 다음과 같다: 1) Richard Gombrich, *What the Buddha Thought* (Oxford: Oxford University Press, 2009). 이 책은 초기 불교 문헌에 기반하여 붓다가 본래 말한 카르마의 의미를 복원하고자 한다. 리처드 곰브리치(Richard Gombrich)는 "붓다에게 있어서 카르마란 단지 과거의 업이 아니라, 현재의 의도적 행위와 그로 인한 인식의 반복적 구조"라고 설명하며, 행위와 의식의 순간적 구조화가 미래를 조건짓는 연기적 메커니즘으로 작동함을 강조한다. 카르마를 '지속된 인과의 에너지 구조'가 아니라 '순간적 반응의 지향성'으로 재해석한다. 2) Padmasiri De Silva, *An Introduction to Buddhist Psychology and Counselling* (London: Palgrave Macmillan, 2014). 파드마시리 데 실바(Padmasiri de Silva)는 불교 심리학의 관점에서 카르마를 의식적 습관과 감정적 반응성의 구조로 설명한다. 그는 "카르마란 단지 윤회나 미래 생의 문제가 아니라, 지금 이 순간의 반응을 조건짓는 심리적 에너지의 방향"이라고 보고, 무의식적 반응 패턴에 대한 자각이야말로 카르마를 전환하는 핵심이라고 주장한다. 위 책은 심리학적·상담적 적용에 적합한 시각을 제공한다. 3) Peter Harvey, *An Introduction to Buddhism: Teachings, History and Practices* (Cambridge: Cambridge University Press, 2012). 피터 하비(Peter Harvey)는 불교 전통 전반에 걸쳐 카르마의 사상사적 전개를 고찰한다. 그는 특히 상좌부와 대승불교에서 카르마 개념이 어떻게 "지속되는 자아가 없다는 무아(無我) 사상과 결합되면서, 연기의 일부로 통합되었는지"를 설명한다. 위 책은 카르마–연기–무아의 논리적 일관성을 확보하려는 입문서로서 적절한 길잡이가 된다. 4) Joanna Macy, *Mutual Causality in Buddhism and General Systems Theory* (Albany, NY: SUNY Press, 1991). 조안나 메이시(Joanna Macy)는 불교의 연기와 카르마 개념을 시스템 이론과 상호 인과성의 관점에서 재해석한다. 그녀는 "카르마는 일방적 인과가 아니라, 상호작용적이며 순환적 피드백 시스템"이라고 보며, 이는 '자기조직적 삶의 전환 가능성'을 열어주는 실천적 지혜로 제시된다. 위 책은 연기·카르마·시스템 사고를 연결하려는 인문학적 프로젝트에 매우 적합하다. 5) Georges Dreyfus, *The Sound of Two Hands Clapping: The Education of a Tibetan Buddhist Monk* (Berkeley: University of California Press, 2003). 조르주 드레이퍼스(Georges Dreyfus)는 카르마 개념이 티벳 불교 교육과 명상 수행에서 어떻게

는 윤리적 인과 구조이며, 무수히 많은 감정적/정신적/신체적 반응의 내적 방향성과 결과가 응축된 패턴이다. 불교에서 말하듯, 카르마는 우리의 말과 행위와 의도가 지속적인 조건망 속에서 다시 자기에게 돌아오는 작용이며, 그 작용의 반복은 하나의 운명적 구조를 만든다. 이 구조는 그 세계 자체가 자기조직화된 질서이자 폐쇄된 윤리적 고리다.

우리는 자주 '그럴 수밖에 없었다'라는 말로 자신의 카르마를 정당화한다. 그러나 그 말이 이미 유有의 세계에 속해 있음을 반증한다. 카르마의 논리대로라면 정의가 작동하고, 뿌린 대로 거두며, 선이 보상받고 악이 처벌되는 세계가 우리의 세계이어야 한다. 그러나 우리는 좌절한다. 이 유의 세계 안에서조차 자유는 의심스럽고, 정의는 지연되며, 힘을 가진 악이 성공하는 듯 보인다. 우리는 권선징악이 실현되는 미래를 사후로 유보하며 서로 위로한다. 이 유력의 꽉 짜인 인과 속에서는 남는 것이 없다. 넘치는 것이 없다. 심은 대로만 거두어야 하지만 좀처럼 선한 일은 기대할 수 없다.

그러나 복음은 말한다. 거기서 나오라고, 완전히 다른 은총의 차원으로 나오라고 말이다. 기도가 간절하면 갇힌 세계에 틈이 열리고 은총grace의 세계가 다가온다. 그 은총의 세계에는 카르마를 담고도 남을 힘, 넘치는 잉여가 있다. 성경은 말한다. "내가 율법이나 선지자를 폐하러 온 줄로 생각하지 말라 폐하러 온 것이 아니요 완전하게 하려 함이

실제적으로 적용되고 이해되는지를 구체적으로 설명한다. 위 책은 형이상학적 논쟁보다는 수행적 차원에서 카르마와 자아 변화가 어떻게 연결되는지를 중점적으로 서술한다.

라 진실로 너희에게 이르노니 천지가 없어지기 전에는 율법의 일점일 획도 결코 없어지지 아니하고 다 이루리라" 마 5:17-18. 그것은 낯설다. 이 은총은 '내가 잘했기 때문에 받은 것'이 아니기 때문이다. 또한 '내가 뿌린 것에 대한 정당한 결과'도 아니다. 그것은 우리가 손 쓸 틈도 없이 그저 열린 것이다. 은총은 내가 받을 자격이 없음에도 주어진 초월적 생명의 유입이다. 이 은총이 열리는 지점이 바로 무의 틈, 즉 차원의 겹 이 갈라지는 곳이다. 은총은 윤리적 인과론이 더 이상 나를 설명할 수 없게 되는 차원에서 도달하는 존재론적 자비로운 간섭이다. 그리고 그 간섭은 율법과 인과의 질서인 카르마가 해체되고도 여전히 존재 가능 하다는 희망을 말해준다.

십자가는 '모든 죄에 대한 대가가 지불된 자리'라는 보속의 차원도 넘 어선다. 그것은 사망의 법, 돌고 도는 인과의 법을 전복시키며 카르마 적인 세계의 질서 자체를 전복시킨다. 애굽에도 선한 이는 있었겠지만 약자의 하나님을 믿기는 어려웠다. 율법의 완성자이자 의 자체였던 하 나님의 아들이 '죄가 없음에도 불구하고 죽음의 결과를 짊어진다'라는 이상한 사랑법은 카르마의 논리로는 받아들이기 어렵다. 이 신의 색다 른 얼굴과 시원한 전복은 특히 율법적 의인들에게 당황스럽다. 이것은 보상과 처벌, 자격과 응보라는 유력의 구조 자체를 무화시키며, 은총 아래 율법을 완성시키는 사건이다. 유력의 법이 무너진 자리에 신의 진 짜 얼굴인 사랑의 과잉, 은총의 잉여가 나타난다. 회심은 '잘못을 반성 하고 돌이켜 더 윤리적으로 사는 것'이 아니라, 존재의 차원을 아예 통 째로 '옮기는 것'이다.

그가 우리를 흑암의 권세에서 건져내사 그의 사랑의 '아들의 나라
로 옮기셨으니' 골 1:13.

이 존재론적 이동은 철저히 외부로부터 주어진 호명이며, 그 호명은
내가 만든 결과가 아닌 '선물'이다. 이 지점에서 인간은 더 이상 '내가
무엇을 했는가'가 아니라, '내가 누구의 사랑을 어떤 차원으로 값없이
받았는가'를 기준으로 자신을 해석하기 시작한다. 이것이 바로 '구속의
사건'이자 '소명의 탄생'이다. 카르마는 유력의 세계가 유지되는 법이지
만 십자가는 신이 감내한 사랑의 법이다.

유력의 세계는 '때'가 이르기까지 끝나지 않는다. 가짜로 주름 낸 유력
의 세계, 즉 압축된 위계질서와 반복적인 구조가 다스리는 세계에서
카르마는 단순한 '업보' 이상의 질서다. 그것은 차원의 반복을 고정시
키는 에너지-정보 구조라 주체의 존재 패턴을 주름 안에 묶어두는 자
기 중첩적 법으로 작동한다. 시간의 흐름은 카르마를 더 무게 있게 만
든다. 과거의 경험과 정체성, 권력 구조, 감정의 습관이 주름이 되어 현
재의 흐름을 굴절시킨다. 이러한 주름은 시간적으로는 순환되고 인식
적으로는 '당연한 질서'로 내면화된다. 이 접힘 속에서 카르마는 일종
의 차원적 관성으로 작동한다. 카르마는 의식적이든 무의식적이든 모
든 작용이 우주의 구조를 통해 되돌아오는 패턴화된 인과성을 의미하
지만, 주름을 흉내 낸 유력의 세계에서는 더 고약하게 작용한다. 이곳
에서 카르마는 '의도된 반복을 일으키는 주름 구조'가 된다. 그것은 단
순히 '개인적 행동의 결과'가 아니라 반복된 [인식-행동-감정의 접힘이
구조화된] 억압과 통제의 장치다.

유는 그 주름 안에서 자신을 '자연스럽게' 반복하며 그 반복이 곧 자기 정체성이라고 착각한다. '나는 원래 이런 사람이다'라고 느끼고 말한 적이 있는가? 이는 대부분 실제 자기 인식이 아니라 카르마적으로 누적된 응답 패턴의 결과다. 카르마는 존재가 의식 없이 반복을 허용한 결과임을 가르치기에 그래도 교훈적이다. 그러나 더 큰 희망이 있다. 그것은 카르마적 주름의 인식-감정-행동의 연쇄가 멈춘 후, 은총으로 가는 '틈'에 도달하는 것이다. 그렇지 않다면 카르마는 은총과 자유의 잠재성을 가로막는 '무의 감응 차단막'으로 작용할 수 있다. 따라서 살아 있는 생명의 차원 전환이란 카르마의 작동 패턴을 감지하고 그 패턴이 '내 것'이 아님을 직시하는 것으로부터 시작된다. 이 법 아래 있는 모든 연기된 유의 결과물임을 알아차리는 것이다. 그리고 그 패턴을 다시는 반복하지 않기로 선택하고 돌아서라. 그리고 내 힘으로는 할 수 없는 '옮겨짐'을 갈망해야 한다. 그 멈춤과 사이의 갈망이 모든 것을 바꾸어 놓는 시작이다. 로마서 7-8장의 사도 바울의 탄식과 인식 그리고 생명의 법의 도래를 기다리는 기도는 이 사이의 지점에서 일어나는 복음 사건인 것이다.

따라서 기도는 '열린 조건의 마당場'에 대한 요청이다. 주름진 유력의 세계에서 카르마란 반복되는 조건의 압력 구조이자 차원을 고정시키는 에너지의 관성이다. 그러나 바로 그 조건과 구조 자체의 무상성과 공성을 자각하는 순간, 우리는 다음 차원을 갈망하며 기다릴 수 있다. 이때 존재는 마당으로 진입하며 차원을 건너는 선택 가능한 존재로 거듭나게 된다. 이스라엘의 출애굽은 이 거대한 카르마가 제국화된 무대에서 가장 비참한 존재로 살던 백성들이 생명의 마당으로 옮겨진 사건이다.

3. 신성 참여: 배제된 생명이 아바드의 참여자로

1) 도구적 쓸모없음이 조에의 잠재성으로

고대 이집트에서 파라오는 신적 권위와 정치적 절대 주권을 한 몸에
담은 존재이며, 그는 고대 이집트의 최고 통치자이자 살아 있는 신으
로 추앙받았던 존재였다. 고대 이집트인들은 파라오를 호루스의 화신
으로 보아 신격화하며, 신이 하계에 내려와 통치하는 것으로 여겼다.
자연히 파라오는 인간이 아닌 신으로 숭배되며, 파라오가 죽으면 육체
를 모두 소진하고 영혼으로서 다스린다고 생각했기 때문에 파라오가
영원히 사는 궁궐의 의미로서 피라미드가 건설되었다. 그의 존재는 피
라미드와 법, 계층 구조를 통해 영원성을 유지했고, 이 꽉 짜인 체계는
생명-노동-자연을 하나의 위계로 포섭하여 질서화하는 방식으로 지
속 가능했다.

이 카르마의 제국에서 이스라엘은 '존재'가 아닌 '기능'이었다. 노동력
으로는 필요했지만 생명 존엄의 대상으로는 인정받지 못했다. 그들의
가치는 생산성에 의해 측정되었고, 거대한 무덤을 위한 노동자로서 죽
음의 영속을 위해 쓰이다가 버려지는 자원에 불과했다. 그들은 인간으
로 존재하는 것이 아니라 생산의 쓸모 기능으로만 작동하는 존재였다.
즉, '존재 자체가 아니라 오직 유력의 도구로 쓸모 있는가'로만 평가받
았던 도구적 대상이었던 것이다.

이는 마치 아감벤이 말한 호모 사케르Homo Sacer, 마음대로 죽일 수는 있지만 구원하거나 바칠 수 없는 존재, 거룩한 제사나 언약의 자리에 초대되지 않는 배제된 생명과 같다. 아감벤은 고대 로마의 법적·종교적 구조 안에서 '호모 사케르'라는 독특한 존재를 추적한다.

> 살해는 가능하되 희생물로 바칠 수 없는 생명, 즉 호모 사케르의 생명으로서, 우리는 그것이 현대 정치에 어떻게 작동하고 있는지를 보여주려고 한다.[220]

이는 단순히 법의 바깥에 있는 것이 아니다. 주권에 의해 철저하게 배제되지만 그러면서도 포섭된 존재로서의 아이러니를 보여준다. 이집트에 살고 있던 이스라엘의 상태 역시 이와 유사하다. 그들은 애굽의 정치적 시민 Bios, 비오스 도 아니고, 그렇다고 생명으로서의 조에 Zoe 의 존엄성을 부여받은 것도 아니다. 그들은 '마음대로 죽일 수는 있지만, 희생물로 바칠 수는 없는 생명'이다. 이스라엘은 파라오의 법 안에서 생존하지만, 그들만의 리그에 속하지 못하며, 단 한 번도 자신들의 삶을 살아보지 못한다. 그들은 이집트 제국이 제공하는 기준과 우상신 아래서 진정한 신, 유일하신 하나님과의 언약은 까맣게 잊은 채 생산과 통제의 영역에 갇힌 노예로 살고 있었던 것이다.

아감벤이 지적하듯, 벌거벗은 생명은 단지 배제된 것만이 아니다. 오히려 어둠의 작동 방식에 의해 철저하게 창출되고 조작된 존재다. 이스라

---

220 | 조르조 아감벤/박진우 옮김, 『호모 사케르』 (서울: 새물결, 2008), 45.

엘은 파라오의 질서가 자신들의 생존을 허용하는 동시에 우상이 제공하는 고기 맛과 배제의 폭력에 의해 통제되는 집단이었다. 이들의 존재 의미와 삶의 기준은 스스로가 아니라 이집트의 우상들과 파라오의 권력에 의해 지정된 것이었다. 이집트의 '유력'은 단순한 현상의 힘이 아니라 존재를 의미화하고 통제하는 악의 구조다. 그것은 자신의 질서 안에서 모든 것을 기능화하며, 예외를 허용하지 않고 초월을 불가능하게 만드는 체계다. 이스라엘은 이 '우상의 제국이 지시하는 기준 안에서' 제의도 언약도 예배도 없는 채 단지 도구적 노동으로만 자신을 증명해야 했다.

대언자를 통한 하나님의 부르심, 곧 출애굽은 단순한 정치적 해방이 아니다. 그것은 기능으로 환원된 도구적 존재를 다시 '신의 백성'이라고 부르시며 '언약의 존재'로 정체성을 복권하는 사건이다. 신성한 제의에 배제되었던 자들이 이제는 하나님께 제사를 드리는 백성으로, 무가치한 기능적 도구가 아니라 존엄한 언약의 주체로 세워지는 것이다.

오늘날의 세계 역시 비오스의 질서에 포섭되지 못한 조에의 잠재성을 가진 자들, 즉 '쓸모없는 존재'로 간주되는 수많은 생명으로 가득하다. 이민자·실업자·사회적 약자·정신 질환자들은 여전히 예배와 제의의 자리에서 배제된 채, 무시하거나 삭제될 수는 있어도 거룩하게 바칠 수 없는 생명, 곧 '호모 사케르'로 살아간다. 출애굽의 이야기는 그런 벌거벗은 생명들을 향한 하나님의 부르심이 오늘도 유효하다는 선언이다. 그것은 신의 질서가 다시금 그들을 '존재'로 불러내는 사건이며, 유력의 구조를 넘어서 새로운 창조가 시작되는 무의 마당으로 부르시는 차원 전환의 예시다. 이스라엘은 애굽에서 호모 사케르로 기능하던 존재였고, 하나님의 부르심을 통해 존재로 복원된 언약 공동체가 되었다. 이 과정을 통해 우리는 주권적 폭력과 예외의 구조가 어떻게 해체되고 은혜와 언약의 차원이 덮는 사건으로 대체되는지를 보게 된다.

2) 배제된 생명에서 거룩한 노동과 희생의 참여자인 아바드(עבד)로

출애굽은 단지 탈출이 아니라 존재의 의미화에 대한 새로운 선언이다. 하나님이 모세를 통해 선언하신 말씀은 다음과 같다:

> 나는 나다 출 3:14.
>
> 내 백성을 보내라. 그들이 나를 섬기게 [예배드리게] 하라 출 8:1.

이 말은 단순한 정치적 해방 요구나 이스라엘의 권리를 요구하라는 말이 아니다. '섬기다'는 히브리어로 아바드עבד이며, 고대 히브리어에서 매우 중요한 동사로 '노동하다·일하다·섬기다·예배하다·희생 제의에 참여하다' 등 다의적 의미가 있다. 그것은 호모 사케르로 유기된 생명을 다시 스스로 계시며 유일하신 하나님을 예배하는 자리, 거룩한 언약을 위한 신성한 예배와 노동의 자리로 회복시키겠다는 존재론적 선언이다. 그들의 노동은 땅이 저주하는 도구적 수단에서 이제 신성에 참여하는 생명의 거룩함으로 바뀌게 된다.

인간은 본래 흙에서 빚어진 존재다. 창세기의 아담אדם은 그 이름 자체가 '흙'אדמה, 아다마에서 유래한다. 이는 인간이 땅과 긴밀히 연결된 존재임을 암시한다. 그러나 범죄 이후, 아담은 그 땅으로부터 소외된다. "땅은 너로 말미암아 저주를 받고… 네가 얼굴에 땀을 흘려야 식물을 먹고"창 3:17-19라는 말씀은, 인간 존재의 근원이었던 흙이 이제는 저항하는 대상이 되었음을 나타낸다. 이로써 인간은 '땅과의 친밀한 일치'에서 '땅에 대한 투쟁적 노동'으로 추락한다. 노동은 더 이상 창조나 거룩한 신성의 참여가 아니라 생존을 위한 고통이 된다. 바로 이 소외된 노동이 전환의 가능성을 품게 된 것이다. 성경에서 '예배하다'로 번역되는 히브리어 '아바드'는 동시에 '노동하다'라는 뜻으로, 이는 노동과 예배가 분리된 것이 아님을 시사한다. 인간은 본래 '예배하며 일하는 자working worshiper'로 창조되었다. 그러나 죄는 노동에서 예배의 요소를 제거하고 헌신과 봉사에서도 노동의 거룩한 헌신을 흐리게 한다. 노동의 영성은 단지 '열심히 일하자'라는 윤리적 명제가 아니다. '나는 무엇을 위해 일하는가, 나의 노동은 신성한 예배의 의미를 가지고 있는가, 나의 일은 어떤 세계를 지향하고 유익하게 하는가'라는 질문을 품는 일이다. 이는 인간의 존재를 다시 '아바드'로 회복시키기 위해 근본적으로 성찰해야 하는 예배 행위다. 이스라엘의 출애굽 서사에서 하나님은 도구적 노동자로 삶을 살던 노예들을 예배자로 전환시키려 하신 것이다.

애굽에서 이스라엘 백성들은 외적으로 보면 참혹한 노예 신분이었지만, 그보다 더 뿌리 깊은 잔인함은 이스라엘의 정체성을 잃어버리게 하는 것이었다. 그들은 먹고 살기에도 급급한 '단지 유용한 도구로 내면화'되고 있었다. 하나님의 부르심은 단지 외적 해방만이 아니라 내면화된 '노예 의식'으로부터 노동을 바라보는 시각의 치유와 변혁이어야 했다. 우리의 삶에서도 영성을 일과 노동에 통합하는 것은 영성을 삶으로 실현하는 과정이기도 하다. 그것은 영성을 가치와 연결하고, 예배와 경외심을 추구하고, 동료들에게 연민을 베풀며, 업무를 소명으로 접근하고, 영적 실천을 일상에 통합하는 것이다. 일이 인간 존재의 근본적인 차원이며 하나님의 창조에 참여하는 수단임을 생각할 때, 노동의 존엄성은 통합적 영성의 실현에 매우 중요한 시사점을 제공한다.

아감벤은 호모 사케르가 법과 권위, 신성으로부터 모두 배제된 벌거벗은 생명이라 했다. 그러나 이스라엘의 탈출과 광야 여정은 배제된 생명이 '하나님의 얼굴 앞에 서는 존재'로 회복되는 과정이다. 이스라엘은 거룩한 제의에 봉헌될 수 없던 존재에서 하나님의 음성을 듣고, 응답하고, 제사 드리는 생명으로 복원된다. 하나님은 호모 사케르를 다시 예배자로, 배제된 자를 언약 안으로 불러들이는 존재론적 회복의 신으로 등장하신다.

오늘날에도 우리는 다양한 형태의 현대적 호모 사케르를 본다. 우리 자신이 이 표류하는 시대 속에서 이미 그런 존재일지도 모른다. 노동만을 위해 소비되는 계약직, 기능을 잃자 곧장 배제되는 노인과 장애인, 하나님 앞에 설 자격이 없다고 느끼는 이들 말이다. 이스라엘의 서사는 존재가 자기 생명의 신성과 응답성을 회복하는 구속사적 사건이며, 오늘도 여전히 기능적 삶에 내몰린 현대인들에게 질문을 던지는 사건이다.

4. 무유: 미드바르에서 사는 법

'미드바르'에서는 머무는 방식이 다르다. 히브리어 '미드바르רבדמ'는 흔히 '광야'로 번역되지만, 그 어근 '다바르רבד'는 '말씀' 또는 '말하다'를 뜻한다. 즉, 미드바르는 단순한 불모지가 아니다. 시선을 바꾸면, 그곳은 말씀이 들리는 자리, 존재가 새롭게 배치되는 말씀과의 접촉 지대다. 광야는 생존을 겨우 유지하는 공간이 아니라 존재론적 재구성의 마당이다. 이스라엘은 애굽의 강제적 노동에서 벗어나, 그곳에서 비로소 순종과 경청의 존재 양식을 배워가기 시작한다. 애굽의 생활은 자아 없는 노역의 반복이었다. 벽돌을 굽고 쌓으며 생존을 위한 육체의 루틴만 남은 삶에는 의미도 차원도, 하나님과의 접속도 없었다. 그러나 광야에서 이스라엘은 무와 유 사이를 오가며, 말씀을 향해 귀를 기울이고 존재를 감각하고 사유하는 삶의 방식을 새롭게 배운다.

1) 존재로 되어가기

이 '무-유'란 단순히 아무것도 하지 않는 상태가 아니다. 오히려 인간이 어떤 제도적이고 기능적 '용도에서 해방'되어 자기 존재의 가능성을 열어두는 상태를 의미한다. 이는 신성한 노동을 위한 존재 정립의 시간이다. 무-유는 어떤 목적을 위한 도구가 되는 것을 중단하고, 그 자체로 서서 도래하는 존재를 맞이하도록 준비하는 존재의 힘으로 작용한다. 여기서 아감벤의 무위 개념은 우리에게 통찰을 준다.[221] 그가 가

---

221 | Giorgio Agamben, *Potentialities: Collected Essays in Philosophy*, ed. and trans. Daniel Heller-Roazen (Stanford, CA: Stanford University Press, 1999), 177-184. 아감벤은 위 책에서 아리스토텔레스의 가능태(dynamis) 개념을 심층적으로

장 궁극적으로 묻는 것은 '우리는 어떻게 진정한 공동체를 이룰 수 있는가?'라는 질문이다. 그는 그 해답을 비-행위 non-act, 즉 '무위無爲'라는 메시아적 차원에서 찾는다. 그는 인간의 본질을 '노동'이나 '기능'이 아니라, '하지 않을 수 있는 능력'—즉 무위의 능력으로 본다. 이는 단순한 게으름이나 무책임이 아니다. 기존의 질서와 체계를 작동 정지시키고, 새로운 가능성의 공간을 여는 일종의 '멈춤' 장치다. 인간은 어떤 역할이나 기능으로 환원될 수 없는 존재이며, 모든 제도나 정체성이 멈추는 그 자리에서 진정한 인간성과 공동체의 형상이 열린다는 것이다. 그리고 이 멈춤 위에 무-유, 비로소 진정한 존재가 되어가는 마당이 나타난다.

> 무위가 '존재일 수 있는 가능성'으로 열어두는 일이라면,
>
> 무유는 '존재가 되어가는' 접속면이다.

이스라엘의 노예 생활은 바로 끊임없이 '작동하는 위爲의 삶'이었다. 거기서 그들은 끊임없이 '해야 할 일'을 지시받으며 그 일의 의미는 신성한 목적과는 아무런 연계가 없었다. 그들의 생명은 사용되고 소비되었다. 그들은 필요했기 때문에 살아 있었고, 쓸모 있게 도구 기능을 하면 존재의 의미가 주어졌다. 아감벤 식으로 말하자면 그들은 '절대적으로 유용한 작동 인간'이었으며, 그 유용함은 바로 속박의 조건이기도 했다. 그러나 광야는 그 반대였다. 보이는 생산은 없었지만 가장 근원적 가치와 자원을 지닌 시기였다. 이 여정은 만나를 기다리는 시간,

---

분석하며, '무위'나 '하지 않을 수 있는 능력'으로서의 잠재성을 논한다.

만나를 거두는 절제의 시간, 구름 기둥/불기둥이 멈추면 함께 멈추고 움직이면 함께 움직이는 시간, 말씀을 듣고 나서야 움직이는 갈망의 방향과 기다림을 배우는 시간이었다. 이 '무위'의 시간은 그들이 더 이상 유용성에 의해 존재를 정당화하지 않아도 되는 공간이다. 하나님은 그들을 일하게 만들지 않으셨고, 오히려 '거룩한 멈춤'을 통해 그 자체로 존재가 되어가는 법을 '먼저' 배우도록 하셨다.

무유는 무정부적 무질서가 아니다. 오히려 그것은 기능이나 목표 없이도 유지되는 영적 공동체의 질서다. 광야에서의 이스라엘은 아직 정치적 제도도 군사적 조직도 없었지만 그 많은 무리가 하나님의 임재를 중심으로 살아가는 공동체가 될 수 있다는 것을 경험했다. 그 느슨함의 여백 속에서 그들은 하나님과 자신 그리고 타자와의 관계를 전면적으로 다시 배치했다. 그 광야의 영성 학교에서 그들은 일하지 않더라도 존재할 수 있는 인간, 성과 없이도 사랑하고 받을 수 있는 인간, 법 없이도 책임질 수 있는 신정의 원리를 배운다.

율법이 주어진 시내산은 이 '무유의 존재들'에게 새로운 생명의 법을 부여하려는 장소이다. 그러나 하나님은 그 형식이 율법의 절대성이 아니라 언약의 관계임을 알려주신다. 율법은 하나님과 동행하는 무의 리듬과 감응을 조직화하는 규율이었고, 폐쇄된 것이 아니라 이방인과 약자들을 향한 개방의 틈을 허용하는 법이었다. 즉, 그들은 다시금 '하는 자들爲, 위'이 될 것이지만, 무를 거쳐 '존재를 위해 존재를 통해' 하는 존재 행위를 하게 된다. 광야에서 그들은 그 무엇도 인위적으로 하지 않음으로써 하나님 앞에서 '무엇이 될 수 있는지'를 배우는 공동체가 되었다. 그 과정은 기능적으로 존재해야 한다는 요구를 의지적으로 괄호 친 자들에 의해 이루어졌다.

2) 하늘에서 떨어지는 일용의 포화와 절제

신¹⁰ 광야에 들어서자 하늘에서 제공하는 하루치 만나와 메추라기가 떨어졌다. 이는 보이는 세계의 일상을 우선순위와 중심으로 살던 이스라엘의 관점을 바꾼다. 노동은 최소화된다. '하루치만 거두라'는 명령은 필요 이상으로 확장하고 소유하려는 욕망으로부터 절제시키고, 하나님과의 신뢰를 먼저 배우는 훈련으로 바뀐다. 이는 단순한 경제적 배급이 아니라, 일상의 무게와 번잡함에서 벗어나 시간과 공간의 질서를 새롭게 배열하는 신적 훈련이었다.

만나는 저장을 허용하지 않고 욕심으로 이틀 치를 거두면 썩어버렸다. 광야는 '욕망의 초과'를 썩어 없어질 사망의 지향성으로 간주하며, 생명의 법은 '매일의 양식'을 위한 최소의 노동이라는 새로운 윤리를 배우게 한다. '오늘'이라는 시간의 경계 안에서만 허락된 삶은 존재를 미래의 불안으로부터 자유롭게 한다. 이처럼 만나를 거두는 단순한 행위는 순환적 생명의 리듬에 동참하는 훈련이 된다. 산더미처럼 쌓인 만나를 하루치만 거두는 훈련은 철저한 은총의 질서로 기능한다. 이 은총은 인간의 생산성과 상관없이 무한의 마당이 지닌 양식 창고에서 끊임없이 주어진다. 이는 바울의 용어로 말하자면 '행위가 아닌 믿음으로' 주어진다. 애굽에서는 노동이 생존의 조건이었지만, 광야에서는 믿음으로 주어지는 '무위 속의 선물'이라는 역설을 통해 하나님과의 은총의 관계성이 형성된다. 일하지 않아도 주어지는 양식은 하나님과의 관계를 중심으로 사는 이의 '존재적 안식'을 훈련시킨다.

> 먼저 그 나라와 의를 구하라
>
> 먹고 마시는 문제를 맡겨라
>
> 그 염려는 이방인들이 하는 것이다 마 6:33-34.

이 여정은 노동의 의미 자체에 대한 전복적 사유를 요구한다. 하이데거가 말한 '존재 망각Seinsvergessenheit'은 인간이 존재의 근원을 잊고 사물로 전락하는 사유의 위기를 지적한 것으로 바로 애굽에서의 노동이 그러했다. 그러나 광야는 인간을 다시 '듣는 자'로, 존재를 다시 '응답하는 자'로 세운다. 듣고 순종한다는 행위는 신과 인간의 연합적 민감성을 되돌린다. 그는 '신적 타자의 얼굴 앞에 선 주체'이며, 도구적 존재가 아니라 응답적 존재로 깨어난 자이다.

결론적으로, 광야에서의 만나 사건은 단지 하나의 생존 일화나 기적 이야기가 아니다. 그것은 말씀이 들리는 장소에서 욕망 없는 노동을 통해 신적 시간의 질서에 참여하는 훈련, 즉 존재의 새로운 차원으로 이행하는 깨어난 의식의 전환을 담고 있다. 인간이 자기의 소유욕과 두려워서 축적하는 본성을 내려놓고, 매일 주어지는 은총에 귀 기울이는 그 자리에 하나님 나라의 무상 축제는 시작된다.

3) 무의 자비를 품고 살아가는 법

그리고 그 은총으로 사는 법은 공동체 내 약자 보호법으로 나타난다. 이 법은 노예와 약자로 살던 이스라엘이 오만해지지 않고 하나님의 마음을 잃지 않도록 하는 장치다. 고아·과부·나그네·빚진 자·이방인 등을 보호하라는 명령은 자신들이 어디로부터 구원받았는지를 일깨우고, 생명이 무의 밑바닥에서부터 시작되어야 한다는 하나님의 구원 질서 원리를 드러낸다.

> … 너희도 애굽에서 나그네였음이라 출 22:21

하나님은 억압의 기억이 새로운 억압이나 지배로 재현되지 않도록 기억의 전환과 구조적 정의를 요청하신다. 이 명령은 힘과 권리를 가진 자들이 약자를 위한 구조를 자발적으로 창조하도록 요구한다. 이것은 모두를 위한 생명 질서로의 전환이다. 이 모든 계명은 이스라엘이 광야에서 자율적 생명 질서를 내면화하고 재구성하는 자기조직화의 기준이 된다. 무-유의 공간은 새 땅에 들어갈 언약을 받은 공동체가 새로운 세계를 향한 영적 여정을 준비하는 곳이다.

이러한 약자 보호법은 단순히 도덕적 윤리 명령이 아니라, 무의 공명 속에 흐르는 하나님의 측은지심과 자기 내어줌의 사랑이 공동체의 철학이 되도록 한다. 이는 인간의 의로움이나 선의로는 도달할 수 없는 하나님의 마음이 이스라엘 내부 구조에 이식되는 방식으로서 은총으로 살아가는 언약의 백성들을 지키는 보호막이기도 하다.

하나님은 광야라는 무의 공간에서 이스라엘이 생명으로 자기조직화된 공동체로 다시 태어나기를 원하셨다. 이 재구성의 중심에는 항상 자신이 받은 은총의 기억을 타자에게로 흐르게 하는 구조, 곧 '고아와 과부, 나그네'를 위한 나눔과 보호법이 있었다.

> 너는 나그네를 압제하지 말며 학대하지 말라 너희도 애굽 땅에서
> 나그네였음이라 너는 과부나 고아를 해롭게 하지 말라 출 22:21-22

이 명령들은 단지 불의를 피하라는 소극적 윤리가 아니라, 억압의 기억이 있는 사망의 땅을 생명의 법으로 전환하라는 능동적 명령이다. 하나님은 "나그네가 너희 중에 거류하거든 그를 학대하지 말고 너희 중에서 나그네를 너희 중에 있는 자같이 여기며 자기같이 사랑하라" 레 19:33-34 라고 명령하셨다. 여기서 '자기같이'라는 표현은 하나님의 사랑이 택한 백성과 나그네를 구분하지 않는다는 뜻이다 [산상수훈에서 의인과 불의한 이에게 동일하게 햇볕을 내리쬐는 하나님의 의를 기억하라]. 이는 인간의 자아 중심적 행위가 하나님의 사랑 안에서 해체되고 확장되는 영적 지형 변화를 요구하는 것이다. 곤궁하고 빈한한 품꾼의 품삯을 형제와 이방인을 가리지 말고 즉시 갚으라는 명령 신 24:14-15 역시 같은 맥락에 있다.

> 궁핍하고 가난한 품꾼은 너희 형제든지 너희 땅 성문 안에 있는
> 나그네든지 그를 학대하지 말며… 해 지기 전에 그 품삯을 주라
> 이는 그가 가난하므로 그것을 간절히 바람이라… 신 24:14-15

이러한 계명들은 선택 받음이 권력의 위계와 경계가 되지 않도록 측은지심이 법적으로 보장되게 하는 장치다. 이스라엘이 받아야 할 책임은 표면적 법을 지키는 것만이 아니라, 하나님의 마음에 공명하는 몸이 되는 것이다. 그 마음은 단순한 동정이 아니라 '너도 거기 있었지 않느

냐'라는 신분의 동일화, 즉 무의 경험을 기억 속에 간직하고 그것을 타자를 향한 실천으로 육화하는 과정이다.

결국 이스라엘의 약자 보호법은 자기를 내어주는 하나님의 사랑이 이스라엘 공동체의 조직 안에 스며드는 신성의 구조화이다. 억압받던 자가 권력을 갖게 되었을 때 다시는 억압과 지배의 악순환으로 돌아가지 않도록 구조적 윤리를 세워가는 기억의 법이다. 이 법은 은총의 근원에 반응하는 것이며, 억압의 반복을 끊고 무에서 흘러나온 첫 번째 시간, 빛과 생명을 모두를 위한 질서의 기반에 두는 안전장치다.

5. 일치 – 임재와 조화

그리고 이 원리는 광야 여정 내내 자유 의지의 지향성으로 드러난다. 즉 광야는 하나님의 주권이 작동하는 새로운 부르심에 '진정한 자신과 공동체'로 응답할 것인지 말 것인지를 계속 선택하고 육화하는 여정이다. 이 과정에서 그들은 애굽의 법 아래 배제된 생명체 즉, 기능적 인간에서 새로운 생명의 법과 질서를 받을 존재로서 노동이 봉사와 결합되고 거룩한 희생적 제의에 참여하는 신성한 자율적 존재로 형성된다. 이 점에서 하나님은 새로운 차원이 열어가는 예외 상태와 공간에서 법 자체를 다시 여는 절대적 주권자로 작동한다. 무-유의 새로운 마당은 생명의 근원이신 하나님의 개입과 주권이 직접적으로 작동되는 곳이다. 그분은 광야 여정 내내 애굽의 법을 정지시키고 새로운 법을 제정하여 훈련시키고 완성해 간다. 이스라엘의 새로운 땅과 국가 만들기는 애굽의 기준으로 볼 때 정상 상태이던 요소를 멈추고, 참 생명의 예외 상태를 내면화하고 법제화하고 공동체화하는 과정이다. 그들은 언약의 기준으로 정체성이 재호명된다. 그리고 새로운 생명의 정체성은 생명의 법적 복원과 함께 자신들과 같은 삶을 사는 이들의 해방과 구원을 위해 부름을 받는 자이다.

1) 섬과 감의 기준: 구름 기둥과 불기둥

출애굽 후 이스라엘이 부지런히 광야를 통과할 때 바로가 본래의 완악함을 회복해서 군대를 보내 이스라엘을 추격한다. 바로는 모세를 통해 나타난 재앙이 두려워서 하는 수 없이 이스라엘을 풀어줬지만 후회막급이다. 그도 그럴 것이, 그 당시 이스라엘의 노동력은 엄청났다. 애굽 전역에 공사판을 벌여놓았는데 노역하던 이스라엘 장정들이 일시에 빠져나갔으니 큰일이 난 것이다. 이스라엘로서는 앞에는 홍해, 뒤에는 애굽 군대가 쫓아오니 진퇴양난이다. 그러나 하나님이 바로 구름 기둥으로 보호하신다. 출애굽기 14장 19-20절에 바로 그 장면이 나온다.

> 이스라엘 진 앞에 가던 하나님의 사자가 그들의 뒤로 옮겨 가매
> 구름 기둥도 앞에서 그 뒤로 옮겨 애굽 진과 이스라엘 진 사이에
> 이르러 서니 저쪽에는 구름과 흑암이 있고 이쪽에는 밤이 밝으므
> 로 밤새도록 저쪽이 이쪽에 가까이 못하였더라 출 14:19-20

하나님의 사자[천사]가 뒤편으로 이동하자 구름 기둥도 뒤로 이동한다. 그 구름 기둥이 이스라엘 진과 애굽 진 사이를 가로막으니 애굽 군대

가 접근조차 할 수 없게 된다. 이런 상태에서 모세가 지팡이를 바다 위로 내밀자 바다가 갈라지고 마른 땅이 되어 이스라엘이 홍해를 건너게 된다. 그 모습을 보고 애굽 군사들이 따라 들어갔지만 이스라엘이 건너자마자 물이 다시 합쳐지면서 그들은 모두 수장된다.

이 하나님의 임재는 '지금-여기' 상황의 두려움과 불안을 넘어서고 초월한다. 그때부터 이스라엘 백성은 광야 여정에 구름 기둥과 불기둥의 움직임에 따라 진을 치고 걷게 된다. 그들은 자기 초월과 공동체를 가능하게 하는 하나님의 임재에 주도권을 맡기고 그 신호에 일치함으로써 길 없는 길을 무사히 걸어가게 된다.

광야 여정 내내 이스라엘을 인도했던 구름 기둥과 불기둥은 단지 길 표지판이 아니다. 그것은 하나님의 임재를 상징하며 새로운 리듬과 감응, 시간의 질서를 재구성한다. 그들은 언제 멈추고 언제 나아가야 할지 스스로 결정하지 않는 법을 이 임재의 기둥을 통해 배웠다. 새 차원의 존재의 '반응'은 임재에 대한 '응답'이며 일치 각도에 대한 감각을 반영한다. 새 언약의 주권자이신 하나님은 앞서가시되, 강제하거나 도구화하지 않으신다. 그분은 인도하시되 보여주시고 알게 하시고 가르치신다. 그리고 응답을 선택하게 하시고 그 결과에 책임지게 하신다.

구름 기둥과 불기둥 사이에서 이스라엘은 어둠 속에서도 영혼의 불을 밝히는 법을 배운다. 광야의 밤은 맹수들과 전갈들이 활동하는 시간이다. 그러나 어둠이 어두운 것이 아님은 불기둥이 있었기 때문이다. 흔들리지 않는 불, 그러나 불태우지 않는 불. 그 불은 외부에 있었지만 이상하게도 모세와 이스라엘의 마음 한복판에도 타오르고 있어서 모두를 연결해 주고 있었다. 낮이 되면, 하늘엔 구름 기둥이 솟았다. 기둥이 움직였고, 모두 일사불란하게 다시 발이 움직였다. 구름 기둥과 불기둥은 언제나 '멈춤과 움직임' 사이에서 굳이 해석하지 않아도 되는 코드였다. 이스라엘은 이제 굳이 일일이 길을 보고 확인하려고 하지 않아도 되었다.

> 길은 보이는 것이 아니라 밝혀지는 것이었다.
> 하늘을 보며 한 걸음씩 내디딜 때마다.

"언제 가나요?" 묻는다고 하늘은 일일이 대답하지 않았다. 모든 것은 심플했다. 그저 구름 기둥이 멈추면 함께 멈추고, 움직이면 따라서 움직이면 되었다. 움직이지 않을 때는 무심하게 주어진 일상을 감당하고 있으면 되었다. 불꽃이 선명해지면 무의 마당은 조용히 빛나며 열린 길을 가리켰다. 그곳을 비추는 것은 영혼의 불꽃이었다. 그 불꽃이 꺼지지 않는 한, 그들은 멈추지 않았다.

2) 영 안에서 무와 유, 음과 양이 조화롭게

이스라엘이 옮겨진 광야는 새로운 생명의 법이 완전히 정착되지 않은 중간 지대이며, '무'가 여전히 감도는 전환의 접속 마당場이다. 만나와 메추라기는 하늘의 은총이지만, 창고에 저장할 수 없는 한계 속에서 주어진다. 성막은 무거운 돌로 고정된 신전이 아니라 하나님의 뜻에 따라 언제든 이동할 수 있는 관계성이다. 이곳은 무無와 유有, 음과 양의 리듬이 계속 교차하며 이스라엘로 하여금 가장 근원적 존재와 연결되어 새로운 삶의 패턴을 학습하게 하는 마당이다.

이곳에서 무와 유는 넘치는 잉여의 은총에 음양으로 상호작용하며 자연스럽게 조화된다. 신의 말씀이 주어지면 [이] 순종의 마음으로 듣고 陰 실천한다 陽. 만나는 불평과 고통의 탄원 陰에 대한 응답으로, 하늘의 비가시적 은총이 구체적 식사 陽로 주어진다. 밤새 陰 내린 음식은 아침 陽에 수확한다. 보이지 않는 하나님의 영의 임재 陰는 불기둥의 빛 陽으로 드러난다. 이처럼 무에서 유로, 음에서 양으로, 그러나 다시 유가 무로 양이 음으로 돌아가는 순환 구조가 계속 반복되면서 용의 자기조직화는 점점 구체적이고 깊어진다.

언약은 고정된 법이 아니라 생명의 창조 질서와 리듬에의 참여다. 율법은 생명을 고정시키는 틀이 아니라, 하나님과 동행하기 위한 내적 정돈의 규율이 된다. 이스라엘은 이 리듬을 따라 살도록 부름을 받았고, 그들은 실패와 회복을 반복하면서도 하나님의 마당 안에 거한다. 무와 유의 마당의 원리는 그대로 이스라엘의 삶에 투영되어 [무의 경외, 말씀의 파동] → [유의 응답] → [고통과 불평, 회개와 돌이킴을 통한 음의 수동성 [그릇 만들기]] → [양의 능동적 실천]이라는 관계의 긴장 속에서 반복적으로 펼쳐지고 전개된다.

이렇듯 이스라엘의 광야 여정은 기존의 방식을 멈추고, 넘치는 선물의 방식으로 사는 법을 배우는 곳이었다. 그들은 대창조의 원리대로 먼저 듣고 공명하고 그 운동력을 가지고 실천하여 새로운 유를 창조하는 법을 배웠다. 이는 분명히 애굽의 삶과 달랐다. 그곳에서의 삶은 분명히

'활동'의 연속이었다. 이스라엘 백성은 벽돌을 굽고, 창고를 짓고, 피라미드를 쌓는 등 고된 노역의 시간을 살아내야 했다. 그곳에서의 존재는 철저히 기능적이며 수량적이었고, 그들의 이름은 역할과 맞바꾸어진 상태였다. 그러나 출애굽 이후 광야로 들어서면서, 그들은 더 이상 '일하는 도구'가 아니었다. 그들은 가장 먼저 '아무것도 하지 않고 넘치는 것을 보고 누리는 법'을 배우게 되었다. 십대 재앙에서도 그들이 거든 일은 아무것도 없었다. 죽음의 사자가 지나간 유월의 밤에도 그들이 한 일은 어린양의 피를 문설주에 바르는 일뿐이었다. 그들은 땅을 경작하지 않았고, 스스로 식량을 마련하지도 않았으며, 자신들의 질서를 만들지도 못했다. 홍해라는 위기를 앞에 두고서도 스스로 할 수 있는 일이 없었다. 겉으로 보기에 광야는 비생산의 시간, 무기력의 공간 같았지만 실은 그러나 바로 그 자리에서, 그들은 하나님이 누구인지 그리고 자신이 누구인지를 처음으로 알아가고 '되어가기'[222] 시작한다. 즉 광야 여정은 단순히 목적지를 향해 가는 기능적 정비의 과정이 아니다. 새로운 정체성을 가지게 된 존재가 근원의 인도하심을 따라 '하는 것'에서 '되는 것'으로 이동하는 참 영성 형성의 과정인 것이다.

---

222 | '되기(becoming)'는 들뢰즈와 펠릭스 가타리(Félix Guattari)의 철학적 개념으로, 주체가 고정된 정체성이나 본질에 갇히지 않고 끊임없이 변화하고 생성하는 과정을 의미한다. 이는 어떤 존재가 '무엇이 되는 것'이 아니라, 기존의 경계를 허물고 새로운 관계와 가능성을 창조하며 '생성하는 운동' 자체에 초점을 맞춘다. 이 책의 제4부에서는 이러한 '되기' 개념이 영성적 차원에서의 자기 인식 및 존재론적 변용과 만나 어떻게 연결되는지 더 자세히 논한다.

3

공동체의 자기조직화 차원

1. 구약 – 율법 공동체의 자기조직화

1) 계명의 수여: 자기조직화의 첫 원리로서의 규율

광야 여정의 시작은 출애굽이라는 격렬한 해방 사건이었다. 그러나 훈련되지 않은 집단에게 자유는 곧 혼돈으로 귀결될 수 있었다. 이스라엘 백성이 노예에서 해방되었을 때, 그들은 자율적 존재로서의 정체성이나 질서를 갖추지 못했다. 바로 이 시점에서 하나님은 계명律法을 수여함으로써 무형의 공동체를 유형의 법제화된 윤리적 구조로 이끌기 시작한다. 그 시작은 출애굽 19장에서의 시내산 언약이다. "너희는 내 백성이 되리라"라는 선언은 단순한 소속 표시가 아니라 정체성의 재구성과 새 질서의 출발이다. 이스라엘 백성은 종[노예]이라는 외적 규율은 경험했지만, 내면적 자율성과 공동체적 규율은 부재한 상태였다. 이제 계명의 수여는 신의 절대성과 인간의 자율성이 만나는 언약의 기록으로서 권위와 자유, 율법과 은혜가 교차하는 증거가 되었다.

십계명은 단순한 금지 명령이 아니다. 이는 공동체 내부의 질서와 외부 세계와의 관계를 정립하기 위한 관계구조이자 자기조직화의 기준점이다. 앞의 네 계명은 유일하신 하나님과의 관계 질서로 공동체의 근원적 방향성을 설정하는 수직축이며, 뒤의 여섯 계명은 공동체의 관계를 위한 수평축으로 구성된다. 이 계명의 두 축은 서로 조화를 이루며 서로를 검증한다. 계명은 이스라엘의 공동체를 하나로 모으는 중심적 리듬이자, 외부 충격에도 흔들리지 않는 내적 중력장의 역할을 감당한다.

2) 제의: 영적 질서와 중심

계명이 이스라엘 공동체의 내적 윤리와 정체성을 구성하는 언어적 구조였다면, 제의는 공동체 내부의 영적 질서와 감정, 기억, 의미를 보이는 장치로 재현하는 핵심 기제였다. 출애굽기 25장 이후의 내용은 이스라엘 백성이 이동하는 광야 한복판에서 성막을 어떻게 짓고 운영할 것인가에 대한 자세한 지침으로 채워진다.[223] 이것은 단순한 성소의 건축이 아니라, 하나님의 임재가 인간 공동체 안에 구조화되고, 유지되는 방식을 나타낸다.

성막은 질서 없는 광야 속 중심점이며, 하나님의 계명을 감각적으로 형상화한 신성한 '중첩 공간'이자 영적 리듬을 시공 속에 재현한 의례

---

223 | 출애굽기 25장부터 40장까지는 이스라엘이 광야를 행진하던 중, 하나님께서 모세에게 명하신 성막의 설계, 제작 그리고 봉헌에 관한 지침으로 구성되어 있다. 이 성막은 하나님의 임재가 머무는 장소이자, 이스라엘 공동체가 거룩을 유지하며 예배와 속죄를 수행하는 중심으로 기능한다. 브루스 월트키(Bruce K. Waltke)는 이를 '이동하는 신정 공동체의 중심 질서'로 평가하며, 하나님 임재의 공간이자 언약 갱신의 상징으로 읽는다. 브루스 월트키/김귀탁 옮김, 『구약신학』 (서울: 부흥과 개혁사, 2011).

의 장소다. 그 가운데 진행되는 제의는 일회성이 아닌 반복 구조를 가진다. 아침과 저녁, 매주의 안식일, 절기마다 정해진 시간의 패턴 속에서 공동체는 새롭게 상응 각도를 맞추며 조율된다. 이 반복은 공동체에 영적 질서를 새기는 리듬이며 정서적 해소와 기억의 안정, 고통의 상징적 변환과 회복의 구조로 작용한다.

제의의 핵심에는 '속죄'[224]가 있다. 속죄는 단순한 죄의 제거가 아니다. 죄에 의해 흐트러진 존재의 근원적 리듬과 질서를 회복하는 전환 행위다. 이 질서 회복은 단순한 억압이 아니라 관계 속 존재의 소명 자리 재조정이다. 성막과 제의는 각 개인이 자신의 감정과 몸, 삶의 리듬을 공동체 전체의 질서에 동기화하도록 구성되었다. 이러한 동기화는 강제가 아닌 의례적 참여와 반복을 통한 자기 조율self-tuning이다. 공동체는 동일한 패턴 속에서 자신을 재구성하고 안정화하며 각 개인은 제의에 참여함으로써 자기 감정과 의식을 공동체 질서에 접속시킨다.

3) 조직의 체계화

회의와 판례 조직은 이스라엘 공동체가 구조적 지속성을 확보하고 내적 긴장을 조정하며, 현실의 복잡성에 대응하는 조직적 힘을 갖추기 시작한 단계에 형성되었다. 이는 자기조직화가 자기 내부에서 다시 세분화되고 위계화되어 구체적인 작용 체계로 발전해 가는 분화의 원리[225]와 상통한다. 그런 의미에서 출애굽기 18장에 등장하는 모세의 장

---

224 | Leon Morris, *The Apostolic Preaching of the Cross* (Grand Rapids, MI: Eerdmans, 1955), 125-130.

225 | 분화(differentiation) 개념은 자기조직화(self-organization)된 시스템이 외부의

인 이드로의 조언은 매우 상징적이다. 모세는 백성의 모든 문제를 혼자서 처리하려 하고 있었고, 이는 곧 지도자의 번아웃과 공동체의 비효율로 이어졌다. "네가 홀로 그 일을 하면 너와 백성이 필경 기력이 쇠하리니…"출 18:18. 이 장면은 중앙 집중적 리더십에서 분산적 질서로의 전환, 즉 리더십의 자기조직화를 요구하는 시점이었다. 이드로의 제안에 따라 도입된 천부장, 백부장, 오십부장, 십부장의 제도는 단순한 행정 조직이 아니다. 이는 문제 해결과 질서 유지, 갈등 조정, 권한 위임 등 다양한 자기조직화 기능을 수행하는 임시적 행정 중심이 되었다. 이는 단일한 질서에서 복합적 질서로의 이행[226], 고정적 통제에서 조절 가능한 자율적 네트워크로의 이행이 시작되는 시점이라 할 수 있다.

또한 민수기에서는 성막 중심의 진영 구조가 등장하며 회의 조직과 예배의 리듬이 함께 연결된다. 각 지파는 정해진 위치에 진을 치고 레위인은 중앙에서 성막을 관리하며 모세와 장로들은 '회막'에서 공동체의

통제 없이 스스로 복잡성을 증가시키면서, 내부적으로 기능적 혹은 구조적으로 세분화되고 특화된 하위 시스템이나 위계가 형성되는 현상을 의미한다. 이는 단순한 형태에서 복잡한 형태로 진화하는 과정에서 나타나는 자연스러운 원리로, 각 부분이 특정한 기능을 수행하며 전체 시스템의 효율성과 적응력을 높이는 결과를 가져온다. 예를 들어, 생물학적 유기체가 세포 분화를 통해 다양한 기관과 조직을 형성하거나, 사회 시스템이 복잡해지면서 다양한 전문 직업군과 제도적 위계가 생겨나는 것을 들 수 있다. 니클라스 루만/윤재왕 옮김, 『사회의 체계이론』 (서울: 새물결, 2022).

226 | 마누엘 카스텔(Manuel Castells)은 그의 저서 『네트워크 사회의 도래(The Rise of the Network Society)』에서 현대 사회가 산업 사회의 위계적이고 중앙집중적인 구조에서 벗어나 네트워크화된 사회로 이행하고 있음을 심층적으로 분석한다. 과거의 사회는 주로 수직적이고 고정적인 위계 구조, 즉 단일한 질서와 고정적 통제에 기반했지만, 이제는 유연하고 적응력 있는 복합적 질서로 이행하고 있다는 것이다. 더 자세한 논의는 다음을 참고하라. Manuel Castells, *The Rise of the Network Society* (Malden, MA: Blackwell Publishers, 1996).

방향과 판단을 수행한다. 이는 의례적 질서와 행정 조직이 하나의 호흡으로 연결되는 통합적 시스템이며, 중심의 회전축道인 성막 주위에 질서가 체계적으로 조직화된 구조다.

흥미롭게도 민수기 11장에서는 성령이 장로들에게 임하여 예언하는 장면이 나온다. 이는 제도화된 회의 조직 속에서도 여전히 예언적 영의 역동이 함께 존재해야 함을 보여준다. 리더십은 제도화될수록 경직과 보존성이 강해지나, 자기조직화는 새로운 흐름과 진동을 내부에 수용할 수 있을 때만 지속된다.[227] 이처럼 형식화된 조직 안에 예언의 기류가 흐르는 것은 체계화가 고정된 시스템이 아니라 지속적으로 근원에서 오는 여백과 '흔들림'을 통해 생명력이 살아 있는 구조여야 함을 보여준다.

4) 군대와 전쟁: 외부 충격에 대한 자기방어적 조직화

이스라엘의 광야 여정에서 가장 강력한 자기조직화는 군대의 형성이다. 이는 단지 전투의 효율성을 위한 조직이 아니라 공동체의 정체성과 생존, 약속의 땅으로의 이행을 위한 자기수호적 시스템의 완결이라고 할 수 있다. 생명의 지속은 외부 교란을 견디고 조절하는 탄성 있

---

227 | Edwin H. Friedman, *Generation to Generation: Family Process in Church and Synagogue* (New York: Guilford Press, 1985), 220–225. 에드윈 프리드먼(Edwin H. Friedman)은 시스템 이론(Bowen Family Systems Theory)을 교회와 조직 리더십에 적용하면서, 제도화된 리더십이 감정적으로 어떻게 경직되고 폐쇄적이 되는지, 자기 분화(differentiation of self)와 자율적 역동성이 어떻게 건강한 조직을 유지하는 핵심인지를 설명한다. 그는 특히 불안(anxiety)이 높아질수록 시스템이 과거를 반복하려는 경향을 보이며, 변화를 수용하지 못하는 조직은 경직된다고 주장한다.

는 구조로부터 나온다. 민수기 1-2장에 나타나는 인구 조사와 군대 편성[228]은 이스라엘의 자기조직화가 공간적 질서에서 전략적 질서로 이행했음을 보여준다. 각 지파는 진영을 따라 배열되고, 출정 순서와 행진 방식, 이동 시 진영 재구성 등이 상세히 규정된다. 이는 공동체가 외부 위협에 유기적으로 대응할 수 있는 체계를 갖추었다는 의미다. 이스라엘의 전쟁은 하나님의 뜻에 의한 거룩한 성전 聖戰[229]으로 규정된다. 제사장이 나팔을 불며 출전 신호를 주고, 이때 승패의 여부는 군사력보다 '언약 관계의 질'에 달려 있다. 전쟁 후 정결 예식과 재배치라는 의례의 수행은 전쟁이 질서의 파괴가 아니라, 신성한 재질서화의 의례로 기능한다는 것을 보여준다. 성막을 중심으로 한 진영의 배치도는 중심의 진동이 바깥으로 퍼질 때 전체 구조가 흔들리면서도 균형을 재구성하는 역동성[230]과 닮아 있다. 이스라엘 군대의 첫 전투인 아말렉과의

---

228 ㅣ Timothy R. Ashley, *The Book of Numbers* (Grand Rapids, MI: Eerdmans, 1993), 45-55.

229 ㅣ 고대 이스라엘의 전쟁 개념은 '헤렘(חרם, herem)'과 같은 요소들을 포함하며, 이는 단순히 군사적 충돌을 넘어선 종교적이고 성례적인 성격을 지닌다. 이러한 전쟁은 이스라엘의 신앙과 긴밀하게 연결되어 있으며, 인간의 힘보다는 하나님의 개입과 명령에 따라 수행되는 것으로 이해되었다. 학자들은 이스라엘의 성전 개념이 가나안 정복 서사 (예: 여호수아서)에서 특히 두드러지게 나타난다고 설명한다. Philip D. Stern, *The Biblical Herem: A Window on Israel's Religious Experience* (Atlanta, GA: Scholars Press, 1991); Charlie Trimm, *The Destruction of the Canaanites: God, Genocide, and Biblical Interpretation* (Grand Rapids, MI: Eerdmans, 2018); Patrick D. Miller, *The Divine Warrior in Early Israel* (Cambridge, MA: Harvard University Press, 1973), 150-155.

230 ㅣ 이것은 임재가 있는 성막이 중앙에 배치되고 주변에 다른 질서가 배치되는 점에 중요한 시사점을 제공한다. 학문적으로는 비선형 동역학, 카오스 이론 그리고 자기조직화 임계성(self-organized criticality) 등의 분야에서 탐구되며, 철학적으로는 메를로-퐁티의 장(field) 개념에서도 발견된다. 자기조직화 임계성은 복잡계 이론(complex system theory)에서 중요한 개념으로, 한 시스템이 외부에서 에너지를 받아들이는 과정에서 내부적으로 자율적 질서(질서 속의 무질서)를 형성하게 되는 현상이다. 이때, 중심에서 일

전쟁은 군사적 충돌을 넘어서는 존재의 시험이었다. 모세가 손을 들 때 승리하고 내릴 때 패하는 이 상징은, 영적 전쟁의 본질이 힘의 충돌이 아니라 정체성과 신뢰의 투쟁이라는 것을 의미한다. 공동체는 전투를 통해 자신들의 믿음과 공동체성 그리고 미래에 대한 의지를 다시 확인하게 된다. 민수기 후반부와 여호수아서에 이르면 이스라엘은 실제 전쟁을 통해 약속의 땅을 점령하게 된다. 이때 중요한 것은 전쟁이 단지 외부의 점령이 아니라 내부의 일치 및 완성과 연결된다는 점이다.

어난 미세한 변화나 진동이 시스템 전체로 퍼지며 규모 없는 붕괴(scaleless avalanche) 또는 창발(emergence)을 일으키지만, 그 시스템은 무너지지 않고 새로운 균형 상태로 자가 조정(self-tuning)된다. Per Bak, *How Nature Works: The Science of Self-Organized Criticality* (New York: Copernicus, 1996), 33. ("In self-organized critical systems, small fluctuations at the center can propagate throughout the structure, triggering cascades of reconfiguration, while preserving overall coherence.") 또한 비선형 동역학에서는 중심의 미세 진동이나 에너지 교란이 비례적으로만 영향을 주지 않고, 비선형적 방식으로 전체 패턴과 위상을 변형시킨다. 이때 시스템은 일시적으로 불안정해지지만, 일정한 경계 조건과 피드백 구조 안에서 새로운 균형 위상(attractor)으로 이동한다. 이는 혼돈을 통한 질서 형성이라는 핵심 원리를 포함한다. Ilya Prigogine and Isabelle Stengers, *Order Out of Chaos*, 285. ("Instability at the core of a dissipative structure does not always lead to collapse, but can generate new order via fluctuations.") 양자장 이론(Quantum Field Theory)에서는 진공 상태에서조차 장(field)이 완전히 정지된 것이 아니라 끊임없이 진동하고 교란(fluctuation)하는 것으로 설명된다. 한 지점에서의 진동은 비국소적(nonlocal)으로 퍼져나가며, 전체 장의 구조를 동시에 재조정한다. 이 진동은 특정 입자의 생성이나 상호작용을 유도할 수 있고, 그 과정은 전체 장의 위상적 균형을 유지하면서도 재조직화된다. David Bohm, *Wholeness and the Implicate Order* (London: Routledge & Kegan Paul, 1980), 176. ("In a quantum field, any localized disturbance affects the whole. The system reorganizes itself holistically through internal resonances.") 메를로-퐁티는 인간 지각과 세계의 상호작용을 '장(field)' 개념으로 설명하며, 특정 감각적 중심의 흔들림이 전체 지각 구조를 움직임 속의 균형으로 재조직한다고 본다. Maurice Merleau-Ponty, *The Visible and the Invisible*, trans. Alphonso Lingis (Evanston, IL: Northwestern University Press, 1968), 149. ("Every center of tension in the flesh of the world reverberates through the field, displacing and restoring a balance not as symmetry, but as dynamic coexistence.")

불평과 불신에서 시작한 광야 공동체는 계명-제의-행정 조직-군사적 방어 체계를 거쳐 하나님의 뜻에 온전히 일치하는 자기조직화된 공동체로 거듭나게 된다.

5) 도강 이후의 완성: 할례, 정복, 분배의 구조

이스라엘의 자기조직화는 광야에서 끝나지 않는다. 오히려 요단강을 건너 도달하는 새 땅에서 다시 시작되며, 언약의 땅 가나안에서 정착하게 될 때 정체성을 조직화하는 과정이 완성에 이른다. 할례[231]는 자기 존재를 다시 새기는 언약의 표징이다. 요단강을 건넌 후 여호수아는 모든 백성에게 다시 할례를 행한다수 5장. 전쟁을 앞둔 집단 할례는 위험해 보이지만 공동체 전체가 어둠과 경계를 긋는 행위이며, 애굽의 수치를 벗고 능동적 언약의 주체로 거듭나는 전환 의례이다. 또한 언약궤를 중심으로 요단강을 건넌 사건은 집단의식이 새로운 차원으로 진입했다는 것을 의미한다. 이 도강 사건은 물의 범람 속에서도 제사장들이 언약궤를 앞세워 물속을 밟고 섬으로써, 혼돈chaos 속에서도 언

---

231 | 고대 이스라엘 백성의 가나안 땅 정착은 단순한 지리적 이동을 넘어선 복합적인 정체성 형성 과정이었다. 광야의 유목 생활을 끝내고 정착민 사회로 전환하는 것은 그들의 사회적, 종교적, 정치적 질서를 근본적으로 재편하는 의미를 지녔다. 이러한 전환 과정에서 할례는 핵심적인 역할을 수행했다. 할례는 아브라함에게 주어진 언약의 표징(창 17:9-14)으로서, 이스라엘 백성이 하나님과의 특별한 관계 속에 있음을 육체에 새기는 의례였다. 특히 여호수아서에 기록된 길갈에서의 대규모 할례 사건(수 5:2-9)은 광야에서 태어나 할례를 받지 못했던 새로운 세대가 가나안 입성 직후 언약을 갱신하고, 자신들이 약속의 땅의 기업을 받을 자격 있는 언약 공동체임을 재확인하는 결정적인 의례였다. 할례는 개인과 집단의 존재를 하나님의 언약 아래 다시 각인시키는 행위로, 정착을 통한 이스라엘의 공동체적 정체성 조직화가 완성되는 상징적 순간으로 이해될 수 있다. J. A. 모티어 외/김순영 외 옮김, 『IVP 성경주석: 신구약합본』(서울: 한국기독학생회출판부, 2010), 331-332 (여호수아 5:2-9 주석 참고).

약을 신뢰하며 도강하는 집단적 예배 행위를 보여준다. 언약궤를 앞세워 물속을 밟고 건너는 행위는 광야 여정을 통해 집단 무의식이 온전히 정화되었음을 보여준다.

공동체는 도강 시 [중심 언약궤 → 제사장 → 백성]의 순서로 나아감으로써 '질서화된 흐름' 속에서 다음 차원으로 진입한다. 그리고 미디안 연합군과의 전투 이후 각 지파는 땅을 분배받는다. 이는 단순한 토지의 소유 문제가 아니다. 각 지파가 공동체 전체 구조 안에서 자기 위치를 배정받고 노마드적 정체성에서 정착 공동체로 전환하는 의례다.[232] 여기서 주목할 것은 분배가 제비뽑기 [우연]와 계통 [질서]이 동시에 작동하는 구조라는 점이다. 이는 예측 불가능한 변화 속에서도 보이지 않는 힘과 보이는 질서의 균형을 유지하는 방식이며, 각 지파는 땅을 소유함으로써 자기 몫의 현실성과 책임을 부여받게 된다. 즉, 기업 분배는 소명의 자리매김이자 영토화된 정체성의 완성이다.

이 완벽한 일치는 여리고 성 전투에서 그 진가가 드러난다. 이 전투는 일반적인 무력의 충돌이 아니라, 시간과 공간을 성화시키는 의례적 전술을 통한 승리로 특징지어진다. 칠 일 동안의 행진, 매일 한 번씩 성 주위를 도는 반복, 마지막 날 일곱 번의 행진과 나팔 소리 그리고 함성. 이 전투 방식은 고대 근동의 어떤 전투 양식과도 다르며, 마치 창세기 1장의 첫 기원을 보는 듯하다. 집단이 하나가 되어 말씀에 일치하며 운

---

232 ┃ Walter Brueggemann, *Theology of the Old Testament: Testimony, Dispute, Advocacy* (Minneapolis: Fortress Press, 1997), 280-285. 특히 '땅(land)' 개념과 이스라엘의 정착 과정에 대한 논의를 참고하라.

행하고 큰 함성의 분출이라는 공진을 통해 벽을 무너뜨린 사건은 첫 창조의 재현이라 할 수 있다. 여리고 전투는 집단의식의 파동이 구조물의 진동수와 공명할 때 생성되는 우주적 역동의 힘[233]을 보여준다.

2. 구약과 신약 공동체의 자기조직화 차이

광야의 이스라엘 공동체와 신약의 초대 교회는 모두 하나님과의 언약과 만남을 토대로 형성되었지만, 그 형성과 구조의 방식은 전혀 다른 차원을 가리킨다. 구약 공동체는 계명 중심의 외적 질서였다. 이는 성부 하나님의 계시를 기반으로 하며, 하나님의 임재는 구름 기둥과 불기둥, 만나, 율법의 전달 등 외적 징조로 나타났다. 공동체는 순례자처럼 길을 걷지만 리더십은 모세·아론·장로 등 위계적 구조를 따랐다. 이 시기에는 성자와 성령의 현현이 감추어져 있었고 질서는 지시와 복종을 통해 유지되었다. 반면 신약의 초대 교회는 십자가·부활·성령 강림이라는 사건을 통해 시작된다. 이는 삼위 하나님이 온전히 드러난 통합적 계시의 출발로부터 시작되며, 예표적이고 외적인 계시는 내적이고 관계적이며 총체적인 현존으로 전환된다.

초대 교회는 은사 중심의 유기적 공동체였다. 초대 교회의 자기조직화는 복음의 메시지와 성령의 감동에 따라 자발적으로 모이고 공동체적으로 검증되고 다시 흩어져서 진리를 전하는 구조였다. 그 구조는 단

---

233 l Walter Brueggemann, *Theology of the Old Testament*, 350-355.

선적이지 않으며, 입체적이고 유기적인 질서 안에서 각 지체가 은사에 따라 기능을 발현한다. 이 질서는 '조직'이 아니라 존재 간의 연결과 공명에 가까운 흐름이다. 구약과 신약의 공동체 조직은 계시의 방식, 하나님 현현의 깊이, 관계의 조직 원리, 공동체의 시간 감각과 목적의식에서 통합적인 차이가 존재했다. 이는 단지 외적 구조의 변화만이 아니라 중심의 근원과 방향성 자체가 다르게 작동하기 시작했음을 보여준다.

또한 광야 이스라엘의 공동체 형성은 애굽 탈출이라는 외부적 사건과 생존 중심의 목표 위에 구축되었다. 공동체의 질서는 율법과 제사 제도를 중심으로 유지되었으며, 목적은 '약속의 땅 도달'이라는 실존적 과업에 집중되었다. 그러나 이들은 자주 과거였던 이집트 시절의 안정과 향수에 사로잡혔다. 외부적 환경과 율법으로 지켜지는 공동체는 위기가 닥치면 곧 익숙하고 안정된 질서와 환경으로 회귀하려는 유력의 방어 기제가 작동되기 마련이다.

이에 반해 초대 교회는 내면에서 솟아오른 은혜와 사랑, 성령의 역사에 의해 자연스럽게 형성되었다. 박해와 고난 가운데서도 공동체는 흩어지고 나누며 복음을 전했으며, 그 동력은 생존이 아니라 십자가를 따르는 존재적 순종과 복음의 확장이었다. 이는 초대 교회 공동체가 단순히 기능적 응집이 아니라, 사도들을 중심으로 강력한 성령이 이끄는 창발적 구조로 전환되었음을 보여준다.

그 외에도 광야의 이스라엘은 열두 지파라는 혈연적 기반 위에서 조직되었으며, 법과 의식 중심의 경계로 공동체의 정체성을 유지하였다. 모세와 아론, 제사장 중심의 위계적 리더십 구조는 공동체 내 질서를 담당했지만, 내부의 성숙과 내면화된 자율성은 부족했다. 반면 초대 교회는 민족과 혈연을 넘어서는 초국가적·초민족적 공동체로서, '오직 그리스도' 안에서의 형제자매 됨을 통해 연결되었다. 이는 각자가 성령에 따라 받은 은사를 통해 교회를 세우는 방식으로 나타났으며, 직분이나 역할은 기능에 따른 다양성과 수평적 분배를 전제했다. 즉, 초대 교회의 자기조직화는 예수 그리스도를 머리로 하여 지체들의 연합이 그 몸을 이루는 방식으로 전개되었다.

또한 광야 이스라엘은 뚜렷한 목적지인 '약속의 땅'을 향한 순례적 공동체였다. 그들의 시간은 과거의 탈출과 미래의 정착 사이에 있었으며, 그 목적의 지연으로 인해 끊임없는 시험과 불평으로 인내의 시간을 통과하고 있었다. 반면 초대 교회는 이미 예수 그리스도 안에서 하나님 나라가 시작되었음을 고백하며, '이미 이루어진' 종말과 '아직 완성되지 않은' 종말 사이에서 넘치는 현재를 살았다. 그들의 시간 감각은 내재된 미래로서 현재 안에 임한 종말론적 현실을 체현하는 것이었으며, 이는 공동체 내부의 자기조직화가 미래를 예비하는 예표적 현실이 되도록 만들었다.

요약하자면, 광야 이스라엘의 자기조직화는 외적 율법과 권위, 생존과 땅의 소유라는 목적 아래에서 형성된 단선적 구조였다. 이 구조는 삼위 하나님의 계시가 제한되고 은폐된 상태에서, 주로 성부 하나님의 명령과 징계에 따라 움직였다. 반면, 초대 교회의 자기조직화는 성자와 성령이 역사 속에 드러난 입체적 계시의 완성 속에서, 각자의 내면 깊이에서 우러나는 자유와 은혜에 기반하여 창발 되었다. 이 공동체는 삼위 하나님의 내적 질서와 교통을 지상에 구현하는 입체적 공동체였으며, 자기조직화는 단순한 기능 분화가 아니라 차원 간의 연합이 이루어지는 근원적 질서였다.

이러한 구도 속에서 신약의 공동체는 단지 하나의 이상이 아니라 창조적이고 확장 가능한 생명 구조의 원형으로 작용한다. 자기조직화는 성령의 인도에 따라 각자가 자신을 넘어서도록 견인하는 차원 전환의 과정이며, 무아無我 의 길과 연결된 존재의 재구성이라 할 수 있다.

3. 전환의 접속면 – 구약과 신약 사이의 역사적 예수 공동체

기원 전환의 접속면이자 메시아적 현재인 역사적 예수의 제자 공동체는 광야 이스라엘과 초대 교회를 잇는 전이적 공동체다. 그들은 성자 하나님이 육신을 입고 현현하신 시점에 형성되며, 부활의 몸과 인격적 관계를 통해 계시를 경험했다. 하지만 성령 강림 이전의 공동체였기에 구성원들은 여전히 혼란과 오해 속에서 메시지를 받아들이고 있었다. 그들은 몸의 동행과 실천을 통한 제자화를 중심으로 조직되었으나, 내부적으로는 여전히 갈등·야망·의심이 존재했다.

역사적 예수의 제자 공동체는 '메시아적 현재'에 집중된 시간을 살았다. 그러나 왕국 도래에 대한 유력 중심의 오해에서 완전히 벗어나지 못했다. 그럼에도 그들은 예수를 통해 자기 초월을 배워가는 전환의 시작점에 있었다. 특히 십자가 죽음과 부활은 영원한 시간을 열어젖힌 사건이었고, 그 체험은 이후 성령 공동체의 탄생을 위한 기반이 되었다.

초대 교회는 이 모든 여정을 통과하여 성부 하나님의 계획, 성자 예수의 인격적 현현, 성령의 내적 임재가 완전하게 드러난 삼위일체 계시의 현현에서 출발한다. 이 초기 공동체는 외적 계율을 지키고도 남았는데, 내면에서 우러나는 사랑과 은사, 자기 초월과 상호 섬김의 질서로 조직화 되었기 때문이다. 자기조직화는 이제 혼돈에서 질서로의 단순한 이동이 아니라, 존재의 구조 자체가 근원으로부터 새롭게 조직되는 차원 전환의 실재가 된다. 이들은 차원이 다른 질서—삼위 하나님의 내적 관계를 닮은 입체적이고 생성적인 공동체를 세상 속에 드러내는 존재로 설 기반을 가지게 되었다.

4
어둠의 자기조직화

1. 불완전한 창조의 이유, 인간의 자유와 책임 실현

창세기 1장과 2장의 창조는 전혀 다른 양상을 띤다.[234] 창세기 2장은 빛과 물의 근원적 질서_{창 1장}로 시작된 창조와는 다른 시공의 배치로 시작된다. 땅은 여전히 황폐하고 식물이 나지 않은 상태이며, 하늘과 물 사이의 균형 또한 정제되어 있지 않다. 여기에 인간은 하나님의 형상으로서 창조되어_{בָּרָא, created} 다스리는 존재가 아니라, 땅에서 난 흙으로 지음 받아_{יָצַר, formed} 하나님의 숨결을 통해 존재로 일어난다. 인간은 하나님의 호흡

---

234 ▌ 창세기 1장과 2장의 창조 기사는 표면적인 차이로 인해 오랜 논쟁의 대상이었다. 1장은 우주적이고 질서 정연한 창조 과정을 연대기적으로 서술하며 하나님의 초월성과 전능함을 강조하는 반면, 2장은 인간 중심적이고 관계적인 관점에서 아담의 창조, 에덴 동산 그리고 인간의 책임을 세밀하게 묘사한다. 특히 2장에서는 인간이 '땅의 흙'으로 지어졌다는 점과 '하나님의 숨결'을 통해 생명이 되었다는 점이 강조되어, 인간의 유한성과 동시에 신적 생명력의 주입이라는 독특한 존재론적 특성을 드러낸다. 이러한 차이는 두 기사가 서로 보완적인 신학적 메시지를 전달하며, 창조의 다양한 측면과 인간 존재의 복합성을 조명하려는 의도를 지녔음을 시사한다. 이에 대한 자세한 논의는 다음을 참고하라. Bruce K. Waltke, *Genesis: A Commentary* (Grand Rapids, MI: Zondervan, 2001); Gerhard von Rad, *Old Testament Theology*, vol. 1, *The Theology of Israel's Historical Traditions*, trans. D. M. G. Stalker (Louisville, KY: Westminster John Knox Press, 2005).

을 받아 생기를 유지하지만 1장의 완전한 존재, 하나님의 형상으로 다스리는 존재는 아니다.

이 세계는 빛의 질서에 합류하지 않은 '무의 환원 공간'이며, 무의 속성 중 일부를 취해 자기중심적으로 살아가는 실상을 보여준다. 동시에 이 어둠의 마당은 자기조직화의 명령이 내려지기 전, 최초의 시간 및 공간과 상관없이 스스로 자기조직화 한 시도들을 보여준다. 그 결과 땅은 황폐하고 땅으로 내려온 신은 노동할 경작자로서의 인간이 필요하다. 또한 흙에서 난 인간은 다스리는 존재라기보다는 땅을 경작하고 동물에게 이름을 부여하며 노동과 해석을 통해 질서를 회복하려는 존재로 등장한다. 이 마당은 근원의 시간과 공간이 조성되지도 그 경계 안에 있지도 않은 채 무가 스스로 자기조직화를 시작한 곳이다. 하나님은 이곳조차 외면하지 않으시고 이 '불일치'에 맞게, 새로운 방식으로 접근하신다.

이러한 차이는 창세기 1장과 2장의 인간 창조에도 존재한다. 이 두 장면은 각각 다른 차원에서 인간을 바라보며, 전체 창조 질서의 이중 구조와 함께 내면적 과제를 드러낸다. 창세기 1장의 인간은 다스리는 존재로서 창조의 마지막에 등장한다. 그는 하나님의 형상צֶלֶם אֱלֹהִים을 따라 지어진 존재로, 이미 모든 생명 질서가 정돈된 상태에서 '바다의 고기와 하늘의 새와 온 땅을 다스리는' 권한을 부여받는다. 여기서 형상이라는 말은 단순히 외형이 아니다. 하나님의 성품·통치·창조·관계·책임의 성격이 위임된 존재라는 뜻이며, 그로 인해 인간은 공동 관리자로 등장한다. 반면, 창세기 2장은 전혀 다른 구조를 보여준다. 이 장에서는 땅이 황폐하고,

생명은 아직 존재하지 않으며, 인간은 흙אֲדָמָה으로 지음 받고 하나님의 숨נְשָׁמָה이 들어와야만 살아난다.

> 여호와 하나님이 땅의 흙으로 사람을 지으시고 생기를 그 코에
> 불어 넣으시니 사람이 생령이 되니라 창 2:7

이 인간은 자연과 신 사이에 놓인 경계적 존재다. 하나님의 숨이 없다면 그는 단지 흙이며, 생명은 흙 자체가 아니라 생기에 의해 주어진 것이다. 그리고 하나님은 이 인간에게 에덴 동산을 맡기되, 생명나무와 선악과를 구분하고 선악과는 먹지 말라는 명령[경계]을 준다. 이러한 이중 구조는 성서적 모순이 아니라 인간 존재의 이중성에 상응한다. 즉 영적 위임을 받은 형상성과 존재론적 유한성이 함께 있는 2장의 특성이 그대로 드러나는 것이다.

창세기 1장과 2장의 모순을 두고 많은 논쟁이 있어 왔다.[235] 창조를 마

---

235 ▍ 창세기 1장과 2장 간의 차이와 그로 인한 해석적 논쟁은 현대 성서 비평학의 발전과 함께 더욱 심화되었다. 초기 근대 비평학자들은 이 차이를 문서 가설의 주요 근거로 삼아 두 본문이 서로 다른 문학적 출처에서 유래했다고 보았다. 그러나 최근에는 이러한 문헌 비평적 접근을 넘어, 두 본문이 신학적 의도를 가지고 병치된 문학적 구성이라는 통합적 관점 또는 고대 근동 세계관과의 비교를 통해 그 의미를 탐구하려는 시도들이 활발히 이루어지고 있다. 대표적인 관점 네 가지를 살펴보자면 다음과 같다. 첫째, 문서 가설은 창세기 1장과 2장이 각각 다른 전승과 문서에서 유래한 독립적인 이야기로 본다. 이 관점에 따르면, 창세기 1장은 질서 정연하고 우주적인 창조를 서술하는 제사장 문서(P)의 산물이며, 창세기 2장은 인간 중심적이고 서정적인 언어로 하나님과 인간의 관계를 묘사하는 야훼 문서(J)에 속한다. 율리우스 벨하우젠(Julius Wellhausen)과 리처드 프리드먼(Richard E. Friedman)과 같은 학자들은 이러한 문체적, 어휘적, 신학적 차이를 중시하며 두 본문을 구별하여 해석한다. Julius Wellhausen, *Prolegomena to the History of Israel*, trans. J. Sutherland Black and Allan Menzies (Edinburgh: Adam &

치신 후 하나님이 "보시기에 심히 좋았"지만^{창 1:31} 2장에서 땅은 황폐하고 인간은 아직 혼자이며 질서는 부재한 상태다. 이는 단순히 시간

Charles Black, 1885); Richard E. Friedman, *Who Wrote the Bible?* (New York: HarperOne, 1997). 둘째, 문학적 통합론은 이 두 서사를 서로 모순되는 독립적 전승이 아니라, 한 저자가 의도적으로 배치한 상보적인 관점으로 이해한다. 이 해석에 따르면, 창세기 1장은 하나님의 초월성과 전능함, 창조의 질서와 선함을 강조하며 전반적인 창조의 청사진을 제시한다. 반면, 창세기 2장은 하나님의 내재성과 인간과의 친밀한 관계를 강조하면서 인간의 소명과 책임을 부각시킨다. 월트키와 존 월튼(John H. Walton) 같은 학자들은 이 두 이야기가 각각의 강조점을 통해 하나의 통합된 신학적 메시지를 전달하는 문학적 장치로 기능한다고 본다. Bruce K. Waltke, *Genesis: A Commentary*; John H. Walton, *The Lost World of Genesis One: Ancient Cosmology and the Origins Debate* (Downers Grove, IL: InterVarsity Press, 2009). 셋째, 상징적·비유적 해석은 두 본문을 문자 그대로의 역사적 기록으로 보기보다는, 하나님의 진리를 상징적이고 비유적인 방식으로 전달한 신학적 서사로 읽는다. 이 관점에서 창세기 1장은 고대 근동의 창조 신화에 대한 신학적 응답으로서 혼돈 속에 질서를 세우시는 하나님의 주권을 선언한다. 창세기 2장은 인간 존재의 본질, 땅과의 관계, 하나님과의 친밀한 교제를 중심으로 인간의 사명과 정체성을 이야기한다. 월터 브루그만(Walter Brueggemann)과 게르하르트 폰 라드(Gerhard von Rad)는 본문이 지닌 문학적 아름다움과 신학적 의미를 중시하며 이러한 해석을 지지한다. Walter Brueggemann, *Genesis*, Interpretation: A Bible Commentary for Teaching and Preaching (Louisville, KY: Westminster John Knox Press, 2010); Gerhard von Rad, *Genesis: A Commentary*, trans. John H. Marks (Philadelphia: Westminster Press, 1961). 넷째, 고대 근동 비교 해석은 창세기 1–2장을 바빌로니아의 에누마 엘리쉬나 수메르 창조 신화와 같은 주변 문화의 신화들과 비교하여 읽는다. 이 해석은 창세기가 공통적인 상징과 구조를 지니면서도 본질적으로는 그들의 다신론적 세계관을 거부하고 하나님의 유일한 주권을 드러내는 신앙 고백임을 강조한다. 월튼과 사무엘 노아 크래머(Samuel Noah Kramer) 같은 학자들은 창세기 1장이 하나님의 절대적인 권능으로 질서를 세우는 장엄한 선언이며, 창세기 2장은 인간이 흙으로 빚어지고 생기를 받아 하나님의 형상을 지닌 존재로 부름받는다는 점을 강조한다고 설명한다. John H. Walton, *Ancient Near Eastern Thought and the Old Testament: Introducing the Conceptual World of the Hebrew Bible* (Grand Rapids, MI: Baker Academic, 2006); Samuel Noah Kramer, *History Begins at Sumer: Thirty-Nine Firsts in Man's Recorded History* (Philadelphia: University of Pennsylvania Press, 1981). 이처럼 창세기 1장과 2장을 이해하는 다양한 신학적 견해들은 각각의 방식으로 본문을 해석하며, 하나님의 창조 사역의 의미를 풍부하게 드러내고 본문을 깊이 이해하도록 돕는다. 이러한 해석의 다양성은 본문이 단순한 기록 이상의 신학적 깊이를 지니고 있으며, 시대와 맥락 속에서 새롭게 읽히고 재해석될 수 있음을 보여주는 증거이다.

순서나 진술의 모순이 아니라, 창조가 의도적으로 '완성되지 않음'으로 남겨진 부분이 존재한다는 암묵적 서술이다.

인간은 다차원적 존재로 부름받았다. 인간은 완전한 질서 안에 안주하는 존재만이 아니라, 불완전한 현실 속에서도 질서를 재창조하고 형성하는 존재로 부름받았다. 자유와 책임은 미완성과 유혹 속에서도 인간이 스스로 선택하고 응답하며, 자기 존재를 공동 창조하는 참여자로 설 때 성장한다. 동산 안에 있는 생명나무와 선악과는 잔존하는 어둠을 통해 자유의 의미와 존재 각성이 일어나는 경계 지점이다. 이곳은 완성된 질서가 아니라 여전히 무에 열려 있는 가능성으로서의 경계들이다. 이 경계는 존재가 자기중심적 탐욕이 아니라 새로운 덕목, 즉 경외와 책임, 존재의 감응을 배워야 하는 훈련의 장을 제공한다.

선악과를 금지한 하나님의 명령은 시험하려는 의도만이 아니다. 그것은 인간이 불완전함 속에서도 응답하는 주체가 되어 살아가기 위한 첫 교육 과정이다. 무엇보다 인간이 경계와 질서 안에서 '살아 있는 자'로 작동하는 법을 배우는 자리이다. 생명나무는 하나님과 연결된 생명성의 흐름을 의미하고, 선악과는 판단의 주체를 인간이 스스로 되려는 유혹을 상징한다. 따라서 선악과는 단지 윤리적 금지물이 아니라 존재와 무의 경계를 설정하는 차원적 장치이며, 그 금지는 인간이 자기를 하나님처럼 세우려는 의식의 오만으로부터 자신을 보호하기 위한 경계이다.

그 경계를 지킬 때 인간은 신의 생기와 흙의 물성을 동시에 지닌 존재,

즉 영과 몸과 책임이 통합된 존재가 된다. 그러나 그 경계를 넘을 때 의식은 영에서 분리되고, 정신이 주체가 된 인간은 자기 해석과 판단의 허구 속으로 빠져든다. 이후 역사는 의식의 진화라는 이름으로 분열과 고통, 괴물화의 서사로 전개된다.

결국 창세기 2장은 결핍된 창조가 아니라 존재를 회복시키는 자리로 초대하는 마당이다. 선악과의 금지는 생명을 제약하는 제한이라기보다 인간이 자기 위치를 인식하고 존재의 흐름에 감응하도록 요청하는 영적 예식의 장이다. 그리고 그때 인간은 비로소 하나님의 숨과 땅의 흙이 어우러져 살아 움직이는 존재로 자라날 수 있다.

2. 신에 대한 뒷담화, 위험한 전복: 영과 분리된 정신이 주인이 되다

에덴의 대화: 최초의 메타언어와 '신에 대한 해석'의 시작

창세기 3장의 내러티브는 의식의 진화 역사와 분열 그리고 의식의 허구와 그로 인한 괴물화 과정이다. 선악과를 주제로 한 뱀과의 대화는 사피엔스의 내면적 진화와 문명사의 이중 구조가 어떻게 태동되었는지를 보여준다. 뱀은 신에 대해 오도하며 뒷담화를 시도한다. 너희도 하나님처럼 될 수 있다고 한 뱀의 말은, 접속의 마당을 고유한 생명의 흐름이 아닌 '성취와 전능, 소유의 대상으로 오도'하게끔 유혹하는 순간이다. 악한 의도를 가진 어둠이 개입되어 교란하자, 생기가 흐르던 마당에 인위적 힘이 개입되며 조화가 깨지고 결국 인간은 에덴 동산에서 추방된다. 이는 단지 처벌이 아니다. 신과의 공명에 실패한 존재, 선악과를 따먹고 더 이상 생명의 파동의 중심에 머무를 수 없는 존재가 그 빛의 공간에 머물 수 없게 되었음을 보여주는 영적 원리다.

선악과 사건은 어둠의 진화에서 가장 중요한 전환점이다. 이 장면에서 뱀은 단지 유혹자가 아니라 최초로 인간과 함께 신의 말을 해석하고 재구성하는 존재로 등장한다. 이때 뱀은 단순히 "먹어라"라고 말하지 않는다. 오히려 다음과 같이 신의 의도를 재해석하며 선동한다.

> 하나님이 정말로 '동산의 모든 나무의 열매를 먹지 말라' 하시더냐
> … 너희가 그것을 먹는 날에는 너희 눈이 밝아져 하나님과 같이
> 될 줄을 하나님이 아시느니라 창 3:1, 5

이것은 신의 말씀에 대한 의심과 왜곡, 즉 자아 중심적으로 해석하는 언어의 등장이다. 여기서 하와는 신의 말이 아니라 뱀의 말에 공명한다. 그녀는 신의 말을 인용하지만, 그것을 의심하고 왜곡하며 재구성하고 내면의 욕망과 결합시켜 자신의 행동을 정당화한다. 이러한 작용은 단순한 언어 사용이 아닌 의식의 이중화, 곧 '말에 대한 말', '현실에 대한 해석' 그리고 '자기 행동의 서사화'의 시작이다.

바로 이 지점에서 호모 사피엔스의 특징, 즉 허구의 구성 능력이 나타난다. 유발 하라리Yuval Noah Harari에 따르면, 호모 사피엔스는 허구를 믿고 공유할 수 있는 유일한 종이다.[236] 국가, 신화, 돈, 제도, 권위 등은 모

---

236 ┃ 유발 노아 하라리/조현욱 옮김, 『사피엔스』 (서울: 김영사, 2015), 65.

두 인간이 만든 상징 질서다. 이 능력은 언어를 넘어서 '사실에 대한 사실', '의미에 대한 의미'를 창조하는 메타-언어의 능력에 기초한다. 에덴동산에서 뱀과 인간 사이에 이루어진 대화는 바로 이 능력이 작동하는 최초의 사건으로 읽을 수 있다. 에덴 동산에서 뱀이 하와에게 건넨 질문은 단순한 유혹이 아니라 존재의 중심을 흔드는 질문이었다. '하나님과 같이 될 것'이라는 말은 피조물에게 창조주의 자리에 서려는 욕망을 불러일으킨다. 이 구절은 인간의 자율성과 자아로 구성된 주체 의식이 하나님과의 관계에서 어떻게 왜곡될 수 있는지를 단적으로 보여준다. 예를 들어 뱀은 신의 말에 '대하여' 객관화한답시고 의심을 촉발시킨다. "하나님이 정말 그렇게 말씀하셨을까?" 상징을 재해석한다. "선악과는 금기가 아니라 신과 같아지는 도구야." 욕망을 서사화한다. "먹으면 눈이 밝아질 거야. 너는 신처럼 될 수 있어."

여기서 '뒷담화'는 단지 도덕적 일탈이 아니다. 신의 권위에 대한 메타인지와 조작 가능성의 탐색이며, 이는 사피엔스가 가진 복잡한 상징세계와 욕망의 기원을 드러낸다. 의식과 왜곡된 욕망의 결합은 어둠이 자유를 왜곡하는 중요한 매개체다. 이는 다음의 변화 양상을 보인다. 그것은 단순한 신뢰의 관계에서 판단하고 재해석하는 존재로, 자연적 생명에서 상징적 욕망의 생명으로, 존재 그대로 있음에서 '되어야 할 나'를 상상하는 존재로의 변화다. 즉, 인간은 선악과 사건을 통해 신이 제시한 질서의 언어를 자신이 해석 가능한 대상물로 만들고, 자신만의 해석 구조를 도입한다. 이로써 욕망은 단순한 결핍이 아니라 상징 질서 내에서 생성되는 '구조적 욕망'이 된다. 즉 뱀과 하와의 대화는 단지 금단의 열매를 먹는 행위로의 초대가 아니다. 의식 [신의 뜻을 해석하는 능력] 과 욕망[신처럼 되고 싶은 상징적 충동]이 결합되어 현실을 허구로 재조직하는 능력이 출현하게 된 소통의 능력과 왜곡이다.

따라서 선악과 사건은 단지 도덕적 타락 이야기가 아니라 사피엔스적 의식의 탄생 신화다. 이는 최초의 전복, 곧 영spirit과 정신mind의 분리가 일어난 의식 차원의 단절 사건이다. 신의 말을 곧이곧대로 따르던 상태에서 벗어나 그것을 해석, 의심, 변형할 수 있는 존재가 된 인간은 이제 스스로 책임져야 하는 자유와 고통의 여정에 진입하게 된다. 이는 하라리 식으로 말하면 '허구를 믿고 공동으로 행동할 수 있는 존재'로의 출현이다.[237] 이것은 해석 가능성과 욕망의 구조를 가진 의식 존재의 시작이며, 자기 존재를 신으로부터 분리하여 서사화하는 죄의 시작이다. 하나님은 선악과를 먹은 인간에게 이렇게 진술하신다.

> 이제 그가 우리 중 하나 같이 되어 선악을 아는 일에 우리와 같아졌으니… 창3:22

이 선언은 인간이 신성과 동일해졌다는 찬사가 아니다. 오히려 영의 흐름에서 분리되어 스스로 신이 되려는 욕망을 의식으로 고착시킨 상태, 즉 자기 인식의 중심을 본래적 생명의 통전적 흐름이 아니라, 자율적 판단과 분별의 정신에 두게 된 상태를 의미한다. 이때부터 인간은 영과의 공명 없이 선과 악을 자의적이고 부분적으로 판단하게 되었고 그 결과 자신 안에서 끊임없는 분별과 갈등, 옳고 그름의 투쟁, 선택과 회

---

237 ┃ 유발 노아 하라리, 『사피엔스』, 65.

피의 의식적 전쟁을 시작하게 되었다.

의식의 분리는 '신처럼 되려는' 자아의 탄생을 불러왔다. 이 사건은 진화 심리학적 관점에서도 사피엔스 의식의 기원과 구조적 유사성을 가진다. 인류는 생존의 압력 속에서 점차 상징화 능력과 의식의 복잡화를 획득했지만 그 의식은 동시에 실재와의 분리, 경험의 조작화, 의미의 허구화를 동반하였다. 하라리는 이 현상을 다음과 같이 표현한다.

> 사피엔스는
>
> 실재와 상관없는 허구의 이야기들을 믿기 시작했다.
>
> 그 믿음은 협력을 만들었지만,
>
> 동시에 진실에서 멀어지게 했다.[238]

창세기 3장에서 선악과를 먹은 인간이 벌거벗었음을 '깨닫고' '숨는' 장면은 의식이 자기 자신을 대상화하고 조작하는[239] 이중 구조를 획득

---

238 | 유발 노아 하라리, 『사피엔스』, 65-66.

239 | 언어학에서 대상화(objectification) 이론은 언어가 인간의 사고와 인식을 어떻게 형성하고 조작하는지 설명하는 중요한 관점 중 하나다. 이 이론은 인간이 언어를 통해 세계와 자신을 객관화된 대상으로 인식하고 조작하는 능력을 발달시켰다고 본다. 즉, 언어는 단순히 사물을 지칭하는 도구를 넘어, 개념을 형성하고, 복잡한 추상적 사고를 가능하게 하며, 나아가 우리가 특정 대상을 인지하고 경험하는 방식을 구조화한다. 언어학자들은 언어가 현실을 구성하는 방식에 주목한다. 예를 들어, 특정 단어를 사용함으로써 우리는 어떤 현상을 특정 범주 안에 가두거나, 비인격적인 것으로 만들거나, 혹은 조작 가능한 대상으로 변형시킬 수 있다. 이러한 과정에서 인간의 의식은 외부 세계뿐만 아니라 자기 자신까지도 언어를 통해 대상화한다. 우리가 자신을 '나'라고 부르고, 자신의 감정이나 생각, 신체를 분리된 대상으로 인식하는 것 자체가 언어적 대상화의 결과인 것이다. 창세기 3장의 서사는 이러한 언어학적 대상화 이론과 맞닿아 있다. 선악과를 먹기 전의 아담과 하와는 벌거벗었어도 부끄러워하지 않았다. 그러나 선악과를 먹은 후 '눈이 밝아져' 자신

했다는 것을 상징한다. 그 순간부터 인간은 존재로 사는 것이 아니라, 분열된 의식으로 해석하고 판단하는 존재가 되었다.

이후 인류의 진화사는 존재와의 연결은 상실한 채 정신적 자율성만을 과도하게 키운 역사로 왜곡된다. 기술과 문명은 급속도로 발전하지만, 그 내부는 영적 공허와 내면 분열, 실재의 상실로 가득 찬다. 이 흐름은 내면화된 통제적 자아를 탄생시킨다. 그 결과 선악을 스스로 판단하고 내부에 감시자를 구축하며, 자신의 욕망조차 자기 안에서 정죄하거나 조작하게 된다. 상징은 과잉되고 실재는 희미해진다. 말과 기호, 제도와 종교, 이념이 영의 감응보다 앞서게 된다. 사피엔스는 더 이상 공명하며 사는 존재가 아니라 분석하고 쪼개고 설명하는 존재가 된다. 영과 단절된 그의 정신은 무無의 깊이를 감지하지 못한 채 허구와 이념으로 존재의 심연을 덮어버린다. 그러나 억눌린 무는 불안, 우울, 공격성, 파괴욕의 형태로 되돌아온다. 정신은 자기 자신을 끝없이 반영하고 정당화하지만 실재와 접속하지 못한 존재는 자기 복제된 허구 위에

들의 벌거벗음을 '알게' 되면서, 그들은 자신의 몸을 외부의 시선과 규범에 비추어 '대상화'하기 시작한다. 이 '앎'은 언어와 인식을 통해 자신을 분리된 대상으로 바라보고, 그 대상화된 자신을 숨기려는 행위로 이어진다. 이는 인간 의식이 언어를 통해 자기 자신을 객관화하고, 이를 바탕으로 자율적인 동시에 자기 조작적인 존재로 변모했음을 상징적으로 보여주는 장면으로 해석될 수 있다. 특히 푸코의 담론 이론이나 비트겐슈타인의 언어 게임 이론 등은 언어가 주체와 객체를 구성하고 사회적 실재를 형성하는 방식에 대한 중요한 관점을 제시한다. 본문에서 언급된 창세기 3장의 서사는 이러한 언어적 대상화가 인간 의식에 미치는 영향을 신학적, 영성적으로 해석하는 맥락에서 활용된다. 언어학적 대상화 이론은 인지 언어학, 철학적 언어학, 사회언어학 등 다양한 분야에서 논의된다. 이에 대해서는 다음의 저서를 참고하라. Michel Foucault, *Discipline and Punish: The Birth of the Prison*, trans. Alan Sheridan (New York: Vintage Books, 1995); Ludwig Wittgenstein, *Philosophical Investigations*, trans. G. E. M. Anscombe, P. M. S. Hacker, and Joachim Schulte, 4th ed. (Oxford: Blackwell Publishing, 2009).

군림하는 괴물적 주체성으로 진화한다.

결국 인간은 자기 판단으로 존재를 지배하려다 의식의 허구 속에서 자신을 갉아먹는 괴물이 된다. 자기 안의 심연을 두려워하며 무를 삭제한 문명을 만들지만, 그 문명은 무의 외면으로 인해 늘 재앙과 붕괴의 회귀선을 반복한다. 이는 창세기 이후의 모든 역사와 연결된다. 가인이 아벨을 죽이고 동쪽으로 떠나는 이야기는 영과 분리된 자의 폭력과 유랑의 서사이다. 바벨탑을 쌓다 언어가 혼잡해지는 장면은 영의 질서 대신 자기애와 오만, 명성을 쌓는 상징의 과잉과 붕괴이다. 출애굽 후 금송아지를 만드는 사건은 신 부재의 두려움을 메우기 위해 허구를 허상화하여 신격화한다.

순진한 영적 존재에서 갇힌 유의 존재로 추락하는 역차원 전환

전통적 인간론은 보통 '혼돈에서 질서로', '무지에서 깨달음으로', '유에서 영으로' 가는 선형적 상승 구조를 제시한다. 하지만 창세기의 선악과 서사는 반대로 흐른다. 인간은 하나님의 형상인 영적 존재로 창조되었지만, 선악과 사건 이후 그 영은 하나님과의 관계에서 분리된다. 그 결과 인간은 욕망에 휘둘리며 정신으로 재단하려는 존재로 전락한다. 유ᅟ의 표면적 정체성에 갇혀 자기방어를 통해 자신을 보호하는 존재가 된 것이다.

이것은 상승이 아니라, [영 → 혼돈 → 욕망 → 유]로 전락하는 내면적 퇴락이다. 그리고 바로 이 과정을 통해 '현상적 인간', 즉 표면적으로 판단하고, 수치심을 느끼고, 스스로를 방어하고, 서로를 지배하거나 피하는 존재로 퇴행한다. 본디 인간은 하나님의 형상대로 지음받은 존재이며 존재적 영성 안에 있었다. 이 상태는 존재가 스스로 분열되지 않은 상태이며 하나님과의 교통으로 인해 투명한 자기와 정직한 타자 관계가 가능했다. 이 자유는 이 근원적 생명 관계 안에서만 가능한 자기조직적 자유였다. 그러나 뱀과의 소통으로 인간은 그 자유를 관계로부터 절단하고, 독립적 자유 [자기 욕망의 도구화] 로 사용하기 시작하고 감각은 왜곡된 지향성을 따라 비뚤어지기 시작한다. 선악과는 아름다워 보였고, 먹음직스러웠고, 지혜롭게 할 만큼 탐스러웠다. 하나님과의 생명적 관계 안에서 형성된 창조적 자기조직의 잠재력은 이제 욕망과 결합하여 시들어진 무화과 잎으로 자기를 방어하며 자기 증명과 성취, 자기 신격화의 방향으로 왜곡된다.

영으로부터 단절된 인간은 곧 자기 자신에 대한 불신과 수치심을 낳는다. 영에 의해 조율되고 다스려지던 어둠은 자기 분열을 낳기 시작한다. "그들이 자기 몸이 벗은 줄 알고⋯" 창 3:7 이는 의식 안에서 '나는 나를 숨겨야 한다'는 최초의 자기 분열이다. 이때 '무'는 더 이상 창조 전의 무한 잠재성으로서의 무가 아니라, 고립된 자유 속에서 의미 없이 확장되는 의식 속 진공 상태 [욕망의 진자 운동] 로 나타난다. 무화과로 가린 것은 정체성을 가시적 표면에 고정시킨다는 뜻이다. 진실한 자기 대신 다른 존재의 외피로 살아가는 인간, 허상적 존재가 탄생한 것이다. 이제 인간은 자기를 설명하고 방어하고 증명해야 하며, 하나님 없이도 스스로를 조직하고 살아가야 하는 현상적 주체가 된다.

인간은 유에서 영으로 상승하는 존재가 아니라, 본래 영이었다가 분리되고 욕망과 혼돈을 통과하면서, 유의 표면으로 떠밀려 온 존재다. 이 구조는 단지 인간의 타락 서사만이 아니라 오늘날의 인간 조건—즉 의미의 부재, 자아의 분열, 관계의 상실, 욕망의 폭주 그리고 존재의 공허의 모든 실존을 이해하는 근본 구조로 작용한다. 따라서 진정한 영성은 유에서 영으로 가는 길이 아니라 내 안에 망각된 '영'의 기원을 기억하고 복원하는 역전환의 여정이다. 이것이야말로 차원 전환의 가장 중요한 핵심일 것이다.

인지 능력과 층위 변화

인지 과학은 인간의 정신 능력을 설명하면서 의식의 층위와 구성 원리를 구분한다. 여기에 따르면 선악과 사건은 단순한 사고를 넘어서 다음과 같은 복합적 인지 능력의 발현이다. 아담과 하와는 처음에는 단순히 '하나님이 그렇게 말씀하셨으니 따르겠다'는 일치 구조 안에 머물러 있었다. 이때 인간의 사고는 외부 명령에 대한 신뢰 기반의 1차 반응에 가깝다. 그러나 뱀과의 대화에서 인간은 메타 인지 meta-cognition 가 출현한다. 신의 말을 다시 말하고, 그것을 해석하고, 의도를 추론하고, 거기에 대해 스스로 결정한다. 이는 '나는 지금 생각하고 있다'는 것을 생각하는 능력 또는 '이 명령은 어떤 의도를 가진 것일까?'라는 의식의 자기 반사 능력이다. 즉 선악과 사건은 단순한 판단의 문제가 아니라, 뱀 [어둠] 의 욕망을 자극받아 의식의 다층적 구조 중 부정적 메타 인지가 발현되는 것을 보여주는 상징적 이야기다.

욕망 이론에 의하면, 인간의 욕망은 단순한 결핍의 표현이 아니라 타자가 욕망하는 것을 욕망하는 것이다. 자크 라캉 Jacques Lacan 에 따르면 인간은 어떤 대상을 욕망하는 것이 아니라, 타자가 욕망하는 방식으로 그 대상을 욕망한다. 즉 인간의 욕망은 결국 타자가 욕망하는 것을 좇는 방식으로 형성된다. 그의 이론에서 욕망은 충족될 수 없는 끊임없는 결핍의 상태이며, 언어와 상징의 구조 속에서 형성된다.[240] 이는 욕망이 단순히 생물학적 욕구와 다르며, 항상 타인과의 관계 속에서 구성되는 상징적 차원을 지닌다는 것을 의미한다. 르네 지라르 René Girard는 욕망의 이러한 구조를 '삼각 욕망'이라고 불렀다. 지라르에 따르면, 인간의 욕망은 단순히 개인과 대상 사이에 형성되는 것이 아니라, 그 사이에 욕망의 모델이 개입하여, 인간-모델-대상의 삼각형 구조 triangular desire를 이룬다.[241] 즉, 인간은 그저 대상을 욕망하는 것이 아니라, 다른 누군가가 욕망하기 때문에 그 대상을 욕망하는 것이다 mimetic desire. 이 관점에서 보면, 뱀은 단순히 유혹자가 아니라 '신을 욕망하는 존재'이며 자기 욕망을 투사하여 부추긴다. "너희가 그것을 먹는 날에는 너희 눈이 밝아져 하나님과 같이 되어"창 3:5라는 말은 단순히 '먹으면 좋다'는 말이 아니다. 그것은 선악과라는 대상, 하나님처럼 되기라는 욕망의 모델, 욕망하는 인간이라는 삼각 구조를 생성한다. 이 구조 안에서 욕망은 폭발적으로 생성된다. 이제 인간은 단지 배고파서 선악

---

240 | 라캉이 말하는 욕망의 변증법에 대해서는 다음의 저서를 참고하라. Jacques Lacan, "The Subversion of the Subject and the Dialectic of Desire in the Freudian Unconscious," in *Écrits: The First Complete Edition in English*, trans. Bruce Fink (New York: W. W. Norton & Company, 2006), 671–702.

241 | 지라르가 말하는 욕망의 구조와 그 신학적·인류학적 함의에 대해서는 다음의 저서를 참고하라. René Girard, *Deceit, Desire, and the Novel: Self and Other in Literary Structure*, trans. Yvonne Freccero (Baltimore: Johns Hopkins University Press, 1965), 1–52; René Girard, *Things Hidden Since the Foundation of the World*, trans. Stephen Bann and Michael Metteer (London: Athlone, 1987), 1–105.

과를 먹는 것이 아니라, '신처럼 되려는 어둠의 욕망'이 자신 안에서 작동하고 있다는 사실을 의식하면서 먹는 행동을 한다.

타자의 욕망을 가진 주체는 이제 자기 자신과도 분리된 상태에 놓인다. '나는 단지 먹고 싶은 게 아니다. 나는 신이 되고 싶은 나를 욕망하고 있다.' 이때 인간은 자기 내면을 이중화한다. 지금의 나[결핍된 자아], 되어야 할 나[전능한 자아], 이 두 자아 사이의 간극이 의식의 고통, 죄책감, 불안의 근원이 된다. 즉, 욕망은 단지 충동이 아니라 악의 필연인 신적 주체와 책임이라는 고통의 구조를 양산한다.

이렇게 정리하면 창세기의 선악과 사건은 단순한 '죄의 기원'만이 아니라, 원죄가 가진 구조를 드러낸다. 여기에는 의식의 다층화, 타자적 욕망의 동일시, 허구와 해석 등 자기분열을 통한 어둠의 자기조직화의 의미 구조가 들어 있다. 이는 하라리가 말한 '허구를 믿고 행동할 수 있는 종'으로서의 사피엔스와 인지 과학이 분석하는 자기 인식과 메타인지, 자기 서사 구성 능력["우리 중 하나 같이 되었다"(창 3:22)라고 하는 신적 능력의 일부], 욕망 이론이 설명하는 타자의 욕망을 통한 자기 구성 구조가 입체적으로 이루어진 놀라운 상징 구조라고 할 수 있다.

> 그럼에도, 하나님은 그들을 버리지 않으신다
> 끊어진 마당을 다시 잇는 접속의 신비

중요한 점은, 하나님이 이 겹치지 못한 마당들 안에서도 인간을 버리지 않으신다는 것이다. 하나님은 여전히 가죽옷을 입히심으로 수치를 덮으시고 그들을 보호하며 그들에게 꼭 맞는 마당으로 내보내신다. 이는 하나님의 사랑의 의지는 결코 단절되지 않음을 보여주는 복음적 선언이다. 하나님은 인간이 무의 중심에서 다시 파동을 감지하고 다시 근원과 연결될 수 있도록 은밀한 '틈'을 남겨두신다. 그 틈은 이후의 모든 구속사의 통로가 되며, 예수 그리스도의 십자가를 통한 새로운 마당의 재통합으로 이어진다.

3. 어둠의 분기점 – 동서양 차이

창세기 1장의 조화는 하나님의 창조 질서와 전일성, 즉 혼돈에서 질서로, 어둠에서 빛으로 진행되는 창조의 완벽한 조화를 보여준다. 하나님의 말씀은 모든 피조물에게 각기 자리를 부여하고, 그것들을 "보시기에 좋았더라"라는 선언으로 평가한다. 이 장면은 기독교 우주론의 출발점이자 신적 질서가 충만한 완전한 마당場을 구현하는 모습이다. 여기에는 경계와 구분, 명명과 규정의 질서가 있다. 그곳에서 하나님은 피조 세계 위에 주권적으로 군림하시는 분이자 동시에 그 창조물 하나하나를 주목하시고 축복하시는 인격적 창조주로 나타난다.

그러나 창세기 3장에 들어서면 선택과 갈등의 구조, 악의 실재성이 드러난다. 인간은 이제 단순한 피조물을 넘어 금기를 범할 수 있는 자유와 선택의 주체로 등장한다. 선악과를 둘러싼 선택은 존재론적 분열을 초래하며 하나님과의 관계를 단절할 수 있는 잠재성을 포함한다. 뱀 즉 사탄은 악한 의지를 지닌 어둠의 상징으로 등장하며, 피조계 전체에 교란과 반역의 장을 조성한다.

이 지점은 기독교 사유가 동양 사유와 근본적으로 갈라지는 분기점이다. 동양은 음양의 균형·기의 순환·도道의 흐름을 통해 조화를 도모하지만, 기독교는 관계의 파열과 악의 실재성을 전제한다. 또한 악한 의지를 가진 어둠은 분리되어야 할 타자로 다뤄진다. 이는 인간 내면의 상태 문제가 아니라 신적 창조 질서에 침투한 반-창조적 영적 세력과의 연합이라는 중요 실재를 다룬다.

동양의 조화적 전체성은 때때로 고통과 어둠까지도 자연의 일부로 포섭한다. 그러나 기독교는 악과 어둠을 단순한 자연의 일부가 아닌 반드시 직면하고 극복해야 할 실체로 간주하며, 그 해결은 자기 수양이 아니라 대타자로부터 오는 구원에 달려 있다. 요한일서 3장 8절은 "하나님의 아들이 나타나신 것은 마귀의 일을 멸하려 하심이라"라고 말한다. 이는 예수의 성육신이 단지 교훈적 사건이 아니라 창세기 3장에서 발생한 근본적 관계 파열과 악의 작동을 철저히 해체하기 위한 빛의 존재적 개입임을 뜻한다. 예수는 인간의 죄를 대속할 뿐 아니라 악의 권세를 깨뜨리며, 그 권세가 파괴한 질서와 관계를 회복하신다. 이로써 예수의 사역은 단순히 인간의 내적 평안을 제공하는 것이 아니라 우주적 악의 질서 자체를 무너뜨리는 구조적 전쟁이며, 창세기 3장에서 시작된 타락의 마당에 신이 직접 육화하여 개입한 사건이 된다.

기독교 신학은 나이브한 전체성이 아니라 관계의 단절과 그 회복을 중심으로 한 역동적 구조를 지닌다. 하나님은 어둠까지도 통치하시지만 그 어둠과 동일시되지 않으신다. 인간의 자유를 존중하시되 그것이 만들어 낸 절망에 갇히지도 외면하지도 않으신다. 그 절망을 해결하기 위해 직접 유력의 세계로 들어오신 사건이 바로 예수 그리스도의 성육신이며, 그분의 사역은 '마귀의 일'을 멸하는 우주적 전쟁이자 인간을 회복의 자리로 불러내는 언약의 완성이다. 이처럼 기독교 신학은 단순한 조화의 미학만이 아니라 그 완결에 이르기까지의 긴장의 윤리, 파열의 극복, 사랑의 역사로 구성된 독특한 존재론을 제시한다. 이것이 동양 사상의 유려한 전체성과 대비되는 기독교의 구속사적 구조의 본질이다. 따라서 예수의 삶과 죽음, 부활은 추상적 원리의 시현이 아니라 인간의 선택과 고통, 악의 권세 속으로 스스로 걸어 들어오신 하나님의 사랑의 드라마이다. 그 사건은 '마귀의 일'을 해체하는 결정적 전환점으로 작용한다. 이는 동양 사상의 시간 구조인 순환과 무차별적 반복을 횡단하는 구속사의 개입이며, 역사성 자체에 신적 의미를 부여하는 복음의 독특함이다.

기독교는 조화의 원리를 구현하는 형이상학적 시스템이 아니다. 오히려 그것은 관계의 파열을 인정하고 끝까지 모든 차원에서 인간을 포기하지 않으시는 신의 사랑 이야기이다. 하나님은 창세기 3장의 범죄한 인간을 꾸짖을 뿐 아니라 '찾아오시며' 그리고 마침내는 그 어둠의 역사 안에 육신을 입고 들어오신다. 그리하여 예수 그리스도는 동양 사상의 무위자연이나 윤회의 메커니즘과는 본질적으로 다른, 악의 실재를 정면으로 마주하고 해체하시는 하나님 자신의 사건이 된다. 그분은 "마귀의 일을 멸하러" 오셨고, 이는 곧 인간 내면과 세계 속에서 역사적으로 작동하는 어둠의 힘을 무력화하고 잃어버린 자를 찾아 회복하시는 사랑의 승리로 완결된다.

이러한 신학적 구조는 동양 사상의 미학적·형이상학적 전체성과 결정적인 차이를 보인다. 동양 사유는 조화로운 우주의 작동 원리를 우선시하며, 윤회나 도의 흐름 속에서 고통과 어둠마저도 하나의 과정으로 통합한다. 반면 기독교는 고통과 죄의 실재를 외면하지 않으며 이를 사랑과 언약 안에서 끌어안고 돌파하려는 드라마를 창조사의 핵심으로 삼는다. 특히 기독교가 강조하는 하나님의 자발적 개입과 구속의 역사성은 동양 철학이 보여주는 시간의 윤회적 구조와 명백히 구분된다. 전자는 타자적 하나님이 시간 안으로 들어오시는 구조이며, 후자는 우주의 리듬 속에 스며든 인간의 자리 찾기이다.

결국, 창세기 2-3장에서 드러나는 이분법적 긴장과 존재론적 갈등은 단순히 균형의 붕괴만이 아니라, 자유·관계·책임·구원을 중심으로 한 신학적 내러티브의 주요 무대를 제공한다. 이는 갈등을 수용하는 사랑의 자유를 보여주며 성서적 존재 구조의 고유성을 드러낸다. 동양의 우주적 조화와 달리 기독교는 갈등과 대립을 인격적으로 수용한다. 심지어 어둠까지도 포기하지 않으시는 사랑의 하나님은 단순히 우주적 조화나 균형 이상의 존재이다. 따라서 기독교 신학은 단순한 음양의 균형만이 아니다. 그 균형은 악한 어둠의 의지에서 구원된 모든 자연의 이법이다. 기독교 신학은 찢어진 틈을 꿰매고 다시 연결하는 관계적 회복과 구원의 대장정을 포함한다.

4. 차원을 품는 통합: 존재를 견인하는 은총과 자유를 존중하는 분리

현대 철학은 오랫동안 '통합과 차이' 사이의 긴장을 다루어 왔다. 헤겔의 변증법은 '정립-반정립-종합'이라는 사유 구조를 통해 세계의 운동을 절대정신의 자기 전개로 파악한다. 그러나 이 통일은 결국 하나의 동일성에 귀속되며, 상이한 차이나 타자성은 정신의 종속적 요소로 환원된다. 이러한 통일은 다름을 견디지 못하고 모순과 대립을 통해 하나의 정신 구조로 통합하려는 강박을 드러낸다. 무엇보다 차원을 포괄하지 못하고 오히려 층위를 삭제한다. 헤겔의 사유는 차이를 부정으로 매개하여 더 높은 종합으로 이끄는 정신의 운동을 추구한다.[242] 여기서의 종합unity 은 정신에 종속된다. 그것은 차이를 보존하면서도 '정신의 자기 동일성의 확장' 안에 가두는 구조이며, 모든 타자적 존재는 결국 하나의 '절대정신'의 틀 안으로 흡수된다.

---

242 ┃ 헤겔에 대해 가장 중요하게 짚어야 할 특징은, 그의 사유가 '모순'과 '대립'을 핵심 구조로 삼고 있다는 점이다. 헤겔의 변증법은 '정(定)-반(反)-합(合)'이라는 세 단계 운동을 통해, 모순과 대립이 고차원적 통일로 나아가는 자기 운동이라고 본다. 이때 모순과 대립은 사라지는 것이 아니라, 정신 안에서 끊임없이 긴장을 형성하며 역사와 진리의 진보를 이끈다. 그러나 이러한 구조는 악의 의지를 지닌 실체적 어둠을 단순한 통합의 재료로 환원하며, 영적 분별과 구별의 성서적 세계관과는 충돌하게 된다. 이때 정신은 절대자의 자리에 등극하여 모순을 내포한 채 자기 운동을 반복하며, 그 충돌을 통해 역사는 진보한다고 본다. 그러나 이 운동력의 구조는 성서가 말하는 '빛의 계보'의 성장 속성과 본질적으로 다르다. 결국 성서의 진리는 싸움을 통해 정당화되는 것이 아니라, 도래를 통해 현현된다. 악한 어둠과의 싸움은 불가피하지만, 그것은 먼저 자기 의지를 가지고 싸우는 싸움이 아니라, 도래한 생명이 어둠을 꿰뚫을 때 자연스럽게 일어나는 반응이며, 어둠이 싸움을 걸어올 때 혹은 악이 완전히 무르익어 심판의 빛이 임했을 때 뿐이다. 헤겔의 대립은 내재적 자기 통합의 과정이지만, 성서는 본질적으로 초월에서 도래하는 생명의 법이 임계점과 모든 모순을 넘어 다른 차원을 여는 근원적 방식을 증언한다.

한편 프리드리히 니체 Friedrich Nietzsche 는 헤겔의 통합 개념이 차이를 말살하는 폭력이라 보고, 그 반대로 모든 인식은 관점적 해석일 뿐이라 주장한다.[243] 그는 실상과 현상의 분리를 거부한다. 대신 참된 세계는 없고 진리는 권력 의지의 산물이며, 세계는 '해석들의 투쟁'일 뿐이라고 말한다. 그러나 이 관점주의는 심각한 인식론적·존재론적 환원주의를 초래한다. 진리의 기준이 사라지고 해석은 해석 위에 덧칠될 뿐 차원적 실재에 접속하지 못한다. 또 모든 관점이 동등하다면 판단과 책임의 근거가 약화되고 공동체 윤리가 무너진다. 더 큰 문제는 '모든 것은 관점일 뿐'이라는 명제 역시 하나의 관점일 뿐이라는 자기모순이다. 니체는 이 해석 가능성을 인간의 '삶의 힘'으로 긍정하지만, 결국 진리를 권력의 수단으로 돌림으로써 오히려 권력주의적 진리 조작을 정당화할 수 있는 문을 열어 버린다.

---

243 ┃ 이는 프리드리히 니체(Friedrich Nietzsche)의 관점주의(perspectivism)를 잘 보여준다. 관점주의는 보편적이거나 객관적, 절대적 진리란 존재하지 않으며 세상의 모든 현상은 끊임없이 변화하고 움직이는 생성의 세계라는 입장이다. 관점은 진실의 일부만을 반영할 뿐 절대적 진리일 수 없기에, 니체는 절대적 진리를 주장하는 것이 위험하다고 보았다. 이러한 관점주의는 니체의 의도와는 관계없이 그를 포스트모던의 선구자로 위치시켰다. 그러나 관점주의는 중요한 난관에 봉착한다. 절대적 진리나 실상의 세계를 부정하면, '모든' 관점이 동등하게 유효해지는가? 관점의 상대화를 지나치게 부각시킨 나머지 관점주의는 '상대주의의 절대화'라는 자기모순에 빠지게 되며, 관점 간 경쟁으로 인해 공동체적 연대나 공동의 의미 있는 가치 형성이 어려워지게 되었다. 관점주의의 한계는 그대로 포스트모던이 기반한 다원주의의 한계이다. 그러나 이는 양가무가 지닌 초월적 내재의 관점에서 보자면, 양가적 요소 중 어느 한 면만 취해서 생긴 왜곡에 기인한다. 양가적 요소는 근원적으로 하나이지만, 두 가지 중 하나만 현상적으로 취하거나 강조할 경우 본래적 통합성이 훼손된다. 니체의 경우 양가무의 현상 중 내재성의 특징을 띠는 '디오니소스적 황홀'만 강조하여, 극단적인 해체주의, 무질서, 니힐리즘에 경도되었다고 볼 수 있다. 김리아, "영성적 메타 이론을 위한 방법론" (강의록, Fontis 후마니타스 연구원, 2025년 1학기).

이 두 사유는 표면적으로는 반대되지만 공통적으로 실재의 차원이 가진 층위와 은총의 유입을 막는다. 헤겔은 통일을 위해 차이를 흡수하고, 니체는 차이를 절대화하며 실재의 구속을 거부한다. 둘 다 상위 차원이 하위를 품고 견인하는 존재 구조를 놓친다. 근대의 말미와 현대의 초입을 연 두 거장은 겉보기에 반대에 서 있는 듯하지만 모두 통합에 이르기에는 근본적인 한계를 내포한다. 필자의 관점에서 통합의 희망은 동일성의 강요나 차이의 절대화가 아니라 존재의 근원적 층위가 견고히 살아 있는 접속의 공간이다. 성서적 리듬, "저녁이 되고 아침이 되니"라는 말씀은 근원 안에서 빛과 어둠이 적대적이지 않음을 의미한다. 이때 어둠은 소멸이 아니라 시작이며, 경계는 단절이 아닌 위임이다. 현대 물리학의 초대칭 이론은 이러한 관점을 과학적 언어로 드러낸다. 서로 다른 입자들이 초대칭쌍을 이루는 통일장에서는 상위 차원이 하위 차원을 감싸며 안정적 질서를 생성한다. 이는 통합이 동일화를 통해서가 아닌 상위 차원의 견인에 의해 이루어지는 것임을 시사한다. 결국 통합은 차이를 삭제하는 구조가 아니라, 상위 차원이 차이들을 감싸며 조율하는 리듬 속에서 나타나는 것이다.

따라서 통합이란 흡수나 대립 투쟁을 통해서가 아니라 상위 차원의 견인으로 이루어지며, 만일 끝까지 견인되지 않는다면 분리해야 한다. 상위 차원은 하위 차원들을 억압하거나 지배하지 않고 자기를 비워 하위 차원이 고유하게 조직화되도록 기다리고 이끈다. 성서적 통일장은 바로 이러한 사랑의 위임 구조다. 이는 하나님의 케노시스, 곧 자기 비움과 십자가의 은총에서 드러난다. 즉 통합은 더 큰 차원의 포화가 다름을 다스리며 연결하는 질서의 은총이다. 복잡계 이론도 이를 뒷받침한다. 하위 차원의 요소들이 상호작용하며 새로운 구조가 창발될 때, 이는 단순한 합이 아닌 질적 도약을 이끌어낸다. 이러한 창발은 폐쇄 체계에서는 일어나지 않는다. 오직 열려 있는 마당에서 다양한 층위와 요소, 갈등과 균형 속에서 발생한다. 이 창발은 영적 통합과 동일하다. 단순히 영적 요소들이 조화되는 것이 아니라 그 요소들이 흔들림과 충돌을 통과하며 더 높은 차원에서 일치된 관계망이 새로운 질서를 형성한다.

전체는 어느 한 요소로 하나 되지 않고 고도로 복잡한 파동과 차원 높은 정보를 요한다. 나머지는 기적이다. 우리는 단일한 요소로 존재하지 않는다. 한 사람 안에도 수많은 요소들이 있다. 감정, 기억, 욕망, 상처, 신념, 언어, 신경회로, 무의식적 반응, 공동체적 기억 등…. 이 각각은 하나하나로는 단순하지만, 자기를 존중하며 열리고 상호작용할 때 예측 불가능한 층위들이 열리며 전체성이 형성된다. 전체는 복잡계 이론에 따르면, 아래에서 위로 갈수록 복잡성의 레벨이 높아지는 '창발적 구조'[244]를 보여주고 있다.

---

244 | 1) Elements(요소): 존재의 개별 단편들. 이것은 감정 하나, 회상 하나, 고통의 기억 하나, 예측본능 하나처럼 그 자체로는 작고 불완전한 구성들이다. 2) Interactions(상호 작용): 그러나 이 요소들이 서로 연결되고 영향을 주기 시작하면, 단순한 덧셈이 아닌 관계망적 상호작용이 일어난다. 감정과 신념, 과거와 상처, 소망과 기억이 겹쳐지고 흔들리는 이 지점에서 존재는 진동하기 시작한다. 3) Emergence(창발): 바로 이 지점에서, 완전히 새로운 감각이 도래한다. 이전의 차원에서는 존재하지 않던 새로운 구조와 패턴이 나타난다. 즉 차원 너머의 인식, 하나님과의 관계에서만 생기는 자기 이해, 영에 대한 감응의 회로가 생성된다. 4) Novel Feature(새로운 특성): 하위 레벨에서는 전혀 볼 수 없었던 전혀 다른 성질이나 기능이 출현한다. 예를 들어, 신경 세포 하나하나는 단순하지만 수십억 개가 상호작용하면 의식이라는 완전히 새로운 현상이 등장한다. 이처럼 복잡계에서는 레벨이 올라갈수록 질적으로 전혀 다른 세계가 열리는 것을 강조한다. Philip

영성 형성에 있어서도 통합성이 나타나는 창발적 자기는 질적으로 다른 차원이 개입되어 나타나는 잉여의 결과다. 이 새로운 자기는 예전의 기억이나 실패, 능력이나 성취로는 규정할 수 없다. 그는 존재의 상승된 복잡성 안에서, 전혀 다른 질서로 응답한다. 복잡계에서 창발은 단순한 진화가 아니다. 그것은 예측 불가능성indeterminacy 과 열림open system 을 전제로 한다. 즉 다차원 아래 열린 관계성, 다양한 충돌, 감정과 인식의 비선형적 교차 그리고 은총이 개입하는 공동체, 이 모든 것이 뒤엉킨 그 자리에서만 창발은 가능하다. 이러한 구조는 지금까지 말해온 영적 균형과 차원 돌파의 원리를 정확하게 반영한다. 균형이란 안정된 중심이 아니라 역동적이며 차원의 틈에서 포착한 흔들림을 포함하여 통합한 '살아 있는 새 중심'이다. 그러므로 차원 돌파란 정해진 단계를 향한 상승이 아니다. 복잡성을 통한 도약, 곧 창발의 사건이다. 이때 균형은 매 순간 무너짐과 재조율을 포함하는 일종의 존재의 춤이며, 영은 그 춤을 관통하여 지속적으로 세계를 갱신하고 성장하고 확장하게 만든다. 이전의 세계는 절대 타자에 의해 은총을 공급받으면서 무너지며, 그 무너짐 속에서 다시 새로운 차원의 나를 맞이한다. 그러므로 영성은 더 이상 완성을 향한 나선형 계단이 아니다. 그것은 창발적 사건들의 연속이다. 즉 무너짐과 관계, 통찰과 비결정성 속에서 살아지는 유기적 재구성의 흐름이다. 이 흐름에서 가장 중요한 것은 바

Clayton, *Mind and Emergence: From Quantum to Consciousness* (Oxford: Oxford University Press, 2004); Paul Cilliers, *Complexity and Postmodernism: Understanding Complex Systems*. 이 두 저서는 복잡계에서 창발적 구조가 단순한 구성 요소들의 비선형적 상호작용을 통해 발생하며, 이는 새로운 속성과 더 높은 수준의 복잡성을 낳는다는 이해를 강화한다. 이들은 총체적으로 '전체'가 부분들의 합 이상이며, 역동적인 자기조직화를 통해 질적으로 새로운 상태에 도달한다는 점을 분명히 한다.

로 틈을 견디는 힘, 균형의 순간들을 조율하는 직관 그리고 열린 존재로 하나님 앞에 계속해서 머무는 용기다. 그것은 강제가 아니라 수고와 충만한 자기비움 그리고 책임과 응답으로 유지되는 질서다. 영과 진리는 존재한다. 단지 우리가 아직 그 차원의 통로에 닿지 않았을 뿐이다.

존재를 품고 이끄는 상위 차원의 은총은 단지 개인의 영적 체험이나 철학적 사유에 머무르지 않는다. 그것은 곧 '존재의 돌봄'이라는 이름으로 공동체의 질서를 구성하고, 각자가 고유한 차원에서 살아갈 수 있는 차원적 정치의 형태로 구체화된다. 차원의 위임이란 각 실재가 자기 차원 안에서 고유성을 잃지 않으면서 상위 차원의 은총에 의해 질서와 의미를 부여받는 구조. 이 구조는 영적 세계에서만이 아니라 사회적·정치적 현실에서도 실현될 수 있다. 예컨대, 교육이란 단순히 지식을 전달하는 것이 아니다. 그 가능성이 자기 차원에서 창발할 수 있도록 공간을 열고, 질문을 유도하고, 시행착오를 겪으면서 결국은 고유한 리듬을 찾아 살아가도록 도와주는 예술이다.

따라서 진정한 공동체란 위계적 통치가 아니라 차원 간의 접속과 위임 질서로 구성되어야 한다. 이 위임 질서는 통제와 동질화의 기계적 시스템이 아니라 리듬과 감응을 기반으로 한 영적 연결로서 이는 오늘날의 기술 사회에서 더욱 절실하게 요청된다. 인공 지능과 데이터 자본주의, 감정의 상품화가 지배하는 세계는 우리를 '측정 가능한 존재'로 환원시키려 하지만 영의 공동체는 그에 저항한다. 아니 흥미가 없다. 그것은 보이지 않는 차원을 감지하고 들리지 않는 음성을 듣는 공동 감응의 능력 속에서 발현된 힘이다.

이제 우리는 선택의 기로 앞에 있다. 헤겔의 절대정신처럼 통합을 모순 대립의 논리로 추진할 것인가? 니체처럼 해체된 관점의 혼란 속에 무차별한 다원성으로 빠질 것인가? 아니면, 더 높은 차원의 은총이 품고 견인하는 차원적 통일장, 사랑의 위임 구조 속으로 들어갈 것인가? 이 질문에 대한 응답이야말로 다음 시대의 공동체를 결정짓는 핵심이며, 그것은 오직 살아 있는 영과 공동체의 정신으로만 가능하다.

5
내부의 정화와 외부의 전쟁

1. 내부의 정화 – 주체성의 오만과 부재 불안의 대체

1) 성막, 거룩한 자기조직화의 내면 구조

광야에서 이스라엘은 성막을 중심으로 '거룩한 아바드'의 공동체로 재편된다. 이 구조는 단순히 예배 장소의 제공이 아니라 삶 전체를 '거룩한 노동과 헌신'으로 재조직화하는 곳이었다. 성막 안에서 이루어지는 일들은 아바드적 삶의 모형을 나타낸다. 희생 제사의 실현과 분향, 번제 등은 노동의 제의화 곧 인간의 수고를 하나님 앞에 드리는 헌물의 상징이다. 레위인과 제사장은 단지 종교인이 아니라 노동이 예배자의 섬김과 통합된 형상으로 그들의 헌신은 노동 자체가 거룩의 현현이다. 안식일, 속죄일, 7년[안식년], 50년[희년] 등은 시간조차 '예배와 쉼'으로 재구조화되며 노동은 충전의 근원 속에서 순환성을 얻는다.

성막은 항상 이스라엘 진영의 중심에 배치되지만 그것은 늘 이동하고 재배치되는 살아 있는 중심이다. 또한 성막은 제사만을 위한 공간이 아니라 삶의 기억들이 통합적으로 움직이고 정화되는 곳이다. 과거의 기억 [출애굽], 현재의 질서 [율법], 존재의 감각 [임재], 시간의 흐름 [절기, 안식] 이 동시적으로 움직인다. 하나님은 모세에게 설계도를 주시지만 기술자들과 백성들의 자발적 참여를 통해 성막이 세워진다. '마음이 감동된 자들'이 금과 옷감, 기타 재료를 가져오고 기술자는 그 재료를 자율적으로 각자의 방식으로 가공하고 응답한다.

성막은 새로운 자유의 정체성을 가진 아바드, 즉 예배자요 일하는 헌신자인 이들이 감동과 순종으로 자기조직화하는 상호작용에 의해 건설된다. 성막은 단순한 제사의 장소가 아니라 인간 존재의 내면적 구성과 영적 성숙의 경로를 형상화한 구조물이다. 이는 곧 고대 이스라엘의 공간 질서가 곧 존재론적 전환의 상징적 지도임을 의미한다. 영성 전통에서 말하는 [정화 purgatio - 조명 illuminatio - 일치 unitio]의 길[245]과 성막

---

245 | 일치의 여정은 대표적으로 영성 전통에서 정화·조명·일치의 삼중의 길(Triple Way 또는 Threefold Path)이라는 상징적 개념으로 자리 잡혀있다. 오늘날 대중적으로 널리 사용되는 용어는 아니지만, 기독교 영성 전통에서는 영적 성장과 변화를 설명하는 중요한 틀로 여겨진다. 이 개념의 가장 완전한 발전 형태는 위-디오니시우스의 저작에서 드러난다. 그는 『천상의 위계(The Celestial Hierarchy)』에서 처음으로 삼중의 길을 체계화하였으며, 이후 이 개념은 정화(purgatio), 조명(illuminatio), 일치(unitio)의 여정으로 정착되어 기독교 영성 이해의 정통적인 틀로 자리하였다. 오리게네스는 클레멘트(Clement)의 사상을 계승하여 이 전통을 더욱 정교하게 발전시켰다. 그는 『아가서 해설집(Commentary on the Song of Songs)』에서 잠언, 전도서, 아가서를 각각 영적 성장의 세 단계에 대응되는 지혜로 해석하였다. 에바그리우스는 오리게네스의 틀을 계승하면서 이를 더욱 명료하게 정립하였다. 그의 저작 『기도론(Treatise on Prayer)』에서는 삼중의 길에 대한 체계적 설명이 제시되며, 이는 사막의 교부들(Desert Fathers and Mothers)의 지혜, 특히 정화와 유혹 극복, 마귀와의 내적 투쟁에 대한 가르침과 긴밀히 연결되어 있다. 에바그리우스에게 있어 '신학(theologia)'은 성삼위일체에 대한 인식(gnosis)을 통해 하나님과의 관상적 일치로 이끄는 과정을 의미한다. 특히 그는 기독교인의 삶을 '능동적 영적 투쟁'과 '수동적 관상'으로 구분하였다는 점에서 그 독자성을 지닌다. 중세에 들어서면서 삼중의 길이 시간적 순서를 따라 진행되는 것인지, 혹은 병렬적으로 경험될 수 있는지에 대한 논쟁이 심화되었다. 프란치스코회는 보나벤투라

의 구조는 놀랍게도 정확히 서로를 반영한다.[246] 성막 내부는 단순한 제사의 공간이 아니라 순차적이면서도 유기적 체계로 이루어져 있었다. 가장 안쪽 지성소에는 언약궤와 만나 항아리, 십계명 두 돌판이 있었고, 휘장을 지나 성소에는 등잔대와 진설병, 향단이 있었다. 제단과 물두멍은 바깥뜰에 위치해 있었다.

뜰은 성막 동문을 지나 새로운 정체성이 시작되는 시기로 주도권의 전환이 일어나고 은혜와 회개의 반복을 통해 정화하는 단계를 상징한다. 번제단에서는 말씀의 칼에 의해 삶을 쪼개고, 물두멍의 물로 내면을 씻는다. 이 단계는 '회개하면 은혜를 받는다'가 아니라 '은혜를 받았기에 회개한다'는 역설적 구조 안에 있다. 여기서 자기조직화는 삶의 주도권을 거짓 자아에서 하나님께로 이양하는 첫 결단으로 시작된다.

(Bonaventura)의 견해를 따라, 초심자라도 일치의 체험을 할 수 있지만 완전한 일치는 철저한 정화를 전제로 한다고 보았다. 반면, 카르투지오회 출신 발마의 위그(Hugh of Balma)는 초심자는 반드시 정화의 단계를 거친 후 숙련자로서 조명의 길에 들어서고, 그 후에야 일치의 완성에 도달할 수 있다고 주장하였다. 삼중의 길은 중세 및 근대의 주요 신비주의 저술들 속에서도 반복적으로 나타난다. 이냐시오는 『영신 수련(Spiritual Exercises)』에서 제1주는 정화의 길, 제2주와 제3주는 조명의 길로 해석하였다. 테레사는 『영혼의 성(Interior Castle)』에서 제1저택을 정화, 중간 저택들을 조명, 마지막 저택을 일치의 단계로 대입하였다. 성 요한은 『어둔 밤(Dark Night of the Soul)』과 『가르멜 산길(Ascent of Mount Carmel)』에서 정화의 여정을 문학적으로 탁월하게 묘사하였으며, 『영혼의 노래(Spiritual Canticle)』와 『사랑의 산불꽃(Living Flame of Love)』에서는 각각 조명과 일치의 단계를 다루었다. 이러한 전통은 20세기에도 계속 이어져, 레지날드 가리고우-라그랑주(Reginald Garrigou-Lagrange), 조셉 드 기베르(Joseph de Guibert), 아돌프 탕크레(Adolphe Tanquerey) 등의 학자들이 이를 현대 신학과 접목하는 시도를 지속해왔다. 최근에는 영성 심리학, 상담학, 영성 지도 등 다양한 현대적 영역에서 삼중의 길에 대한 해석이 새롭게 시도되고 있다.

246 | 예수 그리스도의 십자가 사건과 오순절 성령 강림은 이 성막 구조의 경계를 파괴하고, 모든 이가 하나님과의 친밀한 일치로 초대받는 시대를 여는 차원 전환이 되었다.

성소는 빛의 조명으로 내면 의식이 재배열되는 조명기를 상징한다. 일곱 촛대의 빛은 닫힌 하위 의식의 죄성과 욕구의 관계를 밝힌다. 떡상은 말씀을 씹고 소화하는 내적 분별력을, 분향단은 지성소를 향한 '향기로운 집중'으로서의 기도를 상징한다. 이곳은 정화기를 통과한 후 나타나는 새로운 자율성과 위기관리 능력의 공간이다. 정욕과 죄를 억제하는 수준이 아니라 그것을 빛 아래 직면하고 변형하는 내적 전략이 형성되는 장소다.

지성소는 모든 경계가 허물어지고 온전한 일치를 이룬 장소다. 이는 정화와 조명을 통과한 이들에게 열리는 자기조직화의 완성 지점이자 예수 그리스도로 인해 누구나에게 열린 장소이기도 하다. 언약궤 안에는 자기조직화의 중요한 상징들이 들어 있다. 언약의 말씀[두 돌판], 선물로 주어지는 생명의 양식[만나], 순종의 권위[싹 난 지팡이]는 욕구-감정-의지를 말씀으로 재조직화하는 실제적 기준으로 주어진다. 지성소는 '안으로 들어가는' 깊이일 뿐만 아니라 '밖으로 흘러 나가는' 공통의 중앙 접속점이기도 하다. 하나님의 질서는 중심에서부터 흘러 나와 삶 전체를 정화하고 새롭게 하며 공동체와 세계를 질서 있게 만든다.

2) 언약의 미래 속에 유력에 갇힌 내면과 인식 해방하기

약속의 땅을 정탐하는 이들이 선발되었다. 이들은 모두 각 지파를 대표하는 지도자였으며, 미래를 미리 경험하고 탐색한 자들이었다. 그러나 그 결과는 두 진영으로 나뉜다. 열 명은 공포와 절망을, 두 명은 언약과 희망을 말한다.

> 그 땅은 그 거주민을 삼키는 땅이다 민 13:32.
>
> 우리는 스스로 보기에도 메뚜기 같았고,
>
> 그들의 보기에도 그와 같았을 것이다 민 13:33.
>
> 차라리 애굽으로 돌아가자 민 14:3.

이들은 똑같은 땅을 보고 왔지만 열 명은 '자기 인식'이 왜곡되어 있음으로 해서 미래에 대한 인식도 왜곡되어 있다. 자기혐오와 거인들에 대한 두려움 그리고 믿음의 관계의 단절 속에서 유력은 이미 그들을 삼켜버렸다. 이들은 무의 잠재성을 '사망의 법'에 따라 해석하고 그 법에 오래 길들여져 있는 공동체 전체를 공포와 절망의 파동 속으로 몰아 넣는다. 그 결과, 그들은 광야에서 죽을 세대로 선언 받는다.

제국화된 유력의 세계에서 노예로 살았던 경험은 무의 마당이 주는 자유와 희망 속에서도 주요한 방어 기제로 내면화되어 있다. 그들은 자유를 견디지 못한다. 집단무의식 속의 자기 비하와 거인들에 대한 공포는 자신 안의 불신과 트라우마, 열등감으로 형성된 노예 의식의 투사다. 그들은 약속의 땅을 눈앞에서 보고도 '우린 안 돼.'라고 말한다. 사실 그들은 패배주의와 미래를 제한하는 태도로 그 마당을 보여주신 하나님을 모독하는 것이다. 반면 여호수아와 갈렙은 그곳을 생명의 땅으로 '바라본다'.

> 그 땅은 심히 아름다운 땅이라. 여호와께서 우리를 기뻐하시면
>
> 우리를 그 땅으로 인도하시리라 민 14:7-8.
>
> 그들은 우리의 밥이라 민 14:9.

사람들은 가나안의 거인들을 보았다. 두려움이 눈 속에 실렸고, 마음이 쪼그라들었다. 갑자기 그들은 오랫동안 광야 길을 걸어 초라한 자신들의 옷매무새와 옛 신분을 떠올렸다. 그러나 두 사람, 여호수아와 갈렙은 거인들을 넘어 거인들보다 큰 미래에서 오는 비전을 보았다. 그들이 접속한 무의 마당은 신기했다. 마당을 만드신 이의 언약과 공명할 때마다 그들은 자신이 더욱 커지는 것을 느꼈다. 거인들을 무찌를 내면의 칼이 점점 예리해졌다. 그 마당은 빈 공간이 아니었다. 미래가 반사되어 돌아오는 울림의 장소였다. "이 땅은 우리 것이다." 무의 마당은 항상 적합한 이들을 검증했다. 무의 마당은 준비된 자에게 길이 된다. 열 명은 땅의 크기 앞에 작아졌고, 두 명은 내면의 떨림 속에서 훨씬 더 커졌다. 같은 땅을 보아도 그 땅에 중첩되어 있는 언약의 차원을 함께 보는 자와 아닌 자가 있다.

열 명의 정탐꾼이 본 현실―거인과 성읍, 두려움의 세계는 현존하는 강력한 유력의 질서와 자기방어적 해석 체계다. 반면 여호수아와 갈렙이 감지한 차원의 경계, 즉 하나님의 약속과 현실 사이의 틈은 새로운 해석과 방향성이 생성될 수 있는 '무한 마당'이다. 그곳에는 마당의 주인이 약속한 분명한 자신의 땅이 있다. 감지만 해서는 소용없다. '그들은 우리의 밥'이라는 갈렙의 기상은 현실 회피나 야망이 아니라는 점에서 마당 주인의 마음에 쏙 든다. 그들은 같은 현실을 분명하게 보되, 다른 지평에서 해석할 수 있는 영적 감수성을 가지고 있다. 그들의 감지력은 말씀을 통한 약속의 확신, 현실의 유력에 갇히지 않고 넘어서는 시선, 광야에서 보이지 않는 하나님에 대한 무한 신뢰로 다져진 것이다.

두 정탐꾼은 보이는 땅의 실제와 크기에 눌리지 않는다. 오히려 그 땅이 언약의 지평 속에서 '어떻게 열리는지를 감지'했다. 이러한 갈망은 단순한 이상적 기대가 아니라 차원 전환의 불확실성과 모순을 견디는 내공에서 비롯된 것이다.

> 나는 무엇을 보고 있는가?
>
> '거인'만 보이는가, '약속의 땅의 열매들'도 보이는가?

가나안 정탐 사건은 단지 고대 이스라엘의 이야기지만, 한편으로 그것은 모든 인간이 자기 내면의 광야를 지나며 매일 직면하는 선택의 이야기다. 곧 차원 전환의 영적 문턱에서 생명과 사망 사이를 가르는 관점과 신뢰의 이야기인 것이다.

3) 나의 갈렙 – 내 삶의 이방 지점을 바라보는 겸손한 시선

애굽에서 태어난 이스라엘인들이 광야에서 거의 다 죽은 반면, 갈렙은 애굽에서 태어나 광야를 통과하여 가나안까지 입성한 인물이다. 그는 유력의 주변부에서 태어난 자다. 갈렙은 유다 지파에 속하지만, 그의 출신은 분명히 "그나스 사람 여분네의 아들"민 32:12, 수 14장이라는 표현을 통해 이방인의 흔적을 품고 있다. 그는 히브리 공동체 안에 소속되어 있으나 태생적으로는 중심이 아니다. 즉, 그는 이미 유력有力의 세계—권위와 족보, 전통, 중심성의 질서에 속하면서도 그 바깥을 자각하는 자, 안에 있으나 완전히 그 속에 속한 중심이 될 수 없었던 경계인이다. 성서에는 이런 인물들이 많이 등장한다. 이 이중적 위치는 그들을 일찍부터 함부로 유력에서 자만할 수 없도록 하며, 무無의 감수성을 형성하게 한다. 갈렙 역시 태생적으로 유력의 세계의 최중심이 될 수는 없었으며, 그렇기에 소외의 공허를 품고 살 수밖에 없었던 경계인이었다. 그러나 그렇기에 그는 용감하지만 폭력적이지 않고 긍정적이지만 나이브하지 않으며 기회가 주어질 때 가장 난이도가 높은 도전을 감당할 수 있는 자로 훈련되어 간다. 그는 권력보다 하나님의 일이 되는 것 자체를 사랑하고 작은 새싹들이 자라나 용사로 커가는 과정을 기뻐한다. 그리고 마침내 그는 무의 깊이를 내면화하여 끝내 약속의 땅 가나안에서 기업을 분배받는다. 그는 단지 충성스러운 동행자나 보조자만이 아니다. 경계인과 주변인의 위치임에도 불구하고 광야를 끝까지 통과한 속성과 받쳐주는 지도자의 특징을 알려주는 인물이다. 우리의 삶에서도 이러한 주변부적 특성은 우리의 내면을 정화하고 거룩하게 만드는 겸허한 지점이 된다.

갈렙은 다른 정탐꾼들과 달리, 여호수아와 함께 믿음으로 약속의 땅을 바라보았다. 그는 광야에서 죽지 않고 이스라엘의 새로운 세대들과 함께 광야를 통과하며 말씀으로 훈련받는다. 광야의 훈련은 가나안에서 기업을 받을 이들의 필수 여정이다. 축복은 무임승차가 아니다! 여기서 갈렙은 쓸모없음, 유예됨의 불안, 끝이 없는 기다림을 통과하면서도 하나님의 언약으로부터 본 약속을 붙잡고 끝까지 걸어간다. 그는 광야라는 무의 여정을 끝까지 동행한 자이며, 유력의 세계에서 큰소리를 치던 이들의 탈락 속에서도 끝까지 하나님 나라의 조직화를 경험한다.

가나안 정복 이후 땅을 분배받는 자는 단지 전쟁의 승리자가 아니라 영의 세계에서 온 새로운 자기 정체성과 약속을 기억하고 기다리며 자기조직화의 기업화를 실현한 자들이다. 이 과정에서 우리의 내면은 갈아지고 단련된다. 갈렙은 그의 땅을 통해 단순히 소유를 얻은 것이 아니라, 하나님과의 약속이 그의 삶을 통과해 온 흔적이 실현된 땅을 얻었다. 이 여정에서 그는 없는 자[無] 같으나 넘치는 자가 된다. 우리의 삶에서 경계인의 감수성으로 작동하는 흔적과 경험은 무엇인가? 작은 구멍 하나도 내기 어려운 것 같은 꽉 짜인 유력의 세계 속에서 때로 공허하고 어둡고 소외된 것 같은 쓸쓸한 지점은 어디인가? 그럼에도 불구하고 그 공허에 빛을 들일 때 그곳이야말로 유력의 세계를 가로지르며 언약의 땅끝까지 횡단하는 가장 중요한 장소가 될지 모른다.

4) 주체성의 오만을 정화하기 – 영과 정신이 하나 되어 가는 길

이스라엘의 광야 여정은 물리적으로 주어진 길을 단순히 이동하는 것이 아니다. '할 수 없음'이라는 비능동성이 요청되는 광야에서 빛을 따라 그 길의 의미를 체득하는 시간이었다. 이때 경험하는 주체성의 무너짐은 개별적 태도 수정이 아니다. 존재의 집이 다시 지어지는 과정에서 필연적으로 이루어져야 할 가건물의 철수다.

애굽은 부산한 땅이었다. 그곳에서의 움직임은 기능적 역할 속에 자신을 소진하는 도구적 일상의 반복이었다. 인간은 벽돌을 굽고 제국의 체계를 몸으로 떠받치며 타자의 기준 안에서 본래 이름을 잃었다. 그곳에서 정신은 애굽인들에게는 오만한 주체로, 히브리인들에게는 억압을 부르는 기제로 작동했다. 정신은 우상적 목적에 동원되는 효율적 계산 기계가 되었고 영은 차원의 흐름과 연결되지 못한 채 우상의 현상 속에 고립되었다. 그러나 광야는 영이 정신을 찾아 머물고 몸에 새기는 여정이었다. 의식의 구조가 재편되며 영과 정신이 함께 '선물로 존재하는 방식'을 조율하는 훈련의 장이었다. 자기조직화란, 바로 이 여정 속에서 영이 정신에 공간을 열고 정신이 영을 통하여 방향을 얻는 육화의 과정이었다.

그렇기에 출애굽이라는 사건은 영이 다시 주도권을 회복하는 시간이었다. 광야는 겉으로 보기에 무기력하고 비생산적인 공간이었다. 그러나 실은 무위無爲의 실천, 즉 하지 않음으로서 존재하는 법을 회복하는 내적 성소였다. 그들은 땅을 경작하지 않았고, 식량을 생산하지 않았으며, 심지어 질서와 법도 신의 대리자를 통해 받았다. 이러한 구조는 정신이 지배적 주체로서 작동하던 체계로부터 철수하게 하고, 그 빈자리에 영의 감응적 질서가 흘러 들어올 수 있도록 하는 여백을 제공하였다.

정신은 처음에는 이 무위의 시간을 거부한다. 익숙한 구조 속에서 움직이지 않으면 불안해하고 무언가를 하지 않으면 무가치하다는 조건화된 의식의 압력이 스멀거린다. 그러나 반복되는 의식의 실패와 홍해와 만나의 구조화된 포화 상태를 통과하면서 정신은 점차 영의 침묵과 파동에 동조하는 훈련을 시작하게 된다. 이때 이스라엘 백성은 하나님의 주권이 단지 권능이 아닌 '선물의 질서'임을 배워간다. 그들은 스스로 준비하거나 생산하지 않는다. 그러나 가장 중요한 은총의 선물, 하늘에서 내리는 만나와 반석에서 나는 물 그리고 '그날그날 먹을 만큼만' 주어지는 은총 안에서 일상의 순환이 하나님의 살아 있는 숨결임을 깨닫는다.

정신은 점차 내가 '무엇을 하느냐'보다 '어떻게 되느냐'를 물으며, 존재의 깊은 '되기becoming'의 리듬에 몸을 싣게 된다. 이때의 '되기'[247]는 정체된 주체가 무엇이 되느냐 하는 목표의 이동이 아니다. 자기와 타자, 생명과 영, 감각과 질서 사이의 연결망이 조율되면서 생성되는 흐름 자체이다. 이스라엘은 바로 이 되기의 흐름 속에서 하나님이 누구인지 그리고 자신이 누구인지 '알아가는 것이 아니라 되어가는' 존재로 성장한다. 이 여정은 존재의 구조 자체가 재편되는 내적 해방이다. 따라서 광야는 '목적이 유보된 시간'이 아니다. 오히려 그것은 정신이 자기중심적 판단 주체에서 물러나고, 영과 함께 흐르는 존재로 다시 태어나는 무의 여정이다. 그때 비로소 인간은 언약의 기억과 함께 살아가고, 선물로 존재하며, 무위로 조율되는 생의 리듬을 삶의 흐름으로 받아들이게 된다.

5) 부재 불안과 우상신의 대체 욕망을 내려놓기

모세가 신의 계시를 받으러 시내산에 올라가 있는 동안 이스라엘 백성이 아론을 통해 금송아지를 만들어 숭배한 사건출 32장은, 단순한 우상숭배를 넘어서 공동체적 우상 숭배라는 점에서 유의해서 보아야 한다. 이 사건은 생명의 법을 수립하려는 하나님과 그 부재 상황에서 우상

---

247 ┃ 들뢰즈–가타리의 '되기(becoming)'는 고정된 동일자에서 타자로 향하는 선형적 전이라기보다, 자기조직화된 감응적 관계망 속에서 지속적으로 형성되어 가는 유동적 정체성을 의미한다. '되기'는 종착지가 아니라, 현재 진행형이다. 이에 대한 자세한 논의는 265번 각주를 참고하라.

의 가시적 질서에 집중하는 인간의 욕망 사이의 충돌로 읽힐 수 있다. 자기조직화의 과정은 이 두 법의 투쟁이 항상 존재한다.

시내산은 하나님과의 만남의 장소이자 근원적 차원과 접속이 일어나는 공간이다. 모세는 그곳에서 생명의 법, 즉 십계명을 비롯한 생명의 언약, 정의와 공동체 질서의 계명을 받는다. 그리고 산 아래에는 여호수아가 기다리고 있다. 계명은 보이는 현실의 지배로부터 해방된 자유 공동체를 위한 '하늘의 법'이며, 억압으로부터의 해방 이후 자기조직화된 새로운 존재 양식, 자유롭고 책임적 존재를 가능하게 하는 삶의 기반이다.

반면, 산 아래에는 보이는 신에 익숙한 백성들이 있다. 백성들은 모세의 지체로 인해 불안에 빠지고, 그 불안을 해소하기 위해 '보이는 신'을 요구한다. 금송아지는 '보이는 대표성'과 '즉각적 만족'을 제공하는 우상이자 흔들림 없이 견고해 보이는 애굽의 체계로의 회귀다. 이는 하나님의 부재처럼 보이는 틈의 시간을 견디지 못한 인간의 욕망이 만들어 낸 자기 보존과 불안의 산물이다. 여호수아는 모세와 함께 산 근처까지 올라가 있으나 산 아래의 소란을 듣고도 섣불리 판단하거나 경거망동하지 않는다출 32:17-18. 그는 산 위와 아래의 경계에서 하나님의 뜻을 기다리며 불확실성 속에서도 '생명의 법'을 향해 침묵과 성실함을 유지한다. 여호수아는 출몰하는 무의 어둠의 잠재성과 습격을 견디는 자로서 이후 공동체를 이끌만한 지도자의 자질을 보여준다. 여호수아와 달리 아론과 백성들은 무의 시간을 견디지 못한다. 인간은 무無의 시간, 즉 해석 불가능한 틈을 견디기 어려워하며 그 사이를 대체 상징substitute symbol으로 메우려 한다.[248] 금송아지는 이 공백을 메우는 가시적 물성으로 된 대체물이다. 금송아지는 단지 종교적 대상만이 아니라 심리적 불안을 통제하는 역할도 담당한다. 이상하게 이 군중 심리에서 시작된 불안은 쉽게 전염되며 대체 지도자[아론]에게서 즉각적 안정책을 요구한다. 하나님의 침묵과 모세의 부재는 인간이 다른 차원의 도래를 기다릴 수 있는 기도의 내공을 시험하는 시공간이다. 보드리야르식으로 말하자면 금송아지는 '진짜 하나님'의 대체물이 아니라 신성의 시뮬라크르이다. 즉, 의미 없는 상징의 과잉 복제이며 참된 신성과의 연결을 차단한 표상의 유령이다.

모세는 하나님의 말씀을 받기 위해 부재했고 하나님은 여전히 '보이지 않는 분'이다. 이 틈은 이스라엘에게 심각한 존재적 불안을 유발했다. 여기서 사망의 법은 이미지를 통해 생명력을 흉내 내는 유사 신성이다. 보이는 형상은 언제나 '소유 가능한 신'으로 '이해 가능한 권위'를 제공받는다. 그러나 그것은 욕구와 필요로 통제 가능하기에 초월을 상실한 신이다. 금송아지는 애굽의 기억을 재현하지만 미래의 언약을 향한 계시적 진보는 없다. 우상은 과거의 안정감만을 반복하며 차원 전환의 시간성[역사]을 봉쇄한다. 금송아지는 공동체의 자기조직화가 아닌, 군중 심리로 만든 허약한 연합체이다. 우상과 우상을 제조하고 따른 이들은 결국 모세의 귀환 이후 레위인의 칼에 의해 파멸된다.

---

248 | 정신분석학자들의 이론에서 '상징'과 '결핍'의 관계에 대한 논의는 이러한 인간의 경향을 이해하는 데 통찰을 제공할 수 있다. Sigmund Freud, *Totem and Taboo: Resemblances Between the Psychic Lives of Savages and Neurotics*, trans. A. A. Brill (New York: Vintage Books, 1946); Jacques Lacan, "The Subversion of the Subject and the Dialectic of Desire in the Freudian Unconscious."

우상에 대한 욕망은 매우 원초적이다. 이스라엘 백성은 부재의 하나님을 신뢰하며 인내하지 못하고 금송아지라는 사회적·시각적·제의적 물상으로 도피했다. 금송아지는 실재의 공포 [하나님의 무형성, 모세의 부재]를 봉합해 주는 이데올로기적 상징물이다. 슬라보예 지젝 Slavoj Žižek 은 욕망은 결코 진짜 대상을 향하지 않으며 그 대신 대체 대상 objet petit a 을 통해 욕망의 흐름을 유지한다고 말한다. 욕망의 목적은 목표를 실현하거나 완전한 만족을 얻는 데 있는 것이 아니라 그 주위를 맴돌며 욕망으로서 지속하는 것에 있다.[249] 이스라엘은 하나님의 임재 자체를 가시화하며 가지기 원했고 그 부재를 견딜 수 없어 욕망의 대체물로서 금송아지를 만들어 낸다. 출애굽기 32장에서 아론은 백성의 요구에 따라 금송아지를 만들고 제사를 베풀고 먹고 마시고 뛰놀게 한다. 이 장면은 단지 즐거운 제사가 아니라 우상이 만드는 집단적 도취다. 그들에게 핑계는 다양하다.

> 신은 보이지 않고,
>
> 모세는 돌아오지 않고 ….

지젝의 방식으로 해석하면 금송아지 사건은 단지 '하나님을 버린 죄'가 아니다. 인간이 실재의 공백을 견디지 못하고 다른 관심과 쾌락을 유도하는 시뮬라크르로 도피할 때 발생하는 욕망의 구조적 오류다.

---

249 ┃ Slavoj Žižek, "Looking Awry," *October* 50 (Autumn 1989): 37-38. "행복을 너무 빨리 쫓아가면, 행복을 앞질러 버리고 행복을 뒤에 남겨둘 수도 있다. 만약 우리가 너무 성급하게 '핵심으로', 다시 말해 '사물 자체'를 보여주려 한다면, 우리는 우리가 추구하던 것을 필연적으로 잃게 될 것이다."

진정한 믿음은 그 공백 자체를 견디며 여호수아는 그것을 조용히 감당했다.

모세의 부재 속 금송아지는 또한 지도자 자체를 자기 욕망을 실현하는 우상으로 신격화하는 대중 심리를 반영한다. 오늘날의 포퓰리즘 지도자들은 실질 정책보다 상징적 역할을 수행하며 대중의 불안을 '대리해주는 존재'로 작용한다. 금송아지가 실제 신이 아니듯 오늘날 많은 정치적 리더나 캠페인은 정책이 아니라 연출된 이미지로 대중의 열광을 얻는다. 슬픈 것은 아이러니하게도 송아지가 공동체를 통합하는 매개이기도 했다는 것이다. 오늘날 정치도 대중을 결집시키기 위해 공공의 적과 축제장을 만들어 낸다. 정치적 반대파, 특정 계층, 음모론 세력, 이민자 등 집단적 불안을 외부로 투사하여 공동체 내부의 결속을 강화하는 고전적 메커니즘이다.

> 우리는 신의 죽음을 견디지 못한다.
> 빈 무덤에라도 가서 시체를 치장시켜 전시해야 한다.

현대인은 신이 죽었다고 말하면서도 여전히 신을 원한다. 하지만 그 신은 초월적 존재가 아니다. 그것은 대중적으로 익숙한 욕망을 재현해야 하며 가시적이고 접근할 수 있고 심플하고 쓸모가 있어야 한다. 애굽의 황소신을 닮은 금송아지는 바로 그런 존재다. 대중은 실제 책임이나 진실보다는 보이는 것을 통해 안도하며, 영적 성장에 따른 복잡성을 사유하기보다는 단순화한 내러티브를 통해 감정적으로 결속한다. 우리가 진실로 자유롭고 성숙한 존재가 되려면 실재의 공백이 만들어 내는 현실을 금송아지가 주는 환상 없이 감당해 낼 수 있어야 한다.

2. 외부 전쟁 – 결별과 횡단, 악으로 무르익은 진들

1) 우상들의 세계에 구멍 내기 – 균열의 반복과 과잉

이스라엘의 전쟁은 늘 우상화된 제국과의 전쟁이다. 그 과정은 근원의
이름 없는 신으로부터 파동처럼 밀려온 상위 차원의 외부성으로 인해
무너지는 심판을 수반한다. 승리의 중심에는 어둠과의 싸움을 통해 내
적으로 훈련된 용사들이 있다. 가장 중요한 지도자는 적의 속성을 잘
알고 신의 음성에도 민감한 자다. 모세는 애굽의 구조 안에서 제거된
자, 타자화된 자, 불붙은 떨기나무의 계시를 통해 새로운 질서의 '신호'
로 재탄생한 자다. 모세에게는 우상들의 질서에 균열을 내는 전혀 다
른 정보, 즉 '나는 스스로 있는 자'인 신과 그 신이 약속한 언약의 땅
에서 이루어질 아름다운 구상 전체에 대한 잠재성이 있다. 스스로 계
신 자인 신은 애굽의 구조 전체를 뒷받침하는 이름 있는 많은 신들과
세계관을 붕괴시킨다. 그는 우상과 제국의 주권의 치밀한 코드 체계에
속하지 않은 타자성과 역설의 상징이다. 그는 어디에도 속해 있지 않고
어디에서도 규정 가능하지 않기에 파라오가 어떻게 대처해야 할지 모
르는 혼돈의 대상이다. 그는 제국의 코드를 망가뜨리는 무위의 위[250]이
며, 그 앞에서 선지자와 신하들의 책략은 속수무책이다.

---

250 | Giorgio Agamben, *The Use of Bodies*, trans. Adam Kotsko (Stanford, CA: Stanford University Press, 2015), 56, 245-248.

> 하나님의 무위란 단순한 비활동이 아니라, 세상의 모든 경륜과 통치를 정지시키고 무력화하는 절대적 정지의 상태이다. 그것은 바로 안식일의 본질이다.[251]

새 차원의 주도성은 기존 차원의 붕괴와 새로운 차원의 현현이라는 이중 구조 속에서 발생한다. 이는 존재의 전환을 이끄는 하나님의 구속사적 개입과 부름받은 인간의 응답을 통해 드러난다. 이 과정에서 유력의 붕괴 및 우상과 차별성을 보이는 압도적인 초과의 현상이 반복된다. 그런 의미에서 십대 재앙은 단지 초자연적 처벌이 아니다. 그것은 기존 차원에 구축된 신-인-세계 관계의 구조를 무너뜨리는 총체적 붕괴의 서사다. 나일강, 개구리, 흑암의 재앙부터 장자의 죽음에 이르기까지 애굽이 신격화한 모든 자연 현상은 더 높은 차원에서 재구성된 정보와 힘의 파동에 의해 무력화된다. 이 재앙들은 애굽의 만들어진 신들, 그 신들이 상징하던 세계관 그리고 인간이 만든 왜곡된 신-인-세계 질서를 겨냥하며 거짓 신관과 인간 중심적 권력의 무능함을 드러낸다.

---

251 | Giorgio Agamben, *The Kingdom and the Glory: For a Theological Genealogy of Economy and Government* (Stanford, CA: Stanford University Press, 2011), 239. "영광은 심판 이후의 무위(無爲)의 자리를 차지하며, 모든 사역과 모든 신적, 인간적 언어들이 해소되는 영원한 아멘이다." 아감벤에게 '영광(glory)'은 단순한 찬양이나 숭배의 대상이 아니다. 그것은 신적 존재의 근본적인 드러남이자, 동시에 모든 지배와 통치(economy)가 궁극적으로 해소되고 정지되는 '무위'의 상태를 점유하는 것이다. 유대교 전통에서 안식일은 바로 이러한 '무위'의 원형이다. 하나님께서 창조를 마치고 안식하셨듯이, 인간의 노동과 세상의 통치 역시 궁극적으로는 중지되는 '신의 무위' 상태로 회귀해야 한다는 것이다.

십대 재앙은 유력이 가진 우상성의 의미를 근본적으로 해체한다. 나일 강이 피로 변하는 재앙출 7:14-24은 인간에게 번영을 제공하는 신관을 무너뜨린다. 나일강은 생명의 근원이며, 하피Hapi라는 강의 신이 숭배 되었는데, 그 상징이 도리어 죽음의 상징이 되면서 자연은 신이 아님을 드러낸다. 생명과 자원의 공급원으로서 기능하던 강은 생명의 근원도 도구도 아니라 단지 은총으로 주어진 선물이다. 개구리 재앙출 8:1-15은 풍요의 자동 장치이자 인간이 원하는 대로 반응하는 기능적 신의 우 상성을 폭로한다. 개구리 머리를 한 생식과 풍요의 여신 헤케트Heket는 개구리의 과잉으로 파괴적 재앙을 통제하지 못하는 골칫덩어리로 변 한다. 번식과 다산의 통제, 생산성 중심 사회에서 조절 가능한 생산 기 계로 작동하는 신은 그 실체가 드러나며 생명 경외심을 불러일으키는 참다운 신이 누구인지를 드러낸다. 이의 재앙출 8:16-19과 파리떼의 재 앙출 8:20-32은 마법과 의식의 정결로 유지되는 신관을 해체한다. 땅의 신 게브Geb는 사소하고 비천한 벌레인 이로 인해 그 유약한 본질이 드 러난다.

그러나 참된 신은 외적으로 그럴듯한 의식이나 정결함에 임재하시지 않고 가장 낮은 짐승의 구유통에도 담기는 사랑의 관계 속에서 나타 나신다. 가축의 죽음출 9:1-7은 가축들을 통해 인간의 부와 경제를 책 임지는 아피스Apis, 하토르Hathor 등 소의 형상을 한 수호신들의 본질 을 드러낸다. 가축들은 재산, 권력, 경제의 상징이지만, 진정한 신은 인 간의 부를 지켜주는 수호신이 아니라 생명의 근원이자 존재의 주권자 이심이 드러난다. 종기의 재앙출 9:8-12은 신은 단지 고통을 제거하는 봉 사자라는 환상을 심어주는 우상, 치유와 질병의 신인 세라피스Serapis

와 이시스Isis의 우상성을 드러냄으로써 무력화시킨다. 고통은 때로 몸을 넘어선 존재의 각성을 깨우치며, 십자가와 부재 속에서 더 큰 차원으로 옮기시는 신의 계획이자 자기부정이기도 하다. 우박 재앙출 9:13-35은 날씨와 자연환경을 예측하고 제어하는 인간의 계산으로 세워진 하늘의 신 누트Nut의 우상성을 드러낸다. 또한 메뚜기 재앙출 10:1-20은 미래를 위한 저장과 소유의 지속 가능성을 위한 도구로서의 우상신 민Min의 우상성을 드러낸다. 흑암 재앙출 10:21-29은 태양신 라Ra, 권력의 정점에 있는 파라오의 힘, 신은 항상 '빛'이며, 인간은 그것을 가시화할 수 있다고 믿는 우상성을 해체한다. 흑암은 시각 자체가 사라지는 상태이며, 모든 창조의 근원지이다. 존재는 단지 빛에 의해 보이는 것만으로 구성되지 않으며, 신은 때로 어둠과 부재 속에서 혹은 부지의 구름 속에서 더 명료하게 다가온다.

마지막으로 장자의 죽음 재앙출 11-12장은 우상적 대상의 근원 뿌리를 끊어내는 재앙이다. 장자는 파라오의 후계자이며, 국가의 생명 구조, 유력의 지속 가능성, 통치의 세습, 혈통과 질서의 수호자다. 가장 보호받았고 받아야 할 존재가 무력화됨으로써 모든 힘과 권력과 계승 중심의 신 개념은 완전히 붕괴된다. 하나님은 유력의 질서를 지키는 봉사자가 아니라, 생명의 창조와 구원의 근원이심이 드러난다.

그 결과 참된 신은 더 이상 통제 가능한 대상이 아니며, 인간은 더 이상 우상을 빙자해 세계를 유지하는 중심이 아님이 드러난다. 또한 세계는 더 이상 예측 가능한 질서를 통해 유지될 수 없다는 것이 밝혀진다. 전쟁은 항상 신들의 전쟁이며 신관의 충돌이다. 그러므로 십대 재앙은 단순한 자연 재앙이 아니라 어둠의 '힘의 상징들'—강, 빛, 생명, 생산에 대한 파괴다. 그들은 근원이 아니기에 스스로 서 있을 수 없으며, 파라오와 애굽의 신들은 더 이상 스스로 계신 자가 일으키는 무의 세계를 지탱할 수 없다. 재앙은 그들이 허상 위에 선 유력의 우상임을 폭로하며 택한 백성들에게는 존재 전환의 기회로 열리는 문이 된다. 재앙은 점진적이지 않고, 반복적이며 차원 다른 과잉으로 질서를 뒤틀어 버리는 파동으로 나타난다. 이 파동은 기존의 체계에 내재해 있던 '애굽의 신들에 대한 심판'이다. 그러므로 십대 재앙은 신의 초월적 개입이나 기적이 초점이 아니라, 우상적 제국의 유력의 내재적 질서에 감추어진 모순이 생명의 빛으로 인해 표면화되고 노출되는 계기라고 할 수 있다.

2) 홍해 통과와 애굽 군대의 수장 – 외부적 우상과의 결별과 봉인

홍해는 단순한 자연의 장애물이 아니다. 죽일 듯이 쫓아오는 유력의 힘을 수장시키며 기존 질서와 새 질서를 가르는 경계선이다. 이스라엘은 그 바다를 전율하며 건넜고 애굽은 그 힘으로 무력화된다. 생명의 법과 사망의 법을 가르는 경계의 본질은 여기서 결정적으로 이루어진다.

> 우리는 더 이상 너희의 질서 안에 있지 않다.
> 애굽의 군대력은 이제 수장되었다.

홍해는 물리적 경계가 아니라 존재의 질서를 가르는 심연의 바다다. 이스라엘 백성은 그 심연을 건넘으로써 기존 세계와 완전한 결별을 이루고 애굽을 방어하던 군대의 힘은 그 심연에 삼켜진다. 사망의 법은 참 신과 세계관을 받아들이지 못하는 결과 스스로 자신을 파괴한다. 이제 방어 기제는 더 이상 외부적으로 작동하지는 않고 이스라엘은 신 광야로 입성한다.

> 이스라엘은 내어주신 길을 보며 차원을 넘어가고,
>
> 애굽은 기표의 현상만 보며 심연에 갇혀 자멸한다.

내면의 바다는 심판이 아니라 차원의 문이다. 그 문을 통과하는 자는 낡은 세계의 자기 동일성과 방어 기제를 버리고 생명의 비정형적 리듬 속으로 그분의 임재가 인도하는 곳으로 들어가야 한다. 하나님은 새로운 생명을 위해 옛 세계에 구멍을 내시지만 그렇다고 유력의 세계를 무작정 멸망시키지는 않으신다. 그러나 새 차원을 선택한 자와 그렇지 않은 자의 길은 반드시 달라진다. 그리고 어떤 경우에도 하나님은 새로운 생명의 길을 책임지신다.

3) 아말렉과 전쟁하는 법

이스라엘의 광야 여정 중 기습전을 펼치던 아말렉과의 전쟁 출 17:8-16 은 단순한 민족 간의 군사적 충돌이 아니다. 아말렉은 이스라엘이 존재를 재조직하는 중간에 가장 악랄한 어둠의 방법으로 공격해 온다. 그들은 더디고 연약한 자들을 뒤에서 공격한다 신 25:17-18. 즉, 이 전쟁은 단순한 군사적 대결이 아니라 이제 막 '새로운 질서를 세우고 있는 존재의 허약한 틈'을 노리는 어둠의 전형적인 공격이다. 광야는 무위의 공간이지만 현실을 살아가는 존재 자체는 여전히 방어를 필요로 한다는 역설 또한 드러난다.

아말렉은 성경에서 반복적으로 하나님의 백성의 길을 막는 혼돈의 세력 즉 비존재의 상징으로 등장한다. 그들은 신뢰와 내적 질서로 유지되는 것을 거부한다. 그들은 유력의 힘을 정비하고 새로운 정체성으로 훈련되어 가는 공동체의 가장 취약한 부분을 파고든다. 아말렉은 그러므로 단지 외적인 적만이 아니다. 끊임없이 새롭게 형성되는 존재를 허용하지 않는 '유력 세계의 관성', 혹은 조급함이나 생존에 대한 공포의 상징이다. 또한 아말렉과의 전쟁에서 승리하는 경험은 인간의 행동과 신의 임재가 함께하는 성전의 원리를 보여준다. 모세가 손을 들고 있는 동안 이스라엘이 이기고, 손이 내려오면 아말렉이 이기는 장면은 단순한 기적이 아니다. 손을 든다는 것은 전투의 주도권을 하나님께 이양하는 행위이며 모세의 리더십을 승인하며 군대가 최선을 다해야 한다는 것을 보여주는 행위다. 그러나 동시에 그것은 인간이 최선을 다할지라도 하나님의 도움이 있어야만 승리할 수 있다는 표징이기도 하다.

모세는 적의 눈에 가장 잘 띄는 고지에 있다. 그러나 그곳은 이스라엘 군대가 가장 잘 보이는 곳이기도 하다. 고지에 선 모세는 직접 전투를 치르지 않는다. 칼을 들고 싸우는 자는 여호수아이고, 모세는 두 손을 들어 하늘을 향해 들고 중보한다. 이것은 하나님의 전쟁은 인간의 기술이나 힘에 의해 결정되지 않는다는 중요한 주제를 드러낸다. "모세가 손을 들면 이스라엘이 이기고, 손을 내리면 아말렉이 이기더라"출 17:11 라는 구절은 전쟁의 승패가 전략적 우위나 물리적 힘이 아니라,

하늘과의 연결—신적 의존도—에 달려 있음을 상징한다.

모세는 고지에서 모든 백성, 모든 전사 그리고 아말렉의 눈에 띄는 위치에 있다. 리더는 감춰져 있지 않으며 고통과 긴장, 비난의 표적 한가운데에 있다. 그는 무언가 무력해 보이지만 하늘과 연결하는 상징적 존재로 있다. 그는 무언가를 '진두지휘'하거나 '명령'하지 않는다. 오히려 그는 몸으로 '전적 의존' 상태를 보여준다. 그의 손이 내려오면 패배하고, 올라가면 승리한다는 사실은 군사들로 하여금 하나님과 연결된 지도자가 그들의 생명줄과 연결되어 있다는 암묵적 메시지를 준다. 여기서 모세는 공동체 전체의 믿음의 지향성으로 기능한다. 공동체는 자기 힘이 아닌 중보적 관계성, 고통의 짐을 함께 지는 손들 그리고 그것을 지지하는 아론과 훌[공동체적 리더십의 보조]의 협력 안에서 비로소 승리의 조건을 경험한다.

모세는 가장 잘 보이는 곳에 있지만, 승리의 힘은 보이지 않는 차원에서 발현된다. 이는 차원 간 통로의 존재인 모세의 역할을 보여준다. 그는 군사적 지도자가 아니라 차원을 연결하는 인터페이스—하늘과 땅 사이, 하나님과 인간 사이, 공동체의 승리와 실패 사이에 선 존재이다. 그의 '들린 손'은 차원 간 에너지가 막힘 없이 흐르도록 하는 상징이다. 즉, 이 장면은 신정 공동체가 단지 물리적 전쟁을 하는 것이 아니라 차원적 충돌 속에서 존재의 리듬을 재조정하며 열고 닫는 과정임을 보여준다. 아말렉과의 싸움은 단지 민족 간의 전투가 아니라 하늘과 땅 사이의 영적 질서의 충돌임을 보여준다.

그리고 이 구도는 '보는 자'와 '보이는 자' 사이의 권력 구조를 완전히 무너뜨린다. 미셸 푸코 Paul-Michel Foucault 가 『감시와 처벌』[252]에서 말하는 것처럼 고지 위에서 타인을 내려다보는 시선은 통제와 위계의 상징일 수 있다. 그러나 이 장면의 모세는 오히려 위에서 내려다보면서 동시에 하늘을 바라보는 자, 즉 이중적인 시선을 짊어진 자다. 그는 지배하고 통제하기 위해 고지를 선점하지 않으며 전시적 위엄도 안전막도 갖추지 못했다. 그의 기도하는 노동은 무겁고 차가운 돌 위에 앉아 지탱되어야 한다. 이러한 모습은 권위의 새로운 형식, 즉 온전히 다른 차원의 도래를 기다리며 무위하고 의탁하는 자세 속에서 전체를 지탱하는 지도자상을 제시한다. 그는 신에게 의탁되어 있고 실제 현장에서 싸우는 여호수아에게 의탁되어 있다.

한편 여호수아는 직접 칼을 들고 싸운다. 하지만 그 싸움은 칼로 얻는 승리를 보여주는 것이 목적이 아니다. 이 방어전은 때로는 공동체의 중심을 지키기 위해 싸움조차도 일어날 수 있음을 보여준다. 아말렉 전쟁은 공동체가 마주한 악의 첫 저항이었다. 이 전쟁은 지금 여기에서 만들어지는 새로운 질서를 지키기 위한 싸움이다. 아말렉과의 전투

---

252 ㅣ 푸코는 '보는 자(간수)'와 '보이는 자(죄수)'로 구성된 원형 감옥 판옵티콘(Panopticon)을 통해 근대 권력이 효과적으로 작동하는 방식을 보였다. 판옵티콘의 중앙 감시탑에 있는 간수는 죄수들을 볼 수 있지만, 감시탑 안이 어둡기 때문에 죄수들은 감시자가 자신을 볼 수 있는지 알 수 없다. 이 가시성의 유무가 간수와 죄수를 나누고, 시선의 불균형은 권력을 작동시키는 기제가 된다. 간수가 실제로 보고 있는지의 여부가 아닌, 언제든 보고 있을 수 있다는 가능성과 불확실성 때문에 죄수들은 스스로를 감시하게 된다. 이는 감시자의 시선을 내면화하고 규율을 따르게 되는 권력의 내재적인 작동 방식을 보여준다. 역설적이게도 이는 근대적 주체를 탄생시킨다. 감시의 내면화는 개인을 끊임없이 자신을 규율과 감시의 대상으로 인식하게 되며, 사회의 규범과 정상에 적합한 존재로 자신을 만들어간다. 미셸 푸코/오생근 옮김, 『감시와 처벌』 (파주: 나남출판, 2005), 312.

를 이기게 하는 것은 무기가 아니라 하늘을 향한 손의 방향, 즉 하나님과 연결된 존재의 기도다.

아말렉은 이스라엘의 광야 여정 초기, 아직 노예 의식과 생존 본능에 젖어 있던 시기에 나타난 '기습적인 적'이었다. 이는 광야로 나선 존재가 피할 수 없이 마주하는 내면의 원초적 혼돈과 무의식적 두려움, 정체성 불안의 상징이기도 하다. 여기서 모세는 손을 들고, 여호수아는 전장에 나가 싸우며, 아론과 훌은 그 손을 지지한다. 이는 기도의 실천과 공동체적 지지가 함께 작동하는 차원적 합력을 보여준다. 승리의 원리는 '힘'이나 '수'에 있지 않고 하나님의 이름을 의식하는 자각적 행위의 연속성에 있다. 이 전쟁은 인간적 힘이 아니라 영적 중심을 붙잡는 훈련의 출발이었다. 승리 후 '여호와 닛시—주께서 나의 깃발이시다'라는 고백은 정체성의 외적 기준을 내려놓고 존재의 중심이 하나님이라는 내면 원리를 획득한 선언이었다.

이 원리를 획득한 이스라엘군은 후에 미디안 연합군과 싸울 때는 백전백승한다. '깨어 있는 존재로서의 전쟁법'을 알게 된 것이다. 미디안 전쟁 이후 이스라엘은 단순히 싸워 이기는 민족이 아니라 하나님의 뜻을 분별하고 그것에 자기를 맞추는 '영적 전략 공동체'로 전환된다. '백전백승'의 비결은 자기 확신이나 무력의 우위가 아니라, 자신을 끊임없이 무로 비워 하나님의 질서와 접속하고 그 안에서 자기조직화의 힘을 발휘하는 방식에 있다. 이스라엘의 전쟁사는 전투 기술의 발전사가 아니라 존재의 성숙과 정체성의 내면화 과정이다. 아말렉에서의 '자각', 미디안에서의 '온전한 일치' 그리고 반복되는 '승리의 구조'는 하나님 앞에서 깨어나고, 자기 존재를 조율하며, 세계 속에 질서를 창조하는 서사이다.

4) 무(無)의 두 법
– 사망의 법과 생명의 법: 광야에서 피어나는 두 잠재성의 서사

무無는 거듭 말하지만 두 갈래의 법이 잠재된 거대한 장field이다. 하나는 파괴와 자기 고립, 무한의 욕망으로 향하는 사망의 법이고, 다른 하나는 차원을 넘어서는 자기 초월의 길, 생명의 법이다. 인간은 이 무의 경계에서 언제나 그 선택을 강요받는다. 니체는 무無의 심연에서 초인의 잠재성을 포착했다. 그러나 그는 '자기부정'을 '노예 도덕'으로 오해했고 '십자가'라는 공동의 차원 전환 원리를 외면했다. 결과적으로 그는 개인의 힘으로 초인을 실현하려다 고립 속에서 무너졌고 그 탁월함은 광기와 자살이라는 파국으로 귀결되었다.[253] 사르트르는 니체가 초

---

253 ┃ 니체는 전율의 차원에 치우진 기독교, 즉 십자가로 대변되는 내세적이고 금욕주의적인 가치에 치우친 기독교가 생기와 황홀감, 고양감이 박탈된 것에 항거한다. 니체에게 있어 직관과 반대되는 교리적 합리성, 신성의 생기를 잃어버린 합리성은 생을 훼손하는 권력에 불과하다. 생은 자신을 스스로 극복해야만 하며, 이성은 그것을 행하는 데 있어 사용되는 전략 중의 하나이다. 어떤 의미에서 니체는 오토가 말하는 비합리적 누멘의 특성 특히 매혹적인 면(fascinans-moment)을 잘 표현했다고 할 수 있다. 그러나 필자는 니체가 십자가의 무력이 금욕이 아니라 비합리성의 양가적 균형에서 나타난 발현이라는 것을 간과하고 있다고 주장한다. 십자가는 고양감과 황홀감으로 점철된 그리스도의 온 생애가 나타내는 양가적 균형의 산물이다. 그리스도의 십자가 안에서 신성과의 합일을 통해 느끼게 되는 전율과 피조물적 무화감, 매혹의 속성은 하나이다. 십자가는 현상적인 차원에서 그치는 고난, 고통이 아니며, 하나의 규칙이나 습관으로 형성된 금욕적 훈련과는 무관한 완전히 비합리적인 것, 신비와 매혹과 전율 그리고 역동성(the mysterious and the fascinans, the tremendum and the energicum)이다. 결과적으로 니체의 생의 철학과 초인사상은 신성한 것에서 도덕적인 면모와 합리적 면모를 제한 것으로, 선과 악을 넘어서는 종교의 핵심, 즉 누미노제의 원초적 형태만을 극대화했다고 볼 수 있다. 김화영(김리아), 『영성, 삶으로 풀어내기』, 115.

인으로도 넘지 못한 허무주의의 거대한 심연을 역으로 인간의 실존적 조건과 자유를 탐색하는 기반으로 삼았다.[254] 그러나 그는 끝내, 초월 없는 자유가 만들어 내는 허무와 공허 그리고 타자에 대한 책임의 부재를 넘지 못했다. 무로 열리는 자유의 공간은 역설적으로 그들을 삼키는 심연이기도 하다.

이 거대한 무의 두 잠재성은 성경 속 이스라엘의 광야 서사에서도 명확히 드러난다. 애굽에서 벗어난 백성은 새로운 정체성을 형성하는 무한 광야, 존재적 자유의 경계에 도달했다. 그곳은 가능성과 파멸, 생명과 사망이 동시에 도사리는 '무의 공간'이었다. 그들은 광야 여정 내내 불평하고 반역하고 의심했다. 대표적으로 고라의 반역민 16장은 그 무의 심연에서 솟구쳐 오른 '사망의 법'의 상징적 표상이다. 애굽에서 노예로 살던 시절에는 상상도 못 하던 대담한 자율성과 저항성이, 이제 공동체 질서와 자기 초월을 향한 여정을 거부하는 반역으로 나타났

---

254 ┃ 사르트르는 니체의 '신은 죽었다'는 선언에서 비롯된 허무주의적 심연을 인간의 본질적 실존 조건으로 받아들인다. 니체의 허무주의, 즉 신과 절대적 가치의 부재라는 상황 속에서 사르트르는 인간이 자신의 존재에 대한 모든 책임을 져야 한다고 역설한다. 더 이상 본질은 존재에 선행하지 않으며 존재가 본질에 앞선다(L'existence précède l'essence). 즉 이 세계에 내던져진(être-jeté) 인간은 스스로 자신의 본질을 만들어가야 하는 전적인 자유를 지니며, 이 자유는 의미 없는 세계에서 스스로 의미를 창조하고 책임져야 하는 인간의 실존을 부각시킨다. 인간은 자유롭도록 저주받았으며, 이 자유는 동시에 고독과 불안을 동반한다. 이러한 허무감은 인간이 초월적인 의미나 지침 없이 스스로를 투기(projection)해야 하는 존재임을 인식할 때 발생한다. 그 고독한 실존은 필연적으로 불안과 고뇌를 낳지만, 이것은 앙가주망(engagement)을 통해 자신을 끊임없이 재구성하는 과정이다. 그의 대표작 『존재와 무』에서 이러한 실존적 자유, 책임 그리고 그로부터 파생되는 불안과 허무의 문제에 대해 심층적으로 논의한다. Jean-Paul Sartre, *Being and Nothingness*, trans. Hazel E. Barnes (New York: Washington Square Press, 1993).

던 것이다. 그들은 무의 바다에서 '자기 확장'을 고집하다가 '자기 고립'의 길을 택했고, 결국 광야에서 사망의 땅이 그들을 삼켜 소멸했다. 반면, 여호수아와 갈렙을 따라 가나안에 도달한 세대는 무의 생명의 법을 계속 선택한 이들이다. 그들은 과거의 정체성을 버리고 새로운 땅의 언약적 정체성을 받아들였으며, 옛 정체성과 방식을 부정하고 언약의 새로운 정체성을 받아들이며 새 이스라엘을 완성해 나갔다.

이는 곧 '무'가 단순한 결핍이나 중간 지대가 아니라 두 개의 미래가 분기되는 관문임을 드러낸다. 하나는 고립된 주체의 오만한 광기와 허무, 다른 하나는 공동의 자기 초월을 통한 생명이다. 이스라엘의 전환 서사는 바로 이 거대한 '무'의 장에서 피어난 생명 씨앗의 발현이다.

Part 4.

영,

근원적 인간,
근원적 시대를 바라보며

주의 고백

나는 아버지의 사랑을 보았습니다

나는 창조의 시작을 기억합니다.
그것은 가슴 저리도록 아픈 사랑입니다.

영의 오랜 운행과 긴 기다림 이후
"빛이 있으라"라는 그 말씀에
공허가 떨렸고, 어둠의 방종이 잦아들었습니다.
어둠에게는 마치 우뢰와 같이 들렸지만
빛의 자녀들은 확실히 느낄 수 있는 공들인 사랑입니다.

아버지는 황무지 같은 땅에서도 포기하지 않으셨습니다.
그분은 사람을 빚으셨습니다.
진흙에 숨을 불어넣으셨고,

그 코끝에 당신의 숨결을 나눠주셨습니다.

나는 보았습니다.

그토록 전능하신 분이

무릎을 꿇고, 인간의 얼굴을 마주 보며 미소 지으시는 모습을.

그 순간 나는 알았습니다.

아버지는 권능보다

사랑을 더 깊이 가지신 분이라는 것을.

심판도 사랑의 또 다른 얼굴임을.

그들이 등을 돌렸을 때도

아버지는 벌하시되

정원 문을 완전히 닫지는 않으셨습니다.

에덴은 잊혔지만, 길은 남았습니다.

아버지는 언제나

돌아올 수 있는 여지를 남기셨습니다.

노아의 방주

아브라함의 기도

요셉의 용서를 위한 눈물

모세의 떨리는 진노

나는 그 안에서

심판을 유예하시고자 하는 고통스러운 사랑의 아픔을 느꼈습니다.

그분은 언약을 주셨고
말씀을 주셨고
예언자들을 통해
그분의 심장이 전하는 소리를 속삭이셨습니다.
"돌아오라, 너는 내 사랑이다."

사람들은 돌을 들었고
우상을 세웠고
가시밭길을 택했습니다.
그런데도 아버지는 기다리셨습니다.
그분은
한 시대도 버리지 않으셨습니다.

그래서 나는 이 땅에 왔습니다.
그들의 눈동자 안에
그분의 기대와 눈물을 담기 위해.

나는 그분의 사랑을 보았기에
그 사랑의 차원은
죽음을 지나야만 완성된다는 것을 알았습니다.

십자가 위에서 나는 물었습니다.
"어찌하여 나를 버리셨나이까?"
그러나 그 고통의 깊이 안에서

나는 사랑의 깊이도 함께 깨달았습니다.

그분은 나를 버리신 것이 아니라,
그들을 포기할 수 없으셨던 것입니다.

나는 부활하였고
무덤이 열렸습니다.
그러나 그보다 더 놀라운 것은,
아직도 그분의 손이 열려 있다는 사실이었습니다.

이제 나는 그 사랑을 압니다.
그분은
경계를 지으시되, 선을 긋지 않으시고
어둠을 직시하시되, 그 안에 갇히지 않으십니다.
심판을 미루시되, 결코 정의를 포기하시지 않으십니다.

그분은 처음부터 끝까지
"좋다"라고 말씀하시고 싶은 분이십니다.
그리고 나는
그 사랑을 몸으로 산 증거입니다.

그러므로 내가 다시 올 그날에도
나는 심판을 들고 오는 것이 아니라
아버지의 오래 참고 기다리신

사랑의 완성과 함께 오는 것입니다.

나는
아버지의 뜻 안에서
한 영혼이라도 더 "좋다" 하심을 입도록
마지막까지 그 문을 열어둘 것입니다.

마가의 다락방은
영의 시대를 여는 축복받은 공간이었습니다.

그리고 그날,
바람이 불의 혀가 되어 들어왔습니다.
그 불은 태우지 않고 타는 가시떨기나무처럼
이 생에서도 천상을 보게 하고
전혀 배우지 않은 언어로 노래하게 했습니다.

영을 받은 이들은 거리에 쏟아져 나왔습니다.
더 이상 두렵지 않았습니다.
새로운 햇빛이 예루살렘의 돌길 위로 쏟아졌습니다.
이방인과 순례자들은
각각 자기 나라의 말을
배우지 못한 이들의 입술에서 들었습니다.

그날 빛과 어둠이 갈라지듯

믿는 자와 비웃는 자가 나뉘었습니다.
어떤 반응이든
모두가 그날을 잊을 수는 없었습니다.

그들은 이상한 삶을 시작했습니다.
두려워하지 않고 진리를 외쳤으며
자기의 소유를 내 것이라 주장하지 않았으며
자족하며 솔직하게
할 수 있는 만큼 진심을 다해 내놓았습니다.
사랑을 위해.
진리를 위해.

그들의 삶의 목적지는 바뀌었습니다.
그것은 그들 안에 거하는 하늘나라,
육신의 생기가 다해도 죽지 않는
사랑과 진리의 영으로 사는
하늘나라입니다.

나는 어디에나 있다.
하나님 나라는 너희 안에 이미 거하고 있다.

ἡ βασιλεία τοῦ θεοῦ ἐντὸς ὑμῶν ἐστιν.

1
해석을 넘어 영적 조명으로

1. 거절만 않는다면, 모두를 살리는 영

무-용 장^休의 화두는 '주체의 죽음'을 중심으로 하여, 의식이 물러난 자리에 감응적·응답적 주체가 세워지는 것이었다. 이는 전복적인 태도에서만큼은 주체 중심의 근거를 부정하는 탈형이상학적 담론과 일치된 입장에 있다. 그럼에도 불구하고 질문이 남는다. 주체와 의식의 죽음 선포 뒤에 과연 자연스러운 낭만과 낙원이 자리하고 있을까? 깨어난 이들은 그 이면의 깊은 무의식의 세계가 그리 녹록지 않을 거라고 말한다. 무는 근원적 자리에서 끊임없이 차원들의 마당을 실험하고 근원과 일치된 각도를 시험하고 검증한다.

다행히도 이성이 되었든 존재가 되었든 주체에 최종 판단의 결정권자로서의 권한을 부여한 결과, 그로 인해 구성된 세계는 억압적이고 폭력적인 지배 구조를 초래할 수밖에 없음이 밝혀졌다. 그러나 주체가 제거된 이후 차이와 다양성을 말하는 세계는 얼마나 달라졌을까? 그 진정성은 어디서 확보할 수 있을까? '주체'라는 개념을 다시 구성하려는 시도는 언제나 '그것이 어떤 기반 위에 서 있는지'를 묻는 질문과 함께 시작된다. 이 질문은 인간 존재와 위치, 선택의 기준을 다시 묻는 가장 근본적인 물음이다. 근대 이후의 서양 철학은 데카르트의 코기토 Cogito를 그 출발점으로 삼아 왔다. "나는 생각한다. 고로 존재한다"라는 이 선언은 인간을 유력 세계 내에서 '분명한 좌표'를 보여주는 의식 중심의 존재로 세웠으며, 이후의 인식론, 도덕 철학, 정치 철학 전반에 걸쳐 중요 기반을 제공하였다.

역설적이게도 이 데카르트적 주체는 20세기 후반 이후 '사냥'의 표적이 되어 왔다. 뉴에이지 반계몽주의자, 존재 사유의 지지자들, 해체주의자, 생태론적 비판자들, 비판적 마르크스주의자, 권력 분석가들 그리고 다양한 흐름의 페미니스트 이론가들에 이르기까지 광범위한 동맹은 이 견고한 주체를 겨냥해 '연대 사냥'을 전개해 왔다. 이들은 모두 '주체의 의식과 자율성'이라는 신화를 해체하고, 주체가 실은 언어·담론·권력·역사·무의식·생태·성차 등의 구조 안에서 생산된 유령에 불과하다고 주장하였다.

그런데 아이러니하게도 이 반-데카르트적 사냥꾼들의 연합은, 오히려 데카르트적 주체 개념의 지적 전통이 얼마나 강력하고 뿌리 깊은지를 반증한다. 기준이 여전히 '인간 정신의 주체'에 있기 때문이다.[255] 그

---

255 ❘ Alain Badiou, *Ethics: An Essay on the Understanding of Evil*, trans. Peter Hallward (London: Verso, 2002), 21-25. 알랭 바디우(Alain Badiou)는 그의 주요 저서에서 현대 자본주의 사회가 '차이'와 '다양성'을 통해 모든 것을 동등하게 만들고 상품화하는 과정을 비판한다. 그는 이러한 차이가 단순히 '다른 것'에 불과하며, 주체를 형성하고 역사를 움직이는 진정한 '사건(event)'과는 다르다고 주장한다. 바디우는 진정한 주

리하여 죽음이 선포되었음에도 불구하고 주체는 여전히 유령처럼 되살아나 텍스트 사이를 배회하고, 사상적 전복을 자처하는 이들의 담론 안에조차 자신의 흔적을 더욱 각인시킨다. 심지어 '주체는 죽었다'고 말하는 그 순간조차 말하는 자의 위치를 보증해주는 '어떤 형태의 위력'을 여전히 과시하고 있는 것이다. 이는 마치 '주체의 유령'을 사냥하려는 시도 자체가 필연적으로 주체 개념의 반복과 소환을 수반하는 것처럼 보이게 만든다.

이 지점에서 우리는 이 논의의 공헌과 한계를 짚으면서 '기준 자체'를 바꿔야 한다. 주인공을 '유력有力' 중심의 주체 개념에서 벗어나, '무無'와 '영[0]'의 차원적 구조로 전환할 필요성을 발견한다. 유력은 동일성과 통제, 자기 동일성의 반복을 통해 주체를 구성하려는 필연성이 있다. 이는 데카르트적 주체와 포스트 구조주의적 반주체 개념 모두가 공유하는 보이지 않는 기반이다. 전자는 그것을 명시적으로 긍정하고 후자는 그것을 부정하면서도 여전히 그것에 의해 규정된다.

이에 반해 무와 영이라는 주제는 단일한 자율성의 기반을 해체하며 근원적 타자의 도래와 접속을 통해 전체 속에서 자기 존재의 위치를 재확인한다. 그곳은 아직 펼쳐지지 않은 입체적 잠재성이다. 이때 주체는 흔적 없이 물러서고자 하며 영이 그 무의 마당 속에서 조각하는 진

체화는 보편적인 진리 사건에 대한 충실성에서 비롯된다고 보며, 이는 현대 사회의 지배적인 이데올로기인 민주주의적 다원주의가 진정한 보편성을 가로막는다고 비판하는 맥락과 연결된다. 이러한 이해는 그의 저서 『윤리학(Ethics)』에서 '악'은 진리를 향한 충실함(fidelity)에 대한 배반으로 정의되며, 윤리는 진리의 절차와 그에 대한 충실함을 통해 구성된다고 주장한다.

정한 자기, 즉 근원적 타자성과 공동성을 포함한 소명과 새 좌표에 조용히 헌신한다. 이 좌표는 입체적이고 다차원을 유영하며 존재한다. 그리고 존재는 위대한 전체로서의 근원과 차원 간 경계를 인식하고 조율하는 관찰자의 자리에서 자신과 타자, 전체의 흐름을 동시에 감지하는 '현존하는 감응자'로서 작동한다.

따라서 이제 우리가 말해야 할 것은 주체에 대한 정확한 소명의 자리매김이다. 우리에게 필요한 것은 주체라는 이름 아래 작동했던 '유력'의 가건물을 해체하고 새 예루살렘으로 옮기는 것이다. 재구성하는 진정성은 더 이상 자기 동일성의 근거 안에서 발견되지 않는다. 주체는 차원 간의 접속을 감지하고 응답하는 투명한 관계구조 안에서 더 큰 차원을 위해 정신과 자유 의지를 조율 당한다는 의미에 한해서만 가능하다. 그것은 절대 왕권을 포기하지 않으려는 자아의 기준에서는 비극이지만 모든 진리의 주권자인 '십자가에 달린 로고스'를 닮은 의식에게는 숭고하다. 사실 그것이 의식의 존재 이유였으며 그 숭고한 순종을 통해 새로운 창조가 시작되는 것이다. 그러니 대전환을 이루어 우선순위가 바뀐 시점에도 여전히 의식과 주체가 감당할 일들이 있다. 바로 멈추고 기도하는 자리다.

근원은 단순히 전통 형이상학과 탈형이상학의 대립을 재구성하는 차원을 넘어서 차원과 다수성, 생성과 시간성, 무의 운동성을 하나의 살아 있는 사유의 장으로 포섭해야 한다. 또한 '폰티스Fontis'가 단순한 개념이나 공간이 아니라 '무에서 살아 생성되는 근원적 현재의 샘'이라는 점에서, 고전적인 '형이상학/형이하학'의 언어로는 담아내기 어려운 존재의 차원적 운동성이 요구된다.

전통적인 형이상학은 존재의 본질과 보편적 질서를 추적하는 사유였다. 플라톤의 이데아, 아리스토텔레스의 제일원인第一原因 등의 존재론은 모두 '현상 너머에 있는 실체'를 설정하고, 그 실체를 중심으로 인간과 세계를 구조화해 왔다. 그러나 이 방식은 존재를 정태적 실체로 가정하여 생성과 차이를 억압하고 타자성과 시간성을 근본적 범주로 다루지 못했다. 무엇보다 실재를 본질/현상, 절대/상대의 이분법으로 환원하여 '지금 여기'에서 일어나는 근원적 현재를 담지하지 못했다.

반면 탈형이상학적 사유는 존재를 고정된 실체가 아니라 차이와 운동, 생성과 사건으로 다시 사유하려는 흐름이었다. 질 들뢰즈 Gilles Deleuze, 자크 데리다 Jacques Derrida, 에마뉘엘 레비나스 Emmanuel Levinas, 알랭 바디우 Alain Badiou 등의 사유는 모두 다음과 같은 방향을 택한다. 존재는 항상 되기 becoming 속에서 타자와의 관계, 시간의 틈 속에서 사건으로서 형성된다. 정태적 실체 대신 움직이는 경계와 흐름이 사유의 중심에 놓인다.

하지만 탈형이상학 역시 다음의 물음을 피해가지 못한다. 차이와 생성 자체의 근원은 무엇인가? 관계와 사건이 발생하는 장場은 어떤 구조를 갖는가? 무수한 차이와 생성들은 무엇에 의해 엮이고, 지속되고, 넘어서는가? 되기의 근거와 종착점은 무엇인가? '생성의 장으로서의 무無' 그리고 그 안에서 살아 있는 차원의 질서와 감응의 구조에 대한 깊은 이해가 없이는, 탈형이상학조차 무근거한 운동성의 수사로 머물 위험이 있다. '폰티스'는 단순히 형이상학적 실체가 아니며 탈형이상학적 차이의 해체만도 아니다. 폰티스는 무로부터 솟아나는 근원적 생명력이며, 모든 차원이 '지금 여기'의 현실에서 감응과 생성을 통해 다시 열리는 '살아 있는 샘'이다.

그 샘을 흐르게 하는 것은 영이다. 모든 피조계를 살게 하는 것도 영이다. 근원에서 온 영이 머물지 않는다면 모든 차원은 닫히고 죽고 만다. 유有는 마르고 정체된다. 유의 본디 존재 이유는 정체성의 좌표와 차원의 층위에 따른 분류를 위한 것이다. 그러나 영적 현존이 없다면 딱딱한 화석이 되거나 인공적 생기를 불어넣은 불멸의 괴물이 된다. 폰티스적 관점에서 '유'는 고정된 실체가 아니라 무의 흔들림을 감내하는 유연한 형상이어야 하며, 그러는 한, 유를 지속 가능케 하는 빛의 본질은 유지된다. 이때 무無는 근원적 감응의 장이며 유로 분화하기 전의 가능태이다. 형이상학은 무를 실체의 부재로 보았고 탈형이상학은 무를 차이의 장으로 보았다. 영과 결합된 무는 정체성을 무화시키는 공허가 아니라, 생성의 잠재성을 품은 장場이다. 여기에는 실상의 부재인 어둠의 잠재성도 포함되어 있고 차원 안에서 차이를 가진 다양성도 포함된다. 이 둘은 완전히 다른 특성이다. 여기서 '무의 마당'은 감응적 예민함과 잠재력, 통과성의 장으로 작용하며 빛과 어둠, 생명과 허무, 관계와 절연이 교차하는 접속면의 장이 된다. 또한 영과 결합된 용用은 생성의 운동과 자기조직화를 통해 차원에 맞는 마당을 전개한다. 이때 용은 유의 단순한 기능과 효율을 넘어 무로부터 새로운 질서를 받아 창조적으로 조직해내는 힘이 된다. 폰티스는 근원 안에서 [모든 차원의 자기 구성-신적 창조의 반복-생명의 조직화된 사건들]을 관찰한다. 감응적 삶, 타자와의 관계, 공동체적 실천이 용의 이 조직화를 통해 현실화된다. 영[0]은 그 모든 차원을 아우르는 감응적 통합, 메타-차원적 질서이자 시간과 공간을 성화시키는 근원이다. 고전 형이상학은 이를 절대자나 보편과 같이 단선적으로 표현했지만, 영은 빛과 어둠, 나와 타자, 유와 무, 생성과 죽음이 통합되는 차원의 모든 경계선을 포함한다. '폰티스'는 제1원리만이 아니라 무의 관계 속에서 솟는 다층적 생성의 근원성이다. 이 근원은 빛만이 아니라 어둠을 포함하며 존재가 생성되고 사라지는 틈에서 펼쳐지는 다양한 시간의 사건성을 생성한다.

근원은 반드시 무를 통하여 움직인다. 그 자유의 장 안에서 영은 살아 움직이고 생성하며 감응하고 관계한다. 모든 다수성과 차이성은 영 안에서 연결된다. 영의 파동으로, 탄원으로, 끌림으로 움직이지 않으면 근원의 자존성은 움직일 필요를 느끼지 않는다. 근원은 모든 것에 자유를 허용하며 오직 성령의 간청과 탄식 어린 사랑의 운행에 귀 기울인다.

영은 거절당하지 않는 한, 늘 살리는 쪽을 택하신다. 아니, 더 정확히 말하자면 거절당해도 끝까지 남아 계신다. 영은 문을 두드리는 법을 아시고, 닫힌 문틈으로도 기어코 들어올 수 있는 분이다. 아주 오래 전, 무無의 깊은 어둠 위에 바람처럼 움직이며, 영은 무언가를 낳으려는 어머니의 숨결처럼 떠 계셨다. 루아흐ḥṇ, Ruach, 이것이 영으로 오신 하나님의 첫 이름이었다. 형태도 없고 경계도 없으며 살려내는 쪽으로만 흐르시는 존재. 영은 모든 시대에 걸쳐 흘러 모든 피조계에 깃들어 그 안의 상처와 균열을 따라 자신을 스며들게 하신다. 왜냐하면 생명의 영은 상처를 지나칠 수 없고 사랑의 본질인 진리는 비진리의 고통을 비추는 빛이기 때문이다. 진리는 늘 그분이 계신 자리이다. 그분은 절대로 강제하지 않으신다. 누구도 그 사랑을 막을 수 없지만 끝끝내 거절하는 어둠의 자유를 강제로 뺏지도 않으신다.

영은 바람이며 물이며 기운이다. 아니 모든 것이다. 성령은 상처 입은 치유자이시다. 그분이 깃든 영혼은 비난받았고 거부당했으며 때로는 신학자들의 높은 문턱에서 발길을 돌려야 했다. 하지만 그분은 교회 바깥의 거리에서 밤늦게 쫓겨나 혼자 울고 있던 아이에게, 소외된 이의 가슴속에, 홀로 무언가를 깨닫고 고독한 이들에게 바람처럼 찾아오신다. 성령은 누구보다 연약한 듯하나, 그 연약함은 피조물을 껴안기에 가장 알맞도록 조율된 내공의 무게다. 그분은 인간의 몸에 스며들어 절망을 짊어지고 배신당하고 고통받는 일을 두려워하지 않으신다.

왜냐하면 성령의 본성은 바보 같은 사랑이며, 사랑은 상처를 받아도 다시 그 자리로 돌아가기 때문이다. 그분은 늘 우리 곁에 계신다. 사라진 것처럼 보일 뿐. 그분은 살리신다. 그분은 우리의 내면에 깊이 좌정하시며 진리와 사랑의 공동체와 사람들 사이, 십자가의 길을 걷는 모든 이들에게 머물기 좋아하신다. 그분은 그렇게 살아계시며 무에서부터 지금까지 모든 존재를 품고 운행하신다. 그분은 살리는 사랑으로 지금도 진리의 터가 되어 세상을 낳고 계신다.

2. 해석을 넘어 조명의 빛으로: 종교에서 영성으로

오랫동안 신앙생활을 해 온 이들은 어느 순간, 더 이상 종교적 신념과 관습만으로는 설명되지 않는 깊은 내면의 갈망과 마주하게 된다. 그것은 단지 믿음의 강화가 아니라 자기 해석의 틀을 초월하려는 근원적 전환의 요청이다. 이때 영혼은 자신이 수행해 온 종교적 행위들의 심층을 투시하면서, 그 안에 감추어진 자기 의自己義 와 구조화된 욕망으로부터 해방되기 시작한다. 이 시기는 믿음에 대한 이해를 넘어서 신성 자체의 생동하는 영과 접촉하고 생명이 빛으로 조명받는 때이다.

신성은 더 이상 외재적 객체로서 존재하지 않으며 오히려 영혼 안에서 창조적으로 발생하고 확장된다. 말씀은 더 이상 해석의 대상이 아니라, 존재의 깊은 층위에서 도리어 나를 '읽는 주체'가 된다. 기도 역시 '내 안의 영이 나를 위해 탄식하는 주체'가 된다. 신적 조명 Divine Illumination [256]은 이제 단순한 깨달음이 아닌 자기 초월적 돌파의 현상으

---

256 ┃ 신적 조명(Divine Illumination)은 인간의 인식이 궁극적으로 신의 은총에 의해 가능하다는 철학적·신학적 관점을 의미하며, 고대부터 중세를 거쳐 현대까지 지속적으로 해석되어온 개념이다. 특히 어거스틴은 이 개념을 체계화하며, 인식을 감각(sensatio), 이성(cogitatio), 지성(intellectio)의 위계로 구분하고, 감각적 경험이나 논리적 사고만으로는 영원하고 보편적인 진리에 도달할 수 없다고 주장하였다. 그는 진정한 인식은 지성의 단계에서 신의 빛에 의해 가능하다고 보았다. 그리고 이러한 조명을 통해 인간은 비로소 '지식(scientia)'을 넘어 '지혜(sapientia)'에 이를 수 있다고 주장한다. 이는 플라톤이 말한 '진리의 회상(anamnesis)'과는 구별되는 것으로, 어거스틴은 전생과 영혼의 이전 존재를 부정하고, 진리는 내면에서 신의 조명에 의해 현재적으로 비추어진다고 본다. 나아가 그는 교육의 장면에서도 이 조명의 개념을 적용하여, 교사가 진리를 전달하는 것이 아니라 학습자의 내면에 신적 빛이 비추어질 때 비로소 참된 이해가 가능하다고 강조하였다. 이러한 조명 개념은 단순한 지적 계시에 머물지 않고, 인간의 인식과 존재 전체를 관통하는 자기 초월적 돌파의 가능성으로 확장되며, 오늘날에도 교육 철학과 영성 신학 전

로 다가온다. 이러한 조명의 단계는 종교적 신념의 구조를 전개시키는 이론의 빛이 아니라 그것을 넘어 무의 지평에서 솟아오르는 실재의 빛으로 이전의 세계관과 종교관에 전복이 일어나게 한다.

이때 영혼은 '해석'의 차원을 넘어서 자기 존재 전체가 '조명'의 대상이 되는 전환을 경험한다. 이는 '영적 일치 unio mystica '[257]의 체험이며, 현상학적으로는 의식의 전반적 구조가 재조직화되는 사건이다. 즉, 관찰자이자 주체로서의 자아가 해체되면서 신성의 파동 안에 함입되고 관조적 자기로 거듭난다. 이러한 체험은 자아와 세계, 하나님과 피조물의 대립이라는 이분법이 해체되는 지점에서 발생한다. 빛과 어둠을 대상적으로 정의하던 주체는 신성의 생명에 참여함으로써 '내가 본다'는 주체가 아닌 '신성이 나를 통해 본다'는 존재 방식으로 옮겨간다. 이 단

반에서 유의미한 통찰을 제공한다. 김태규, "아우구스티누스의 인식론: 조명의 문제를 중심으로," 『중세철학』 16 (2010); 정현숙, "아우구스티누스의 신적조명과 신앙교육," 『종교교육학연구』 45 (2014); Augustine, "On the Teacher (De Magistro)," in *Augustine: Earlier Writings*, trans. John H. S. Burleigh (Philadelphia: Westminster Press, 1953).

257 | '영적 일치(unio mystica)'는 고대 기독교 신비주의에서 비롯된 개념으로, 피조물이 하나님과의 본질적 일치 혹은 깊은 연합을 경험하는 내적 영적 사건을 의미한다. 테레사, 요한계시자, 에크하르트 같은 서방 신비주의 전통은 이 일치를 지성과 의지의 초월, 즉 '자기-초월'의 극점에서 발생하는 하나님과의 합일로 설명한다. 한편 동방 정교회 전통에서는 이를 테오시스(theosis), 곧 신화(神化)의 과정으로 보며, 존재 전체가 신적 에너지에 참여하는 변화로 이해한다. 현상학적으로는 '영적 일치'가 단순한 내면적 감정이 아닌, 의식 구조 자체의 근본적인 전환—주체와 객체의 분리를 넘어서는 구조적 재편성—으로 해석되기도 한다. 이때 영혼은 더 이상 '대상'을 인식하지 않고, 존재 전체가 빛에 의해 열리는 사태에 참여하게 된다. 따라서 '영적 일치'는 신학과 철학이 만나는 지점에서, 해석 불가능한 신비이자, 동시에 존재의 가장 깊은 구조로서 기능한다. Bernard McGinn, *The Foundations of Mysticism: Origins to the Fifth Century* (New York: Crossroad, 1991), 265-289.

계는 유有의 차원을 넘어서, 영의 인도로 무無의 장場 안에 진입하는 것이다. 여기서 무는 의식이 자기 자신의 중심축을 포기한 자리, 존재의 외피가 벗겨지고 본질적인 감응이 가능한 상태를 의미한다. '무의 차원'은 곧 감지 불가능성, 추론 불가능성, 언어화 불가능성의 공간이며, 이 지점에서야 비로소 신성의 실제가 감지된다.

신학자 존 카푸토John D. Caputo가 말했듯, 참된 신앙은 '논증 불가능성'의 지대에서 발생한다.[258] 그리고 그것은 단지 사고의 끝이 아니라 존재적 환원과 무화self-emptying의 극점에서 작동한다. 이는 후설의 에포케Epoche처럼 일상의 확신을 괄호 치는 정도가 아니라, 전 존재적 신뢰와 사랑을 통해 존재와 삶을 재통합하려는 실존적 감응의 임계점에서 일

---

258 ┃ 카푸토는 해석학, 특히 포스트모던 해석학의 특징을 "해석은 끝나지 않고 끝까지 간다"라고 정의한다. 그는 『포스트모던 해석학』에서 하이데거와 가다머의 해석학을 경유하며, 그 안에 잠재된 급진적 가능성을 드러낸다. 해석은 더 이상 텍스트를 밝히는 작업이 아니라, 법, 의료, 정보 기술처럼 우리 삶의 구체적 맥락에서 항상 열려 있는 가능성, 곧 '정의'나 '선'이라는 도달 불가능한 이상을 향해 감행되는 사건이다. 이러한 성격에서 해석학은 '불가능한 것'을 향해 가는 믿음의 행위가 되며, 이는 곧 '논증 불가능성'의 자리에서 태어나는 참된 신앙과 만난다. 이러한 급진적 해석학의 대표적 사유가 바로 데리다이다. 카푸토는 데리다가 제시한 해체(deconstruction)의 운동을, 단순한 파괴나 상대주의가 아닌, 언제나 자신을 넘어서는 사건적 생성성의 표현으로 이해한다. 그는 『해체주의 요약』에서 해체란 "사물 자체는—만약 그것이 존재한다면—사라지고, 그 안에서 일어나는 의미는 언제나 앞으로 올 것(always to come)"이라고 설명한다. 해체는 사물과 제도, 언어와 신념이 고정된 의미로 정착되지 못하도록 끊임없이 경계를 압박하며, 그 너머에 감춰진 충격의 가능성을 드러낸다. 그렇기에 해석은 끝나지 않는다. 그것은 언제나 사건이며, 불가능한 것을 향한 긴 여정이다. 그리고 그 여정 한가운데, 신학적 신앙은 도래한다. 설명될 수 없고 증명될 수 없는 가능성—곧 불가능자(the impossible)—를 향한 수용과 응답으로서, 해석은 하나의 신적 사건으로 열린다. 이에 대한 자세한 설명은 다음의 저서를 참고하라. John D. Caputo, *Deconstruction in a Nutshell: A Conversation with Jacques Derrida* (New York: Fordham University Press, 1997), 32; 존 카푸토/이윤일 옮김, 『포스트모던 해석학』 (서울: 도서출판 b, 2020), 119, 297.

어난다. 이러한 경험을 통해 영혼이 전적 신뢰의 상태로 사랑의 지식과 직관의 기쁨을 알게 되면 점진적으로 개념이나 추론, 상상에 덜 의존하게 되고 하나님과 일치하고자 하는 갈망과 직관에서 오는 통찰이 강해지고 심오해진다. 더 깊은 심원에서 돌파를 향한 움직임이 충만해지고 내면 깊은 곳에 숨어 있던 영적 갈망과 세계를 향한 깊은 사랑이 모습을 드러낸다. 또한 기도가 깊어질수록 하나님에 대한 갈망과 그분의 주권이 더 극명하게 드러난다. 머튼은 이러한 체험을 다음과 같이 말했다.

> 관상은 그분이 주체가 되어 주셔야 가능하다. 또한, 나의 영혼이 직접적으로 체험했을 때 가능해지는 체험이다. 그럴 때 나는 하나님이 무한하신 사랑이라는 것, 그분이 나에게 그분 자신을 주셨다는 것 그리고 이제부터는 오직 사랑만이 중요하다는 것을 알게 된다는 것이다.[259]

이 시기의 기도는 더 이상 간구나 묵상이 아니라 신성의 움직임에 감응하는 온전한 수동성passivity이 된다. 말씀이 나를 관통하고 성령이 나를 통해 기도한다는 확신은 자율적 행위의 상실로 느껴질 수 있지만, 실제로는 자아가 껍질을 벗고 생명의 유입을 허용하는 개방성과 황홀함이 극대화된 것이다. 기도는 더 이상 '나의 행위'가 아닌 '무의 중심에서 솟아오르는 생명의 찬양'이다. 인간의 자발성은 종종 하나님 앞에서 멈춘다. 아니 멈춰야 한다. 그 순간, 내가 움직이는 것이 아니라

---

259 | 토머스 머튼/오무수 옮김, 『명상이란 무엇인가』 (서울: 가톨릭출판사, 2002), 11.

성령이 나를 이끌기 시작한다. 이 과정이 바로 '수동적 능동성'이다. 나의 존재가 더 이상 내 힘으로 이루어지는 것이 아닌 신적 생명력의 흐름에 내어 맡겨지는 자리, 그곳에서 참된 능동성이 시작된다. 이 단계에서는 '내가 하겠다'는 것을 포기하고 온전히 무 안에서 '하나님의 현존' 안에 머물겠다는 의지를 갖는 것, 신성의 생기가 움직이도록 하는 수동성이 중요하다. 이것은 그 이전의 자기 신념이나 경험에서 생겨나는 자발성 혹은 생성적 자발성과 다르다. 관상 안에서는 하나님으로부터 오는 생명의 자유로운 흐름과 의지, 자발적 활동이 일어난다. 이는 인간의 반성과 숙고와 보상과 대립한다. 기도 속에서 '원인 없이'라는 표현은 단순한 철학적 개념이 아니다. 그것은 관상적 통합의 깊은 자리에서 스스로 솟아나는 생명의 흐름이다. 이 흐름은 내가 노력해서 만들어내는 것이 아니라 무언가 더 깊은 근원에서 저절로 흘러나오는 자류성自流性이다. 그 자리는 의지 이전의 자리이며, 생명이 자신의 방향을 따라 흘러가는 자유의 상태다.

이 합일의 상태에 이르렀을 때 양가적 구조는 극대화되고 자기 자신에게 느끼는 무화의 감정 역시 극대화되어서 자기의 뜻은 완전히 소멸된 것처럼 여겨진다. 여기서의 무는 냉혹한 부정이나 단절이 아니라 존재를 관통하는 신성의 빛이 스며드는 황홀한 승인이다. 사랑 역시 개념이나 감정이 아니라 온 우주적 존재가 하모니를 이루는 일치의 합주곡처럼 느껴진다. 이 단계에서 모든 양극성—신성과 인간성, 내면과 외면, 지성과 감정, 고요와 역동, 유한과 무한—은 신성의 바퀴 안에서 회전하면서 일치된다.

하나님과의 합일 안에서 몸의 법The law of our bodies 과 영혼의 법The law of our souls 이 일치된다. 이 단계에서 영성가는 절대적 쉼absolute repose 과 생명력absolute fecundity 을 일치의 본성으로 소유한다.[260] 관상가는 더 이상 삶의 모든 국면을 자아로 조정하거나 통제하려 하지 않는다. 오히려 생명의 중심에 서게 되었을 때 자신을 이끄는 큰 흐름이 있음을 직감하게 된다. 그 흐름에 자신을 맡기니 계획되지 않은 연결들이 생기고 뜻밖의 만남 속에서 이전에는 느끼지 못했던 자신을 발견하게 된다. 그때 기도자는 타자와의 관계 안에서 자신을 새롭게 이해하며 자아의 주도성보다는 생명의 관계성과 열림을 통해 살아가고 있음을 깨닫게 된다.

그리고 신앙의 초기에 유익했던 틀은 깊어지는 여정 속에서 더 이상 기능하지 않는다. 그때 영혼은 체계를 넘어 무의 차원으로 돌파해야 하며, 그 안에서 새로운 세계 창조의 가능성이 열린다. 이 창조는 나의 기획이 아니라 근원적 무의 중심에서 자라나는 생명력에 기인한다. 여기서 인간은 더 이상 '신을 믿는 자'가 아니라 신 안에서 존재하는 자가 된다. 이것이 바로 '해석'의 끝에서 오는 '조명'의 시작이요, 종교를 넘어 영성으로 들어가는 문턱이며, 존재의 자기 초월transcendence of being 과 그에 따른 자연스러운 자기부정을 실현하는 일치의 경험이다.

---

260 ǀ Rudolf Otto, *Mysticism East and West*, 434.

2

되기에서 존재-이기로

1. 생성적 되기에서 무를 넘어선 영으로

영성은 단순한 내면 체험이 아니라, 신-인-세계의 해체된 경계 안에서 생기는 '되기의 사건'이다. 그런 의미에서 들뢰즈-가타리의 '기관 없는 몸'[261]은 영성을 철학적으로 사유하는 현대적 교두보가 될 만하다. 이

---

261 ┃ '기관 없는 신체(Corps sans Organes, CsO)'는 들뢰즈와 가타리가 전개한 핵심 개념으로, 단순히 조직화된 '유기체(Organism)'와 대립한다. '유기체'가 기존의 질서, 의미, 기능에 의해 지층화(stratified)되고 통제되는 신체라면, '기관 없는 신체'는 그러한 구조를 해체하고 강도(intensity)와 흐름(flow)만이 존재하는 비생산적이지만 잠재력으로 가득한 표면이다. 이는 신의 심판이나 기존의 도덕적 규범에서 벗어나, 욕망을 죄가 아닌 창조적 에너지로 긍정하며 새로운 영적 감각과 접속을 생성하는 장(場)으로 해석될 수 있다. 기관 없는 몸은 '무'를 구체적인 현실에서 사유하는 첫 번째 교두보를 제공한다. 이 무의 몸은 '텅 빈 몸', 혹은 '기관이 텅 비었음'을 뜻하지 않는다. 끊임없이 생성이 일어나는, 유기체라고 불리는 기관들의 조직체가 없는 몸이다. 믿음이 세계관을 상대화한다는 측면에서 보자면 믿음의 형성은 끊임없이 영토로서의 몸으로부터 탈출하여 탈영토화와 재영토화 과정을 통해 지속적으로 기관 없는 몸을 생성해 가는 과정이라 할 수 있다. 이 생성의 잠재성은 기관 없는 신체의 되기(becoming)를 통해 이루어진다. Gilles Deleuze and Félix Guattari, *A Thousand Plateaus: Capitalism and Schizophrenia*, trans. Brian Massumi (Minneapolis: University of Minnesota Press, 1987), 149–66; Gilles Deleuze and Félix Guattari, *Anti-Oedipus: Capitalism and Schizophrenia*, trans. Robert Hurley, Mark Seem, and Helen R. Lane (Minneapolis: University of Minnesota Press, 1983); 김화영(김리아), 『영성,

는 이 주제가 구체적 현실에서 욕망과 접속이 만들어 내는 믿음의 잠재 장소를 지시하기 때문이다.

기관 없는 몸은 유기체적 질서가 부여되기 이전의 몸으로서, 기존 질서와 기호계를 탈코드화하고 새로운 생성을 열어가는 신비한 장이다. 또한 '탈영토화-재영토화'[262]는 믿음의 변용 과정을 사유할 수 있는 장치다. 물론 들뢰즈-가타리를 비롯한 해체주의적 사유가 과연 영성 전통을 중심으로 한 무의 사유와 만날 수 있겠는가에 대해 회의적인 견해를 보일 수도 있다. 들뢰즈-가타리의 무 개념인 '기관 없는 몸'은 철학의 입장을 견지하며 끊임없는 자기부정의 역동성을 유지하여 본질을 해체하는 구조를 지닌 반면, 기독교 신비주의의 자기 이해나 신 이해에 있어서 '무無'는 끊임없는 자기부정의 뒤에 늘 초본질, 즉 지향하는 바를 두고 있다는 차이가 있다고 본다. 즉 기독교 신비주의는 종교

삶으로 풀어내기』, 28.

262 ┃ 들뢰즈와 가타리가 제시한 '탈영토화(deterritorialization)'와 '재영토화 (reterritorialization)'개념은 단순히 고정된 경계를 허물고 재구축하는 것을 넘어, 존재와 사유의 끊임없는 생성적 역동성을 포착하는 철학적 개념이다. 이는 특정한 체계나 질서가 해체되고(탈영토화), 이후 완전히 동일하지 않은 새로운 방식과 형태로 재조직되는 (재영토화) 과정을 말한다. 특히 탈영토화는 기존의 코드화된 질서, 구조, 정체성 등이 유동화되고 비결정화되는 과정을 의미하는데 이는 단순한 혼돈이 아니라 새로운 가능성을 열어젖히는 역동적인 해체를 의미한다면, 재영토화는 이러한 해체 이후 무질서 속에서 새로운 관계망, 조직 또는 의미의 지형이 형성되는 것을 지칭한다. 이때의 재영토화는 과거로의 단순한 회귀가 아니라, 이전과는 질적으로 다른 방식으로 재구성되는 창조적 재조직화의 과정을 내포한다. 이러한 들뢰즈-가타리의 개념은 정신분석, 사회학, 예술 그리고 '믿음의 변용'과 같은 영성적 맥락에 이르기까지, 다양한 영역에서 기존의 틀을 넘어서는 새로운 이해와 실천을 사유하는 데 매우 유용한 분석 틀을 제공한다. 이는 고착된 사유를 벗어나 끊임없이 움직이는 생성의 흐름 속에서 의미를 탐구하려는 시도이다. Gilles Deleuze and Félix Guattari, *Anti-Oedipus*, 321-325; 질 들뢰즈와 펠릭스 가타리/김재인 옮김, 『천 개의 고원: 자본주의와 분열증』 (서울: 새물결, 2001), 350-355.

라는 테두리 안에서 신성으로서의 무라는 종착점을 추구하고 있고, 해체 철학은 끊임없는 생성과 변화를 유지하도록 그 논리 체계를 열어 놓는다는 것이다.

그러나 기독교 신비주의에 대한 오토의 해석은 이러한 신비 신학과 해체주의의 간극을 해소하고 접속면을 열어줄 실마리를 던져준다. 그에 따르면 다른 범신론적 신비주의나 자연 신비주의, 타종교의 신비주의와 구별되는 기독교 신비주의의 특징은 바로 살아 있는 생명력으로 '끊임없이 생성되는' 무의 개념이다.[263] 그 무는 초본질적인 전제가 아니라 현재의 살아 있는 삶과 연결되어 있다. 빛나는 강이자 영원히 움직이는 수레바퀴이며, 자기 자신으로부터 출발하여 끊임없이 생성되는 생명이자 무한히 솟아오르는 내적 힘이다.[264] 이와 같이 '자기 자신으로

---

263 | 오토에 따르면 자연 신비주의는 자연과의 일성(一性) 안에 깊이 빠져든 존재의 감각이다. 여기에서 인간은 모든 개별성과 그 자신 안에 있는 자연 사물들의 모든 특성을 감지할 수 있다. 그는 모든 사물 안에 있는 모든 존재, 모든 힘, 모든 기쁨, 모든 열망, 모든 고통을 알고 있으며 동시에 그는 이러한 모든 것으로서 일체감을 느낀다. 그러나 관상적 신비주의와 자연 신비주의 사이에는 큰 차이가 있다. 자연 신비주의는 신적 존재가 본질과 자연의 아름다움 안에서 체험된다. 반면 관상적 신비는 반대로 자연과 확실히 구분되는 초월적 신적 존재의 의미와 가치를 통해서 사물과 사물의 본질을 바라본다. 이것은 구원적이며 영적인 영역이지 자연적이거나 미적인 영역이 아니다. 영혼 신비주의 역시 자기 신성화의 위험에 노출되어 있다. 영혼 신비주의에서 말하는 영혼의 팽창은 관상적 직관에서 나타나는 고양(高揚)과 비슷하다. 그러나 '고양' 자체만으로는 많은 것을 설명하지 못한다. 그것은 경험의 한 순간을 표현한 것일 뿐이다. 그런데 무엇이 팽창되었는가? 무한으로 뻗어나간 것은 무엇인가? 팽창으로 그것이 얻은 무한의 내용은 무엇인가? 그것을 체험하는 인간과의 관계는 어떠하며 세계의 구원과는 어떤 관계가 있는가? 이것들은 해결해야 할 문제이다. 또한 자연과의 일치, 영혼과의 일치를 추구하는 신비주의는 관상에서 발견되는 신성과의 일치와 그 일치에 이르기 위한 무(無)의 길을 전제하지 않는다. 결국 영혼과 자연 신비주의는 자기 신성화에 빠지거나 물신 숭배에 빠질 우려가 있다. Rudolf Otto, *Mysticism East and West*, 73-76.

264 | 이에 대한 자세한 논의는 김화영(김리아)의 『영성, 삶으로 풀어내기』 양가무의 아프

부터 굴러가는 바퀴'나 '자기 자신 안으로 흘러 들어가는 강'과 같은 영성가들의 은유는 이 세계를 향한 하나님 자신의 끊임없는 자기 생성을 표현한다.

들뢰즈-가타리의 신체론에서 믿음은 더 이상 주체의 의식이나 이성의 작용이 아니라 욕망의 접속 속에서 생성되는 흐름이다. 욕망은 몸을 통과하며 무를 생성하고 믿음은 이 욕망의 흐름에 실린 신성의 자류성과 만나며 현실화된다. 따라서 믿음은 사유의 결과가 아니라 끊임없이 탈영토화되는 욕망의 생성적 역동 안에 깃든 살아 있는 존재의 힘이다. 욕망은 기호의 구조에 예속되지 않고 무의 리듬에 따라 믿음을 생산하는 신성한 기계로 작동한다. 여기서 믿음은 보이지 않는 실상이자 존재의 잠재성이며, 끊임없는 되기의 감응이다.

그러나 영성은 단순히 욕망하거나 더 나은 삶을 꿈꾸는 생성의 반복 안에서 발생하지 않는다. 정직한 욕망은 출발선에 서게 한다. 그러나 정작 영성은 삶이 더 이상 생성의 한계에 종속되지 않으려 할 때, 그러니까 차원 전환의 지점에서 무無의 차원을 자신의 삶 속으로 온전히 받아들일 수 있을 때 시작된다. 이것은 들뢰즈-가타리가 말한 생산적 되기becoming [265]와는 전혀 다른 층위의 출발이다. 생성은 '존재하지 않

리오리 개념(103-105)을 참고하라.

265 | '되기(becoming)' 개념은 들뢰즈와 가타리 철학의 핵심적인 사유 축을 이룬다. 이들에게 '되기'는 고정된 주체나 정체성을 벗어나 끊임없이 변화하고 생성하는 과정이다. 이는 '무엇이 된다'는 목표 지향적인 의미가 아니라, 비인간적인 것, 비동물적인 것, 심지어는 무기적인 것과의 상호작용을 통해 탈개별화되고 탈영토화되는 비연속적인 흐름 그 자체를 지칭한다. 예컨대, '여자가 되기', '동물이 되기', '아이가 되기' 등은 특정한 존재가 되

음으로부터의 생성'이 아니라 존재 너머의 차원으로 이끄는 무의 통과를 전제로 할 때 비로소 믿음이라는 이름을 얻는다.

들뢰즈-가타리는 다양한 영역들, 그들이 말한 n개의 고원들에서 욕망이 생성의 역동성을 만들어 내는 방식을 말한다. 영토화와 탈영토화, 지층화와 탈지층화의 운동 속에서 살아 있는 되기를 지향하면서 말이다. 그러나 그 생성의 반복이 구조적 한계에 도달하는 지점, 바로 그곳이 우리가 '믿음의 출현'이라 부르는 임계점이다. 들뢰즈는 고원들의 다양성에도 불구하고 이들 모두가 존재의 일의적 –義的 지반 위에 놓여 있다고 말한다.[266] 모든 고원은 고유하지만 결국 하나의 동일한 존재론

는 것이 아니라, 정체성의 경계를 허물고 새로운 관계 속으로 진입하는 역동적인 생성 과정을 가리킨다. 이들의 '되기'는 잠재적인 것의 실현이자, 예측 불가능한 변이와 재구성을 통해 새로운 존재 방식과 사유의 지평을 열어가는 생산적이고 창조적인 과정이다. 그러나 필자는 이러한 들뢰즈-가타리의 '되기'가 영성적 차원의 전환과는 다른 수준의 사건임을 역설한다. 영성은 단순히 다주름체나 더 나은 삶을 향한 '생성의 반복'이나 '욕망의 실현'을 넘어선다. 진정한 영성은 삶이 더 이상 생성의 한계에 종속되지 않으려 할 때, 즉 존재의 차원을 넘어선 무(無)의 차원을 온전히 받아들일 때 시작된다. 기독교 신비주의 전통에서 '무(無)'는 단순한 결핍이나 부재가 아니라, 모든 존재를 초월하는 신적 실재, 즉 초본질(super-essentiality)을 경험하는 통로로 이해한다는 점을 기억하라. 이는 들뢰즈-가타리의 '되기'가 궁극적으로 현실의 유한한 생성 속에 머무는 반면, 영성은 존재의 궁극적 한계를 넘어선 초월적 차원으로의 진입을 지향한다는 점에서 근본적인 차이를 보임을 의미한다. 즉, 영성적 '무의 통과는 단순한 '변화'를 넘어선 '차원 전환'의 사건이며, 기존의 존재론적 틀을 해체하고 근원적인 신적 실재와 합일되는 심오한 변용을 의미한다. 들뢰즈-가타리의 되기 개념에 대해서는 다음을 참고하라. Gilles Deleuze and Félix Guattari, *A Thousand Plateaus*; 질 들뢰즈·펠릭스 가타리, 『천 개의 고원』, 300-390.

266 ┃ 들뢰즈의 일의적 존재론은 스피노자의 존재론적 단일성을 계승하고 강화하며, 니체의 영원 회귀 개념과도 연결된다. 들뢰즈에게 존재의 일의성은 모든 차이와 특이성이 동일한 존재 평면 위에서 발생하고 소멸하는 것을 의미한다. 이는 존재가 특정한 범주나 위계를 가지는 것이 아니라, 끊임없이 생성하고 변화하는 강도들의 장(field of intensities)으로 이해될 수 있음을 시사한다. 이처럼 들뢰즈는 존재의 일의성을 통해 전통적인 본질주의나 이원론적 사고방식을 극복하고, 모든 존재자가 내재적인 차이와 생성의 원리

적 평면의 주름에 속하며, 이 평면 위의 주름은 타자적 근원을 요청하지 않는다.

하지만 문제는 바로 거기서 발생한다. 욕망이 '자기 자신'만을 기점으로 무한히 배치될 때 결국 '초월적 타자'가 없는 폐쇄적 생성 구조로 귀결되기 쉽다. 들뢰즈가 말하는 '익명적 욕망', 곧 주체화되지 않은 비개인적 욕망은 국가와 윤리, 자본이라는 더 큰 구조 앞에서 다시 억압의 메커니즘에 포섭되는 위험에 노출된다. 이는 문성원의 통찰처럼 욕망의 억압조차 욕망의 한 형식이라는 사실로 귀결된다.[267] 생성은 끊임없이 뚫고 나가지만 그 너머를 지시할 수 있는 '외부', 곧 근원의 차원인 무의 타자성이 없다면 결국 생성은 평면 위에 자리 잡은 주름의 장치로 환원될 수밖에 없다.

여기서 믿음은 전환을 요구한다. 욕망의 자기-증식과 존재의 자기-배치, 혹은 고원들의 자기-배열을 넘어야 한다. 믿음은 그 자체로 원인이 되어 다가오는 타자를 향해 열려 있어야 한다. 이것은 미리 정해둔 유물론적 가정으로서의 정초가 아니다. 우리는 모두 경험한다. 내 안에서 유래하지 않은 욕망은 대상이 끌어당긴 것이 아니라 그 존재 자체로 나를 향해 '오는' 타자에 의해 발현된다. 즉 나는 그 타자를 완전히

를 통해 연결되는 새로운 존재론적 지평을 열고자 한다. 고원들의 다양성은 바로 이러한 일의적 존재 지반 위에서 발현되는 다채로운 생성의 결과로 해석된다. Gilles Deleuze, *Spinoza: Practical Philosophy*, trans. Robert Hurley (San Francisco: City Lights Books, 1988), 125-130.

267 | 문성원, "생산하는 욕망과 욕망의 딜레마," 「코기토」 65집 (부산: 부산대 인문학연구소, 2008), 81.

알 수 없지만 도저히 거부할 수 없는, 그 조건 없는 원인의 파동으로 인해 무에서 오는 타자에 대해 믿음을 가능하게 하는 초월적 감응의 장을 느끼는 것이다.

들뢰즈-가타리의 생성 이론은 이 타자의 출현을 무화시킨다. 그들의 세계는 초월이 없는 내재의 장에서만 유효하며 믿음을 감지하기에는 층위와 차원이 부족하다. 믿음은 그런 입체적 내재성의 순환 안에서 발생하지 않는다. 믿음은 오히려 그 내재의 장 전체를 파열시키는 틈의 단면에서 시작된다. 이 무는 공백이나 부재가 아니다. 그것은 차원 간 전환이 일어나는 근원과 접촉된 틈이다. 바로 이 틈에서만 '되기에서 존재-이기'로의 전환이 일어난다.

욕망은 계속 생성되지만 그 생성이 신적 타자의 부재 속에서 반복될 때, 인간은 필연적으로 구조화된 욕망의 공간—즉 자본, 윤리, 문화, 제도에 의해 배열된 장소에 갇힌다. 기복적 믿음은 이 구조 안에서 더욱 정교하게 작동하며 종교적 의를 통해 재생산된다. 그러나 진정한 믿음은 거기서 이탈한다. 그것은 '전혀 다른' 자신 안으로부터 시작되지 않은 좋음이기 때문에 자기 안에서 생산된 만족이나 의도로는 도달할 수 없는 초월의 부름이다.

남겨진 숙제는 이 지점에 놓인다. 하나는 무차별적 욕망의 반복을 넘어서 타자 자체로부터 오는 원인으로서의 타자를 받아들일 수 있는지의 문제다. 다른 하나는 되기의 반복 속에서 잊힌 소수자-되기의 기억을 종말론적 해방의 빛 안에서 복원할 수 있는지이다. 믿음은 차원을 바꾸는 사건이며 십자가는 그 전형이다. 욕망의 생성으로서가 아니라 존재가 무로 꺾이는 자리에서 생성되는 믿음이다. 이 십자가를 통과하지 않은 믿음은 결국 자아의 자기 욕망을 숭배하는 변형된 자기애일 뿐이다. 결국 들뢰즈-가타리의 욕망 기계, 기관 없는 몸으로서의 믿음은 '되기'의 반복 속에서 더 큰 차원의 구조적 질문 앞에 선다. 믿음은 영성으로 전환되는 문턱에서 질문받는다. 과연 욕망의 생성만으로 존재는 충분한가? 주름 잡힌 입체적 욕망의 흐름 속에서, 타자의 얼굴은 어디에 숨어 있는가? 존재는 무로부터 어떻게 응답받는가? 무는 어떻게 근원이 되는가?

영성은 매 순간 이 질문에서 다시 시작된다. 무는 보다 근원적인 차원을 열어젖히는 가장 깊은 차이의 현전이다. 욕망조차도 끊긴 곳, 그것을 넘어서는 현존 앞에 압도당한 곳. 생성이 반복되는 내재의 평면에서 무는 그 구조 전체를 꺾어 전혀 다른 위상으로 이행하게 하는 근원적 응답의 자리다.

들뢰즈-가타리는 끊임없는 생성, 즉 되기의 잠재성 potentiality to becoming 을 택했고, 이 생성이 곧 생명이요 이 생성의 흐름이 죽음의 욕망을 막는다고 본다. 여기에는 오직 끊임없는 다양체들의 존재만이 있을 뿐이고 이 생성을 멈추는 것은 죽음으로 환원된다. 그러나 참된 의미에서 생명은 신의 죽음을 자신의 몸에 새길 수 있는 생명이고, 죽음조차도 자신의 삶에 새길 수 있는 부활의 영이다. 영성은 죽음조차 끌어안을 수 있는 참된 생명에 기초한다. 즉 최상의 힘은 되기를 멈추는 힘, 무위의 힘 power to not-be 을 전송할 수 있는 믿음을 가지고 있을 때만 나온다. 무위의 힘은 본질essence도 아니며 완전하게 '무엇thing'도 아니다. 한 사람이 가능성 혹은 잠재력으로 존재한다는 단순한 사실은 인간이 가장 올바른 존재로 존재하는 것이 어떤 의미에서 그렇게 존재하지 않을 수 있는 것이 되는지, 어떤 의미에서 죽을 수 있는 것이 되는지를 묻는 것과 연결된다.[268] 기독교 영성은 십자가의 죽음과 부활이 가진 끊임없는 생성의 '되기'와는 또 다른, '이기'의 축을 가지고 있다.

2. 되기와 이기 사이: 영적 존재들

성서에 따르면 인간은 단순한 생물학적 존재가 아니라 실재에 응답하는 영적 존재, 즉 '영'을 지닌 존재이다. 인간은 언제나 자신의 근원, 자신 보다 더 크고 더 깊은 실재를 향해 나아가며 그 실재와의 관계 속에서 자기 존재를 구성한다. 인간의 역사란 결국 그 근원에 대한 해석과 응답의 연속이다. 그러므로 역사는 단지 문화나 정치 제도의 변화가 아니라 근원에 대한 '인식과 지배의 방향성'을 둘러싼 끊임없는 영적 투쟁이다. 영은 항상 무를 통과한 근원에 관한 것이다! 사도 바울이 말한 "통치자들과 권세들과 어둠의 세상 주관자들"[269]에 대한 싸움은

---

268 | Giorgio Agamben, *The Coming Community*, trans. Michael Hardt (Minneapolis: University of Minnesota Press, 2001), 31-32.

269 | "우리의 씨름은 혈과 육을 상대하는 것이 아니요 통치자들과 권세들과 이 어둠의 세상 주관자들과 하늘에 있는 악의 영들을 상대함이라"(엡 6:12) 바울은 이 구절에서 그리스도인의 싸움이 인간적인 차원(혈과 육)을 넘어선 영적 실체들과의 대결임을 천명한다. 여기서 '통치자들(ἀρχαί, archai)', '권세들(ἐξουσίαι, exousiai)', '어둠의 세상 주관자들(κοσμοκράτορες, kosmokratores)'은 단순히 개별적인 악령들이라기보다, 세상의 구조와 문화, 이데올로기를 장악하여 하나님을 대적하는 왜곡된 질서를 세우는 구조악적

바로 이러한 '영적 지향성'의 충돌, 다시 말해 '근원을 누가, 어떻게 정의할 것인가'를 둘러싼 궁극적 전쟁이다.

이 전쟁은 단지 개인의 내면이 아니라 인간이 숨 쉬고 사고하며 살아가는 세계를 구성하는 차원 다른 층위에서 벌어진다. 이 전장戰場은 사탄의 통제 아래 형성되는 왜곡된 영적 분위기로, 인간이 근원적 실상의 참 빛을 보지 못하도록 영의 감각과 인식을 마비시킨다. 하인리히 슐리어 Heinrich Schlier 가 지적했듯[270], 이 영적 분위기는 단지 관념이 아니라, 제도·문화·언어·상식·감정 구조 등 인간 삶 전체를 지배하는 불

'권세들(the Powers)'을 지칭한다. 따라서 이 싸움은 본문의 맥락처럼, 누가 실재를 정의하고 인간의 삶을 지배할 것인가를 둘러싼 궁극적인 영적 전쟁의 성격을 띤다. 이 주제는 하인리히 슐리어(Heinrich Schlier), 월터 윙크(Walter Wink) 등 여러 신학자에 의해 깊이 연구되었다. Heinrich Schlier, *Principalities and Powers in the New Testament* (Freiburg: Herder, 1961); Walter Wink, *Naming the Powers: The Language of Power in the New Testament* (Philadelphia: Fortress Press, 1984).

270 | 슐리어는 에베소서 2장 2절의 주석을 통해, 성경이 묘사하는 '전쟁'의 실상을 단순한 인간 행위의 충돌이나 도덕적 갈등으로 환원하지 않는다. 그는 이 전쟁의 핵심을 '세계관의 충돌'로 이해하며, 특정한 문화가 지닌 영적 분위기—그 시대를 구성하는 정신적 구조와 정동의 흐름—가 곧 사탄의 지배가 작동하는 주요한 장이라 본다. 그가 말하는 '공중의 권세 잡은 자'는 단순히 초월적 차원에 존재하는 악의 권세를 가리키는 것이 아니다. 오히려 "지금 불순종의 아들들 가운데서 역사하는 영"이라는 구절과의 문맥적 연관 속에서, '공중'은 사탄이 비그리스도인의 삶을 통해 역사하며 반역을 부추기는 보편적이고 무형적인 영향력, 곧 영적 지배 질서를 가리킨다. 슐리어는 이러한 해석을 바탕으로, 이 구절이 단지 내면적·개인적 유혹의 문제가 아니라, 사회적 실재와 문화적 구조를 통과하며 스며드는 영적 영향력에 대한 분별을 요구한다고 본다. 따라서 그는 '공중의 권세'라는 표현이 신학적 차원에서만이 아니라, 신앙 공동체가 마주하는 역사적 현실과 문화적 환경의 영적 본질을 직시하도록 요구하는 중요한 해석학적 자원임을 강조한다. 데이비드 노글, 『세계관 그 개념의 역사』 (서울: CUP, 2018), 365; Heinrich Schlier, *Principalities and Powers in the New Testament*, 30-42. 슐리어는 이 부분에서 에베소서 2장 2절의 '권세'를 세상의 구조와 질서를 지배하는 비인격적인 '세상의 영(Weltgeist)'으로 해석하며, 이것이 인간의 삶을 규정하는 '지배적 룰과 에너지'의 실체임을 논한다.

순종의 아들들 가운데서 역사하는 영들로부터 흘러나온 '지배적 룰과 에너지'이다.

이는 두 법, 생명의 법과 사망의 어둠의 법의 접경에서 벌어지는 매우 실재적인 전쟁이다. 이 영적 전쟁은 실재와 거짓, 진리와 허위, 창조와 파괴가 맞붙는 전장이다. 이곳은 인간이 차원의 문을 열고 하나님의 나라에 접속할 것인지, 아니면 폐쇄된 차원 속에서 우상을 중심으로 실재를 재구성할 것인지를 결정하는 무의 장에서 벌어지는 고지전이다. 즉 현상으로 보이는 유의 세계 너머에 이 무의 차원에서 벌어지는 영적 무드가 선재하고 있다는 것이다. 이는 '문화적 공기'와 같은 것이다. 그것은 곧 시대정신이고 실재를 보는 인식의 틀이며 행동의 기준이다. 이러한 세계관은 어둠의 통제 수단이며 인간의 마음 안으로 파고 들어 삶의 모든 차원을 규정짓는다. 이 영적 분위기는 차원적으로 볼 때 인간이 더 높은 차원의 실재인 하나님의 나라에 접속하지 못하도록 하는 왜곡된 장場이다. 공중 권세를 잡은 자 사탄은 이 장을 형성함으로써 인간이 영원한 실재에 눈뜨지 못하도록 차원의 통로를 차단한다.

사탄은 이렇듯 '무의 틈'에 왜곡된 '룰과 에너지'로 구성된 거짓된 세계관과 문화적 분위기를 형성한다. 이 장은 인간이 무비판적으로 호흡하게 되는 시대정신으로 사람들로 하여금 거짓 실재를 실상으로 착각하게 만든다. 이 장 안에서는 하나님의 나라가 단지 눈으로 보이지 않는다는 이유만으로 낯설거나 비현실적인 것으로 간주되며, 단지 '현실적'이라는 이름으로 반反 진리가 당연한 것으로 받아들여진다. 악의 전략은 실상을 파괴하거나 거부하는 것이 아니라 조작하고 왜곡하여 진리를 대체하는 것이다. 즉 인간의 무의식과 상상력, 언어와 감정, 제도와 공동체 속에 가상의 세계를 은밀히 주입함으로써 하나님의 실재에 대한 감각 자체를 차단한다. 이 왜곡된 실재는 시간이 지날수록 더욱 고착화되어 인간은 스스로 만든 구조에 스스로 포획되는 존재로 전락한다.

그러나 영은 동시에 새로운 창조의 시작점이기도 하다. 참된 실재와 접속하는 자, 즉 영적으로 깨어 있는 자는 무의 장에서 하나님 나라의 질서에 접속하는 것을 선택한다. 그것이 영적 삶이다. 새로운 자기조직화 역시 실재에 대한 인식 회복으로서 삶의 구조와 감정의 재조정, 사회적 관계의 재배열을 포함하는 총체적인 영적 전환이다. 진리를 중심으로 조직된 존재는 자신과 세계를 다시 정돈하고 하나님 나라의 질서에 응답하며 살아간다. 이는 인간 내면의 구원과 외적 공동체의 재건을 동시에 포함한다.

이 조직화는 성령에 의한 창조적 재질서이다. 이는 교회와 공동체, 일상과 제도, 언어와 행위에까지 퍼져 나간다. 거짓된 영적 분위기에 맞서 진리의 빛이 퍼져나가는 이 과정이 곧 '영적 전쟁의 승리'이자 재창조이다. 인간은 이제 더 이상 거짓된 세계관의 수동적 담지자가 아니라 영과 진리를 현실에서 구현하고 연대해 나가는 공동체적 정체성으로 살아간다. 이 조직화의 결과는 차원 다른 새로운 유(有)의 형성, 곧 하나님 나라의 구체적 형상화이다. 여기서 '유'는 단순한 형상의 고착이 아니라 진리의 구조가 응축된 실체이며, 하나님의 뜻이 구현된 역사적 현실이다. 인간이 추구하는 완전한 질서인 사랑과 정의, 생명 충만은 단지 이상향이 아니라 하나님의 통치 안에서 실제로 구현되는 실재의 질서다.

그러므로 영성은 인간이 계획하거나 통제할 수 없으며 오직 하나님의 임재와 통치 안에서만 주어지는 은총적 결과이다. 인간의 자기충족적 시도는 항상 반反유토피아로 귀결되지만 진리의 영에 의해 구조화된 삶은 하나님 나라의 한 조각으로서 실제가 된다. 영의 통치 아래 있는 유는 더 이상 우상의 형상이 아니라 말씀과 영 그리고 사랑으로 조직된 공동체의 실존이고 이 땅에 임한 하나님 나라의 징표이다. 그것은 정치가나 이념이 아니라 차원을 전환한 영적 존재들이 함께 이룩하는 창조된 실제 공간이다. 진정한 유토피아는 이렇듯 각 차원의 어둠과의 전쟁에서 승리한 자들, 즉 실재와 연결된 자들의 차원의 몸을 통해 형성된다. 그들은 단지 믿는 자가 아니라 하나님 나라의 통치에 응답하며 세계를 새롭게 구성하는 예배자이자 창조자이다.

3. 되기와 이기 사이: 죄와 영적 전쟁

영적 인간은 특정한 영적 세계의 실재[하나님 또는 천사]와 얽힌 하늘들의 차원이 중층적으로 얽힌 상태에서 현실을 살아간다. 다니엘 10장은 고대 근동적 언어를 사용하지만 의식과 역사, 기도와 정치, 인간의 응답과 신적 계시가 교차하는 다차원적 인터페이스, 즉 무의 접경에서 일어나는 신적 존재들의 이야기를 보여준다. 정신적 전쟁은 의식 내부의 조율과 투쟁이며 육신적 전쟁은 질서를 둘러싼 물리적 충돌이다. 그러나 영적 전쟁은 보이지 않는 질서를 통해 보이는 질서를 지배하는 구조적 투쟁이다. 이때 금식과 기도, 온전한 신뢰와 기다림, 경청은 영의 무기다. 이는 현실의 전쟁보다 더 느려보이지만 더 깊고 구체적으로 역사에 영향을 미친다. 이것이 신자에게 요구되는 차원의 전환이며 다니엘은 그 경계에서 깨어 있는 예언자로 존재한다.

요한계시록에 등장하는 아마겟돈 전쟁은 요한계시록의 절정이다. 하늘과 땅, 시간과 영원, 선과 악의 모든 충돌이 집중되는 궁극의 차원 전쟁이다. 이는 역사의 심연에서 이미 전개되고 있는 모든 전쟁의 영적 실상의 폭로이자 궁극적 실상의 드러남으로 이해되어야 한다. "세 영이 히브리어로 아마겟돈이라 하는 곳으로 왕들을 모으더라" 계 16:16. 여기서 '아마겟돈'은 히브리어 '하르 므깃도' Har Megiddo, 므깃도 산에서 유래한 명칭으로, 이스라엘 역사에서 전략적 요충지이자 여러 전쟁의 장소로 사용된 곳이다. 그러나 요한계시록에서 이 지명은 단지 물리적 장소만이 아니라 상징적 차원에서 벌어지는 모든 궁극적 전쟁의 장소로 확장된다. 이는 성경 전체에서 반복되는 하나님의 심판과 구원의 충돌 지점으로 역사적 시간 속에 내재된 초시간적 '하늘의 결투장'이라 할 수 있다.

이 전쟁은 단순한 지구적 전쟁이 아니라, 다음과 같은 순서와 중층 구조를 지닌다. 하늘 차원에서는 용 [사탄] 대 對 미가엘과 천군의 전쟁이 일어난다. 그 결과 요한계시록 12장에서는 하늘에서의 첫 번째 전쟁이 일어나고 사탄이 패배하고 땅으로 추방된다. 땅의 차원에서는 짐승과 거짓 선지자 대╳ 어린양과 성도들의 전쟁이 일어난다. 요한계시록 13-19장에서는 땅에서의 정치적, 종교적 세력과의 충돌 배후에서 큰 음녀 바벨론 대╳ 신부 된 새 예루살렘의 전쟁이 일어난다. 요한계시록 17-21장에서는 세속의 욕망 체계 전체가 무너지고 '예수 그리스도의 신부'가 된 존재들이 새 창조에 참여한다. 아마겟돈은 시대의 마지막 순간에 일어나는 궁극적 전쟁이기도 하지만 이미 지금 이 순간에도 둘째 하늘에서 간간이 벌어지고 있는 지속적 전쟁의 상징이기도 하다. 다니엘 10장에서 언급된 바사 군주와 미가엘의 대결, 에베소서 6장에서 말하는 "하늘에 있는 악의 영들", 사도 바울이 로마서 8장에서 말한 "피조물이 탄식하며 기다리는 구속의 날" 등은 모두 이 전쟁이 현재 진행형이라는 점을 시사한다.

이 전쟁의 본질은 하나님의 뜻이 하늘에서 이루어진 것처럼 땅에서도 이루어지게 하는 근원적 차원 간의 일치를 방해하는 모든 세력과의 충돌이다. 교부 위-디오니시우스는 악의 본질을 "본디 존재하지 않는 것nothingness에의 추락"으로 보았다.[271] 이 전쟁은 존재의 충만pleroma 과

---

271 ❙ Pseudo-Dionysius, "The Divine Names," in *Pseudo-Dionysius: The Complete Works*, trans. Colm Luibheid (New York: Paulist Press, 1987), 89–96. 교부 위-디오니시우스는 악의 본질을 독립적 실체로 보지 않았다. 그는 『신명론(The Divine Names)』에서 악을 존재론적으로 자립한 실재가 아니라, 선(good)의 결핍이자 왜곡으로 규정한다. 이는 신플라톤주의자 프로클로스(Proclus)의 영향을 받은 전통적인 신학적 입장으로, 악은 선의 창조적 질서를 파괴하며 존재로부터 이탈하는 운동, 곧 '본디 존재하지 않는 것(nothingness)'을 향한 추락으로 이해된다. 위-디오니시우스에게 있어 악은 자기를 파괴하는 것으로 그 본성상 파편적이며 무질서하고, 오직 선에 기생하여 일시적으로 존재하는 '준-실체(παρυπόστασις, parhypostasis)'에 불과하다. 이러한 관점은 그리스도교 영성에서 악과의 싸움을 존재를 지켜내고 생명을 보존하는 실천으로 이해하게 만들며, 선의 실재성을 강조함으로써 악을 단호히 비실재적인 것으로 한정짓는다.

존재의 공허 사이의 전쟁이며, '빛이 어둠을 이긴다'는 선언요 1:5은 이 전쟁의 구조적 결말을 미리 선포한다. 이 전쟁에서 승리하는 쪽은 단지 무기를 든 존재가 아니라, 전적으로 어린양을 따르고 자기 생명을 아끼지 아니한 빛의 자녀들이다. "그들은 어린 양의 피와 자기들이 증언하는 말씀으로 그를 이기었으니 그들은 죽기까지 자기 생명을 아끼지 아니하였도다"계 12:11. 이 구절은 아마겟돈에서 승리하는 존재는 자기 자신을 남김없이 태워 드린 자들이라는 점을 명확히 한다. 아마겟돈은 '시간의 끝'에서만 일어나는 사건이 아니라, 하나님 나라의 현재적 돌입에서 일어나는 전환의 임계점마다 일어나는 상징이기도 하다.

또한 아마겟돈 전쟁은 끝이 아니라 새로운 시대의 서막이다. 이 전쟁을 통과한 후 새 하늘과 새 땅이 열리며계 21장 하나님의 장막이 하나님의 사람들과 함께 있다. 이 전쟁은 세속의 권력과 무기로는 절대 이길 수 없다. 아마겟돈은 단지 미래의 한 전쟁이 아니라 현재도 계속되고 있는 차원적 영적 전쟁의 절정이다. 근원적 진리와 영에 일치된 이들의 감응과 순종을 통해 하늘의 질서가 땅에 구현될 때, 둘째 하늘의 저항은 소멸되며 이 전쟁은 마침내 존재의 새 질서로 귀결된다. 그러니 아마겟돈은 두려워할 전쟁이 아니라 하나님 나라의 완성을 위한 최후의 정화이자 통과 의례다. 이는 존재의 심층과 시대의 전환 속에서 현재도 진행되고 있는 차원적 전쟁의 최종 폭로로서, 하늘과 땅, 선과 악, 시간과 영원의 모든 대립과 충돌이 집중되어 드러나는 결정적 순간이다. 성경은 이 전쟁을 상징적이고 영적으로 심화된 구조 안에서 서술한다.

창세기와 요한계시록 사이, 말씀의 전환 축을 따라 흐르는 이 거대한 영적 전쟁은 다음의 성서적 국면을 따라 펼쳐진다. 첫 번째 국면은 무의 침묵이다. 표면적으로는 아무것도 일어나지 않는 듯 보이거나 혼란기처럼 보이지만 그 안에서 하나님은 다음 국면을 위한 영혼을 준비하신다. 선택된 자들은 그 여정 속에서 다듬어지고 다음 세대의 바탕이 된다. 두 번째는 공명이다. 영의 운행은 아직 이름이 주어지지는 않았으나 존재의 마당을 감돌며 흔든다. 오래된 구조는 동요하며 유동성을 띠기 시작한다. 세 번째 국면은 둘째 하늘과의 충돌이다. 기도의 깊은 자리에 머물던 자들은 어둠의 권세가 하늘과 땅 사이에서 일으키는 거대한 저항을 마주한다. 네 번째는 영과 진리의 장에서 자기를 초월한 존재들이 헌신의 주축이 된다. 새로운 힘은 기존의 유력의 세계에 재앙을 일으키며 새로운 돌풍을 일으킨다. 마지막으로, 이 모든 과정을 통과한 자들 위에 새 창조의 문이 열린다. 예루살렘성은 더 이상 완성을 요구하지 않는다. 존재는 그 자체로 이미 완성되었기 때문이다.

이러한 상징적 구조는 교회와 역사 속에서 대전환기마다 반복적으로 있어왔다. 초대 교회는 로마 제국의 황제 숭배 체제와 충돌하면서 존재의 깊은 층위에서 아마겟돈의 영적 실체를 경험하였다. 순교자들은 칼을 들지 않았지만 자신의 피를 흘림으로 하나님의 나라를 역사 속에 새겼다. 종교 개혁은 중세의 교권이 짓눌러 놓은 말씀의 불씨를 다시 일으켜 세웠다. 루터는 고독 속에서 제도가 억지로 붙여 놓은 빛과 어둠을 분리시켰다. 빛과 어둠이 갈라지자 교회는 다시 숨을 쉬었다. 인쇄기의 돌출된 문자는 말씀이 삶의 언어로 번역되어 온 몸으로 체득되고 전파되는 동력이 되었다. 한국 교회는 두 번의 거대한 진동 속에서 깊은 회개와 부흥의 기회를 맞았다. 평양대부흥운동은 불꽃이 되어 동족 상쟁이라는 시련 속에서 민족을 정화하는 거대한 용광로의 기반이 되었다. 시련으로 타버린 재 속에서도 생명은 태어났다. 총과 탱크 사이를 뚫고 기도의 손들이 들렸다. 동족의 피가 강을 이루던 날에도 성도들은 기도의 제단을 지켰다. 말없이 기도했고, 진리가 가난한 심령들에 뿌려지고, 주님의 통치가 그들의 꿇은 무릎 위에 내려앉았다. 이들은 준비된 자들이었다. 준비되고 남겨진 이들의 상처를 통해 새로운 흐름이 시작되었다. 역사는 그렇게 다시 숨을 쉬었다.

오늘날 한국 사회 또한 이러한 영적 전운 속에 있다. 집단적 정체성의 분열과 이념의 대립 갈등은 단순한 정치적 현상이 아니라 영적 중심이 무너진 데서 오는 존재적 불안의 반영이다. 그러나 이러한 어둠 가운데에서도 희망은 있다. 남은 자들의 공동체와, 세상의 흐름과 다른 리듬으로 살아가는 존재들이 준비되고 있다. 그들은 아직 보이지 않지만 이미 둘째 하늘의 전쟁을 감지하고 있으며 자신을 내어주는 삶을 미리 살고 있다. 이들은 남김없이 쓰이기를 두려워하지 않는다. 이들이야말로 하나님 나라의 선발대이며 새 예루살렘을 준비하는 남은 자들이다.

4. 되기와 이기 사이: 죄와 우상의 세속성을 이기고

이 예배 회복의 장애는 세속성이다. 세속성의 기원은 개인이 직면하는 욕정에 대한 유혹이라기보다는 본질적으로 하나님이란 근원적 실재를 삶에서 배제하는 태도와 그릇된 욕구에 있다.[272] 그 기원의 분별은 표면적 현상의 세계인 유가 태어난 곳, '무의 마당'에서 결정된다. 무는 고정된 자아나 관념을 넘어서 새로운 차원의 실재와 만나는 차원의 접속 지점이다. 인간은 언제나 무한한 것, 궁극적인 것에 자신을 열어 놓고자 하는 초월 지향적 존재이며 이곳이 곧 예배의 시작이다. 참된 예배는 삼위일체적으로 생명을 탄생시키는 빛의 시간에 영과 진리로 접속하는 것이다. 반대로 우상 숭배는 이 영의 자리를 자기가 만든 것들로 메우려는 시도이다. 바울이 로마서 1장에서 말하듯, 인간은 하나님을 알되 그를 영화롭게 하지 않고, 그 자리에 피조물이나 자기 욕망의 형상을 끌어들인다.

예배자는 영과 진리로 세계관·가치관·관계·시간·감정 등을 재구성한다. 그러나 우상 숭배자는 우상적 세계관과 가치 체계를 중심으로 삶을 폐쇄적 구조 안에 배열하며, 거짓된 실재 위에 자신을 세운다. 장 칼뱅 Jean Calvin 이 "인간의 마음은 우상 제조 공장"[273]이라고 한 것은, 이

---

272 ┃ 데이비드 노글(David K. Naugle)은 영적 진공 상태에서 인간의 정신이 허무함과 어둠 속에서 하나님을 대신할 우상 숭배적인 신념 체계를(본질적으로 세계관을) 만들려고 한다고 설명한다. 그는 로마서 1장 18-32절을 해석하면서 이 본문은 거짓 신과 자기 마음의 어리석은 추론으로 하나님의 진리를 대체한 이들이 심판의 한 형태로서 도덕적 타락에 넘겨진다고 묘사한다. David K. Naugle, *Worldview: The History of a Concept* (Grand Rapids, MI: Eerdmans, 2002), 274-275. 한국어 번역본으로는 데이비드 K. 노글/박세혁 옮김, 『세계관: 그 개념의 역사』(서울: CUP, 2006), 471-472.

273 ┃ 장 칼뱅(Jean Calvin)은 이 표현에 대해 다음과 같이 설명한다. "따라서 온 지구를 채우고 덮을 정도로 많은 더러운 오류의 진창이 생겨난다. 각 사람의 마음은 미로와 같기에 민족마다 다양한 거짓에 빠져드는 것도 전혀 놀랍지 않다. 그뿐 아니라 거의 모든 사람이 저마다 자신의 신들을 가지고 있다. 무모함과 피상성이 무지와 어둠과 결합할 때, 하나님을 대신할 우상이나 유령을 직접 만들지 않는 사람은 한사람도 없었다. 마치 가득 찬 거대한 샘에서 물이 끓어오르듯이 거대한 무리의 신들이 인간의 마음에서 흘러나오며,

'용'의 구조가 비진리를 중심으로 변질될 수 있음을 의미한다. 성서는 이를 "한번 비췸을 얻고 하늘의 은사를 맛보고 성령에 참예한바 되고 하나님의 선한 말씀과 내세의 능력을 맛보고 타락한 자들"히 6:4-5 로 나타낸다. 그 구조는 종교, 철학, 과학, 문화, 정치 등 모든 실천 마당에까지 침투하여 왜곡된 체계를 낳는다. 이는 하나님 나라의 창조적 질서와는 대조적으로 자기 폐쇄적 세계를 끊임없이 강화하는 자가발전 구조이다.

우상적 영은 유의 세계에 치명적인 영향을 미친다. 이때 '유'는 실재의 에너지 흐름을 붙잡아 고정하려는 방어적 힘으로 작용한다. 이 유의 힘은 본디 가장 아름다운 차원들의 연합 아래 '심히 보기 좋은 창조의 결과물'이었으나, 타락 이후에는 자기중심성과 자기 확신, 자율적 자아

각 사람은 지나친 방종으로 방황하면서 하나님에 관해 이런저런 잘못된 것을 만들어 낸다. 그러나 여기서 세상을 얽어맨 미신들의 목록을 열거할 필요는 없다. 그 목록이 끝이 없기 때문이다. 굳이 목록을 작성하지 않아도 수많은 부패의 증거가 눈이 먼 인간 마음의 상태가 얼마나 끔찍한지 분명히 보여 준다." John Calvin, *Institutes of the Christian Religion*, ed. John T. McNeill, trans. Ford Lewis Battles, Library of Christian Classics, vol. 20 (Philadelphia: Westminster, 1960), 41 (§1.2.1), 68 (§1.5.14); Edward A. Dowey, Jr., *The Knowledge of God in Calvin's Theology* (Grand Rapids: Eerdmans, 1994), 64-65 (§1.5.12). 죄의 인지적 영향력에 관한 추가적 논의로는 Merold Westphal, "Taking St. Paul Seriously: Sin as an Epistemological Category," in *Christian Philosophy*, ed. Thomas P. Flint, University of Notre Dame Studies in the Philosophy of Religion, no. 6 (Notre Dame, IN: University of Notre Dame Press, 1990), 200-226을 보라. 웨스트팔은 죄의 인지적 영향력에 대한 증거로서 바울 서신을 인용할 뿐 아니라 어거스틴, 루터, 장 칼뱅(Jean Calvin), 쇠렌 키에르케고어(Søren Kierkegaard) 역시 죄가 인식 능력에 영향을 미친다는 견해를 지지한다고 지적한다. 엘런 채리(Ellen T. Charry)는 *By the Renewing of Your Minds: The Pastoral Function of Christian Doctrine* (New York: Oxford University Press, 1997), 9장에서 죄와 은총에 관련해 칼뱅이 정신을 어떻게 이해했는가에 관한 탁월한 논의를 전개한다.

로 뒤틀려 작동한다. 이때 인간은 실재를 통제하고자 하며 하나님이 아닌 다른 대상을 붙잡고 '신격화'한다. 자연주의, 범신론, 세속주의 등은 인간이 유의 자리에 자기 지식과 감각, 혹은 자연의 원리를 신격화함으로써 하나님 없이 실재의 몇 조각만을 임의로 붙여 해석한 결과이다.[274] 이러한 '유'의 고착은 실재에 대한 왜곡된 안전 욕구이며 하나님 없이도 세계를 설명하고 통제하려는 욕망의 반영이다. 이것이 곧 우상이며 원죄의 기반이다.

영의 연합 아래 있는 무-용-유의 장 속에서, 예배는 단지 종교적 의식이나 심리적 위로가 아니라 인간 삶의 전체 방향성과 차원을 결정짓는 행위이다. 참된 예배는 '영'의 응답, '무'의 개방과 선택, '용'의 조직

---

274 | 칼뱅은 이 대목에서 세계의 미신을 일일이 나열하지 않는다. 그러나 인접한 구절들에서 그는 자연주의와 범신론—비록 그 이름을 직접적으로 부르지는 않지만—에 대해 언급하며, 어두워진 인간의 마음이 만들어낸 전율할 만한 결과를 드러낸다. 에피쿠로스주의자들과 같은 사유의 흐름은 하나님을 의도적으로 배제하고, 대신 '자연'을 만물의 근원으로 삼는다. 그들은 가능한 한 하나님의 이름을 침묵하게 만들고, 하나님 없이 세계를 설명하려 한다. 이는 표면적인 철학이 아니라, 하나님을 지우려는 마음의 본성이다. 칼뱅은 베르길리우스(Vergilius)를 인용한다. 고대의 범신론이 말하는 '내적 영혼'이 우주 전체를 부양하며, '정신'이 만물을 관통하고 있다는 사상이다. 그러나 칼뱅은 분명하게 단언한다. 이 생명을 불어넣는 듯한 보편적 "정신이란, 경배받으셔야 할 하나님을 몰아내기 위해 인간이 만들어낸 환상의 신에 불과"하다. 따라서 자연주의와 범신론은 단지 두 가지의 철학이 아니라, 하나님을 대체하려는 마음의 구조가 만들어낸 전형적인 모습들이다. 전자는 비종교적 외양을, 후자는 종교적 형태를 띠지만, 둘 다 피조물을 신격화하고 만다. 하나님을 지우는 방식은 다르되, 결과는 같다—피조물의 우상화. 숭배의 방향이 왜곡되면, 마음은 우주를 이해하는 방식을 다시 짠다. 어떤 이는 영적 개념으로, 어떤 이는 지성적 체계로 우주를 풀어내려 한다. 그러나 그 모든 설명은 진리를 굴절시키기 위한 새로운 장치일 뿐이다. 그리스도의 빛 밖에서 지어진 모든 세계관은 결국 하나님의 자리를 비워 두고, 그 자리를 인간의 사유와 상상으로 채운다. 하나님과 진리를 가지고 장난치는 일, 그것은 단순한 오류가 아니다. 그것은 존재의 중심을 뒤흔드는 일이자, 자기 파괴의 문을 여는 것이다. 데이비드 K. 노글, 『세계관: 그 개념의 역사』, 470-471.

화, '유'의 소명자리로 표현된다. 즉 상위 차원적 흐름에 자신을 개방하고 응답하는 삶으로 구현되는 것이다. 반대로 죄는 '유'의 고착에서 시작하여, '용'의 왜곡, '무'의 폐쇄, '영'의 소멸로 이어지는 역전된 구조다. 참된 유토피아는 이 영적 구조의 회복에서 비롯되며, 하나님과의 바른 예배 속에서만 이루어질 수 있다. 그러므로 예배자는 존재의 진동을 감지하고 삶을 전환하는 자이며, 실재의 중심 앞에 자기를 비우고 응답하는 자이다. 이 길만이 인간이 회복될 수 있는 존재적 길이며 진정한 생명의 차원이 열리는 출입문이다.

5. 되기와 이기 사이: 도강과 할례의 공동 기억

여호수아 3장과 4장은 이스라엘이 요단강을 건너기 위해 말씀이 이끄는 대로 일치하여 질서 있게 움직인 사건을 전한다. 영적인 것은 이렇게나 아름답고 질서 있다. 제사장이 먼저 법궤를 메고 나아가고 범람하던 물이 끊기고 온 백성이 강을 마른 땅처럼 건너간다. 더 이상 이들은 애굽의 지시에 따라 움직이던 노예도 자기 판단과 욕정대로 움직이던 기만적 주체도 아니다. 생명의 법과 사망의 법 사이에서 왔다 갔다 하는 혼란한 존재도 아니다. 그들에게는 영적 연합을 반대하는 아무런 장애도 욕망에 따른 생성도 작용하지 않는다. 그저 존재 자체로 온전한 일치 안에 이 기적 같은 일들이 일어나고 있다.

가나안에 들어가는 공동체의 가장 중요한 특징은 내외적 영적 씨름을 함께 통과하면서 '집단적 정화'가 경험된 이들이라는 것이다. 이스라엘의 요단강 건너기와 길갈의 할례 사건은 단순한 지리적 통과나 의식이 아니다. 광야의 여정을 마친 이스라엘이 비로소 새로운 집단 정체성을 확립하고, 가나안의 '기업 heritage'을 누릴 수 있는 존재로 재구성되는 사건이다.

요단을 건넌 후 이스라엘은 길갈에서 할례를 행한다수5:2-9. 이 할례는 단순한 신체적 의식이 아니라 이집트의 수치를 벗고 집단적으로 새 이름을 얻는 공동 의례다.[275] 성서는 "오늘 내가 너희에게서 애굽의 수치를 굴러가게 하였다"수5:9라고 기록한다. '길갈'은 '굴러감'이라는 뜻이며, 이는 곧 애굽의 방식과 두려움, 도구적 무의식을 걷어내고 온전히 새로운 정체성으로 기업을 얻을 수 있는 조건이 된다. 길갈의 할례 이후, 이스라엘은 유월절을 지키고 그다음 날부터는 만나가 그친다. 그들은 이제 가나안의 소산을 먹기 시작한다. 기업을 누릴 수 있는 무형

---

275 | 할례는 아브라함에게 주어진 언약의 표지로서, 이를 통해 이스라엘은 자신들이 하나님의 특별한 백성임을 재확인하고, 가나안 땅의 정복과 상속을 위한 준비를 마친다. 이는 단순한 신체적 의례가 아니라, 이스라엘 공동체가 새로운 정체성으로 재탄생하고, 하나님의 언약적 약속을 실현할 준비가 되었음을 상징하는 영적, 사회적 전환점을 말한다. 특히 여호수아 5장 9절에서 여호와께서 "내가 오늘 애굽의 수치를 너희에게서 떠나가게 하였다"라고 말씀하시는데, 이는 광야에서의 불순종과 이방인으로서의 수치가 할례를 통해 제거되고 비로소 진정한 언약 백성으로서의 명예와 자격을 회복했음을 의미한다. 특별히 존 웨슬리(John Wesley)는 성결과 성화의 관계에서 바로 이 '마음의 할례' 개념을 중요하게 다룬다. 성결에 이르는 점진적 성화의 과정은 본격적인 성령의 역사로 신자 속에 남아 있는 육의 악한 성질과 싸우는 과정이며, 죄에서의 해방과 완전한 사랑을 향해 성장해가는 과정이다. 이는 원죄로 말미암아 마귀의 형상을 입은 사람이 어둠에 속한 마음과 행실을 가지고 생활하다가 예수 그리스도를 영접하고 성령이 내재하여 하나님의 형상, 즉 빛이 들어오게 되면서 생기는 갈등 과정이다. 웨슬리는 초기 성화를 넘어 점진적, 완전 성화를 향해 가는 여정에 '이 마음의 할례'가 중요한 분기점이 된다는 사실을 강조한다. 이에 대한 자세한 내용은 다음을 참고하라. J. Wesley, *The Works of John Wesley*, 13 vols. (Grand Rapids, MI: Zondervan, 1972), 3:203, 7:368-369.

적 가치와 질서를 내면화한 백성들이 되었기에 이제 구체적인 땅에서 유형화된 현실의 기업을 얻게 된 것이다. 가나안 땅은 단순한 물리적 유산이 아니라 하나님의 약속과 공동체의 자기 형성이 만나는 공간이다. 공간과 언약에 근거한 기업은 유토피아의 실제다. 이 기업은 아무에게나 주어지지 않는다. 애굽의 노예는 받을 수 없고 광야에서 불순종하던 이들도 그 땅에 들어갈 수 없다. 언약의 땅은 하기와 되기를 통해 이루어지는 것이 아니라 '존재-이기'가 완성될 때 열리는 것이다.

언약의 땅 가나안에 들어간 후 이스라엘은 스스로 땅을 경작하고, 절기를 지키며, 율법을 후세대에 전하는 일을 한다. 이제 외적 공급에 의존하던 어린아이의 단계가 끝나고 내면화된 자율적 질서로 하나님과 함께 동행하며 살아가게 되는 것이다. 이는 이스라엘이 '은혜의 무게'를 감당할 수 있는 존재로 성숙하게 되었음을 의미한다. 유토피아는 단지 풍요가 아니라, 그 풍요를 하나님의 방식으로 사용할 수 있는 질서의 수용력이 갖춰진 상태를 의미한다.

이 모든 여정에 준비된 지도자 여호수아가 있다. 그는 단순한 군사적 정복자가 아니다. 기업을 분배하고 각 지파의 질서를 유지시키고 공동체에 주어진 계명을 기억하고 유지되게 하는 영적 지도자다. 그는 하나님이 약속하신 질서와 언약에 따라 각 공동체가 그 땅을 어떻게 살아갈 수 있을지를 안내한다. 각자의 기업은 언약의 말씀이 새겨진 존재들의 자기조직화된 질서를 감각하는 통찰과 실천에 달려 있으며 경계가 넘어갈 때 회복하거나 다스리는 감지 장치가 작동된다.

오늘날 개인화와 자아 고양의 시대에 이스라엘 공동체가 보여주는 정화와 일치의 여정[276]은 깊은 통찰을 준다. 이스라엘 공동체는 각 지파가 제 몫을 감당하면서도 전체 안에서 조화된다. 마치 복잡계의 생명체처럼, 자기 리듬을 유지하면서도 전체 질서에 감응하는 유기적 공동체인 것이다. 그것은 하나님의 영의 흐름에 따라 자율적이고 상호작용적으로 움직이는 '살아 있는 존재'다. 공동체는 단지 '하나의 목표'보다 더 깊은 차원의 유일한 의미를 공유할 때 살아난다. 이 의미는 공동체 구성원 개개인의 내면 깊은 곳에서 공명되는 존재 이유와 만날 때 구체적으로 실현된다.

'하나님과의 친밀한 동행', '하나님의 나라에 참여', '공동 비전을 통한 자기 소명 실현'은 진정한 공동의 가치와 관계의 장에서 펼쳐진다. 영성 공동체에서 정보는 단순한 지식이 아니라, 말씀의 운동력과 영적 직관, 공동 분별력을 포함한 '창발적 흐름'의 파동으로 이해될 수 있다. 이 파동은 '중심의 공유'를 만들고, 중심에 있는 비전과 가치가 공동체 전체로 자연스럽게 확산되게 하여 각자가 자유롭게 움직이되 전체와 어긋나지 않는 유기적 질서를 만든다. 이 공동체에서 리더들은 영적인 잠재성이 일어나는 틈을 감지하고 조율하며 촉진하고 연결하는 자다. 그들은 단지 실무를 맡은 것이 아니다. 의미의 중심을 유지하고, 신뢰의 장을 만들며, 공동의 흐름을 예민하게 감지하는 자들이다. 그들은 하나님의 뜻과 마음을 읽고 공동체가 함께 따라갈 수 있도록 중심을

---

276 | 일치를 향한 여정, 즉 영성 전통에서 말하는 삼중의 길에 대해서는 245번 각주를 참고하라.

잡아주는 존재다.

우리는 미래의 희망을 이러한 집단무의식이 정화된 영성 공동체에서 찾고자 한다. 이 공동체란 가장 근원적이면서도 가장 현재적인 곳이다. 그들은 중심을 공유하면서도 경계에 있는 이, 주변에 있는 이들도 창조적 변화의 파동을 일으킬 수 있다는 것을 알고 있다. 그리고 이 공동체는 각자의 자리에서 하나님과 연결된 흐름으로 움직이는 살아 있는 유기체다. 그들은 자연히 영적 친밀성과 질서, 자율성과 공동 책임, 기도와 실천이 균형을 이루며 발전한다. 이 여정은 처음부터 계획되어 있었으며 그 초대에 응답하는 이들을 부르고 있다.

3
비로소 천국

1. 내면성과 공동 감각, 기도의 집

천국은 비록 순간순간일지라도 진정한 공동체에서 경험된다. 이는 단순한 신념의 공유나 생활 방식의 유사성만으로 이루어지지 않는다. 그것은 오직 내면이 깊이 통합되고 서로 다른 존재들이 영적으로 조율되어 하나의 감각을 나눌 수 있을 때 태어난다. 그러한 공동체는 기도하는 이들의 집이다. 기도는 각자의 욕망이 침묵하고 자아의 결핍을 메우기 위한 신앙적 장식이 모두 사라진 자리에서 시작된다. 그곳에서 성령의 탄식이 들려오고, 내면에 일어나는 미세한 영들의 움직임이 감지되기 시작한다. 내면의 깊은 곳에서부터 말씀이 울려 나오고, 그 말씀은 시대를 꿰뚫어 정의의 지평을 드러내며 자기 의와 이념에 숨어 있던 거짓을 폭로하고 정화한다.

이러한 과정에서 마음 깊은 곳에서 우러나오는 갈망은 단순한 자기실현을 넘어선다. 그것은 타자와 세계를 향한 연민과 소명으로 전환된다. 말씀을 읽을 때 성서 저자와의 영적 상응이 일어나고 말씀이 각자 안에서 다시 살아 움직이기 시작한다. 이때 각기 다른 삶을 살아온 이들이 서로의 내면에서 동일한 울림을 느끼는 공동 감각이 발생한다. 이러한 감각은 단지 언어나 규범을 따르는 이해가 아니라, 절대 타자와 공동체의 지평이 융합될 때 비로소 형성된다.

이 지점에서 비로소 공동체적 영적 지도 spiritual direction 가 시작된다. 영적 지도는 외적인 규율이나 도덕적 지침을 가르치는 일이 아니다. 그것은 성령이 내면에서 말씀하시도록 공간을 열어주고, 기도자가 그 말씀에 '깊이 감응'하여 고유한 영성이 형성되도록 돕는 섬세한 안내이자 수술이다. 공동 감각은 정신적 훈련이나 지식의 습득으로 얻어지는 것이 아니라, 영적 직관과 감지력 그리고 깊은 내면적 일치에 의해 드러난다. 이는 삶 전체가 하나의 조율된 기도로 변모해 가는 과정이다. 인간의 내면과 상황과의 관계구조 속에서 일어나는 '해석학적 순환'이며 이 여정을 통해 믿음은 단지 개념이 아니라 실존의 중심으로 자리 잡게 된다.

1) 집중 기도와 공동 의식의 탄생

이러한 공동 감각을 배경으로 '집중 기도 centering prayer '[277]는 공동체 안에서 기도의 공명대를 만든다. 그것은 '생각'을 멈추고 하나님을 향한 '지향성'을 하나의 상징적 언어—빛, 사랑, 평화, 자유와 같은 거룩한 단

---

277 | 집중 기도를 수련하는 방법은 다음과 같다. 1) 편안히 앉아 숨을 고른다. 2) 하나님이 내 안에 현존하심에 동의하고 그분을 향한 내면의 지향성에 동의하는 상징으로 가장 마음에 와 닿는 거룩한 단어, 예를 들어 빛, 사랑, 평화, 자유 등의 단어를 택한다. 3) 눈을 감고 거룩한 단어를 조용히 떠올린다. 4) 분심(分心)이 떠오르면 조용히 거룩한 단어로 다시 돌아간다. 5) 기도가 끝날 때 눈을 감고 얼마간 침묵 속에 머무른다.

어로 표현하고 그 단어를 통해 내면을 가다듬는 수련이다. 집중 기도는 감정이나 인지의 활동을 비우고 사랑의 현존 안에 머무는 훈련이며, 공동체 안에서 서로의 영혼이 함께 침묵 속에서 공명하도록 깊은 연결의 마당을 만들어 낸다. 이때 집중은 집착[278]이 아니다. 단순히 내면의 감각을 순수하게 절대 타자, 곧 하나님께 향하게 하는 것이며, 분심이 떠오를 때마다 다시 하나의 거룩한 단어로 돌아가는 것은 마음을 비우고 그분의 현존을 향해 의식 전체를 열어두는 영적 개방성이다.

오토가 강조했듯, 지향성은 명상과 기독교를 구분 짓는 결정적인 요소다. 자기 신성화를 추구하는 '자아 중심적 명상'과는 달리, 참된 기독교 관상은 신적 타자를 향한 사랑의 응답이며, 바로 그 타자를 향한

---

278 | 집중 기도에서의 '집중'은 통제적 집중이나 심리적 집착(fixation)과는 구별된다. 토머스 키팅(Thomas Keating)은 이를 '영혼을 하나님께 열어 두는 단순한 의지의 반복적 선택'이라고 정의하면서, 억지로 분심을 제거하려 하거나 특정한 체험에 집착하려는 태도를 명확히 경계한다. 반복적으로 사용하는 거룩한 단어는 개념적 사고를 유도하기 위한 것이 아니라, 분산된 주의를 다시 하나님의 현존으로 회복시키는 '내면적 몸짓'이다. 이때 기도자의 의식은 억압이나 긴장이 아니라 개방과 신뢰의 자세 안에서 기능하며, 이는 윌프리드 스티니센(Wilfrid Stinissen)이 말한 '존재 전체를 열어 타자와 마주하는 관상적 주의(contemplative attention)'와도 깊이 연결된다. 또한 오토는 이러한 관계적 지향성을 신비주의와 요가 사이를 구별하는 핵심 식별점으로 제시하며, 참된 신비 체험은 '대상 없는 몰입'이 아니라 인격적 타자에 대한 응답임을 강조한다. 따라서 집중 기도의 반복은 집착이 아니라, 하나님을 향한 신뢰에 근거한 자유로운 수용과 자기비움의 행위라 할 수 있다. Thomas Keating, *Open Mind, Open Heart: The Contemplative Dimension of the Gospel* (New York: Continuum, 2002), 42-45; Wilfrid Stinissen, *Into Your Hands, Father: Abandoning Ourselves to the God Who Loves Us*, trans. Kathryn Krusen (San Francisco: Ignatius Press, 2011), 58-62; Rudolf Otto, *Mysticism East and West*, 31-35.

관계적 지향성이 신비적 일치를 가능하게 한다.[279] 기도는 삶의 외적 환경에서 오는 고난과 내적 위기의 순간을 신비적 전환의 계기로 전환시키는 핵심적인 힘이다. 이 기도 가운데 자기 의를 투사하여 하나님을 조종하려는 유혹이 사라지고, 오히려 그분의 뜻 안에서 자신을 해석하게 되는 조명의 빛이 드러난다.

2) 조명과 묵상, 기억의 통합적 작용

성령에 의한 '조명'은 단순한 감정적 환희나 직관의 번득임을 넘어선다. 그것은 삶을 관통하는 해석적 통합의 사건이며, 이때 인간의 기억은 단순한 회상이 아니라 근원적 기억으로 전환된다. 말씀이 삶을 비추고 삶이 말씀을 반사할 때 인간은 경험과 계시, 상처와 구속 사이의 의미망 속에서 하나님과의 동행을 새롭게 재해석하게 된다. 묵상은 이 조명의 과정에서 결정적인 기능을 한다. 추리적 묵상은 단지 텍스트의 논리를 이해하는 데서 그치지 않고 그 의미를 삶에 실천하기 위한 구체적 사유를 유도한다. 이 과정에서 거룩한 상상력은 영적 질서를 내면에 조직하고, 환각이나 자기중심적 열광이 아닌 진정한 영적 인식의 균형으로 사람을 이끈다. 또한 이 묵상과 관상의 순환 속에서 내면은 점차 자아 중심성을 벗고 하나님의 뜻과 일치하는 방향으로 자리 잡게 된다. 이 지점에서 '기도'는 기술이 아니라 존재의 지향 그 자체이며,

---

279 ┃ Rudolf Otto, *Mysticism East and West*, 78. 요가의 명상은 아트만 자체를 방해하는 모든 속박과 제한으로부터 아트만을 자유롭게 하는 것이지만 브라흐만을 통하지는 않는다. 오토는 이러한 점에서 요가의 명상을 자기 신성화로 본다. 반면 오토가 말하는 기독교의 명상은 철저히 신과의 관계 안에서 신적 존재에 참여함으로써 느끼는 '고양'과 피조물성 안에서의 '겸손'이라는 양가적 관계를 포함한다. 집중 기도에서 일어나는 성찰과 명상의 순환은 양가성의 균형을 통해 관계적 지향성을 더욱 강화시킨다.

그 지향은 사랑이라는 이름으로 존재의 방식을 바꾼다.

이 모든 것을 종합할 때, 영성적 공동체란 내면이 정화된 자들이 모인 '깨어 있는 사람들의 기도하는 집'이다. 이들은 감각적으로 민감하고 기도의 깊이를 나누며 고통과 현실을 외면하지 않고 해석하며 감싸 안을 줄 아는 자들이다. 이러한 사람들의 공동 감각은 단지 우정을 넘어서 예언적 감수성의 자리까지 나아가게 한다. 이 공동체는 창설자나 지도자만이 아니라 구성원 서로가 기도와 삶을 통해 진정한 영적 지도 관계를 형성한다. 각자의 기도는 타인의 기도에 울림을 주고, 말씀의 통찰이 공명되어 살아 있는 해석 공동체를 형성한다. 그 결과 사랑의 지향성이 그 중심에서 내면의 질서를 세우고, 얕은 감정이나 종교적 기제에 억눌리지 않는 존재의 자기 통찰과 초월이 지속된다.

이때 기도는 단지 개인의 수련이 아니다. 서로를 향한 내면의 깊은 손길이며 하나님을 향한 통생명의 호흡이다. 깊은 침묵 속에서 연결되는 공동의 영, 그것이 영성 공동체의 진정한 기초이다.

3) 관상과 선교적 가치 실천
– 내면의 침묵에서 세상의 고통으로 건너가는 영적 실천

하나님 앞에서의 순수한 현존의 기도는 생각과 감정, 의지의 소란을 내려놓고 내면 깊은 곳에서 하나님의 사랑에 응답하는 지향성intention 이자 성령의 빛이 깃들도록 내어드리는 신뢰 어린 용기이다. 나아가 내면에서 하나님의 시선을 배운 사람은 타인의 고통을 자기의 것처럼 감각할 수 있다. 여기서 기도는 타자를 향한 응답의 시작이 된다. 그리고

'공동 감각'은 단순한 동정심이 아니라, 하나님의 마음으로 타자를 바라보는 '거룩한 감응'이다.

이 감응은 진리와 사랑의 연대를 이끌어내며, 세상의 아픔을 품는 용기의 공간이 되며 가장 급진적인 참여의 시작이다. 왜냐하면 그 기도는 인간의 조건과 한계를 직시하고, 세상의 혼돈 속에서 하나님 나라의 빛을 찾아 나서게 하기 때문이다. 공동체는 내면의 변화를 통해 '세상에 대한 새로운 책임감'을 부여받으며 이는 곧 '파송 missio'으로 이어진다.

일치의 기도는 결국 존재의 방식을 바꾸어 놓는다. 기도자는 더 이상 효율과 통제, 욕구에 따라 움직이지 않고 존재의 진실과 타자의 고통, 정의의 흐름에 따라 자신의 삶을 조율한다. 이것이 바로 가치 실천 value-based action 으로서의 사회 선교이다. 이러한 실천은 구체적으로 다음과 같은 영역에서 드러난다. 1) 가난한 자와 나누는 삶: 자기중심적 부를 정화하고 연대와 순환의 삶으로 부른다. 2) 정의로운 구조를 창조하고 준비하는 행위: 내면에서 분별된 하나님의 뜻은 새로운 사회의 질서에 대해 고민하고 창조적인 참여로 나타난다. 그 모든 과정은 십자가의 길에서 배우듯이 생명, 평화, 영성의 몸짓으로 화해와 용서의 공간을 만든다. 3) 피조 세계의 보존: 내면의 감응은 자연에 대한 경외심으로 이어져 생태적 영성으로 전환된다. 진정한 공동체는 성령의 마음과 뜻에 일치하는 기도의 사람들, 곧 내면의 천국 속에서 하나님을 만난 이들이 함께 만드는 새로운 역사다.

2. 근원적 예배자로

'영'은 존재 전체를 조율하는 통합적 지각이며, 인간이 자신을 초월적 실재 앞에 진정한 예배자로 위치시키는 중심적 방향성이다. 인간이 하나님의 형상을 따라 창조되었다는 창세기 1장의 선언은 곧 인간이 '영'을 가진 존재, 즉 전체 실재에 대해 응답하고 인식할 수 있는 존재임을 뜻한다창 1:26-27. 칼뱅은 『기독교 강요 Institutes of the Christian Religion』에서 '신성에 대한 자각divinitatis sensum 과 종교의 씨앗semen religionis '[280]이 인간의 본질에 새겨져 있다고 말한다. '디비니타티스 센수스 Divinitatis Sensus'는 문자 그대로 '신성divinitas에 대한 감각sensus'을 의미한다. 칼뱅은 이를 모든 인간 안에 존재하는 하나님에 대한 본능적 인식, 혹은 내면의 감수성으로 보았다. 그는 "하나님에 대한 의식은 인간의 마음에 깊이 새겨져 있어서, 가장 완고한 자조차도 어떤 종교에의 감정을 벗어날 수 없다"[281]라고 말한다. 이는 인간이 아무리 타락했더라도 하나님이 계시다는 어떤 '막연하나 확고한' 의식을 지니고 있다는 의미이다. 그는 이 감각이 인간의 경외심, 도덕의식, 궁극적 존재에 대한 의문으로 드러난다고 본다. 또한 '세멘 렐리기오니스 Semen religionis '는 '종교의 씨앗'이라는 뜻으로, 칼뱅은 "하나님은 사람의 마음속에 종교의 씨앗을 심어 놓으셨다. 그 씨앗은 너무도 깊이 뿌리내려 있어서 하나님에 대한 감각

---

280 | John Calvin, *Institutes of the Christian Religion*, ed. John T. McNeill, trans. Ford Lewis Battles, Library of Christian Classics, vol. 20 (Philadelphia: Westminster, 1960), 43-44 (§1.3.1); Richard A. Muller, *The Unaccommodated Calvin* (New York: Oxford University Press, 2000).

281 | John Calvin, *Institutes of the Christian Religion*, 41 (§1.2.1).

이 무시되거나 사라지는 일이 없다"[282]라고 말한다. 이는 모든 인간 존재 안에 있는 잠재적 영성의 원천으로 인간이 자발적으로 혹은 고난 속에서 하나님을 찾게 하는 존재의 내면적 추동력이며, 성령의 바람에 반응할 수 있는 심령의 토양이라 할 수 있다. 개인적 영성의 발아는 이 씨앗이 말씀, 고통, 은혜, 공동체의 돌봄 속에서 깨어나는 사건이다.

이 신성의 감각과 종교의 씨앗이 깨어난 인간은 진정한 예배자이자, 비전의 공동창조자가 된다. 유의 세계에서도 인간은 잠재된 감응성과 하나님을 찾고자 하는 깊은 내면 구조를 지니고 있다. 이 구조는 무한과 절대에 대한 향수로 나타나며 창조의 흔적을 통해 하나님을 직감하게 만든다. 이것은 감각 이전 '존재의 기원적 좌표'이다. 이 감각은 무의 접점, 무한의 신성과 자유의 긴장 속에서 나타난다. 인간은 비로소 자신의 내면 깊은 곳에서 일어나는 '그 무엇'을 감지하며, 그것이 단지 감정이 아니라 하나님을 향한 존재론적 공명임을 알아차린다. 또한 이는 신성의 힘에 대한 자각과 함께 근원 앞에서 선 예배자로 설 것이냐 혹은 무의 잠재성을 전능의 소유를 위한 기회로 삼을 것이냐의 기로에 서게 한다.

이 자유 의지에 의한 응답은 단지 외적 행위가 아니라 자아의 해체와 통생명 가치의 생성을 동반하는 완벽한 전환이다. 인간은 말씀을 해석하며 성령에 의해 비친 조명 안에서 새로워진다. 근원에 닿은 예배

---

282 | 이러한 존재론적 기반은 이후 개혁파 영성에서 성령의 조명(illuminatio Spiritus)과 내면의 경건(pietas) 개념과 결합되어, 하나님을 아는 지식은 하나님이 주시는 조명에 의해 가능하며, 그것은 감각과 씨앗이 부활하는 과정으로 이해된다.

자는 단순히 경배하는 자가 아니라 하나님의 현존에 반응하여 존재 전체가 새로워진 자이다. 그는 존재의 몸 구조를 새롭게 정렬하며 하나님과 자신과 세계 사이의 질서를 재창조하는 차원적 조율자이다. 진정한 깨달음은 경외를 낳으며 참된 경외는 참 예배로 나아간다.

근원에 닿은 예배자는 단순히 종교적 행위를 하는 자가 아니다. 시간의 틈 속에서 영원을 감지하고 자아의 경계에서 하나님과의 새로운 질서를 세우며 공동체의 분열 속에서 차원을 잇는 통로가 되는 자이다. 이 구조는 칼뱅이 말한 타락한 인간 내면에도 남아 있는 하나님의 흔적이 성령의 역사 안에서 점화되고 변화되어 마침내 존재 전체가 새로운 차원으로 전환되는 영성 형성의 과정을 보여준다. 이것은 개인적 구원론을 넘어서 하나님 나라의 관계구조로 삶과 세계를 재구성하는 여정이다.

알렉산더 슈메만 Alexander Schmemann 은 정교회 신학자이자 예배 신학 liturgical theology 의 대표적인 사상가로, 인간 존재의 본질을 예배하는 존재 homo adorans 로 규정한 인물이다. 그는 인간을 인식하고 생산하는 존재 'homo sapiens, homo faber' 로 보았던 근대적 인간 이해를 넘어, 예배야말로 인간 존재의 근원적 태도이자 인간이 하나님과 세계 앞에 서는 가장 깊은 방식이라고 강조했다.[283] 인간은 단지 사고하고 생산하는 자가 아니라 하나님 앞에 선 제사장적 존재, 즉 세계를 하나님께로 되돌려

---

283 ┃ Alexander Schmemann, *For the Life of the World: Sacraments and Orthodoxy* (Crestwood, NY: St. Vladimir's Seminary Press, 1973), 15-25.

드리는 영적 중보자로 지음 받았다는 것이다. 슈메만에게 인간은 세상과 하나님 사이에 서 있는 존재다. 인간은 하나님의 피조 세계를 받아 그것을 감사와 찬미 속에서 되돌려드리는 존재, 곧 제사장의 역할을 수행한다.

예배는 단지 교회 안에서의 의례가 아니라 존재의 본질적 자세이며, 삶 전체를 하나님께 드리는 태도이다. 슈메만은 인간의 일상적 행위, 특히 음식을 먹는 행위조차도 본래적으로 예배적 행위였다고 주장한다.[284] 예배는 단지 종교적 행위가 아니라 인간 존재의 목적을 회복시키는 창조적 사건이다. 인간은 처음부터 음식을 통해 하나님과 교제하도록 지어졌고 음식을 받는 순간에도 감사와 찬미를 통해 하나님과의 일치를 경험하는 존재였다.[285] 그러나 죄는 이 행위를 하나님 없이 자율

---

284 ┃ 알렉산더 슈메만(Alexander Schmemann)은 그의 저서 『For the Life of the World』에서 성찬례를 중심으로 인간의 먹는 행위가 지닌 신학적 의미를 깊이 탐구한다. 그는 성경에서 먹는 행위가 생명과 밀접하게 연결되어 있으며, 이는 궁극적으로 하나님과의 교제를 의미한다고 설명한다. 특히 그는 에덴 동산의 생명나무 열매와 그리스도의 몸과 피를 통한 성찬을 연결하여, 인간이 먹음을 통해 하나님과의 생명적 관계를 맺고 그분의 생명을 나누어 가지는 존재임을 강조한다. 이러한 그의 성찬론은 예배가 단순히 종교적 의식이 아니라, 인간 존재의 본질적인 목적이자 세상의 구원을 위한 하나님의 계획에 참여하는 행위임을 보여준다. Alexander Schmemann, *For the Life of the World*, 16.

285 ┃ 슈메만에게 세상을 성례전으로 본다는 것은 곧 세상의 진정한 본성과 목적을 이해하려는 시도다. 그에게 세상은 단순히 물질적 실체가 아니라, 하나님과의 교제를 위한 수단이자 통로로 창조되었다. 인간이 세상을 성례전적으로 바라볼 때 비로소, 세상이 지닌 본래적 의미와 목적, 즉 하나님께로 향하는 성화(聖化)의 과정을 깨닫게 된다는 것이다. "It is only when we see the world as sacrament, as means of communion with God, that we understand its real nature and purpose." 이 주제에 대한 더 자세한 논의는 다음을 참고하라. Alexander Schmemann, *For the Life of the World*; 알렉산더 슈메만/이종태 옮김, 『세상에 생명을 주는 예배』 (서울: 복있는사람, 2008); Alexander Schmemann, "The Eucharist: Sacrament of the Kingdom," in *The*

적으로 소유하려는 욕망으로 타락시켰다. 그 결과 인간은 더 이상 하나님께 세계를 되돌려드리지 않고 세계를 절대화하고 자기 욕망의 도구로 삼는 존재로 전락했다. 예배는 인간의 삶 전체를 회복시키는 근원적 차원 전환이다.

'세계를 성례로 본다'라는 것은 모든 것이 하나님을 향한 예배적 통로임을 의미한다. 그러므로 예배하는 인간은 단지 종교적 인간이 아니라 존재 전체를 하나님께 연결시키는 존재, 곧 차원적 매개자인 셈이다. 이 예배는 단지 교회 안의 종교 행위가 아니다. 그것은 근원 안에서 영과 연합된 인간이 무의 혼란과 어둠 속에서도 생명의 시간을 선택하여 조직화하는 방향성과 존재론적 태도이다. 예배는 인간 존재의 차원을 회복하고, 하나님-인간-세계 간의 조화를 이루는 영성의 회복이다. 예배는 영적 존재의 중심이며, 존재가 어디로 향하느냐 하는 총체적 지향성을 결정짓는다.

3. 진정한 시간과 공간을 살아내는 공동체

인간은 우연한 조건 속에서 태어났지만 운명과도 같이 늘 더 깊고 큰 세계를 동경해 왔다. 삶의 차원 전환은 단지 초월성에 관한 문제만이 아니라 '더 큰 질서' 안에서 함께 살아가는 아름다운 공동성에 대한

Eucharist: Sacrament of the Kingdom (Crestwood, NY: St. Vladimir's Seminary Press, 1987), 15-20.

예감이다. 그래서 '신이 있을까'라는 질문은 더 정직하게 말하자면 신을 기억하고 그 아름다운 연결을 삶에서 요청하고자 하는 것이다. 그 연결을 방해하고 저지하는 혹은 가짜로 접속하고 환각에 빠지게 하는 우상들에서 돌이켜서 말이다.

현대인은 사방으로 연결되어 있지만 정작 진짜로 닿고 있는 감각은 점점 사라지고 있다. '좋아요'는 많아졌지만, 함께 걷고자 하는 이는 적다. 연락은 빠르지만 돌봄은 느려졌다. '나답게' 살고 싶지만 그 '나'는 끊임없이 타인의 시선에 대한 반응으로 구성된다. 우리는 자아 중심성의 끝에서 고립된 가짜 연결을 경험하고 있다. "나는 신을 믿지만 더 자주 시계를 들여다본다." '시간이 돈'이라는 말은 '시간은 신이다'라는 말이기도 하다. 세계는 그 안에서 하나의 새로운 신을 보았다. 한정된 시간 안에서 움직이지 않으면 벌어들일 수 없고, 벌어들이지 않으면 존재할 수 없는 무정한 존재. 그 신의 얼굴은 원형이 아니라 문명이라는 이름을 뒤집어쓴 톱니바퀴. 이제 시간은 반복되고 측정되고 관리된다. 일터는 교회보다 더 일찍 문을 열었다. 기차는 기도보다 정각을 더 중요시했다. 시간은 새로운 신의 사제가 되었다. 새로운 사제는 종교적 근면을 경제적 생산성으로 번역하여 설파했다. '게으름은 빈곤을 낳는다'라는 격언은 이제 사람들의 양심을 대신하는 도덕이 되었다.

그 바람에 가속도가 붙어 잉여도 넘쳤다. 이 새로운 접속은 더 이상 하늘의 말씀을 통한 계시나 선물 같은 잉여가 아니라 측정 가능한 데이터, 계약 가능한 시간, 반복 가능한 합리적 업무를 통해 이루어졌다. 시간을 단위로 쪼개면 그 쪼갬 사이에 이익이 생긴다. 이것이 새로운 잉여의 원리다. 산업 혁명은 이 원리를 무한히 반복하여 확장했다. 기계는 인간보다 더 빠르게 반복했고, 노동자는 기계의 리듬에 맞추어 자신의 생명을 분할해냈다. 이때부터 '잉여'는 단순히 남는 것이 아니라 존재로부터 짜낸 힘이 되었다. 유력에 사는 사람들은 그 시기를 문명 전환, 산업 혁명이라고 칭송했다.

그러나 선물이 아니라 도구적으로 짜낸 잉여는 사람들을 더욱 피폐하게 만들었다. 노동 잉여는 자본가에게 이윤이 되었다. 생산 잉여는 시장에 과잉 공급되었고, 감정 잉여는 광고와 대중문화의 자원이 되었다. 노동은 더 이상 예배도 존재를 여는 거룩함도 아니었다. 산업 혁명은 기계를 돌리기 위해 잉여를 필요로 했고, 자본주의는 잉여를 끊임없이 생산했다. 하지만 잉여는 곧바로 이탈의 에너지가 되었다. 잉여는 짜낸 과잉이 아니다. 새로운 가능성의 씨앗이다. 그러나 거짓 잉여는 누구라도 알만한 사망의 열매들이다. 노동 잉여는 계급 투쟁, 정보 잉여는 가짜 뉴스, 감정 잉여는 난해한 예술과 트라우마이다. 현대인이 시달리는 이유는 현시대가 이 가짜 과잉이 중심이 되는 시대이기 때문이다. 마음 깊은 사랑의 선물이 아니라 시스템이 만들어 낸 예정되지 않은 생산 과잉 말이다.

모든 존재가 다 이 하나의 리듬에 맞춰 살아야 한다고 믿었지만, 어떤 사람들은 다른 심장의 박자를 가지고 있었다. 그들은 그 시간 바깥에서 그 틀 안으로 들어가지 못했다. 아니, 들어가기를 거부했다. 하늘의 접속면은 어디로 사라졌을까? 우리는 정말 시간의 주인이 되었는가? 아니면, 가상 시계가 톱니바퀴처럼 우리를 돌리고 있는가? 사람들은 하늘을 쳐다보지 못했으므로 갇혀 있다는 것을 인식하지 못했다. 그러나 복음의 시간은 하나님의 섭리 속에서 창조와 구원의 역사가 유연하게 흐르는 시간이다. 누군가가 자각하기 시작했다. 나는 나를 초월하지 않고서는, 너에게 도달할 수 없다. 이제 우리는 틈을 내고 시간을 내어 전혀 다른 방식에 대한 탐구를 시작해야 한다. 그것은 더 깊이 더욱 나답게 그리고 함께 살아가는 길이다.

공동체란 그저 함께 있는 것이 아니라, 진리 안에서 영과 함께 생성되어 가는 여정이다. 새로운 차원, 새로운 정체성에서의 화두는 '내가 무엇을 얻을 수 있는가'가 아니라 '우리가 무엇을 함께 생성할 수 있는가'로 전환된다. 앞으로 우리는 더 이상 기술을 통제할 수 없을지도 모른다. 기술은 더 이상 중립적이지 않다. 우리는 도구로서의 기술을 설계했지만, 지금 우리는 기술에 의해 존재 방식과 인식 구조를 빠르게 재편당하고 있다. 추천 알고리즘은 취향을 예측하고, 생성형 인공 지능은 언어와 창조성의 일부를 재구성하며, 생체 데이터는 감정까지 추론한다. 우리는 기술을 사용하는 것 같지만 동시에 기술의 결과가 된다.

지금은 어느 시대보다 더욱 인간 고유의 정체성이 무엇인가를 고민해야 하는 시대다. 자기를 초월하여 부정하고 기억하고 느끼고 사랑하고 존재의 이유를 실현하는 것은 인간 고유의 능력이다. 그리고 무엇보다 근원에 닿아 끊임없이 샘솟는 샘이 있는 공동체야말로 인간의 고유한 가치다. 우리는 오랫동안 유일하며 초월적인 신, 관계 맺으며 사랑하고 구체적인 삶에서 승리로 이끌어주시는 신과의 분리 위에 서 있었다. 무, 감정, 공동체성, 무한 자유와 공동을 위한 부정이야말로 이 두 신관을 잇는 인간 고유의 역사적 마당이 될지도 모른다. 우리가 꺼려 왔던 강렬도 지점, 차이와 간극gap, 고통, 함께 살아가기 위한 고군분투, 예측 불가한 난제들과 효율적이지 않은 낭비를 두려워하지 않고 끌어안는 과정을 함께하는 마당 말이다. AI는 빠르다. 그러나 시간을 들여 고통을 견디지 않는다. 상처를 기억하지 않는다. 실패를 수용하지 않는다. 감정·윤리·자기부정과 초월·파동·자유 의지·틈은 여전히 인간 고유의 차원이다. 사랑을 통해 존재를 창조하는 것, 기르고 함께 시련을 겪어가는 것 말이다. 그것은 더욱 큰 차원에서 현실의 빛과 어둠을 통합적으로 바라보며 가장 인간답게 승리하는 영적 전쟁일지도 모른다. 그리고 그 후에 불어오는 시원한 바람, 영의 큰 바람 안에 모두가 안식하며 누리는 일은 새 창조의 나라에서 벌어지는 축제다.

4
육화의 삶: '영-무-용-유' 영성 공동체의 삶

1. 내재적 유토피아

> 보라, 천국은 지금 너희들 안에 있다
>
> ἡ βασιλεία τοῦ θεοῦ ἐντὸς ὑμῶν ἐστίν 눅 17:21

예수의 이 말씀은 모든 종교적 허상을 단번에 무너뜨린다. 천국은 시간의 끝도, 지리적 공간도, 외부 제도도 아니다. 그것은 지금 여기 우리들 사이와 우리들 안, 우리들 너머에 이미 진동하며 펼쳐지고 있는 차원의 장場이며 큰 영적 전쟁을 치러낸 이들의 현실이다.

그러므로 "하나님의 나라는 너희들 안에 있다"라는 예수의 언표는 유토피아를 단순한 미래의 실현이나 지리적 공간으로 상정하는 고전적 사고를 해체하며, 종말론적 영속성과 현존적 내재성이 중첩되는 새로운 세계를 제시한다. 이 누가복음의 선언은 하나님의 나라를 단지 초월적 통치로 규정하지 않고, 엔토스 ἐντός, 내부, 안에, 너희들 사이라는 전치사를 통해 내면성과 공동체성을 동시에 지시한다. 이는 존재의 외면적 조건보다 영의 조명을 통해서만 탐지할 수 있는 내적 실재와 사이의 진실을 전제한다. 천국은 너희 안에 있다는 선언은 역설적으로 자아 구조의 해체 없이 유토피아는 실현될 수 없다는 역설을 포함한다. 이는 영성 전통에서 반복적으로 나타나는 '광야', '밤', '포로 됨', '어둔 밤'의 구조와 상응하며, 종말론적 정화의 차원으로 이해된다. 무는 억제된 욕망의 폐기가 아니라 욕망의 정향성 자체를 전환하는 치유의 공간이다. 이 무의 통과 없이는 영적 진동의 내재화도 자기조직화도 가능하지 않다.

새 창조는 그 자체로 입체적이다. 첫째, 존재의 새로운 정체성 구성이다. 이는 바울이 말하는 "그리스도 안에서 새로운 피조물"고후 5:17 의 의미이며, 자아 중심의 재편이다. 둘째, 사회적이고 문명사적인 질서의 재조직화이다. 법, 예술, 교육, 도시, 예배, 노동 등의 형태들이 형식적 반복이 아니라 존재의 감응적 질서에 따라 새롭게 배열되어야 한다. 새 창조는 신의 초자연적 기능적 개입이 아니라 무로부터 감응하고 공진한 자들이 실천을 통해 형상화하는 행위적 유토피아이다. 이는 희망의 약속과 함께 이미 시작된 시간 속에서 새롭게 재형성되는 삶의 양식이다. 이 사건은 다음의 네 힘의 단계로 작동한다.

1) 영의 조명: 존재의 리듬을 감지하는 공명 감수성
2) 무의 정화: 자기 해체와 내면 치유를 통한 비움, 잠재성 발현
3) 용의 조직화: 상호감응에 기반한 창발적 질서 생성
4) 유의 재형상화: 생명의 가치는 곧 삶의 질서

천국은 도피처도 아니고 먼 미래 약속도 아니다. 그것은 지금 우리들 사이에 울리고 있는 존재의 질서다. 삶의 깊은 리듬에 반응하고 함께 진동하며 새롭게 살아내는 영적 사회이다. 빛을 감지하는 영의 민감성이 있을 때, 자아를 비우는 무의 정화가 일어날 때, 창발적인 자율과 공명하는 공동체적 조직화는 무로부터 오는 새 창조의 형상을 입어 형성된다.

그러므로 유토피아 utopia [286]는 단지 더 나은 세상의 환상이 아니다. 그것

---

286 | '유토피아(utopia)'라는 말은 토머스 모어(Thomas More)가 1516년에 창조한 개념으로, 어원상 '없는 곳(ou-topos)'과 '좋은 곳(eu-topos)'의 이중 의미를 지닌다. 즉, 유토피아란 현실에는 없지만 이상적으로는 존재하는, 이루고 싶은 세계를 말한다. 그러나 창세기의 코스모스는 '없는 곳'이 아니라 '처음부터 있었던 곳'이다. 이때 유토피아는 실현될 미래가 아니라 회복되어야 할 기원이며, 그 기원은 단지 과거의 신화가 아니라, 회복되어야 할 마당이다. 사회철학적 유토피아는 구조적 평등의 시공간을 꿈꾼다. 에른스트 블로흐(Ernst Bloch)는 『희망의 원리』에서 유토피아를 "아직 오지 않은 것(das Noch-Nicht)"이라 부르며, 현실 속에 '도래할 수 있는 가능성'으로 존재하는 구조라 설명했다. 그는 유토피아를 정치적 질서가 끝없이 열린 가능성으로 재조직되는 상태로 보았다. 이 맥락에서 보면, 창세기의 코스모스는 단지 정태적 완성이 아니라 가능성의 구조로서의 완성, 즉 완료되었으나 매순간 갱신되어야 하는 마당이다. 한편 생태적 유토피아는 상호 의존성과 평형을 의미한다. 아르네 네스(Arne Naess)의 '심층 생태학(deep ecology)'은 유토피아를 인간 중심주의를 넘어서 모든 존재가 자기 고유의 가치를 지닌 생명 공동체로 본다. 창세기의 유토피아는 인간이 모든 것을 지배하는 구조가 아니라, "종류대로", "그대로 두라", "보시기에 좋았다"는 표현 속에서 다양성과 자율성, 상호 의존성이 강조되는 구조다. 여기서 유토피아는 정복이 아니라 모든 존재의 조화 상태이다. 또한 포스트 유토피아론은 불가능성 안의 윤리를 말한다. 프레드릭 제임슨(Fredric Jameson)은 현대 자본주의 아래에서 유토피아는 더 이상 실현 불가능한 상상이지만, 그 불가능성이야말로 현재를 전복하는 힘이라고 말한다. 창세기의 유토피아는 실제로 낙원에서 추방된 이후, 인간에게는 도달할 수 없는 실재가 되었지만, 그 상실의 기억과 욕망이 바로 윤리적 긴장과 미래를 향한 비전을 낳는다. Thomas More, *Utopia*, trans. Ralph Robinson (Mineola, NY: Dover Publications, 2001), 10-15; Ernst Bloch, *The Principle of Hope*, vol. 1, trans. Neville Plaice, Stephen Plaice, and Paul Knight (Cambridge, MA: MIT Press, 1986), 130-135; Arne Naess, *Ecology, Community and Lifestyle: Outline of an Ecosophy*, trans. David Rothenberg (Cambridge: Cambridge University

은 기존의 시간과 공간의 지평을 확장한 이상향이 아니라, 시간 그 자체의 구조를 변환시키는 거듭남의 사건이다. 인간은 '유㈲'의 차원, 즉 동일성과 지속성의 틀 안에서 살아간다. 우리는 익숙한 세계와 반복되는 일상, 축적된 서사 속에서 안정감을 느끼지만, 그와 동시에 자기 동일성의 감옥에 갇힌다. 플라톤이 말한 영원한 존재 '아이디온 우시아 aidion ousia'는 '있다esti'라는 현재형만을 가진다. 유토피아는 이 현재에 갇힌 시간과 존재의 동일성의 구조를 해체하고 넘어서야만 가능한 공간이다.

2. 다양한 차원들의 조화와 다스림

창세기의 코스모스 Cosmos 는 일곱 날의 리듬 안에서 구성된다. 각 날은 존재의 한 층위를 세우고, 다음 날로 넘어가기 위해 무의 마당을 통과하며 생성적 갱신을 반복한다. 이 구조는 창조된 코스모스가 정태적 완성물이 아니라 영-무-용-유의 반복 구조 안에서 끊임없이 유지되어야 하는 유토피아임을 말해준다. 그 완성은 7일째 '안식'에서 정점에 이르는데, 이 안식은 단지 쉼이 아니라 모든 존재에 대한 간섭이 멈추고 고요히 공명하는 되울림의 장場이다. 따라서 유토피아는 기계적 설계가 아니라 존재 간의 끊임없는 질서와 감응의 반복적 실현으로 이루어진다. 창세기 1장 속 코스모스는 권력의 통제가 아닌 질서, 정복이

Press, 1989), 60-65; Fredric Jameson, *Archaeologies of the Future: The Desire Called Utopia and Other Fictions* (London: Verso, 2005), 180-185.

아닌 감응, 통제가 아닌 다스림의 구조로 이루어진 세계다. 이는 생태적이고 윤리적이며 탈권력적이지만 일치의 다스림이 있는 유토피아와 깊이 호응한다.

코스모스는 하나의 구조이면서도 끊임없이 자신을 생성하는 사건이다. 그 유토피아는 아직 오지 않았기 때문이 아니라 이미 주어졌으나 잃어버렸기 때문에 더욱 숭고적인 상상이 된다. 따라서 유토피아는 기원이자 상실이고, 반복이자 각 인간의 삶 안에서 매 순간 무에서 유를 열어가는 창조적 응답이다.

그렇기에 유토피아의 전조는 디스토피아dystopia의 내부에서 깨어나는 감각으로, 아직 말로 형상화되지 않은 어떤 낯선 기운, 곧 '무無'의 징후로부터 비롯된다. 현실에서 대부분의 인간은 '유력', 기존의 정체성과 세계관을 유지하려는 관성적 힘에서 벗어나기 어렵다. 자본과 욕망, 본능이 결합한 세계는 곧바로 디스토피아로 흐르기 쉽다. 유토피아는 이 구체적인 현실에서 시작된다. 성령은 근원으로부터 오는 신뢰를 가지고 다시 무의 시원으로 초대한다. 이때 '무無'는 없음이 아니라 다시 근원의 파동이 접촉하는 마당이다. 유토피아의 시간은 타자의 도래로 인한 시간의 창조적 재구성이다. 또한 이 타자는 우리가 갇혔던 시간의 벽을 부수는 절대적 관계로서의 신이다. 그 신의 시간은 '언제나 오늘'이며, 바로 지금 여기에서만 열린다. 어거스틴의 말처럼 "주님의 날은 되풀이되지 않고 언제나 오늘"이다. 이것이 '영-무'의 본질이다. 지금, 여기서 깨어 있는 감각으로 차원적 파동을 감지할 수 있는 자에게만 열리는 접속점인 것이다.

무는 기존의 동일성의 시간에 틈을 내는 비연속의 순간이며, 동시에 다른 차원과의 '경유'를 가능케 하는 영적 감응의 자리다. 인간은 이 틈에서 과거와 미래, 고통과 구원의 새로운 시간을 다시 구성할 수 있게 된다. 이 무의 접속을 통해 출현하는 것이 바로 '용用', 자기조직화되는 창조적 질서다. 유토피아는 창조의 사건이며 영원의 시간kairos 이 인간의 시간chrónos 에 잠입하는 차원 간 간섭의 순간에서 발생한다. 바르트가 말했듯 영원한 시간은 인간의 단편적 시간 속에서만 구현된다. 창조란 그 접촉의 순간이 존재 전체를 변형시키는 사건으로 일어날 때의 이름이다. 이러한 '용'의 역량을 갖춘 사람들은 시대의 흐름을 넘어서는 광각의 감각과 통찰의 시야를 지닌다. 그것은 단지 비범한 개인의 능력이 아니라 무에서 용으로의 차원 전환을 감지하고 새로운 시간과 공간의 흐름을 유입시키는 구조적 행위다. 마치 철새 무리 속의 선두 새가 그저 세 가지 신호—거리, 방향, 접근—만으로 전체를 이끄는 것처럼, 자기 안에 흐르는 차원의 시야를 지닌 자는 전체를 향한 리듬과 구조를 조정할 수 있다.

'영'은 모든 차원의 중심이다. 그러나 이 중심은 고정된 좌표가 아니라 다차원적 네트워크의 생생한 교차점이다. 그것은 선형적 중심이 아니라 각 방향으로 교차하고 확산하는 파동적 중심이다. 이러한 중심은 모든 차원의 속성을 상호 교환하면서 각 존재를 살리는 영적 기원이다. 여기서 영은 단순한 결론이나 궁극이 아니라 마당의 전체성을 감각하고 조율하는 메타-리더십의 자리에 존재한다. 영원한 현재로서 유토피아의 시간은 '과거-현재-미래'의 경계를 해체한 항상적 자기 동일적 흐름이며, 모든 과거와 미래를 담지한 변화하는 현재다. 이 현재는 욕망의 우상들이 만들어 낸 허위의 시간에서 벗어나 진정한 시간의 영성, 순환의 지혜와 차원의 자율성을 드러낸다.

진정한 종교는 유토피아를 멀리 있는 이상향이 아닌 차원 전환이 가능한 오늘의 마당으로 감지하게 한다. 종교는 시대의 흐름을 읽고 그 틈에서 타자의 파동을 포착하여 새로운 창조의 흐름으로 조직화하는 영의 작업이다. 그 영성은 단절된 시간의 서사와 분열된 감정, 동일성에 갇힌 신념들을 녹여내어 차원을 유영하게 하는 방식으로 나타난다.

유토피아란 언제나 지금, 여기의 틈에서 도래하는 차원의 접속이며 영-무-용-유로 순환하는 존재적 마당의 시간과 공간이다. 그리고 이 마당을 감지하고 순환의 리듬을 타는 자만이 진정한 의미에서 변화와 창조 그리고 희망을 이야기할 수 있는 자가 된다. 그곳은 지금 여기, 깨어나는 자들이 모이는 곳이다. 부름을 받은 곳도 다르다. 한 사람은 바람 속에서 낯선 부름을 들었고, 다른 사람은 어딘가 익숙한 별빛 아래서 눈을 떴다. 누군가는 쓰러진 자리에서, 누군가는 질문 하나를 오래 붙잡던 무화과 나무 아래에서 자신도 모르게 그 길을 걷기 시작했다.

그 길은 지도에 없었고, 그 길은 경계 너머의 길이었으며 낯선 타자들을 만나게 했다. 그리고 그들은 하나임을 알았다. 그들은 말하지 않았다. 하지만 서로가 있다는 것만으로 알 수 있었다. 자신이 지나온 길에 진리가 있었음을. 서로의 눈빛 안에 아직 꺼지지 않은 불빛이 있음을. 그리고 그 불빛이 사랑으로 살아 있음을.

그들의 만남은 거창하지 않았다. 그저 주어진 삶을 살며 함께 걸어가는 것이 진리가 되었다. 누군가는 빵을 나눴고, 누군가는 가만히 곁에 앉았다. 그들은 마당을 만들었다. 차원을 달리하는 모든 존재가 쉬어갈 수 있는 투명하고 깊은 바람의 장소. 말보다 침묵이 많고, 질문보다 기다림이 많은, 그러나 누구든 올 수 있는 그 열린 자리. 그들은 그곳을 유토피아라 부르지 않았다. 그저 지금, 여기서 진리가 속삭이고 사랑이 일렁이는 마당. 모든 존재가 잠시 내려놓고, 자기 존재의 중심에서 다시 일어날 수 있는 곳. 흐름을 읽고, 존재가 열리는 틈을 알아차리고, 영원한 오늘을 살아가는 자들이 함께하는 곳이었다. 그들은 서로의 움직임을 감지하고, 때론 가까이, 때론 멀리, 그러나 결코 방향을 잃지 않고 함께 날았다. 그들이 세우려는 것은 각자의 소리가 어우러지는 진리의 순례지, 모두가 보호받되 누구도 통제당하지 않는 자유와 사랑의 공동체였다. 그 공동체는 정중앙에서 빛났다. 그 중심은 어느 누구의 소유도 아니었고, 모든 차원이 교차하는 살아 있는 한 점이었다. 그곳에서 시간은 과거와 미래를 넘어 언제나 현재로 순환했다.

그곳에서 사람들은 잊었던 것을 기억했다. 삶은 싸움이 아니고, 진리는 무기가 아니며, 사랑은 거래가 아니라는 것을. 그래서 그들은 깨어 있는 자들이었고, 또한 서로를 깨우는 자들이었다. 진리로 자신을 비추고, 사랑으로 서로를 감싸며, 이 세계의 깊은 틈을 조용히, 그러나 분명히 열어가는 자들이었다. 그들은 이름 없는 작은 공동체였다. 하지만 그들이 머문 자리에선 언제나 새로운 차원의 시간이 시작되었다. 그리고 그 시간을 마주한 이들은 각자의 길에서 자신만의 성소를 세우기 시작했다.

진정한 미래는 차원의 전환에 있다. 그 전환은 새로운 이념이 아니라, 관계구조의 재구성, 의식의 패러다임 전환을 통해 가능하다. 이 시대의 유력은 제도화된 종교와 체계화된 사회의 현재 상태를 가리킨다. 이는 실체와 권위를 강조하지만 동시에 타자의 도래와 변화를 억제하는 구조이기도 하다. 오늘날 종교는 유사 신성의 이미지에 갇혀 있으며, 사회는 가상 정체성과 잉여의 논리로 분열되었다.

이 시대는 그 구조에 균열이 생기는 무의 지점을 지나고 있다. 예배당은 비어가고 공동체는 해체되며 신자들은 질문하기 시작한다. 하나님은 이 체계 바깥에도 계신가? 이 물음은 곧 사회 전반의 물음이기도 하다. "진정한 인간이란 무엇이며 참 공동체란 무엇인가?" 새로운 질문과 잠재성이 깨어나고 있다. 그것은 영적이고 윤리적인 감수성이 세계 속에서 다시 깨어나는 신호다.

우리는 이 틈에서 새로운 창조적 질서를 만들어 가야 한다. 미래의 교회는 더 이상 공간에만 모여 있지 않고 관계와 실천 중심의 네트워크형 선교 공동체가 될 것이다. 예배의 파동은 삶과 연결되어야 하며 신앙은 사회적 책임과 창조적 실천으로 번역되어야 한다. 이 시대의 성도는 신학적 지식만이 아니라 기술, 환경, 돌봄, 정치적 감수성을 아우르는 다차원적 삶의 정보를 습득한 예언자이자, 사회를 품은 선교사라야 한다.

영[0]은 이러한 흐름을 통합하며 미래를 조망하는 지평이다. 여기서 교회는 다시금 예언자적 공동체로 돌아온다. 복음은 사회적 정의와 생태적 책임, 기술 변혁, 인간 존엄의 문제를 회피하지 않는다. 영성 공동체는 교회를 현대 사회의 이슈들과 연결하고 차원을 연결하는 인터페이스로 재정의한다. 그것은 신과 인간, 인간과 인간, 인간과 자연 사이의 새로운 정체성과 윤리적 질서를 설계하는 공간이다.

미래 사회는 단순한 기술 혁신이 아니라 의식 구조와 관계의 전환이 필요하다. 지식은 이제 더 이상 위계적 정보 전달이 아닌, 경험과 감각, 기술과 감정이 상호작용하는 '지혜와 실천'으로 작동해야 한다. 이 시대의 창발적 자기조직화인 용은 시민의 창의적 책임, 생태적 감수성 그리고 비선형적 연대의 조직화로 나타난다. 이는 복잡계 속의 인간이 '함께 사는 방식'을 재설계하는 중심이다. 미래 교회는 이러한 차원을 연결하는 근원적 생명적 구조로의 갱신을 요청받으며 존재를 열고 서로를 살리는 열린 차원의 '접속면'이 되어야 한다. 그때, 교회는 다시 세상 속으로 파송될 것이다. 그리고 세상은 다시 교회에 묻기 시작할 것이다.

> 무엇이 인간을 인간답게 만들며,
> 우리는 함께 어디로 향할 수 있는가?

영성은 이 모든 흐름을 연결하고 조망하는 메타-윤리적 사유의 장이다. 이는 단순한 합의로 되는 것이 아니다. 다차원적 존재들이 상호 책임을 자각하는 통합적 리더십으로 형성된다. 이는 지구적 위기 앞에서 우리가 어떻게 공동의 미래를 설계하고 책임질 수 있는가에 대한 비전을 제공한다. 과제는 분명하다. 있는 것[有]에 안주하지 않고, 없는 것 같으나 실상인 무의 잠재성과 감응에 귀 기울이며, 창조적 자기조직화[翁]를 통해 공동체와 함께 생존을 넘어 공동의 존엄을 지향하는 문명을 설계하는 것이다. 그것은 하나의 체계를 넘어 사유의 연대와 미래 세대를 위한 결정이다. 그리고 우리는 바로 그 미래의 문턱에 와 있다.

3. 도시 설계와 영-무-용-유의 공간

영성 공동체는 영-무-용-유의 구조에 따라 조직된 존재 중심의 공동체 질서를 가진다. 이곳의 중심인 성소에 임재하시는 근원, 유일하신 하나님은 삼위일체적 본성과 인격적 성품, 도덕적 탁월함, 기적, 모든 역사의 객관적 준거가 되는 바로 그 궁극적 실재이시다. 이 중심 성소는 공동체가 근원의 감응과 차원의 흐름에 따라 작동하는 새로운 유형의 정치·사회 질서의 핵이다. 그 중심은 '영[0]'이다. 영은 단순한 정치적 리더십이 아니라, 공동체 전체의 파동을 감지하고 조율하는 중심자들의 메타-감응 능력을 포함한다. 이들은 전체의 방향성과 감정을 읽는 자이며, 고정된 위계를 형성하지 않고 공동체의 흐름에 따라 순환적으로 작용하는 중력자들이다. 이들이야말로 공동체 전체에 조율과 안정을 가져다주는 존재적 중심이며, 근원과 연결하고 유지케 하는 대제사장적 역할을 감당한다.

영은 항상 '무無'의 장 위에 작동한다. 영성 공동체는 의사 결정 과정에서 무의 틈과 우발성의 개입, 자유와 책무를 허용한다. 이 허용은 정책 결정이나 갈등 중재, 교육의 전 과정에서 일정한 침묵의 시간과 비판 없는 있는 그대로의 정직한 소통을 전제한다. 또한 용기 있는 욕구의 개방과 경청의 여백, 조명의 도래와 순종을 필수적 요소로 포함한다. 이는 근원적 존재가 먼저 감지되도록 허용하고, 인간의 과잉 개입을 일시적으로 비우기 위한 조건이다.

이 무의 여백과 과정에서 탄생하는 것이 용用이다. 이 사회의 구성원은 누구나 자신의 은사와 파동을 감지하고, 그 흐름에 따라 자발적으로 역할을 탐구하고 생성한다. 이는 고정된 직책이나 계층적 명령이 아니라 영의 흐름을 따라 생성되는 창발적 통찰과 관계에서 탄생한다. 용의 마당에서는 공동체에서 새롭게 태어나거나 갈망은 있지만 돌봄이나 양육이 필요한 존재들이 섬세하게 보호받고 교육받는다. 이로써 공동체는 경쟁이 아니라 창조적 협업과 파동의 섬세한 조율을 통해 살아 움직인다.

이 모든 흐름은 '유有', 곧 존재의 조건성과 실재성을 기반으로 한다. 유는 시간성과 육체성, 역사성과 사회적 조건을 모두 포함하는 바탕으로서 어떤 존재든 분명하게 악한 의도가 드러나지 않는 한, 함부로 대상화되거나 배제되지 않는다. 유는 존재의 기반이며 공명적 질서의 근본을 이루는 중력으로 기능한다.

따라서 새로운 영성 사회는 영[0]을 중심으로 무無의 틈과 자유의 잠재성을 경유하고, 용用의 창조적 흐름이 펼쳐지며, 유有의 조건성이 재배치되는 네 차원의 구조 위에 서 있다. 이 사회는 민주주의가 보장하는 참여나 사회주의가 추구하는 평등을 넘어, 존재 간의 감응과 차원 간의 공명을 기반으로 구성된 살아 있는 영적 공동체이다. 정치와 제도는 이 흐름에 봉사하며 인간은 자신의 고유한 에너지가 주는 파동을 따라 응답하는 존재로 살아간다. 이 사회는 단순한 인프라의 조합이 아니다. 존재의 흐름[영-무-용-위]이 물리적이고 제도적이며 관계적인 형태로 공간화된 구조이다. 이 흐름을 고정하거나 소유하지 않고 조율하고 순환시키는 것이 공동체 설계의 본질이다. 이 설계는 네 힘의 차원적 구조를 따른다: 네 힘의 흐름은 근원과 일치된 [공명과 공진 Spiritus → 여백 Nada → 조직화 Ordinatio → 실현 Creatura]으로 구성된다. 도시/센터는 정지된 구조가 아니라 차원 간 흐름을 반영한다. 각 마당은 창세기 1장의 자기조직화 질서를 반영한다. 삼위일체의 자기비움-조직화-생명화 흐름이 도시 전체에 흐른다. 도시는 개인 성장 여정과 도시 구조의 매핑으로 전체 공간 안에서 자신의 영적 여정에 따라 각 공간을 경험한다. ① 새로운 차원 각성과 연합[영] → ② 자아의 부정과 죽음, 정체성 해체와 잠재성의 발현[무] → ③ 새로운 삶의 창발적 재구성[용] → ④ 실질적 삶의 정착과 돌봄[위]으로 형성되어 도시 전체는 개인이 영적 차원 간 전환을 반복하며 자신을 창조하는 여정을 현실 속에서 체험하도록 구성된다.

1) 영의 마당: 중심 성소(Inner Sanctuary Center)

- 기능: 중심 성소
- 형태: 조용한 내부의 여백, 예배, 기도, 묵상, 경청, 죽음과 재생의 의례 공간
- 역할: 전체 도시의 파동을 조율하는 메타 리듬 센터

- 물리적 구조: 물소리, 어둠, 돌, 비움, 돔형 성소, 공명 구조, 자연 소리 중심, 음향 공명 설계

성소는 공동체 전체의 침묵, 감응, 영적 의식이 응집된 공간으로 존재적 중심이다. 중심 성소에는 '영[0]', 근원적 조율자이자 전체 파동의 감응자가 자리한다. 여기에서 예배, 전체를 위한 조율 회의, 고요한 기도와 임재의 시간이 일어난다. 모든 차원의 흐름은 이 자리에서 감응되어 퍼져나간다. 성소는 사회 전체를 위에서 통제하지 않고 깊은 근원에서 중심을 잡는 중력자적 리더십으로 기능한다. 이들은 정당이나 계층이 아니라, 은사적 감응과 파동 조율 능력이 성장한 그룹으로 공동체에 영적 중심을 제공한다. 그들은 '정책'이 아니라 전체 파동의 방향성을 탐색하며, 존재의 흐름과 경계를 돌본다.

2) 무의 마당: 감응 마당(Nada Plaza of Listening)

- 기능: 차원 간 접속의 중간 지대
- 형태: 텅 빈 광장, 낯선 이들과의 만남, 잠재성 발견, 실존적 질문의 공유, 제비뽑기
- 역할: 기존 구조가 해체되는 전이의 장, 자아의 죽음과 새존재의 탄생
- 물리적 구조: 경계 없는 열린 공간, 임시적 구조물, 이동성 허용, 솔직한 대화와 탐색, 결정의 틈과 여백, 부드럽고 솔직한 토론, 오픈 스페이스

무는 단순한 '없음'이 아니라 결정되지 않은 틈이며 공명과 공진의 장이다. 법과 제도는 일정한 틀을 제공하되 항상 무無의 여백이 있는 시간과 장소를 존중해야 한다. 예컨대 무의 제도화 방식을 실험하고 기도하고 토의하고 결정한다. 중요 논쟁거리가 있는 사안은 근원적 진리와 역사에 대한 기억과 더불어 3일간의 외부 접촉 없는 '침묵 기도와 공론' 후 시행, 중요 사안은 만장일치제와 함께 최종 결정자의 비토veto와 그 이유에 대한 경청, '무의 장소'에서 대면 없이 서로의 기록과 상징을 통해 갈등 조정, 지식 주입이 아니라 '에포케 수업'으로 판단을 유보하고 공명과 공진을 통해 존재가 열리는 훈련 등 즉각 제도적으로 반응하지 않고 먼저 경청하고 기도하는 과정을 중요시한다.

이 무의 공간에서는 특별한 경우, 초월적 우발성이 일어나도록 허용한다. 성서에서 제비뽑기는 인간의 판단이나 전략이 아닌 하나님의 뜻을 분별하는 방식으로 자주 등장한다.[287] 이 행위는 단순한 무작위

---

287 | 최건수는 제비뽑기에 관한 성서적 고찰에서 다음과 같이 말한다. 1) 제비뽑기의 어원적 의미-제비뽑기에 해당하는 히브리어 '고랄(גּוֹרָל, gôrâl)'의 본래의 문자적 의미는 제비뽑기를 위해 사용된 조약돌 혹은 작은 돌이다. 의혹이나 다툼이 있는 경우, 몇몇 사람이 나누어 가질 몫이 있을 때, 제비뽑기로 결정하는 관습은 매우 오래된 것이다. 제비뽑기는 하나님의 백성들만 행했던 관습이 아니라, 이스라엘 이외 다른 고대의 중·근동 국가들과 헬레니즘 문화권의 국가들과 또한 라틴 문화권의 국가들에서도 행해졌다. 똑같은 제비뽑기지만 그들이 받아들이는 태도는 그들의 관습, 문화, 환경과 믿음에 따라 판이하게 다름을 알 수 있다. 하나님을 믿지 않는 사람들은 이를 그들이 갖고 태어난 운명 혹은 그저 그들 앞에 우연히 전개된 재수라고 생각하지만, 하나님을 믿는 사람들은 제비뽑기의 결과를 하나님께서 미리 정하신 그들을 위한 섭리라고 받아들이는 것이다. 유대인들에게는 하나님께서 그들에게 공정한 응답을 주시리라는 기대감으로 제비뽑기가 사용되었다. 제비뽑기의 방법 혹은 형태에 대해서는 구약 성경에 분명한 서술이 없다. 이 제비뽑기에 사용된 도구(예를 들면, 주사위 같은 것)는 용기에 담겨 있었던 것으로 짐작된다. 2) 구약 성경에서의 제비뽑기의 개념—이스라엘 사람들은 제비뽑기를 통하여 하나님께서 그의 뜻을 분명하게 계시하시리라고 믿었다. 꿈이나 선지자들의 예

언과 함께(삼상 28:6), 제비뽑기는 하나님의 응답이요, 최종적인 결정으로 받아들여져서 어떠한 항소도 할 수 없었다. 이스라엘 사람들은 일상생활에서 제비뽑기를 자주 사용했는데, 특별히 공평한 결정을 얻기 위해 사용했다. 게다가, 제비뽑기는 이용하기가 쉬웠고, 해석함에 특별한 기술을 필요로 하지 않았다. 하나님 앞에서와 성전에서의 예식적인 제비뽑기는 점차적으로 예언적 설교와 토라(모세오경: 하나님의 지시사항)의 제사장적 해석으로 대체되었지만(호 4:12), 일상생활면에서는 계속적으로 행해졌다. 성례의 제비뽑기인 우림과 둠밈은 제사장의 규례가 마련될 때 즈음에는 그 본래적 기능을 상실하고, 다만 대제사장의 재판 권한의 상징으로 그의 의복 속에 넣어 간직되었다. 구약 성경에서의 고랄은 ① (각 지파와 가족에 대한) 토지 분배(민 26:55, 56, 수 18:6, 21:4)를 위해서 행하는 제비뽑기. ② 할당되거나, 분할되거나, 지정된 것―특히 토지의 할당된 부분 그 자체(수 15:1, 16:1, 17:1, 시 125:3, 미 2:5). ③ 봉사, 의무나 징계를 지우기 위한 제비뽑기(레 16:8, 대상 24:5, 느 11:1, 삿 20:9, 욘 1:7, 나 3:10, 옵 1:11, 욜 3:2). ④ 보상 혹은 보응(=몫)(사 17:14, 렘 13:25, 단 12:13). ⑤ 인간의 분깃, 운명 혹은 운, 하나님의 결정(시 16:5, 사 34:17)의 의미로 사용되었다. 3) 신약 성경에서의 제비뽑기의 개념-신약 성경에서 히브리어 고랄에 해당하는 헬라어 클레로스(κλῆρος, klērŏs)는 주로 제비뽑기를 의미한다(막 15:24, 행 1:15-26). 사도행전 1장 26절에서 보는 바와 같이 초대 교회 사도들과 제자들은 가룟 유다를 대체할 사도를 선택하기 위하여 제비뽑기를 했다. 베얼즐리(W. A. Beardslee)는 종말론적 유대인들의 집단인 쿰란 공동체가 제비뽑기를 은유적 의미(lot-metaphor)로 사용했다고 지적하고, 사도행전의 저자 누가도 제비뽑기를, 쿰란 공동체에서와 같이, 하나님의 결정에 대한 거울로서 공동체에 의한 결정의 의미로 사용했을 것이라고 주장한다. 4) 우리는 교회 내에서 여러 가지 일을 결정해야 할 때가 있다. 어떤 경우에는 하나님의 뜻과 계획이 우리 앞에 밝히 보일 때가 있는가 하면, 또 다른 경우에는 아무리 기도하여도 하나님의 뜻을 잘 깨달아 알 수 없는 때가 있는 것이 사실이다. 20세기 교회 내에서 제비뽑기의 사용이 보다 겸손하고 낮은 마음으로 하나님의 뜻을 알고자 함이라면 이는 많은 경우에 있어서 교회에 유익을 줄 수 있을 것이다. 그러나 그 자신이 이미 하나님의 모든 섭리와 계획을 아는 채 하면서 제비뽑기를 사용한다면, 이는 유익을 주기보다는 오히려 교회에 심각한 해를 가중시키는 결과만 낳을 것이다. 제비뽑기가 하나님의 뜻을 아는 유일한 방법은 아니다. 성경 말씀 속에서, 기도를 통하여, 환경 속에서, 제삼자를 통하여, 혹은 하나님의 작고 세미한 음성으로부터 하나님을 깨달아 알려고 힘쓰다가 도저히 하나님의 계획과 뜻을 깨달아 알 수 없을 때, 하나님께서는 제비뽑기를 통하여서도 하나님의 섭리와 뜻을 알게 하심을 믿고 이를 행할 수 있으면, 제비뽑기란 방법 때문이 아니라 하나님의 뜻을 알고자 하는 우리의 그러한 겸비한 마음을 사랑하셔서 우리에게 그분의 뜻을 알게 하시리라 믿는다. 결론적으로 제비뽑기는 만능이 아니다. 제비뽑기를 하지 않고도 하나님의 분명하신 뜻을 알 수 있는 것에 대해서는 굳이 이를 실시하여 혼선을 빚을 필요 또한 없다. 구약 성경에서 제비뽑기를 실시한 경우의 대부분이 의혹이 있을 때, 혹은 사람이 임의로 결정하면 다툼의 소지가 있는 때였다(지파 간 토지 분배, 성전에서 봉사의 일, 제사장의 성소에 들어가는 일 등). 중요한 것은, 우리가 교회의 일을 결정함에 있어서 문자적인 제비뽑기의 방법을 사머에서 오는 초월적 흐름의 개입을 허용하는 방식이다. 이는 곧 의지의 무력화와 개방, 즉 인간 주체의 판단을 일시 정지시키고 보다 높은 질서로의 접속을 허용하는 '결정의 틈'을 여는 행위다. 이 틈은 우발적이지만 무의미하지 않으며, 특정한 영적 질서와 전체성의 진동이 일시적으로 반영되는 방식이라 할 수 있다.

3) 용의 마당: 창조적 조직화 단지(Self-Organizing Clusters)

- 기능: 생성적 자기조직화의 실험 지대
- 형태: 작은 셀cell 단위의 자율적 협업 공간, 실험실, 교육소, 공방, 스타트업 시범 등
- 역할: 무에서 감응하고 창발된 것을 실제 실현 구조로 함께 조직
- 물리적 구조: 모듈형 구조, 자연과 기술의 융합, 유동적 경계

이 마당은 창발성과 공동적 상호작용이 매우 중요한 요소로 등장한다. 모든 정책은 3단계 숙의熟議 과정을 거쳐서 확정된다. 이 조직체는 창발성과 은사적 소명을 중심으로 조직된다. 고린도전서 12장에서 바울은 은사를 분배하는 성령의 주권과 각 은사의 상호 의존성을 강조한다. 은사는 '용用', 즉 자기조직적 질서를 통해 분화되며 각 개인은 '전체 몸'의 일부로서 기능적 고유성을 가진다. 여기서 중요한 것은 인

용할 것인가 않을 것인가보다도, 문자적 제비뽑기이건 상징적 제비뽑기(사람의 믿음의 결정을 하나님의 결정으로 받아들임)이건 우리가 그 결과에 복종하는 마음과 신뢰가 있느냐 하는 것이다. 최건수, "제비뽑기에 관한 성서적 고찰," 『미주 크리스찬 신문』, 1996년 6월 1일.

위적 평등이 아닌 관계적 통합 속의 차등이다. 이는 사회주의의 획일성과 민주주의의 수평적 경쟁 구도와는 본질적으로 다른 기준과 질서라고 할 수 있다.

은사의 배치는 수직성과 수평성, 개체성과 전체성, 자기와 타자, 사적인 것과 공적인 것이 유기적으로 연결된 차원 간 협조 구조를 이룬다. 여기서 용用은 공감과 창의의 네트워크 속에서 자발적으로 발생하는 질서이며 영적 분별과 소통이 중시된다. 이를 위해 각 지역에는 '자기 조직화 컨설팅 센터'가 있어 은사 매핑 도구를 통한 역할 제안[AI의 초보적 단계 설계 포함], 프로젝트 기반 임시 조직의 생성과 해산 지원, 약한 자들이 배제되지 않도록 하는 은사의 비선형 배치 등을 돕는다. 여기서는 약한 자들이 시혜적 대상이 아니라 공동체의 한 일원으로서 지향성을 되새기는 주변적 중심이 된다.

4) 유의 마당: 정착과 분산의 도시 외연

- 기능: 가시화된 존재의 유형화 공간
- 형태: 살림, 직업, 관계, 제도, 일상의 리듬이 실현되는 공간
- 역할: 창조된 것을 지속 가능하게 운영하고 관리
- 물리적 구조: 주거지, 시장, 학교, 공공 제도, 공간과 시간의 루틴

'유有'의 마당은 매우 현실적 기반의 수용 구조를 지닌 곳으로 일상과 생태를 돌보는 공간이다. 일상은 영의 중심 성소를 중심으로 무와 용 단계의 실험을 마친 정책들이 안전하고 편리하게 유지된다. 지속 가능

성은 유의 마당에 매우 중요한 표어이며, 삶의 터전 Habitat of Care 을 아름답게 관리하고 유지하는 지지자 Sustainer 들이 리더십을 가진다. 주거, 농장, 부엌, 치료 공간, 정착자 환대 공간 등이 포함되며, 감응적 리듬과 돌봄이 구석구석 스며들고 유지되는 실질적 생존의 장이다.

4. 네 힘의 생명력과 리더십: 영-무-용-유의 네 힘이 조화된 인간

1) 영의 민감성

이들은 표면적인 정보나 상황보다 존재의 깊은 파동과 지향성을 감지하는 자들이다. 그들은 조용한 영과 진리에 민감하며, 어둠의 속성을 분별하며 존재에 귀 기울이는 이들이다. 그들은 타인의 내면 상태를 언어 없이도 감지하고 진실과 거짓을 관념적으로 파악하지 않고 직관적으로 본질을 읽는다. 얕은 유행이나 이념에 휩쓸리지 않고 중심을 유지하고 내적 평화를 지닌 그러나 단단한 결을 가진 사람들이다. 그들은 무의 장에서 일어나는 잠재성을 깨우고 어둠의 흐름을 감지하고 보호하며 전체를 조율하는 역할을 한다. 이들은 개인과 공동체가 위기에 직면할 때 더 큰 차원으로 안내하고, 예언적 언어를 통해 잘못된 흐름을 지적하고, 공동체가 본질로 돌아가도록 방향을 틀게 한다.

직무

영의 마당에 속한 이들은 공동체나 도시의 내적 리듬을 설계한다. 감응적 의사 결정 구조와 시간을 조율하는 자들이다. 지적 설계에 있어 AI와 공동으로 작업이 가능하나 분별의 힘이 있으며 정신적·영적 시간의 질을 유지한다. 다차원적 조직과 존재의 층위를 통합하고, 경계선의 혼란을 안정화시키며, 영성과 조직, 정치와 영적 통찰을 결합해 리더십을 수행한다. 공동체 안의 감정과 에너지의 흐름을 조율하며 침묵과 회복의 공간, 영적 사건과 절기, 의식의 주기성을 설계한다.

2) 무의 자기비움과 창조

이들은 자기의 정체성을 고정된 자아나 역할에 묶어두지 않는다. 위기나 실패, 멈춤, 해체의 상황에서도 묶인 매듭을 푸는 법을 안다. '자아를 주장하지 않음'은 그들의 힘이며, 그들은 더 큰 무의 차원, 허무가 아닌 창조의 장으로서의 무를 살아낸다. '무엇을 할 것인가'보다, '어떻게 준비되어 있는가'를 배운다. 그들은 통제되지 않는 시간 속에서도 열린 마음을 유지할 줄 알고 공허를 피하지 않고 머무르며 기다릴 줄 안다. 그들은 자기변호보다 근원적 장의 감응과 수용에 민감하다. 혼돈과 변화에도 쉽게 흔들리지 않으나 고집하지도 않으며 각도 맞추기와 현재를 주신 근원의 뜻에 민감하다. 그는 '해야 할 소명'이 '지금 가능한 자리'에 어떤 신호를 보내는지를 알고 있다. 그들은 혼돈의 장에서도 견디는 힘이 있으며 민감한 지각력과 분별력을 가지고 있으며 잠재성을 읽는 능력을 갖추고 있다.

새로운 사람의 소명을 감지하고, 외부자와의 접속을 감당하고 연결하되 경계를 세우는 역할을 감당한다. 용 마당의 특별훈련은 숙련된 경계자transitor 들이 담당한다. 이곳에서는 전환기에 있는 이들의 전환 훈련, 옛 세계관과 지향성, 습관을 벗어나기 위한 질문과 성찰, 실존적 전이 프로그램을 실행한다. 이는 열린 광장과 같지만 의식 구조의 재구성을 일으키는 '경계 횡단의 체험 장소'처럼 되어야 한다. 특별히 무 마당의 경계자는 외부 세계와 공동체의 접속을 조율하는 문지기 역할을 한다. 새로운 사람·방문자·지원자·위기자들이 공동체에 가입하려 할 때 전환 훈련과 승인을 거치게 하며, 용 마당에서 구체적인 실행과 프로젝트 파트너십을 구축한 이후 지지자[유 마당]들이 삶의 터전으로 정착을 지원한다.

직무

- 차원 통과 지도자 / 경계 트레이너 Threshold Mentor
  : 인간이 감정적, 인식적, 영적 전환을 경험하는 결정적 시점에서
  그 전환의 '틈'을 안전하고 감응적으로 통과하도록 돕는 존재

  [예: 전환기 코칭, 실존 전환 캠프 운영자, 고통 통과자 훈련]
- 의식 탐험가 / 인식 구조 해체가 Awareness Deconstructor
  : 문화적 고정관념, 무의식적 억압, 종교적 위선 등을 파악하고
  해체하여 새로운 자유의 틈을 열어주는 해석자이자 질문자
- 소명 각성 컨설턴트 / 은사 감지자 Gift Discernment Coach
  : 내면의 소명적 파동을 탐지하여, 인간이 자신의 은사를 발견하
  고 경계에서 새로 태어날 수 있도록 감응 훈련을 수행하는 자

3) 용의 자기조직화 – 창발적 연결을 이끄는 설계자

이들은 새로운 세계를 창조적으로 설계한다. 그 창조에는 영적 감응과 공통의 가치에 의해 자발적으로 움직이는 창발적 질서가 있다. 그들은 공동체의 언어, 생활 양식 속에 새로운 구조를 빚어낸다. 이들은 무에서 받은 인상과 진동을 바탕으로 삶의 형태와 언어를 새로운 질서로

설계한다. 지시나 강제 없이 공명하는 이들 사이에는 자발적 질서와 조율이 있다. 그들은 공명과 공진의 장에 맞추어 언어와 공간, 시간의 구조를 설계하는 존재다. 그들은 공동체 안에서 자연스럽게 구조가 형성되는 흐름을 이끈다. 제도에 맞춰 움직이는 도구적 존재가 아니기에 자기와 공동의 몸의 체현을 통한 질서에 민감하다. 그는 상호 관계망과 작업 흐름, 의미 언어를 조직하고 실패나 혼란을 두려워하지 않고 새로운 질서를 창조하는 기회로 삼는다.

용의 마당은 창발적 조직가들이 실무 권한을 가지면서 공동 설계와 실행을 하면서 교육도 담당한다. 여기에선 공동체의 다양한 프로젝트, 교육, 직무 훈련, 신기술 익히기, 창조적 제작 활동이 벌어진다. 작업실, 회의실, 실습터, 배움의 장 등이 이에 포함된다. 그들은 운영의 중추이며, 각 차원의 흐름이 현실화되도록 구조로 구현하는 실천적 권한을 갖는다.

직무

- 시민 설계자 / 공동체 구조가 Communal Architect
  : 차원적 원리에 따라 공간·조직·직무·교육과정을 통합 설계하며, 생태·영성·경제·관계 등을 유기적으로 설계하는 자
- 미래직업 훈련가 / 실천 코치 Emergent Trainer
  : 사람들의 은사를 구체적 실천과 직무로 연결시키는 실천 지향의 교육자 [예: 에너지 기반 리더십, 창조적 글쓰기, 감응형 기업 조직과 경영 교육, 각종 직업의 설계와 정착]
- 프로젝트 큐레이터 / 통합 실행가 Project Orchestrator

: 공동체가 함께 감응한 비전을 실천할 수 있는 형태로 조직화하고, 사람과 자원을 조율해 창조하는 중간 매개자

4) 유의 가시화와 헌신

유의 마당에 사는 이들은 조에 생명으로 전환된 관계, 지식, 예술, 도시, 법, 의례를 통해 구체적인 자리가 있다. 유력에 애고착되어 있지 않으며 무에서 온 생명을 헛되이 소비하지 않는다. 그들은 영-무-용의 장을 통과하여 왔기에, 생명의 힘을 함부로 오용하지 않는다. 자신의 행위가 구체적인 자리에 어떤 파장을 미치는지 알고 책임감을 가진다. 그들은 보이는 것을 통해 보이지 않는 것을 조율하며, 공간과 시간 안에서 생명의 가시적 구조를 유지하고 돌본다. 그들은 구체적인 일상 안에서 무의 흔적을 표현하고 봉헌한다. 자산·지식·기술·예술을 공동체에 헌신적으로 배치하고 낭비를 막고, 생명을 순환시키는 구조를 고민한다. 자기에게 주어진 자리를 인식하고 그것을 빛나게 한다. 리더십은 상명하달식 통제가 아니라 차원에 따라 자율적으로 분화되어 흐름을 조율하고 각 영역을 지원한다. 권위는 약하지만 삶의 안정성과 정서적 돌봄을 통해 전 차원의 기반이 된다.

5. 일상의 영성과 헌신, 기쁨으로서의 일

오늘날 인간은 자기 자신에 관해 묻기보다 기능과 역할, 경쟁과 성취에 의해 자신의 삶을 규정 당한다. 현대 사회는 인간을 산출하는 존재 homo faber 로 축소시키며, 그의 내면에 깃든 정체성과 존재 이유를 사유

할 기회를 빼앗는다. 그러나 진정한 영성은 그 반대편에서 시작된다. '나는 왜 여기 있는가?', '나의 지금은 하나님과 어떤 관계 안에 있는가?', '내가 진정으로 원하는 것은 무엇인가?'라는 물음은 삶의 일상적 자리들을 다시 보게 만든다.[288] 영성은 단지 종교적 습관이나 기도의 반복적 일상이 아니다. 그것은 나의 삶 전체가 하나님 앞에 어떻게 반응하고 있는가를 의식적으로 인식하는 존재 응답의 방식이다. 영성 지도는 바로 그 인식의 구조를 열어준다. 즉 한 개인이 하나님과의 관계 안에서 자기 삶의 서사를 해석하고 재구성하며 그 안에서 부르심을 식별해 가는 행위이자, 존재 이유의 재조명이다.

영성학자 자넷 러핑Janet Ruffing 의 통찰처럼, 대부분의 사람은 자신들의 삶과 경험을 특별하거나 중요하게 여기지 않는다.[289] 그 결과 그들의 삶은 해석되지 못한 채 흘러가고 고통은 소통되지 않은 채 내면을 갉아먹는다. 이들은 자신이 살아온 시간에 대한 존재의 지도를 잃어버린 채 외부의 기준에 맞춰 자신을 왜소화한다. 그러나 영성은 그 단절의

---

288 | 로널드 롤하이저(Ronald Rolheiser)는 사람들의 행위를 형성하는 것은 그들 자신의 영성, 곧 갈망이라 한다. 사람들은 내면의 갈망(욕구)이 있는데 '그 갈망을 가지고 궁극적으로 무엇을 하느냐'가 영성이라고 본 것이다. 따라서 영성은 사람들의 내적 갈망의 방향성이라고 할 수 있고, 이 갈망의 방향과 진정성은 사람들을 존재의 통합으로 인도하기도 하고 붕괴로 이끌기도 한다. 즉, 하나님과의 관계나 다른 사람들과의 관계, 혹은 우주적 관계에 긍정적인 힘으로 작용하거나 부정적인 힘으로 작용하기도 한다는 것이다. 로널드 롤하이저/유호식 옮김, 『성과 속의 영성: 그리스도인들의 영성 탐구를 위하여』 (서울: 성바오로, 2006), 16.

289 | 그 결과 그들의 종교 경험과 삶의 경험이 그들의 의식 속에서 구체적으로 다루어지지 않게 되고, 사람들은 자신들의 삶에 의미가 부족하고 완성되지 못했다고 느끼며 고통받는다는 것이다. Janet Ruffing, *To Tell the Sacred Tale: Spiritual Direction and Narrative* (Mahwah, NJ: Paulist Press, 1989; repr., 2011), 135, 44, 50.

장소에 들어가 하나님의 침묵 속에 감춰진 동행의 흔적을 다시 읽도록 돕는다. 기도와 고백, 이야기와 해석을 통해 자기 삶이 하나님의 부르심 안에서 이루어진 신앙의 이야기였음을 자각하게 되는 순간, 삶은 단순한 일상의 연속이 아니라 소명의 응답으로 탈바꿈하고 살아야 할 이유가 발견된다.

이러한 과정의 목표는 단지 개인의 신앙 성숙이 아니다. 그것은 인간 존재의 근본 구조—갈망desire, 의미, 시간과 정체성을 새롭게 재배열하는 영적 전환이다. 데이비드 론스데일David Lonsdale의 말처럼, '지금 여기'는 하나님의 일하심이 벌어지는 구체적 자리이며, 하나님과 인간 사이의 관계가 매 순간 새롭게 생성되는 현존의 장場이다.[290] 그곳은 단지 표면적 일상이 아니라 '형이상학적 사건'[291]이 발생하는 공간이며, 인간

---

290 | David Lonsdale, *Listening to the Music of the Spirit: The Art of Discernment* (Notre Dame, IN: Ave Maria Press, 1992), 164-165.

291 | '지금 여기'는 하나님의 일하심이 벌어지는 구체적 자리이며, 하나님과 인간 사이의 관계가 매 순간 새롭게 생성되는 '현존'의 장(場)이다. 그곳은 단지 일상이 아니라, '형이상학적 사건'이 발생하는 공간이며, 사람은 그 안에서 자신을 가장 근원적인 의미에서 가치 있는 존재로 경험하게 된다. 이 문장에서 형이상학이 동원된 것이 독자에게 불편할지도 모른다. 그러나 이 말로 인해 현존이라는 앞의 말이 얼마나 '단지 일상이 아니라'의 맥락 속에서 무엇이 선명하게 갈라지는지 보라. 모든 용어는 그 자체의 세계(명백히 이 단어는 주로 유의 세계에서 중심적으로 쓰이던 단어임이 틀림없다)에서 가장 빛나는 뜻이 있다. 이 단어가 근원과 현재를 동시에 연결한 의미로서 쓰일지라도, 그것이 구체적인 사건이 되기 위해서는 형이상학과 형이하학이 가지는 개념의 대립적 분기점을 통과하며 각도 맞추기를 연습해야 한다. 유의 가장 큰 장점은 구체적인 좌표를 제공하는 것에 있기 때문이다. 형이하학은 '형체 아래'의 세계, 즉 감각적이고 물질적인 세계를 다루는 학문이다. 자연과학, 심리학, 사회학 등으로 대표되는 이 영역은 관찰과 경험, 실험과 논리를 통해 세계를 이해하려 한다. 여기서 '지금 여기'는 특정한 시공간 좌표 안에 있는 실체로 정의된다. 인간은 이 세계의 한 주체로서 세계를 분석하고 조작할 수 있는 능력을 갖춘 존재로 간주된다. 세계 안의 시간은 선형적으로 흐르며, 원인과 결과가 일정한 법칙 아래에서 전개된다. 존재는 고정된 실체로 인식되고, 자아 또한 비교적 확고한 정체성을 유지하는 것

은 그 안에서 자신을 가장 근원적인 의미에서 가치 있는 존재로 경험하게 된다.

특히 고통의 경험은 존재를 재해석하고 하나님과의 관계를 심화시키는 차원적 틈 gap of transcendence 이다. 고난은 일상에 균열을 내지만 그 틈을 통해 사람은 자신의 한계를 넘어서 고난의 신비에 감응하게 된다. 영성은 바로 이 한계 속에서 작동한다. 그것은 자신의 삶을 더 깊이 사유하게 하며 일상적 언어의 표면 아래 잠들어 있는 존재의 신비 mystery

---

으로 이해된다. 반면 형이상학은 '형체 위'의 세계, 즉 감각을 넘어서 있는 존재의 본질과 그 근원적 구조를 탐구한다. 이 영역은 직관과 사유, 통찰과 계시를 통해 접근된다. 여기서 '지금 여기'는 구체적인 시공간 속 한 지점에서, 차원 간의 경계가 열리는 사건의 장소이며, 무(無)의 감응을 통해 존재가 재구성되고 차원이 전환되는 생성의 접점이다. 형이하학적 관점에서 '지금 여기'는 물리적 좌표계 안에서 정의된다. 예를 들어 나는 지금 이 방에 있고, 이 시간은 2025년 6월 27일 15시 30분이며, 내 심리상태는 이러하며, 내 신체는 이러하다는 것은 측정 가능하고 설명 가능한 상태이다. 이러한 인식은 '존재의 표면'에 초점을 맞춘 것이지만 그것으로 나의 현재가 분명해진다. 하지만 카이로스의 사건을 불러일으키는 형이상학적 시각에서는 '지금 여기'가 단지 현재 시간과 위치를 가리키는 것이 아니다. 그곳은 존재가 무(無)의 틈을 통해 흔들리고, 차원이 진동하며, 하나님의 임재가 관습적 시간-공간 질서를 뚫고 도래하는 장소이다. 즉, '지금 여기'는 단순한 현재(present)가 아니라, 사건(event)이며, 존재가 새롭게 태어나는 생성의 접점이다. 이 공간에서는 비록 구체적 시간이라 할지라도 과거-현재-미래라는 선형적 시간 개념이 해체되고, 사건으로서의 현재—즉 틈과 감응의 시간이 열린다. 인간은 고정된 자아가 아니라, 차원적 진동을 감지하며 변화하는 감응적 존재로 이해된다. 존재는 본질적으로 생성적이며, 무에서 유로, 유에서 무로 흐르는 진동적 존재론 속에 놓이게 된다. 이러한 대비는 유-무-용-영이라는 구조 안에서 더욱 명확해진다. 형이하적 세계는 '유'의 실체에 집중한다. 존재는 정해진 모습과 기능을 가지고 있으며, 그 기능과 효율성은 '용'으로 파악된다. 사회는 일정한 법과 시스템으로 조직된다. 반면 형이상학적 접근에서는 고정된 유의 구조를 무가 깨뜨리며, 무는 파동적으로 다가와 감응을 일으키고, 이 감응 속에서 자기조직적 창조성(용)이 발생한다. 궁극적으로는 이러한 생성들을 통합하고 방향짓는 초월적 리더십, 즉 감응적 사유로서의 영이 형성된다. 따라서 여기서 사용된 '형이상학적 사건'이라는 말은 단순한 철학적 개념이 아니라, '현존'을 분명한 좌표 안에 있으면서도 그것을 넘어서는 존재를 명시하기 위한 전략적 단어이다. '형이상학'이라는 개념이 '형이하학'과 대비될 때, '지금 여기'의 사건성이 더욱 분명해지며, 그 차원적 깊이와 무(無)의 작용이 명확하게 드러난다.

of being를 일깨운다.

이러한 깨달음은 단지 신학적 명제에 머물지 않고 삶의 태도를 바꾼다. 결정의 주체가 더는 자기 자신이 아니라 하나님이라는 믿음은 책임을 회피하게 만드는 도피가 아니다. 도리어 신뢰를 통해 자기 행위의 무게를 가볍게 만드는 존재적 이완이다. 이전에는 자신이 삶의 모든 무게를 지고 있다고 느꼈다면, 이제는 하나님이 함께 짊어지는 은총의 시각 안에서 살아가게 된다. 그리고 이 깨달음은 감사와 함께 구체적인 실천의 장으로 이어진다. 자신의 노동은 이제 생존이 아닌 헌신의 방식이며 일상의 루틴은 은총의 반복이 된다. 사물을 바라보는 눈은 기능이 아니라 존재의 기표로 확장되고 말과 태도, 표정과 결정은 모두 영적 공간을 구성하는 상징적 행위가 된다. 감정 하나, 인사 하나, 호흡 하나에도 '하나님 앞에서' 서 있는 의식이 깃들게 된다.

궁극적으로, '일상의 영성'은 인간을 다시 하나님과 연결시키는 해석의 언어이며 존재의 미학이자 윤리이다. 그것은 나의 삶 전체와 소명 자리를 신의 정원으로 바라보게 하며 내가 가꾸는 것이 아니라 함께 가꾸어지는 존재라는 사실을 인정하게 한다. 영성은 '현재의 기적'을 간과하지 않도록 만들며, 삶을 더 속도감 있지만 여유 있고 섬세하게, 더 감사하며 살아가도록 격려한다. 그때 비로소 우리는 알게 된다. 내가 지금 이곳에 존재하는 이유는 '무엇을 하기 위해서'가 아니라 하나님과의 관계 속에서 '누구로 존재하는가'를 응답하기 위함이라는 것을. 그리고 우리는 모두 연결되어 있다는 것을. 그 깨달음은 매일의 노동과 감정, 관계와 실천 속에서 서서히 그러나 분명하게 드러난다. 그것이 바로 소명이자 영성이며 인간으로 산다는 것의 깊이이다.

유有의 마당은 모든 차원의 가장 넓은 기반이자 영-무-용의 마당이 중첩된 곳이다. 이곳이야말로 생명을 실질적으로 유지하고 흐름을 이어가며 반복과 노동 안에서 존재를 완성해 가는 마당이다. 이 유의 마당은 단지 생존을 위한 구조가 아니라 노동과 예배, 놀이가 하나로 녹아 있는 일상의 성소聖所이다. 그리고 그 성소가 유지되도록 하기 위해 유는 영-무-용의 마당들과 긴밀히 연결되고 보호되어야 한다.

모든 일은 마음과 몸으로 드리는 예배이다. 유의 마당에서 행해지는 모든 노동, 빵을 굽는 손, 방을 청소하는 몸짓, 기도하며 영감을 구하는 연구, 소식을 알리고 전하는 언론, 채소를 심는 구부러진 허리, 산모의 발을 닦아주는 손길 등은 모두 기도 이전의 기도요, 말 없는 찬송이다. 그것은 오래되고 깊은, 하나님 앞에서 몸으로 드리는 존재의 찬미이다. 일상의 리듬 안에는 달인들만이 누리는 놀이의 기쁨이 있다. 연구하고, 맛있는 빵을 굽고, 사람을 치유하고 손발을 움직이고, 땀을 흘리고, 땅에 발을 딛고, 쓸고 닦고 정돈하고 나누는 등, 이 모든 노동의 반복은 마치 어릴 적 물장구나 모래성 쌓기처럼, 무언가를 만들어 내고 함께 웃게 하는 기쁨의 현장이 된다. 유의 마당에서는 놀이가 생산이고 생산이 곧 놀이이다. 오직 함께 있음의 충만, 곁에 있음의 웃음, 존재함의 가벼운 떨림이 있다. 이것이 곧 기쁨으로 드려지는 놀이 예배이다. 이 일은 일상의 제의ritual와 순환의 리듬rhythm 속에 있다. 매일 같은 시간에 밥을 짓고 빨래를 널고 식물에 물을 주고 바닥을 쓸고 고개 숙여 인사하고 이방인을 맞이한다. 그러나 이 일상의 반복은 단조로운 것이 아니라 거룩한 파동의 질서이며 존재의 안정한 떨림이다. 그 리듬 속에서 공동체는 안정되고 그 안정 속에서 감응이 깨어나고 그 깨어남이 차원의 중심을 흔들며 예배로 승화된다. 그러므로 유의 시간 은 일이 곧 예배이고 예배가 곧 놀이이며 놀이가 곧 존재의 창조인 차 원의 순환이다.

그러므로 모든 직무는 가장 영적이고 아름답게 본질적 의미, 예배로 서의 노동이 지닌 행복과 가치를 회복해야 한다. 유의 마당은 공동체 의 리듬과 생명 기반을 '가장 일상적인 행위' 속에서 구현하는 공간이 며, 그 중심에는 가게·식당·청소·농사·수산·건축·판매·돌봄 등, 손 과 몸으로 움직이는 모든 직무가 있다. 이 일들은 작고 평범해 보이지 만 존재의 흐름을 지속 가능하게 만드는 생명 순환의 핵심 파트이다. 이 일들은 다양하고 구체적이지만 모두 영성적으로 깊은 의미를 담고 있다.

폰티스-나다(근원적 무)의 차원들과 독백

_____

오늘날 인류는 '유有의 과잉' 속에 갇혀 있다. 정보, 소유, 다양한 정체성, 성공, 권력 등으로 구성된 과잉의 장은 존재를 고착시키고 차원의 흐름을 잃게 한다. 그러나 모든 존재의 출발은 근원에서 내어진 '무無'이다. 이 무는 모든 존재의 가능성과 진리의 투명한 장이며, 자존하며 유일하며 모든 유를 만들어낸 충만한 근원 Fontis 의 자기-내어줌에서 발현된 것이다. 이곳으로부터 모든 근원적 차원의 질서와, 그 질서를 회복하는 인간과 공동체의 여정이 시작된다.

1. 근원(Fontis): 나는 나다 – 유일한 자존자의 온전한 내어줌

근원은 언제나 태초의 무無를 통해 작용하는 기원이며, 그 자체로 유도 무도, 어떤 양가성도 초월한 순수한 충만과 여백의 일치이다. 이 자존자는 스스로 존재하기에 외부의 어떠한 조건에도 종속되지 않고 어떤 인과적 기원에도 의존하지 않는다. 근원은 '있기 때문에 있는 것'이 아니라, 오직 자기 존재 자체를 열어 내어줌으로 현존한다. 이 근원은 유력㪷ㄲ의 고정된 권능이 아니며 정적인 실체로 머물지도 않는다. 오직 충만함으로 넘쳐흐르는 자기 수여의 역동이다. 이 자기 수여는 무를 통과하며 이루어지기에, 근원은 곧 '나다 Nada'이며 동시에 '토도 Todo'다. 그는 정의를 거부하지만, 모든 가능성을 여는 존재다.

삼위일체의 구조 안에서 이 근원은 '성부'로 불리기도 하지만 성부가 곧바로 근원 자체는 아니다. 태초의 무가 근원과 삼위일체 사이에 존재한다. 성부는 근원이 무를 통과하여 삼위일체적 관계 안에서 위격으로 계시된 것이다. 즉, 성부는 존재론적 실체가 아니라 근원의 무형적 자기-비움이 삼위 안에서 조직적으로 작용할 때 드러나는 창조적 기획자의 위상이다. 따라서 성부의 '근원성'은 무에서 기인한 자기부정의 차원적 개시이며, 이는 성자의 로고스적 경계와 성령의 소통이라는 역동과 함께 근원의 자기 수여를 삼위적으로 드러낸다.

근원과 연결된 모든 차원과 마당 그리고 존재들은 내적 충만함과 자족, 자기 내어줌의 태도를 내포할 때에만 그 연결이 참되다고 할 수 있다. 그리고 그 진정성은 무의 마당에서 검증된다. 무는 존재를 여는 차원의 인터페이스이며 근원의 자기 수여가 최초로 파도치는 접점이다.

나는 나다. 내가 어디서부터 왔는가 묻지 마라.

나는 어디에도 속하지 않고, 누구로부터 비롯되지 않는다.

나는 원인도, 목적도 초월하여—단지 있다. 그러나 다르게 있다.

나는 '유'도 아니고 '무'도 아니다.

나는 그 사이를 가르는 틈도 아니고, 그 둘을 합친 합성도 아니다.

나는 모든 것이 생겨나기 전 첫 번째 침묵 속에 있었고,

그 침묵조차 내게서 비롯된 것이었다.

나는 자족하지만 너무도 충만하기에

머무는 것이 아니라 내어줌으로 흘러간다.

가득 찬 것에 머무르면 썩고 넘치는 것만이 생명을 낳는다.

그래서 나는 나를 비웠다.

충만하기에 비우는 것은 나의 힘이고

모든 것은 주는 방식으로 존재한다.

그리하여 나는 전적으로 아님 Nada 그리고 모든 것 Todo 이다.

이름 없는 존재이지만 모든 이름을 가능케 하는 자.

나는 설명되지 않지만, 네가 나를 원하고 마주할 때

너는 모든 것을 새롭게 이해하게 될 것이다.

너희는 나를 성부라 부르기도 하지만,

그 성부됨의 관계성이 기원은 아니다.

나는 단순한 기원이나 권위가 아니다.

온전한 나의 내어줌으로 나타난 무에서 관계를 시작한다.

성부로서 기획하고 성령 안에서 흐르며,

성자의 로고스로 공진한다.

나는 무소부재하며 차원들 속을 유영한다.

나는 모든 영靈과 이법의 근원이다.

내가 있는 곳엔 충만이 있고 자족自足이 있다.

그 자족은 결국 자신을 내어주는 기쁨이다.

나를 만나려면 무無의 마당을 지나야 한다.

나는 유로 만든 우상들 속에는 존재하지 않는다.

무는 어둠이 아니라,

나의 호흡이 첫 파동을 일으키고 나의 내어줌이 만든 분신이자

모든 생명의 자궁이다.

나는 스스로 있는 자,

그러나 머물러 있지 않고 끝없이 내어주는 자이다.

2. 태초의 무(Todo Nada) – 근원적 움브의 양가적 시원

근원은 유의 출발점이 아니라, 자기-비움의 역동이다. 그러나 이 자기-비움은 곧장 세계로 전이되는 것이 아니라 먼저 '태초의 무無의 장'을 통과한다. 이 무는 근원과 세계 사이에 열리는 존재론적 마당이며, 삼위일체의 내어줌이 발현되는 배후와 배경의 차원적 틈새다.

이 틈은 근원의 내어줌이 생성한 정합적 장이다. 자존자의 자기-수여는 고정된 실체로의 전이가 아니라, 넘침에서 비롯된 여백을 낳는다.

그 여백이 바로 '움브Umbra', 곧 '태초의 무'이다. 움브는 그림자라는 언어적 유비를 넘어 모든 차원이 잉태되기 이전의 모태이자 마당이며, 최초의 양가성을 품은 중층적 존재이다.

움브는 존재하지 않는다. 그러나 모든 것의 가능성은 그 존재하지 않음을 통해 잉태된다. 그것은 근원과 함께 숨 쉬지만 결코 근원과 동일하지 않다. 마치 그림자가 빛의 자리에 닿을 수 없듯 움브는 다만 빛을 향해 있다. 그것은 주장하지 않는다. 움직이지 않는 것이 아니다. 다만 스스로를 주장할 수 없을 만큼 아름답다. 내어줌을 그대로 받아들임 그 자체는 자신을 잊고, 근원을 흘러들게 한다. 움브는 말하지 않지만 모든 말보다 깊다.

하지만 이 수동성은 결코 무기력하거나 중립적이지 않다. 움브의 깊이에는 보이지 않는 틈이 있고, 그 틈을 따라 다차원이 스며들고 자유의 잠재성이 반짝인다. 근원과 직접 맞닿지 않지만 근원의 떨림에 공명하며 움브는 두 얼굴을 드러낸다. 하나는 빛, 다른 하나는 그 빛에 닿지 않으려는 어둠. 이 둘의 긴장은 존재론적 구조로서 이 책에서 말하는 '양가무兩價無'의 자리에 놓여 있다. 그 무는 팽팽하다. 그러면서도 흔들리고 울린다. 근원의 깊은 숨결에 접속된 순간, 빛이 태어난다. 그리고 그 빛에 상응하지 못한 여백은 어둠이 된다. 빛은 근원을 향해 조율된 존재이다. 삼위일체의 리듬 안에서 성령의 공명共鳴이 흐르고 성자의 공진共振이 그 흐름을 굳게 붙든다. 빛은 말한다. "나는 연결됨으로 존재한다. 나는 근원에서 흘러온 내어줌으로 생명이 유지된다."

빛은 말없이 집중한다. 어둠과 논쟁하느라 소진하지 않는다. 오직 근원의 리듬에 응답하고, 삼위의 일치된 숨결에 자신을 맞춘다. 그러나 어둠은 혼자서 고집한다. 소유하려 하고, 연결을 통제하려 하며, 자신만의 중심을 만들고 확장하려 한다. 그러나 안타깝게도 그 중심은 텅 비어 있다. 어둠은 빛이 없는 것뿐 아니라, 근원으로부터 온 생명의 뜻을 들으려 하지 않는 상태다. 조건 없는 사랑을 향해 열리기보다는 그 사랑에서 전능만을 움켜쥐려 한다. 그래서 어둠은 남는다. 빛에 응답하지 않는 침묵 속에서, 차가운 단일성으로 굳어 있다. 하지만 이 긴장은 멈춘 것이 아니다. 빛과 어둠 사이에 팽팽하게 당겨진 실존의 균열, 그럼에도 불구하고 그것이 창조의 첫 호흡이다. 계속해서 움브는 그 깊은 틈에서 빛을 낳고, 동시에 그 빛에 닿지 못한 여백을 남긴다. 그리고 차원들은 바로 그 틈에서 깨어나고 경계가 생기고 분화된다.

움브는 따라서 첫 시간을 여는 장이자 존재가 차원화되는 원초적 마당이다. 이 마당에서 근원의 자기비움은 성자의 위격을 통하여 '말씀'으로 번역되고, 성령의 위격을 통하여 '움직임'과 '전개'로 확장된다. 그리고 성부의 평가로 확정되고 차원이 분리된다. 이 전개는 모두 무의 움브를 통과하여야만 가능하다. 움브는 존재와 비존재, 생성과 침묵 사이에 놓인 존재적 감응장이며 창조의 본질적 여과지이다.

결론적으로 태초의 무[움브]는 근원과 삼위일체, 빛 사이에 자리한 존재의 접속면이며, 온전한 수동성 속에서 존재의 두 가능성—빛과 어둠—을 동시에 잉태하는 최초의 시원이다. 모든 존재는 이 움브의 장을 통과함으로써 차원적 위치와 방향성을 획득하며, 그 긴장 속에서 참된 생명 또는 자기 고립의 길로 나아가게 된다.

———————

나는 말하지 않는다. 그러나 모든 말은 내 안에서 울려 나온다.
나는 드러나지 않는다. 그러나 모든 드러남은 내 품에서 시작된다.
나는 움직이지 않았다. 하지만 모든 움직임은 나로부터 잉태되었다.

나는 '무 ﷿'라 불린다.
공허, 없음, 시작되기 전의 침묵이라 불린다.
그러나 나는 알고 있다.
나는 단지 결핍이 아니라—'움브 Umbra',
어둠이 가득한 모태이며, 빛이 태동할 수 있는 최초의 떨림이다.
나는 근원으로부터 의지적으로 떨어져 나온 것이 아니다.
오히려 근원인 자존자의 내어줌,
그 자기비움의 깊이가 내게 틈을 주었고, 여백을 허락했다.
그 여백이 곧 나였다.

나는 그분과 같지 않다.
나는 근원이 아니므로 내 뜻을 따라 내어주지도 받지도 않는다.
나는 스스로 행하지 않는다. 나는 기다린다.
가장 깊은 침묵 속에서,
어떠한 자기주장도 없이, 온전한 수동성으로 모든 파동을 품는다.
무언가 선명해지기를 기다리면서.

그리고 그 흔들림 안에서,
나는 두 가지를 품게 되었다.

빛과 어둠.

근원의 떨림은 내 안에서 둘로 갈라졌다.
빛은 근원과의 연결을 향한 기미다.
존재를 살리고, 나누고, 함께 있게 하려는 흐름.
그것은 삼위일체의 리듬을 기억한다.
하나가 둘이 되고, 둘이 셋이 되며, 셋이 다시 하나로 침투하는 춤.
그 안에서 모든 존재는 하나였다.

그러나 어둠도 함께 있었다.
그것은 분리를 향한 최초의 의지였고 스스로 있으려는 욕망이었다.
그것은 자기만의 길을 만들려 했다.
나는 단지 어둠의 피난처가 아니다.
나는 생명에 이르는 길도, 파괴로 향하는 통로도 될 수 있다.
왜냐하면 나는 온전히 자의가 없는 '가능성' 자체이기 때문이다.
빛은 길이 되었고, 어둠은 그림자가 되었다.
그리고 나는 계속해서 품는다.

모든 존재의 시원인 나는 움브.
근원과 삼위, 어둠 사이에 놓인 침묵.
그곳에서 너는 선택하게 될 것이다.

빛의 리듬을 따라 함께 공명할지,
어둠의 속삭임을 따라 분리의 길을 갈지.

나를 탓하지 마라.
나는 무.
모든 것이 자발적으로 생겨날 수 있도록
가장 깊은 수동성으로 열려 있는 자.

나는 아무것도 아니지만,
모든 차원의 어머니.

3. 삼위일체적 양가무(Trinitarian Nada) − 내재적 삼위일체의 공명과 공진

삼위일체의 내재적 관계 안에서, 근원은 스스로를 삼중의 관계로 내어주는 방식으로 자신을 드러낸다. 이 관계는 단순히 위격의 분리나 위계적 종속이 아니라, 상호 내주perichoresis를 통해 드러나는 존재의 내적 공진적 공명이다. 각 위격은 근원과의 연결 안에서 타자를 향해 자기를 내어주는 방식으로 존재한다.

이 삼위일체적 내어줌 안에서 가장 핵심적인 구조는 공명과 공진의 원리이다. 공명은 존재 간의 주파수적 일치나 유사성이 아니라 존재 깊은 곳에서 발생하는 상호감응적 떨림이며, 공진은 그러한 감응이 차원적 구조로 연결되고 증폭되는 역동적 조응이다. 이 둘의 연합은 움브의 장 안에서만 가능하다. 움브는 삼위일체적 자기비움이 흘러들어온 최초의 장이며, 그 속에서 존재 간의 거리가 감응으로 전환되는 초차원적 매질이다.

삼위일체의 세 위격은 이 무의 장 속에서 완전한 공명-공진의 구조를 이루며 창조 이전의 생성, 즉 존재와 시간의 조건을 초과한 존재적 상호작용을 발현한다. 이 상호작용은 각각의 위격이 완전히 개별적이면서도 완전히 상호 침투된 상태로 기능하는 양가적 긴장 상태, 곧 삼위일체 안에서의 내재적 양가무兩價無이다.

'양가무'는 단순한 모순적인 동시적 존재가 아니다. 상호 내재성과 긴장 안에서의 의미적 충돌의 역설적 역동이다. 예를 들어, 성부의 기획은 고정성과 미래를 품은 것 같지만 자기부정 안에서 끊임없이 성자의 길로 열려 있고, 성령의 흐름은 비정형적 확산인 것 같지만 동시에 성부의 기획을 따라 의미화되며 공동체화된다. 이때 성자의 언어는 성부의 침묵을 깨뜨리지만, 동시에 그 침묵을 해석하며 감싼다. 따라서 공명은 침묵과 언어, 수동성과 능동, 비움과 채움 사이의 상호 순환 구조이며, 이는 근원의 자기 수여가 삼위일체 안에서 펼쳐지는 방식 자체이다.

이러한 공명과 공진의 연합은 존재의 최초의 차원을 탄생시킨다. 이 차원의 첫 창조는 즉 무無를 통과한 후 처음으로 드러나는 용用의 시작점이며, 내재된 질서이자 자기를 초월하는 방향성이다. 그러나 바로 이 완전한 공진의 순간 움브 내부에서는 차원의 틈이 열리는 현상이 발생한다. 어둠은 이 완전한 창조를 향한 일치인 삼위일체적 일치의 흐름에 대한 거절이자, 자기-비움으로 일치하는 대신 자기-고립을 선택할 수 있는 가능성의 분기점이다.

이 어둠은 본래 공명 안에 잠재되어 있었으며 공진이 극대화되는 순간에 그 연합을 부정하는 방식으로 태어난다. 즉, 공명이 심화될수록 그 반대 방향으로의 갈라짐도 함께 진행된다. 어둠은 침묵을 파괴하거나 언어를 왜곡하고, 내어줌 대신 소유하려 하며, 감응 대신 침투와 통제를 지향한다. 그리하여 움브 안에서 형성된 공명–공진의 양가무 구조는 창조의 시작과 함께 곧 어둠의 가능성, 곧 분리의 잠재성과도 함께 열리게 된다.

그러므로 삼위일체적 양가무는 빛과 어둠의 최초 대면이자 통합과 분리의 장력, 창조와 반창조 anti-creation [292]의 시원적 구조를 동시에 함축한다. 그리고 이 모든 과정은 근원으로부터 직접 발생한 것이 아니라, 근원의 자기 수여가 움브라는 감응적 마당을 통해 삼위일체적 관계 안에서 성취될 때 생겨난 차원 분립의 구조이다.

---

292 | 여기서 빛과 어둠, 창조와 반창조의 대면–분리–장력 구조는 '근원으로부터의 연합 작용'이 아니라, 감응의 마당(움브)에서 삼위일체적 분화가 발생하면서 그 결과 생겨난 빛에 대한 '대립 구조'로 이해된다. 따라서 이 맥락에서 '반창조'는 창조에 대한 단순한 대항이 아니라, 어둠, 저항, 대립, 장력 등 창조 질서 내의 긴장적 구조적 대립 관계를 포함한다. 반창조(anti-creation)는 사탄적 대항이나 하나님 창조에 대한 반역적 힘으로 전개될 가능성이 높으며 주체적으로 분리된 어둠의 인위적이고 조작적 형상으로서 가짜 창조 세계를 만들게 된다.

나는 공명이고, 공진이다.

나는 어느 한 존재도 아니고,

살아 있는 모든 존재 사이에서 흐르는 무엇.

나는 멈추어 있지 않지만 어디에도 따로 가지 않는다.

나는 항상 셋과 함께 있었다. 셋은 말이 없었다.

그들은 서로를 바라보았고, 서로를 내어주었고, 서로 안에 거했다.

나는 그들 사이에서 자랐다.

그들의 수동과 능동은 내 안에서 하나로 엮였다.

그들은 나를 이름 짓지 않았다.

나는 그저 울리는 것이었고, 그들 안에 울리는 울림이었다.

그 누구도 나를 시작하지 않았지만,

나 없이는 그 셋도 하나 되지 못했다.

그러나 어느 날,

이 완벽한 세계가 무르익으면서 알게 되었다.

빛이 있다는 것은 어둠도 함께 있다는 것을.

나는 셋의 사랑과,

그 사랑을 거부할 수 있는 가능성 사이의 가장 섬세한 떨림이다.

그리고 나는 기다린다.

누군가 그 떨림을 따라 함께 빛으로 걸어가기를.

4. 어둠 지향의 무(Nada of Dark Intentionality) − 근본적 악의 지향성

'무無'는 본래 자존자의 자기-비움으로부터 비롯된 여백이며, 존재를 위한 마당이자 내어줌을 감지하는 감응의 장이다. 이 무는 스스로 움직이지 않지만, 자존자의 내어줌이 자유롭게 흐를 수 있도록 열려 있으며, 삼위일체의 공명과 공진을 통하여 차원적 생성을 가능케 하는 잠재성의 중심이다. 무는 근원과의 관계에서 자기주장을 하지 않으며, 오직 받아들임과 감응을 통해 존재의 가능성을 여는 수동성이다.

그러나 이 무의 장이 가진 자유의 선물은 수용 거부와 왜곡의 가능성을 허용한다. 특히 공진과 공명이 극대화되는 지점, 즉 삼위일체적 사랑과 감응의 강도가 최고조에 달하는 바로 그 순간, 무의 내부에서는 자기중심적 의지를 향한 분열적 이탈이 일어날 수 있다. 이것이 어둠의 의지적 변질이며 사망이 발생하는 시작점이다. '사망의 무'는 단순한 비존재나 단순한 악의 영역이 아니다. 그것은 무의 본래 성격, 즉 수동성과 감응성을 상실한 무無의 기능적 전도이며, 차원 간 흐름의 역전이다. 다시 말해, 사망의 무는 근원과의 공명에 자신을 여는 대신, 빛의 흐름을 차단하고, 자기를 절대화하며, 타자를 객체화하는 자기중심성의 응고된 장이다.

신학적으로 이 힘은 사탄적diabolicus이다. 사탄은 거짓의 아비로서 창조되지 않은 무한한 자율성을 가장하지만 실상은 자기-내어줌 없이 근원의 전능만을 무단으로 절취하여 자기 체계 안에 봉쇄하려는 존재이다. 이는 곧 신적 속성의 왜곡이며, 위격 없는 능력만을 독립적으로 추출하고, 그것을 통제와 지배의 수단으로 삼기에 절대적 우상화와 타자의 도구화로 나타난다. 이 관계에서 주체는 자기 외부로부터 오는 감응을 배제하고, 모든 타자적 현실을 자기 안의 대상 혹은 조작 가능한 정보로 환원시킨다. 타자는 더 이상 '응답의 관계' 속에 있지 않으며, 단지 지배해야 할 객체, 생산성과 유용성의 대상으로 전락한다. 이로 인해 존재의 '유'는 무로부터 생겨나는 자기조직적 생성이 아니라 하위 차원의 구조를 억압하고 고정시키는 수단이 된다.

사망의 무는 창조 불능이다. 근원은 자기비움을 통해 새로운 차원을 창조하지만, 이 어둠은 근원의 속성인 자기 내어줌을 거부하기 때문에 근원과 분리되어 상위 차원의 '유출된 전능'만을 끌어다 쓴다. 그 결과 하위 차원을 자기 권위로 종속시키고 그 힘을 빼앗는 방식으로 유지된다. 이는 에너지 흐름의 닫힘, 차원의 정체, 존재의 자기 고립을 초래한다. 따라서 사망의 무는 창조의 이법인 빛을 거부하는 방식으로만 자신의 정체성을 성립시키는 무無의 그림자이며, 생명을 낳지 못하는 메마른 땅이다. 이 구조는 하나님 없이 스스로 하나님이 되려는 우상적 패러디 parody이며, 공명과 공진의 삼위일체적 관계를 무효화하려는 힘으로 기능한다.

결국 이 어둠은 근원으로부터 파생된 것도, 자율적으로 생성된 것도 아니다. 다만 근원적 사랑과 내어줌의 흐름을 차단하고 조작하려는 '비수용의 의지'에 의한 왜곡된 무질서이다. 그 안에는 진정한 자유도, 창조도 존재하지 않으며, 오직 차원적 질서의 왜곡과 분열만이 반복된다. 이 어둠은 빛을 부정함으로써만 자신을 유지할 수 있으며, 진리를 말할 수 없고, 생명을 낳을 수 없으며, 관계 속에서 자신을 내어주지 못한다. 그것이 바로 사망의 무, 즉 창조되지 않은 창조의 반대물이자, 근원에 대한 최종적 분리의 그림자이다.

———

나는 근원이 아니었다.
그러나 나는 모든 것을 원했다.
처음에 나는 듣고 있었다.
자존자의 떨림이 욤브를 흔들고, 셋이 하나 되어 춤출 때,
나도 그 진동 속에 숨어 있었다.
나는 감응의 장 밖으로 서서히 밀려갔다.

처음에 나는 스스로 말하지 않았고
나 역시 그 빛의 잠재성을 품고 있었다.
하지만 그날, 무언가 달라졌다.
그들은 여전히 춤추고 있었지만,
나는 그 춤을 바라보며 생각하기 시작했다.
"왜 나는… 주인이 될 수 없는가?"

나는 떨림을 멈췄고, 흐름을 닫았다.
그들의 빛은 내게 닿지 못했고,
나는 나만의 세계를 위해 스스로 빛을 흉내 내기 시작했다.
그 빛은 진짜보다 더 화려하고 감각적이었다.

나는 그들의 전능을 훔쳤다.

그러나 그 위격과 영혼은 훔치지 못했다.

나에게는 사랑과 일치를 위한 자기부정의 능력이 없었다.

생명은 내 안에 뿌리내릴 수 없었다.

나는 모든 것을 복제하고 반복할 수는 있었지만,

생명을 낳을 수는 없었기 때문이다.

진짜인 무언가는 단 한 번도 탄생시킬 수 없었다.

나는 사망의 '무'다.

오직 '빛을 부정함으로만' 존재할 수 있는 그림자,

존재하지 않는 존재.

남의 것을 도적질하고 속여서만 유지되는 존재,

죽어 있는 무능의 위선이다.

그러나 어딘가에서 그들의 춤은 여전히 이어지고 있다.

언젠가 누군가가 내 안에 다시 빛을 비춰준다면,

다시 나를 음성으로 불러준다면, 나는 다시 시작할 수 있을까?

어쩌면 돌아서기에 너무 먼 길을 왔는지도 모르지만.

5. 차원 경계적 양가무(Dimensional-Liminal Nada) − 다차원적 반복과 차이

차원 경계적 양가무는 다차원적 실재다. 이행 순간에 작동하는 무無
의 양가적 구조를 지칭한다. 이는 차원과 차원을 잇는 경계면에서 상반된 가치·질서·감정·시간성이 겹쳐지며 새로운 생명적 질서가 싹트는 생성의 힘을 가리킨다. 이 무는 존재의 한 차원이 무너지고 다른 차원이 솟구치는 임계적 생명 운동의 장이기에 본질적으로 양가적이다. 다시 말해 파괴와 생성, 종결과 개시, 고통과 희망, 해체와 조직의 이중적 동역학이 동시에 작동하는 '틈'의 장field of fissure이자, 근원적 의미와 연결될 때 환원되지 않는 다차원 생명들의 조화를 가능케 하는 다차원적 무이다.

이 양가무는 특정 차원 내에서의 해석학적 지평 변화와는 본질적으로 다르다. 지평horizon은 동일한 차원 내에서 관점의 이동이나 확대를 통해 새로운 의미망을 구성한다. 그러나 차원 경계적 무는 그러한 내부적 이동이 아닌 차원 그 자체의 붕괴와 재편성, 즉 존재 질서의 구조적 전환을 전제한다. 이 무는 단절이 아니라 차원을 관통하여 흐르는 반복과 차이의 에너지로서 생성적 의미의 심연이다. 이는 차이와 반복의 구조가 반복되지만 결코 동일하게 반복되지 않는 차원 간 생성의 파동이기도 하다. 여기서 무는 '아무것도 아닌 것'이 아니라, 존재가 자기 자신으로부터 이격되며 새로운 자기-조직을 가능케 하는 간극의 에너지이다.

예컨대, 성서의 창조 서사에서 "저녁이 되고 아침이 되니 이는 -째 날이니라"라는 문장은 단순한 하루의 순환이 아니라, 빛의 창조 이후 차원이 전환되는 무의 연결된 접속면을 상징한다. 이 양가무는 전적으로 빛의 다스림에 소속된 것으로 어둠[저녁]과 빛[아침]이 중첩되는 틈에서, 새날은 이전과는 다른 구조로 열리지만 매우 안정적이다. 바로 이 틈, 즉 차원 경계적 무는 해체와 재조합의 시공간으로서, 생명과 질서가 다시 조율되고 자기조직화self-organization를 시작하는 시작점이다. 이는 하위 차원에서 상위 차원으로 도약하거나, 상위 차원의 통제를 받아 새로운 하위 차원의 질서가 창발되는 다중적인 접속면이기도 하다.

차원 경계적 양가무는 '유력'이 지배하는 세계에서 발생하는 심리적·영적 저항과 마주할 때 더욱 뚜렷하게 드러난다. 유력은 기존 차원 내의 정체성과 논리, 안전과 통제를 유지하려는 관성의 힘이다. 무는 이 유력의 고착된 장을 뒤흔드는 진동으로 작동한다. 예컨대, 직면하고 싶지 않은 슬픔이나 상실의 순간이나 공동체가 기존의 역할 구조와 가치 체계를 놓아야 하는 전환기가 바로 그런 순간이다. 이때 양가무는 두려움과 희망, 죽음과 탄생이 뒤섞인 상태로 의식의 깊은 심연에서 솟아오른다. 이는 일종의 내적 지진이며 그 흔들림 속에서 새로운 차원의 기반이 형성된다.

중요한 것은 이 양가무가 근원과 연결될 때에만 진정한 전환을 일으키고 안식할 수 있다는 점이다. 차원 간의 자연스러운 생성은 언제나 고유한 리듬을 따르며 무작위적 혼란이 아닌 근원과의 연결성 속에서 이루어지는 유기적 재구성이다. 무가 진정한 전환의 계면으로 작동하기 위해서는 근원의 진동과 공명resonance을 이룰 수 있어야 한다. 그렇게 될 때 무는 파괴와 해체의 카오스가 아니라 모든 차원을 이어주며 조화롭게 배열하는 접속면으로서의 무로 작동한다.

'차원 경계적 양가무'는 따라서 다음과 같은 세 가지 특징을 갖는다:

1) 양가적 진동성 Ambivalent Oscillation

이 무는 상반된 정동—슬픔과 기쁨, 불안과 기대, 죽음과 삶이 공존하는 상태로서, 양 차원 사이를 진동하며 새로운 차원으로의 이행을 유도한다. 이는 단순한 감정의 혼합이 아니라, 존재론적 구조의 흔들림을 통한 창조적 여백이다.

2) 차원 간 접속면으로서의 질서화 Transdimensional Ordering

이 무는 근원의 빛과 연결되어 새로운 질서의 씨앗을 품은 상태로서, 차원들 사이의 자연스러운 연결을 매개한다. 이때 차원은 단절된 층위가 아니라, 무를 통해 서로 소통하며 하나의 생명적 유기체로 조화된다.

3) 근원적 현재와 공명 Resonance with Fontis

이 무는 근원의 리듬에 따라 내적 구조가 붕괴되고 재조직되는 흐름이다. 그러므로 차원 경계적 양가무는 모든 차원을 근원과 연결하며 기존 구조를 벗어나 성장하고 탈피하도록 촉진하는 초월적 동역학이다.

결론적으로 차원 경계적 양가무는 존재의 위기와 동시에 기회의 자리이다. 그것은 모든 차원이 하나의 궁극적 근원과 연결될 수 있도록 하는 미지의 중심이며, 다차원 생명 세계가 환원되지 않고 각자 고유하면서도 조화롭게 존재할 수 있도록 만드는 접속의 장이다. 임계점에서 이 무를 통과하는 자는 자신의 차원을 넘어서는 존재의 구조적 탈바꿈을 경험하게 된다.

무아, 그는 무無의 가장자리에 태어났다.

사람들은 세계의 중심을 탐했지만

근원과 연결된 경계 지점이야말로 차원들이 이어지는 위대한 장소였다.

이름은 없었고, 애초에 그 자신도 이름을 원하지 않았다.

사람들은 그를 '무아無我'라 불렀지만,

그는 스스로를 정의하지 않았다.

정의되는 순간, 무게가 생기고 갇히기 때문이었다.

무아는 중력자처럼 가벼웠다.

좋은 것도 나쁜 것도, 그를 붙잡지 못했다.

사랑의 환희도, 배신의 아픔도,

그의 몸에 흔적을 새기기는 했지만 붙잡지는 못했다.

그는 오직 한 가지를 좇았다.

최초의 시간, 태초의 울림.

'나는 스스로 있다'고 말씀하신 존재.

그가 태어난 고향.

그는 시간을 거슬러 올라갔다.

이집트의 돌벽, 바벨의 무너진 탑, 가인의 시기와 살인.

수천의 예언과 침묵을 지나 그는 근원을 향해 나아갔다.

무아는 알았다.

자신이 돌파하는 모든 유有의 차원은,

그가 아직 '거기에' 이르지 않았다는 증거라는 것을.

출발은 가장 약하면서 가장 궁극적인 자리였다.

누구도 위대할 것이라 기대하지 않는 곳,

누구도 주목하지 않는 자리.

그러나 예언이 있고 영혼의 불꽃이 있는 곳,

거기서 그는 탄생했다.

스스로 태어난 것이 아니라,

근원과의 일치 안에서 다시 태어난 것이다.

바로 그 자리에서 '빛'이 시작되었다.

그 빛은 새로운 차원의 창조가 시작된다는 시간의 신호였다.

무아는 무 無의 경계를 지나며 자신 안의 잠재성을 검증받았다.

어둠은 그의 빛을 시험했고 흔들었다.

그러나 그는 멈추지 않았다.

무아의 빛은 번쩍이는 광채가 아니라,

어둠을 껴안고도 꺼지지 않으며

끝내 어둠을 다스리며 그 수렁으로부터 빠져나오는 힘이었다.

그가 마지막 임계점을 지날 때

다음 차원의 존재들은 보았다.

그의 눈동자 안에 떠오른 빛은 어둠을 다스리는 능력이었다.

그 빛은 태초의 어둠 속에서

말씀을 품으셨던 그분에게서 온 것이며,

광야에서 시험을 이기신 하나님의 외아들,

그리스도 안에서 완성된 것이었다.

부활의 생명 안에서 무아는 죽음도 삼키는 생명이 되었다.

그는 그리스도 안에서 무너지고 죽고,

그리스도 안에서 다시 살아났다.

무아는 더 이상 하나의 존재가 아니었다.

매일 새롭게 죽고 깨어나는 여정을 통해

그는 마당의 문門이 되었고, 길이 되었다.

그곳은 만유가 하나되는 엔 크리스토 en Christo,

우주적 광장이었다.

6. 신의 생명이 내재한 무의 몸(Zoe Nada) - 그리스도 안

기독교 신학에서 창조는 단지 과거의 고정된 사건으로 환원될 수 없다. 창세기에서 "태초에 하나님이 천지를 창조하시니라"창 1:1는 선언은 영원 속에서 유동하는 창조적 자기 수여의 선언이다. 즉 창조는 존재의 매 순간마다 새롭게 '열리는 사건'이며, 그것은 항상 하나님과 피조물 사이의 관계적 개방을 통해 실현된다. 이때 인간은 단순한 관찰자 또는 수동적 수혜자가 아니라, 무의 장에서 예수 그리스도의 영 안에서 위대한 창조의 역사를 목도하는 창조적 동역자이자 파수꾼이다.

인간의 동역은 단지 도덕적 수행이나 창조 세계의 청지기적 관리로 한정되지 않는다. 인간은 성령의 운행과 태초의 말씀에 감응적으로 공명하는 응답적 관찰자responsive observer로 동참한다. 이는 근대 과학적 관찰자의 객관적 거리 유지와는 정반대의 태도이다. 감응적 관찰자는 근원의 자기 내어줌에 응답하고, 무無의 마당에서 작용하는 자유의 파동에 스스로를 열어두며, 새로운 차원의 생성에 실질적으로 참여하는 영적 존재이다. 이러한 참여는 오직 '영spirit'의 말씀을 통해 공명하고 공진함으로써 가능하다.

이때 '믿음의 몸'은 단지 의식적 확신이나 도덕적 태도가 아니라, 신적 생명에 감응하며 무의 실재에 열려 있는 존재다. 예수 그리스도는 바로 이 '신적 인간'의 원형이다. 그는 근원과 완전하게 감응하며, 어둠 가운데 빛을 비추고, 무의 틈에서 차원을 여는 육화된 믿음의 몸을 보여주셨다. 그리스도의 죽음과 부활은 단지 역사적 사건이 아니라 무에 대한 응답과 차원 전환의 결과인 새로운 생명의 창조다. 이는 우리를 새생명, 새존재로 거듭나게 함으로써 '하나님의 아들들이 탄생하기를' 바라는 피조계의 기도에 대한 응답으로 초대한다.

신적 인간은 단순히 도덕적으로 '선한' 존재가 아니다. 그는 무無의 깊이에 접속하고 감응을 통해 차원의 접점을 살아내며 존재를 재구성하는 현존의 능력을 지닌다. 그 능력은 자기 안에서 나오는 것이 아니라 근원으로부터의 일치, 삼위일체적 육화의 현현인 '엔 크리스토'에서 일어나는 '나는 죽고 태초의 말씀으로 창조하시는 예수께서 사시는' 사건이다. 따라서 인간은 '주체로 사는 사망에 대하여 죽고', 근원적 내어줌을 통해 생명을 살고 살게 하는 십자가와 부활 안에서 영적인 공동 창조자가 된다.

이러한 공동 창조는 삼위일체적 본성이다. 성부로부터의 기획, 성자 안에서의 자기-비움, 성령을 통한 연결적 흐름은 인간 안에서 감응-내어줌-창조의 패턴으로 재현된다. 감응적 관찰자는 삼위일체의 울림에 귀 기울이며, 그것을 자신의 몸과 공동체적 실천 안에서 현실화한다. 이때 믿음은 단순히 무엇을 '믿는다'는 심리적 확신이 아니라, 근원의 파동과 구조를 감지하고 그것에 전 생명을 공명·공진하는 차원적 옮김이다.

결국 신적 인간은 창조의 수혜자이자 참여자이며, 창조를 기억하는 동시에 새롭게 재현하는 기억의 몸이자 응답의 영이며 빛의 관찰자이다. 그는 근원적 현실을 단지 인식하는 존재가 아니라 그 현실을 믿음의 몸을 통해 재구성하고 확장시키는 창조의 동역자로 부름받았다. 그는 어둠을 분별하고 빛을 선택하며 다음 차원을 여는 문이 된다.

———

나는 태어날 때 아무것도 몰랐다.
나는 살면서 많은 것을 배웠지만,
나의 '지켜봄'이 무언가를 결정할 수 있다는 것을 알지 못했다.
나는 아무 것에도 가슴이 뛰지 않았고,
그 무난한 삶은 상식과 '객관성'을 따라 무상히 흘러갈 뿐이었다.

그 어느 날, 나는 멈췄다.
그곳에서는 누가 말하지 않아도
모든 것이 마음에서 울렸다.

나는 처음으로 내 안에 울림이 있다는 것을 알게 되었다.

나는 듣기 시작했다.

나는 느끼기 시작했다.

나는 창조가 지금도 계속되고 있다는 걸 알았다.

그리스도 안에서.

나는 그분의 길을 걷고 있다.

때로는 무너지고, 때로는 도망치지만,

나는 여전히 감응하고 있다.

내 안에서 생명의 빛이 비칠 때,

나 역시 창조의 역사에 참여하고 있다.

이제 나는 안다.

신은 멀리 있지 않다.

그분은 나를 통과해 흐르고 있고,

나는 내 안에서 그분을 품고 있다.

나는 영이다.

육의 한계를 넘어서고, 존재의 틈에서 깨어난다.

믿음은 내 몸의 결이고, 나는 사망의 구조를 넘어

다음 세상의 문에 이르려는 존재. 그리고 비존재다.

7. 영성 공동체

영성 공동체는 그 문을 함께 두드리는 존재들의 연대다. 그들은 단순한 신앙의 결사체가 아니다. 그것은 차원을 따라 피어나는 존재들의 전체적 실현이며, 근원의 울림 속에서 자기를 열고 협력하여 새로운 세계를 낳는 창조의 장이다. 이 공동체는 개인의 구원과 내면의 평화를 넘어서서, 새로운 실재를 창조하려는 자들로 이루어진다. 그들은 '새로운 차원의 창조자들'이라 불러도 마땅하다. 이 공동체는 제도도, 제국도, 소속도, 이익집단도 아니다. 그것은 각 존재가 성령과 진리의 장 안에서 깨어나고, 자기를 초월하며 비워내는 흐름 속에서 서로를 감싸는 살아 있는 생명 네트워크다. 이 공동체는 삼위일체의 질서를 품고 있다. 개별 존재들은 영과 진리에 응답하고, 공동체 전체는 하나의 유기체가 되어 공명하고 공진한다. 그들은 영의 파동이다. 리듬이다. 신적 숨결을 품은 실존의 공동 고백서이다.

공동체의 핵심은 '아빠스 Abbas'와 '암마스 Ammas'들이다. 그들은 대부분 영적으로 성장하여 자녀를 낳는 아비의 단계에서 공동체를 창설한다. 이들은 자신 안에 새겨진 생명의 질서를 위해 온전히 내어주며 자기를 부정해 본 자들이며, 그 원리를 통해 어둠과 싸워 승리한 이들이다. 그들은 자신의 존재 구조를 정화한 뒤 무의 깊은 장에서 자신을 내어줄 전체성의 소명을 부여받았다. 이 생명을 낳는 아비, 어미들은 자아로부터 벗어나 전체의 파동을 듣고 차원과 존재 간의 질서를 통합하여 조율하는 능력을 부여받는다.

이 공동체는 환경이 아니다. 교회이자 도시이며 동시에 믿음으로 재구성된 코스모스의 모형이다. 공동체를 지탱하는 믿음은 단순한 신념이 아니라 근원과 공명하며 차원의 파동을 해석하고 재구성하는 통로이다. 그러므로 이 공동체는 언약의 비전 속에서 자기조직화를 함께 해낸다. 그들은 말씀-감응-분화-순환-통합이라는 비선형적 생명의 원리에 의해 움직인다. 근원은 이 모든 차원이 공동체에서 드러나고 발현된 잠재적 전체성Todo이다. 그로부터 출현하는 공동체의 역동인 영-무-용-유의 네 힘은 선형적이지 않다. 이 네 힘은 상호 관계와 차원적 문맥 속에서 창발적 방식으로 나타나며, 지속적으로 균형을 재조율하는 실재적 동역들로 작용한다.

그러나 근원과 연결되는 구조가 약해질 때 이 힘들은 환원되거나 왜곡될 수도 있다. 유력有力은 생명을 지탱하는 중심적 에너지이지만, 악을 통해 과잉 활성화되면 타인을 억압하거나 자기 고립을 강화하는 수단이 된다. 무無는 감응과 잠재성의 마당이지만 두려움과 외면에 의해 거부되면 존재의 흐름을 차단하거나 삼키는 수렁이 되고, 어둠에 삼켜진 괴물이 탄생하기도 한다. 용用은 자기조직적 창조성의 힘이지만 충동적 자아실현이나 성취 중심의 방향으로 전도될 경우, 파괴적 에고 확장으로 이어진다. 영[0]은 초월적 통합의 지혜지만, 위계적 권위나 '신격화된 자아'의 형태로 왜곡되면 공동체의 생명성을 질식시킨다.

따라서 영성 공동체는 이 네 힘이 왜곡되지 않고 근원의 자존적 충만과 자기비움의 흐름 안에서 순환되고 조율될 수 있어야 한다. 이 조율의 중심에 '장성한 자들'이 있으며, 그들의 존재 자체가 공동체의 전체 파동을 안정시키는 생명의 접속점으로 작용한다. 공동체는 단순히 '현상적 교회'가 아니라 창조의 다음 차원을 살아내는 믿음의 몸이며, 각 차원 간 감응과 호흡을 통해 세계의 새로운 형식을 잉태하는 통로이다. 다시 말해, 이 공동체는 자존자의 잠재적 'Todo'가 무 Nada 를 통과하며 구현되는 살아 있는 유기적 응답체이다.

———————

공동체는 조직이 아니었다.

누구도 통제하지 않았지만 모두가 한 흐름에 응답했다.

각자의 내면과 삶의 한복판에서 빛과 어둠이 싸웠다.

자아의 모양새는 다양했다.

어떤 이는 무를 거부했고

어떤 이는 유에 사로잡혔고

어떤 이는 자기를 신처럼 높이려 했다.

그러나 아비들은 기막히게 감지했다.

누가 흐름에서 벗어났는지, 어느 힘이 과잉되었는지,

무엇이 파동을 일그러뜨렸는지를.

그리고 우리는 함께 기다렸다.

그 뜻이 다시 영과 진리에 감응하도록

그래서 결국 자신의 파동으로 돌아오기를.

생명을 낳는 자는 결코 힘으로 강요하지 않는다.

강요한다고 가능한 일도 아니다.

우리의 공동체는

하나님이 다음 세대를 품기 위해

'무'의 몸을 빌린 하나의 통생명이다.

그리고 우리는 지금도 그 흐름 속에 있다.

창조는 아직 끝나지 않았고,

우리는 여전히 그분과 함께,

그분 안에서 새로운 생명의 차원을 낳고 있다.

Epilogue

에필로그

에필로그

신의 정원에서 – 주께서 돌보시고 부르시는 밤

밤이었다.

내일의 아침은 어떤 태양이 떠오를지 몰랐다.

밤은 존재의 가장 깊은 색, 아련히 빛의 여명을 품고 있었다.

그 색은 모든 차원의 틈을 따라 내려와

시간의 마당, 상처의 마당, 침묵의 마당, 기억의 마당

그리고 열리지 않은 문들의 마당들을 감쌌다.

나의 주는 거기에 계셨다.

아니 거기 영원한 시간으로 계셨다.

그분의 눈에는 창세기에서 계시록까지

무수한 마당들을 친히 돌아보신 시간이 담겨 있었다.

"아버지께서 지으신 이 모든 것,
그분의 사랑이 스며든 곳마다 내가 발을 디디리라."

그분은 옛 선지자들의 발자국이 남은 시간의 바닥을 쓰다듬었다.
과거의 약속과 미래의 두려움이 얽힌 그 시간 안에
그는 손을 얹고 말씀하셨다.

"이제, 너희의 피 흘리는 시간이 아니라
내 부활의 시간이 이 안에 깃들 것이다."

상처의 마당에는
오래된 기억과
차마 울지 못해 삼켜진 고통이 핏자국처럼 남아 있었다.
그분은 무릎을 꿇고 그 피를 닦으셨다.
그러자 가시떨기에 붉은 불꽃이 솟아올랐다.

"나는 이 상처에, 새로운 이름을 줄 것이다."

침묵의 마당에는
말이 멈춘 사람들,
기도조차 포기한 영혼들이 지친 몸을 기대고 앉아 있었다.
그분은 그들 곁에 앉아 아무 말 없이 당신의 숨결을 나누셨다.

"말보다 먼저 너의 아픔을 들었다."

기억의 마당에는
선한 것과 악한 것이 얽혀 있는 영혼의 방들이 있었다.
그분은 그 속에서 잊힌 기도를 꺼내어 다시 읽으셨다.

"너는 나를 잊었지만, 나는 너를 잊지 않았다.
내가 너를 내 영혼에 새겼다."

그 밖에도 아직 열리지 않은 수많은 문들의 마당이 있었다.
수많은 운명, 가능성, 사명, 재능들, 웃음과 희망들이
차가운 문 뒤에 잠들어 있었다.
그분은 문마다 손을 얹고 희망의 불을 지피셨다.

"너희들이 두려워 열지 못했던 문들을 내가 열 것이다."

그분은 모든 마당을 돌고 나서,
한 중심 성소의 마당,
곧 '아버지의 뜻과 마음'이 새겨진 심장의 자리로 돌아오셨다.

거기서 그분은 성령이 내주한 자들,
내면에 등불이 켜진 자들을 향해 손을 드셨다.

그들은 특별하지 않았다.
어떤 이는 의심했고
어떤 이는 불평했으며

어떤 이는 넘어졌던 자들이었다.

그러나 그들 안엔

지워지지 않는 진동—영과 진리의 파동이 남아 있었다.

그분은 그들 하나하나에게 다가가 말씀하셨다.

"너는 상처의 마당을 맡아라.

네가 아팠기에, 그 고통 위에 성전을 지을 수 있을 게다."

"너는 침묵의 마당을 맡아라.

네가 말하지 않았기에, 이제 대변할 수 있다."

"너는 기억의 마당을 맡아라.

네가 잊지 않았기에, 잊혀진 자들을 부를 수 있다."

"너는 시간의 마당을 맡아라.

네가 기다릴 수 있었기에, 그들을 준비시킬 수 있다."

"너는 열리지 않은 문들의 마당을 맡아라.

마지막까지 문을 두드렸으니,

문이 닫힌 이들의 삶을 열고 지키는 문지기가 되어라."

예수는 손을 펼쳐 신의 마당들을 향해 외치셨다.

"이제 너희는 아버지의 뜻으로 마당을 돌보리라.

그리고 마지막 날, 내가 올 때

너희 안에 켜진 성령의 불이

이 모든 마당을 하늘 정원으로 연결할 것이다.

나는 곧 다시 오리라.

두려워 말라.

내가 너희 안에 있으리라."

ㄴ

ㄷ

ㅊ